MARK CODE
마크 코드

EVANGELIS✝, ASSISTANT APOSTLE
복음전도자, 어시스턴트 사도

BARSABAS USTUS

바르사바 유스투스

구창휘 지음 具昌輝 著

풍경

예루살렘과 이집트, 요르단을 여행하는 사람들은 현지 여행안내 가이드들로부터 아주 흥미롭고 신기한 이야기를 듣는다. 구약성경과 예수님과 그 제자들이 활동한 신약성경에 나타난 일 가운데 성경에 기록된 것도 있고 기록되지 못하고 구전으로 전해오는 것과 실제상 기적이라 할 수 있는 부분도 많으나 재미있고 흥미롭다. 어떤 부분은 생명이 절박한 최후의 심판을 생각하게 하는 무서운 부분도 기록된 것을 우리는 알고 있다. 이 사도행전에 전해 오는 이야기 중에 바르사바 유스투스라는 사람은 예수님 십자가 이후 12제자들이 모였을 때 수제자인 베드로 사도가 자결한 가룟 유대의 후임자를 뽑을 당시 맛디아와 함께 복수로 추천된 두 사람 중 한 사람이다. 맛디아가 12제자중 한 사람으로 추첨을 통해 최종 선택되었지만 유스투스는 사전에 이를 사양하였다 한다. 그 후에도 사도행전에 여러 번 그 이름이 기록되었으며 이 사람은 사도의 수준에 있던 사람이고 예수님의 복음에 믿음이 깊었던 성도로 전해 온다.

이 이야기는 그 바르사바 유스투스의 전해 오는 이야기를 소설화한 것이며 마크의 복음서에 쓰여져 있는 내용을 각색하여 소설화한 것이다. 이 유스투스의 여행과정에 예수 그리스도의 또 다른 전해 오는 이야기가 각색되어 있다.

소설의 줄거리는 다음과 같다.

바르사바 유스투스는 어릴 때 예루살렘에 어머니와 함께 성지순례를 왔다가 많은 군중 속에서 미아가 되었으며 미아보호소와 예루살렘 부근 주변상가와 욥바 항구를 전전 배회하다 겟세마네라고 하는 과수원(장원)에 인도되었다. 장원의 주인은 요셉이란 사람이었으며 그곳 장원에서 소년기의 기초 교육을 받는다.

유스투스는 장원의 주인집 작은 아들인 아리마대 요셉이라 하는 청년의 사동이었으며 나중에는 이 아리마대 요셉의 큰 형인 가브라엘 요셉이 비밀 유대－이스라엘의 애국지사 단인 젤롯(ZEALOT)에 참가하여 유격전을 펼치던 당시 그와 함께 있었다.

가브라엘 요셉이 BC 5년에 로마제국군과 유격전에서 전사하자 함께 있었던 소년 바르사바는 로마군에 잡혀 포로가 되었으나 장원의 고아원에서 배운 보조의술과 유향, 몰약 등 약초를 수집하고 분류를 할 줄 알아 위생의병 특기자로 분류되어 죽음은 면하고 로마군 노예 위생병이 되어 여러 전쟁터에 종군하게 되었다.

그는 당시 시리아 주둔군 로마제국의 군단장인 퀸텔루스 바루스 군단에 노예병으로 편입되었다. 그 후 시리아 총독이 된 이 바루스는 당시 로마 황제 아우구스투스의 인사발령에 의해 독일지역인, 게르만 총독으로 임명되어 새로운 임지로 가기 위해 로마로 개선했다. 바루스가 로마군단을 이끌고 북쪽 게르마니아로 들어갈 때 바르사바는 그 군단을 따라 게르마니아로 종군하게 되었다.

AD 9년 게르마니아의 흑림 수풀지역인 빌레필드 남쪽 데몰드에서 로마군 3개 군단을 이끌던 바루스가 게르만 민족의 영웅 아르메니우스에게 포위당하여 군단 전체가 거의 전멸당하는 바루스전쟁(자신의 이름)에서 패멸하는 일이 일어났다. 이 전투에서 게르만 민병대의 포로가 된 바르사바는 위생병이었기 때문에 살아남아 다시 그들의 포로가 되었으며, 10여 년을 게르마니아에서 한 부족장이며 영주의 저택에서 가족 노예로 있었다.

그 후 게르마니아의 독립전사 아르메니우스가 우연히 AD 19년에 피살되어 죽고 게르마니아와 로마제국과 평화시대가 오자 바르사바는 영주의 저택에서 석방되어 영국의 글라스톤벨리를 경유하여 예루살렘으로 돌아왔다.

그는 마크가 예수님 말씀을 복음서로 기록할 때 같이 여행했으며 이 이야기는 마크의 복음서에 전해 오는 전후면의 이야기이다. 예수님 말씀을 들은 것만을 기록하는 마크에게 유스투스는 자기가 들은 말씀도 기록하여 줄 것을 요청했지만, 마크는 자기가 예수님으로부터 직접 들은 것만 적는다 했으며 자기가 없을 때 말씀하신 것은 듣지 못했다고 원칙적으로 기록하지 않는다는 것이다.

바르사바 유스투스는 고등교육을 받지 못하였기 때문에 글을 잘 쓸 줄 몰랐으며 속기력은 더욱 없었다. 이 이야기는 바르사바 유스투스에 관한 이야기이며 마크가 쓴 복음서에 그리스도 예수의 전해 오는 이야기 중에 마크가 기록하고 싶은 말이 있었으나 사실 못다 기록한 이야기도 각색되어 있다. 그러나 그 복음기록 속에 마크는 자기를 지칭했을 것이라는 마크의 코드(Code)로 추정되는 "어떤 젊은 청년"이란 기록을 남기고 있다.

한편 배신자로 알려진 가룻 유대는 예수님이 십자가형을 받자 책임을 통감하고 예루살 렘 성전에서 성전 관리가 보는 가운데 할복 자살했다.

가룻 유대가 자기 아랫배를 스스로 갈라 피 흘리는 그의 몸을 성전관리들이 성전의 커 텐과 휘장으로 찢어 덮어 에겔다마 구호소로 후송하였으나 끝내 숨을 거두었다. 예수님이 십자가형을 받을 때 예수님의 제자나 추종자들 중 자살한 가룻 유대를 제외하고는 누구 하 나 그 스승과 같이 잡혀 가거나 고문받거나 같이 희성되거나 죽임을 당한 제자는 없었다.

이 바르사바 유스투스의 이야기는 예수 그리스도의 복음이 무엇인지, 그의 제자들이 무 엇을 하였는지 당시 예루살렘에 있었던 이야기를 각색화한 소설이다.

2008. 2. 1.

저자 씀

In dawning light of the Orient,
GLORIFY THE LORD IN THE KINGDOM OF HEAVEN.

"Glory to the righteous LORD forever."

Isaiah 24 : 15~16

동방의 새벽녘, 여명의 빛이 비칠 때
하늘에 계신 주 하나님을 찬송하세.

"정의로우신 하나님께 영광이 영원하소서."

이사야 24장 15~16절

이 이야기는 예수 그리스도에 관하여 전해 오는 이야기 중 바르사바 유스투스의 이야기이다. 종교적으로 진실한 믿음은 자기 스스로 깨달음에서도 온다고 한다.

이 이야기는 구약인 이스라엘민족의 이야기를 니고데모 랍비를 통하여 시작하며 신약에 이르는 부활의 현장에 기적을 현실로, 현실을 기적으로 이해하고자 서술한 이야기이다.

이제 바르사바 유스투스라는 사람의 이야기를 누군가는 써야 된다는 것을 느껴 이 글을 쓴다. 구약성경과 신약성경에 대하여 다른 여러 가지 이야기가 구전으로 전해 오는 과정에, 수천년 동안 내려오면서 여행길의 안내자들이 옛날 사람들에 관한 이야기를 들려줄 때, 그 흥미 있는 여러 가지 일들을 듣고 이해하고 알았을 때 저자 나름대로 어떤 깨달음이 있었다. 이해할 수 없었던 일이 그들의 설명을 통해 나름대로 해소되는 이해의 순간, 깨달음이란 무엇인지 알게 되었고 여행의 의미와 성경의 참뜻을 느꼈다.

여행 안내자들 중 어떤 이들은 어떤 사명감이 있어서 하는 일인 것 같다. 많은 사람들이 여행길을 지나간 지도 2,000년이 지난 지금, 이제 그 당시 일어났던 일을 다시 영화의 한 장면처럼 필름을 되감기 하듯 그 시대로 돌아가 보고 싶은 것이 사람들의 마음일까?

옛날부터 누구든 글을 쓰는 것은 자유이다. 세상에 남아 있는 것은 전하는 말과 글이다.

최후의 심판이 있다고 끝없이 말하는 사람들도 있다. 과연 천국과 지옥이 있는가?

이 세상에는 참 착한 일을 하는 사람들이 많이 있고, 일면으로는 너무 나쁜 일을 많이 하는 사람도 있어서 천국 정도는 모르지만 지옥 정드는 있어야 이승과 저승이 공평할 것 같다고 한다. 최후의 심판이 있다면 심판에서 벌받을 사람은 당연히 벌받고 지옥으로 가야 하는 것이 사필귀정이라고 하듯이 나쁜 사람이 천국으로 가면 매우 불공평하다고 여길 것이다.

그런데 억울하게 무엇이 잘못되어 지옥에 가게 되어 공연히 벌받는 사람은 없는가? 그러면 지옥문도 문제가 있겠다고 하는 사람들도 있을 것이다. 그러면 최후의 심판에도 그곳에 변호사가 있는가?

그것보다 확실한 일을 하여 이 세상에서 미리 지옥으로 가는 길이란 것을 알고 천국으로 갈 수 있게 방향을 바꾸게 하는 선지자나 지도자나 메시아가 있을까? 최후의 심판을 받기 전에 잘못했다고 한다면 용서받고 후일 심판에 참작이 되는가? 단순히 지옥을 모면하고 천국으로 들어가려고 빌기만 한다면 누가 알고 용서해 줄 것인가?

좋은 일을 많이 하고 좋은 심판을 받아서 천국으로 가거나 길을 잘 인도하여 천국으로 사람들을 가게 할 수 있는 어떤 사람이 있다면 그가 성인이든 선지자라 하든, 지옥에 파견 나가 있는 변호사든 그 사람의 말씀을 잘 듣고 알아둘 필요가 있을 것이다. 이왕이면 지옥보다는 천국으로 가는 방향이 좋을 것이다.

"천국으로 가는 길은 어디입니까? 어떻게 살아가야 방향을 알 수 없는 이 복잡한 골목길에서 천국으로 나가는 큰 길을 알 수 있습니까?" 하고 물어볼 수 있는 어떤 선생님이 있으면 좋고, 몸이 아픈 곳이 있는데 치료하는 방법이 있고 그 방법을 알려주고 실제 아프던 병이 낫게 하는 현실의 의사와 같이 그렇게 천국으로 가게 하는 인도자, 안내자가 있으면 그 사람은 이 세상의 존경받는 사람일 것이다.

어떤 젊은 청년이 천국에 가는 길을 예수님께 물었다. 그 청년은 자기를 젊은 청년이라고 자기의 저서에 기록하였다. 그 젊은 청년은 누구였는가? 성경에는 '천국으로 가는 길이 무엇인가?' 하는 예수님의 모범 답안이 나와 있음을 우리는 알 것이다.

이 지상에서 보면 천국이 어디에 있는 것인지 잘 모르지만 하늘은 볼 수 있고 저 먼 하늘 위에 천국이 있다고 어릴 때 다들 그리 생각하였다. 별들 속에 천국이 있다고 생각하긴 했지만 태양을 저 멀리서 외계에서 보면 아주 가물거리는, 빛나는 별로 천국처럼 보일 것이나 사실 태양은 불덩이 지옥이고 그 옆에 아주 작은 물체가 여러 개 떠다니는데 그 중 하나가 지구이고 그곳에 확실히 사람이 산다. 지구처럼 좋은 천국이 있을까?

이제 태양의 흑점이 확실히 보이기 시작했고 더욱 그 활동이 감지되고 언제부터 인가 모르지만 그 흑점이 빛나는 태양 속에 5%, 10%가 되고 15%가 덮어 올 때 얼마나 많은 시간이 남았는지 모르지만 과학적으로 계산하면 예측할 수도 있을 것이다.

인류는 그 흑점이 10%가 되기 전에 이미 지구상에서 없어질지, 아니면 그래도 지구가 더 좋은 환경이 되어 영속하고 있을까를 모르지만 지금부터 준비해야 할 때다. 너무 이른 걱정이라서 그런 걱정은 현재 전혀 필요없다고 생각하지 말고 지금 잘살기나 하라고 할 것이다.

과학적 데이터를 산입하여 태양계의 미래를 연구하다면, 아마 수백 억년이 남는 걸로 보이면 좋고, 그러면 인류의 종말은 아직은 멀었고, 영원히 먼 후일 이야기이다.

지구가 우주에 떠돌아다니는 큰 별똥별 유성에 맞아 지구에 재앙이 올 수 있다. 그것도 계산하여 그런 큰 돌이 날아오면 대비할 것이다. 세계는 이미 대비하고 있다. 좋은 지혜를 써서 지구 종말을 피하자. 지금부터 예비하면 그 시간은 지금의 인류에게 충분히 있다.

우리는 좋은 세상, 행복한 세상이 올 것이라고 생각한다. 어떤 한 사람이 자기를 믿으면 지옥으로 가는 심판을 면하거나 천국에 이르는 길로 갈 수 있다 하였으니, 그의 말을 글로 쓴 책을 사람들이 보고 듣는 가운데 믿음을 얻을 수도 있으나 그 선택은 개인의 자유일 것이다.

천국이 있다면 갈 곳이 있으니 좋은 일이다. 천국어는 과연 누가 살고 있을까? 마음의 천국인가? 실제로 있는가? 우주와 같이 별들이 수없이 차 있는 별들의 세상인가? 공허한 우주인가? 지나간 이집트와 같이 곡물이 풍부하고 맑은 물이 넘치는 이집트의 삼각주 땅과 같은 곳인가? 또는 지금의 미국과 같은 풍부한 양식과 물자가 있는 나라인가? 아니면 석유가 무한정으로 샘솟아 나오는 중동의 산유국들인가? 아니면 하늘나라 저승 세계의 피안의 천국(a Kingdom of the Heaven)인가?

하나님이 계신다면 하나님이 천국으로 가는 길을 제일 잘 알고 계실 터이다. 그 하나님과 진실로 성령으로 통할 수 있다고 주장하는 사람이 있었다. 그의 말과 행동이 진실하였다고 알려져 있기 때문에 그의 말을 세상의 복음으로 여기는 사람들이 많다.

우리는 천국이 어떤 곳인지 비유로 설명한 그 사람으로부터 그 복음의 말을 전해 듣고 천국의 세계가 과연 어떤 곳인지, 어떠한 곳인지 알고자 하며 지나간 역사와 이야기 속에 있었던 사람들을 생각해 본다.

2008. 2. 1.
저자 씀

Contents

제1부

Barsabas Ustus

바르사바 유스투스

기원전 5년 한여름 북아프리카 해안가로 리비아 사막을 지나 이집트로 모래 바람속의 언덕을 넘어서 지나가는 긴 사막의 대상 행렬이 있었다. 뜨거운 모래 폭풍의 바람이 갑자기 일어나며 장사진을 길게 치고 지나가는 행렬을 덮쳤다. 대상들 일행은 행렬 지도부에서 고동 나팔 소리와 비상을 알리는 종소리에 일제히 원형으로 진을 치고 급히 낙타에서 내려 낙타를 눕히고 낙타의 몸에 깊이 기대어 엎드려서 모래 바람을 피하고 있었다.

바람은 폭풍이 되어 회오리 바람이 휘몰아쳐서 모래와 대상들의 짐들을 사방으로 날려 버렸다. 대상의 일행들은 숨을 죽이고 폭풍이 지나갈 때까지 꿈쩍도 하질 않고 죽은 듯이 엎드린 낙타에 몸을 숨기고 바람이 지나가길 기다렸다. 수시간을 앞이 보이지 않는 폭풍이 계속되었다.

사방에 모래 언덕이 다시 생기고 시야가 다시 터지자 사막의 대상들이 몸을 일으켜 옷 주변에 쌓인 모래를 털면서 낙타를 다시 세우고 인원의 피해와 낙타에 실은 짐의 피해를 조사하며 다시 출발하기 위하여 재정비하고 있었다.

"아버지, 무사하십니까?"

"난 괜찮다. 빨리 일행들을 점검해라."

대상의 일행들은 서로의 안부를 물으며 다시 짐을 챙기고 앞길을 재촉하며 낙타를 다시 타고 갔다. 멀리 바람의 먼지가 계속되고 있었다. 한나절을 낙타와 대상들은 갈증을 참으면서 나아갔다. 한참 가는 중에 전방에서 신호용 비상 나팔소리가 났다. 젊은 대상 한 사람이 황급히 낙타를 타고 오며 대상의 지도자에게 말한다.

"무슨 일이야?"

"앞쪽에 로마군으로 보이는 일행들이 모래에 파묻혀 쓰러져 있고, 말들이 사방으로 흩어져 있습니다. 일부 건재한 병력은 우리들이 다가가자 방패를 세우고 창을 내밀며 경계 태세를 취하고 있습니다. 다들 모래 폭풍에 직격으로 피해를 당한 것 같습니다. 어떻게 할까요? 그냥 지나갑니까, 아니면 좀 도와줍니까?"

"어디 가보자."

일행들은 황급히 앞으로 달려 나갔다.

모래투성이가 된 로마군들이 모래언덕을 방어벽으로 하고, 몸이 반이나 모래에 묻혀 있는 자도 보이고, 그래도 방패를 세우고 손을 들어 소리친다. 얼굴과 눈알은 벌겋게 충혈되어 앞이나 잘 보이는지 그래도 로마군이라고 몇이 아니 되면서도 제법 전투대열을 유지하고 있었다.

"정지, 적이 아니면 우리에게 물을 좀 주시오. 우리는 사막의 폭풍으로 큰 피해가 입었소. 방패로 폭풍을 막으려다 생매장당할 뻔하였소. 남은 병력들은 사방을 뛰어다니면서 동료들을 찾아 구하고 있으나 보다시피 우린 숨이 차 탈진하였소."

"일행이 얼마나 되시오? 어느 쪽으로 가는 병력이요? 지휘관은 누구요?"

"나는 로마군 군단 루테넌트 센트리온이다. 그대들이 우리의 적이라면 우리는 싸우다 죽겠으나 지나가는 대상이면 우리 병사들을 좀 도와주시오."

대상의 지도자가 뒤를 보고 하속들에게 지시한다.

"이 사람들을 모래톱에서 구해 주자."

사방에 흩어져 기진맥진한 로마군이 모래톱에서 구출되었다. 그리고 쓰러져 있는 병사들에게 대상들이 물을 주었다.

"일행이 몇 명이나 되시요? 흩어진 남은 병력을 찾을 숫자는요?"

"아, 로마어를 하는군요. 어디를 가는 대상들이시요?"

"우리는 각지를 다니는 장사하는 사람들이오. 부족 민병대 보안군이 아니오. 귀하들은 이집트로 가는 길이요?"

"군단 파견대 요새로 가는 길이오."

로마군들이 먼지를 털고 물을 얻어 마시고 일어나며 감사의 뜻을 표했다.

그 중에 지휘자로 보였던 아주 젊은 로마군 초급 장교 한 사람이 모래를 털면서 말한다.

"이제 한숨 돌리니 살 것 같소. 우리 일행을 도와주어서 고맙소. 나는 로마제국 아프리카 군단소속의 백병대 루테넌트 센트리온으로, 이름은 본디오 빌라도라 하오. 임지로 부임하려 마중 나온 군단병력과 함께 요새로 가는 길이오. 그대들은 누구시오? 이름이라도 알고 고마운 마음을 기억하고 싶소."

"폰티우스 필라도씨, 나는 아브라함 요셉이오. 예루살렘에 살고 있으며 베들레헴 출신이오. 카르타고에서 여기를 지나가는 대상이오. 만나서 반갑소이다."

"감사합니다. 옆에 서 있는 저 젊은 친구는 누구시요? 우리를 제일 먼저 본 사람 같은데……."

"내 둘째 아들 아리마대 요셉이오."

"아리마대 요셉이라고요? 젊은 친구, 고맙소."

"바르사바야, 저 부관 장교님에게 물을 더 갖다 드려라."

"이 아이의 이름은요? 열두 서너 살로 보이는 소년인데……."

"바르사바 유스투스라는 견습 사동이오."

"아, 그래요? 똑똑하네요. 우리가 병력을 모아 바람에 날아간 군수품도 찾아야 되겠소. 이제 안정됐으니 너무 고맙소. 바쁘실 텐데 먼저 가시지요. 그런데 잠깐만……."

"우리 대상들도 사막을 지나다가 로마군을 가끔 만납니다. 서로 눈인사만 하고 멀어져가며 어떤 때는 물건을 현지에서 팔기도 하고 특히 마실 물도 팝니다. 오늘 드린 물은 위기 때 구호에 사용한 것으로 물값은 받지 않겠습니다. 사막은 밤에는 추운 곳이니까 부상자가 있나 본데 덮을 담요를 몇장 무상으로 주겠소. 요새까지는 하루나 이틀은 가야 하는 것은 우리도 알고 있소. 가는 중에 오아시스가 있소."

"감사합니다. 물값은 계산하려 했는데, 드릴 것이 없으니 이 반지를 그대의 젊은 아드님에게 감사의 뜻으로 주겠소. 받아 주시오. 나의 로마군 임관 기념 반지요."

"아리마대야, 루테넌트 센트리온, 빌라도님이 주신다 하니 받아라."

"예, 받아도 되는지……."

"우리는 우리의 상품인 유향 견본품 한 갑을 주겠소. 상표가 그려져 있소."

"역시 큰 상인이시군요. 견본품이라도 귀한 향료이며 좋은 약제인 유향을 주시니 감사합니다."

"가시는 방향이 동쪽이면 우리가 가는 길을 따라오시면 다음 오아시스까지 무사히 갈 수 있습니다."

"아, 그래요. 감사합니다."

로마군은 인원과 장비를 재점검하고 기력을 다시 켜고 모래에 묻혔던 사람들을 모두 찾아 위로하고 먼지를 털고 출발을 서둘렀다.

"모두들 무사하니 감사하오."

"우리도 오다가 폭풍을 만났지만 큰 피해는 없었소. 몇 가지 짐들이 날아갔지만 다 찾으려다 생명을 잃을 수 있으니 그대들도 더 찾지 말고 그냥 가시는 것이 좋을 것이오."

"우리는 군인이니 최대한 찾아야 하고 인원이 그대들 도움으로 모두 살았으니 감사하오. 군마는 놀라 소리치며 낙타처럼 땅에 눕지 않고 달아나고, 방패로 바람을 막을 수 있다고 생각했으나 보듯이 몇 개만 남기고 바람개비처럼 채어 굴러 갔소. 군장비나 찾아야 되는데 모래에 많이 묻힌 것 같소. 약간 더 찾아보고 곧 그대들 길을 따라가겠소. 먼저 안녕히 가시오."

"폭풍이 언제 다시 불게 될지 모르니 이 지역을 황급히 떠나시오. 여긴 바람이 그렇게 부는 곳이오. 저기 바람에 파해 처진 동물의 잔해와 흩어진 뼈들을 보시오. 사람들의 것도 있을 거요. 이 길은 죽음의 폭풍의 언덕이요. 지름길이라 좋지만 바람의 골짜기니 조심해야 하오."

"잘 알겠소이다. 오아시스에서 다시 만납시다. 아브라함 요셉 대상님! 아리마대 젊은 친구, 먼저 안녕히 가시오."

"루테넌트 센트리온, 폰티우스 필리토 씨, 행운을……."

어린 바르사바는 로마군을 뒤돌아보면서 로마군들에 대한 두려움과 또한 많은 호기심이 있었다. 대상일행과 로마군들은 각기 낙타와 말을 타고 일행과 함께 폭풍의 모래 언덕을 벗어났다.

이 아리마대의 사동인 바르사바는 정확한 터생을 모른다. 이름을 빨리 부르면 바르사밧, 천천히 부르면 바르사바스라고 발음된다. 그는 아주 어릴 때 엄마와 함께 에루살렘 성전에 성지 순례하고 기도하러 왔다가 엄마를 잃어버리고 미아가 되고 말았다. 엄마를 잃어버린 시간은 지나가고 방향을 헤매고 울고 있는데, 지나가는 청년들이 보고 어느 곳에 데려다 주었다. 그는 마음과 건강 상태가 좋지 않아 고생하고 있었다.

한 교회 예배당의 랍비가 그를 측은히 여기고 고아들을 돌봐 준다는 어떤 고아원을 소개하여 그곳에 들어가게 되었다.

그 고아원은 어떤 가문에서 운영하는 일반 소년 교육원이었으며 글도 배우고 과수원에서 일도 하게 되었다. 그곳에서 대추야자나무와 올리브나무를 재배하는 일을 하고 향료를 수집하여 사용하는 약제인 유향을 취급하는 일과 약초를 선별하는 일을 하였고, 의술 보조원으로서 주로 상처 봉합술, 할례술 등을 배우게 되었다.

순식간에 소년생활의 몇 년이 지나가 버렸는지 그는 나이도 확실치가 않다. 그의 어머니는 잃어버린 바르사바를 찾아 눈물을 흘리며 다니실 텐데 어디 계신지, 자기 이름은 유스투스이고 어머니 이름은 바르사바라고 동네 아주머니가 부르는 것을 들었을 뿐 살던 동네도 기억나질 않았다.

그는 어떤 먼 곳에서부터 예루살렘에 왔다가 미아가 되었던 것 같은데, 이 과수원에 들어왔을 때 이름과 살던 동네를 기억해 보라고 수녀님 같은 분이 말했을 때 살던 동네는 모르겠고 엄마 이름은 바르사바, 자기 이름은 유스투스라고 했다. 과수원에서는 때가 되면 엄마를 찾아 주겠다고 하였으며 그의 아버지 이름을 물었으나 그는 모른다 했으며 아버지는 일직 돌아가셨느냐고 물었으나 아버지는 본 기억이 나질 않는다고 말했다.

과수원에서는 그의 이름을 바르사바 유스투스라고 지은 다음 주인의 이름인 요셉을 붙여서 바르사바 유스투스 요셉이라고 가호적을 만들어 넣어 주어 지방 호적부에 신고하였다. 그리고 성년이 될 때까지 부르기를 바르사바로, 성년이 된 이후에는 유스투스로 부른다고 정해 주었다.

유스투스란 이름은 그리스 계통이라 하였으며, 아마 아버지 이름일 수도 있다고 하였다. 후일 유스투스는 그의 아버지가 그리스 계통 출신이다가 군복무로 전사하였거나 병사하여 어머니가 혼자 되지 아니하였나 생각도 하게 되었다.

그는 이 과수원에서 잘 돌보아 주어 건강해졌으며 기초 교육도 받았고 여러 나라의 말을 잘하진 못했으나 기본적으로 히브리어, 그리스어, 아람어, 로마—라틴어를 조금씩 하고 인사를 나눌 정도의 여러 언어를 배웠다. 과수원에서 여러 나라 말의 기초 언어를 가르치는 이유가 있었다. 후일 18세가 되면 사막을 건너는 대상의 짐꾼이나 호위대원으로 나가기 때문이었다.

이 장원의 가장 큰 장사는 향료인 유향과 몰약과 겨자 판매사업이었다.

유향은 유향나무에 가로로 칼로 상처를 내면 유즙 같은 나무진이 흐르는데, 이것은 수액으로 흘러 굳어서 투명한 액이 되었다가 말라 굳으던 수지상이 되며 같이 붙어 있는 나무 잔사를 골라내어 깨끗한 수지만을 모아 제품으로 판다. 이 유향의 모양을 보석 덩어리같이 잘 선별하여 가공하면 최고의 상품을 얻을 수 있다. 유향은 종교의식 때 쓰는 향료와 사람의 몸에 생긴 근육통, 타박통증, 종기 등의 상처 치료에 쓰이는 중요한 약제이다.

희고 깨끗한 상품의 유향은 황금의 가격과 비슷하였다. 이 유향 운반 사업에는 특수한 유대의 무사들이 대상을 호위했다. 장원에는 이런 여러 막사와 텐트가 가끔씩 있었는데 건장한 장정들이 주기적으로 들락날락 거주했다. 소년들도 장차 자라면 대상의 일원이 되어 높은 낙타를 타고 사막의 오아시스를 찾아 임시 시장이 서는 장터를 돌아다니며 장사를 했다.

도시마을의 장날 시장이 열리면 보석과 장신구와 옷가지와 과일과 식물 기름과 약초와 겨자, 후추 등 음식과 일반 향료와 번제 제사용 고급 향료가 거래되었다. 이 장원의 사업은 여러 가지였으며, 사해에서 소금을 채취하여 이집트까지 가서 팔기도 했다.

그리고 그들은 사람들을 시켜 시골에서 낙타와 양을 방목하여 교배시켜서 시장에 내다팔고 사람들의 교통편의를 위한 여행사 사업도 하며 광고 사업, 심부름센터와 결혼식과 장례행사까지 대행하는 사업체도 가지고 있었다. 실로 이 과수원의 주인은 많은 사업체를 가지고 있었다.

장원에 와 있는 고아들이 성장하면 또 다른 일꾼을 거느리는 중요한 사람이 되었다.

이 과수원 장원의 주인장은 한 달에 한 번 볼 정도였는데, 가끔 나타나면 양손에 검은 장갑을 끼고 높은 낙타를 타고는 왼손에는 눈매가 사나운 흑갈색 송골매와 같은 맹금류를 들고 지나갔다. 이 매가 날개를 펴면 어른이 양팔을 뻗어도 모자랄 정도로 아주 넓고 무서웠다. 이 과수원은 사람들이 겟세마네 장원이라고 불렀다.

이 장원은 고대로부터 이스라엘 열두 지파 중 네 번째 아들 유대지파로 전해 온다 하는 집안으로 주인 이름은 아브라함 요셉이며, 이 주인에게는 본처의 아들 둘이 있었다. 한 사람은 큰형인 가브리엘 가말라 요셉 대형(Big Brother)이라고 했으며 작은형은 아브람 아리마대 요셉 친형(Dear Brother)이라고 하였다. 그들의 이름을 줄여서 요셉대형과 요셉친형으로 부른다. 요셉대형은 낙타를 타고 페르시아 등으로 사막의 먼 길을 장사하러 다니는 동방의 대상사업을 하였고, 요셉친형은 스페인의 타르시스까지 서방으로 대상을 하였는데 이것은 두 형제의 부친인 아브라함 요셉주인이 아들들의 역할을 동서로 분담하게 하였다.

요셉대형은 기골이 장대하고 검술 등 무술에 능하였으며 페르시아 등 동방에 친구들이 많았다. 그는 비단길, 실크로드에서 들어오는 비단도 취급하였다. 비단은 부드러운 촉감은 물론이고 전투중 입고 있을 경우 화살에 맞거나 창에 찔려도 살 속으로 같이 천이 말려들어 가기 때문에 쉽게 박힌 화살이나 창을 뺄 수 있어서 방탄, 방화복으로 만들었으며, 특히 로마 귀족들이 애호했다.

로마군이 나일강을 내려가 나일강 남부 유역을 점령하기 위하여 로마군 망루와 영체를 세우고 나일강 남부 방면군 로마군단을 창설하고 지형정찰을 하고 있었다. 요셉대형도 나일강 강가를 따라 배나 낙타를 타고 대상무역으로 집단 장사사업으로 대상을 이끌었다.

로마제국의 군사가 남쪽 나일강을 지배하려는 계획을 남쪽의 여러 아프리카 부족의 족장들이 알아차리자 이 여러 아프리카 부족이 연합하여 원시적 창과 나무 방패를 들고 로마군과 자주 나일강 근처 야외에서 집단적으로나 비정규적인 기습적 조우전 전투를 치렀다.

한 번은 용감한 꾸시족의 한 부족장이 나일강 상류의 여러 원시부족의 군사를 비밀리에 모아 과감하게 로마군 야영지를 야간에 공격하고 군단 영체를 급습하여 불태워 버린 일이 있었다. 전투가 치열하여 서로 막대한 피해를 내자 꾸시족 원주민 용사들과 로마군은 서로 전투를 중지하고 각각 퇴각하여 나일강가를 떠났다. 전투에 종종 나타났던 로마군의 한 초급 지휘관은 용감했고 그 후에도 전공을 세워 후일 아시아지역의 총독 지위에까지 올랐다.

로마군의 나일강 유역 남아프리카 진출이 실패로 돌아간 까닭은 완강한 원시부족의 강한 저항 때문이기도 했으나 퇴각원인은 주로 작열하는 태양의 열기와 풍토병과 더위 때문이었다. 로마는 아프리카 원주민을 교화하여 식민지로 제국의 아래에 두고자 하였으니 언어의 소통이 어렵고 사나운 종족들은 굴복하지 않았다. 원주민들은 낙타 대상들로부터 정보를 얻었다.

그리고 원주민들이 시도 때도 없이 원시적 무기로 공격해 오기에 로마군은 도저히 견디지 못하고 나일강 유역 점령 작전을 중지하고 나일강 군단을 이집트 나일강 삼각주 어귀만을 한정하여 주둔시켰다.

요셉대형이 동방의 무역과 남이집트 대상 무역을 관장하였고 그의 동생인 요셉친형은 모로코를 넘어 멀리 북아프리카로부터 브리타니아까지 여행하는 친서방 사업으로 때로는 로마군과의 비호 아래 장사한다는 오해도 없지 않았으나 실은 많은 십의 일조(Tithe)를 유대교 재단에 기부하며 비밀리에 독립애국지사를 보호한다는 소문도 있었다. 그 형제의 내막은 잘 알려져 있지는 않았다. 그것은 그 브친이 유대 이스라엘의 대부호였으며 장로였고 사회적 막강한 힘을 가지고 있었기 때문이다.

특히 대형은 좀 문제의 독립투사적 인물이었으나 이것은 장원의 비밀이다. 주인어른은 민족주의에, 두 아들 중 대형은 친동방의 인물이고 동생인 친형은 친서방의 인물이니 세상이 어떻게 변하든 거기에 맞출 수 있는 지도적, 가족적 안전장치를 가지고 있었다. 그런데 이 큰형인 요셉대형이 큰 문제였다.

요셉대형을 따르는 무리들이 약간 과격한 이스라엘 독립운동가들로 보였다. 한번은 한밤중에 대형이 다쳐서 들어온 적이 있는케, 낙마하여 다쳤다 하였으나 낙마로 인한 단순한 부상이라기보다는 전투수준의 부상이었다.

그러면 다음날 로마군 어느 영채가 기습당했다는 소문이 있었고, 심지어는 로마주둔군 항구의 군함에 원인 모를 화재가 났다는 소문도 있었다. 이 장원은 역사가 오래여서 페르시아 제국시대에도 있었고 알렉산더대왕 시대에도 존재해 왔으며 로마제국 시대에도 유유히 존재하고 있었다.

로마제국의 군은 매우 위험한 군사이다. 로마군에 잘못 거역하였다가는 그 가문 전체가 몰살당하고 노예로 팔리며 여자는 말할 것도 없고 젚안의 남자들은 흔적이 없이 사라진다. 재산도 몰수당하며 형벌도 십자가형이다. 로마제국에 감히 대적할 수 있는 나라는 드물다. 해양 강국이던 카르타고란 나라가 멸망하고 그곳엔 나라가 없다. 한니발이란 카르타고 명장이 나타나서 로마전국을 휩쓸고 칸네라는 르마동남쪽 도시부근에서 로마군 3만명도 넘는 군사를 몰살시켰고 항복한 로마 패잔병을 노예로 팔았는데 그것에 대한 보복이 있었는지 몰라도 카르타고는 그 후 로마에 멸망당하였으며 카르타고란 나라는 없어졌다.

그나마 로마제국의 변방에서 간헐적으로 다적하고 있는 나라는 티그리스-유프라데스 강을 경계로 파르티마라는 지나간 페르시아 후예들이 강가에서 로마군과 대치하고 있고 북방에는 게르만족이 라인강 유역에서 로마군과 대치하고 있다.

바르사바 유스투스는 어린 시절에 요셉친형이 그의 형인 대형의 신변이 불안하여 형을 위하여 바르사바를 요셉대형의 사동으로 보냈는데, 그는 요셉대형의 유대 독립운동 대열에 섞여 있다가 로마군에 포로로 잡혀서 노예생활을 하게 되었다.

그때 다행히 나이가 어리고 또 어려서부터 겟세마네 장원에서 배우고 익힌 의료 시술과 약과 치료용 약초를 조금 알고 있는 덕택으로 생명을 구하고 전쟁터에서 노예 의무병이 되어 종군되어 돌아다녔다. 그러던 어느날 그는 로마군 영체의 진중에 있는 진중 도서실에서 한 권의 로마군 전쟁사를 보게 되었다. 글의 뜻을 잘 이해할 수는 없었지만 그림과 문형으로 대강의 전쟁사 이야기를 알 수는 있었다.

로마군은 전투 진중에서도 군단본부에 도서실에 해당하는 도서관 장막을 운영하고 있었는데 지휘관들이 수시로 찾는다. 평상시에는 회의도 하고 도상 전투를 연습하고 연구하는 도서관막사이다. 그곳에는 역사책과 전투 교범들이 모아져 있다. 로마군은 참으로 대단한 군사이다. 진중에도 도서실을 운영하는 군사였으니 세계를 지배하고도 남는다.

줄리어스 시저가 알렉산드리아의 이집트 도서관을 불태운 것은 사실상 중요한 도서를 그 와중에 반입하려 했었다는 이야기도 있으며, 사실상 많은 분량의 진귀한 보물과 도서와 그리스 과학서적, 수학서적, 문화서적과 지도책 등이 시저의 전함과 영내로 이동했다고 소문이 났었다. 유스투스는 그 장막 도서관의 교재에서 로마군이 어떻게 싸우고 제국을 유지하고 있는지를 보았다. 특히 로마 전쟁사에 서술된 것 중에는 유명한 칸네의 전투가 있었다.

로마군은 이 뼈아픈 전투역사를 세밀히 분석하고 비밀스런 내용은 공개하지 않았으며, 이 전투에서 비밀의 교훈을 후세의 지휘관들에게 충고하고 다시는 이런 실수를 하지 않도록 강조하고 있었던 것으로 보인다.

제 2 편

랍비 니고데모

겟세마네 장원에는 젊은 선생님 몇 분이 몇 반으로 나누어진 반의 담임선생님으로 인접 도시에서 부모들이 위탁한 소년들과 함께 장원의 아이들을 가르치셨는데 그 중에 한 분이 모세 니고데모 선생님이다. 유대에는 바리새파들을 주축으로 교육의 중요성을 알고 주로 교회당을 중심으로 장학사를 두고 청소년들을 부모들로부터 위탁받아 집합적 교육을 시키는 제도가 있었다.

니고데모 선생은 주말이면 교회에서 설교하고 주중에는 장원에서 소년들에게 언어와 유대 역사와 세계 역사도 가르쳤다. 그리고 기본적 언어로 히브리어와 함께 아람어를 가르치며 이스라엘의 역사와 공개된 세계사를 들려주면서 유대의 독립성을 강조하고 유대의 유일신 신앙을 가르쳤다. 그리고 가끔 요셉대형이 사막의 대상 일에서 돌아오면 특별히 나와서 여행 이야기와 이스라엘역사를 가르치는 짤막한 시간도 있었다. 니고데모 선생은 한편으로 로마제국도 영원하지 않을 것이라 하고 지나간 알렉산더대왕의 시대를 비교하였는데, 어떤 국가든 영원하지 않으며 흥망성쇠가 있다고 하였다. 장구한 세월이 흐른 후면 지나간 역사 속으로 그리스신화처럼 사라져 가는 것이고 지금의 로마제국도 영원히 지속하는 것은 아니라고 암시하였다. 이것은 한니발의 로마침공의 경우처럼 로마도 침략자가 찾아올 것이고 끝없이 망하고 일어서겠지만 나라가 공명정대하면 그 국가는 장기간

존속하는 것이 역사적 사실이라 하였다. 한니발이 용병술이 뛰어나서 로마군이 여러 번 전투에서 패배하긴 하였으나, 결국에는 줄기찬 로마의 반격으로 그는 패배하였다고 한다. 한니발 한 사람 혼자서는 민주적으로 선출되어 로마원로원에서 계속 이어 나오는 유능한 로마제국의 집정관들과 야전 지휘관들을 이길 수가 없었다.

그러나 카르타고의 한니발이 로마에 극심한 전쟁 공포를 준 것은 사실이다. 또 이것이 약소국가인 나라들에게 희망적인 역사가 되어 통쾌한 마음으로 다들 즐거이 읽어 보고 한니발에 박수를 아끼지 않는다. 로마군은 이 전쟁을 기억하고 항상 뼈에 사무치게 군사들을 교육하고 철처히 외치게 했다. "카르타고를 파괴하자"["Delenda est Carthago!"(by Cato)]

보병 백병전시에는 적 한 명에 3명이 기술적으로 따라붙어 적의 등뼈를 찔러 죽인다. 칼은 직각의 곧은 칼을 사용하며 신체 깊숙이 찔러 회생 불능으로 만든다. 로마군에 입대한 모든 군사는 칸네 전쟁사에서 승리와 패배를 배운다. 훈련기간 동안은 참혹한 훈련을 시켜서 다시는 칸네에서와 같은 패배가 없도록 단련시키며 훈련이 끝나는 것이 세상에 다시 태어난 것으로 알도록 철저히 훈련시켰다. 그리고 세계 대제국의 꿈을 키웠다.

기원전 215년 칸네에서 로마군이 카르타고의 한니발에게 40,000명의 군사가 참패당한 중요 원인은 전투대형에서 좌익(왼쪽)군사를 강하게 배치하지 않아 초기 한니발 기병에게 좌익이 뚫린 점이고, 무리하게 로마군 정규 전투적 방식으로 한니발의 중앙군을 돌파하려 했다는데 패배의 원인으로 서술되어 있다. 천운도 있었다.

한니발이 전쟁터를 카르타고 군에 유리하게 배치했다고도 볼 수 있다. 강 건너 북서쪽으로 진영을 옮긴 한니발에 대해 로마군은 아우피더스 강변으로 한니발군을 몰아넣으려 동남향으로 군사를 배치하였고 마침 동남풍이 불어 진군하는 방향 정면으로 먼지를 뒤집어 쓰고 진군하고 있었고 아침의 햇살이 로마군 얼굴에 내리비쳤다. 또한 집정관이 다급한 전투승리의 공명심으로 공격만 생각하고 예비 병력은 결정타를 준비해 출동시키지 않았다. 로마군단의 좌측 군사가 한니발 우익 기병을 방어하지 못한 것은 결과론이지만 중요한 의미가 있었다. 기동성이 우수한 한니발 우익 기병이 먼저 좋은 공격위치를 장악했다.

칸네의 전투가 있기 전 한니발이 코끼리를 동원하여 알프스를 넘어 로마 영내로 들어와 트라시메네(Trasimene Lake) 호숫가에서 매복하고 있다가 지나가던 로마군 20,000을 기습하여 거의 전멸시킨 방법도 로마군이 행군하는 사이에도 좌측 언덕을 엄호하지 않고 호숫가의 편안한 길로 한니발 군사를 두심코 뒤쫓아 가기만 하다가 기습당한 것이다.

한니발의 전술에 철저히 당한 로마제국에 스키피오라는 집정관이 나타나 전세를 역전시켰다. 그는 한니발의 전술을 흉내내기 진법을 사용하여 사전에 한니발의 전술공격 의도를 분쇄하기 시작했다. 칸네 전투에 스키피오는 갓 20세 청년으로 기병대에 참가하였으나 간신히 전쟁터에서 패잔병들과 같이 달아났다. 그는 이 전투에서 한니발로부터 에켈론(사다리꼴)보병진형과 기병전술을 알아내고 전투대형 도진에 좌익을 중시하는 전투력을 길렀다.

스키피오는 한니발이 로마로 쳐들어간 전략과 같이 흉내내기 전술로 로마해군을 이끌고 바다를 건너 칼타코로 쳐들어갔다. 한니발의 로마 침공 후 15년 만이다. 결국 그곳 자마에서 로마군단 집정관 스키피오는 다시 코끼리를 전투에 동원한 한니발군을 대파했다.

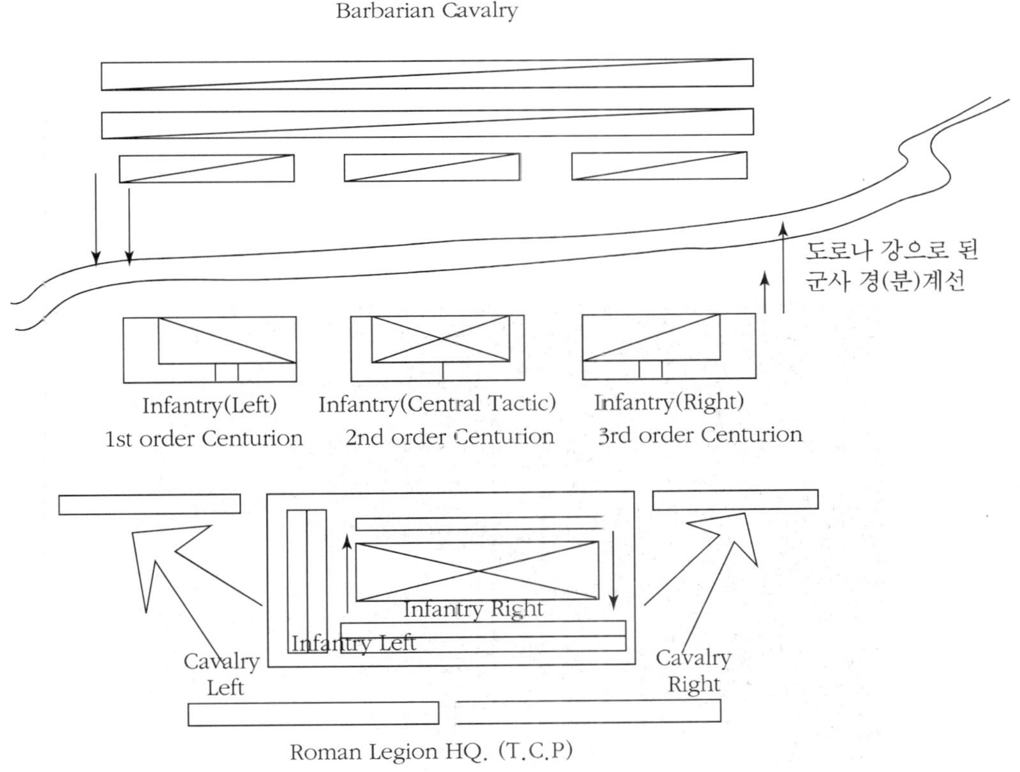

■ 로마군 방진(진영 내부 L, T, R형) 포진도 ■

향상된 로마군단 전투대형은 전형적 로마전투대형 네모꼴 방진중에도 좌측과 우익 후방 받침대를 강화하는 L형 전투대형을 취했다. 왼쪽에 항상 수비를 철벽으로 하고 오른쪽 군사로 공격한다. 따라서 왼쪽의 기병대는 종대형으로 두고, 오른쪽 기병대는 횡대로 한다.

로마제국의 군단편재와 진영구축에 대하여 당시 전쟁평론가인 폴리비우스(Polybius, BC 약 203~120년)라는 포니아 제3차 전쟁 당시 로마집정관의 자문관을 한 사람으로 그가 쓴 기록이 있다. 특히 그는 스키피오 아프라카누스 장군이 한니발을 카르타고 자마에서 격파하고 카르타고를 평정한 로마 전쟁역사를 기술했다. 숨겨진 로마제국의 각개전투, 군단 부대 본부(Hq/Head quarters), 전술지휘소(T.c.p/Tactical command post) 등 좌우로 정렬법이 폴리비우스 기록에 나온다. 전투대형인 직사각형 방진 속에는 전투대형 엘(L, Left), 티(T, Tactics), 알(R, Right) 등 여러 가지 전투대형이 보인다. 또한 엘(L)의 글자는 동서고금을 통하여 인류의 동일한 형태의 농사기구인 '낫'형으로 추수할 때 밀과 보리를 베는 데 사용하는 농기구이지만 전투 때는 인마 살상용 무기다. 곡식 타작용 도리깨는 곡식을 두들겨 씨알이 튀어나오도록 치는 타작기로 티(T), 알(R)자 모형이다. 방어는 L자형, 우익으로 공격시작은 네모꼴 방진이 곡식을 타작할 때 후려치는 도리깨 T, R자형으로 변한다. 사람들은 평균적으로 오른손, 오른발이 강하여 주로 오른손으로 창을 던지며 오른쪽편이 먼저 공격을 시작하는데, 이것은 방어하는 편의 좌측을 공격하는 것이다.

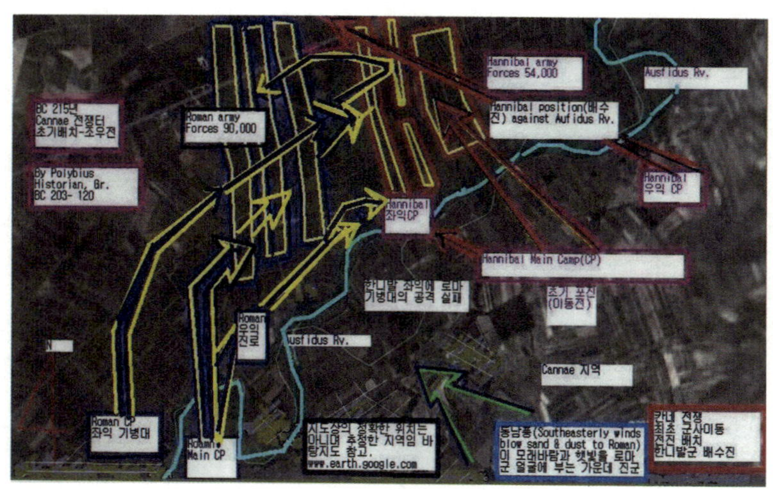

▌▌ BC 215년 칸네(Cannae), 카르타코―로마 포니아 2차전 초기 로마군이 추격 포진 ▌▌

▌▌ BC 215년 로마군이 포위당해, 천지 대패한 칸네 전투현장 ▌▌

전투대형이 좌측은 종대로 고정된 상태에서 우측 횡대로 우익의 군사가 미끄러지듯이 전진 후퇴를 왔다갔다 하는 전투이다. 칸네의 전투 기록이 그림으로 표시되어 있었다.

우익이 후퇴해도 우익을 공격하는 적은 상대편의 철벽 같은 적 좌측벽 부대에 포위될 수 있다. 한니발이 이 계략을 써서 아우피더스(Aufidus River)강을 도하하여 배수진을 쳐서 자기 카르타고의 좌측 부대를 도망갈 수 없게 사지로 몰아서 죽도록 싸우게 한 배수의 형태로 만들고 있었다. 이를 본 로마군 집정관 테렌티우스 바로는 로마군 정예기병으로 한니발군 좌익에서 배수진을 친 한니발 군사를 몰살시키고자 공격하였으나 돌파하지 못했다.

그동안 한니발 우익 기병대가 로마군 좌익 기병대를 무찌르고 그 배후를 회전하여 돌아와 한니발 좌익을 공격중인 로마군 우익 기병대를 포위하고 분쇄한 다음 로마군 보병을 포위하여 섬멸할 수 있었다. 이 전쟁은 고대 전쟁사에서 최대의 병력 손실의 역사이며 로마군의 대참패 패전사이다. 그러므로 군사 진영에서는 좌익을 튼튼히 하라는 것이다. 어느 전쟁터에서나 좌익이 부실하여 패배한 사례가 많다. 로마제국은 이것을 중요시한다.

로마에 정복당한 여러 나라 사람들은 한니발의 이 전쟁사를 즐겨 읽는다.

한편으론 전쟁에서 싸워 보지 않은 자가 전쟁비평을 더 잘한다. 그래서 유능한 장군은 항상 입만 잘 놀리는, 말 많은 비평가들이나 간신들에게 모함을 받기 일쑤다. 그리고 전공을 세우고도 직위가 해제당하며 국가는 유능한 장군을 잃고 나중에는 오히려 패배하여 국가가 위태롭게 된다. 그래서 로마공화정은 집정관 제도를 도입하여 전투에 패배한 장군이라도 그 책임을 무조건 패배의 책임을 전가하지 않으며 비평가들로부터 공정하게 보호하였다.

이 칸네 전투에서도 최선을 다한 집정관 트렌티우스 바로에게 문책을 크게 주지는 아니했다. 로마군에게는 독특한 전투 전술이 있다. 만약 갑자기 공격해 오는 유목민의 기병이 숲속으로 사라지든가 지평선 너머로 퇴각했을 경우 방심하면 위험하다. 적의 기병이 땅속으로부터나 하늘에서부터나 전속력의 되돌아 공격이 있을 수 있다. 하늘로부터는 숲속 나무나 나무 위에서 화살로 공격하는 산림 간 전투이다. 적의 기병이 무서운 힘으로 되돌아 공격해 오는 것을 분쇄할 수 있도록 즉시 로마군은 유명한 사다리꼴 방진(Echelon, 제차대형)을 친다.

이러한 내용들이 로마제국의 군단 보병 전략서, 작전편에 서술되어 있는데 무엇보다 중요한 것은 혹한의 추운 겨울에도 공격할 수 있는 군사와 방어를 전문으로 하는 군사로 된 군단을 유지하고 있다. 매년 겨울철 혹한기가 오면 동절기 정기훈련을 계속하는 것이 로마제국의 군사다. 로마군은 전문적 공격 군단과 방어를 담당하는 군단으로 편성하여 운영하였다. 군사 작전 집정관도 전쟁터에 둘을 보내어 하루마다 공격과 방어를 담당하는 방식을 채택하였다. 로마군은 혹한기에 강물이 얼어붙을 때도 군사 훈련을 실시하였다. 이것은 혹한에 유목민이 얼어붙은 강을 도하하여 예기치 못한 곳으로 기병대로 공격해 오는 것에 대해 항상 방어태세를 갖추는 로마제국의 전술이다.

바르사바는 로마의 글은 잘 모르지만 장원에서 약간 배운 로마글로 대충의 그림과 함께 쓰여진 로마군사 훈련서를 대충으로 짐작할 수 있었다. 그가 포로로, 로마군 사역병으로 있는 동안 바르사바는 유대 조국을 생각하며 더욱더 유일신 신앙심에 의지하며 살았다. 세상을 살다 보면 어떤 고마운 분이 어머니나, 아버지나, 하나님같이 느껴질 때가 있다. 하나님의 사신인가 느낀다. 그것은 어디서나 하나님이 존재하실 수가 있다는 의미도 된다. 하나님께서는 땅에도 있으시고 바다에도 있으시고 강가에도 있으시며 포도밭에도 계시며 어느 곳에서도 계실 수 있다.

　마크와 바르사바 유스투스 두 사람은 '예루살렘의 좋은 소식지(Jerusalem Good News : J-GNS)'의 특파원으로 세례 요한의 캠프에 갔었으며, 예수 그리스도의 위대한 여정을 마크가 처음부터 기록하기 시작하였고 그 기록에서 마크 자신은 예수님과 제자 주변에서 항상 얼쩡거리는 젊은 청년으로 묘사하였다.

　니고데모 선생님은 겟세마네 장원에서 유스투스 등 이스라엘—유대 소년들에게 구약성경에 관한 것과 당시 현대 문명세계의 여러 가지 역사를 가르쳤다. 다음은 니고데모 선생의 강의 내용이다.

제 3 편

전설의 아브라함

옛날 고대에서 전해 내려오는 이야기 중에 문명의 발생이란 말이 있다. 문명의 발생은 사람의 출현으로 동물세계에서 사람의 존재가 어느 날 시작한 것이다. 유대 역사상에는 창세기가 있어서 동시에 만물이 생겼다고 하였으나 사람보다 먼저 이 세상에 생긴 식물과 동물이 있는 것으로 보아서는 다소 종교적 의미로 생각하는 편이 낫겠다. 종교적 의미로는 불가능이 없으며 기적도 있으며 귀신도 있으며 악마도 신도 존재한다.

그러나 신을 본 사람, 악마를 본 사람, 귀신을 본 사람, 죽었던 사람이 다시 산사람은 공식적으로 보지 못하여 온 것이 사실이다. 다만 죽었다고 생각했던 사람이 다시 돌아오거나 귀신 같은 이야기를 듣거나 악마 같은 인간을 보거나 귀신 같은 일을 하는 사람을 보거나 신같이 착한 일을 하는 사람을 우리는 확실히 보았거나 사실은 알 수 있지만 육체적으로 완전히 죽은 사람이 다시 세상에 온 일은 없다.

사두개파 랍비들의 원조는 멜기세덱으로 아브라함이 가나안에 처음 이주하여 도착하였을 때 그는 그 지역 토속종교의 제사장이며 부족장이었다. 그는 아브라함이 후일 소돔과 고모라를 가나안–헤브론–벧엘 민병대로 평정할 때 적극적으로 도움을 준 일이 있다. 이 사두개파는 육체적 부활은 믿지 않는다. 니고데모 선생은 사두개파도 아니고 바리새파도 아닌 것 같다.

니고데모 선생은 선지자 이름 모세를 따서 이름이 모세 니고데모 선생으로 점성술에도 더 해박한 지식을 가지고 있었다.

니고데모 선생은 그리스 사모스섬의 점성술 천문학자 아리스타르쿠스(Aristarchus)에 관하여 관심이 많았고 역시 사모스섬 출신이며 아리스타르쿠스보다 먼저 세상에 태어나 기하학을 가르친 피타고라스의 수학을 예배당 주일학교에서 가르쳤다. 기록상 나와 있는 아리스타르쿠스의 주장도 설명하였는데 유대의 종교사상과 수학과 과학을 결부시키려고 노력한 것 같다. 아리스타르쿠스 당시에 그리스 학자들이 일부 주장하고 있는 점은 지구는 둥글고, 태양의 황도와 행성들인 목성, 토성, 화성, 금성 등 별이 진행하는 길이 같은 길이라고 했다.

이 길은 항성인 하늘의 오리온좌 위쪽으로 일정하게 지나가는 현상과 지상에서 해가 지나갈 때 서 있는 물체의 그림자가 움직이는 것을 보고 지구가 둥글다는 주장이 그리스 학자들에게서 나왔다.

그러나 이 주장이 성립하지 않는 이유도 있다고 니고데모 선생님은 말하였다. 즉, 증거할 수 없는 설명으로 달이 언제나 돌지 않고 한쪽만 보이므로 이것을 이해하고 설명하지 못하면 영원한 우주의 수수께끼는 풀리지 않는다고 하였다. 로마의 집정관 줄리어스 가이우스 시저가 이집트를 정복하는 과정에서 알렉산드리아에 있는 이집트 도서관에 관심이 있었는데 도서관에 불이 우연히 났는지 모르지만 알렉산드리아 주둔 로마군을 공격하는 이집트 부족군사들이 집결하는 와중에 화재가 발생하였고 알렉산드리아 도시는 대혼란에 빠졌다.

시저도 그리스의 수수께끼를 풀고자 했을까 마는 어쨌든 이 박물관 겸 도서관은 알렉산더 대왕과 그 휘하 장군이 동방 대원정군을 일으키고 전리품을 가져다 진열한 곳이며 수많은 선물 조공품 등 엄청난 보물이 책 도서와 같이 진열된 왕궁 보물창고 같은 곳이기도 하였다. 누가 화재를 일으켰는지 모르지만 카이로에 주둔하고 있는 시저의 군사를 이집트 군이 전 민중을 동원하여 공격하려 하자 이 보물창고에 불을 질러 민중이 약탈하게 유도하여 병력 집결을 분산하였다는 설도 있었다. 그 화재로 많은 도서와 진귀한 장서와 그리스의 역사, 수학, 과학 등의 서적이 같이 불타 버렸는데 이 와중에 도서관에 있던 귀중한 책들을 많은 군중들이 반출하고 보물을 약탈하는 일이 있었다.

이 불타고 남은 책이나 화재 중 반출되거나 약탈된 책이 사방으로 흩어져서 사막의 대상들 손에 들어가게 되었는데 이 책들은 로마나 다른 나라의 왕궁으로도 팔려 나갔다. 로마군도 그리스―이집트의 알렉산드리아 박물관 겸 도서관에서 중요한 과학적 서적과 이집트, 중동지역의 지도책, 군사도로망에 대한 정보를 확보하려는 것과 그리스전쟁, 페르시아전쟁, 트로이전쟁, 펠로폰네소스전쟁에서 승리한 군사적 전략과 전술과 각 나라의 세밀한 지도와 군사작전을 소상히 알아보려는 정보수집도 있었다고 본다.

이러한 비밀정보 외에 도시건축 기술서적, 농업서적, 수리시설 서적 등 막대한 그리스―이집트의 문물과학을 일괄 접수하기 위하여 시저가 갈리아 고울 주둔 시절부터 운영하던 로마군 첩보대―정보참모부가 작전상 일으킨 화재로 보는 관점도 있었다.

여하튼 로마 집정관 줄리어스 시저의 로마군과 이집트군이 대치하고 있는 가운데 알렉산드리아 박물관 겸 국보급 역사적 보물과 도서관이 불타자 시민들이 그 불을 끄려고 뛰어 갔고 서적과 보물들이 반출되는 과정에 이집트 전투대열도 혼란이 왔던 것은 사실로 여겨졌다. 시저는 난세의 영웅으로 전략과 지략을 이같이 쓰고 있었다.

소수의 병력으로 알렉산드리아에 상륙한 시저를 이집트 사람들은,

"시저, 저자가 죽으려고 이집트에 군함 몇 척을 가지고 클레오파트라를 보러 왔나?"라고 했었다. 이미 그에게는 그러한 계획이 세워져 있었거나, 또 로마군은 이집트의 귀중한 문화재를 손에 넣으려 한 것도 배제할 수는 없었다. 그때 이 중요한 그리스의 과학서적과 역사서적들이 아깝게 소실된 것은 애석하다고 니고데모 선생은 말하였다.

특히 로마의 시저는 그리스 수학자이며 천문학자며 점성학자인 이 사모스섬 출신 아리스타르쿠스와 같이 중요한 정보를 가지고 있는 과학자의 서적을 얻어야 하는 것을 알고 있었던 것 같다. 그것은 지난날 시락쿠스를 로마군이 점령할 때 아깝게도 희대의 과학자 아르키데메스를 죽인 실수를 하지 않기 위함이고 발달한 과학적 학문과 정보를 얻기 위함이었다. 시저가 그것까지 생각했을까? 하고 생각되지만 모를 일이다.

군사무기는 수학과 과학에서 나온 것으로 그리스 수학자들에게서 로마군은 전투시 적의 밀집군과 거리를 기하학 삼각법으로 측정하고 석포의 착탄 거리를 과학적으로 빠르게 계산하여 정확히 적진에 퍼붓거나 달려오는 유목민의 기마전차대에 정확한 거리에서 벨리스타 대궁, 긴 활을 발사하는 방법을 그리스수학에서 얻어 활용한 로마군이다.

어떻든 아리스타르쿠스는 이스라엘 헤롯대왕 시대 전 300년 전, 예수 탄생 300년 전의 그리스 학자인데 그는 그리스 아카데미에 학술 발표를 하면서 점성술을 과학적, 수학적으

로 풀이하여 당시 그리스 스토아 학자들이 주장한 "지구는 우주의 중심이다."라는 명제에 이의를 제기하고 자기가 관측하고 실험한 사실을 토대로 지구에서 달까지 거리를 측정하고 지구에서 태양까지의 거리를 측정한 내용을 발표했다. 당시로서는 황당한 이론이었다.

이 이론은 그가 에게해의 섬인 사모스에서 유난히 밝은 달밤과 저녁노을과 별들을 소상히 관찰할 수 있어서 아테네 육지의 과학자들이 관측하고 있는 것과 사뭇 달랐기 때문이다. 특히 초생달이나 반달을 쳐다볼 때 바닷가 섬에서 태양이 서쪽으로 질 때는 간간히 달의 테두리가 어설프게 나타나는 것을 보고 달이 둥글지 않으면 저런 현상이 나타나지 않으며 달과 같이 태양이나 지구 또한 둥글 것이라고 생각하고 달의 빛이 태양으로부터 온다고 생각하였다. 그리고 그는 이론을 정리하여 여섯에서 아홉 가지의 가설을 제시하였다.

가설을 제시하는 것은 그리스의 학문의 자유이다.

첫째, 달빛이 비치는 것은 태양으로부터 빛을 받기 때문이 아닌가 한다.

둘째, 지구는 달이 움직이며 회전하는 원의 중심이다, 또는 아니다.

셋째, 달이 우리 눈에 정확히 반쪽으로 보일 때 달의 어두운 부분과 밝은 부분을 정확히 반으로 나누는 큰 달의 원둘레가 우리는 직접 눈으로 바로 보는 달의 전체 원이다.

넷째, 달은 가보지는 못했지만 원반 돌리기 원판이나 쟁반 접시 같은 것이 아니고 둥근 과일로 사과나 수박이나 투석기용 큰 둥근 돌같이 구형의 물체라고 생각한다.

우리 눈에 완전히 반쪽으로 나타날 때 우리가 달을 보는 방향과 태양을 보는 방향의 각도는 87도이며, 따라서 삼각형의 각도에 따르면 태양에서 달을 보는 방향과 지구를 보는 방향의 각도는 약 3도가 된다고 생각한다.

다섯째, 지구 그림자의 폭은 달의 크기의 두 배로 생각한다.

여섯째, 달은 조디악 천구계로 보면 지구의 약 15분의 1에 해당하는 크기로 여겨진다.

일곱째, 태양이 지구를 도는 것이 아니라 지구와 황도에 있는 움직이는 행성인 목성, 토성, 화성, 금성이 태양을 중심으로 회전운동을 한다고 보여진다.

여덟째, (이 가설은 아리스타르쿠스의 가설이 아닐 수도 있다.)

은하수의 중심을 건너서 보이지 않는 저 건너, 어두워서 잘 보이지 않지만 이 우주의 중심별이 존재한다고 주장하는 어떤 사람, 동방박사 매기, 점성술가 학자, 동방박사도 있다고 하더라. 그 우주의 중심별의 무게는 전 우주의 질량의 98% 이상이며 그 질량 하나로 우주를 지배한다. 그 우주의 중심별로 우주는 회전운동을 하며 별들은 화성처럼, 또

달처럼 태양으로부터 서로 멀어졌다가 가까워졌다가 한다.

중심별이 전 우주를 지배하려면 그와 같은 질량이 있어야 한다는 가설에 대하여 아직 어느 누구도 그 별을 찾지 못하였고 이같이 주장한 자가 누군지 모르며 우주가 그 중심별을 중심으로 회전한다는 주장에 대해 증거를 찾지는 못했지만 우주에 질서가 없으면 우주는 오늘 내일이 어떻게 될지 모른다.

그러나 현재 태양계처럼 질서가 있는 것을 보면 이 가설은 나중에 알 일이고 하늘의 별들이 고요히 그대로 있는 것을 보면 우주의 중심별이 있다는 가설이 완전히 엉터리는 아닌 것 같아서 이 가설을 여덟 번째로 포함시킨다.

지구는 회전하는 축이 있어서 24시간마다 자전하며 태양을 회전하는데 달은 스스로 회전을 하지 않으면서 지구를 돌고 있다면 지구가 자전하는 이유를 달에서는 찾을 수 없는 모순이 생긴다. 이 이론은 빈약하나 낮과 밤이 끝없이 이어지는 현상은 이것 아니면 증명할 길이 없다. 달이 자전하는 것이 보이지 않으니 지구가 스스로 회전하고 있다는 주장이 받아들여지지 못하고 있다. 달은 지구만 바라보고 돈다면 자전기간이 공전주기가 같은 한 달이다. 지구와 다른 이 달의 이해가 되지 않는 운동 때문에 천문에 관한 자연현상을 설명할 수 없는 문제가 있다.

이 문제는 후일 인류가 해결할 과제이다.

아리스타르쿠스는 위와 같은 주장을 하다가 전통의 스토아 학파로부터 권위에 도전하고 지구에 살면서 모태인 지구를 존중치 않는 배은망덕한 사람으로 몰렸다. 땅을 모든 근원의 바탕으로 삼는 옛날부터 전해 오는 근본 학문에 불경하니 불경죄로 고발하고 사회적으로 근거 없는 주장을 했다 하여 고소되어야 한다고 주장한 사람도 있었다.

당시 그리스의 수학자, 과학자들도 학문을 발표하고 연구하는 것은 자유지만 과장되게 왜곡하거나 특이한 이론으로 이 지구를 경시하고 땅을 지배하는 신을 경시하면 큰 재앙이 생긴다고 생각하였으며 화산, 지진, 괴질, 폭풍의 발생 등은 신의 재앙이 내린 것이라고 생각하고 신과 땅에 대해 불경한 말은 좋지 않다고 하였다. 이 아리스타르쿠스의 이론을 위험하다고 본 것이다.

그리스 학자 중에 시대를 뛰어넘어 다른 사람이 이해하지 못하는 과학과 사회학을 주장한 인류의 스승인 소크라테스 같은 사람도 재판을 해서 무슨 이유인지 독약을 먹여 죽이는 도저히 이해하지 못할 재판도 있었다. 그리스의 수학자 피타고라스도 도시국가적 전쟁에 휘말려 죽게 되었었다. 우수한 그리스의 과학자들이 여러 곳을 가르치고 다니다가 오해 받고 비난을 받고 돌도 맞았다.

페르시아의 왕 캠비스가 BC 525년 이집트를 침공하여 나일강 삼각주와 멤피스, 핼리오피스를 점령했을 때 피타고라스는 피라미드의 높이를 측정하고 있다가 캠비스 휘하 군사들에게 포로로 잡혔다고 한다. 그도 바벨론에 초청되듯이 끌려갔으나 BC 522년 캠비스왕이 죽자 방면되어 고향 사모스섬으로 돌아왔다.

이곳 출신인 아리스타르쿠스도 이 지동설을 주장하다가 그 후 재판을 받았는지 모르지만 재판했다면 대토론이 있었을 것이고 아르키데미스가 변호해 주었을지도 모른다. 그 당시 분위기는 아리스타르쿠스에 대해 비판적이었던 것 같다. 그러나 공개적 토론이 있었다거나 재판을 받았다는 기록은 없다. 그랬었다면 오히려 학문과 과학이 더 발전할 수도 있었을 것이다.

그러나 더 이상 아리스타르쿠스의 가설이나 이론이 발전하지 못하고 중단된 것은 아리스타르쿠스가 자기가 주장한 것을 없었던 걸로 하고 가설을 철회하거나 논쟁을 피하지 않았나 하는 것이 후세 학자들의 추측이다.

그런데 아르키데메스 정도의 지식을 가진 자만이 아리스타르쿠스의 이론에 대해 이해나 반론을 제기할 수 있었으므로 심사위원이 되었을 것이고 사건은 해결되었을 것이다. 왜냐하면 아리스타르쿠스의 이론을 후세에 전한 사람이 아르키데메스이기 때문이다.

재판은 하지 않고 불기소 처분한 것으로 본다. 그렇게 된 데에는 아리스타르쿠스가 당시 다른 사람들이 황당하다고 여긴 몇 가지 가설을 삭제했거나 없었던 걸로 철회한 것도 아닌가 생각된다는 것이다.

후일 약 150년이 지나서 셀레오쿠스라는 학자는 그 아리스타르쿠스의 이론을 신봉하였고, 바다의 조수는 지구의 회전에 의해 차이가 나서 생기며 달의 회전에 의하여 조수가 생긴다고 주장하였다. 이 아리스타르쿠스의 가설이 납득되지 못한 것은 가만히 지구만 쳐다보고 한 달을 넘기는 어떻게 보면 자전하지 않으며 공중에 떠 있는, 고요하고 평온한 달의 자태 때문에 그런 것인가 보다. 그러나 글을 자세히 관찰한 사람들 중에는 달이 갸우뚱하며 움직인다고 이야기한 사람도 있다. 바닷가에서 자세히 본 사람이 있었나 보다.

로마의 철학자 세네카(Seneca)도 지구가 자전한다는 견해가 가능할 수 있다고 언급했는데, 그 역시 전통의 스토아 철학을 존중하여 지구가 자전하든 말든 믿을 필요는 없다고 했다는데 지나가는 말이었을 것으로 본다. 아니면 철학적으로 심정이 가는데 고소당할까 봐 어물대고 만 것일 것이다.

달은 만물에게 고요함과 정서적 내공의 힘을 주고, 태양은 정열과 힘의 역동력을 준다.

고대에는 한 가지를 증명하지 못하면 전체도 증명하지 못한다고 하였다. 달이 자전을 했으면 지구가 둥글고 우주도 둥글다는 것이 성립되고 증명되는 것인데, 이 달의 움직임이 자전하며 돌지 않는 자태는 그리스 학자들까지 당황하게 하고 과학적 사고의 발전을 지연시키고 있었다. 이외에도 하늘의 별들의 이야기는 무궁무진하다.

알렉산드리아 도서관에서 약탈된 책 중에서 이름 모를 그리스 학자들이 주장한 가설을 아리스타르쿠스가 인용한 확실한 내용은 없지만 그리스 학자 중에는 지구의 둘레를 측정한 사람도 있었다. 또 다른 이론은, 이 우주는 하나의 큰 별이 태양과 같이 우주의 중심에 있어서 모든 하늘의 별이 그것의 주위를 떠돌다가 별똥별처럼 힘이 다 소진 되었을 때 그 중심별에 떨어지며, 우주의 모든 별은 나중에 그 중심별을 돌다가 떨어져 모이면 중심별에 더 엄청난 폭발이 생기고 먼지와 함께 사방으로 날아간 별들이 다시 모이며 뭉쳐서 생긴다는 것이다. 그러나 중심별은 새로운 중심별로 여전히 그 핵이 남아 있다는 것이다. 그리고 그 중심별의 무게는 우주의 총 질량의 98% 이상을 유지한다는 가설이다.

달도 그 주위를 돌고 있는 별똥별이 있어서 가끔 달에 부딪치며 가끔 달에서 순간적 빛과 연기가 나는 현상을 옛날로부터 사람들이 보았다고 하는데 그 역시 황당한 이야기로 믿을 수는 없다. 그리고 지구에도 계속 따라다니는 별똥별이 있어서 가끔 지구로 떨어지는 것도 있다. 그러나 달을 회전하는 극히 작은 알맹이도 있을 것이고 이 지구를 도는 작은 돌도 수없이 많을 것이다. 또는 지나가는 별이 남긴 작은 운석들도 있을 것으로 본다. 달은 우주에서 보면 지구의 형제별이며 서로 의지해 살아가는 우주의 친구이다.

또한 아리스타르쿠스가 그나마 지구가 태양을 중심으로 회전한다는 주장을 할 수 있었던 것은 그리스의 사모스란 섬 지방 출신이라 선배들에게 큰 간섭을 받지 아니하고 자유로운 위치에 있었던 것 같으며, 육지 출신으로 그런 주장을 했더라면 어떤 아카데미에든 들어가서 강의하거나 살아갈 수 없었을 것이며 학문상 재판을 받고 섬으로 귀양을 가거나 다시 쫓겨났을 것이다. 니고데모 선생은 동방에서 빛이 오며 그곳에는 심오한 역사가 있고 유대의 유일신 종교도 아브라함 선조가 동방의 땅 메소포타미아의 우르에서 가지고 왔다고 하였다.

니고데모 선생은 동방박사를 말하는 매기(The three Magi, Magus, Magician)와 같이 니고데모 선생 자신이야말로 바로 동방박사 같은 분이라고 바르사바 유스투스는 생각하고 존경하였다. 후일 예수님의 장례식에 향료와 제사용 비품을 가지고 온 사람으로 마크가 기록한 사람이 바로 이 니고데모 선생이다. 그는 뜨한 철학자이고 유대 랍비이고 천문학자며 수학자였으며. 유대 종교 이론을 학생들에게 알려주었다. 그는 겟세마네 장원의 담임 선생님이셨으며 시내 예배당과 바리새파 학교의 장학관이기도 했다. 니고데모 선생은 장례식을 주관하기도 하고 가난한 사람들에게는 직접 장의사 역할도 하였다.

니고데모 선생은 "점성술은 무엇으로부터 시작하는가?"라는 명제에 대하여 유대의 하나님 종교사상을 점성술과 결부시켜 겟세마네 장원어서 학생들을 가르쳤다.

동방에서 해가 뜨며 사막의 바람과 함께 낙타를 타고 대상들이 예루살렘으로 들어온다. 그중에는 동방박사들이 세상을 여행하고 다닌다. 특히 별을 보고 점을 치는 페르시아의 동방박사인 매기들, 점성술자들이 말하는 이야기는 사막의 대상들로부터 나오는 전승의 이야기로 무궁무진하다. 동방박사들이 니고데모 선생을 찾아온다. 그들은 지식을 토론하고 간다.

이 지구상에 모든 동식물은 하늘에 있는 별자리처럼 그것을 보고 따라서 생기며 사람은 하늘에 있는 오리온좌의 형상으로 하나님이 창조하고 그 스스로 진화되어 갔으며 오늘날에 이르렀다는 것이다. 오리온좌가 인간에게 끼친 영향은 실로 크다는 것이다.

하늘에서 오리온좌를 찾는 것은 간단하다. 아침에 해가 뜨기 전에 동쪽 하늘과 저녁 밤하늘 중앙에 나타나는데, 그 형태를 보면 사다리꼴 두 개를 변이 짧은 쪽을 거꾸로 포개놓은 것같이 그 중앙 가운데는 나란히 세 개의 별이 모여 있는 오리온 벨트가 있다.

좌측 위쪽의 별(알파, Betelgeuse), 우측 위쪽의 별(감마)과 맨 아래 좌측 별(카파 Kappa), 우측 별(베타, Rigel) 네 개의 별을 오리온 벨트 별 세 개를 중심에 두고 대각선을 X자로 그어 보면 각각의 대각선 거리는 사람이 서서 오른쪽 팔을 쭉 뻗어 엄지손가락과 인지손가락을 직각으로 끝까지 펴서 쳐다보는 눈으로 엄지와 인지를 오리온좌에 맞출 때에 X선의 대각선의 길이가 각각 엄지와 인지 사이의 최대 편길이로 들어온다.

그 다음에 가운데 X선 중심에 있는 오리온 벨트의 별 세 개(델타, 입실론, 제타)를 나란히 연결하여 좌측 7시 반 방향 아래로 너리고 X형의 좌측 아래 두 별(베타별과 카파별)을 연결하여 나란히 좌측으로 그어 내려 만나는 점에는 매우 밝은 별이 보인다.

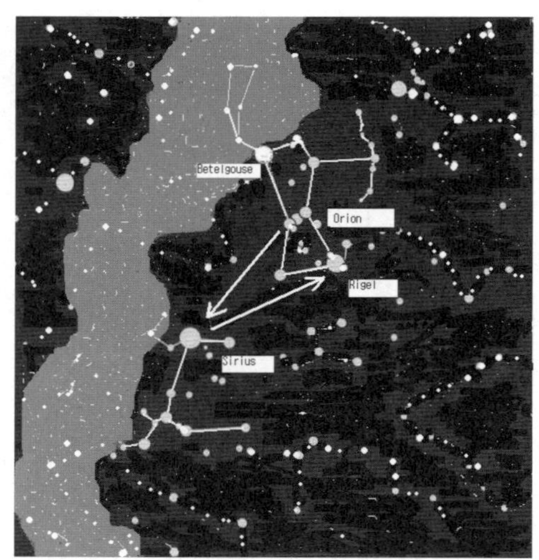

▐▌ 오리온 성좌와 시리우스 별자리 ▐▌

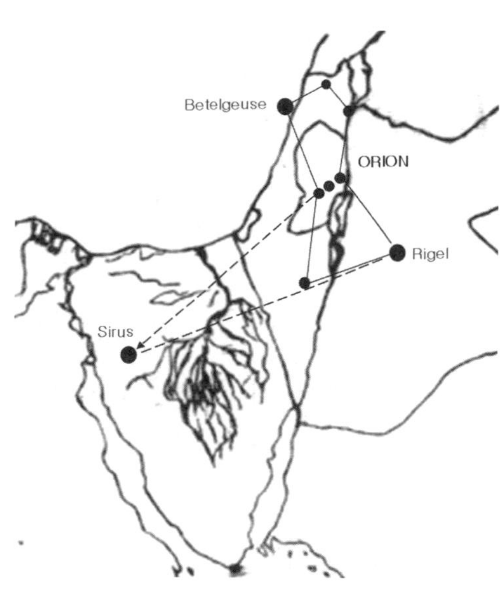

▐▌ 모세의 가나안 진입 계획지도 ▐▌

이 별은 하늘에서 태양계의 해와 그 행성인 목성, 토성, 화성, 지구의 달을 제외하고 항상 하늘에 떠 있는 별, 항성이란 것 가운데 가장 빛나는 별인 시리우스(Sirius)라 이름하며, 동방에서는 천랑성이란 개별(Dog star)이라 한다. 이 별의 거리는 역시 X선의 아래 좌측별(그리스어 : Kappa, X)에서 좌측 8시 방향으로 본다면, 사람이 선 채로 별쪽으로 오른쪽 팔을 쭉 편 상태로 손가락 엄지와 인지만을 편 상태에서 인지의 끝부분 별(Kappa별)로부터 엄지의 끝에 시리우스(Sirius)별이 있다.

이 오리온 성좌의 별은 이같이 인간에게 매우 가까운 상태로, 인간은 이 별을 보고 갖가지 생각을 하였으며 지금도 인류 문화의 발달에 많은 영향을 주고 있다. 오리온좌는 사람 형상이며 아래 개별은 사람의 사냥개라고 하며 이 성좌에서 인간이 동물에 앞서고 지배한다는 점성술이 나왔다.

활의 발명도 오리온좌의 별모양에서 배웠으며 왔고 옷을 입어야 하는 것과 원시인이 몽둥이를 들 수 있는 것도 오리온좌의 모양에서 배웠다는 것이며 다른 모든 동물들도 제각각 하늘의 별과 같이 뼈대가 생겨났다는 것이 점성술의 견해이다.

점성술에 의하면 오리온좌가 몽둥이를 들고 있는 것을 보는 지구상의 인간들이 서로 몽둥이를 들고 싸움하고 오리온좌의 화살모형과 또 은하수 중심에 있는 사수좌를 보고 활 쏘기를 계속 할 것이라고도 했다.

사람의 제일 중요한 무기인 칼, 검도 초승달을 보고 휘어진 크레슨트(Crescent) 칼을 고안하고 만들었다. 바로 메소포타미아, 아라비아의 칼이다.

그래서 니고데모 선생은 세상의 평화를 위해서는 오리온좌의 별자리모양을 몽둥이를 들고 있는 생각과 그림을 없애고 기다란 코슈 빠겟드 빵을 들고 있는 생각과 그림으로 바꾸고 활은 화살촉이 없는 통신수단으로 쓰는 화살과 좋은 음향이 나는 악기와 같은 화살촉 등의 화살로 그려서 인류가 서로 잘 사는 나라로 만들어야 한다고 하였다.

그리고 머지않아 이 유대에 그렇게 할 선지자 한 사람이 나타난다는 것을 성경 토라에서 예언하고 있다고 하였다. 즉, 별들의 운행과 달과 해의 운행을 보고 지구상에서 미래를 예측할 수 있다는 것이다.

오리온좌의 움직임을 보면 한밤중에 오리온좌가 나타나면 포도가 익어 수확할 준비를 하며 아침에 오리온좌가 뜨면 여름이 시작되고 저녁에 나타나면 겨울이 온다는 것이다. 태양이 북쪽으로 올라오면 나일강이 홍수로 범람하기 시작한다는 것은 그리스 역사학자 헤로도투스가 예견했다. 해와 달과 별은 지상에 있는 모든 동식물에게 영향을 준다. 달은 바다의 생물들에게 더 많은 영향을 준다.

하늘의 별자리를 보고 동물은 뼈 구조가 그것과 같으며 그렇게 시작했고 태양은 동식물에게 살과 나무질을 주었고 지구는 피와 물을 주었으며 달은 후손을 낳게 했다는 말이다. 태어난 동식물은 자기의 선조 선대를 따라 같은 얼굴과 식물은 그 나무의 형상을 보며 비슷한 몰골과 나무 대를 형성하며 계속 번창한다는 것이다. 북쪽의 빙하와 산림에서 살아가는 북극곰도 별자리에서 나왔다는 것이다.

북두칠성을 큰 곰의 모양으로 보는 데는 두 가지 견해가 있다. 꼬리 부분을 끝의 별로 보는 시각이 있고, 거꾸로 머리 부분으로 보고 장방형의 네 개의 별을 몸통으로 보는 시각은 같으나 꼬리를 끝의 세 개의 별로 볼 것이냐 더리로 볼 것이냐는 보는 민족마다 다르다. 북쪽에서 살고 있는 사람은 북두칠성 별자리를 보고서 음식을 먹을 때 국자를 생각하고 그것에 착안하여 국자나 숟가락을 고안하여 쓸 줄 알았다는 것이며, 사수 자리를 보고 활을 만들었다는 점성술이 있다.

이것이 점성술로 별들의 모양에서 세상의 만물이 그와 비슷하게 세상을 시작하였다는 것이며 사람들이 별을 보고 점을 치며 생활의 지혜를 얻었다는 것이다.

넓은 별자리에는 사자별자리가 있는데 아프리카 평원에 사자가 태어났고 이집트인들은 사자를 나라의 수호신으로 본다는 것이다. 땅과 우주는 북극을 향하여 우주가 돌고 있다는 설명인데, 이 주장을 증명할 달이 자전하던가 돌지 않는 문제를 그리스 학자들도 해석하지 못하는 사실로 인정하여 땅이 돌고 있다든가 움직이고 있다는 주장을 한 학자들의 견해는 맞지 않거나 틀렸다는 견해이다.

그리스의 사모스 출신 점성가요 수학자였던 이 아리스타르쿠스(Aristarchus)는 지구는 축이 있어서 24시간을 주기로 다른 항성과 함께 태양 주위를 돈다는 가설을 세웠으나 다른 그리스 학자들은 이를 반박하여 달은 어떻게 되는가를 해석하라고 했으며 아리스타르쿠스는 가만히 돌지 않고 있는 달의 상태를 해석하지 못하고 말았다. 달의 운동을 해석할 줄 몰랐기 때문에 달이 과학의 발전을 지연시켰다.

지구가 돈다면 달도 돌아야 되는데 달은 한 달 동안 모양은 갸우뚱은 하는 것 같지만 회전하며 돌지는 않았다. 그래서 아리스타르쿠스는 학설이 아니라는 다른 학자들의 견해에 더 이상 반박하지 못했으며, 다른 학자들의 견해인 태양이 지구를 비추면서 돈다는 설이 오랫동안 유지되었다.

바빌로니아 사람들은 밤하늘의 별자리를 보고 상형문자를 개발했으며 별자리와 같은 집을 짓고 살았다. 이집트 사람들은 오리온좌의 별자리를 유난히도 좋아하고 그 별자리처럼 사다리꼴 형태의 모자를 쓰고 옷과 신전과 도시와 집을 그 모양과 비슷하게 만들어 입고 건축하였으며 전쟁에서도 전투대형을 사다리꼴 방진을 치고 적과 대치하며 사다리꼴 대형을 유연하게 움직였다. 오늘날에도 군사작전과 전투대형은 이 사다리꼴 에켈론 진형이 쓰이고 있다. 그리고 이집트는 오리온을 상징하는 건국신화를 창조했다.

오리엔트 동양에서는 오래전 원시시대부터 북극성을 매우 중요하게 여겼으며 북극성을 중심으로 북두칠성이 돌고 있는 형태를 연속으로 그림으로 그리고 둥근 원의 중심인 북극성과 이를 주위에서 돌고 있는 북두칠성 형태를 보면 마치 수레바퀴와 같아서 고대 원시시대부터 사람들이 아마도 수레와 수레바퀴를 발명하였을 것이고, 아시아 유목민은 이 새로운 개념으로 먼 곳에까지 가는 데 말과 수레를 이용할 줄 알았으며 전쟁 때에는 말이 끄는 전차를 발명하여 실제로 힉소스민족은 전차로 이집트를 공격하여 나일강 삼각주 지역을 점령하였다. 이집트는 당시 말이 끄는 전차가 없었다. 북극성과 북두칠성은 수레바퀴의 수레를 인간에게 암시했다. 바퀴의 창살을 인간에게 예고한 것이다. 이것이 점성술이다.

그리스 학자들이 아카데미에서 수학과 과학의 현실적 토론을 하고 있는 반면 바빌로니아와 이집트, 페르시아 등에서는 점성학자, 도술자, 동방박사인 매기 등이 천문을 연구하고 사막의 밝은 밤하늘을 유심히 관찰하는 동안 다른 특이한 사항을 발견하였다. 하늘의 별의 움직임을 보고 해석하여 같은 계절이 다시 올 것이라는 기대와 예측하는 시기가 예언되었고 때가 되어 계절이 오면 예언한 것과 잘 맞기도 했다. 원시시대부터 동네나 씨족국가나 부족국가에는 밤하늘을 관찰하는 천문대가 있었다.

일 년 동안 밤하늘을 보면 두 번 똑같은 일이 되풀이 되는데 계절이 정확하게 다시 오며 이집트 남쪽 테베부근에는 일 년에 한 번씩 깊은 우물에 해가 비치는 날이 한 번 있으며 태양의 위치 존재가 계절에 따라 다르게 나타나고 나일강 홍수와 관련이 있다고 하였다. 오리온좌는 사냥꾼이란 말인데 별자리 모양이 주변에 있는 모든 동물들을 잡을 수 있는 몽둥이와 활모양이었다. 그리고 허리에는 칼을 차고 있는 듯한 별 세 개가 보이는데 지상에서 사람들이 이것을 보고 칼을 만들어 허리에 찬다는 것이다. 참으로 기발한 별 해석도 다 있다.

그리고 오리온좌 사냥꾼 뒤에 시리우스라는 사냥개 별자리가 있는데 이것이 오리온의 사냥개라 한다. 오리온은 이 사냥개를 데리고 있었는데 그 개가 원시시대부터 길들여진 늑대나 사막의 개들이라는 것이다. 사람들이 야생의 개를 키울 줄 아는 것도 오리온좌에서 배웠다는 것이다.

오리온좌의 중앙에 있는 별 세 개는 허리에 칼을 차고 있는 듯, 이 별들과 남쪽으로 일직선을 이루는 좀 떨어진 거리에 이 시리우스라는 사냥개자리 별 중에 제일 빛나는 별이 있다. 이 별은 태양과 같이 황도를 지나 움직이는 행성들인 목성, 토성, 화성, 금성을 제외하고 하늘에서 은하수를 따라 가만히 언제나 같은 위치에 있는 제일 밝은 별이며 일 년에 한 번씩 최대의 밝기로 나타나며 이 별이 돋쪽에서 태양과 함께 뜨면 여름이 시작되며 나일강 홍수가 시작되는 여름이 온다는 것이다.

이집트 사람들은 이 시리우스별의 밝기를 주기로 일 년이 365일쯤 됨을 알았다. 그래서 연수를 그것으로 지나가는 연도로 표시했다. 이와 같이 모든 지구의 영향은 별에서부터 받는다는 생각이 점성술이라는 것이다.

모든 이치를 별로서 생각하고 별에서 왔다는 생각이 점성술이며 그 별자리가 가장 잘 보일 때 태어나는 아기는 그 별과 같은 길을 갈 운명을 가진다는 점치는 이론으로 확대되어 발전하는 것이 점성술이라고 하였다. 그래서 별을 보고 점치는 일로 출발하여 교수가 된 점성술의 대가를 동방박사 매기(Magus, Magi)라고 한다.

사람들은 이런 사람들을 인류의 스승으로 여기고 동방박사로 존경했다. 유대의 예루살렘이 동방외국의 침략을 많이 받았어도 그 도시인 베들레헴이 파괴되고 부서지지 아니하는 것은 그곳에 동방으로부터 온 점성술 학자 동방박사 매기들의 그림과 별을 보고 점을 치는 그들의 그림벽화 모양이 이 옛날로부터 남아 있기 때문이라 한다. 특히 예루살렘에 있는 아브라함의 바위는 별을 보고 점을 치고 제사지내는 거룩한 바위이며 아브라함이 이 바위 위에서 이삭을 살렸다. 이 바위는 성스러운 바위이기 때문에 훼손하는 집단이나 사람은 없다.

이 바위는 천문대이며 제사 제단이며 동방박사들이 모여드는 바위다. 이 바위 위에서 밤하늘의 별들을 본다. 청명한 밤하늘, 바위 위에서 바람이 사뭇 부는 밤에 동방박사들도 별들을 본다.

그런데 이 하늘의 무수한 별들을 누가 만들었는가를 해명하는 것은 아니 되더라도 하나님이 계셔서 이 별들을 만들었다고 가정하면 생각이 쉬워지는 것이다. 스스로 존재하는 절대자가 있어서 이들을 만들었다면 전지전능한 하나님이 되는 것이다. 유대민족은 이렇게 해답을 얻었다. 우주를 지배하는 존재가 있으니, 언제나 있으니 그분이 유일하신 하나님이시라는 해석으로 점성술은 유대의 유일신 사상과 접한다고 말하였다.

하나님께서 창세기를 연 이래 아담과 이브가 태어난 후 노아선조를 거쳐 하나님으로부터 시작하여 22대에 이른 선조인 아브라함이 이 가나안 땅에 정착하고부터 이스라엘 유대의 역사와 토라가 시작한다고 하였다.

아브라함은 초생달형 옥토지역, 또는 기름진 초승달 지역이라 하는 크레센트 훠타일(Crescent fertile, The Fertile Crescent) 지역에서 최초 "C"로 시작되는 티그리스—유프라데스강 어귀에서 글자가 시작하여 두 강의 상류 위로 올라 하란에 이른다.

여기서부터 골란고원이 있고 그 아래는 요단강이 시작되는 출발점이 되어 사해에 도착한다. "C"형 글자가 완료되는 초승달형 옥토지역을 무대로 요단강 유역에서 유대인의 역사이야기가 시작된다.

에덴동산이 있었던 티그리스—유프라데스강 어귀의 "V"형 지역은 쐐기형 또는 삼각주, 웨지(Wedge) 지역으로 이 지역의 모양과 같은 쐐기형 글자가 문명사상 처음으로 설형문자로 세상에 처음 나왔으며 오늘날의 기록 문명의 최초 지역이다.

이곳에서 하나님으로부터 10대 선조인 노아가 대홍수를 피하였으며 21대조 테라는 영매한 자신의 아들인 아브라함을 데리고 초승달 옥토 지역의 서쪽인 지중해 지역으로 이주하고자 했다. 그는 모든 가산을 처분하고 권속들을 데리고 메소포타미아를 떠났다. 테라는 땅이라는 뜻의 이름이었는데 그 역시 이름과 같이 많은 땅을 경작하고 싶었던 것 같다.

그들은 이동을 시작하여 북쪽 하란(로마의 지명 ; 카래)에 이르렀을 때 아브라함은 좌회전하여 가나안으로 내려왔고 테라의 다른 아들들은 흑해 연안인 그루지아(조지아)로 갔다고 전해진다. 서해안에 이르러 아들인 아브라함이 하나님의 계시를 받아 드디어 가나안 땅에 정착하였다. 이들이 서쪽으로 이동하는 개척정신은 그 후로도 계속되었다. 이같이 아브라함은 카래에서 그의 아버지 테라의 형제 가족들과 두 갈래로 나누어졌다. 가나안으로 들어온 아브라함 가족과 더 위로, 투르크 터키 쪽으로 더 올라가 흑해와 카스피해 사이의 코카서스라는 높은 산이 있는 곳으로, 그 산 아래 서남쪽 기슭이 사람살기 좋고 장수하는 곳으로 떠난 가족들이 있었으며 이 땅이 조지아 땅이다.

(후세에 1~2천년이 지난 때에 그곳 지역에서 요셉이라는 사나이가 어려운 가정생활에서 태어나고 자라겠으나 이집트에 팔려간 야곱의 아들 요셉처럼 이스라엘 형제를 필사의 죽음에서 구하여 줄 것이다. 아주 먼 옛날 가나안에 있던 야곱의 아들 요셉이 이집트에 팔려가 후일 야곱의 집안의 아들 형제들이 가뭄으로 인해 이집트에 유랑민으로 들어왔을 때 이 형제들을 가뭄에서 다시 살리듯이, 이 조지아 땅에서 후일 요셉이란 사람이 태어나 이스라엘민족이 죽음에서 허덕이는 전쟁터에서 승리하고 죽어 가고 있는 이스라엘민족을 구원할 것이다.)

이들의 이동뿐만 아니라 문명이 동쪽에서 서쪽으로 계속 이동하고 있었던 것은 다른 많은 사람들 역시 복잡하고 인구의 한계점이 도달은 티그리스-유프라데스강 지역에서 탈피하고자 안간힘을 쓴 인류의 생활 투쟁이었다.

가나안 땅은 유럽에서 아프리카로 들어가는 길목이며 유럽에서 해상으로나 육상으로도 아시아로 들어가는 상륙지점인 동시 교두보이다. 알렉산더 대왕이 아시아를 원정한 이후 세계의 땅은 그 크기가 확대되었고 인도라는 나라의 실체가 확인되었으며 그 너머 또 다른 세계가 존재할 수 있다는 것도 암시되었다. 그리고 이 지역으로부터 유입된 문물 중 비단의 실체는 그 신기한 옷감이 어디에서 생기고 짜여지는지 도무지 알 수 없었으나 머나먼 동쪽의 땅으로부터 온 것이란 것에 감탄할 뿐이었다.

티그리스-유프라데스강 문명의 사람들은 알프스 빙하기를 벗어나고 있는 새로운 땅 유럽쪽으로 민족이 대이동하는 전환점에 접어들게 되었다. 대대적 전체국가가 일어나 왕이라는 일인지배의 시대가 열렸다. 왕의 등장은 세력간 전란 속에 휩쓸리게 되었고 백성들은 우왕좌왕하는 시대의 도래로 일부 민족의 대이동은 불가피하였다.

민족의 대이동은 대개 전쟁을 피하기 위한 것이 큰 이유이고 이것으로 인해 또 다른 전쟁이 시작되고, 이로 인한 연속적인 전란이 꼬리를 물기 시작한 것이다. 이 전란을 피하여 테라는 하란에 도착하였다. 가나안이란 목적지는 아직도 먼 곳인데 테라선조는 여정을 아들인 아브라함에게 넘기고 세상을 떠났다.

하란이란 곳은 참으로 역사적 대사와 민족의 사연이 많은 곳이다. 바벨론이나 니느웨에서 지중해 해안으로 넘어오는 길목에 있는 요충지가 하란이다. 초승달 모형의 옥토지역에서 제일 북쪽 정상인 지점이 하란이다. 하란을 정점으로 반달의 원을 그리면서 페키니아 해안으로 내려오는 역사적 지형의 지점이 하란이다.

로마제국은 이곳을 카래라고 부르며 이 카래의 전투에서 역사상 로마 군사가 패퇴한 몇 번의 전쟁사가 기록된 곳이다. 이곳에서 로마제국의 군사가 페르시아의 후속 왕국인 파티마 왕국의 군사에게 거의 전멸당하고 집정관이며 삼두정치의 한 사람이며 로마 노예 반란군 스팔타카스의 봉기를 진압한 로마의 명장 마크스 리키니우스 크라사스의 군단이 전몰당한 군사상 요충지이다.

이 지역에 있었던 전투를 로마군은 카르해 전투라 하며, 로마사람들은 로마건국 이후 수많은 패배의 전투 중 잊지 못할 전투로 항상 잊지 말자는 전투로 칸네의 전투와 같이 역사적 교훈으로 생각한다.

이 로마와 페르시아-파르티마부족 연맹 간의 전투는 서남아시아 여러 부족들이 로마군의 동방 원정이 알렉산더 대왕처럼 다시 중동으로 밀려오는 것으로 보고 다시는 알렉산더 대왕의 시대에 있었던 뼈아픈 과거를 밟지 않겠다는 의지로 중동 소아시아 서남아시아 전 부족들에게 반격전쟁에 가담해 줄 것을 요청하였으며 고대 그리스의 트로이전쟁 이래 알렉산더에게 다시 패하고 다시 하란인 카래에서까지 패하면 중동, 서남아시아는 희망이 없다고 판단했다.

소아시아인 트르크, 터키에 인접해 있는 사모스섬 등 여러 섬들이 트로이가 그리스 전쟁에 패한 이후로 아직까지 그리스 영토이며 언어, 그 문화권에 계속 속하고 있기 때문에 고대의 큰 전투에서 승리와 패배의 한방이 그 후 수천 년을 좌우하는 문명의 결정판이기 때문이다.

이 하란인 카레의 전투에서 로마군과 파르티마—페르시아—시리아—아라비아연합군은 쌍방이 총력을 동원하여 싸웠다.

이 중에 결정적 타격은 서남아시아지역, 아라비아 반도에서 홍해 어귀 엘랏에서 집결하여 지원군으로 왕의 대로를 타고 올라온 새로은 낙타기병대가 뒤늦게 도착하여 전투중인 로마군에 결정타를 날렸다.

그 남쪽에서 온 지원군의 일부는 홍해를 끼고 있는 아라비아반도에서 왔으며 초승달과 같은 휘어진 특수한 칼인 아리비아의 검을 썼다. 로마군이 쓰는 직선상의 곧은 칼이 아니라, 초승달과 같은 휘어진 칼을 휘둘러 치는 충격용 칼이다.

사막에서 낙타와 말을 타고 마치 사막의 바람과 함께 질풍같이 쳐들어와 직사각형 방진을 치고 있는 로마군의 대열에 회리바람처럼 일격을 가했다. 그들은 물러났다가 다시 세찬 질풍처럼 아라비아의 검을 휘두르며 로마군 앞어 돌진해 왔다. 낙타기병대의 전술은 로마군단의 보병과 기병을 분리시키는 방법이다. 보병과 기병이 상호 연결 연대하여 있으면 천하의 무적 로마군단을 무너뜨릴 수 없다.

파르티마와 아라비아 연합기병대는 로마군 보병을 기습하고 치고 또 달아나고 하여 수차 되풀이하자 로마군단 기병대가 참지 못하그 파르크마 기병대를 추격했다. 약이 오른 로마군 기병대가 사막의 계곡으로 유인되어 들어오자 파르티마 아라비아연합군은 사방에서 화살로 퍼 부었다. 크라사스 집정관의 기병대를 지휘하던 집정관의 아들 퍼불리우스 크라사스의 기병대는 큰 피해를 입고 퇴각하였다. 한편 로마 보병은 파르티마군에게 역포위당하여 집정관 크라사스는 충성스런 호위군도 다 잃고 최후의 순간을 맞이하여 자결하였다.

때는 BC 53년이었다. 이 전쟁사는 로마 역사상 큰 패전 중 하나의 전투였다. 아들은 아버지를 구하지 못하였다. 간신히 본진에 도착한 그들은 보병이 전패했음을 보고 다시 추격하는 페르시아 낙타기병대와 일전을 거듭하며 달아났다. 크라사스의 아들 퍼불리우스는 자결하려 했지만 로마군은 그의 머리를 쳐서 실신시키고 말에 태워 달아났다.

그리고 얼굴이 비슷하게 생긴 충성스런 장교가 퍼불리우스의 전투복과 지휘관 인장을 바꿔 차고 적과 싸우다가 전사했다. 그 패잔병들이 어디로 철수하였는지 모르지만 그의 부대는 로마로 돌아오지 못하였다. 이들은 흑해에서 제지당하여 중앙아시아를 넘어 어디론지 떠나갔다고 한다.

이 전투에서 결정타를 준 서남쪽 아시아 아라비아 사막에서 온 낙타기병대는 파르티마 페르시아군에게 승리를 안겨 주었으나 승전의 축하연에 참석하지 않고 남쪽으로 황급히 떠나고자 하였다.

파르티마의 낙타기병대 대장이 아라비아의 기병대장에게 물었다.

"승리의 전공을 세우고도 전리품을 마다하고 떠납니까?"

"국왕께서 위독하셔서 왕궁으로 돌아가야 합니다. 왕자님께서 직접 군사를 지휘하고 있습니다. 약속을 지키기 위해 나오셨습니다만 빨리 돌아가야 합니다. 로마군단 깃발과 방패를 일부 압수한 것이 있으니 승전을 왕궁에 보고할 수 있습니다."

그들은 후사 문제로 전쟁터에서 얻은 로마군의 군장비 등 전리품을 취할 수 있는 시간이 없었다. 왕자가 지휘하는 아라비아의 기병대는 전쟁에서 전리품에 연연하지 않고 사막의 신기루처럼 낙타를 타고 먼지를 일으키며 다시 서남쪽으로 사라졌다. 이들은 아시아 서남쪽 아라비아반도의 해안, 연안을 따라 왕국을 세운 부족국가였다.

니고데모 선생은 이 부족들이 아브라함이 하갈에서 낳은 아들인 이스마엘의 후손들일 것이라고 말하였다. 테라의 다른 씨족들은 아브라함과 헤어져 더 북방으로 흑해까지 더 가지 않았나 생각된다. 카스피해와 흑해 사이에는 천혜의 좋은 땅이 있다는 것이다. 코카서스 남쪽 조지아 땅이 아마도 그 좋은 곳이 아닌가 한다.

아브라함은 초기 이름은 아브람이었으나 후일 소돔―고모라전쟁에 출병할 당시 하나님의 계시로 아브라함으로 개명하게 된다.

그가 처음 가나안에 도착하여 터를 잡고 개척생활을 준비하는데 어떤 손님이 왔다 하였다. 누구냐고 물어보니 멜기세덱이라 하는 이 지방 토속종교의 성직자라고 했다. 그는 겸손하며 성스러운 사람처럼 보였다.

아브라함은 조상으로부터 내려오는 믿음이 있으며 여호와 하나님을 믿는다고 하였다. 멜기세덱은 아브라함과 좋은 담소를 하다가 돌아갔다.

여호와 하나님은 유태인들이 생각하기에 그 이름이 여호와이지만 다른 민족이나 다른 나라에서도 이와 같은 신이 존재하므로 인류의 초월적인 최대의 신은 각 나라의 고유명사가 틀릴 뿐 그 존재는 같은 점도 있다. 모든 인류의 신은 하나님이시라는 견해이다.

유대 족보상 10대조 노아의 방주에 관하여 전해 내려오는 이야기가 있다. 티그리스-유프라데스강 지역은 옥토이다. 그런데 몇십 년간 주기로 한 번씩 많은 비가 와서 두 강이 발원하는 아랏산에서 눈 녹은 빙하물과 여름철 우기와 페르시아만의 바람이 몰아쳐서 동시 다발이 되면 티그리스-유프라데스강 유역은 나일강처럼 홍수가 발생하여 황폐화되고 다시 경작하여 좋은 땅이 되기까지 많은 시간이 걸렸다.

아브라함 가족은 가축을 기르는 유목민이며 그 아버지 테라는 그의 동생과 사냥을 나갔다가 만난 가난한 집안의 딸을 그의 동생과 결혼시켰는데, 동생의 부인은 딸을 낳았고 그 딸의 이름을 사라라 하였다.

사라는 테라의 아들 아브라함과 혼인하였다. 사라는 아브라함을 따라 우르를 떠났다. 사라는 미모가 뛰어났다. 오리엔트 중동에는 여자의 미모가 너무 아름다워 다른 남성들이 곁눈으로 자연스레 보게 되어 감탄하는 경우가 많았으므로 여자의 얼굴에 대하여 좀 가려야 한다는 이야기가 그리스 헤로도투스의 역사책에 나온다.

원래 이 중동의 어떤 부족국가들 중에는 여성들도 성년식을 하는데 왕족의 공주든 누구든 한 번은 보름날 달밤에, 축제가 있는 날에 신전 부근에서 만난 전혀 모르는 남자와 단 한 번의 사랑이 있어야 하고 그것으로 성년식을 지내야 하는 이상한 풍습이 있었다. 후일 이것은 다른 여러 나라에도 있었던 일로 평민으로 남자와 결혼할 처녀는 그 지방 영주가 요구하면 먼저 몸을 허락해야 한다는 지금의 견해로는 이해가 되지 않는 풍습도 모두 지나간 인류사의 흔적이다.

우르는 매우 번성한 도시였다. 아브라함은 아버지 테라를 따라 사막을 넘어 장사하는 대상의 여행에 자주 참여하여 북쪽의 머나먼 세계 여러 지역을 잘 알고 있었다. 어느날 하나님 말씀이 아브라함에게 왔다.

아브라함 가족은 초승달 옥토지역인 서쪽 서부로 이주하기로 하였다. 먼데로 나가서 더 잘 살아야겠다고 생각했다. 이들은 하나님의 말씀을 따라 먼 길을 떠났다. 아브라함은 자기 가족만 떠나기는 많은 모험이 있으므로 친척 중 뜻이 맞는 자기 동생 하란의 아들인 조카 롯에게 계획을 말하고 그를 설득하여 롯의 아내와 함께 고향을 다 같이 떠나기로 하였던 것이다. 롯의 아내는 사라와 잘 아는 친구였다.

아브라함은 티그리스-유프라데스강 유역과 요단강 평야가 펼쳐지는 특수한 모양의 지역으로 불리는 초승달지역의 위쪽 가운데 부분인 하란 땅에 도착하였다. (역사학자들은 이때를 역사적 연대 추적으로 이집트에 온 야곱의 후손들의 체류기간 약 430년과 출애굽 기간 약 BC 1440년 등으로 역산하고 아브라함의 생존 연대 175세 기록을 넓게 잡아서 약 기원전 BC 2100~2050년으로 추정된다고 말하고 있다. 이 먼 길을 가족이 대이동하자면 낙타와 말을 이용하지 않았으면 불가능하였을 것이다.)

롯은 후일 아브라함과 함께 우르를 나와 요단강 동편의 땅인 암몬에 정착하여 요단 동편의 땅인 암몬땅을 개간하고 그 땅의 씨족장이 되어 오늘에 이른다. 오늘날에도 롯이란 가문이 암몬 땅에 남아 있다.

아브라함은 초승달 기름진 옥토 지역의 정상부분인 하란을 우회하여 가나안 세겜에 도착하여 생활을 시작하였으나 이 지역 역시 잘 살아가기에는 만만치 않은 곳이었다. 유목민이 정착한다는 것은 참 어려운 일이다. 하지만 그는 열심히 노력하여 가축을 키우고 과수원을 개척하여 포도나무를 심고 점차 성공하기에 이르렀다.

편안한 생활을 하고 있는 가운데 한 가지 걱정이 있다면, 아내 사라와 사이에 자식이 없었다. 아브라함은 아름다운 사라가 여러 해가 지나도 아이가 들어서지 않으니 걱정하던 차에 가나안 땅에 비가 오지 않는 가뭄도 여러 해 계속되었다. 그는 곡식이 풍요한 이집트에 가서 양식을 구하고자 하였다. 또한 이집트에 가면 좋은 음식과 좋은 약을 구할 수 있으니 그것을 먹으면 아기를 낳을 수 있다는 소문도 있고 하여, 아브라함은 아내 사라를 데리고 낙타를 타고 대상의 길을 따라 이집트로 들어갔다.

그는 그곳에서 이집트의 위대한 문물을 보았다. 아브라함은 대상들과의 여행에서 하마터면 사랑하는 아내 사라를 납치당할 뻔하였다. 사라의 미모가 뛰어났기 때문이다. 아브라함은 나일강변에 쌓은 수중보와 강변의 제방 등 이집트 문명을 보고 가나안 땅으로 돌아왔다.

'가나안에도 제방과 저수지를 만들자.'

아브라함은 하나님을 정성으로 섬기며 유목사업과 목축사업을 더욱더 확고히 하고 메마른 개천에 제방을 쌓고 수중보를 쌓아 물이 고이도록 하고 연못을 만들었다. 그리고 우물을 깊게 파서 물을 끌어올리고 수로를 만들어 물이 풍족하게 하여 가축의 수와 떼를 늘렸다.

그리고 이집트 여행에서 배운 것같이 개천의 물을 이용하여 풀이 자라게 하고 소규모 소택지, 저수지를 만들고 씨를 뿌려서 정착의 생활을 발전시켜 나갔다. 마을 시장에 곡식과 가축을 팔아 재산도 늘리고 하속들도 많이 고용하기에 이르렀다.

이집트에서 돌아오긴 하였으나 여전히 부인 사라에게는 아이가 없었다. 한편 다시 유목 생활을 하고 있는 아브라함 가족에게는 듯하지 않은 타도시 간의 전쟁으로 전란에 휩싸이게 된다.

소돔과 고모라의 부유함을 시기한 북방 해안지방고 북쪽 유목민의 대량 이주, 여기에 합세한 북방 도시 왕들이 병력을 출동하였으니 시날 왕 아므라벨, 엘라사 왕 아리옥, 엘람 왕 그돌라오멜, 고임 왕 디달 등 4개국의 왕들이 동맹하여 동맹군 총사령부를 세우고 아스드롯 가르나임에서 르바족속을 격파하고, 함에서는 수스족을 파하고, 사웨 기랴디임에서 엠족을 공격하여 파하고, 호리족속을 세일산에서 공파하고 엘바란 광야에 도달하였다. 네 명의 왕들은 병력을 좌회전시켜 유명한 이집트의 전방 요새 엔미스밧 가데스 바네아로 진격하여 이집트 동맹국인 아말렉족속의 전 영토를 점령하였다.

이어서 그들은 하사손다말에 있는 아모리족속을 공격하니 아모리족이 소돔과 고모라로 쌍둥이 도시국가에게 도움을 청하였다. 이에 소돔 왕은 세일산이 적의 수중으로 들어가 그곳에서 아직 거리가 있지만 곧 남쪽 조아르가 공격받을 수 있다는 생각에 불안하여 사해 서쪽 중간지점에 있는 고모라 왕에게 사람을 보냈었다. 고모라 왕도 가데스 바네아가 함락당했다고 위험을 느끼던 차 소돔 왕에게서 사신기 오자 오히려 군사를 보내 달라고 하여 아드마 왕과 스보임 왕과 벨라소알 왕의 군사를 연합하여 총연합군을 조직하고 사해 서쪽으로부터 요단강 동편 싯딤 계곡으로 진격하여 동맹군과 연합군이 대결전을 벌였다. 사해를 가운데 두고 숨바꼭질처럼 전투가 시작되었다. 소돔 왕은 사해 동편이 불안하였지만 고모라를 도우지 않으면 또는 고모라가 배반하면 양쪽에서 협공을 받아 잘 살았던 소돔 도시도 완전히 망하게 됨으로 조아르에 소수 병력을 남기고 싯딤 전투에 합류했다. 싯딤에서 공방전이 한참이던 차에 4개국의 동맹군은 기동전략을 세우고 지름길을 택해 매복하면서 기병을 요단강 동편 길로 소돔도시를 치기 위해 사해 동편으로 내려와 사해 남쪽 조아르로 진격시켰다.

이때부터 이 길을 네 개국 왕의 길이라고 했다. 이 왕의 도로로 내려와 아라바계곡을 비밀리에 건너 사해를 돌아서 소돔 고모라 연합국 군사가 싯딤 전쟁터로 가서 비어 있는 소돔을 먼저 치고 연이어 고모라의 도시를 습격하였다. 전투가 개시되자 이 소문을 들은 5개국 연합군은 도시에 있는 가족들을 염려하여 전열이 흩어졌다. 5개 연합군이 싯딤에서 각기 흩어져 소돔과 고모라로 돌아오고자 할 때 주변에 매복하고 있던 4개국 북방 동맹군이 기습하여 소돔 고모라군은 대참패하였다. 사해 전략 작전에서 우수한 동맹군의 전략에 소돔 고모라를 주축으로 한 연합군이 먼저 패한 것이다.

5개국 소돔 고모라 왕들은 흩어진 전열과 지역을 잘 알지 못하는 지역에서 역청과 검은 흙의 진흙 늪지 싯딤의 이전투구의 전투에서 북방 왕의 동맹군에게 완패한 것이다.

이 싯딤의 지형은 훗날 이집트를 나온 이스라엘민족이 가나안으로 들어가기 위해 안전한 영채를 친 곳이다.

연합군 주력인 소돔 왕과 고모라 왕의 군사는 늪과 같은 역청지역에 빠져 거의 전멸되고 4개 동맹군은 곧 소돔과 고모라 쌍둥이 도시로 대거 입성하였다. 동맹군은 소돔과 고모라를 철처히 방화하고 약탈하였으며 모든 주민을 포로로 데리고 가서 노예로 삼았다. 이들 중에는 아브라함의 조카 롯도 있었다.

4개국의 왕들은 대성공을 거두고 전리품과 노예와 땅을 나누었다. 이 와중에 조카인 롯의 지역이 휩쓸리고 롯 또한 노예로 사로잡혀서 끌려갔다.

아브라함은 벧엘과 아이성 지역에서 유목을 하고 있었으며 소돔과 고모라가 함락되었다는 소식을 듣고 아모리 족장인 마므레의 상수리 수풀 유목 장막에 가서 상의하고 있었다. 소돔에서 피난 나온 사람이 조카인 롯의 피랍 소식을 아브라함에게 알렸다. 아브라함은 깊은 생각에 잠겼다. 우르에서 조카인 롯과 함께 떠나와서 하란을 거처 여기까지 왔는데 롯은 유목민 생활을 청산하고 도회지 생활을 하기 위해 소돔과 고모라에 기반을 두려고 도시로 들어갔고 아브라함인 자신은 유목민으로 헤브론으로 돌아갔는데 롯이 도회지 읍성에 있다가 난리를 당했다. 이를 구할 것인가 그냥 잊어버리고 못 본 척 눈 감아 버리고 말 것인가, 친구며 조카이고 동반자이며 의지할 친척인데 목숨을 걸고 싸워서 구출할 것인가. 여러 식구들을 생각하니 결단을 내리지 못했다.

그러나 아브라함은 유목민으로 거처를 수시로 이동하며 유목민끼리 연합을 하고 있었다. 그는 아모리족 마므레와 에스골 아넬족과 연합하여 유목부족의 상호안전을 유지하고 있었기 때문에 시날 왕 아므라벨이 동맹한 동맹군이 소돔과 고모라 침공전쟁에는 휘말리지 않고 중립을 취하고 있었다. 유목민이 한 번 단결하여 전쟁에 집중한다면 그 세력은 폭우와 노도같이 강하다. 그러나 그들은 전쟁을 좋아하지 않는 자유 유목민이다. 그들은 방관자로 전쟁이 끝나면 흩어진 전리품을 공짜로 취하고 줍는 경우가 더 많다. 이들 중에는 베두인들도 있다. 세상에서 가장 자유롭게 살아가는 세상의 자유민이다.

아브라함의 장막에 어두움의 등불이 오락가락하는데 밖에서 손님이 찾아왔다 한다. 누구냐고 물으니 멜기세덱이라 하는 살렘지역 부족장을 겸한 성직자이다. 아브라함이 처음 가나안 땅에 왔을 때 새로운 믿음을 시작해 보지 않겠는가 했던 그 사람이었다. 당시 아브라함은 자신이 믿는 여호와 하나님이 있으므로 사양하였던 것인데, 나중에 알아본즉 이 사람은 부족의 대표자이기도 했고 행동이 정결한 의인이었다.

멜기세덱은 아브라함에게 걱정이 있을 것이라는 말을 듣고 왔다고 하였다. 아브라함의 친인척들뿐만 아니라 많은 다른 사람들도 그 가족과 친지들이 소돔과 고모라에서 잡혀 노예가 될 운명에 있으니 아브라함이 어떻게 할 것인지 의견을 서로 교환하였으면 하였다. 멜기세덱은 아브라함이 어떤 결정을 하면 자기 부족이 돕겠다고 하였다.

아브라함은 고민했다. 우르에 있을 때 난리를 피해 여기 왔는데 이곳이 오히려 그곳보다 못하게 되었다. 여호와 하나님의 뜻이 실현되는 수는 영영 없는가. 아브라함은 고민 끝에 전투출병 여부를 결정하기 위하여 하나님께 기도하였다.

"하나님께서 저희를 도와주십시오. 믿고 의지할 곳은 오직 하나님입니다. 조카 롯이 저와 함께 이 멀고 먼 나라, 젖과 꿀이 흐르는 천국의 땅이라고 생각한 이 가나안 땅에 왔는데, 죄 없이 잡혀서 노예로 팔리게 되었습니다. 제가 구출하지 않으면 저의 약속도 신의도 잃으며 후일에 비겁한 자로 남을 것입니다. 롯을 구하기 위하여 전쟁을 해야겠습니다. 우리들에게 싸울 힘을 주시고 또 하실 수 있으면 승리하게 하여 주십시오. 주님의 이름으로 기도드립니다. 아멘."

하나님께서 아브라함에게 응답하셨다. 아브라함의 귀에 들렸다. 당시까지 아브라함은 아브람이란 이름을 쓰고 있었다.

"아브람아, 아브람아! 너는 메소포타미아 우르에서 아담의 후손으로 노아를 거쳐 나의 뜻에 따라 가나안으로 들어왔다. 이제부터 너를 아브라함이라 부르겠다. 너는 가나안족장이다. 내가 소돔과 고모라에게 마지막 기회를 주고자 한다. 그들은 열심히 일하지 아니하고 마약과 환각제와 최음제나 재배하고 타락으로 가고 있어 내가 버리려고 하고 있었으나 너 아브라함이 롯을 구하겠다 하니 너에게 메소포타미아의 반달 크리센트 검을 다시 들게 승락하마. 가서 소돔과 고모라를 구하라. 이번만이다. 낙타를 타고 내려가 롯과 그 가족을 구하라. 롯의 아내는 나 여호와를 섬김이 지극하여 내가 그 구원의 기도를 들었느니라. 가서 그들을 구하여 돌아오되 재물은 스스로 탐하지 말고 그곳을 바로 떠나라. 그들의 운명은 그들 자신에게 다시 올 것이다."

　기도를 마친 아브라함은 우선 삼백 여 명의 하솔들을 모아 유목민 민병대를 조직하였다. 메소포타미아에서 어린 시절부터 민병대로 지냈던 기억을 더듬어 조직과 전투대형을 만들고 훈련을 시켰다. 그리고 창고에 가서 녹슨 메소포타미아의 휘어진 초승달(Crescent) 칼을 찾아 한밤중에 달빛 아래 긴 숫돌 앞에서 무기를 점검하고 있었다. 아들 이스마엘이 잠을 자다가 나왔다.

　"아버지, 한밤중에 주무시지 않고 칼을 …… 제가 내일 아침에 하겠나이다."

　"들어가서 자라. 어린 것이 이런 것 하면 다친다. 검은 날카롭다."

　"장정 아저씨들이 그러던데요, 왜 낙타를 출동하는 사람들 숫자보다 많이 가지고 가시냐고요? 가다가 다 빼앗기면 어떻게 하냐고 그러고요. 족장님 명령이지만 각자 집에다 유산으로 좀 남기고 가면 안 되나 하고들 있으세요. 서로들 전쟁에 나가는데 돌아온다는 보장도 없고요 불평하는 것을 들었어요."

　"내가 내일 설명하마. 너도 이제 알아야 한다. 유목민 유격대는 전쟁시에 기동성이 있어야 한다. 여분의 낙타가 있어야 낙타가 지치면 바꾸어 타고 쏜살같이 움직여 적의 정보 파발꾼이 자기들 아군에게 알리기 전에 먼저 적진에 도착하여 바로 쳐들어가야 이긴다. 내일 내가 비밀리에 그들에게 설명할 것이나 너는 나의 자식이니 잘 알아야 한다. 그리고 나한테는 롯이 조카지만 너한테는 아제다. 롯의 부인이 사라 엄마의 친자매는 아니지만 가까운 친척으로 여자 형제간이다. 롯 아제의 딸은 너보다 나이가 많은 성숙한 귀염둥이 딸들이다. 너도 그들과 형제간이라 생각하고 누나들을 구해 와야 한다. 누나들이 노예가 되는 것을 보고만 있을 수는 없다. 내가 죽는 게 낫지. 너도 출동해야 한다. 롯 아제와 식구들을 걸어서 데리고 오겠느냐? 가족들도 찾아 낙타나 말을 태우고 와야지. 전쟁에서는 승리만을 생각해라. 미리 겁먹고 죽는다는 걸 생각하고 도망할 생각이나 하면 싸우지도 못하고 지게 마련이다. 우리는 이긴다. 이겨서 돌아오고 떠날 때 낙타보다 열 배를 가지고 돌아오도록 궁리하고 계획한다. 이왕에 전쟁하기로 했으니까. 자기 칼은 자기가 갈아야 된다. 전장에서 칼을 뺄 때 칼이 잘 빠지지 않으면 그대로 죽음이다. 남을 믿지 마라. 노예나 하속이 칼을 대신 갈아 주는 것을 믿지 말며 직접 갈고 빼어 보라. 달빛에 비치는 광택을 보라. 낮에는 햇빛으로 잘 보이지 않는다. 너도 더 자라 청년이 되면 무기를 직접 갈고 활시위를 당겨 보고 직접 시험해라. 그곳에 생명이 보이니라."

“아버지, 잘 기억하겠습니다.”

아브라함, 그는 메소포타미아 출신으로 티그리스—유프라데스강에서 수많은 부족과의 전쟁에 휘말리고 또 전쟁을 피해 이곳에 왔건만 하나님의 땅 가나안에서도 전투가 계속됨을 한탄했다. 또 다시 전투를 하지 않을 수 없는 상태가 되었다. 아브라함은 평화를 사랑하는 사람이었지만 20년 만에 전투를 준비했다. 아브라함은 이제 15살의 아들, 사라의 시녀 하갈에게 낳은 소년 이스마엘을 전령으로 삼고 유목민 연합군 아모리, 에스골, 아넬 등 이웃 유목 부족에게 연락을 취하기 시작했다.

그는 철기 농기구를 모으고 낙타를 무장시킨 다음 이 급조한 민병대를 이끌고 며칠을 사막에서 유목민이 집결하기를 기다리며 고모라와 소돔을 함락하고 싯딤으로 올라오는 동맹군을 역격할 전투훈련을 시켰다.

매우 어렵고 상상할 수 없는 질풍과 같은 전술 없이는 불가했다. 지리를 확실히 잘 아는 군사라야 가능하다. 또한 많은 인원과 훈련이 중요하다. 이스마엘에게도 이미 유목민으로 살아가기 위해 사냥꾼으로서 활을 쏘는 법을 가르쳤었다.

유목민에게 전투의 실감을 느끼게 하고 전투중 도망가거나 담력이 약한 것을 키우기 위하여 여러 날 동안 유목민들을 야간 훈련시켰다. 쉬운 일은 아니었다. 아브라함은 이로써 이때부터 이방인으로 가나안에 들어와 독립적으로 전투부대를 만들고 이스라엘—유대인이 된 최초의 사람이다. 이것도 하나님께서 역사하신 것일까?

주위에서 유목민의 연합 민병대가 속속 도착하였다. 자기들의 가족을 찾기 위하여 많은 사람들이 의외로 많이 모여들었고 다른 주위의 유목가족들이 계속 합세하여 민병대의 숫자가 크게 불어났다.

최초 인원을 확보한 아브라함은 하나님께 감사하그 기도하였으며 모든 일은 하나님께서 주관하시는 것으로 하고 모든 일을 하나님의 이름으로 시작하였다. 승패 또한 하나님이 정하시는 일이라고 기도하였다.

때는 창세기 14장 14절 BC 2014년경 새벽 4시 미경에 하나님의 사자 아브라함은 유목민 낙타기병대를 출동시켰다. 병력이 출동하자 어디서 들었는지 가는 길에 소돔과 고모라의 패잔병, 오합지졸들도 자기들을 소개하고 대열에 따라 붙어 병력이 수없이 불어났다. 선도 기병대는 아브라함의 깃발을 휘날리며 얌하 멜락(사해)의 북방 해변을 따라 티끌을 자욱히 일으키며 질풍과 같이 달렸다. 아브라함은 아모리, 에스골 부족장에게 사해 서쪽 중간에 있는 고모라성을 치게 하면 달아났던 고모라 왕이 소식을 듣고 군사를 모아 올 것이므로 동맹군이 고모라성에서 후퇴하면 군사를 돌려 싯딤으로 오게 하였다. 이 작전은 아브라함 유목민 부족의 배후를 일단 지키며 예비병력으로 활용함이다. 아브라함 자신은 아넬 부족장 군사와 함께 싯딤으로 올라오는 동맹군을 기다렸다가 소돔성을 함락하고 많은 전리품을 빼앗아 오는 북방 4개국 동맹군 왕들을 역습하기로 했다.

아브라함은 미리 소수의 기병대를 사해 연변을 따라 이어져 있는 수개의 봉화대로 올려 보내어 봉송대를 부숴 버리고 연기로 연락하지 못하도록 제압했다. 북방 5개국 동맹군이 소돔성과 고모라를 친 이후 포로들을 호송하며 느슨한 군사이동을 하고 있었다. 북부 동맹군 전초 임시 주둔 진지에서는 초소 초병이 티끌을 일으키며 다가오는 병력이 무슨 병력인지 보고 있었다.

"어디로 가는 병력인가? 암호를 대라!"

"암호? 없다! 이거나 먹어라. 메소포타미아의 크레슨트 검이다."

이동중에 휴식하고 있던 동맹군 진지가 삽시간에 무너졌다.

"웬 메소포타미아? 어디서 온 병력이야? 진짜 메소포타미아 티그리스―유프라데스강에서 대군이 왔나? 후퇴하라!"

"모두 항복하라! 우리는 메소포타미아 우르 출신, 가나안―헤브론―벧엘 족장 아브라함의 군사다. 항복하는 자는 살려준다. 대항하면 모두 죽는다."

몇 방의 칼과 화살을 맞고 동맹군 전초 진지는 깨어지고 동맹군 군사는 달아나기 시작했다. 먼저번 4개 도시의 왕들, 그돌라오멜 왕이 총수로 있는 동맹군은 승리하여 소돔과 고모라를 점령하긴 하였으나 너무나 황홀한 소돔의 도시, 환락의 거리에서 세련되고 사치스런 여자들과 발달한 문명세계를 보고 병사들은 매일 밤 주색에 까무라쳤다. 그들의 군사들은 거리의 아름다운 여자들에게 넋을 잃고 많은 여자들을 데리고 있었다. 점령기간 동안 소돔의 따뜻한 온천탕과 환각과 환락에 휩쓸리어 군사들은 꿈에서 깨어나지 못하고 많은 전리품에 만족하여 헤이하게 행군하던 참이다. 북방 4개국 나라 동맹군 왕들도 소돔성에 그대로 있다간 병사들이 환락에 뒤엉키고 지진이나 벼락을 맞을 것 같은 도시의 진동을 느끼고 도시를 약탈한 다음 철수하고 있었다. 아브라함의 군사가 기습하자 롯을 포함한 많은 포로들을 잡고 있던 다섯 왕의 군사는 황급히 북쪽 단의 땅으로 달아났다. 고모라가 해방되었다는 소식에 그들은 즉시 더 빠른 속도로 퇴각했다. 아브라함의 작전은 귀신 같았다. 유목민의 낙타기병대의 광야를 달리며 일으키는 먼지는 수많은 군사로 보였다.

아모리족 마므레, 에스골 족장의 군사가 고모라에서 되돌아와 합세하자 아브라함은 오르지 조카 롯을 찾기 위해 바로 유목 낙타기병대를 선두로 이끌고 추격을 시작하여 단 지역에 이르렀다. 단에서 일전을 거듭하고 승리한 다음 다시 패주하는 4개 왕들의 패잔병들을 포로로 잡고 계속 진격하여 다마스커스 서쪽 호바까지 추격한 끝에 조카 롯의 포로 행렬을 뒤따라 잡았다. 아브라함의 추격은 신출귀몰했다. 여기저기 적진지와 포로 막사를 해방하고 뒤진 끝에 롯과 그의 아내와 가족들을 직접 구출하고 회포의 눈물을 흘렸다.

조카 롯은 "아브라함 삼촌, 감사합니다."라고 말했다. 아브라함은 그 가족들을 전부 낙타에 태우고 회군했다. 물론 약탈된 전리품을 찾고 노예로 잡힌 소돔성 사람들을 해방시키고 오히려 동맹군 포로들을 묶어서 호송하며 남쪽으로 회군했다.

롯과 그 가족들을 찾은 아브라함은 승리한 유목민 군사들과 함께 남쪽으로 내려와 환영하는 인파들로 줄줄이 늘어선 소돔 성으로 개선하였다. 소돔 왕은 미리 마중 나가 샤베 계곡까지 와서 아브라함을 영접하였다.

"메소포타미아 우르 출신 가나안-헤브론-벧엘 다족장, 하나님의 사자, 소돔 성을 해방시킨 아브라함 대선지자의 개선을 축하합니다."

후일 소돔과 고모라 사람들은 개선식이 있었던 계곡 광장을 왕의 계곡이라 이름지었다.

소돔 왕은 소돔성의 많은 사람들과 약탈한 재물을 찾아오고 더 많은 전리품을 가지고 개선한 아브라함 유목민 군사들을 환영했다.

아브라함은 소돔과 고모라성이 그리 만만치 않은 성임을 알고 점령한 후 바로 철수를 결심하였다. 저들은 언제나 점령군에게 아부하고 굴종하여 붙어 다니는 장사 떠돌이 무리들만 남았으므로 언제 다시 배반할지 모른다. 그리고 소돔과 고모라에는 하부 지형 구조가 약하고 언제나 약간의 지진과 계속되는 미진이 있어서 미구에 큰 지진이 있을 것으로 예언하는 선지자들이 많이 있었다.

소돔과 고모라성의 연합군 성주들은 왜 이 유목민들이 군사작전을 자기들에게 미리 알리지 않았는가 하여 서운해하였으나 아브라함은 오르지 롯을 구하고자 한 자신의 목적을 말하고 결과적으로 전세를 역전시켜 소돔과 고모라성의 주권을 찾아주고 포로를 해방시킨 민중 지도자로서 어떤 요구도 하지 않았으며 다시 유목민으로 돌아갈 것임을 말하였다. 그리고 그들에게 공격을 알리지 않은 것은 성주인 왕들 주위에는 첩자들이 항상 경계하고 있어서 그들과 협력했다면 비밀이 사전에 새어 나가고 공격의 실패가 날 수 있음을 말하였다. 이를 듣게 된 소돔과 고모라 성주는 아브라함을 뛰어난 전술 지도자로 평가하고 이 나라의 군사담당 대장군의 직책과 종교적 성직을 부여받은 지도자가 되어 줄 것을 제의하였다. 아브라함은 사양하였으며 자기를 제외하고 그와 동맹하여 참전한 아넬 족장, 에스콜 족장, 마므레 족장들에게 충분한 지역할당과 포상을 하여 주도록 하였다. 소돔과 고모라의 성주인 왕들은 북방 시날 왕 아므라벨 등 4개국이 패전으로 빼앗은 지역을 그들에게 배분·할당하였다. 그러나 아브라함은 보상을 극구 사양하였다.

소돔 왕은 북방 4개국을 원정하고 패배시킨 정복자 아브라함의 의기를 칭송하였으며 자기들 왕족을 구출하고 노예에서 해방시켜 준 이 새로운 지도자에게 성심으로 감사하고 자신들의 영토의 일부를 일방적으로 주겠다고 하였다. 그들은 아브라함의 전술에 탄복하였으며 주민들 역시 아브라함을 존경하게 되었다. 아브라함은 극구 사양하여 헤브론과 벧엘로 돌아가 유목민으로서 살아가겠다고 말하였다.

소돔 왕은 극구 사양하는 아브라함에게 감사의 표시로 자기들의 속국이었던 사해 남쪽 아라바 계곡의 동편 땅, 붉은 암석이 하늘 높이 서 있는 붉은 바위땅을 아브라함에게 주고 유목 초지로 개간하여 줄 것을 부탁하였다. 지금은 불모지이나 후일 옥토가 될 땅임을 기대하며 붉은 땅, 이름이 에돔이며 아브라함에게 후손이 있든가 가족들이 희망하면 대를 이어 그 지역을 봉토로 가지게 해 주겠다고 하였다. 아브라함은 그것까지는 사양하지 못하였다. 후일 아브라함은 이삭을 후계자로 가나안 땅에 세웠으나 먼저 태어난 하갈의 아들 이스마일에게 이 에돔 땅을 주고 아라바 계곡에서 살게 했으며 이스마엘은 아라바 계곡에서 자리잡은 후 부족을 이끌고 남쪽 홍해해안을 따라 하행하여 아라비아 반도로 내려가 큰 나라를 세웠다고 전해진다.

그 후에 아브라함의 아들 이삭이 리브가를 아내로 맞이하고 그의 쌍동이 아들 중 나중에 나온 야곱을 적자로 세우고 먼저 태어난 큰 아들 에서에게는 역시 이 에돔 땅에 살게 하였다. 동생에게 밀려 적자 후사가 되지 못하고 섭섭하여 떠난 장자 에서도 에돔 땅에 도착하여 이미 자리잡은 아버지 이삭의 이복형이고 자기에게 이복 삼촌인 이스마엘에게 처음에는 의지할 수밖에 없었다. 이스마엘은 에돔 땅을 에서에게 넘기고 남쪽 아라비아로 진출했다.

이스마엘은 역시 아브라함의 아들로 포부가 크고 의대하여 후일 중동의 아라비아―아랍부족국가의 시조가 되었다.

에서의 후손은 모세가 출애굽할 때 모세의 이스라엘민족이 통과하는 것을 왕의 길인 페트라지역 도로를 차단하였으나 그 외곽지역의 통과를 허락하였다. 아브라함과 그 아들 이삭과 이삭의 아들 야곱이 둘 다 나중에 나온 자로 나중에 나온 둘째를 후계자로 세우는 일로 인하여 일명 "나중 나온 자가 먼저 될 수 있다."는 말을 남겼다.

그러나 그것은 인류운명의 한 단편이며 인간 평등의 사상이 되었고 이 이삭의 아들 에서의 후손은 에돔 땅에 살고 있다가 바벨론 왕국의 팽창과 다윗의 이스라엘 왕국시대에 다윗 왕에게 일시 복속 되었다.

후일 바벨론제국의 팽창으로 바벨론과 이스라엘 사이 경계지역에서 고초를 겪다가 바벨론의 느브갓네살 왕이 예루살렘을 포위하고 있을 때 강요에 못 이겨 일부 에돔인들은 화살받이로 바벨론 군사의 선봉에 몰리어 예루살렘 함락에 앞장서는 꼴이 되었다. 에돔인들은 이 일로 인해 두고두고 이스라엘에게 욕을 먹고 살았다.

바벨론의 침공 때 에돔인들은 바벨론군사와 함께 아라바 계곡을 건너 이스라엘에 들어와 살게 되었으나 그 후 바벨론이 물러가고 이스라엘이 다시 회복하였을 때 이스라엘민족들에게 에돔인들은 용서받지 못할 바벨론 앞잡이 부족으로 이스라엘 선지자 예언자들에 의해 능멸되고 비난을 받게 되었다.

어떻게 동족이 모세의 출애굽 길을 막았으며 그 후에는 바벨론에 붙었나 하고 경멸했다. 에돔인들은 신세를 한탄하며 다시 쫓기어 아라바 계곡을 내려가 다시 에돔 땅으로 돌아갔으나 척박한 에돔 땅에서는 잘 살 수가 없었다. 그들의 후손들은 결심하고 다시 아라바 계곡을 서쪽으로 건너서 네게브 사막을 넘어 이주하여 그곳 중에 척박한 땅에 다시 거주하여 황야를 개간하며 살아갔다. 일부는 이스라엘 해안가 지방으로 가서 팔레스타인들이 사는 도시 동네로 들어가 같이 살았다. 그러나 그들은 팔레스타인들과 종교가 달라서 같이 살지는 못하고 다시 모여서 팔레스타인 땅 중 이두매지역을 개간하여 살았기 때문에 이두매인이라 불렀다. 그곳 이두매 지역에서 세력을 키운 부족이 지금의 이두매 왕족 헤롯왕가라고 니고데모 선생은 말하였다.

그들은 이두매 지역에서 전통에 따라 에돔 땅에서 믿음과 같이 유일신인 여호와 하나님을 믿고 유대―이스라엘민족과 같이 나란히 열심히 살아갔다.

사해 남쪽 소돔과 사해 중간 서쪽의 고모라는 상호 위성적 쌍둥이별과 같이 행동하는 도시로 온천수가 솟아나고 목욕문화가 발달하고 상업이 발달했다. 그러나 이 도시가 후일 안락함에 빠져 환락과 퇴폐의 문화가 성행하는 온상의 자리라는 것을 아브라함은 알고 있었다. 이 지역은 항상 따뜻한 물이 솟아나고, 주변지역에서 오아시스로 농산물이 풍부하고 향기로운 향수의 상품과 견직물이 풍부히 공급되고 인근에서 보석도 세공되고 채광도 되었다. 이 지역의 땅은 고대로부터 해수면이 높았으나 요단강의 수량이 감소함으로써 해수면이 내려가기 시작하여 호수가 말라 들어갔으며 호수 바닥에 지진으로 균열되어 지하로 물이 빠져 수면이 더욱더 내려가자 바람에 염분이 날리어 주변 토양이 불모의 땅으로 변해 갔다. 그리고 계속하여 약간의 지각적 미진의 진동이 느껴져 사람들의 마음과 몸도 어지럽고, 앉자 있는 자리가 어찔하여 환각이 오고 이미 어떤 대지진이 예측되는 지역이었다.

아브라함은 선조의 고향 우르 부근에서 지진이 일어났을 때 그 참상을 알고 있었기 때문에 롯이 희망하는 도회지 도시의 생활에 대하여 근심이 있었다. 비록 촌스러운 유목생활로 몸을 제대로 씻지 못하고, 바쁘게 양떼를 몰며 장막을 치고 옮겨 다니는 유목생활이지만 하늘의 노여움을 사서 지진으로 폐허를 당하기보다는 자유롭게 하늘을 이불 삼아 땅을 침낭 삼아 자연을 누비고 다니는 것이 더 행복하고 즐겁게 느껴졌다.

지진이 올 수 있다는 불안감에 온상지역에 두려움을 느낀 아브라함은 소돔과 고모라의 편한 지도자 자리를 극구 고사하고 잡혔던 가족들을 데리고 왕들의 감사의 선물을 받은 다음 다시 가나안 땅으로 돌아왔다. 섭섭함을 느끼는 조카 롯을 달래면서……. 롯은 문명에서 살 수 있는 좋은 기회인데 삼촌이 어찌하여 지진 따위나 무서워하며 도망치듯 달아나느냐고 불평했다. 항상 지진은 있고 또 피하면 되는데 뭘 그리 성급하고 주는 떡도 못 가진다고 투덜댔다.

아브라함은 그곳에 연고를 두고 살고 싶으면 살면 되나 일단 이곳을 철수하는 것이 작전상 후퇴라 하였다. 전쟁터에서 이기면 그곳에서 일단 벗어나는 것이 전술상 좋다고 하였다. 그대로 있다가는 또다시 역습당할 수 있고 적의 증원병이 들이닥칠 수 있기 때문에 병력이 적은 자기들은 철수하는 것이 좋다고 하였다. 자리에 머물러 있다가는 또 지도자들끼리 싸우고 그 사이에 잘못하다가는 화가 미친다고 했다. 욕심을 버리고 떠나라고 하나님께서 말씀하셨다는 것이다.

그래도 섭섭했던 롯은 소돔 성에서 조금 있다가 소돔 성이 멸망하기 직전 조아르(Zoar)로 피신하였으며 아브라함의 말대로 도회지인 암몬 땅으로 가서 경작을 새로이 시작하고 도시생활을 하였다. 그는 후일 암몬 땅의 조상이 되었다.

그리고 아브라함은 이번 전투가 있기 전 방문하여 아브라함에게 하나님 여호와에게 기도해 볼 것을 권유한 멜기세덱의 거처로 찾아가 감사의 말을 전하고 자기의 결정에 도움을 주었고 실제 남이 모르게 민병대 조직에 다른 사람들을 간접적으로 인도한 사실에 감사하고 북방 원정시 전리품으로 얻은 곡식의 일부를 멜기세덱의 부족 성직에 기증하였다.

아브라함이 가나안 땅의 원주민들 간의 전쟁에 개입하여 그 존재가 나타남에 따라 장차 이 지역에 유대 이스라엘이라는 특별한 민족이 형성되어 이집트와 함께 아프리카와 아시아의 중간 접경지에 새로운 유목민족이 형성되었고 이 민족은 후일 이스라엘-유대민족의 근원으로 원래 출발점은 티그리스-유프라데스강 남쪽 유역의 우르라는 도시였다.

이 유목민은 지중해 해안 지역에 살고 어업과 해상무역으로 살아가는 해양민족과 그 후로 수없는 반목 갈등의 시대를 살아가는 운명에 처하게 되었다.

아브라함의 성공적인 유목민족적 전투, 보병보다 낙타를 이용한 기병의 기습적 전투가 승리하였지만 도시의 인구를 많이 가진 인구 집중적 마을도시 국가의 세력은 유목민의 발전보다 당연히 빠르게 진보했다.

한편 아브라함은 내부적으로 소돔과 고모라 전쟁에서 승리한 족장으로서 부족국가 수준에 이르렀으나 아브라함 집안의 후계자 문제가 일어나기 시작했다. 그가 자식이 없는, 즉 후사가 없는 연유로 아브라함은 재산 문제와 목축지역의 분할 문제 등 후계자가 없으면 하속들에게 내어 주어야 하는 배당 문제가 다가오고 있었다.

후사가 있으면 후계자를 중심으로 새로운 영역이 세워지나 후사가 없으면 거느리고 있는 하속들에게 분배하는 문제로 다른 여인을 맞아서 후사를 얻든가 아니면 하속들에게 유목지를 분할해서 나누어 주어야 한다. 사전에 정하지 않으면 하속들 간에 싸움이 일어나 힘센 자로 옮겨진다. 권력의 누수현상이 생기고 연약한 후사가 나중에 세워진다 하더라도 새로운 강자에게 패배당하는 일이 생기기 때문이다.

아브라함은 하속들의 재촉에 자식을 낳지 못하는 사랑하는 아내인 사라를 포기하는 생각까지 했다. 양자를 데려오는 것도 쉽지 않다. 여자는 아이를 낳지 못하면 아무리 잘 생겨도 늙으면 의지할 데가 없기는 마찬가지이기 때문이다.

　아브라함과의 아기를 갖지 못한 사라는 후세를 위하여 이집트에서 데려온 여종인 하갈을 남편에게 들이도록 하였다. 그리고 하갈이 아이를 낳으면 이집트의 여왕처럼 후처의 아들을 양자로 삼아서 자가가 데리고 살던가 하면 하갈이 배반은 하지 않을 것이라고 생각했다. 남에서 아들이 나는 것보다 몸종에서 아들을 찾는 것이 자기의 사람이므로 더 낫겠다고 생각하였다. 그러나 하갈도 여자라 아브라함에서 아들인 이스마엘을 낳자 부인의 위치가 미묘한 관계로 되어 갔다. 이제 누가 먼저인지 이상하게 되어 갔다. 정부인의 자리가 묘해져 가기 시작한 것이다. 하갈이 만만치 않은 여자였던 것이다.

　어느날 천사의 일행 세 사람이 아브라함의 집에 찾아와 소돔과 고모라의 방탕을 벌하려 지나가는 길이라 하였다. 이때 천사 한 사람이 손님을 접대하는 아브라함의 부인 사라를 보고 아이가 없음을 알고 곧 잉태하리라고 하였다. 나이 많은 사라, 월경도 끊어진 사라가 잉태하리라고 한다는 소리를 장막 뒤에서 들은 사라는 나가서 무슨 말씀인지 물었다. 그러나 천사는 말하기를 때가 되면 하나님을 충실히 공경하는 사라에게 장차 아들이 있으리라고 했다. 사라는 천사로부터 수태고지를 받고 기뻐하였다. 그리고 태기가 왔다.

　하나님이 보호하시는 여자, 믿음의 결과 수많은 나날을 기다리는 기다림의 결과로 온 것이다. 드디어 이 본부인인 사라가 아기를 갖게 되었다. 지난날에 자기 아래였던 여자와 이제 질투의 관계가 시작되었다. 태어날 아이와 먼저 태어난 아이의 서열은 어떻게 되는가? 당연히 사라의 아기가 먼저일 것이나 하나님께서 어떻게 하실 것인가? 인간은 평등한데 사실은 그렇지만 않다. 고민의 나날이 시작되었다. 아기만 가지면 여한이 없다고 생각하였는데 더 큰 어려움이 오고 있는 것이다.

　사라는 아장아장 걸음마하는 이삭을 보며 기쁨으로 살았으나 이스마엘의 어머니 하갈은 사라의 시종이긴 하였으나 원래가 이집트의 몰락한 왕조의 후예답게 사라와 함께 다니니 화장하는 방법 등 사라와 비슷하게 닮아 본 자태가 나와 아름다웠다. 하갈은 늠름한 자기 아들 이스마엘이 서자로 취급되어 가는 처지를 볼 수가 없었다. 자기도 아브라함으로부터 사랑받는 여자가 됐기 때문이다. 이제는 이삭을 도련님이라고 부르며 허리를 굽혀야 할 때가 다가오고 있는 것이다.

　이 두 여인을 장차 어떻게 할 것인가. 잘못되어 가인의 사건이 재발되면 어떻게 되는가 하는 걱정이 서서히 생기기 시작하였다. 이제 사람이 많으니 공공연히 그러지 못하겠지만 모를 일이다. 왕가에서도 형제 왕자들 간에 살육의 현실이 얼마나 많은지 잘 알려져 있다. 그러니 이 조그만 부족 족장 집에서 일어나는 미묘한 관계는 말할 것도 없을 것이다.

아브라함은 자기가 덮어 쓰기로 했다. 자기의 자식 중에 가인과 같은 자가 나타나서는 아니 된다는 생각이 불현듯 지나갔다. 소돔과 고모라를 평정할 때 연락 전령처럼 자기와 함께 전쟁터에 있었으며 자신의 수호천사이기도 했던 어린 이스마엘을 서자로 버릴 것을 생각하니 아브라함은 가슴이 아팠다. 이삭이 자기 자식이 아니었으면 했다. 하나님도 아브라함을 시험하셨다.

("아브라함아, 이삭을 데리고 예루살렘의 북쪽 제사단 바위에 올라와서 제사를 지내도록 하라. 그때 내가 그 아이를 볼 것이다.")

아브라함은 이삭을 데리고 하나님의 말씀을 듣기 의해 바위산으로 갔다. 과연 진실로 자기 자식인지 신탁을 하고자 하였다. 아브라함은 이삭을 묶었다. 그리고 칼을 빼어 들었다. 아브라함이 말했다.

"하나님이 나와 너를 시험하신다. 너는 천사가 되고 나는 악마가 되리라."

이삭이 눈을 감으며 말했다.

"아버지 뜻대로 하시옵소서. 아버지를 믿나이다."

칼을 빼어든 아브라함이 이삭을 치려고 자신의 눈을 감으려 하기 전에 하나님께서 햇빛으로 아브라함의 그림자를 바위바닥에 비치게 하였다. 그가 언뜻 바위 바닥을 보니 웬 검은 그림자가 칼을 들고 이삭을 치려 하는 것이 바위 바닥에 햇빛의 그림자로 비쳤다.

순간 아브라함은 그 그림자를 귀신으로 여겼다. 악마로 보았다. 순간 아브라함은 칼로 악마 그림자를 후려 쳤다. 칼은 바위에 부딪쳐 '쨍'하고 부러져 날아갔다.

("나 말고 누가 또 이삭을 죽이려 하는가?")

하나님의 말씀이 들렸다.

"아브라함아, 이삭은 너의 아들이며 내 아들이다."

순간 정신을 차린 아브라함은 이삭을 일으켜 세우그 두 손으로 이삭을 높이 들어 세우고 바위 아래 세상을 향해 외쳤다.

"이삭은 내 아들이다. 나의 대를 이어갈 적자로 하노라."

아브라함은 바위산에서 어린 양을 잡아 향나무를 태워서 여호와께 감사의 제사를 지내고 이삭과 함께 하산하였다.

위 이야기는 겟세마네 장원에서 니고데모 선생께서 유스투스 등 소년들에게 아브라함의 이야기를 들려준 내용이다.

아브라함은 이삭을 대를 이을 아들로 정하고 이스마엘을 독립시키기로 하였다. 이스마엘은 장성하여 이미 아이가 아니었으며 이삭 아래에 둘 수 없는 총명한 청소년으로 성장하였기 때문이다. 그의 어머니인 하갈과 이스마엘을 독립시키기로 한 아브라함은 두 모자를 불렀다. 아브라함은 이스마엘에게 물었다.

"이제 너의 큰어머니께서 잉태를 하여 아이를 낳았고 우리 집안의 적자손이 되었다. 서출인 네가 이삭을 주인으로 섬길 수 있는가? 내가 죽고 나서도 주인으로 섬길 수 있는가?" 이스마엘은 말했다.

"제가 먼저 난 형인데 어찌 동생을 주인으로 섬깁니까? 제가 집을 나가겠습니다."

하갈은 울면서 말했다.

"우리가 나가서 어떻게 살 수 있는가?"

아브라함은 하갈과 이스마엘에게 자신이 먼 곳이라도 땅을 준비하고 물을 준비하여 이스마엘이 자라서 장성할 때까지 수년 간의 생활비를 지원하고 하인들 중에 같이 나갈 희망자를 붙여서 생활하도록 하겠다고 하였다. 지난날 소돔과 고모라를 해방시키고 그 전공으로 그 도시의 왕들로부터 얻은 불모의 붉은 땅 페트라 에돔 땅에서 오아시스를 찾아내어 이스마엘을 우선 그곳에 이주시키기로 하였다. 그는 하인들을 나누어 이스마엘을 따르도록 하고 사해 남쪽 아라바 계곡 땅에 가서 살도록 주선하여 주었다.

그 후 이스마엘은 자기 어머니와 함께 정든 아버지 아브라함의 집을 떠나 새로운 땅에서 가솔들과 버려진 그 땅을 개간하여 열심히 살았으며 에돔의 땅에 부족을 세웠다. 이스마엘은 활을 잘 쏘았으며 성장하여 아라바, 에돔, 나베티아의 땅에서 부족의 지도자로 성장했다. 아버지 아브라함으로부터 메소포타미아의 농경생활과 유목생활을 잘 익혀 알고 있던 이스마엘은 소돔과 고모라에서의 전투가 큰 경험이었다.

장성하면서 유목민족의 남자답게 낙타를 타고 건달들과 사나이들을 모우고 지도자 역할을 하기 시작했다. 스스로도 척박한 땅을 하나하나 가꾸어 가면서 가솔들과 함께 열심히 일했다. 모두들 함께 새벽에 일어나서 해가 져서 삽질을 더 할 수 없을 때까지 땅을 개간하고 야자수와 대추야자나무, 종려나무 묘목을 심었다. 그리고 우물을 팠다. 그도 40세가 가까워지면서 부족지도자로 대농장주가 되어 갔다.

그는 오르지 버림받은 어머니를 위하여 일했다. 그의 후손들은 아브라함과 같이 유일신을 믿었으며 점점 홍해 연안까지 남하하여 아리비아 땅에 큰 나라를 세웠다. 이 나라는 남쪽으로 홍해의 끝 인도양까지 진출했다. 이스마엘은 아브라함이 이스마엘을 떠나보낼 때 한 말을 잊지 않았다. 사막의 부족들에게 이런 유사한 이야기가 전해져 온다.

"네가 사는 땅이 사막이더라도 사막을 버리지 말라. 사막은 하나님의 땅이며 만물이 시작하며 소멸하는 곳이다. 우주에도 사막이 있으니 사탁만 보인다고 실망하지 말라. 세상의 땅은 먼지와 사막으로부터 시작하였느니라. 사막 넘어 오아시스가 있듯이 천국이 있다. 언젠가는 사막도 비가 오면 옥토가 되려니 사막을 버리지 말라. 사막도 나라가 될 땅이다."

후일 이스마엘은 아버지 아브라함이 죽자 장례식에 자기의 가족들을 데리고 와서 예의를 갖추고 이삭과 같이 장례를 치르고 갔다는 것을 구약성경은 기록하고 있다.

한편 이삭은 아버지 아브라함이 집사를 하란에 보내 데려온 리브가(레베카)를 아내로 맞이하고 아브라함의 가문을 이어 갔다. 이삭은 리브가에게서 아들 쌍둥이를 낳았으며, 먼저 나온 에서와 동생 야곱이다. 에서는 아버지 이삭을 이어갈 장자였다.

리브가는 하란(카래 : 로마 지명)에 있는 친정집에 오빠가 있었는데 이름이 라반이다. 그는 딸만 둘로 아들 후사가 없다. 라반은 여동생의 아들 야곱을 자기 아들로 했으면 하는 생각을 했다.

"쌍둥이 둘을 잘 낳았는데 아래 하나는 나를 주면 안 되나? 다음에 또 쌍둥이 낳고 ……."

"야곱은 더 안 되요. 내 사랑하는 아들인걸요."

"아니면 말고. (어디 두고 보자. 내가 점 찍었는데, 나는 한 번 한다면 한다.)"

리브가는 쌍둥이 아들 둘, 에서와 야곱이 자라면서 장난치듯 싸우는 것을 말리다 못해 동생 야곱을 어릴 때 친정으로 여행을 보내었다. 외삼촌 라반은 웬 떡이냐 했다. 얼마 있다가 가나안으로 돌아가는 야곱을 보고 야곱이 성장하면 양자 아니면 사위로 삼아야겠다고 확실히 마음먹었다.

라반에게는 어린 딸 레아와 그의 동생 라헬이 있었다.

그 후 야곱은 형 에서와 자주 다투었고 이삭의 아내 리브가는 집에서 딸처럼 일을 도우며 친정에도 있었던 야곱 편을 들고 이삭의 후사를 야곱이 차지하기를 기대했다. 이삭은 리브가가 야곱을 편애하고 친정에 관심을 두고 있는 것을 알고 야곱을 리브가의 친정 라반의 집으로 쫓아 보냈다. 리브가는 야곱을 그의 외삼촌 라반에게 보내며 아들을 부탁했다.

야곱은 하란에 도착하여 먼저 우물가에서 라반의 둘째 딸 라헬을 만났다. 둘은 먼저 어릴 때 보았던 터라 순간 사랑을 느꼈다. 야곱은 라헬에게 청혼하였으나 외삼촌 라반이 승낙치 아니하고 먼저 언니인 레아와 결혼하도록 제의했다. 그리고 나중에 라헬을 승낙하겠다고 하였다. 라헬을 너무 사랑한 야곱은 신부의 함값이 없으므로 레아와 결혼은 못하겠다고 핑계를 대었다. 라반은 라헬과 결혼하려면 당장 신부 함값이 있느냐고 하자, 야곱은 가나안에 있는 어머니 리브가에게 함값을 보내 달라고 하였으나 이삭이 자식들의 외가가 자기의 가문에 너무 영향력을 행세하게 될 것을 염려해 리브가에게 함값을 못 보내게 하였다.

야곱은 외삼촌 라반과 담판하고 라헬의 함값을 몸으로 때우는 방식으로, 7년간 라반의 집에서 가축을 키우고 농사를 짓는 조건을 제의하였다. 라반은 야곱이 라헬을 데리고 미리 도망치는 것을 막기 위해 야곱에게 먼저 레아와 결혼하고 야곱을 레아로 하여금 감시 하에 두고자 7일 후 동생 라헬과 결혼하게 하는 데릴사위 이중장치 결혼을 제의했다. 아들이 없는 라반은 야곱을 아예 친아들로 만들 판이다. 라반은 야곱에게 먼저 레아의 신부 함값으로 7일을 7년으로 계산하여 7년간 일하여 함값을 때울 것과, 그 후 다시 7년을 일하여 라헬의 신부 함값을 때울 것을 요구했다.

레아와 라헬 둘을 신부로 맞이하는데 14년을 외삼촌 집에서 일해야 하는 조건이다. 이미 야곱은 외삼촌의 아들이 되는 것이다. 한 아들이 일을 잘하면 집안이 부자가 되는 수가 있다.

"이 지방에서는 언니보다 먼저 시집가는 여동생은 없다. 레아와 먼저 결혼해라. 그리고 사위라고 생각하지 말고 그냥 내 아들을 해라."

"14년은 너무 긴 세월입니다. 에서 형이 아버지 이삭의 재산을 다 차지하고 지난 후가 되면 돌아간들 뭐가 남아 있겠습니까? 그러면 나는 뭡니까? 나는 못합니다."

"네 어머니 리브가가 알아서 할 것이다. 양쪽 집을 다 차지해라."

"뭘 알아서요? 양쪽 집이라니요? 너무 심하십니다."

"하나님께서 결정하신다. 하나님의 뜻에 따르라. 그때 가서 안 되어도……. 알았나?"

"알겠습니다. 그러면……."

그래서 야곱은 레아와 결혼하고 7일 후 진실로 사랑하는 라헬과 결혼하였다.

14년 가까이 데릴사위로 있다가 계속 있으라는 라반의 말을 뿌리치고 야곱은 몰래 아내 둘을 데리고 가나안으로 도망쳤다.

아버지 이삭이 노년이 되어 후사를 정하기에 어머니 리브가가 급히 야곱을 불렀다. 어머니는 야곱에게 형 에서의 옷을 입히고 아버지 이삭에게 유사시나 유고시에 있을지도 모르는 때를 예비한다고 유언장을 쓰게 하여 말르는 에서를 후사로 정하고 재산을 많이 양도하는 내용을 이삭에게 읽어 주었다. 이때 이삭은 노인성 백내장인지 녹내장인지 걸렸던가 모르지만 눈이 침침하여 글이 잘 보이지 않고 돋보기도 없었으므로 에서를 야곱으로 바꿔 써놓은 것을 모르고 사인하고 도장 찍었다. 어머니 리브가가 유언장을 챙겼다.

그 후 이삭이 죽고 유언장이 공개되었을 때 형 에서는 기절할 지경이었다. 동생한테로 재산이 이미 다 날아갔기 때문이다.

아버지 이삭을 속이고 남편을 속인 이 가족에게 하나님께서 침묵만 하고 계셨는가?

야곱은 레아에서 장자인 르우벤을 얻었고 네 번째로 유대를 얻었다. 후일 이 유대의 후손에서 나사렛 예수의 어머니 성모마리아의 남편 요셉이 태어났다고 신약성경에 쓰여 있다. 라헬에게서는 자식이 없다가 나중에 끝까지 하나님께 자식을 낳아 달라고 기도하여 요셉을 얻었다. 이 요셉은 후일 성경역사상 유명한 이집트의 재무상이 된다. 야곱은 그의 이름을 가나안에서 북쪽 하란까지 이르는 지명이 된 이스라엘이라는 이름으로 개명하였으며 부인들인 레아, 라헬과 그녀들의 시종 여러 첩에게서 12명의 아들을 낳았는데, 이스라엘 12지파의 시작이었다. 그러나 그들은 가나안 땅에서 가뭄을 강하여 이집트에 식량을 구하러 다녔으며 일년에 2~3모작할 수 있는 이집트에서 양식 걱정 안 하고 일해 주며 잘살았다.

가나안 땅에 급기야 힉소스민족이 북방 아시아로부터 침공하니 가나안의 이스라엘 사람들은 더 많이 이집트로 피난가서 난민이 되었다. 그들은 이집트에서 시민권을 얻지 못하고 계속 난민으로 요셉 이후 수백 년간을 노예 같은 신분으로 살았으며 나일강 강바닥에서 농사를 지어 주고 벽돌을 만들고 풀과 섞어 진흙을 구우면서 살았다. 하나님께서 그 고통을 하늘에서 들으시고 죄를 용서하셨는지 지도자 모세를 이집트에 다시 보내셔서 이스라엘민족이 가나안으로 돌아오도록 하셨다. 수백 년을 이집트에서 몸으로 때운 이스라엘 백성들은 야곱의 아들 중 장자 르으벤의 흐손들과 네 번째 아들 유대지파의 후손들과 열한 번째 요셉 후손들이 노력하여 하나님의 용서를 받고 모세의 출애굽 때에 이스라엘민족들이 다시 가나안으로 돌아오는 데 큰 공헌을 하였다. 그들은 족장의 이름과 같이 유대 땅과 요단강 동쪽땅 마다바 지역을 얻었다. 니고데모 선생의 강의가 이어졌다.

"하란이란 곳은 어떤 곳이냐? 지금 로마제국에서는 카래라고 한다. 이 카래에서 로마의 명장이며 로마 삼두정치의 일인이요 차후 로마황제가 되고도 남은 크랏사스가 자기의 로마군단 4개 군단과 함께 페르시아의 후예 파르티마군에게 전멸당하였다. 집정관 크랏사스는 용병술이 아주 유능한 사람으로 스팔타거스가 일으킨 노예반란을 진압한 사람이다.

이 로마의 위대한 집정관도 패배한 이 중동의 요충지이며 거점이기도 한 이 하란에서, 먼 옛날에 아브라함 가족들은 하나님의 계시에 따라 가나안으로 내려가는 방향을 전환하였다.

니고데모 선생은 학생들에게 가르쳤다.

"유대에 전해 오는 선지자에 관한 이런 이야기가 있다. 지나가는 개미를 사람이 보고 있다 하자. 개미가 가는 곳은 사람이 안다. 그러나 개미에게 이리 가라 저리 가라 할 수도 없고 해서도 안 된다. 개미는 자기 갈 길로 간다. 지나가는 사람이 지나가는 개미를 보고 아는 척할 필요도 없지만, 곤충을 연구한다든지 하여 개미가 가는 길에 관심이 있어서 개미가 가는 길을 보고 가로놓인 돌이나 개미잡이가 있는 덫이나 조그만 낭떠러지를 보고 미리 막거나 길을 치워 주는 사람이 있다면 그 사람은 개미의 선지자가 될 것이다. 그리고 앞에 무서운 개미핥기 동물이 있어서 그 사람이 쫓아낸다면 그 개미는 누가 길을 치웠는지, 누가 위험을 피하게 해 주었다는 것까지는 알지 못한다. 그 사람은 개미가 알아주지 못한다고 불평하거나 말하지 않는다. 할 필요도 없다. 사람에 있어서 그와 같은 좋은 일을 하는 사람이 있다면 우리는 그를 선지자라 한다. 하나님은 인류의 아버지이며 그 은혜를 헤아릴 수 없는 아버지 하나님이시다. 우리가 개미라면 그 일을 한 그 사람을 어찌 알겠는가와 같다."

"선생님, 선지자는 가난한 사람을 돕고 돈도 벌게 해 줍니까?"

"유대 전승에 의하면 그렇게 하는 사람도 선지자다. 유대 사람들은 자손에게 돈을 벌 수 있게 하는 방법을 가르친다. 돈을 벌 수 있는 방법을 연구하면 벌 수 있게 된다.

자손에게 가난을 물려줄 필요는 없다. 잘살아 가는 것도 지혜이다. 우리 유대 사람들은 남에게 피해를 주지 않는 정당한 방법으로 농업기술과 낙농으로 야산과 광야를 개척하여 재산을 모우는 것을 아브라함으로부터 배웠고 그것은 유대의 발전사이다."

제 4 편

선지자 모세

대지도자 모세는 고대 이집트 신왕조(Ancient Egypt New Kingdom) 18왕조(18 Kings)의 파라오 투트모세 3세(BC 1488~재, 제위 BC 1479~1426년)와 같은 때쯤 태어나서 섭정인 합셉슈트 여왕의 섭정시대(BC 1479~1458)를 거처 합세슈트 여왕이 죽고 다시 투트모세 3세가 직접 이집트 파라오 왕으로 통치할 때 메깃도 포위 전투(BC 1458년 12월)가 있었으며 그가 약 30세 정도가 되었을 때 이 전쟁에 종군한 것으로 보인다. 당시 이집트 전역에 징집령이 내려져 모든 이집트 청년들이 메깃도 전투에 승리를 위해 투입되는 국가적 전역이 있었다. 당시 장기간 포위되어 식량이 바닥난 아모라이트 등 아세안 부족 연합군이 메깃도 성문을 열고 파라오에게 항복을 하였다.

이 전투는 이집트 역사상 매우 중요한 전쟁으로 소아시아에 이집트가 종주국으로 등장하고 그 후 BC 1446년 투트모세 3세 33년 파라오는 하란을 넘어 메소포타미아, 유프라데스강을 건너 있는 미탄니왕국까지 진군하여 수도를 함락하였고 같이 종군한 모세는 선조 아브라함의 전설의 고향지역 부근에 이른 것으로 보아진다. 투트모세 3세의 군사는 다시 유프라데스강 상류를 따라 북방으로 이동하여 길가메시라는 초승달 옥토 전환점을 지나 가나안 땅으로 돌아왔으며 모세도 이들과 함께 종군한 것이라고 니고데모 랍비가 들려주는 이야기다. 이 모세로부터 이스라엘—유대의 역사가 아브라함으로 올라가 구약성경이 이루어지고 유대-이스라엘민족의 뿌리가 찾아진 것이 아닌가 한다.

모세는 아마도 요단강 평야와 사해를 보았으며 이스라엘 조상의 땅이 어떤 곳인지 알게 되었고 이것은 하나님이 주신 기회였다. 이집트 파라오가 왜 가나안 땅과 시나이반도를 장악해야 하는 이유를 그는 알았다. 이집트는 이 지역에서부터 방어해야 아시아 이민족이 아프리카로 들어오는 것을 막을 수 있으며 시나이반도에서 일단 밀리면 바로 나일강까지 밀리는 지형이어서 이집트는 고대로부터 현재에 이르기까지 시나이반도에 항상 정예군을 주둔시키지 않으면 안 되는 일이었다.

이집트는 나일강 상류와 하류의 이집트 두 개의 큰 도시, 테베와 멤피스 등을 가지고 기나긴 나일강 유역에서 어떤 때는 통일국가로, 어떤 때는 분열하여 남북이 나누어지거나 나일강 하류의 하이집트는 다른 민족에게 지배당하는 등 끊임없이 분열과 통일을 반복하였다. 어떤 때는 북방 유목민이 가나안으로 침입하여, 시나이반도로 밀고 내려오면 이집트는 후퇴하여 남쪽 나일강 상류로 왕도를 옮겨야 했고 나일강 삼각지에서는 여러 민족이 오랜 기간 동안 점령하고 있는 경우도 있었다.

모세 당시에 파라오의 즉위 계통세보는 이집트 신왕조로 18왕조 시대이다.

고대 이집트 신왕조 18왕조의 시작은 당시 하이집트인 나일강 삼각주를 지배하고 있던 힉소스민족의 점령지를 해방시키고 통일전쟁을 시작한 나일강 상류의 상이집트 파라오 아흐모세를 1대로 시작하여 2대 아멘호테프 1세, 3대 투트모세 1세, 4대 투트모세 2세, 5대 합셉슈트(Hatshepsut) 여왕, 6대 투트모세 3세, 7대 아멘호테프 2세, 8대 투트모세 4세, 9대 아멘호테프 3세, 10대 아멘호테프 4세, 11대는 어린 파라오로 일찍 청년시절 어떤 이유인지 원인 불명하게 사망하였으며 그 무덤이 완전하게 발굴된 투탕카멘(Tutankhamun, BC 1334~1354년) 파라오로 이어졌다.

그 후 19왕조 람세스 왕조로 이어졌다. 특히 람세스 2세, 3세 때에는 국가가 번영하고 찬란한 이집트문화가 꽃을 피운 시기였다. 이러한 위대한 이집트 왕조는 먼저 18왕조의 6대 파라오인 투트모세 3세의 통치를 기반으로 하여 발전한 것이다.

그가 소아시아 남쪽 가나안 지역과 초승달 옥토지역인 메소포타미아 지역과 시나이 지역을 평정함으로써 매우 안정된 이집트왕국을 이룩한 덕분이었다. 특히 투트모세 3세는 정복하거나 점령지역에서 살생을 최소한 줄이고 항복을 받아내는 회유책과 당시 패배한 적국에 대하여 보복 살생을 일삼던 고대 전투방식과는 달리 항복한 나라의 체제를 존속시키고 유화 정책으로 이집트 왕국의 우방으로 유지되드록 하는 연방정책을 쓴 덕분이었다.

이 투트모세 3세 파라오 시대에 모세가 동방으로 원정군을 따라 종군하여 메소포타미아를 직접 보고 조상의 유적과 가나안 땅에 대한 정브를 갖게 되었고, 그곳에 이스라엘의 조상인 아브라함에 관하여 전해 내려오는 이야기를 실제로 접하는 기회가 생겼을 것이며 그 후에 그는 이스라엘민족을 이끌고 홍해를 건너 시나이반도를 거쳐 가나안 땅으로 민족이 들어갈 수 있게 한 역사적 인물이 되었다.

모세가 파라오의 허가를 받지 아니하고는 많은 이스라엘 사람들을 이끌고 집단적으로 이동하기는 불가능하였을 것이다. 파라오의 노예해방이라는 허락 없이 민족을 무작정 이동시키는 것은 이집트가 건재한 때는 불가능했을 것이며, 모세가 파라오의 허락을 받아냈다는 것은 평화적 출애굽으로 볼 수 있다.

역사적 추측 가능성을 볼 때에 이스라엘민족의 노예적 생활에서 해방을 허락하고 가나안으로 이주를 허락한 파라오는 투트모세 3세의 아들 아멘호테프 2세라고 전해지기도 한다. 아멘호테프 2세는 투트모세 3세의 찬란한 기념비와 왕릉을 만들었다.

새로운 파라오로 등장한 아멘호테프 2세도 가나안의 요새 무깃도를 초도순시하고 있었다. 그동안에 이집트 본국 수도에는 유행성 고질로 많은 아이들이 죽고 연이어 나일강 홍수가 발생하여 많은 인명 피해가 났다. 이러한 혼란기에 이스라엘 지도자 모세는 질병을 퇴치하고 피해 복구에 많은 노력을 하였다. 그가 이집트 공주의 양자이긴 하지만 왕족으로서 이집트 사회에도 공헌한 바 있어서 파라오로부터 민족이동과 노예해방의 허락을 받았다.

이러한 모세의 출현은 하늘이 정한 것처럼 이스라엘민족에게는 역사적 전환점이 되었다. 원래 모세의 조상도 가나안에서 이집트로 들어온 난민으로서 그 모세의 가계보는 출애굽기 6장 14절에서 27절까지에 쓰여 있다.

야곱 이후 모세의 선대 조상시절 혼란기에 힉소스민족이 중앙아시아에서 흑해와 카스피해 사이의 코카서스 산맥을 뚫고 내려오자 연쇄적으로 유목민의 대이동을 일으켜 가나안이 여러 민족으로 전란에 휩싸여 토착민들도 이집트로 피난하였으며 나일강 하구언인 하이집트 지역은 이 힉소스민족의 연속되는 침입으로 결국에는 이들의 지배하로 떨어졌다.

힉소스민족은 당시 이집트로서는 보지 못하였던 기마 전차대와 전차에서 발사하는 큰 화살인 대노를 발사하는 긴 활을 가지고 있었으며 화살촉은 철기로 되어 석기나 청동으로

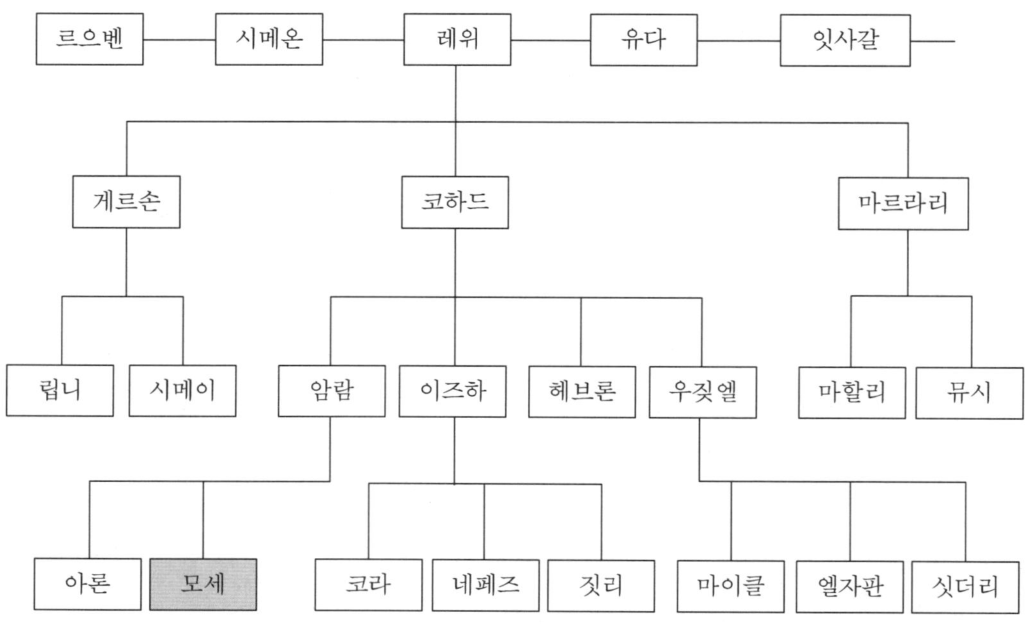

▌▌ 모세의 계통 족보(출애굽기 6장 14절~22절) **▌▌**

만든 화살촉보다 치명상을 입히게 되어 당시 보병 중심으로 구성된 이집트 파라오의 군사는 이를 대적하는 것이 불가능했다.

이 18왕조 신왕조에 이르러 파라오들은 힉소스의 기병대와 전차대를 연구하고 이들 북방의 철기 병기의 자원을 얻어 모방하여 개발하여 힉소스와 맞상대할 수 있는 이집트 전차를 개발하였다. 또한 정예 군사를 키워 드디어 아흐모세 때로부터 나일강 어귀 삼각주 지역인 나일강 하류에 있는 하이집트지역을 다시 찾으려고 공방전을 계속해 오던 시기였다. 나일강은 북쪽으로 흐르는 강으로, 북쪽이 하류이기 때문에 이집트 영토적으로 볼 때 북쪽을 하이집트라 하고 남쪽 나일강 상류를 상이집트라 했다. 나일강이 흐르다가 삼각주로 가지가 뻗어나는 지역이 있는 곳이 선박의 교통 중심지가 된다. 따라서 이곳에 멤피스 등 도시가 발달하기 마련이다.

이곳 멤피스는 이집트의 수도이다. 그러나 아시아 대륙에서 이민족이 곡식과 식량을 탐내어 쳐들어올 때나 민족의 이동으로 침공이 있을 때 이집트 왕족은 테배 지역 나일강 상류 남쪽으로 내려가 피신한다. 여기 테배에 제2의 수도를 두어 왕궁을 건설하고 성곽을 짓는다. 당시 이집트는 아시아 트르크 쪽이나 아라비아, 페르시아 쪽에서 군사적 침공이 있거나 민족의 이동이 있으면 그 피난민을 통제하였으며, 그 중 이스라엘에서 온 민족은 격리시켜 힉소스와 내통하지 못하도록 노예적 관리를 하고 있었다.

또한 철저한 통제를 가하여 도시와 성곽 방위용 연못인 해자를 파도록 하였으며 그 노역이 피라미드 건설에 견줄 만큼 심하였으며, 남녀노소를 전부 동원하여 성곽을 쌓아 하이집트 통일전쟁에 동원하였다.

여자들도 동원되어 노역에 가담하게 하였으므로 여자들의 고통 또한 심하였다. 파라오는 이 노역에 철저한 식량배급제를 시행하여 주민을 단속하고 속박하는 수단으로 통치하였다. 이스라엘민족인 히브리인의 인구수는 상당한 수준으로 증가하였다. 아마 이것은 남성들이 할례라는 위생적 외과수술 덕분에 건강한 성생활과 히브리민족의 종교적, 도덕적 정신에 의해 사생아의 숫자가 타민족보다 적고 건강한 아기의 출생률이 높았던 것으로 보인다. 인구의 폭발적 증가는 가난할수록 인구 증가가 되는 현상으로 힉소스의 점령 후 이렇다 할 전쟁이 없이 소강상태가 수년 간 유지되어 오던 평화의 기간의 영향이 있었던 것으로 본다.

이 많은 인구의 증가에 우려를 느낀 이집트는 하이집트의 삼각주에 잔존하고 있는 힉소스민족을 소탕하고 전체를 평정할 목적으로 이스라엘민족을 동원하였다. 군량의 확보와 성곽요새의 축성, 해자건설, 왕궁, 기념비 등과 함께 대단위 공사와 공격용 군사도로 건설과 무기제작 등 모든 수단을 동원하여 노역이 극심했으며 그 히브리인들의 희생과 고생이 하늘에까지 도달해 과연 하나님께서 존재하는지, 이 민족의 고생이 이렇게 극심한데 하나님께서 무얼 하시는지, 모르는 척하시는지 민족 스스로 한탄하는 경지와 여호와의 존재 여부를 묻는 종교적 한계에 이르렀다.

히브리민족의 아기의 출생에는 자유가 있으며 아기를 가져 출산이 가까워지면 노역이 면제되었으나 노무인원 동원으로 점차 공사중에는 아기를 못 낳게 하였고 아기를 낳으면 신고해야 했으며 아기는 집단수용소에서 키워졌으나 집단 탁아 시설은 영아 사망이 심하였다.

이스라엘민족은 남의 나라에 피난간 죄로 노예가 되었으나 자식만이라도 노예생활을 면하게 하려고 태어난 아기를 숨기거나 이집트 시민이 되도록 연고지를 찾아 도시로 피난시켰다. 이스라엘민족이 자기들의 신인 여호와를 믿으며 이집트 왕국과 종교가 달라 잘 동화되지 않자 이스라엘민족의 인구를 줄이기 위해 여자아이는 살리고 사내아이는 죽이는 종족말살정책도 가끔 때에 따라 있었다.

이때, 이집트의 통일을 위해 파라오 투트모세 2세 이후 투트모세 3세가 등극하자 더 강력한 군사력과 군비 확장, 성곽축성을 독려하던 때 이스라엘민족의 가정에 아기의 탄생은 피할 수 없는 터, 숨겨 키워 오던 아기의 울음소리를 더 이상 숨기지 못하게 되자 인근에 권세가나 부자의 대문에 버려서 그 아이가 스스로 받아들여지거나 버려지거나 또 다른 운명을 맞이하게 하는 수단이 동원되기도 하였다.

이 같은 사태는 이스라엘의 난민 중 한 레위부족의 가정에도 왔다. 태어난 아기를 더 이상 숨길 수 없어 버리지 아니할 수 없는 일이 발생했다.

버릴 곳은 나일강 기슭 근처, 파라오 공주의 저택으로 남편이 전쟁중 전사하여 나일강 강가 별장에서 쓸쓸히 기거하고 있던 중년 공주의 별장이 있는 곳이었다. 한 여자는 그 집에 오랫동안 있는 히브리 하녀의 도움으로 자기의 아이를 그 집안으로 안전히 넣고자 하였다. 파라오의 공주는 정원이 있고 수영장이 있는 강가의 큰 저택에 하녀들을 데리고 살고 있었는데, 파라오 왕이 에티오피아 주둔군 총독으로 있는 측근이 마침 그의 정부인 이 열병으로 죽은 이후인지라 그와 혼인을 맺게 하여 개가를 시키고자 하고 있었다. 에티오피아 총독 역시 왕족계열이다.

이 공주는 인품이 고결하고 미인이었으며 이집트의 왕녀답게 근엄하였다. 이 저택에 일하고 있던 히브리인 하녀의 말에 의하면, 공주는 어린 아기를 좋아하며 양자의 선택은 이집트 귀족의 일반적 방법으로 국가의 노역이 있을 때나 파라오의 근위병 모집 때나 전쟁 발발시에 가족의 보호자로, 집안의 보안요원으로도 활용하고자 양자를 입양하는 경우가 있다고 하였다.

이 저택의 하녀의 도움으로 장차 모세가 될 아기의 어머니는 어린아이를 아주 좋은 바구니에 담아 바구니 바닥을 역청으로 칠하여 물이 새지 않게 하고 아기의 몸을 깨끗이 목욕시키고 가장 좋은 옷을 입혀서 파라오 공주의 강가 저택에 배가 드나들고 야외 풀장이 있는 내수면으로 아기를 띄워 보내기로 하였다. 그리고 몸집이 작은 12살이며 아기의 누나인 미리암을 시켜 바구니가 제 곳으로 가는지 어디로 가는지 갈대를 헤치며 가만히 따라가 보도록 하였다. 잘못되어 물 속으로 가라앉거나 멀리 강 가운데로 흘러가 악어의 밥이 되어 버리면 큰일이므로 지켜보도록 하였다. 몸집이 큰 어른은 눈에 보이므로 어린 소녀인 아기의 누나가 따라붙은 것이다.

이것 또한 운명이다. 공주가 보고 관심을 보이지 않으면 그만이고, 바구니는 그대로 정처없이 떠내려갈 것이다. 마침 공주가 밖에 뱃놀이를 나왔을 때 강가의 배 닿는 곳으로 들어오는 바구니를 보게 되었으며 히브리 하녀의 도움으로 그 집의 양자로 들어가게 되었다. 모세는 갓난아이 때 이와 같이 파라오 공주의 집에 정착하게 되었다. 파라오의 공주는 아기에게 젖을 먹일 유모를 찾아보라는 지시를 하인에게 내렸고, 가정부로 일하던 그 히브리 여인은 모세의 어머니를 파라오의 공주에게 유모로 소개하여 모세의 친어머니는 유모가 되었다. 아이의 이름을 공주가 새로 지었는데, 나일강에서 태어나고 물에서 얻은 아이라는 뜻으로 모세라 하였으며 잘 알려진 사실이다.

파라오의 공주저택에 무사히 정착한 모세는 제2의 인생을 시작했다. 마치 태아로 다시 시작하듯이 새로운 가정에서 새로운 인생이 시작되었다. 남쪽 에티오피아에 파견된 총독이 상처를 당하여 부인이 없으므로 파라오는 공주를 총독과 재혼하게 하였다. 공주는 모세와 가솔들을 데리고 함께 남쪽으로 길을 떠나 에티오피아로 갔다. 공주가 데려온 어린 모세는 새아버지에게 소개되었으며 배 다른 형제들과 함께 살았다.

공주의 히브리 하녀는 모세가 성장해 가자 그에게 이집트어와 히브리어를 비밀리에 가르쳤다. 이집트에서는 이스라엘민족을 히브리인이라고 따로 불렀다. 이것은 이스라엘 땅에 원래 있는 사람과 이집트로 피난온 난민과 구분하여 불렀기 때문이다.

니고데모 선생은 이 모든 것이 하나님께서 역사하신 일이이라고 말하였다.

이집트에도 이미 이집트 국적을 가진 이스라엘 사람들이 많이 있었다. 이미 힉소스 난민의 민족 이동 전 시절 예루살렘 등 유대 땅에서 이미 들어와 있던 야곱의 아들인 요셉과 같은 사람들은 이미 이집트의 관리가 되었고 시민권을 얻어 대우를 받고 있었다.

모세 이전 이삭의 아들 야곱, 이 야곱의 아들 요셉이 이미 이집트에서 자리잡고 있을 때 그 형제들이 이집트로 들어왔고, 후일 이스라엘 사람들이 힉소스의 집단 이동으로 난을 피하여 이집트로 들어왔다. 나중에 들어온 이스라엘 사람들은 난민들로 차별 대우를 받았던 것이다.

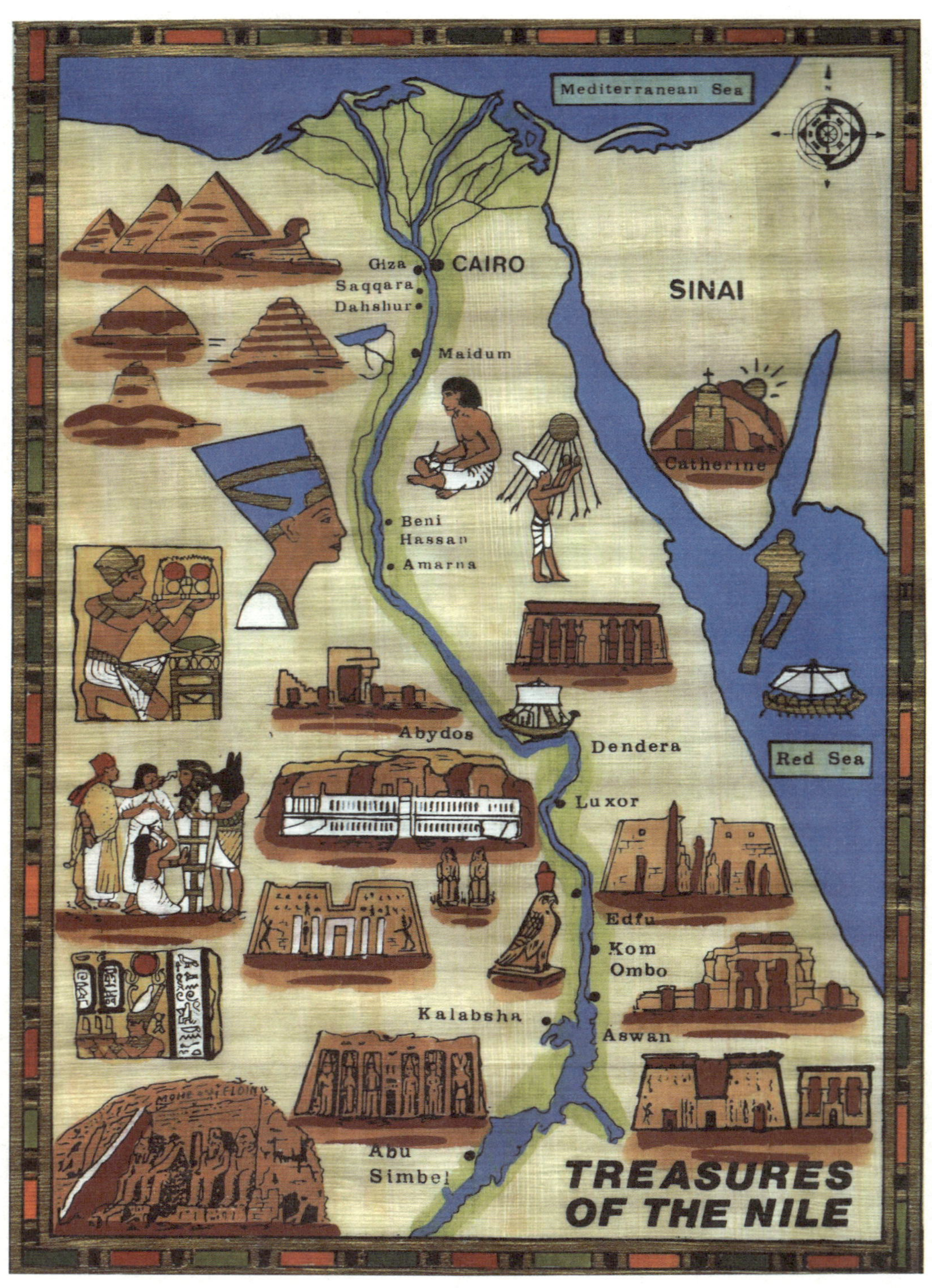

풍요로운 나일강의 고대 유적지 이집트의 보물 지도

봄, 여름, 가을, 겨울을 상하 나일강에서 배로 오가며 좋은 세월을 보내는 공주는 매우 행복해했다. 좋은 결혼도 다시 하고 아기 모세도 얻고 새로운 생활에 접어든 공주는 먼 에티오피아에서 부군이 시나이반도 주둔군 총독으로 다시 발령을 받자 하이집트의 제2수도 멤피스로 다시 돌아왔다. 모세도 이제 성장하여 파라으 근위학교에 들어갔고 성년이 되자 무관이 되어 새아버지의 시나이반도 주둔군 총독의 부관으로 사령부 본부에 있었다. 여기서 도세는 이집트의 문화, 군사, 정치, 파라오의 치세 등 많은 것들을 접하게 되었다.

시나이 주둔생활 중 모세는 멤피스로 단축하여 지나갈 수 있는 홍해와 육지 사이 갈대 호수 남쪽에 비밀 군사통로를 만들라는 파라오의 지시를 받고 홍해를 건너기에 가까운 양쪽 지점에 밀물에 잠겼다가 썰물 때에 둘이 빠져 마치 땅이 떠오르는 것 같은 잠수교 공사에 참여하게 되었다. 조수간만의 차이는 평균 약 2~3미터로 홍해가 막힌 막다른 어떤 지역은 갈대 호수에서 물이 흘러나와 조수간만의 차이가 5미터나 되어 높았다. 이 북단은 조수간만의 차가 제일 높다. 지름길의 잠수교를 만들라는 파라오의 지시가 고대로부터 계속되어 시나이반도를 지키고 병력이 이동하는 길을 건설하는 역대의 파라오의 명령이 있었으나 많은 공사 인부가 더위와 질병으로 희생되었다. 공사는 난공사여서 물이 빠질 때 신속히 광활한 갯벌을 메우고 새로운 영토를 만드는 공사이기 때문에 동원된 노예들과 히브리인들도 희생이 많았다. 고민하던 모세에게 어느날 하나님 여호와의 계시가 있었다.

"내가 파라오에게 홍해를 질러갈 도로로 수중보를 건설하라 하였으니 히브라인의 어려운 노역을 이끌어 내는 것을 반대하지 말라. 내가 너희들에게 후일을 기약함이다."

모세는 이를 현몽으로 생각하였다. 모세는 천성이 히브리인으로 메소포타미아의 우르 시절 조상 아브라함에서부터 유전적으로 내려오는 관계시설인 수중보 시설, 즉 물 속에 둑을 쌓는 지혜가 유전되었는지 특출하였다. 수중보는 때로는 물이 빠지거나 바닷물이 나가면 위로 뜬 강변 둑이 되며 동시에 강이나 개천을 건너가는 낮은 다리가 된다. 이스라엘 사람들은 다리를 만들고 돌로 성을 쌓으며 집을 짓는 데도 능하였다. 또한 교통도로를 효과적으로 건설하는 방법을 알고 있었다. 자기 땅이 없는 삼각주 땅 위에 난민으로 살아왔던 이스라엘인들은 이 공사에 능했다.

모세는 수로를 파 나가며 부두를 설치하며 배를 띄워 흙을 나르고 갯벌에 퍼붓는 방식의 도선 기지를 세워서 쌓고 도로와 중간에 강물이 지나가는 잠수교를 만들어 홍해 어귀를 양쪽에서 연결하는 큰 토목공사를 계획하였다.

지난날 나일강 상류에서 에티오피아인들이 물이 부족하여 저수지 댐을 만드는 것을 보고 이를 잘 응용하였다. 나일강은 그 주류가 에티오피아 고원에서 발원하여 큰 강을 이루며 흘러내린다. 모세는 북단의 홍해 쪽에 해변도로와 수중보를 세우고 홍해 가운데로 질러가는 수중보형 도로를 완성했다.

모세는 출신이 정통파 이집트인이 아니었으므로 군사 작전 지휘관이나 사령관은 되지 못하였지만 그 능력을 인정받아 병참담당 참모장으로 파라오에게 발탁되어 수차에 걸쳐 지중해 동북면 소아시아까지 친위군과 함께 종군하였다. 가나안 지역에서 힉소스의 잔재 세력과 팔레스타인 지역에서 여러 부족의 저항은 만만치 않았고 지역을 점령하면 그 지역을 계속 지키기가 어려웠다. 그리고 토호 세력의 저항군은 이집트 군사와는 결정적 전투를 회피하고 해변이나 사막으로 후퇴하여 있다가 방심한 틈을 타서 이집트군을 기습하여 괴롭혔으며 좀처럼 이집트에 복종하지 않았다.

합셉슈트 여왕은 섭정하여 투트모세 3세(당시 9세)의 왕권을 대신하고 투트모세 3세의 옥쇄를 자신이 관리하고 스스로 남장을 했으며 자신이 섭정 파라오로서 사실상 이집트 여

왕으로 등장하였다.

여왕은 잘 알려진 바와 같이 투트모세 1세의 딸이며 투트모세 2세의 왕비였으나 아들을 낳지 못하자 후궁이 아들을 낳자마자 영아 대 양자로 투트모세 3세를 데려와 왕세자로 만들고 투트모세 2세가 죽자 당시 9세였던 양자를 파라오로 계승시키고 섭정한 것이다.

(모세를 양자로 입양한 이집트 공주도 이와 같은 양자영입의 성공한 예를 따르지 않았나 생각된다고 니고데모 선생은 말했다.)

섭정 합셉슈트 여왕은 어린 파라오의 왕권이 약하그로 많은 토호 세력과 우호조약을 체결하고 시나이 너머에 있는 아시아 지역의 주둔군을 이집트로 철수시키게 되었다. 다시 평화의 시대가 왔으나 투트모세 2세의 기념묘, 기념비 건설과 역대의 파라오들이 모두 그랬듯이 파라오의 영원한 안식처를 짓는 공사와 성곽의 축성 공사는 끝없이 계속되어 노예들과 이스라엘 난민들은 쉬는 날이 없었다.

합셉슈트 여왕은 그 자신도 후일 안식처로 자신의 기념묘이며 신전이 되는 대단위 신전을 축성하여 새로운 도시를 함께 만드는 공사를 시작하였다. 이 여왕의 거대한 기념관이 역대의 파라오 무덤과 기념관처럼 축성하기 시작하였을 때 주변의 모든 나라 사람들이 와서 보고 감탄하였다. 그리고 사람과 문물이 모여드는 효과를 가져다주었다. 이때가 사실상 이집트 최고의 평화시대로 여겨졌다.

이러한 축성과 조각 석조건물의 건축어는 이스라엘긴족의 숨은 공로가 많았다. 그들의 우수한 석공기술과 축성기술은 이스라엘민족이 노예상태로 여기저기 끌려다니는 계기도 되었고 그 성실함 때문에 이집트에서는 도시와 성곽을 축성하고 힘든 육체 노동에 동원되었다. 이를 보다 못한 이스라엘의 하나님 여호와께서는 그 고통의 소리를 우주에서 들으시고 구원하시기로 하셨을 것이다.

파라오들은 이미 자신들이 살아 있을 때부터 자신의 피라미드나 기념관 무덤을 조성하고 있었으며, 이러한 조성물의 비용은 무궁무진하게 곡식이 수확되는 나일강의 비옥한 옥토 덕분이었다.

나일강 홍수의 범람을 막고 나일강 둑을 건설하여 비옥한 땅으로 만든 것은 파라오라는 절대군주의 치세의 덕분이라고 볼 수 있다. 파라오의 치세방식은 다른 나라와 달리 파라오의 말은 곧 법이며 모든 실행은 파라오의 이름으로 실행에 옮겨졌다. 그의 말은 법이며 그대로 이유 없이 집행되었다. 파라오의 아이디어든가 또는 누가 제안하든 일단 파라오가 결정하면 그대로 진행되었다. 파라오의 예외적 명령 특권은 혁명적 사업으로 진행되었다. 급진적으로 사회가 발전하는 수단이 이것이었다. 파라오가 되면 무엇이던 마음대로였다.

일설에 의하면 친동생이 아름다워 결혼하고 싶으면 이집트에 가서 파라오가 되면 할 수 있다는 말에 페르시아제국의 왕 켐피스는 페르시아 대군을 이끌고 이집트를 침공하여 점령하고 파라오가 되었으며 동생을 왕비로 삼았다. 사랑을 찾으러 간다는 것이 파라오의 나라도 정복하게 되었다는 이야기다. 중앙아시아, 페르시아 등에는 미모가 뛰어난 여성들이 많고 상상을 초월하는 미인들이 있어서 그 후 이 지방 여자들은 누구라도 옷과 천으로 얼굴을 가리고 살게 했는지도 모른다.

이집트 절대군주의 파라오, 피라미드의 상상 불가능한 건축물을 누구든 보면 파라오가 어떻게 그 엄청난 나일강의 제방공사를 계획하고 실천하였는지, 그래서 나일강의 범람을 최대한 막고 항상 풍년이 들도록 한 치수의 제방사업과 피리미드 공사가 세계적 불가사의라는 것을 알게 될 것이다.

물론 그러한 착상과 생각은 파라오 혼자서 한 것으로 볼 수 없지만 결정한 것은 파라오이며 누가 파라오로 되든 공사는 대를 이어 끝도 없이 진행하고 이를 위해 노예를 부리든, 포로를 부리든 공사를 계속 해오고 있는 것이다. 가장 쉬운 노동력은 전쟁 포로를 쓰는 것이니 전쟁을 해서 승리하면 포로와 조공을 받아오고 이로써 나일강 제방을 쌓고 이렇게 농산물을 생산하면서 별도의 대금을 내어 거대한 피라미드를 지어 파라오 자신이 영원히 사는 집을 만든 것이다. 이집트를 풍족하게 한 파라오의 피라미드 건설은 농사를 쉬는 동절기 때 일자리를 내어 곡식을 대가로 주는 역할을 하였으므로 건설이 용이하였다. 피라미드를 쌓은 방식은 그리스 학자들도 추론하지 못하였다.

나일강의 제방공사는 피라미드 공사와 함께 병행되어 일자리 창출과 바닷물의 유입을 막는 제방공사를 시작하여 토사가 쌓이는 강어귀로 전진하여 삼각주의 강 유역에 밭을 만드는 곡창지대 개간사업과 함께 계속되었다. 인류는 먹고 마시고 살아가고 발전하려면 이집트처럼 제방을 만들고 강 유역을 개간하여야 한다. 도시의 성안은 홍수에도 물이 넘치지 못하게 하고 제방은 해자처럼 이중으로 흘러가는 강을 따라 성곽처럼 쌓아올려서 홍수 때 강의 1차 내부 제방이 넘치면 2차 제방으로 물이 넘쳐 들어오게 하여 1차 제방과 2차 제방 사이를 저수지 호수로 만들어 물을 가두고 있다가 중력을 이용하여 물을 푸는 우물

바구니를 사용하거나 우차나 마차 또는 노예인력으로 물을 높은 곳으로 끌어올려서 농사용수나 관계용수로 사용하는 기발한 생각을 파라오들은 실천에 옮겼던 것이다.

이 공사는 과히 어마어마하여 이러한 제방의 축조는 수많은 인간의 집단적 힘에 의해 완성될 수 있는 불가사의한 제방축조였다. 이러한 파라오의 힘과 먹을 것이 풍족한 사회를 고대로부터 일으킨 파라오는 고대 세계를 지배하는 힘이 생겼다고 니고데모 선생님은 말하였다. 또한 파라오 자신은 근검절약하고, 물론 파라오에 따라서는 호화사치를 하는 폭군도 많았으나 명군의 파라오들은 진실로 자기 백성을 위하고 국가를 위하여 노력한 이들이 많았다.

파라오들은 왕권의 상징을 빛을 내는 반딧불의 펴고 접는 날개를 형상하는 장방형의 옥쇄로 왕의 인장을 손가락에 끼고 왕관은 사자의 갈기 모형을 한 모자와 두건을 쓰고 모자 위쪽에는 위엄을 나타내는 코브라와 독수리를 새겨 장식하고 턱에는 수염을 길렀으며 가슴에는 스스로 양을 치는 목자로 둥근 오라모형의 양치는 지팡이를 쥐고 다른 한 손으로는 곡식을 타작하는 도리깨를 들고 있는 것이 파라오의 왕권 상징 휘장봉이다.

파라오는 스스로 농민이고 목동이라고 했다. 추수 때가 되면 파라오는 직접 밭에 나가 농사의 시범을 보이고 농부와 같이 들에서 곡식을 거두어들이는 일을 하였으며 타작도 했다. 이러한 파라오들의 헌신적 노력은 파라오 왕이 죽었을 때 많은 백성이 통곡하고 피라미드를 더 높이 쌓는 데 헌신했고 자신들의 쌓은 돌 하나하나가 왕의 무덤을 이룰 때 백성들 자신들도 파라오 왕과 함께 영원히 산다고 생각했다.

길가를 지나며 돌을 쌓아두는 것은 오던 길을 잊지 않기 위하여 자국 표시를 하는 것으로 동물은 자기의 배설물로 표시한다. 길가와 같이 무덤 위도 돌을 계속 쌓아두는 인간 본성은 죽은 사람을 잊지 않고자 남기는 일로 어느 민족에게나 원시적 시대로부터 내려오는 일 중 하나일 것이다. 아마도 제일 큰 돌 무더기가 피리미드일 것이다.

니고데모 선생은 이집트 여자들에게 관하여도 말하였는데, 이집트 여자들은 밤에 불빛을 비추는 반딧불을 신성시하여 이를 형상으로 만든 목걸이나 팔찌, 반지 등을 착용하고 치장하였으며 토속신앙으로 낮에는 태양을 밤에는 반딧불을 신으로 모실 정도라 하였다. 반딧불인 개똥벌레는 낮에는 짐승들의 거름을 둥글게 만들어 자기 집으로 가지고 가며 사람이 볼 때는 퇴비를 온 산지 사방으로 흩어 뿌리는 격이니 사람이 하는 일을 대신해 주어 땅을 비옥하게 하고 낮에 열심히 일하고 밤에는 어떻게 빛을 내는지 몰라도 밤의 달빛과 같이 달빛을 받아 빛을 비추며 세상에 태양의 빛이 꺼지지 않게 해 주는 것 같다고 하였다.

반딧불은 빛을 따라 모이는 모기나 해로운 벌레를 잡아먹으니 곤충 중에 곤충으로 사람을 보호해 주는 곤충 신이라고 생각했다. 이집트 사람들은 그렇게 열심히 살았다. 반딧불도 열심히 살았다. 그들의 역사가 저 피라미드이고 나일강의 이중 제방이고 부유한 양식과 풍족한 데서 생기는 피라미드 건축이 있었다.

그런데 이 이집트가 나중에 페르시아나 그리스, 어떤 때에는 어처구니없게 남쪽의 작은 나라 에티오피아에게까지 멸망했던 것은 나일강의 제방만 믿고 피리미드 쌓기를 주업으로 삼았기 때문이다.

파라오가 양치는 지팡이와 곡식을 타작하는 도리깨를 황금으로 만들고 선대의 명군 파라오의 근면한 통치를 하지 않고 호화 사치를 일삼았기 때문에 천하세상을 호령하던 파라오의 나라도 이민족의 지배를 받고 지금은 로마제국의 지배하에 있다고 니고데모 선생은 말하였다.

모세오경과 토라에 있는 사실을 그대로 믿는 것과 그 진실된 이야기의 차이는 그리스 신화를 읽고 듣고 느끼는 것과 같다. 신들의 이야기는 결론으로 가면 전부 하늘에 있는 별들의 이야기로 끝나며, 그 신들은 하늘의 별이 되어 빛나고 있는 것으로 종결된다. 즉, 신들이 지상에 실제 있었던 어떤 사람들의 이야기이든 그 끝은 하늘의 별이 되어 있다는 것이다. 이스라엘의 역사는 선조들의 이야기가 신화로 남아 있는 곳이라 하여 그 이야기가 바로 믿음이며 하늘의 이야기이며 이스라엘의 성경이라는 것이다.

때때로 니고데모 선생은 가브리엘 요셉대형을 가끔 오게 하여서 새로운 토라의 이야기와 유일신 사상을 유익하게 전한 적도 있는데 가브리엘 요셉대형의 강의는 니고데모 선생과는 좀 달랐다. 대형은 이스라엘의 역사를 현실적으로 이해가 가능하게 설명하는 것이었다. 모세가 홍해를 건넜을 곳을 대상무역을 하면서 수차례 답사하고 전설로 들었던 것을 말하였다. 모세 지도자는 히브리인의 지도자가 되기 전 이집트군 고위 병참담당(군수)참모로 사실상 이집트군의 중추적 역할을 하였으며, 그때 여호와 하나님의 계시를 받았고 이집트와 시나이반도를 빠른 길로 연결하여 물자 수송을 편의하고 군사작전을 비밀리에 하기 위해 당시 홍해 북단 어귀에 수중보로 된 지름길을 건설하는 데 모세가 참여하였다는 것이다.

이 공사는 물살이 강하고 매우 어려워 북쪽 갈대바다에서 홍해로 흐르는 강 입구를 막고 수중보와 수몰형 잠수교를 만들었으며 도로의 통과는 조수간만의 차를 이용하였다.

모세는 히브리인의 우수한 노동력과 지혜를 이용하여 수중보 둑길을 건설하고 중간에 물이 빠지는 통로, 즉 잠수교를 만드는 것이 가능한 것을 파라오에게 건의하였으며 당시 투트모세 3세 파라오가 승인하여 완성한 홍해 북단 비상 잠수교라는 것이다.

하나님의 계시를 받은 모세가 하나님의 힘으로 이같이 홍해의 길을 예비하였다는 것이다. 그리고 요셉대형은 출애굽 이후 여호수아의 아이와 길갈 전투에 대하여 특별히 유대 청소년들에게 전쟁놀이처럼 재미있게 이야기를 하였지만 깊은 의미로 중요한 군사적 내용을 이야기한 것이다. 요셉대형은 장사꾼이지만 독립운동을 하는 애국지사이고 로마로부터 이스라엘의 독립을 위하는 애국지사였다.

니고데모 선생의 가르침과 요셉대형의 가르침은 유스투스와 같은 소년들에게 어려운 이야기였지만 후일 다시 생각하면 왜 그런 어린 나이에 알아듣지도 못하는 이야기를 한 것인지 후일 자라나서야 이해하게 되었다.

"이스라엘이 이집트에서 배워야 하는 것은 그 이집트의 사치스런 문물에 감탄하는 것이 아니고, 또한 피라미드에만 감탄하는 것이 아니고 피타미드를 세운 힘보다 더 큰 힘인 나일강 제방을 완성한 일과 양치는 지팡이와 곡식을 타작하는 도리깨를 자랑스럽게 가슴에 매고 있는 파라오를 기억하며 개똥벌레라도 부지런한 반딧불을 사랑하며 매년 수없이 강물의 범람으로 사람이 죽어 가던 나일강을 풍요의 강으로 만든 사람들을 생각하는 것이다.

나일강이 때만 되면 홍수로 사람 죽이는 살인 강이 아니라 홍수가 나도 교묘히 피해 가는 사람들과 무서운 물살을 농부와 목동들 몇몇이서 물길을 이리저리 돌리면서 저수지에 가두는 그들의 지혜를 볼 때 유대 사람들은 앞으로 무엇을 해야 하는지, 파라오 시대의 역사적으로 거대한 나일강 제방이 오늘날에도 쓰여지고 인간에 도움을 주고 있음을 볼 때 옛날 사람의 지혜를 알아야 할 것이다. 유대 사람들이 이 어려운 시기에 항상 하나님 여호와를 믿으며 이집트 사람들이 파라오를 절대적으로 숭상하던 때 이상으로 이스라엘의 아버지이시며 만군의 왕인 여호와 하나님을 이스리엘 민족은 숭상해야 한다."하고 니고데모 선생은 말했다.

그는 모세가 어떻게 이스라엘민족을 이집트에서 구하여 출애굽을 단행하였는지 성경에 자세히 나와 있지만 위대한 지도자 모세의 출애굽에서 가나안까지 대장정을 들려주었다.

파라오 합셉슈트 여왕이 그동안 이집트의 원정정책을 중단하고 가나안과 팔레스타인에서 평화조약을 체결하고 많은 이집트군을 소수부대만 남기고 철수하는 평화정책을 펴자 이집트에 돌아온 모세는 투트모세 2세의 기념관을 짓는 공사에 근위경비대로 감독 수행을 나갔다. 이때 이집트는 힉소스민족을 완전히 나일강 삼각주에서 추방하고 새로운 도시를 건설하기 위해 나일강에서 삼각주가 시작되는 멤피스 부근에 차후 수도를 테배에서 재환도하기 위해 왕궁과 도시 성곽을 대대적으로 공사하고 있었다. 여기에 건설작업 인원으로 히브리민족이 동원되었다.

이곳에서 모세는 자기가 실로 히브리인 출신이란 것을 알게 되었다. 파라오 공주인 양어머니가 자기를 키웠으며 친어머니가 유모 역할을 한 것도 이제는 공주의 히브리 하녀로부터 들은 바 있어서 어렵게 노역하는 자기 민족들의 고난을 깨달았다.

파라오 여왕의 평화정책으로 백성들의 국가의식이 헤이해졌으나 자유스런 사회분위기는 상업 등 문물이 번창하여 살기는 매우 좋았으며, 여왕의 대신전 건축이 완공되어 가자 많은 나라에서 구경하러 사람들이 끝없이 모여들었다.

그리고 거대한 공사는 주변의 다른 국가의 감탄을 자아내게 했다. 룩소르서쪽 데어엘바하리(Deirel Bahari)에 거대한 여왕기념 신전을 짓고 있는 것을 본 외국 사절들은 저마다 여왕의 업적을 찬양하고 여왕은 모든 백성들도 이집트 왕국의 면모를 볼 수 있도록 성전 순례를 하고 민족의 전당을 짓는 뜻을 알리고 보도록 하였다.

많은 백성들도 관람하고 탄복하였다. 합젭슈트여왕의 새로운 신전은 또한 그녀 자신이 장차 영원히 잠들 묘지였다. 이러한 큰 신전을 짓는 것은 무지한 낭비적 측면이 없지 않았으나 주위의 모든 나라 사람들이 와서 보고 순례지로 생각하고 또한 상거래와 문물의 교환 등이 크게 이루어지는 것을 볼 때 여왕이 아주 잘 만든 대걸작이었다.

그러나 여기 동원된 노역을 제공한 일부 이스라엘 사람들과 노예들은 많은 고생을 하였다. 많은 히브리인들은 이집트 국적을 얻지 못하고 기대 속에서도 이집트 시민권을 주는 노예해방이 실현되지 못했다. 모세는 이제 이집트가 이렇게 발전한 이상 국가적으로 시민권을 주어 노예해방을 시켜 주어야 한다고 생각했다.

히브리인들은 이집트에서 시민권을 얻고 토지를 살 수 있으며 자기 집을 짓고 아이들을 공부시키며 스스로 살아갈 수 있는 지위를 갈망하며 신전 짓는 일에 열성을 다했다. 모세는 비록 자기가 이집트 사람의 손에 키워졌고 자랐으나 피는 진한 것, 언젠가 자신의 민족의 해방을 염두에 두었다.

합셉슈트 여왕의 신전이 완공되고 이 신전의 완성에 이집트 관리들도 너무 긴장하여 정신적 고통을 받아 왔던 것인지 몰라도 신전 완공과 더불어 많은 고급관리들, 명인들, 명재상들이 세상을 떠났다. 합셉슈트 여왕도 오랜 섭정, 즉 투트모세 3세의 섭정 겸 파라오로서 유명한 치세를 끝내고 세상을 떠났다.

투트모세 3세가 합셉슈트 섭정에서 다시 실제적 왕위에 파라오로 재즉위하였다. 투트모세 3세는 여왕의 장사를 끝내고 그동안 약해진 이집트의 군사력을 재정비하기 시작하였다. 다시 징집이 시작되어 모세가 소속된 왕족들도 군력을 내고 병역을 보충하였다.

합셉슈트가 살아 있을 당시부터 투트모세 3세는 이집트 파라오로 군 최고사령관으로 군사방면에만 집중하여 직접 전투훈련에 참가하고 이집트군 군장비를 개량 개발시키는 데 주력했다. 활은 물소 뿔과 튼튼한 장목으로 만들어 기존 활보다 100보나 더 멀리 날아가게 하여 500보를 날아갔고 활줄은 사자나 물소의 튼튼한 내장이나 상어의 가죽으로 말리고 또 말려서 튼튼히 만들었다. 적과의 활 싸움에서 멀리 날아 단연 유리하게 되었으며 화살촉은 청동 합금과 철로 더 날카롭게 만들었고 화살 날개도 더 길게 만들어 멀리 가게 했다. 칼은 반달과 같이 휘어지게 하여 전투시 충격을 더 빨리 주고 일격에 정신을 잃게 하고는 후속으로 도끼 부대가 짧고 날카로운 도끼로 확인 사살하게 하는 밀집 전투법을 썼다. 창과 방패는 더 날카롭고 튼튼하게 만들었으며 갑옷은 화살도 뚫지 못하는 청동과 가죽으로 튼튼하게 만들었고 파피루스 천으로 내부를 짜서 더위에도 시원하게 하였다. 가벼운 3중의 전투복을 병사들에게 전투시에 입히도록 몸의 치명적 위치, 명치를 보호하는 갑옷을 입히게 하고 전차는 기동력을 가지는 경전차로 바퀴의 창살을 4가닥에서 6가닥으로 힉소스 전차를 개량했다.

그리고 전차의 분해, 조립을 쉽게 할 수 있게 하여 산악지역에서는 보병이 전차의 분해 부품을 지고 날라서 절벽이나 고개를 넘어가 전차를 조립하여 적을 개활지에서 격퇴하였다. 이 방법을 이용한 것이 므깃도 전투에서 승리한 창식이었다. 이러한 전투방식은 벽화에도 그림으로 남아 있다.

파라오의 명령은 전차든 군함이든 산으로 들어올려 고개를 넘어 적을 제압하는 상상 불능의 명령을 지시하고 시행할 수 있다. 파라오의 명령은 절대적이다. 전차에는 더 많은 화살과 창을 넣고 달리면서 활을 유효하게 적중시킬 수 있도록 승차시 진동이 적은 차량을 개발하여 전투력을 증강시켰다. 파라오가 직접 승차하는 그림을 파피루스에 새겨서 많은 사람들이 파라오의 위용을 알게 되었다.

전차대와 보병은 공격 위치를 잡으면 3천 발의 화살을 일제히 발사하는 조직훈련을 시켰다. 투트모세 3세의 전투력은 과히 무적이었다. 전술훈련도 수시로 하여 앞으로 이집트 파라오 전환기에 외적으로부터 침공을 대비하고 있었다. 더 좋은 무기를 만드는 자들에게 적극 포상하고 격려했다.

모세도 다시 근위부대로 호출되어 파라오 근위대 참모로 다시 들어가 수도인 멤피스로 갔다. 모세는 여기서 많은 이집트의 군사교과서를 보고 더 연구하고 가르치고 배웠으며 기후, 천문, 농업, 군사지원, 군사지리에 대하여 더 많이 알게 되었다.

이집트는 특히 메소포타미아의 농업기술을 많이 인용하고 있었다. 전쟁의 목적은 단순한 전투만을 위해서가 아니라 이러한 사회기술과 백성의 치세에 대한 연구와 점령과 기술의 터득을 또한 가져온다는 현실이다. 모세는 또한 군사적 지리에서 이집트군의 놀라운 군사도로와 자세한 비상도로망을 보고 감탄하였으며 피리미드 공사와 같은 과학적 건축공사와 자세한 설계에 의한 도로, 항만, 지도, 성곽을 보았다.

이집트는 장구한 세월에 걸쳐 기술과 문명과 제도를 가지고 있었다. 그리고 전쟁에서 군사 이동로와 성곽의 비밀통로를 가지고, 비록 작전상 그 성곽을 포기하고 비워 주고 철수하더라도 언제든지 비상구로 다시 침입하기에 좋은 상세하고 치밀한 지도를 가지고 있었다.

모세는 메소포타미아의 문물연구와 메소포타미아 언어를 함께 조사하였다. 특히 물을 낮은 쪽에서 높은 쪽으로 올리는 수차와 방조제 공사에 많은 연구를 했다. 소문에는 새로 등극한 파라오가 최신의 메소포타미아의 문물을 특별히 조사하게 하였다고 한다. 투트모세 파라오가 원정을 나가는 것은 단순한 정복이 아니라 그 나라의 문물을 보고 알고 자국의 발전을 도모하며 전쟁에서 승리하여 얻은 노예를 가져오는 효과도 있다.

모세는 시나이반도가 왜 항상 이집트의 점령하에 있어야 하는지 알게 되었다. 시나이반도는 이집트와 불가분의 지역 요소이며 시나이반도는 이집트의 완충지대로 이곳을 빼앗기면 바로 이집트 수도가 침공당하는 것인만큼 항상 시나이반도에 이집트의 최고 정예군이 주둔하고 있음을 알았다.

이제 모세에게 하나님의 계시가 오기 시작했다. 바로 이스라엘을 구하라는 계시다.

젊은 투트모세 3세 파라오 왕이 군웅 활거로 바빌로니아의 주인이 없는 투쟁 각축지가 되어 있는 티그리스—유프라데스강까지 이집트 원정군을 보낼 계획을 하고 있는 것을 모세는 알고 있었다. 모세는 그 기회가 오기를 기다렸다.

모세는 키워준 이집트에 보답하고 같은 핏즐인 억압받고 있는 히브리인들의 해방을 도모할 수 있는 기회, 자신을 낳아준 어머니, 자기를 길러준 이집트 공주 어머니와 공주집으로 자기의 바구니를 인도해 준 누님 등 여러 사람들에게 신세를 갚을 길이 있기 때문이다.

모세는 자신의 핏줄이 이스라엘임을 알고부터는 여호와 하나님을 믿었다.

투트모세 3세가 이집트 파라오로 다시 재위에 오트자 전방 전초순시가 시작되었다. 그동안 합셉슈트 내치로 대외 군사정책이 완화되자 작은 도시 국가가 왕이라고 대등하게 이집트를 상대하려 했고 조공은 아예 하지도 않았다. 소규모로 순시를 시작해서 어느날 대군사훈련 계획이 하달된다. 시나이 인접지역에서 훈련을 실시하다가 그동안 이집트에 조공하기를 요리조리 기피한 나라 왕을 소환하거나 직접 정복하려고 바로 공격하는 수도 있었다. 주위의 어느 나라든 군사 훈련하면 긴장하는 이유가 여기에 있다. 드디어 군사동원령이 나왔다. 동원령이 내리자 중년의 도세도 전투 갑옷을 다시 찾아 입고 군수담당 참모로 지휘부에 배속되어 출동하였다. 많은 왕족들과 자기와 같은 왕후장상들의 인척으로 구성된 근위대는 시나이반도 홍해지역으로 기병대, 느타기병대, 전차대, 보병부대와 함께 사막에 먼지를 일으키면서 이동하였다. 본격적인 파라오의 해외 정복을 위한 훈련인가? 주변 나라들이 긴장하기 했다.

투트모세 3세는 수많은 호위군사와 함께 홍해 바닷가에 이르렀다. 바다의 물살 소리가 강하게 나며 홍해를 가로질러 지나가는 수중보 둑길과 잠수교가 물 속에 아른거리며 보였다.

피라미드도 엄청난 크기로 만들고 짓는 사람들의 노력은 수중보로 된 잠수교 하나쯤은 아무것도 아니었다. 이 잠수교 주변에는 많은 경고가 붙어 있었다. 허가 없이 이 구역을 들어오면 가차없이 현장에서 체포된다고 하였다. 암호를 알고 있어야 하고, 모르고 들어가면 누구든 현장에서 화살을 맞는다고 경고가 도토가에 붙어 있었다.

투트모세 3세의 군사가 썰물 때 물이 빠지자 이 시차를 이용하여 홍해 잠수교를 건너갔다. 시내산 아래 이집트 주둔군 진영에 대왕의 부대가 도착하고 열병식이 있었다.

시나이반도에는 동쪽으로 해변을 끼고 천혜의 물 좋고 공기 좋은 오아시스가 있어서

▉ 고대 이집트의 파라오 왕이 타던 이륜 전차 ▉

휴양지로도 아주 좋은 곳이 아시아 아라비아로부터 외침을 막는 중요한 군사 요충지이다. 또한 이 길로 왕의 대로를 따라 아시아로 올라가는 길이며, 아시아에서 이집트로 오는 길이다.

이 시나이 주둔군과 파라오 왕과 함께 온 전 부대는 시내산 언덕 아래 거대한 연병장에서 재등극한 이집트의 절대군주 대파라오 투트모세 3세의 사열을 받았다.

투트모세 3세는 왕권의 상징인 황금색 도리깨와 휘장을 들어 시나이 주둔군 군사들의 받들어 검에 답하였다.

투트모세 3세에 대한 충성의 사열식에 이집트 전차대, 공성기, 대궁 활들이 새로운 병기로 소개되었다. 파라오는 이 지역에서 새로 개발하거나 수입하여 얻은 신무기를 점검했다. 투트모세 3세의 신무기 개발에 대한 관심은 역사적으로 알려진 유명한 사실이다. 열병식이 끝나고 대왕과 함께 회식하는 점심 자리가 마련되고 무술 격투기 시범이 있었다.

그리고 함께 데려간 궁중 무희들의 위안 공연으로 가요무대가 있었다.

투트모세 3세는 파라오로 즉위(BC 1479년)한 지 20년 동안 군사를 재정비하고 BC 1459년 자신이 직접 원정군을 이끌고 가나안의 갈멜산 남쪽 천하제일의 요새 무깃도를 선대의 파라오들이 함락하지 못했던 것을 다시 공략하기 위해 직접 출발하였다.

투트모세 3세는 소아시아 연합군인 가나안, 에몰라이트 등이 철통같이 지키는 난공불락의 요새 무깃도를 포위하고 풍부한 이집트의 군수수단으로 요새에 식량과 식수가 끊어질 때까지 기다릴 것을 명하였다.

포위기간 동안 소아시아 연합군은 끝내 식량난으로 허덕이다가 투트모세 3세에게 강화조약을 제의하였다. 투트모세 3세는 무깃도의 성문을 연 그들의 항복을 받았다.

그러나 투트모세 3세는 항복한 이들을 죽이거나 노예로 삼지 아니하고 항복한 데 대하여 많은 인질을 확보했다. 무깃도 지역민이 이집트에게 조공할 것과 차후 반란을 일으키지 않겠다고 약속하였으므로 파라오는 강화조약을 받고 왕의 가족들을 인질로 하여 수도 테베로 개선하였다.

그 후 투트모세 3세는 다시 군사를 일으켜 무깃도를 거점으로 메소포타미아로 다시 원정길에 올랐다. 길가메시를 통과하고 메소포타미아의 관문인 니네베를 지나 유프라데스강을 도하한 투트모세 3세는 강을 따라 내려가 미탄니 왕국의 수도를 공격했다. 그는 유프라테스 강가에 전승 기념비를 세우고 돌아왔다. 여기에도 모세는 파라오를 호위하여 종군하였고 대왕의 근위대에서 중요한 군수, 병참참모의 업무를 담당하였다.

모세는 투트모세 3세의 군사와 함께 초승달 옥토지역을 되돌아 길가메시와 무깃도를 다시 통과하여 이집트의 멤피스로 돌아왔다. 물론 돌아오는 동안 모세는 보급업무를 담당하였던 관계로 가나안 지역의 인종들의 생활상과 그곳에 아직도 이스라엘민족이 남아 있는지 호구조사도 하였다. 모세는 메소포타미아에서 아브라함 조상의 역사 현장도 답사한 것으로 보인다. 그곳에서 후일 모세오경을 집필하는 데 많은 참고가 될 자료를 얻었을 것이다.

투트모세 3세는 북방 소아시아의 남쪽 요단강 유역과 메소포타미아 유역을 동시에 원정한 이집트 역사상 위대한 파라오였다. 이 지역의 평화를 이룩한 투트모세 3세는 다시 남쪽 에티오피아 지역을 순시하고 남쪽의 여러 나라들로부터 조공을 받고 다시 이집트의 수도 테배로 개선하였다. 수많은 노예들과 난민들이 따라 들어왔다.

평화의 시대가 온 후 파라오인 투트모세 3세는 수도인 테배 왕궁에 주로 있고 하나일 강 삼각주가 시작하는 입구에 멤피스 제2 왕궁을 세우고 장차 천도하려고 하였다. 시나이와 가나안 전 지역의 통치를 위하여 왕세자를 시나이 총독에 임명하고 시나이반도 아카바가 마주보이는 엘랏에 이집트 방위군 사령부를 두었다. 파라오는 모세에게 왕세자를 보좌하여 시나이반도 주둔군 군수담당 참모로 다시 근무하게 하여 군사물자 수송을 담당하게 하였다. 북쪽 홍해 입구에는 고대로부터 이집트에서 시나이반도로 들어가는 길목이 있었다. 이 길은 강 어귀가 토사 등의 퇴적물이 쌓여 육지가 계속 남쪽으로 확장되고 있었다.

홍해 아래로 새로운 지름길이 필요했다. 대대로 이집트 지역 사령관들은 군사적으로도 도하하는 더욱 가까운 길을 만들고자 하였다. 자연적으로 썰물 때 물이 빠지면 군마가 통과할 수 있는 길이 만들어지기도 하였으나 그 길을 다듬어 바로 낼 공사가 필요했다. 오래전 만든 중간중간의 수중보와 갈대 바다에서 흐르는 강을 건너는 잠수교는 그 후 잦은 홍수에 일부가 무너지고 징검다리처럼 갈 길이 끊어져 있거나 길이 제각기 사방에 흩어져 있었다.

모세에게 하나님 여호와께서 다시 현몽으로 나타나셨다.

"이집트에서 홍해를 건너 시나이로 들어가는 길목에 바다 속 수중길과 수중보를 더 확장하고 튼튼히 해 두라. 언제 너희들 이스라엘민족이 쓸 길이다."

군사들이 통과할 경우는 군마 등 중장비가 임시 보호 통로를 만들며 갈 수 있지만 민간인이 쉽게 통과할 수 있는 길은 못 되었다. 상용 도로로 하기에는 너무 위험한 도로였다. 그는 당시 시나이 군사령관을 겸직하고 있는 왕세자에게 말하여 우수한 이스라엘 노예들을 시켜서 함께 일하며 물 속에 길을 여는 수중보 댐을 보수하고 중간 지역에 물이 안전하게 지나가도록 더 튼튼한 잠수교를 다시 건설하였다. 이 길이 완공되자 시나이로 들어가는 길이 단축되었으며 매우 중요한 이집트의 군사용 비상 비밀통로가 되었다.

투트모세 3세는 당시 왕세자로 하여금 경험을 쌓게 시나이 주둔군 사령관으로 임명했었다. 왕세자는 계속 매일 시나이에 근무하고 있는 것은 아니고 부지휘관이 현지를 지킨다.

젊은 왕세자가 단기간 동안 공식적인 전지 임명기간을 마치고 경륜을 쌓은 다음 멤피스 왕궁으로 돌아올 때 모세도 왕세자과 함께 시나이반도에서 해안가 길로 건설한 홍해의 비상도로를 건너 돌아왔다.

평화의 시대가 오면 거대한 토목공사와 도로공사, 대단위 주거지역공사를 이스라엘민족인 히브리인들이 도맡아 노역을 제공할 수밖에 없었다. 이 히브리인들은 이집트 당국에서 행여나 시민권을 주거나 이 노예신분으로부터 해방시켜 주지나 않을까 하여 열심히 일하였으나 시민권은 좀처럼 얻지 못했다. 노예신분으로부터의 해방은 여전히 약속이 없었다. 제한적 식량배급에 불만을 품은 히브리인들이 고통에 이기다 못해 노역장에서 간혹 소요 사태를 일으키고, 이로써 이집트 근로 감독관과 충돌이 야기되어 많은 히브리인들이 투옥되거나 희생되는 일이 잦아졌다.

때는 투트모세 3세 재위 39년경(BC 1440년) 모세는 파라오 왕궁과 주변의 성곽 축성공사에 고위 책임자로 임명되었다. 한편 고통받는 히브리인들은 모세를 소문으로 모를 수가 없었으나 상당한 권력의 지위에 있던 모세도 어떻게 할 수 없는 일이었다. 어느날 모세는 노역장 부근에서 히브리인들을 심하게 매질하는 현장감독관을 꾸짖는 와중에 감독관이 모세를 보고 소문을 들어서 알고 있다고, 모세도 히브리인과 한패라는 모욕을 주었다. 모세는 홧김에 지휘봉으로 그 감독관을 치자 머리를 정통으로 맞은 감독관이 그 자리에서 쓰러졌다. 당황한 모세는 즉시 그를 일으켜 세웠으나 인사불성의 몸이 되었다. 아직 숨은 붙어 있는지 모르나 빨리 구호소로 후송시켜야 했다. 이때 주위에 있던 히브리인들이 즉시 모여들어 감독관을 업고 급히 구호소로 떠어갔다.

히브리인들은 이집트 감독관이 위급한 상태기며 몸집이 너무 크고 비대하여 전에도 한 번 쓰러지면 기절한 상태가 여러 번 있어서 이번에는 아마도 죽을 것 같다 하여 죄를 모세가 쓰게 되었으므로 감독관을 어떻게 하든지 살려야 한다고 하였다. 히브리인들은 모세의 위치를 알고 있었기 때문에 모세를 위하여 그렇게 한 것이다.

그러나 이 사건을 계기로 모세를 시기하고 있는 이집트 관리들이 감독관이 죽으면 중앙감사를 실시하고 모세를 살인자로 징계위원회에 회부하여 파라오의 감독관을 죽인 죄를 모세에게 묻고 그를 제거할 궁리를 하였다. 모세는 총감독관직을 포함한 모든 관직의 자진 사임서를 제출하고 은거하였다. 이집트 감독관은 며칠째 혼수상태를 보이다가 끝내 사망하였다.

감독관의 돌연사를 계속 조사하고 있던 이집트 현장관리들은 모세가 히브리 출신이란 것을 알고 감사와 조사를 시작했다. 그리고 공식적으로 모세가 히브리인임을 공포했다. 이집트 사회가 크게 놀랐다. 그리고 히브리인들과의 활동 동태를 의심하고 있었다. 공사에 여러 비리가 있는지도 찾아내기 시작했다. 모세에게 무슨 비리가 있었겠는가. 없었다.

다만 구타 살인혐의가 지적되었다. 그것도 이집트 고위 관리가 죽은 사건이다.

모세는 하나님께 기도했다. 그는 사실대로 재판을 받을까 하는 생각도 있었으나 죽은 감독관의 추종자들이나 피해자 가족들이 가만 있지 않을 것이므로 후일을 언약하고 비밀리에 상가를 조문하고 일단 외딴 사막으로 피신하여 갔다. 모세의 형 아론이 피신할 것을 권고했다.

소문은 사방으로 퍼져서, 히브리인들 사이에서는 모세의 출신과 이집트에서 공헌한 것으로 보아 언젠가는 자기의 민족을 구할 사람이라는 소문이 퍼졌다. 그러나 일부에서는 모세가 이집트 사람들과의 깊은 관계를 가지고 이집트를 배반하기 어려운 사람이므로 이집트에 충성하는 자라고 시기하는 사람들도 있었다. 히브리인들은 어떻게 하든 모세를 찾아 헤매였다. 한 히브리인 집에 은거하고 있는 모세를 찾아와 히브리인들은 자기들의 지도자가 없으니 지도자가 되어 줄 것을 간청하였으나 모세는 자기의 핏줄은 히브리인이지만 자기를 키워준 것은 이집트인이니 이 상황에서 이집트를 배반할 수 없다고 말하였다. 오히려 살인 혐의까지 다시 거론되면 다시 말썽이 되고 아무 활동도 못하기 때문이다.

어느날 모세는 시장 저작거리에서 공연히 시비를 거는 당황스런 일을 당하게 되었다. 모세는 이를 피하였으나 일단의 무리들은 계속하여 모세에게 시비를 걸고 결투를 요구하여 왔다. 모세는 자기가 잘못하였다고 사과하고 더 이상의 행위를 그만 하려는 때에 주위의 히브리인들이 그들과 맞서서 싸우는 사태가 일어났다. 모세는 히브리인들에게 그 패거리들과 싸우지 말고 참으라고 타일렀으나 히브리인들은 모세를 알아보고 그 중에 모세를 이집트 관리에게 밀고하는 자가 있었다.

이집트 현장감독관을 죽인 모세라는 사람이니 체포하여 이집트 당국에 넘기면 큰 상을 받을 것이라 하니 순간 시종 패거리들이 모세를 추격했다. 모세는 이들을 피하면서 골목을 빠져나와 군중 속으로 피신하였다. 이미 큰일이 벌어진 터라 모세는 황급히 자택으로 돌아가 소량의 짐을 챙겨서 낙타를 타고 사막으로 달아났다. 형 아론이 가족 중에 젊은이 한 사람을 따라 보내어 모세를 보호해 주도록 했다.

모세는 나일강의 여러 샛강을 건너 시나이반도 쪽으로 갔다. 그는 홍해 부근지역에 도착하여 시나이반도를 넘어가는 중요한 군사의 비상도로를 따라갔다. 홍해 어귀가 가까워짐에 따라 모세는 더 이상 전진할 수 없었다. 누구든 함부로 이집트군의 작전지역으로 들어가면 화살에 사살당하는 중요한 지역임을 알고 있는 터라 매우 조심하여 접근해 갔다.

지난날 시나이반도에 근무한 적이 있던 모세는 산간지역의 조그마한 오아시스에 베두인들이 살고 있는 곳에 가서 숨어 지내려고 생각하였다. 모세는 홍해의 도하지점에 조심스럽게 엎드려 앞을 바라보자 수중보 둑길이 보였다.

수중보 양방향에는 이집트 군사가 지키고 있었다. 그동안 이집트군은 이 완공된 비밀 수중보와 중간 다리를 통하여 시나이반도를 귀신같이 건너가고 오며 시나이반도에서 적과 대치하는 일이 있을 경우 땅에서나 바다 속에서나 하늘에서 군사가 내려오듯 적을 배후에서 공격할 수 있는 비상통로로, 평상시는 비상 병참도로로 이용하여 왔다. 이 수중보와 중간 잠수교 교각은 하루에 두 번 바닷물에서 노출되었다가 잠기는 장엄한 수중 길이었던 것이다. 이 길은 모세가 지난날 시나이반도 이집트 주둔군 병참담당 참모장으로 있을 때 주로 능력이 뛰어난 히브리인들을 동원하여 건설한 다리다.

"그때 여호와께서 이때를 위하여 이 다리를 만들게 하셨습니까? 아니면 더 큰 때를 위하여 예비하게 하였나이까?"

한편 이집트에서는 피해자 가족이 모세를 고발하고 당국에 모세를 체포할 것을 진정하였으나 관리들과 파라오는 피해자가 평상시 지병이 있었던 점과 모세의 우발적인 실수로 그러한 일이 일어난 것으로 보고 사건은 피의자의 행방불명으로 수사 중지로 방임하였다.

사랑한 감독관은 업무상 순직으로 처리하게 하여 유족들을 위로하고 마무리하였다. 사건은 사인이 과연 지휘봉 한 방에 죽을 수 있었는가와 피해자 체질 문제로 왔다갔다 하다가 자연히 흐지부지되었다. 파라오의 그냥 두라는 방임의 뜻이다. 자꾸만 문제를 일으키는 것은 파라오의 뜻을 위반하게 되므로 피해자 가족들도 적당한 선에서 살인과 형사문제를 더 이상 진행하지 않은 것 같다. 지난날 이집트에 모세의 지위와 공로가 있으니 추방 정도로 방임한 것이다. 파라오가 적극적으로 츠적을 지시하였다면 모세를 못 잡지는 않았을 것이다.

모세가 이집트 파라오를 피하여 떠난 후로 이집트 땅에는 매년 봄, 여름, 가을을 통하여 심한 가뭄과 질병, 천재지변이 있었다. 이러한 현상은 그 후 모세가 12년 후 시나이에서 돌아올 때까지 약 10년 이상 계속되었다.

한편 모세는 홍해북단의 이 비밀통로를 물때를 이용하여 숨어서 바다 속 길 수중보를 건넜다. 완전히 홍해를 도해하여 시나이반도로 피신하였다. 이때가 투트모세 39년경(BC 1440년)으로 추측된다. 시나이반도로 들어간 모세는 베두인 지역으로 들어가 지나가는 상인처럼 베두인 주거지역으로 접근해 갔다. 모세는 시나이 산 부근 미디안 지역 오아시스에서 양떼를 이끄는 어떤 여자 형제들을 우물가에서 만나 물을 얻어 마신 다음 그들의 안내로 부족의 제사를 담당하는 제사장을 찾아갔다.

모세는 어느 부족이나 그 부족의 토속신앙 제단에는 피난소가 있는 것을 이를 알고 우선 여행객으로 머물기를 허락하여 주기를 요청했다. 다른 여인숙으로 가면 신고할 수 있기 때문에 가까운 피난처가 있는, 지난날 연고가 있는 제사장 집을 방문한 것이다. 제사장은 그때와 다른 사람이었다. 제사장을 찾아온 모세를 보고, 그의 자태와 학식과 행적을 듣고 보통 비범한 사람이 아닌 것을 알고는 머물 것을 허락했다. 그런데 그 제사장은 이드로라는 제사장으로 여러 딸이 있었고 그 중엔 모세가 우물가에서 만난 처녀로 그의 딸 십보라가 있었다. 이드로는 모세와 십보라의 결혼을 허락하였다. 형 아론이 사람을 보내어 결혼에 필요한 비용을 보냈다.

그리고 일부 이스라엘 사람들을 모세가 사는 부근으로 보내어 정착할 수 있는 곳인지 알아보게 하였다. 모세는 형 아론에게 감사했다. 유목 유랑생활을 하고 있던 모세는 10년이 가까워지는 때에 지나가는 대상의 무리들이 전하는 소식을 들었다.

투트모세 3세가 만년에 자신의 뜻있는 생일 기념일을 맞이하여 국가의 모든 죄인들에게 대사면령을 내리고 흉악범을 제외하고는 모든 죄인들을 가석방하며 다시 평화스런 생활을 하게 하였다는 말을 듣고, 모세는 다시 한번 헬리오피스 고센지역인 멤피스로 돌아갈 생각을 하게 되었다. 자신의 사건도 사면되었을 것이라고 믿었다.

모세는 이 베두인과의 생활에서도 히브리인이 이집트에서 고생하는 것을 잊어버릴 수가 없었으며 언젠가는 힘이 있을 때 해방시킬 수 있는 대탈출의 모험을 자기처럼 홍해를 건너면 가능하리라고 생각하였다.

어느날 모세는 아브라함 조상을 생각하다가 잠깐 졸던 상태에서 꿈을 꾸었다. 꿈속에서 어떤 노인이 자기 앞에 앉아서 모세를 보고 가까이 오라고 하였다. 그리고 이집트에 있는 자손들을 구하라고 말하였다. 모세는 문득 꿈에서 깨어났다. 하지만 꿈이 마치 현실과 같이 느껴졌다.

이때 창밖을 보니 시나이 산이 저녁노을로 불에 타고 있는 듯 너무나 밝게 빛나고 있었다. 모세는 즉시 목동의 지팡이를 들고 단검을 차고 산 위로 올라가 보기로 하였다. 모세는 산 위에서 저녁노을에 환히 비치는 성스러운 나무를 보고, 신전과 같이 뜰에 붉은 불꽃의 숲과 바위로 된 찬란히 빛나는 신전과도 같은 산 속의 광경을 보았다. 멀리서 산울림과 같이 모세를 부르는 소리가 들리는 듯했다.

모세는 저녁노을의 불빛에 엎드려 기도하고 이젠 이집트 파라오의 대사면도 있었으니 자기가 돌아가 동족을 만나보고 모두가 언젠가는 자신들의 조상인 아브라함의 땅으로 돌아갈 수 있는 기회를 알아보고자 헌신하기로 결심하였다. 모세는 낮에는 뜨거워서 산 위에 오르기 어렵기 때문에 새벽에 시나이 산 정상에 올라서서 해돋이를 보았다.

태양이 새벽의 적막을 깨고 빨간 빛을 거울과 같이 순식간에 모세의 얼굴을 비추며 맑은 먼 산 위로 떠올랐다. 모세는 거울같이 붉은 빛을 발하는 태양을 차마 눈을 뜨고 바로 볼 수 없었다. 금시 옆으로 서 있는 온 산이 붉은 황금빛으로 가득하며 황금빛의 산들의 그림자가 움직였다. 실로 장관이었다. 세상에 이런 장엄한 해돋이를 본 일이 있는가. 이 태양을 보내신 하나님 여호와에게 감사했다.

"저에게 어떤 사명을 주십니까? 이 아름다운 신의 산에서 아내와 자식들과 무탈하게 행복하게 편안히 살아가는 편안한 자리를 버리고 이집트에 다시 들어가 기약없는 투쟁생활을 시작한다는 것이 저의 가족들에게 잘하는 일인지 모르겠습니다만, 나만이 이 편안한 생활을 영위할 수 없으므로 이제 강한 마음을 먹고 칼을 차고 이집트로 들어가고자 합니다. 하나님 여호와께서 정말로 존재하신다면 저를 도와주셔서 히브리민족이 인간다운 생활을 할 수 있도록 살펴주시고 구원하여 주시기 바랍니다. 하나님은 과연 누구십니까?"

모세는 물었다. 이때 하늘에서 소리가 들려오는 듯했다.

"나는 너희들이 하나님이라 하는 여호와다. 세상을 만들고 스스로 존재하는 자가 바로 나니라. 어디에서든 존재하며 사람의 마음속에 영원히 존재하는 영상이며 진리를 가르치는 자가 바로 나 여호와다. 이제 너를 모세라 부르겠다. 앞으로 10계명과 율법을 줄것이니 책을 만들어라."

성서에 있는 이 말씀을 니고데모 선생님은 장원의 소년들에게 해석하고 설명하였다.

"여호와는 보이지 않은 큰 별처럼 존재한다. 너희들 눈에는 밤하늘에 빛나는 별만 보이지만 보이지 않는 수많은 별들이 있다. 여호와는 별들 중 가장 큰 검은 별같이 너희들 눈에는 보이지 않으나 성경의 말씀대로 검은 구름 속에 있으니, 구름가의 가장자리가 은빛 같이 비치는 것을 보면 그 속에 태양이 있음을 알듯이 우주의 검은 구름 속에 여호와의 별이 있으며 모든 별이 하늘의 중심별 주위에 떠 있는 것같이 하나님 여호와는 우주를 지배하는 우주의 유일한 존재이다.

하나님은 하나님 스스로 존재하신다. 모세 지도자 때의 하나님이 지금의 하나님이시다. 하나님께서 사람과 같은 형상을 가지고 사람과 같은 일생을 사는 것이 아니다.

이스라엘이 말하는 하나님은 세대를 변하며 계승되는 하나님은 아니시다. 스스로 존재하시는 분으로 시간과 장소를 초월하여 존재하시는 분이 이스라엘의 하나님 여호와다. 그렇게 이해하길 바란다. 여러분들이 하나님이 지금 어디에서 우리를 보고 계신다고 생각하면 하나님이 그렇게 우리를 보고 계신 것과 같다. 하나님은 바로 우리 곁에 계신다. 모세의 하나님께서 모세를 보고 계시던 것과 같이 바로 그 하나님께서 지금 우리를 보고 계신다. 이스라엘의 하나님 여호와는 이스라엘과 함께 항상 계신다.

우리의 하나님 여호와가 빛나는 별 태양을 너희들에게 보내어 너희들을 살게 함과 같이 여호와께서는 모세를 이스라엘 지도자로 이집트에 다시 돌려보낸 것이며 그 후로도 끝없이 시대와 세대마다 지도자를 보내신 것이다.

모세는 하나님 말씀을 듣고 이스라엘의 위대한 지도자로서 그 백성들을 인도하여 여호와 하나님께서 이미 보아둔 가나안 땅으로 다시 돌아가게 되었다. 그리하여 이곳에서 이스라엘에 영광이 있었다.

여호와는 사람의 눈에 보이지 않으나 있는 것이니 그것은 스스로 존재한다는 뜻이며, 어디서나 있다는 뜻이며 강가에도 있고 바다에도 있고 산에도 있고 들에도 있으며 마을에도 있고 하늘에도 있고 저 우주에도 있으니 언제나 이스라엘이 부르면 어느 곳에서나 하나님께서 오실 것이다. 그와 같이 당시 우리의 모세 지도자께서 우리 이스라엘을 지도하시고 이집트에서 하나님을 대신하여 이스라엘민족을 해방시키셨다."

이집트에서 고대로부터 아시아, 메소포타미아로 가는 길이 세 갈래가 있었는데 제일 위의 북방 방면으로는 지중해 해안도로 팔레스타인 길과 중간에 위치한 술 광야, 바란 광야를 거쳐 찐(Zin) 광야에 이르러 브엘세바로 모하비 사막을 건넌다는 길과 남방 홍해 해안을 끼고 뱃길과 함께 돌아가는 시나이 산길 세 갈래의 길이 있다. 물론 중간에 소규모의 샛길도 있지만 큰 길로는 이 세 갈래 길이 나 북방 길은 해안가에 해양민족이 밀집하여 줄지어 있어서 귀향민이 그 길로 가는 것은 많은 희생을 지불하고도 통과하지 못한 것이다.

무력으로 통과하는 것은 많은 사람들이 전쟁에서 죽게 되며 여호와도, 모세도 바라는 바가 아니다. 해양민족은 싸우다 불리하면 배를 타고 해변으로 떠나가 있다가 밤이면 다시 밀물과 같이 들어와 공격한다. 이런 해양민족 군사에 대응할 군사는 해군을 가지고 있는 이집트 대단위 정규군이 아니고는 불가능하다.

(해양민족은 에게해 섬나라 사람들과 지중해 해변 사람들 중 물이 부족하거나 농산물이 부족한 지역 사람들이다. 에게해 남쪽 세력은 모서 출애굽 때에 저항력을 떨치다 그 이후 200년 후쯤 BC 1220경 자기들끼리 패권 다툼으로 트로이전쟁이 일어났는데, 10년간 전쟁 후 소아시아에 있던 트로이가 함락당하자 승리한 그리스측 군사들은 대부분 귀국하였지만 일부는 새로운 집단 지도체계를 형성하고 원정군을 일으켜 소아시아 해변 전역과 아프리카 해변 전역을 원정하였다. 소아시아에 세력을 떨치던 히타이트(Hittites) 제국도 BC 1200년경부터 공격을 받아 BC 1190경에 멸망하였고 민족은 흩어졌다. 해양민족은 이집트 람세스 3세(BC 1187~1156 제위) 때에 이집트 나일강 입구까지 쳐들어갔으나 당시 파라오 람세스 3세의 군사에게 완패하였다. 이상한 이야기는 당시 참전했던 스팔타 왕 메네라이가 트로이 함락 후 바람피운 헬레나를 다시 보자 죽이려 하였으나 그 미모에 마음이 다시 움직여 용서하였고, 오히려 그녀를 데리고 귀국하였는데 이상하게도 스파르타 본국으로 바로 귀한하지는 않고 이집트에 갔다가 늦게 스파르타로 돌아왔다는 설이 있다.

이타카 왕이며 트로이 목마에 올라탔던 유리시저도 트로이 승전 후 십 년 동안 방랑생활하다가 전함과 부하들을 모두 다 잃고 단신으로 돌아온 유명한 오딧세이 이야기가 있지만 뭔가 문학적 외는 이해가 되지 않는다. 이들은 주력이 펠로폰네스 페니슐라 스파르탄인들로 당시 고향 섬나라로 돌아가 봐야 별 볼일 없으니까 이왕 나온 김에 트로이 편에 붙었던 여러 도시를 응징하고 다녔으며 남쪽으로 이집트 삼각주도 점령하려고 나일강으로 입구까지 쳐들어갔다가 당시 이집트 람세스 계열 파라오들에게 멸망했다면 줄거리가 엮어지는데 아무튼 모를 일이다. 이 세력들은 후퇴하여 가자, 가나안 지역에 거주하여 팔레스타인이라 하였으며 이스라엘민족에게 천즈이 되었고 두 민족은 가나안 땅을 두고 앙숙이 되었다. 지금도 터키에 바짝 붙은 사모스, 로데스 등 섬들은 고대 에게해 패권전쟁이었던 트로이전쟁으로 한 방의 승리에 의해 그 문화권이 된 그리스 영토다.)

이러한 사연으로 지중해 해안 길은 통과가 불가능하여 돌아 우회하여 이집트 강을 넘어 사막을 통과하는 바란 광야의 길이 있다. 또한 고달프겠지만 씬 광야를 통과하는 길도 있으나 만약 이 내륙에 아모리족 등이 방해하면 갈 길이 막막해진다.

가나안 땅도 관리만 잘하면 유럽과 아시아, 아프리카 세 대륙이 모이는 곳이니 큰 부가 있으리라. 이곳에 사는 사람들이 모두 부자가 되리라. 그러나 이 지역에서 다른 민족이나 더욱이 동족끼리 서로 싸운다면 피의 땅이 되리니 싸우지 말고 이곳을 아브라함이 하였던 것과 같이 여러 민족이 협력한다면 이 땅에 평화가 올 것이다.

하나님께서는 시나이산에서 모세를 그때부터 모세라 하였으니 모세란 하나님 말씀을 글로 쓴 여러 책을 가리키는 이름이기도 했다. 그는 이스라엘민족에게 여호와 하나님의 마음과 정신을 쓴 책을 만들었다. 후일 모세는 이스라엘민족과 함께 시나이산 아래 도착했을 때 하나님 말씀 중 사람이 기본적으로 지켜야 할 열 가지 계명을 석판에 새겼으며 방패를 만들어 방패에도 새겨 보관했다. 그리고 주석과 설명을 달아 양피지에나 파피루스에 여호와의 말씀을 기록했다. 십계명과 하나님과의 언약과 12지파 종족 간의 약속과 가나안으로 이동하는 경과를, 역사를 책으로, 일지로 써서 이러한 기록들을 모아 큰 궤를 만들어 그 안에 보관하게 했다. 이를 궤를 법궤(Ark, 法匱)라 했다. 이 법궤를 아론 형이 제사장직으로 보관, 관리하게 하였다. 이는 또한 제사장직의 상징이다.

이 법궤는 이집트 파라오가 전투에 출전중이거나 지방을 시찰할 때 근위대가 호위하고 나가는 파라오의 지휘용 큰 짐 가방인 파라오 왕궤가 있었는데 이와 비슷하게 만들었다.

모세가 쓴 책 이름이 모세이며 다섯 가지 경전으로 여호와의 언약이다. 그 말씀은 진리이며 유일한 하나님 여호와의 말씀의 책이 되었다. 모세 지도자는 이 지상에 있는 하나의 민족인 이스라엘민족을 이끌면서 하나님과의 약속으로 스스로 왕이라 칭하지 아니했으며 왕이 되지도 않았다. 모세는 하나님과 언약하고 이집트로 다시 돌아가서 알릴 하나님과의 언약내용과 지도할 내용을 정리하여 초기적인 조그만 한 상자인 궤에 넣었던 것이다.

이집트의 파라오 투트모세 3세가 평화시대 생일을 맞이하여 사면령을 내렸다는 것을 재확인한 모세는 아내와 가족들에게 자기가 이집트로 들어갈 것이라고 말하자 아내인 십보라는 혼자 가지 말고 자기와 아이를 같이 데리고 가기를 간청하였다. 모세는 아내와 13세 성인식을 한 아들 게르솜 등 두 아이들을 데리고 장인에게 하직을 고하고 이집트로 떠났다. 이집트로 들어갈 때에 모세는 경비가 삼엄한 잠수교는 통과하지 못하고 먼 길을 우회하여 사막의 대상을 따라서 함께 시나이반도 북부 갈대밭을 통과하여 이집트의 삼각주 고센지역으로 들어갔다.

모세가 비밀리에 이집트 땅에 돌아왔다는 소문이 나돌았다. 모세는 지난날 수배령이 내려졌던 자신의 사건이 어떻게 되었는지 새삼 확인하였다. 공사감독관은 죽었지만 그후 공사관계로 모든 비리가 그 죽은 감독관에게 씌워져 불명예를 당하고 사건도 흐지부지하여 십 년의 세월에 묻혀 버리고 종결되었었다. 언제나 죽은 자만 억울한 건가.

헬리오폴리스 고센에 들어온 모세는 민족들과 그들의 지도자들을 만나서 이집트의 왕국을 위하여 공사하고 있는 사람들을 모아 단체조직을 세우도록 민중운동을 시작하였다. 모세는 야곱의 후손(야곱은 장년이 되었을때 이스라엘이란 이름으로 개명했지만)인 이스라엘 12지파를 모아 부족의 족보를 다시 만들고 계통과 호구를 조사했다.

12지파는 야곱의 아들들로 첫째부인 레아의 출생 르우벤, 시몬, 레위, 유대, 잇사갈, 스블론과 레아의 시녀이며 그의 첩이 된 실카의 출생 갓, 아젤과 둘째부인 라헬의 출생 요셉, 베냐민과 라헬의 시녀이며 그의 첩이 된 빌하의 출생 단과 납달리 등 12자손 지파이다.

이들의 출생순서는 차례로 있지만 남자 아들의 서열은 정식 부인 레아와 라헬의 아들을 먼저 순위로 했고 유명한 유대지파의 시조 유대는 네 번째 아들이고 이집트 재무관이 된 요셉은 11번째로 태어났으나 정부인 순위로 스블론 다음 7번째여서 출생서열 7번째로 태어난 갓과 자리서열 문제가 있었다. 여호와에게 제사를 드리거나 족장회의시에 앉은 서열이 요셉이 어리지만 갓보다 앞자리에 있었다. 정실 소생과 소실 소생과의 서열차인 인간 차별은 아브라함시대 전에도 인류의 공통된 고통이었다.

라헬의 시녀 빌하의 출생 단은 다섯 번째토 태어났지만 유대 다음으로 과단성이 있었고 등생 납달리와 함께 둘째부인 라헬의 출생 요셉과 베냐민보다 먼저 태어나 항상 요셉과 문제가 있었다. 11번째 아들 요셉이 아버지 야곱의 사랑을 많이 받았기 때문이다. 복잡한 가계는 이 형제들이 야곱 아버지가 예뻐하는 요셉을 따돌려 방치하여 노예로 팔리게 묵조함에 따라 행방불명된 출가 문제로 야곱의 가족사로 시작된 이스라엘의 역사가 변하였다.

모세는 이러한 가문들을 모았다.

후일 출애굽 당시 장자 집안인 르우벤지파는 가축계를 몰고 요르단을 우회하여 이스라엘 동족들에게 육식을 제공하고 통행세를 내는 데 크게 기여하였고, 넷째 아들 지파인 유대지파는 4번 타자답게 죽음을 각오하고 가네스 바네아에서 모세의 양동작전을 수행하여 모세가 트란스 요르단을 우회, 요단강 도하작전을 가능하게 한 일등공신의 지파로 후일 그 땅을 지킨 공로로 예루살렘 남쪽 신광야와 함께 유대의 땅을 크게 받았으며 유대왕국을 세우게 한 유대왕국의 원조이다. 이 부족이 끝까지 남아 이스라엘을 유지했다. 이 가족에게서 후일 예수 그리스도로 족보가 연결된다.

모세가 씨족을 연합시켜 억압받고 있는 이스라엘 민중운동을 하는 것을 지켜보고 있던 이집트 당국자들은 지나간 모세의 이집트 국가에 기여한 배경과, 왕궁 공주의 양자였다는 것과 지나간 전쟁의 영웅으로 대우하고 함부로 체포하지는 아니하였다. 이러한 모세를 중심으로 한 세력은 히브리인들 사이에서 조직적 근거를 마련하여 점차로 사회운동화되었다. 당시 투트모세 3세는 노쇄하였고 아들인 아멘호테프 2세가 섭정으로 공동 통치하고 있었다. 북방의 여러 나라들의 복종을 강요하고 이집트의 안전을 위하여 수시로 주변국가와 전방 순시에 자주 원정 출정을 하였으므로 국내 정치는 관료들에게 일임하여 사회적 분위기는 상당히 안정적이었다.

모세는 히브리민족이 해방되려면 우선은 이집트 자체가 아주 잘 살아야 하고 국가가 더욱 풍족해야 하고 파라오의 생활 역시 근심이 없고 풍족한 데서 히브리인들을 해방시켜 줄 여유가 생길 것이라고 자기 민족들을 설득하여 이집트의 많은 문화적, 사회적 유산을 세워 줌과 동시에 이러한 반대급부로서 자기들에게 시민권을 내어주든가 북방의 개척지에 힉소스민족이 쇠퇴하여 철수하고 그 지역은 이집트 파라오에게 평정되어 땅을 개간하는 주체나 주인 없는 땅에 히브리인들을 이주시켜 개척하도록 유도하는 어떤 방책을 마련하고 있었다.

모세는 이제부터 표면에 나서서 자신이 히브리 출신이라는 것을 밝히고 중도적 입장에서 히브리민족을 위하여 앞장설 것임을 이집트 당국에 천명하게 되었다. 이를 안 이집트 당국에서는 관리를 파견하여 모세에게 근신할 것과 왕궁의 관계를 청산하고 평민임을 선고하였으며 이집트 시민권을 박탈하겠다고 위협하였다.

그러나 모세가 이룬 군사업적과 투트 모세 3세의 가나안 정복시 무깃도 원정에서 전공이 있는 그를 함부로 체포하지는 못하였다. 모세는 투트모세 3세 왕으로부터 히브리인이 해방의 사면을 받지 못하면 앞으로의 기회가 영원히 없을지도 모른다는 생각을 하고 있었으며, 만약 다음 왕이 파라오로 등극하였을 경우 그간 세운 히브리인들의 노동공적과 이집트 문화적 기여에 대해서 전혀 관심이 없고 계속 노예 신세를 면하기 어렵다는 점을 알고 있었다.

모세는 파라오 투트모세 3세에게 이스라엘민족의 해방을 건의하여 점령지역의 새 땅에 히브리인들을 이주시켜 주기를 요청하였다.

그러는 동안 이집트 나일강 지역에서는 수년 간 홍수가 일어나고 저수지가 범람하여 뚝이 터지고 많은 사람들이 희생을 당하였으며 상이집트에서는 지진이 일어나서 많은 사람들이 다치거나 희생당하였다. 자연적 재해는 밀집해 생활하는 하층민들에게 심각한 피해를 주었다.

또한 수확의 계절에는 수만 마리의 메뚜기 데가 들관의 무르익은 곡식을 무차별하게 포식하여 휩쓸고 지나가고 가끔 홍수 후에 일어나는 전염병에 많은 사람이 희생되고 바다나 강 수위보다 낮은 저지대의 비위생적인 지역이나 빈민들이 사는 지역에 많이 발생하였다.

그런데 사실상 이상한 일이 일어나는데 이집트 전체가 질병과 홍수, 괴질 등에 시달려도 히브리인 거주지역에서는 질병이 만연하거나 메뚜기 떼의 공격이나 홍수가 나서 물길이 넘어와도 히브리인들은 좀처럼 질병에 걸리지 아니하고 메뚜기 떼가 공격하면 횃불로써 메뚜기 떼를 쫓아내어 피해를 줄이고 홍수가 나면 관개시설을 튼튼히 하여 둑이 무너지거나 파괴되어 동네 마을이 휩쓸리거나 초토화되는 일이 적었다.

귀신이 도와주지 않으면 이렇게 안전한 방법을 구할 수 없는 어떤 우수성이 이들 히브리인들에게 나타나 있는 것을 파악한 이집트 관리들은 히브리인들에게 대하여 경계의식과 피해의식을 더 느끼게 되었다. 그리고 히브리인들은 그들이 하나님 보호하에 있다는 것을 계속 생각하게 되었다.

투트모세 3세는 모세의 히브라인 해방을 염두에 두었으나 후사인 아멘호테프 2세 왕자의 차기 치세에 영향을 주어서는 안 되겠다고 생각했다. 아멘호테프 2세로 될 왕세자는 기골이 장대하고 용감했으며 포부가 컸다. 그리고 왕자로서 교육을 잘 받고 자라나 많이 배우고 지식이 우수한 쾌남아였다. 만년에 파라오가 병상에 눕게 되자 그는 왕세자를 공동통치 섭정으로, 대리 파라오로 근무하게 했다. 젊은 아멘호테프 2세는 말을 타고 투트모세 3세 원정에 참여하여 전차대를 이끌었다. 아멘 호르테프 2세가 만약 즉위한다면 젊은 혈기가 왕성한 파라오라 모세의 히브리인 이주계획은 사실상 불가능할 것이라고 모세는 생각하였다. 그러므로 어떻게 해서든 투트모세 3세가 살아 있을 동안 히브리인 민족의 가나안지방으로 집단이주를 허락받는 일이 아주 중요한 일이였다.

사실상 투트모세 3세의 이집트제국의 군사가 소아시아 전역과 메소포타미아지역까지 원정할 수 있었던 것은 모세의 병참전략 책과 히브리인들의 역할이 매우 컸다. 이집트 군에는 항상 친화적인 이민족의 노예군사가 있었으며 전후방 보급로를 감당하고 군량의 수

송에 적극 활용된 비전투병력이었다. 징발당한 히브리인들은 집에 있는 가족들의 식량배급과 언젠가는 이집트 시민권이나 해방의 기회가 있지 않을까 항상 성실히 일했다.

그들은 감히 대표를 내세워 이집트 관리와 협상한다는 것은 있을 수도 없었다. 그런데 이제 그들은 모세를 찾은 것이며 모세도 역시 여호와 하나님의 부르심으로 자기 민족들을 가나안지역으로 이주시키고자 하였다. 이제 노쇠한 파라오는 히브리인의 지도자격인 모세를 부르도록 하였다. 투트모세 3세 파라오는 왕국의 대공사를 항상 잘해 주기를 부탁하고 다음의 파라오에게 나라가 안정될 때까지 충성하도록 명하며, 왕세자에게 말하기를 모세가 그동안 이집트에 공헌한 것과 이들을 소아시아 전쟁 전역의 각종 노무자로 협력하게 한데 이제 평화의 시대가 왔으니 그가 죽은 후에 왕묘의 공사가 끝나고 새 파로호의 왕권이 안정되고 사방의 나라가 복속하며 평화가 오면 그때 히브리민족을 선별하여 이집트에 선의의 공로가 많은 사람은 가나안 땅으로 이주를 허가할 것을 검토하게 하였다.

파라오 왕세자로 후일 아멘호테프 2세가 된 왕세자는 신중한 태도로 일관하고 약속은 하지 않았다. 모세는 히브리인들을 설득하여 많은 공사를 완공하였다. 이집트 역사상 위

▌▌ 오늘도 시나이반도를 순시 훈련하는 이집트 경전차 ▌▌

대한 파라오 투트모세 3세도 세월에는 견디지 못하그 승하하였다.

아멘호테프 2세가 파라오로 즉위하자 이집트 전역에 대사면령을 내려서 흉악범을 제외하고 많은 특별사면을 베풀었으나 히브리인들이 가나안 땅으로 이주하는 것을 허락하지 아니하였다.

실의에 가득찬 모세는 자기 민족에게도 신의를 잃고 모든 사업은 완공을 앞두고 있는데 어떠한 새로운 방침도 없자 히브리인들도 모세가 이집트에만 충실한 신하였다고만 여기고 냉소를 하게 되었다.

마음이 지친 모세는 하나님의 지시를 포기하고 다시 시나이의 베두인 생활로 돌아갈 것을 고려중에 있었다.

한편 투트모세 3세가 승하하고 이집트의 새 파라오가 등극했다고 축하 사절을 보내었던 소아시아의 일부 호전적인 부족들의 움직임이 심상치 않았다. 전쟁이 일어날 조짐이 보였다. 어떤 나라는 흉작을 평계로 조공을 대폭 줄인다고 통보해 오고 일부 남쪽의 속국들도 인질을 교체하겠다는 등 파라오의 권위를 다소 손상하거나 시험해 보려는 태도가 명백히 보이기 시작하였다.

아멘호테프 2세는 외국의 사태를 그냥 두어서는 안 되겠다고 생각하고 직접 군사를 이끌고 지중해 가나안의 요충 무깃도로 행차하여 주위 속국들에게 참석하고 파라오를 알현하도록 하였다.

새로운 파라오가 무깃도로 다시 행차함은 사실상 회의참여의 의미가 아니라 속국의 회의를 주관하고 조공의 양을 정하고, 만약 반역의 속국이 생긴다면 응징하려는 의도였으며 때에 따라 파라오의 명에 따라 현장에서 배반한 속국의 왕은 심판을 받고 처형되기도 하는 살벌한 행차이다. 따라서 파라오도 많은 병력을 데리고 사실상 원정군 수준의 군사를 데리고 가는 것이다. 그리고 만약 전투의 사태가 나도 바로 전투에 임할 수 있도록 전차와 기병, 보병 등 전투 편재를 이루고 행차한다.

아멘호테프 2세는 멤피스에서 출정식을 갖고 가나안으로 출동하였다. 이집트 육군과 해군을 동원하여 가나안 해변 길과 일부 병력은 가데스 바네아를 지나고 무깃도에 도착한 후 제 토후의 충성스런 사열을 받고 그들 군사를 합쳐 더 북쪽으로 하란을 넘어 가테슈까지 원정군을 보냈다. 파라오가 외국에 있는 기간이 길어졌다.

한편 이집트 본국에는 천재가 때때로 발생하였다. 메뚜기, 누우 떼라고 하는데 날아다니는 나방이 떼나 박쥐 떼 등 수없이 많은 곤충 떼가 몰려와 농사를 망쳤다. 그리고 나일강이 범람하여 여름에는 비가 그칠 줄 모르게 와서 강물과 모든 샘물이 붉은 황토 진흙밭이 되었다. 많은 물고기들이 죽어서 나일강에 부패한 냄새가 진동하기도 했다.

이런 일을 재앙이라고 한다면 견해에 따라 자연의 재앙으로 볼 수 있다. 이로 인해 상류로부터 떠내려 온 죽은 잡어와 개구리들이 들끓으면 다음엔 독사가 번식했고 다음은 몽크스가 나타나 뱀들을 타진하고 다음은 독수리 떼와 같은 맹금류가 하늘을 맴돌아 고생대의 지구를 새까맣게 덮듯이 하늘을 덮었다. 천하의 생물들이 사람을 무서워하지 않고 돌아가며 법석을 부리고 한때가 지나가곤 하였다. 마치 연극의 일막 일장처럼 땅 위를 자연의 생물들이 한바탕 놀다가 지나갔다. 이 통에 죄없는 백성들만 속수무책으로 하늘만 한탄했다. 소식을 듣고 전쟁에 나가 있던 파라오는 파발을 보내어 저장소의 곡식을 풀어서 백성들에게 나누어 주었으나 모든 사람들에게 충분할 수는 없었다. 마지막으로 이상한 동물 미친병이 소, 양 등 가축에까지 확산되었다.

열병을 동반한 미친병은 열병이 되어 왕궁에까지 번져서 왕족의 어린아이들도 열병으로 고생하였고 또한 희생이 많았다. 유행병이 돌자 파라오의 궁중에까지 발병하였다. 파라오인 아멘호테프 2세의 왕자들과 공주들도 열병에 걸린 것이다. 이 왕자들 중에 왕위 서열 1위 왕자도 열병으로 희생되었다.

왕자들 중에 후일 투트모세 4세가 되었던 왕자도 열병에 걸렸다. 이 왕자는 후일, 사막의 모래에서 스핑크스를 건져 낸 유명한 왕자이다.

이 왕자도 발병하여 치료가 필요했다. 어릴 때부터 유난히 사냥을 좋아했던 이 왕자가 동물에 기인한 듯 질병에 걸리자 왕비가 심히 걱정하였다. 이러다가는 왕자들이 다 죽고 후처에서 생긴 왕자들이 왕위 서열에 오르면 어떻게 해야 하는가 걱정이었다. 다른 후궁의 아들이 왕위에 오르게 되면 왕비도 끝이다.

이집트 파라오가 이스라엘 사람들을 해방시켜 주는 약속을 지키지 아니하여 하늘이 노하였다고 이스라엘 거주지를 중심으로 소문이 나돌았다.

모세는 어릴 때 파라오의 공주저택에서 양육될 때 좋은 교육을 받았다. 자라서는 집안의 집사 수업을 받았고 기본 의술도 배웠다. 유행병이 돌 때 대처하는 방법을 배운 적이 있다. 그 후 이집트 군대에서 의술로도 당시 군대의 보건 건강관리에도 힘썼다.

히브리인들은 역병이 생기면 집단적으로 집을 소독하고 정결히 하는 전통적 관습이 있었다. 집안 구석구석의 빨랫감을 전부 찾아내어 냇가에 가서 집단적으로 큰 솥에 삶아 소독 서척하고, 식사하는 데 쓰는 식기류를 집단적으로 삶아 소독하였다.

그리고 집에 있는 짜투리 음식과 누룩으로 만든 빵이 변질되면 아이들의 간식으로도 먹지 못하게 수거하여 집단적으로 태워 버렸다. 아까운 새 빵이라도 태워 없앴다. 오래된 옷은 물감을 들여 다시 채색하고 새옷으로 만들었다. 약초나 향료를 구하여 집안에 연기를 쏘아 벌레들을 구축하고 소독하였다. 밖에 나갔다가 돌아오면 향료를 태우는 연기 위를 사람이 지나가도록 하며 의복에 이나 벌레가 서식하지 못하도록 하였다.

탈곡한 곡식의 줄기를 모아 두었다가 가축의 사료로 쓰고 유행병이 돌면 태워서 재를 만들어 이 재를 물에 타서 이 잿물로 집안을 청소하고 외양간 같은 곳은 이 잿물을 뿌렸다.

풀을 말려 향기 나는 풀은 모아 태워서 모기나 해충을 쫓아내고 그렇게 소독한 집은 문 앞 문간 위에 소독한 집이라고 빨간 물감이나 양의 피로 'YHWH' 등 하나님 표시를 하여 이들을 'YHWH 족속'이라고까지 할 정도로 어떤 표시를 해 나가서 다음 집을 또 선택하여 차곡차곡 소독해 가며 정리해 나가는 풍습이 있었다. 이런 정화운동은 유행병이나 열병이 돌 때만 하는 것이 아니고 매년 새로운 해가 시작될 때도 실시하였다.

히브리인들이 유목민이므로 먼저 유행병의 조짐을 알았다. 그 조짐을 먼저 알기 때문에 이 종족이 어떤 병을 일으키지 않나 하는 타종족의 의심을 살 때가 있었다. 히브리인이 유행병이나 역질을 먼저 아는 이유는 아마 가축을 기르는 일을 주업으로 하여 유행병은 먼저 가축들이 집단 폐사하는 것을 보고 유행병이 생기겠구나 하고 목동들이 먼저 안다고 하였다. 또 이렇게 되면 무엇을 먼저 해야 하는지 알았다. 즉, 바로 육식을 하지 말며 고기와 우유를 같이 먹지 말고 고기를 담는 식기와 칼을 별도로 구별하여 사용하였다.

이것은 음식물을 남긴 잔반, 찌꺼기를 처분할 때 문제가 생기는 것을 예방할 수 있기 때문이다. 채식을 하는 소나 양이나 가축은 남은 음식물 찌꺼기에 고기가 들어 있으면 잘못 먹고 이상한 중독이 생겨 갑자기 죽는 일이 발생한다. 기르는 개와 돼지는 잡식성이고 모든 음식물 잔사를 먹을 수 있는데 채식인 소, 말, 양 등은 육식을 먹으면 미친병이 생기는 일이 있다. 더욱이 음식물 잔반은 부패하는 경우가 있으므로 더하다.

이 질병은 예로부터 알려져 있다. 그래서 이스라엘 유대민족은 식사 습관을 철저히 지킨다. 그리고 식기를 자주 끓여서 소독하고 썼다. 또한 손을 철처히 씻은 다음 음식을 먹었다. 그리고 인 가축 오물은 위생적으로 흙과 잿더미로 덮고 발효하여 퇴비로 쓰고 잔사는 태워서 땔감으로 하였다.

이것이 유목민이 살아남는 방법이었다. 이렇게 율법을 정함으로써 병과 유행병을 막을 수는 있었으나 이 율법이 평시에도 가혹하리 만큼 적용되어 사람들은 많은 번거로움이 있었고 먹어서 안 되는 음식의 구별과 금기사항이 많아 이스라엘 사람들은 결백증 환자라 할 정도였다. 이와 같은 철저한 일을 가족법으로 만들어 하나님의 법으로 정하여 실천함으로써 희생을 적게 내는 것이다. 정화라는 유래가 있어서 부정한 자는 돌로 쳐서 죽이고 율법을 어긴 자도 돌로 쳐서 죽였다.

이것이 유목민의 계율이다. 그래서 유행병으로 죽은 자가 있으면 분리하고 격리하여 종족의 주거 경계 밖으로 별도 지역을 만들어 사정없이 쫓아내고 그 발병한 주거지를 가차없이 불태우는 등, 스스로의 자치적 주민 법을 만들고 이것을 종족지파들이 모여서 정한 부족들 내에 내법이 있었다. 지금도 아프리카 어떤 지역에서 종족들이 이같이 한다. 즉, 무엇을 할 때는 어떻게 한다는 방법을 종족들 사이에 소상히 정하여 차후로 이루어지는 일은 하나님의 명령이라고 결정하면 이론의 여지가 없었다. 여호와의 명령에 거역하는 자는 돌로 치기도 했다. 왜냐하면 질병이 유행하여 가축을 집단으로 도살할 때 자기의 가축이 아까워 죽이지 않고 숨기거나 가축을 타인에게 매매하는 자는 그렇게 돌로 쳤다.

문명의 방식으로 열병의 번짐을 막기에는 어려웠으나 히브리인들은 열병이 물러가도록 문을 닫고 출입을 삼가고 왕래를 중지하여 역병, 질병이 더 번지지 않도록 하였다.

따라서 히브리 어린아이에게는 이 열병의 발생빈도가 적었으며 인구가 증식하였다. 이런 위생적인 조치로 생긴 질병이 쉽게 물러가는 현상이 있었으므로 아마도 의술이 있었고 방법을 알 만한 히브리족 지도자 모세에게 조언을 구하고자 함이 있었던 것으로 보였다.

왕궁으로 안내된 모세는 이 일을 큰 기회로 생각하고 왕자의 열병을 고칠 방도를 강구하였다. 초원에서 자라는 생약을 약초로 많이 사용하고 식사 때에 식물의 향료를 사용하고 있는 히브리인들에게는 이러한 유행성 급열 열병이 적었으므로 모세는 의학적 지식으로 이러한 약초를 구비하여 왕자를 치료하는 데 성공하였다. 모세는 왕비에게 약속은 하지 않았지만 왕자의 병이 차도가 있게 되자 이제는 그냥 두어도 스스로 낫게 될 것을 알고 궁중을 떠난다는 것을 왕비와 궁중 시의에게 말하였다.

가데슈—무깃도 원정을 성공적으로 마친 아멘호테프 2세는 반역하는 7명의 왕들을 잡아 나일강 상부 수도인 테베로 호송하고 항복하지 않고 끝까지 버틴 군주는 현지에서 처벌했다. 주변 여러 국가를 철저하게 단속하고 이집트 군사의 위세를 과시한 후 새로운 조약을 맺고 수도로 돌아왔다. 군사가 돌아오는 길에 역병으로 폐허가 된 동네를 지나왔다.

파라오의 군사가 이 병을 피해 나가 있었으므로 군사에는 피해가 없었고 왕의 원정은 성공적으로 평가되었다. 아멘호테프 2세의 군사들이 귀국길에 오르자 수많은 인질들과 포로들을 호송하자 인질들의 가족들이나 포로들의 가족들도 울며불며 따라 들어오고 별볼일 없는 주변의 건달들, 생업이 확실하지 않은 주민들이 이집트에 질병이 물러갔고 나일강이 안정되었다 하자 대거 모여들기 시작했다. 이집트 국경은 들어오려는 난민들로 북새통을 이루었다. 이집트군은 난민들을 통제하고 무작정 진입하는 난민들은 노예로 잡았다. 그들은 굶어 죽느니 노예로 나일강 강가에서 농사를 짓든 뭐든 일하며 살겠다고 했다.

파라오가 돌아와 보니 국내에 역병이 생겼으나 모세의 위생적 방법으로 수도에서도 위기를 넘긴 것과 왕위 서열 1위 왕자는 열병으로 죽고 다음 서열의 왕자마저 죽을 운명에서 생명을 구한 데 대하여 파라오는 궁정의 의관과 사제들이 해결하지 못하고 모세의 힘을 빌어서 역병이 물러가게 되었다 하자 아주 못마땅하게 생각하여 의관과 사제들에게 벌을 가하였다. 파라오도 후계 구도가 확실치 않으면 영 다른 왕족이 파라오가 되는 수가 있다.

개선식과 함께 역병, 질병이 완전히 물러가고 안정을 찾은 때를 맞이하여 출정했던 장수들과 군사들에게 훈장을 서훈했으며, 전염병 퇴치에 노력한 의관과 사제들에게 포상을 주었다. 파라오는 왕비의 간청으로 모세를 부르고 자기의 왕자를 살려준 데 대하여 짤막히 치하했다.

파라오는 모세가 또 무슨 조건을 말할까, 왜 저자는 문제가 생기면 나타나 잘난 해결하고 떠나는가, 그리고 누가 맨날 부르는지, 부르지 못하게 하는 게 낫다고 생각했는데 자신이 므깃도에 있을 때 일이라 자기의 지시도 받을 겨를이 없었고, 아무튼 왕자가 살았으니 잘된 일이라고 생각했다. 많은 포상자들이 함께 상을 받고 지나가는데 저 아래 서 있는 모세를 보니 너무 심하다는 생각이 들었다. 그리고 그동안 모세의 노예해방 운동에 대하여 보고를 받고 있었다.

"잠깐 저 모세를 불러라."

호위병이 길을 열고 모세를 파라오 왕 앞으로 인도하자 문무 신하들이 다 쳐다보게 되었다. 파라오는 생각했다.

지나간 전쟁터에서 저 모세와 함께 근위대에서 부왕을 호위하고 전투의 와중에서 위기 때에 서로 살려주며 날아오는 화살을 방패로 막고 칼로 떨어뜨리며 혈맹으로 전선에 섰던 전우이기도 하다. 저 모세가 전 왕인 투트모세 3세를 잘 보좌하여 나라가 안정된 것도 사실이다. 서로가 잘 알고 있었기 때문에 오늘 자기도 파라오가 되었으며 한 사람은 평민으로 돌아가고 자기는 많은 다른 왕자들이 있었어도 선택되었고 타국과의 전투에서 살아남아 파라오가 되었다. 이제 보답은 아니지만 왕자 한 사람도 결정적으로 유행병에서 살려주었는데 적당히 해 주어도 되지 않나 하는 생각에 머뭇거리다가 왕은 말했다.

"그대가 희망하는 바를 들어줄 터이니 간단한 한 가지만 말하라."

그는 파라오의 권위로서 모세를 얏잡아 보고 말했다. 그러나 순간 실수한 것을 알고 고쳐 말하고자 하였으나 때를 노치지 않고 모세는 말했다.

"히브리 사람들을 금번 대왕께서 원정하신 무깃도 가나안지역의 일정한 위치에 조상 때부터 내려오는 땅이 있으며 그 땅은 가나안의 여러 해 계속되었던 가뭄 때에 버리고 온 땅으로 아직도 그 소유가 있으며 이미 히브리계통의 이집트 시민권을 가진 사람들이 땅을 원주민으로부터 좀 사 놓은 것도 있습니다. 그 지역에 히브리 부족이 아직 살고 있는 사람도 있습니다. 히브리인들은 그동안 이집트에 시민권이 있는 자는 용병으로 노예는 사역병으로 참여하였으며 수많은 노역을 이집트에 제공하였으며 곡식을 거두고 궁궐과 많은 성곽을 지었습니다. 히브리 백성은 이집트 시민권이 없지만 시민권이 없는 데도 타속국처럼 조공을 한 것과 다름없습니다. 이제 파라오 대왕의 가나안 땅이 평정되었으므로 이제 대왕께서 우리로 하여금 가나안 땅으로 이주하여 들어가 살게 허락하여 주시기 바랍니다."

파라오 아멘호테프 2세는 갑자기 정색이 돌았다.

"그 이야기는 빼고 말하라 했어야 하는데 하여간 알았어. 그런데 언제 그대들, 히브리인들이 왕국의 허가 없이 외국의 땅을 임의로 사고팔고 하였는가? 그리고 그대가 근래에 노예의 대량 유입으로 노예가격이 떨어져 노예해방기금을 이스라엘 사람들을 모아 만들어서 낮은 가격으로 이스라엘 노예를 사들여 해방시킨다는 말이 있다. 노예거래는 당국에 신고사항인데 불법적으로 거래하나? 아직 그대의 행위가 불법이란 증거는 없지만 위험한 생각이다. 조심하라."

"노예 스스로가 대를 이어 오면서 자기와 그 가족의 해방을 위하여 저축한 것으로 스스로 해방자가 되고자 하고 있습니다. 또 주변에 같은 동포들끼리 하는 일이라 잘 모릅니다. 제가 기금을 관리하거나 기금이 제 이름으로 된 것도 아닙니다. 저희들이 가나안으로 다시 돌아가고자 하는 것은 선대의 투트모세 대왕 때부터 각국의 점령지에 이스라엘민족이 종군하였으며 그 군사들 중에 대왕께서 주둔을 명령하시거나 장기 주둔을 희망하는 사람들에게 땅을 경작하고 관리하는 권한을 주신 적이 있으며 퇴역 군인이나 전쟁노무자, 잡부들에게 임금 대신 점령지의 무연고 땅을 경작하게 하시거나 점령지의 주둔군으로 주둔할 경우에 할당하는 지역과 물자를 제공하는 토지를 관리하게 하셨으므로 이들 중에는 선대의 고향에 초지를 관리한 사람도 있습니다. 이스라엘민족은 500년 전부터 이집트 왕국을 왕래하였으며 이스라엘의 대선조이신 아브라함도 여기 이집트를 방문하였다고 성경에 기록되어 있습니다. 역사적으로 약 10년 내지 12년 주기로 가나안 땅에 가뭄이 돌아오는데 이 풍부한 이집트도 곡물이 모자라는 때가 있습니다. 그러면 북쪽 척박한 이스라엘 황야지역은 더 말할 것도 없으며 백성들은 굶주림을 피하여 저의 민족이 이곳으로 이동하였고 이집트에서 선대의 대왕들께서는 그들이 들어와 사는 것을 내쫓아 보내지 않으시고 당분간 일을 하며 이집트 땅에서 일하고 노역을 제공하며 임시로 살게 허락하셨습니다. 이제 이스라엘 사람들이 다시 그 땅으로 들어가게 하여 주시기 바랍니다. 가나안 땅은 지상에서 히브리인들에게 하나님 여호와 나라의 땅입니다. 히브리인들은 대를 이어 약 400년간 이집트 왕국을 위해 많은 공사를 해 왔습니다. 이제 일을 다 마치고 고국으로 떠나고자 합니다. 해방시켜 주시기 바랍니다."

"무슨 일을 다했다고 하는 건가? 너희 민족들이 오히려 우리 이집트에 있으니 말썽과 환난이 많다. 왜 그리 그대 민족은 따로 놀고 있나? 도저히 해방시켜 줄 수 없을 뿐더러 해방시켜 준다 하더라도 그대 모세는 해방시켜 줄 수 없으니 이스라엘인들이 나가는 경우가 있더라도 너는 못 나간다. 그대가 어린 영아 때 떠내려가는 나일강물에서 건져 키워 준 사람은 우리 파라오 나라의 공주마마다. 그대에게 이집트 문물과 문명을 가르쳤다.

그리고 군사적으로나 사회적으로 막중한 일을 맡겼고 물론 그대가 능력이 있었겠지만 이집트의 구석구석 도로망이나 생산물자의 요소요소를 전부 다 알고 있다 하며 그대 모세는 서 있는 지식이라 한다. 천재지변을 미리 알고 대응할 줄 안다고 소문이 나 있다. 그대가 추방되었던 지난 10여 년간 이집트에는 환난이 많았으니 그대들 민족은 별로 아프지 않았다 하여 그대들 신, 여호와라 했는가? 그대들 신에 대해 이집트 사람들의 원망이 많다. 너희들의 신인 여호와는 타민족, 타종교를 저주하며 차별 대우하나? 안 믿으니까 차별대우하겠지."

"천재지변은 사람의 힘으로 막을 수 없지만 사람의 지혜로 그 피해를 줄일 수 있다고 역대 파라오 대왕께서 말씀하셨습니다. 이집트의 나일강 철학입니다. 제가 배운 것은 이집트에서이며, 이스라엘의 신 여호와에게서 현몽을 받습니다. 선대의 대왕께서는 가나안과 메소포타미아 지역까지 원정하시고 원정길에 돌아오시면서 이집트에는 히브리 사람들이 인구도 많으니 적당한 인원을 선발하여 가나안 땅으로 이주시키고 이집트에 조공 하도록 하면 좋겠다는 말씀도 하신 적이 있습니다. 환난이 생긴 일과 저희들을 관계가 없으며, 다만 이 땅에서 저희를 해방하여 주신다면 저희 하나님께서도 이집트에 축복을 주실 것입니다."

"그대 말은 내가 못 당한다. 그러나 그대만은 못 나간다. 그대는 여기 이집트에 남아 계속 일하라. 노예해방에 관해서는 과인은 잘 알지 못하는 일이나 전에 들은 바는 있다."

"대왕께서 아시고 계시지만 이스라엘 사람들은 노예로 생활해 왔기 때문에 이집트를 나가는 길과 가나안으로 찾아가는 길을 제가 없으면 알지 못하고 길 잃은 양 떼같이 됩니다."

"그대 형이 노예들의 유명한 종교 지도자라 하던데 너보다 길을 더 잘 알고 있지 않나?"

"아론 형은 길을 잘 모릅니다."

"왜 몰라. 가나안 코브라와 이집트 코브라를 싸움시킨 자가 누군데, 그대 형은 땅꾼이 아닌가? 수준이 도사라던데, 왜 그리 이집트 코브라만 작살내나! 지역을 모른다고? 너희 형은 질병을 잘 고치는 의술도 가지고 있다며 질병을 고치려 이스라엘 주민들의 가가호호를 방문하며 전국을 돌아다닌다 하던데 어찌 길을 모른다 하나? 그 외, 그대가 시나이에 도망가 있을 때도 먹을 양식을 그대가 가 있던 베두인 지역에 비밀리에 잘도 보냈다던데."

"형은 땅꾼도 아니며 코브라를 춤추게 하는 피리 부는 땅꾼 도사도 아닙니다. 다만 사막에 있는 무서운 뱀을 물리치는 기를 가지고 있으며 많은 어린이와 부녀자가 뱀에 물렸을 때 치료하는 의술이 있습니다. 뱀으로 약을 만드는 기술이 있는데 형도 잘 알고 있습니다. 형은 이집트 땅을 떠나 본 적이 없습니다. 저 없이는 이스라엘인들은 도저히 못 나갑니다."

“어이구 말은, 소문에 의하면 너의 형은 지팡이도 필요없이 맨손으로 좌우로 따닥 하면 코브라도 맥을 못 추게 한다 하던데 그게 사실이면 도사지, 오늘은 형하고 여기 같이 안 나왔나? 형과 같이 노예 해방시켜 달라고 하지 그래? 그래도 나는 못 보낸다. 내가 그대는 못 떠나간다 한 것을 아직도 못 알아들었나?”

“형에 대한 소문은 과장되어 있습니다. 오늘 초청되지 않았습니다. 코브라 문제는 먼저 대왕의 제사장이 우리를 시험하기 시작해서 코브라들 묘기 시합이 일어난 것이오며 저의 형은 어떻게 감히 허가 없이 가나안까지 가서 코브라를 잡아 왔겠습니까? 길도 모르는데요, 꼭 그러하시다면 제가 우리 이스라엘인들을 가나안으로 떠나보내면 돌아오겠습니다.”

“어디까지 갔다가 돌아오겠는가?”

“경계를 잘 벗어나서 가자지역이나 브엘세타에 이주민이 도착하면 돌아오겠습니다.”

“돌아온다는 보장은 무엇으로 하나?”

“저의 장자 게르솜을 이집트에 맡겨 두겠습니다.”

“그대들이 떠난다면 그대들이 희망자를 선택하여 떠나나? 마음대로? 이 파라오의 나라에서? 나가지 않겠다는 사람까지 데리고 가지는 않겠지. 송사하면 시끄러운 일이다. 그러나 우리는 이스라엘 사람들이 자유민이든 노예든 모드 다 떠났으면 좋겠다. 나가려면 빚 다 갚고 몸만 빠져나가 허물을 남기지 말고 싹 청소하고 나가라. 이집트 왕국도 세계 어느 나라처럼 마음대로 들어왔다가 마음대로 떠나는 나라는 아니다. 그대들은 선대로부터 노예 신분이 된 사람들이 많다. 나라나 주인이 허락하지 않는 한 마음대로 떠날 수 없다. 개개인을 왕국에서 이래라 저래라 할 수 없다. 그들의 주인들과 협의하고 너희들이 준비한 대로 지불하고 떠나든가 알아서 하라. 국가의 신분인 노예는 해결하는 방법을 담당관이 연구해서 의견을 올리면 대신들이 심사하고 결정할 것이다.”

“이스라엘 사람들이 과중한 노역에 시달리그 충분한 노임을 받지 못하고 살기 때문에 이제 대왕의 국가에서 큰 공사를 다 마무리하였으므로 떠나고자 합니다.”

“언제 계약했나? 그리고 우리가 기초 임금을 채불하였느냐? 양곡을 받지 못했는가? 그대들이 노예 신분인데? 주인이 허락하지 않고 당국이 인정하지 않는데 떠날 수가 있겠나?”

“개별로 주인이 허락한 사람은 떠날 수 있지만 나라에 속한 사람들은 대왕께서 허락하시면 떠날 수 있으며, 이제 이스라엘 사람으로 나라의 노예가 되어 있는 자를 해방시켜 주시기 바랍니다. 선대 파라오 대왕께서 약조하신 것도 있었지 않습니까?”

“뭐, 선대 대왕께서 일부 약속하신 것이 있다고 주장하는데 문서화된 것이 있는가?”
하고 파라오는 관리들에게 물었다.

“선대 대왕께서 가나안지역 원정작전 전투에서 조금 어려움이 있었을 때 큰 공을 세우
거나 전쟁 노무에 징발된 사람들 중 공헌한 자가 있으면 포상을 하거나 노예에서 해방도
시켜 줄 수 있다고 포고문을 내신 적은 있습니다. 지금 일부 홍수로 파괴된 재방을 공사
하거나 국고성 공사 임금으로 지불되는 양곡이 그동안 일어난 홍수와 질병으로 추수가 타
격을 받고 이재민이 많아 구호가 부족하고 일부 채불되어 있기도 합니다. 내년 추수 때에
는 상당히 좋아질 것입니다. 지금 노예의 가격이 반에 반으로 떨어져 관청의 노예나 이집
트 시민의 소유 노예가격이 지난번 가나안 원정의 승리여파로 대왕께서 귀국하실 때 가나
안 지역의 정세 불안으로 또 우리 나라에 협력한 종족들은 그곳에 계속 있기가 어려워 같
이 대거 유입하여 그 가격이 폭락하였습니다. 난민들까지 집단으로 몰려 들어와 통제가
불가능하였습니다.”

“여봐라, 이 왕궁의 문을 닫아라! 중대한 사항이다. 민간에 영향을 주는 정책은 먼저
기밀로 하여야 한다. 행정관, 그러면 앞으로 노예가격 폭락문제는 어떻게 하며, 내버려두
나? 아니면 배급할 양곡이 모자란다 하는데 대책은?”

“이스라엘 사람들이 지금 많은 미움을 받고 있습니다. 그들은 그들의 신에 의해 선택된
민족이라 하여 그로부터 보호를 받고 있다 하며 질병이 돌고 돌아도, 병에 걸려도 잘 안
죽었고 어린이들도 대개 다 살아남았습니다. 유목민들이 질병을 이기는 어떤 생활방식이
있습니다. 그 중에는 질병이 발생한 곳은 가차없이 태워 없애 버립니다. 우리 이집트에서
그리 했다가는 난리가 납니다. 그들의 인구는 매우 번성하여 요소마다 집단거주지역이 있
습니다.

그 동족들 중 자유민은 재산 있는 자들이 많으며 그들끼리 모여 종교생활을 하고 서로
도우나 타민족과는 어울리지 않으며 독자적 생활을 하고 있으며 노예들도 따로 우리와 다
른 종교생활을 하고 있습니다. 모세의 동포들은 항상 따로 생활합니다. 자기들끼리만 결혼
하고 전쟁에 징집이 있어도 그 중 열성파로 믿는 자 중에는 종교교리로 전쟁에는 나가지
않겠다거나 사베스 안식날에는 전투와 노역에 참가하는 것은 물론 아무 일도 안 하겠다는
자들도 있습니다. 이들의 생활은 일반 사회에 여러 가지 영향을 주는 것이 사실입니다.

　이 민족은 이해할 수 없다고 하여 우리 이집트 내브에서는 오래전부터 이들을 몰아내자는 과격한 운동권도 있어 왔습니다. 반면 민족의 특성이라 이해하자는 쪽도 있습니다.

　이번 차제에 이들을 적당한 해방비용을 채불임금과 상쇄하거나 받아 쫓아내고 이번에 가나안에서 새로 들어온 많은 노예로 교체하여 노예를 세대교체하는 것도 대안이 될 수 있다는 여론도 있습니다. 그리고 저들이 떠나면 노예 가격이 다시 오를 것이며 그때 관노들을 민간에 팔면 국고는 세입에 차이가 별로 나지 않습니다. 모세가 이 점을 이야기할지도 모르니 대왕께서는 미리 참작하십시오. 그리고 모서가 자기들 신을 들먹이며 대왕폐하의 심기를 불편하게 하는데 모세가 전부터 외극에서 군사작전할 때도 잘 썼던 일종의 심리전이니 대왕께서는 마음 상하시지 마시고 쉽게 모세의 출국을 허락하시지 마십시오."

　"모세를 훤히 알고 있는 이집트 사람도 있네. 그 말하는 대신도 군 병참, 군수담당 참모 출신이지? 모세도 조심해야겠다. 모서한테 배운 건가? 같이 근무했나?"

　"대왕 폐하, 같은 계열에 있었던 적은 있습니다만, 모세와 의견이 달라 자주 다투었으며 저는 대왕께서 아시는 바와 같이 모세와는 출신이 다름……."

　"그만 해, 알았어요. 그러면, 모세, 저 행정관 말대르 다 준비하고 있었구먼. 그걸 변제로 삼아 우리에게 대책이란 걸 준비해 주고 떠나겠다는 건가? 대신의 말처럼 이집트를 떠나? 누구 맘대로? 여기 다들 보고, 그대의 수를 다 알고 있는데, 어림도 없는 일이야."

　"가나안 종군에도 참여한 노예들이 많으며 이제 별 큰 일이 없어 쉬는 공공의 노예 인원들도 인원 감축이 필요하고 사회로 내보내어 팔고 비용을 나라에서 줄여야 하는 점도 있습니다. 우리가 떠나면 이집트 사회도 안정될 것입니다. 우린 너무 오래된 노예들입니다."

　"모세는 너무 우리 이집트를 너무 잘 알아. 그러면 정리하라. 이 어려운 시기에 누가 공공의 노예를 사가나? 자기 몸값은 현 시세가 마침 아주 낮으니 자기가 지불하고 나가라.

　차제에 아예 히브리인들 중 자유민이라도 희망하는 자들은 나라를 떠나게 하라. 우리도 기억하기 싫다. 떠나는 자는 여기에 있는 남은 재산과 물품을 다 가져가든지 다시 와서 자기 것이라고 하면 시끄럽다. 떠나려면 전부 포기하거나 처분하고 떠나라. 이집트 시민권을 가진 자가 출국하려면 부동산까지 전부 처분하고 나가라. 그리고 증명으로 출국신고하고 소정의 출국세를 내고 가라. 출국 증명서를 발급하겠다. 국경에 도착해 보라. 지역방위 책임자가 증명을 요구할 것이며 없는 자는 통과시키지 않을 것이다. 일일이 내가 통과시켜 주라고 명령할 수 없다. 그들이 보고 알아서 할 거다. 어린아이들과 노약자들도 자유를 얻겠다고 황야로 나갈 것이지만 황야는 어럼없는 척박한 곳이다. 어린아이들이 앞으로 고생하고 방황할 것이 훤한데 왜 고생길을 택하는가 모르겠다만 너희들이 자유라고 너희들이 선택하였으니 나에게 원망하지 말라. 내가 너희들을 굶주림으로 황야로 쫓아내는 것이 아니고 너희들이 택하였으니 어떤 일이 있어도 너희들 책임이다. 가나안 지역에 한하여 이주할 것임을 허가한다. 지나가면서 다른 부족들과 전쟁하고 시끄러우면 우리도 귀찮다. 그것까지 우리가 보호하거나 돌봐줄 수 없다."

"자기 몸값을 지불할 능력이 없는 노예에게 은혜를 베풀어 주시고, 이집트 모든 국가 도로를 지나갈 허가를 해 주십시오. 가는 길마다 군 지휘관이나 행정관들에게 허락받기가 어렵습니다."

"지나가는 길의 통과는 포괄적으로 허락한다. 나라의 노예는 그 행적을 보아 엄격히 심사하여 해방시킬 것이다. 개인 노예는 알 바도 아니고 관여도 못한다. 일반 도로로 이집트 영내를 떼지어 통과하는 것은 보아 줄 수 있으나 군사도로의 경우 사전에 통과하기 전 인접부대에 신고하라. 지나가는 길을 승인받지 아니하면 요새에 있는 전투지휘관이 병력을 보내어 이주민을 체포하거나 살상하고 범법자로 잡아 다시 노예로 쓸 수 있다. 그들은 지역을 방어할 의무가 있으니 통과하는 길은 가면서 반드시 신고하라. 그들이 상부에 보고하면 본부 사령부에서 조치를 취할 것이다. 그리고 가나안 가자지역 등 해변으로 가는 길은 우리 이집트 해군을 파견하여 너희들이 가는 길까지 호위할 수는 없다. 지휘관들이 하겠나? 하라고 해도 안 할 거다. 우리는 그것까지 지원 못한다. 타민족들의 지역도 스스로 그대들이 통과료를 내거나 아니면 어떤 설득을 하든 알아서 지나가거나 하라."

"이제 출국을 허락하시니 감사합니다. 우리의 여호와 하나님께 감사합니다. 이제 사해 북쪽 가나안 땅으로 살던 곳으로 돌아갑니다. 가는 길에는 창세기부터 우리 동족들의 지역이 많이 있으니 황량한 벌판으로 가는 우리를 막지는 않을 것이며 도와줄 것입니다. 그리고 가나안에 정착하여 잘 살게 될 것입니다."

"모세, 나에게 그대들의 신을 계속 들먹이지 말고 빨리 떠나라. 내 마음을 더 상하게 하지 말라. 히브리 선지자라고 자칭하는 모세, 모세라 한다지, 다시 말하지만 그대가 이집트를 위하여 한 일과 왕세자를 구한 일에 대하여 고맙게 생각하는 것이 있으나 너희들이 이 이집트가 아니었다면 가나안 땅에서 지금도 굶주리거나 아시아의 막강한 힉소스등 다른 민족들에게 유린당하고 민족이 멸망했거나 흩어졌을런지 모른다. 우리 이집트도 힉소스족 침공으로 우리 군사가 퇴각하여 삼각주를 잃고 나일강 상류 테베로 천도했으며 삼각주는 초토화되었다. 역대의 파라오 왕묘, 피라미드도 보호하지 못했다. 이제야 겨우 해방시키고 있는데 우리도 힘들다. 너희들이 가나안에 계속 있었으면 어떻게 되었겠나? 이제 우리 이집트가 아시아 여러 왕국을 원정하고 평정하여 전쟁이 거의 일어나지 않는 시대가 되었다. 우리가 난민으로 들어온 너희들에게 일자리를 주고 식량을 주어 왔지만 너희들은 무지하며 밖의 세상을 잘 모른다. 맨날 불평하고 불만으로 살아왔을 것이다. 이제 됐으니 조속히 정리하고 우리 이집트를 떠나라. 이제 너희들을 추방한다."

"이제 우리는 우리 하나님 여호와의 나라로 돌아갑니다. 이제 우리는 자유민입니다."

모세가 당당히 자신있게 말했다. 아멘호테프 2세 파라오는 말했다.

"자유민 해라. 관리들은 들으라, 이제부터 저 모세와 히브리인에 관한 모든 공적과 기록을 삭제하라. 모든 조각, 히브리인들이 만든 모든 곤사 건물에서도 그 업적을 삭제하라, 오늘부터 이집트에는 히브리 기록이 없느니라. 모두 없애라. 파라오의 명령이다. 히브리 너희들은 오늘로서 너희들 말대로 소원대로 너희들의 신 여호와로 돌아가는 거다. 너희들 신 여호와도 너희들과 함께 이집트를 떠나기 바란다. 행정관은 비상사태를 발령하고 떠나는 이스라엘 이주민을 배후를 기습하여 잡아서 노예로 다시 쓰려는 군사 지휘관이나 지방 호족이 없도록 사전 연락하라. 이제 저 문을 열어라."

파라오가 말하자 파라오의 말은 바로 법이고 시행이며 실시다. 왕의 아래 옆에 있던 내무시종이 파라오의 명령 시달의 북을 치고 말하였다.

"파라오 대왕의 말씀이 계셨소. 히브리인들을 모세와 함께 가나안 땅으로 이주를 명하노라. 그리고 가서 대왕께 조공을 할 것이며 충성을 다하라. 금일부터 모세에 관한 것과 모든 히브라인에 관한 모든 문서, 호적 등을 파기할 것이며 출국 허가서 이외 모든 문서를 파기하고 삭제하라고 대왕께서 명령하셨다."

때는 아멘호테프 2세 재위 2년(BC 1426년경), 이집트에서 노예해방이 선포되었다.

이스라엘의 하나님께서 모세에게 역사하시고 출애굽을 이루어 주셨다. 수세기 만에 이스라엘의 희망이 이루어지는 날이었다. 하나님께서 마침내 이스라엘의 기도를 들어주셨다.

이러한 일은 파라오의 명령이나 말이 그대로 법이며 즉석에서 시행되는 이집트의 왕국의 법이었다. 당시까지 동서고금을 통하여 노예를 해방한 왕은 없었다. 모세와 같은 이스라엘의 탁월한 지도가 없었다면 이루어질 수 없는 세계 종교역사상 중요한 사건이었으며 또한 이집트 파라오가 아니고서는 이 명령을 발하고 시행할 주체가 없었다. 아멘호테프 2세는 노예를 해방한 역사적인 왕이기도 했다.

역사적인 순간 여호와 하나님의 말씀이 실현되는 것을 느낀 모세는 왕궁을 떠났다. 그러나 모세가 나오는 뒤쪽으로 신하들이 파라오에게 명령을 거두실 것을 제안하고자 술렁거리기 시작하였으나 왕비가 이들을 노려보고 제어하였다. 행여나 약속의 위반이 왕자의 병세에 영향을 주지 않을까 급히 우려한 때문이었다.

왕비가 자기의 아들이 왕위에 오르지 못하고 다른 후궁의 아들이 왕위에 오르면 왕비의 자리는 끝장이라는 것은 동서고금의 역사가 말한다.

왕자도 어머니가 없으면 왕이 되지 못하는 경우가 있으며 왕자 없는 왕비는 왕이 죽을 때 왕과 함께 순장을 당하기도 한다. 절제절명의 순간을 왕비는 이런 문제를 일으킬 수 있는 신하들을 노려보았다. 신하들은 더 이상 말하지 못하고 왕의 명령은 실행되었다.

이렇게 하여 이스라엘민족의 해방을 승낙받은 모세는 히브리인들에게 돌아와 이러한 반가운 소식을 전하고 북쪽 가나안 땅으로 이주할 계획을 동료들과 상의하게 되었다.

그러나 파라오가 순간적으로 허락하였지만 히브리인 노예들을 데리고 있던 많은 권력자 상인 지도층 인사들은 파라오의 명령을 취소하라는 상소와 항의의 움직임을 시작하였다. 그들은 히브리인들이 전지전능한 하나님을 모시고 있기 때문에 그들의 말에 의하면 그들의 전능한 하나님이 있으므로 파라오가 허락하든 말든 그들의 하나님이 하늘에서 내려와서 그들을 모두 끌고 날아가서 가나안으로 갈 수 있기 때문에 무슨 파라오의 이주명령이나 허가서나 이주 인정서가 필요치 않으므로 파라오 대왕은 여기에 관여할 필요가 없다고 주장하였다. 모세가 그렇게 똑똑하고 위대하면 여왕벌이나 여왕개미가 집을 옮길 때 모든 어린 개미들을 자기 몸에 태우고 일제히 하늘로 날아오르듯이, 또 바다의 물이 용오름하듯이 일제히 모든 고기들을 물과 함께 하늘로 오르듯이 몽땅 데리고 하늘로 가서 가나안 땅에 떨어지면 되는 것 아닌가 하고 파라오의 명령은 취소되어야 한다고 야단 했다. 그러나 파라오 이멘호테프 2세는 한 번 말한 것이니 그냥 시행하라고 했다. 그들 중에도 갈 사람은 가고 남을 사람은 남을 것이며 가는 사람보다 남는 사람이 더 많을 것이라 했다. 히브리인이 없으면 이집트가 잘 안 되나? 전혀 문제없다고, 갈 사람들은 가라고 했다. 그들 없어도 왕궁을 짓고 해자를 지으며 얼마든지 건축, 건설할 수 있다고 했다.

그들은 이집트를 떠나는 날로 후회할 거라고 했다. 모세가 어디 인간경영을 해 보았어야지. 착하고 선한 것만으로 나라는 통치되지 않는다는 것을 모세가 아냐고 했다.

어디에 가서 히브리 나라를 세우고자 하는데 말같이 되는지 혼이 날거라고 했다. 돈을 주고 땅을 얼마나 샀는지 모르나 나라를 세우는 것과 장사하는 것은 다르다고 했다.

"모세는 떠나는 날로부터 대혼란을 당할 것이다. 내가 관여하지 않아도 쉽게 가나안으로 못 들어갈 것이다. 통행세를 내면 통과할 것으로 생각하고 떠나는데 어림없는 말이다. 그렇게 착한 사람들이 사는 동넨 줄 아는데, 이제부터 오히려 이집트에서 보호받던 히브리

Shabbat Evening Home Ritual

Please note that this page contain the name of God.
If you print it out, please treat it with appropriate respect.

Setting the Table

The sabbath table should be set with at least two candles (representing the dual commandments to remember and observe the sabbath), a glass of wine, and at least two loaves of challah. The challah loaves should be whole, and should be covered with a bread cover, towel or napkin.

Lighting Candles

Candles should be lit no later than 18 minutes before sundown. For the precise time when shabbat begins in your area, consult the list of candle lighting times provided by the Orthodox Union or any Jewish calendar.

At least two candles should be lit, representing the dual commandments to remember and to keep the sabbath. The candles are lit by the woman of the household. After lighting, she waives her hands over the candles, welcoming in the sabbath. Then she covers her eyes, so as not to see the candles before reciting the blessing, and recites the blessing. The hands are then removed from the eyes, and she looks at the candles, completing the mitzvah of lighting the candles.

בָּרוּךְ אַתָּה יְיָ אֱלֹהֵינוּ מֶלֶךְ הָעוֹלָם
Barukh atah Adonai, Elohaynu, melekh ha-olam,
Blessed are You, Lord, our God, King of the Universe,

אֲשֶׁר קִדְּשָׁנוּ בְּמִצְוֹתָיו וְצִוָּנוּ
asher kid'shanu b'mitzvotav, v'tzivanu
who sanctifies us with his commandments, and commands us

▌ 이스라엘의 하나님에 대한 기도 의식 ▌

사람들이 황야에서 고생께나 하겠고 비참한 일도 당할지 모른다. 여봐라, 행정관!

모세가 떠나는 날로부터 철처히 떠나게 하고 떠나지 않고 우물쭈물하는 부랑자들이 더 생기지 않게 후미에서 철처히 후둘겨 보내라. 그리고 지나가는 요소마다 시민들의 동요가 없도록 하고 수도에 계엄령을 내려라."

아멘호테프 2세는 노예를 해방시킨 역사상 세계 최초의 이집트 파라오이다.

모세는 군사 지휘관들이나 이집트 관리들의 방해 움직임을 대비하여 파라오의 승낙이 필요했던 것이다. 이집트는 오래전 당연히 히브리인을 해방시켰어야 한다고 모세는 동족들에게 말하고 어렵게 허락받은 히브리인 해방이 실패로 돌아가지 않도록 노력하라고 족장들에게 지시하였다. 모세가 우려하는 것은 파라오의 허가 없이는 국경에 군사 방어선을 무단으로 통과할 경우 변방을 지키는 이집트 군사들이 가만 있겠는가 하는 것이다.

큰 충돌이 일어나서 막대한 희생이 일어나니 파라오의 허락 없이는 국경을 통과할 수 없는 것을 잘 알고 있기 때문이다.

그리고 허가 없이 국경을 통과했다 하더라도 인근 지역의 원주민들이 파라오의 허락 없이 히브리인들이 나오게 되면 적으로 간주하여 공격해 올 것이기 때문에 반드시 파라오의 허락이 필요하다. 이동하는 히브리인들이 대규모는 약 50~60만 명의 남녀노소 합친 사람들로 가나안으로 돌아가자 면 가나안 땅의 패권을 쥐고 있는 파라오 군대의 간접적인 묵인과 보호가 필요한 점이 있었다. 이제 이스라엘 사람들이 야곱 족장 이후 약 430년간 이집트에 있다가 모세의 영도하에 떠나게 되었다(출애굽기 12 : 40).

모세는 50만의 히브리인들을 이끌고 지중해 해안을 따라 가나안으로 들어가고자 사람을 보내어 통과할 도시국가들에게 도로를 이용하는 데 양해를 구하였다. 그러나 어느 나라건 해변에 줄지어 있는 도시국가는 이를 허락하는 나라가 없었다. 모세는 각 나라에게 통과하는 도로는 절대 피해를 주지 않으며 통과료를 지불하겠다 하였으나 그래도 응답하여 승인하는 나라가 없었다. 마지막 갈래의 나일강의 여러 뚝방을 넘자 이제 세 가지 방향 중 어느 방향이 적합한가는 알고 있었지만 일반 이스라엘 이주민들은 어느 방향으로 가야 하는지 부적으로 알려주지 않으니 사실상 답답했다.

선발대가 지중해 동쪽안으로 올라가 가나안으로 들어가고자 하였으나 거절되어 멈추어 있다 하자 모세는 일단 제2의 방책으로 시나이 방향으로 집단의 이동경로를 회전하기로 하였다. 그리하여 히브리민족은 홍해를 건너기 위하여 홍해 매립지 입구로 나갔다.

해양민족은 지중해, 그리스 에게해 연안거주 민족으로 아테네, 펠로폰네소스 반도의 스파르타, 미케네, 소아시아의 트로얀, 그레타, 사모스, 로데스, 사이프러스민족 등과 시실리, 카르타고 등 지중해를 지배하던 여러 세력으로 해상 전투에 능하고 용감하고 사나웠다.

'파라오가 허락하여 모세가 백성을 이끌고 가까운 길인 해안로로 가려 하나 팔레스타인 사람들이 가자지역의 통로를 허락하지 않거나 통행로를 지나치게 요구하면 못 지나갈 것이며, 만약 전쟁을 해서라도 지나가자고 하면 전쟁을 싫어하는 사람들은 싸움을 피해 쉽게 이집트로 다시 돌아가든가 남쪽 홍해 쪽으로 내려올 것임을 이미 하나님 여호와께서 알고 모세에게 길을 돌려 홍해를 지나 광야로 가게 하셨다'(출애굽기 13 : 17~18).

결국 북부 지중해 해안으로 집결하려든 사람들도 남쪽으로 이동하기 위해 홍해가 시작되는 발원점이 북주 갈대 호수에 모여 들었다. 많은 가족을 수레에 태우고 양, 염소 등 가축들을 데리고 고향으로 독립하여 나간다는 희망에 찬 민족을 대리고 떠났지만 모세는 뜻대로 되지 아니하여 마음의 고통이 이만저만이 아니었다. 벌써 군중들에게서 불평의 소리가 새어 나오기 시작했다. 누가 이 계획도 없는 일을 저질렀나? 어디로 가야 하는가? 질문하고 소란이 시작되었다. 벌써 며칠 되지 않았는데 황야의 텐트 집단생활에 익숙하지 못한 사람들은 화장실, 위생적 문제 등 불편이 심하여 벌써 환자가 속출하기 시작하였다. 동요 속에 모세는 민족들과 함께 홍해 입구로 거의 다 내려오기 시작하였다.

사람들은 물었다. "모세 지도자 선생님, 우린 어디로 갑니까? 어디로 가야 합니까?", 모세는 "정신을 잃지 말라. 정신을 잃어 버리면 다 죽는다. 우리가 길을 찾았으니 머지않아 목적지에 당도할 것이니 식솔들을 잘 보호하라."고 하였다. 이미 이 민족의 이동을 보려고 많은 다른 종족사람들이 도중에서 도로나 다리 의에서 경계의 눈초리를 하고 있었다. 멀리서는 이집트 군사가 움직이는 듯 간간히 이집트군 보병의 이동하는 티끌 먼지가 계속 보였다. 저 이집트군은 왜 가까이 있는가? 그들이 우릴 잡으려 하는지, 왜 따라오는지 모르겠다 하였다. 이왕 나라를 떠나는 사람들을 뒤에서 잔류자 없이 싹 몰아내는 듯했다.

이미 길을 떠나는 것으로 작정한 이상 뒤로도 갈 수 없고 앞으로만 갈 수밖에 없다.

니고데모 선생의 이야기는 계속된다.

모세는 이스라엘민족들을 달래면서 붉은 갈대바다를 이루는 갈대강이 홍해와 만나는 만나는 강 어귀로 내려왔다. 아프리카와 아시아를 경계로 하는 갈대의 바다와 같은 이 강을 건너면 이집트를 벗어난다. 이미 동족의 각 지도자들에는 알렸지만 그래도 많은 이스

▌▌ 이집트 해군의 해양민족과의 전투 벽화 그림 ▌▌
(돌격! 앞으로! 전투가 말 그대로 치열하다.)

라엘 사람들은 왜 지중해 해안을 따라 북쪽으로 가지 않고 남쪽으로 이동하는 데는 이해가 되지 않았다. 모세는 시나이 지역에서 민족을 제정비하여 군사를 만들고 훈련을 한다음 가나안으로 들어갈 계획이었다.

이미 모세는 가나안 지역으로 들어가서 통과하는 도시의 군주들에게 통과할 도로의 사용을 허가해 주도록 하였으나 소식이 없고 일부는 통과할 수 없다는 연락을 받았기 때문이다. 모세는 다시 사람을 보내어 통과하는 길에 전혀 피해를 입히지 않으며 통과비용을 내겠다고 재차 연락하였으나 가나안으로 통과 선상에 있는 여러 도시의 군주들은 자기들의 시체를 밟고 가지 않는 한 못 지나간다고 하였다. 모세는 외교적 노력

▌▌ 이집트 고대 무역선(전쟁시 전투함이 되었다.) **▌▌**

을 좀더 하고 성금을 올려서 통과비를 더 낼 것이라고 설득하는 한편 출애굽하고 있는 도로상의 민족들 자기를 믿고 떠나온 민족들을 생각하면 잠이 오질 않았다. 어떻게 해야 하나 생각한 모세는 이럴 때 대비하여 준비하였던 방법을 사용하기로 하였다.

그것은 자기가 투트모세 3세의 군사와 함께 지나갔던 도로를 따라 시나이반도로 들어가서 그곳 오아시스에서 영체를 건설하고 시나이산 부근에 자기의 처갓집 부근에 백만 명 이상 주둔할 수 있는 광활한 오아시스 공터가 있으므로 이를 개간하면서 이스라엘민족의 민병대를 만들어 여의치 못하여 통과시켜 주지 않는 도시는 힘으로 밀어서 통과할 계획이었다. 그런데 시나이에 주둔하고 있는 이집트군 사령부에서 가만히 있겠는가가 문제였다. 그리고 홍해를 건너오는 것을 인정하고 넘겨 주며 또 홍해를 건너와 이집트군 주둔지 부근에 함께 있는 것을 그냥 보아 주느냐가 의문이었다. 일단 아멘호테프 2세가 인정한 출애굽이지만 군사요충지를 통과하거나 그 지역에 주둔하는 것을 인정치 않고 몰아내거나 하면 전투가 일어날 것이고 이것은 피의 대가가 일어나 엄청난 피해를 볼 것이기 때문이다.

파라오의 허가를 받은 모세는 이스라엘민족을 2개 방면으로 출애굽의 길을 준비했다. 제1방면 이동로는 바로 가나안 땅으로 해안을 따라 올라가는 방면과 제2방면 이동로는 제1방면로의 이동민이 저항을 받을 경우 시나이 거점을 확보하기 위한 본대로서의 역할로 시나이산 오아시스에 일시 주둔하는 두 가지 계획이었다. 그러나 해안가로 바로 올라가는 길은 이미 틀렸다. 해양 민족이 벌써 전쟁을 준비하고 이스라엘민족의 북쪽으로 이동을 금지하고 있기 때문이다. 시나이산 길로 올라가서 찐 광야로 나가 찐을 통과하고 아랏을 지나 헤브론으로 가는 길이 있다.

여기서 모세는 아이들이 장성할 때까지 기다렸다가 훈련된 이들을 이끌고 가나안으로 들어가려고 했다. 힉소스민족의 퇴각으로 그리고 강력한 이집트의 점령지로서 주인이 확실히 없는 빈 땅에 이스라엘민족이 이주민으로서 들어가 살게 되면 아주 잘 되는 일이다. 제2방면 이동로 가는 이동민족은 홍해를 건너기 위하여 강 어구에 있는 통로로 집결하고 있었다. 제2방면은 주로 중앙 이집트 거주민과 남쪽 이집트 거주민으로 1방면 이동민과 같이 더 북쪽으로 거슬러 올라갈 필요가 없이 홍해에서 바로 이집트를 벗어나 시나이로 들어가면 되기 때문에 홍해 최북방 강어귀에 집결한 것이다.

제1방면 이동민족의 선발대가 도중 지역민의 통과금지로 저항당하자 그 일부도 시나이

방면으로 제2방면 이동민족과 합치기 위하여 남쪽으로 홍해 북단 강어귀에 내려와 모이기 시작하였다.

엄청난 이동민족들의 숫자가 불어나는 것을 보고 모세를 위시한 지도자들도 놀랐다.

해방의 바람이 불자 이집트에 거주하고 있던 이스라엘 사람들은 너도나도 대열에 빠질세라 더 많이 이동에 참가하여 과히 나날이 엄청난 수로 불어났다. 구경이라도 하려고도 나왔다가, 배웅이라도 하려 나왔다가 휩쓸려 이동대열에 섞인 자도 많았다.

아멘호프 2세 파라오의 경계병 군사들이 후미에 계속 따라오며 감시하는데 모세는 신경 쓰이고 언제 저들 군사가 공격하여 다시 노예로 만들 것인지 불안 속에 이동민족들은 밤에는 횃불을 밝히면서 행군해 갔다. 홍해 북쪽 어귀에 드디어 집결한 이스라엘민족들은 거대한 홍해 바다를 보고 탄성을 질렀으나 건너갈 다리가 보이지 않으므로 크게 당황하고 있었다.

지도자들이 모여 모세 장막으로 들어갔다. "모세 지도자님 건너갈 다리가 없습니다. 우리는 어떻게 해야 합니까?" 하고 물었다. 모세는 말했다.

하나님을 믿어라. 하나님께서는 우리가 부르면 기꺼이 오실 분이며 해결해 주실 것이라고 하셨다. 집결하고 있는 한밤중에 이스라엘 사람들은 노래를 불렀다. 두려움과 경건한 마음이 여러 사람에게서 일어난 것인지 잘 모르나, 한편으론 출애굽을 후회하는 사람도 생겨났다. 이제라도 늦지 않으니 돌아갈까 하는 생각도 해봤다. 그러나 이미 너무 늦었고 다시 돌아간들 누구 하나 반길 사람이 없고 처음부터 떠나지 않는 것만큼 못하였다.

이제는 모세를 따라가는 길밖에 없다 생각하니 오히려 편하였다. 그러나 홍해를 건너가야 할 터인데 모세는 사람들을 좀 쉬게 하였다. 강 어귀를 많이 벗어나 서쪽 해변에 도착했는데 길은 보이지 않고 날은 저물고 횃불이 여기저기 솟아 피기 시작하였다. 모세는 사람들의 질서 유지를 위해 대표자를 뽑아 당부하였다. 강을 건너가자 하면 질서를 지켜서 차례차례로 길을 따라 천천히 조심스럽게 건너야 한다는 점과 뛰어서 강을 건너지 말 것을 당부하였다. 뛰면 어른이고 아이고 할 것 없이 서로 밟히고 넘어지며 깔려 죽는다고 하였다. 강을 건너갈 대오를 순서대로 줄을 세워 정하고 대기하고 있는 가운데 사람들은 영문도 모르고 푸른 물이 꽉 차여 있는 바다를 어떻게 건널 것인가, 또 다른 강어귀로 이동하면서 가는지 노심초사하고 있는데 사람들의 걱정이 태산이라 웅성거리는 가운데 모세가 앞으로 나왔다.

모세는 지도자들을 모이게 하고 홍해를 건너갈 준비를 하고자 했다.

"이제 때가 왔으며 여호와께서 우리에게 길을 열 것이니 대오를 정비하고 질서를 지키라. 전방에 이집트 수비대가 있을 것이니 그들이 곧 우리에게 와서 물을 것이다. 그러면 나에게 인도하라. 좌우에 혹 있을지도 모르는 전투행위를 대비하여 장정들을 배치하라. 그들 중에 공을 세우겠다고 우리에게 검을 휘두르는 자가 항상 있을 수 있다. 접근하면 경계하라."

이스라엘 출애굽 대민족 이동의 선두가 홍해 서쪽해안 이집트군 군사 요새에 접근하자 수비대는 정지를 명하고 암호를 요구해 왔다.

"들고 있는 모든 무기를 버려라. 짐을 풀고 해체하며 10보 이상 물러가라. 명령을 거역하면 활을 맞는다."고 소리쳐 왔다.

그리고 영체 안쪽으로 영체의 문이 열리며 질풍과 같이 전차 2대가 먼지를 일으키며 출애굽민족에게 다가왔다.

"어디로 가는 사람들이냐?"

"우리는 이집트를 떠나 가나안 고향으로 가는 사람들이오."

"가나안으로 가는 길은 여기가 아닌데 왜 여기로 오나. 길을 잘못 들었으니 돌아가라. 여기는 작전지역이니 들어올 수 없으며 더욱이 통과할 수도 없다. 북쪽으로 가라."

이집트군 지휘관은 이미 정보를 아는 듯 피난민 행렬을 정지시키고 전투준비 태세를 갖추었다.

전투라기보다 비무장민에게 일방적 살육이 일어날 판이다. 사람들은 곧 화살이 날아올 공포 분위기를 직감하고 떨면서 말했다.

"우린 전혀 무기가 없소. 다만 이집트 파라오 대왕의 허가를 받아 이제 고향으로 돌아가는데 우리는 남쪽의 나일강 상류에 있는 히브리 사람들로서 북쪽의 가나안을 가는 길인데 이쪽 길이 지름길이 있다 하여 여기로 들어오게 되었소이다. 우리 지도자에게 물어보고 오겠으니 활을 쏘지 마시오. 어린아이들도 있으니 잠깐만 참아 주시오."

이집트 지휘관은 지휘봉을 들어 말했다.

"너희들은 이미 군사경계지역에 들어왔다. 법을 어겼으니 꼼짝하지 말고 그대로 있어라! 움직이면 화살을 쏜다."

대표자 한 사람만 앞으로 나오라고 하였다. 대오의 히브리 족장은 앞으로 나가 신체검사를 받았다. 지휘관은 말했다.

"어느 길을 가던 너희들이 나라를 떠난다면 우선 통행증이 있어야 한다. 통행증을 제시하라. 그리고 이 지역은 통행증이 있어도 민간인은 통과하지 못하는 지역이다. 어떻게 알고 여기로 왔나?"

"우린 모르오. 다만 우리 지도자 모세 랍비 지도자께서 우리 히브리 출애굽민족을 이끌고 계시며 우린 따라서 가는 것뿐이니 그분한테 물어보고 다시 같이 오겠소."
하고 족장이 말했다.

"가서 데리고 오라. 한 사람만 가라."

모세의 행군대오에 급히 온 선두 족장은 모세의 장막에 도착하여 여러 사람이 모인 가운데 모세에게 말하였다.

"지도자님, 전방 이집트군 초소에서 우리를 더 이상 지나가지 못하게 하며 더 이상 움직이면 활을 발사하겠다고 합니다. 가서서 해결하여 주십시오. 그리고 통행증을 제시할 것과 통행증이 있다 하여도 민간인은 통과하지 못한다고 하는데 어디 통과하는 길이 있습니까? 우리를 구하여 주십시오."

모세는 즉시 족장 눈을 불러서 호위를 만들게 하고 출애굽 행렬의 선두로 낙타를 타고 나아갔다. 이미 그곳에는 삼엄한 이집트군의 포위 경계태세에 쌓여 있고 사람들은 모두 한곳으로 몰아 붙여진 상태로 아이들은 울고 있으며 어른들까지 무서움에 벌벌 떨고 있었다. 그와 동시에 방패와 궁노병이 사격준비를 하고 있는 가운데 이집트 기마대가 먼지를 일으키며 피난민 일부를 에워싸고 있었다. 모세가 이집트군 포진 진영으로 백기를 흔들며 접근해 갔다. 사람들은 크게 안도하며 하나님께 감사했다.

"이주민들의 지도자는 누구인가?"

낙타를 타고 있던 모세가 앞으로 나가려 하자 먼저 민병대장 눈이 먼저 나갔다.

"나는 여기 계시는 모세 지도자님을 모시고 있는 눈이라는 사람이다. 지도자 모세님은 15년 전 이곳 이집트 주둔군 사령부 군수담당 참모였으며 당시 사령관은 십여 년 전 지금 파라오 대왕이신 아멘호테프 2세이셨다. 우리 이스라엘민족은 파라오 대왕의 허락을 받아 작전상 가나안으로 이집트 점령지역에 히브리 이주민을 이동시키고 있다. 파라오의 통행 허가증이 있다."

이집트 지휘관은 말했다.

"나는 모세를 알지 못한다. 지난날은 내가 알바 아니다. 나는 이 요새를 방어하는 임무가 있는 사람이다. 대왕의 허가증이 있다 하여도 확인하기 전에는 통과시킬 수 없으며 이 지역은 민간인이 들어오지 못하는 곳인데 어찌 이곳을 통과하려 하나? 대왕의 허가 없이 이곳의 병력도 못 움직이는데 더욱이 어찌 민간인이 군사시설 내부를 통과하려 하나? 움직이면 화살을 발사한다. 여기서 근무했다는 것이 사실인가? 그러면 조사할 것이 있으니 그대와 모세를 일단 군영으로 연행하겠다. 군 복무자는 누구든 지난 군 근무 비밀을 사회에 나가서도 누설하면 즉시 처벌하도로 되어 있다."

모제가 지팡이를 올리며 노하여 말했다.

"잠깐! 지휘관은 관등성명을 대라. 파라오의 명령을 거역하고 왕의 명령을 의심하는가? 이미 이 도로는 군사도로였으나 이제 국도가 되었다. 다만 이 구간은 그대 말대로 작전도로로 인정한다. 우리는 여기 파라오 대왕의 허가를 받아서 머나먼 작전지역에 이집트군 병력의 공백을 메우고자 이주민을 데리고 가는 중이다. 시각을 지체할 수 없다. 계속 통과를 거부하면 파라오 대왕의 명령을 거부한 지휘관으로 귀하를 군법에 회부하도록 고발하겠다."

"뭘 고발해? 고발하든가 말든가 마음대로 하라. 나는 지역을 방어하고 있는 지휘관으로 대왕으로부터 전달된 명령 없이는 그대들을 통과시킬 수 없다. 뭣들 하는가? 저 모세란 자를 체포 압송하라."

준비태세에 있는 병력에게 지시했다. 모세 주위에도 곧 휘하 장정들이 에워쌌다.

"파라오의 명령을 거역하는 자는 어떻게 되는지 잘 알 텐데."

평패한 일촉즉발의 사태에 긴장감이 감도는 가운데 모세가 다시 말했다.

"파라오 대왕으로부터 미리 전갈이 없었다면 안 되는 일이다. 멀리 수도로부터 전갈을 다시 확인하자면 우리가 나흘을 여기 왔는데 여기서 승기병을 파견하여 갔다 와도 이틀이 걸린다. 그동안 이주민이 먹을 음식을 귀관이 책임지겠는가? 우리는 정해진 양식을 가지고 나왔다. 귀관 부대에서 군량을 내어 이주민에게 지체 군량을 보급하겠는가? 그러니 시나이 방위군 사령부에 즉시 보고하고 이미 이주 허가가 난 사실에 따라 지시를 따르라."

"이미 일단의 많은 민간인이 접근하고 있음을 본부에 보고했다. 이곳은 어느 누구도 알지 못하며 허가 없이 무단으로 건너는 자는 사살된다."

모세가 말했다.

"파라오 대왕은 이주를 허가하였으며 모든 개인이 허가증이 있다. 그리고 이주를 위하여 도로 이동은 파라오 대왕께서 포괄적으로 이동 도로를 사용할 권리를 주셨으므로 이주민이 살던 곳에서 떠나 어느 도로를 사용하던 길을 떠나서 목적지에 도착하면 되는 것이지만 여러 사회의 혼란스러움을 피하여 대왕께서 내가 이주민을 인도하여 떠나도록 허락하셨다. 따라서 나는 복잡한 도시지역 도로를 피하고 혼란을 줄이고자 한적한 비상도로를 이용하여 안전하게 적이 잘 모르게 이동하는 것이니 귀관은 이러한 실태를 신속하게 상부에 보고하고 무력을 사용하여 길을 막거나 희생시킨다면 귀관의 책임이 클 것이다."

이집트군 지역방위 지휘관은 모세를 체포하는 것이 쉽지 않고 너무 많은 사람들이 접근해 있으므로 일단 체포 명령을 중지하였다.

모세도 경계지역으로부터 이주민을 해안에서 내륙으로 물러서게 하고 인원들이 더 집결하기를 기다렸다. 이제 저 홍해만 건너면 자유의 땅이다.

이주민들은 모세가 도대체 어디를 건너가려고 길도 없는 바닷가에 숙영하고 있는지 알 수가 없었다. 도대체 어디에 길이 있다는 것일까?

이스라엘 이주민 숙영지 후방으로부터 이집트군 보병이 움직이는 듯한 먼지가 보인다는 전갈이 모세에게 왔다. 모세는 언덕 위에 올라 보병의 이동을 살펴보았다. 단순히 훈련을 하는 것인지 접근해 오고 있는지 알 수 없었다. 모세는 날쌘 낙타를 보내어 이집트군 움직임을 자세히 보고 오게 했다. 한편 홍해 해안 경비대는 경계를 더욱 강화하여 병력을 해안선에 계속 집결시키고 있었다. 일련의 이집트 기병이 군마를 이끌고 후방에 있는 이집트 군을 마중 나가듯이 먼지를 일으키면서 나가는 것이 보였다.

오후 때쯤 수색대로 모세가 보낸 인원이 돌아왔다. 모세는 물었다. 후방에 가까이 접근하는 병력이 무엇이냐 물음에 초계병력으로 나갔던 일련의 젊은 사람들이 말했다. 놀랍게도 접근하는 병력은 대부대였으며 큰 이집트 기동 훈련이던가 아니면 우리 출애굽 히브리 민족을 홍해에 전부 쓸어넣어 버리는 것이 아닌지 우려된다고 하였다. 모두들 놀라 말도 못하고 있는데, 모세가 말했다.

"또 다른 수색대는 돌아왔는가?" 하고 물었다.

"후방 이집트군의 중심본부에까지 깊숙이 침투하기로 되어 있는 일원인데 아직 연락이 없습니다." 뭔가 파악이 되지 않고 있는 모양이라고 했다.

한편 이집트 홍해 방위군에게 파라오의 명령이 전달되었다. 이스라엘 이주민을 통과시키라는 파라오의 명령이었다. 이왕 떠나는 사람들을 완전히 모두 추방시키라는 뜻이다.

후미에 어정대는 사람들이 없게 모두 내쫓아 버리라는 명령이다. 이집트군은 모세에게 이를 전달했다.

모세는 사람들을 대오를 세워 차례로 바다를 건너가길 준비시켰다. 드디어 조수가 썰물이 되자 물 속에서 길게 뻗은 수중보로 된 긴 둑 길이의 도로가 된 듯 물위로 떠오르듯이 솟아올라 왔다. 바다 건너 시나이 해안 지역과 직접 간거리로 연결되는 길이 떠올랐다. 모세의 말과 같이 하나님 여호와가 이들을 시나이반도로 인도하는 길이 열린 것이다. 모세가 말했다.

"여호와 하나님께서 우리들에게 바닷물을 중지시키고 길을 열어 주셨다. 모두들 서두르지 말고 질서를 지켜서 바다를 건너라. 우리는 이 길을 건넘으로써 완전한 자유인이 되는 것이요, 자유를 찾아라."

히브리인들이 순서를 기다리며 바닷물이 썰물로 빠진 물 속의 길을 걸었다. 사람들은 하나님을 더욱 공경하게 되었다.

"어떻게 이런 길이 있음을 알았습니까?"

"이 길은 옛날 우리 이스라엘 조상들이 노예로 있을 때 하나님께서 예비하신 길이다. 하나님에게 감사하라. 하나님께서는 이 길을 준비하셨으니 여호와를 찬송하며 길을 건너라."

모세도 이스라엘의 찬송가를 직접 부르며 바다 가운데 떠오른 길을 걸어 건넜다. 히브라인들은 다 같이 찬송가를 부르면서 질서 있게 홍해를 건넜다. 다시 밀물이 밀려오면 물속의 길은 바닷물에 잠수할 것이다.

"하나님은 목자이시니 우리를 인도하시며

젖과 꿀이 흐르는 가나안 땅으로 우릴 인도하시네,

우리는 하나님 말씀을 따라 가나안으로 간다네,

하나님은 목자이시니 우리를 인도하시네."

히브리인들이 홍해를 거의 다 건너가자 서쪽 물길 끝 수평선에는 모래 먼지와 함께 이집트근 전차대의 위쪽 깃발 꼭지들이 움직이며 왔다갔다 했다.

히브리인들은 전차를 무서워했다. 이제 해방이다.

모세가 홍해를 건너간 것을 기적이라고 했다. 소문에는 여호와하나님께서 그들이 걸어

가는 홍해바다길 좌우로 지진을 일으켜 땅을 갈라지게 하시고 양쪽 틈세로 통해 바닷물이 폭포수 같이 흘러들어 가는 가운데 마른 길로 지나갔다고 하였다.

모세는 홍해를 건너 마라 웃물과 에림의 오아시스를 지나고 열사와 찌는 듯한 더위의 땅 바란 광야를 피하여 아래 해변을 통과하였다.

그들은 더 진군하여 시나이산에 가까운 르비딤에서 동거하기를 거부한 아말렉—아말렉 베드윈 부락을 쳐서 점령한 이후 다소 느슨한 상태에서 야영하고 있었으나 국가 형태를 가지지 못한 것이 문제였다. 이곳을 중심기지로 가나안 땅으로 들어갈 전초기지로 삼고 인근의 나라들에게 히브리인들이 돌아갈 길을 상의하고 전혀 민폐를 기치지 않고 가나안 땅으로 들어가겠다고 하고 통과비용을 지불하겠다고 하였다.

그러나 이 히브리인들에게 선뜻 동조하는 도시 부족나라는 없었다.

모세는 홍해를 건너온 후에도 2년을 가나안으로 들어가기 위하여 지중해방면에서 전쟁으로 또는 대화로, 또는 설득으로 지새웠지만 길을 내어 주는 나라는 없었다. 지중해 방면은 팔레스타인 부족들이 완강하게 버티고 있으며 도시들도 밀집하여 시가전을 한다면 이스라엘민족이 승리할 수 없으며 점령한다 하더라도 항해술에 능한 팔레스타인들은 배를 타고 바다에 떠 있다가 다시 해안을 상륙하여 들어오기 때문에 이스라엘민족이 해안도로로 가나안으로 들어가는 것은 불가하였다. 이 해안길을 지나가려면 해군이 있어야 한다. 모세가 바닷길을 확보할 수 있는 해군력이 있을 수 없었다. 바다로 도망해 나오는 해양민족을 바다에서 격퇴하여야 하는 데는 이집트 해군이 있어야 하나 그들이 도와주기는 만무하다. 모세에게 해군이 준비될 수 없었다. 해변 길로 가나안으로 가는 것을 불가하다. 여호와께서 모세에게 이미 예언하신 일이다(출애굽기 13 : 17).

그동안 히브리인들은 그 자손의 수효가 증가하였다. 시나이산 아래는 거의 히브리 정착촌으로 자리를 잡아가니 이집트 주둔군 진지마저 무색해졌다. 이집트군은 시나이산 아래 배두인 부족들을 통제하고 북방으로나 동방, 남방으로부터 이민족이 침공하는 사전 정보를 알기 위하여 계곡 입구에 주둔하고 있었다. 이들 진지와 배두인 부족, 이스라엘 히브리민족 충돌이 초기에 있었으나 워낙 이스라엘 이주민이 많아 배두인족은 이스라엘민족을 상대로 장사하고 길 안내하며 지냈다. 또 각기 할 일을 하며 상당한 거리를 두고 생활을 유지했다.

그러는 와중에 이스라엘 인들이 가나안으로 들어가는 길이 어렵자 그냥 시나이산 아래 오아시스에서 베두인처럼 눌러 살려고 하는 사람들이 생겨나고 전통의 이스라엘 율법을 어기고 자유스런 종교 모임과 이상한 타락의 행동을 하기 시작하였다, 모세는 이들에게 경고하였으나 자유를 내세우는 이들에 제어할 방도가 어려워 갔다. 모세는 시내산 아래 있은 지 2년이 지난해에 시나이 산을 등정하여 하나님으로부터 십계명을 받아 내려와 민중들에게 따르라고 하였으며 노약자와 어린이와 르우벤 지파의 가축떼는 그대로 두고 그들의 호위 병력을 남긴 채 본거지를 찐 광야르 이동할 것을 명하였다.

모세는 듣지 않는 사람들을 하나님 이름으로 징계하고 북쪽으로 이집트 강 유역의 동쪽 찐 광야의 제일 높은 산 호르산(라몬산) 아래로 11일간의 여정 끝에 이스라엘 민중을 이끌고 영체를 옮겼다.

그 후 장장 38년 동안을 가나안으로 진출하려고 숱한 전쟁을 하였고 가나안지역에 있는 지역민들과 협상도 하고 전쟁도 하며 지냈다.

이집트에서는 파라오 아멘호텝 2세가 죽고 투트모세 4세가 즉위하였다. 이 파라오는 유명한 왕으로 나일강 서쪽 기자지역에서 사막에 천년 이상 묻혀 있었던 스핑크스의 몸체를 사람들로 하여금 모래를 다시 파내게 해서 스핑크스를 다시 건져낸 파라오이다. 그리고 도세가 이 왕자가 발병했을 때 치료했었다.

이러한 이야기는 투트모세 4세가 왕자로서 아직 아멘호테프 2세의 왕위서열 2위로 왕세자로 책봉되기 전에 이야기인데, 파라오가 되려면 상당히 어렵다. 시기와 때가 잘 맞아야 하고 능력이 뛰어나며 건강해야 하고 전쟁터에서드 최선의 전투를 해야 하며 또한 살아남아야 파라오가 된다. 특출하지 못하면 아무리 계승순위 1위의 왕자라도 파라오로 등극이 그저 되는 것은 아니었다. 그가 아직 왕자였을 대 기자지역에 사냥하러 산행으로 나갔을 때 모래바람에 1,000년 이상 묻혀 있는 스핑크스의 그늘 아래에서 잠깐 졸고 있었다. 그때 꿈속에서 스핑크스가 나타나 만약 자기의 파묻힌 발과 몸을 모래에서 빼내어 준다면 그대를 파라오 왕으로 만들어 주겠노라고 말하자 왕자는 스핑크스에게 그렇게 하겠다고 약속을 지킬 것을 말하였고, 왕자는 자기 사재를 털고 많은 사람을 동원하여 모래를 치우도록 하였다. 모래에 잠기어 움직이지 못할 정도로 묻혀 있는 스핑크스를 꺼내준 것이라 할까. 어쨌든 투트모세 4세와 스핑크스는 약속을 하고 각각은 모래로부터 해방되고 왕자는 후일 파라오가 되었다. 투트모세 4세가 18왕조 제8대 파라오가 된 후 그는 그 스핑크스를 다시 찾아가 이러한 사연을 스핑크스 양쪽 발 사이에 비석을 세워 기록하게 하였는데, 지금도 그 비석이 남아 있다.

평화스런 이집트제국을 다스리던 투트모세 4세는 늦은 나이에 파라오가 되어 재위 7년 만에 승하하고 그의 아들이 다시 이집트 파라오로 등극하였는데, 이 파라오가 아멘호텝 3세다. 평화의 파라오라 일컫는 이 파라오는 시나이에 모세의 히브리인들이 가나안 땅으로 진출하지 못하고 아직도 가데스 바네아 일부와 찐 광야의 레몬산과 제벨무사산 주위에서 영체를 세워 놓고 있는 상태로 방황하고 있음을 듣고 모세에게 사신을 보내었다.

내용은 제벨무사 산인 시나이산은 이집트에서 제일 높은 산으로 이집트 민족의 동쪽 영산이니 이제 소수의 잔존 병력이라도 북쪽으로 철수시킬 것과 북쪽 호르산도 이집트강 유역 제일의 이집트 명산이므로 비워 주어야 하고, 있더라도 토지 사용세금을 내라고 특사를 파견하며 특별히 지시하였다.

그리고 영 어려우면 그렇게 베두인들처럼 살지 말고 다시 이집트로 들어와 노예로서 살든가 어떻게 하든 간에 이제는 이집트강 유역과 시나이 지역을 벗어나 줄 것을 요구했다. 그곳은 이집트 작전지역이니 언제까지고 그렇게 있을 수는 없지 않은가 하는 이집트 파라오의 영유권 주장이다. 즉, 이제 가나안으로 가든가 어쩌든가 이제는 그 땅을 떠나라

▮ 스핑크스와 피라미드(투트모세 4세가 스핑크스의 발을 덮고 있던 모래를 치워 주었다.) ▮

는 요구를 강력히 모세에게 하라고 하였다.

한편 모세는 히브리인이 더 있을 곳이 없는 절망적인 상황에 빠지고 자기가 언제까지 살아 있어 이주 문제를 완료할 것인지 난감한 가운데 이제는 무엇인가 하지 않으면 안 되는 상황이 된 것을 체감하고 있었다.

모세는 여호와 하나님께 수없이 기도를 드렸다. 그러나 아무런 응답이나 지시가 없었고 뾰족한 수단과 방법도 생각나지 않았다. 전방 찐 광야와 가데스 바네아에 나가 있는 히브리 민병대에게 가나안으로 진출할 다른 방도가 없는지 찾아보라고 말할 뿐이었다.

모세는 최후의 수단이라 생각하고 전선으로 나가 긴병대를 직접 지휘하여 가나안으로 무력으로 밀고 들어가고자 아랏지역 아모리 부족과 다시 전투를 벌였다.

아모리 부족은 사해 서북방면과 아라바 계곡을 넘어 사랫강 이북으로 사해 동쪽을 점령하고 있는 강력한 부족이다. 사해를 중심으로 둘러싼 전 지역을 지배하고 있는 민족이다.

그러나 사해 서북쪽에서 남쪽으로 밀집방어를 구사하고 있는 부족들은 이집트의 동방 정책이 미진한 틈을 이용하여 각기 도시국가적 형태를 다시 세워 지방 호족들이 나날이 더 큰 세력을 갖고 있으므로 모세의 가나안 진출은 더욱 어려움에 봉착했다. 히브리인들 내부에서도 하나님의 구원은 더 이상 존재하지 않는 것이 아닌가 하고 또 여호와 하나님의 믿음이 젓과 꿀이 흐르는 땅이 없는 허황된 이야기가 아닌가 하는 많은 이론이 생겼다. 그리고 일부 유랑민들 집단 안에 우상을 숭배하는 이교를 믿는 풍토가 생겨나서 모세의 율법에 자꾸만 충돌하는 일이 생기기 시작하였다.

그리고 그들은 베두인들의 자유 분망한 생활처럼 춤추고 노래하고 인생을 행복하게 사는 것도 나쁘지 않은 것이 아닌가 하는 의구심도 생겨나 자유스런 신앙을 갖는 이교적 풍조가 장막에 나타나기 시작했다. 우리가 이 고생을 하려고 이집트를 떠나왔다는 말인가 하고 원망의 이야기도 들려왔다.

많은 사람들의 동요가 있었으나, 어린이와 부인들이 사막의 생활에 염증을 일으키고 지루하여 그런 일이 난 것이라고 이해와 설득으로 모세는 해결하였다. 다시 안정을 찾은 모세는 무력으로 전 유랑민이 전투복장으로 하고 가나안으로 들어갈 것을 계획하고 북방으로 전 히브리인 출정식을 가지고 민족의 대이동을 무력으로 하기로 출발 하였다. 그러나 얼마 못 가서 가나안 부족들의 기습과 사막에서 물공급 차단 공격으로 찐 광야에 일부 확보한 지역 외는 더 진출하지 못하고 아랏이라는 탄핵과 같은 성곽 하나 함락시키지 못하는 상태가 되었다. 아랏을 방어하는 아랏 왕은 실로 대단한 군주였다.

아랏에서 줄기찬 공격에도 아랏은 함락되지 않고 방어하는 병력은 더욱 수가 증가하였는지 새로운 전쟁 상황이 벌어지고 많은 사람들이 전투에서 전사하였다. 쉬운 일이 아니었다. 아랏 방어부족들은 더욱 밀도 있게 방어하기 시작하였다.

모세가 직접 진두지휘하여 전투를 주도하였으나 성곽으로 된 아랏 방어선을 돌파하기 어려웠다. 가장 큰 문제는 히브리 출애굽인들이 정규적 군사를 양성하지 못한 이유이다. 각 씨족이 모여서 만든 민병대로는 지역민들의 정규적 군사방위군을 격파할 수가 없었다.

이러다간 좋은 세월 다 가고 모세도 100년이고 천년이고 사는 것도 아니고 민족의 장래가 걱정이었고 모세의 걱정은 더 말할 나위 없었다.

모세는 교통의 요충이며 이집트제국과 아모리족의 경계선인 국경 대상로인 지금의 가데스 바네아(알 콰세이마흐 부근) 요새 도시까지 전선을 구축하였으나 더 이상 진격이 어려웠다. 이곳은 이집트강 동편 유역으로 강 건너 서쪽에는 힐랄산의 정상 분지가 화산 활동으로 형성된 광범위한 고원 분지가 펀치볼같이 생겨서 전쟁시 이집트로 침공하는 이민족을 방어하는 이집트 전진 기지가 있는 요새이다. 이 전진기지의 동쪽으로 알 암르산, 알 아얀산, 함란산, 라몬산(호르산), 네스산들이 서쪽 이집트강 유역을 내려다보고 있는 곳이며 이름이 바란이란 광야가 펼쳐져 있다. 강 유역은 연중 전 기간이 비가 오지 않는 한 거의 물이 말라 있었다.

라몬산은 산 중에 산으로 제왕산 뜻인 호르산이라 불렀다. 이 산 아래에서 모세는 진을 치고 가나안으로 들어갈 모책을 마련하고 가나안 아모리군과 계속 교전을 하고 있었다. 이 산들을 넘어 공격하는 것은 가나안 쪽에서 방어하기 쉬운 지형이다. 특히 아랏왕이 있는 북쪽 지역은 천하의 요새라 하는 아랏성이 있어서 골짜기들이 수없이 사해쪽으로나 아라바 계곡으로 흘러가는 지형이 많아 아랏성 쪽으로의 공격은 물 마른 계곡을 지나야 하는 어려움이 있었다. 발이 깊이 빠지는 모래언덕, 노출된 돌격거리에 화살을 집중으로 맞기 때문이다.

모세는 지중해 해변가 길로 가자지역, 팔레스타인지역을 통과하면 많은 병력 손실이 나기 때문에 가나안으로 들어갈 수 없어 중앙 돌파를 하여 브엘세바나 아랏을 방면으로 민중을 통과시키면 헤브론이 지척이 된다. 우선 헤브론을 목표를 하고 그 후 예루살렘, 세겜을 점령하면 무깃도까지 줄곧 다다를 수 있다. 이렇게 되면 출애굽의 대장정을 끝내고 가나안에 이스라엘민족이 정착한다.

이 계획을 달성하기 위해 수많은 전장을 통해 모세가 길을 뚫으려 했지만 팔레스타인 - 가나안연합군도 38여 년을 잘 막아내고 있었다. 아랏 왕 휘하에는 유능한 장군이 있어서 모세의 60만 군중의 군사를 아랏성에서 완벽하게 막아내고 있었다. 찐 광야의 사막의 가운데 찐을 군사기지로 가네스 바네아를 거주 중심으로 주둔하고 있었던 모세의 이동민은 탄핵 일성인 아랏이라는 천하의 요새에 의해 발목이 잡혀 있었고 유능한 모세도 달리 다른 묘책이 없었다. 전쟁에서는 험난한 길목을 지키면 100만 대군도 막아 낸다는 것이 이 아랏을 두고 하는 말이다. 이 아랏에서 동쪽의 사해로 내려가는 길이 있는데 사해에 도달하면 그곳에는 또 하나의 천하의 요새 마사다가 있다. 마사다는 사해 서쪽을 지키는 절벽 위에 있는 요새로서 사해를 지키는 절경이며 아랏과 마사다의 연결 방어선은 모세의 군사를 더 이상 북방으로 진출하지 못하게 하는 거점이다. 마사다는 후일 로마점령 시기에도 격전지가 되었다.

이스라엘민족이 이 같은 가나안 땅으로 들어가지 굿하고 정처없는 유랑생활을 38년 가까이 하고 있는 어느날, 모세는 늦은 밤 장막의 책상 앞에 앉아 가물거리는 등불을 바라보며 근심으로 하나님께 기도하고 있는데, 꿈인지 생시인지 밖에서 인기척이 났다. 그동안 모세를 가까이 모시던 에브라임지파 출신의 눈이라 이름하는 민병대 지휘관이 열병으로 죽고 그의 젊은 아들인 여호수아가 모세의 신변 친위 호위대원으로 항상 보좌하고 있었는데, 이 여호수아가 어떤 흰 옷을 입은 사람과 같이 어두운 밤에 장막 밖에 서 있었다.

그런데 여호수아는 아직 어린아이이고 백발노인은 그의 아비인 눈인지 모르겠다.

모세가 말했다. "아, 자네가 웬일로?" 하고 쳐다토니 눈의 얼굴이 아니라 근엄하게 생긴 노인으로 그의 흰 수염이 밤바람에 휘날리니 모세는 놀랐다.

"나는 아브라함의 조상이다. 아브라함이 북쪽 밤하늘의 북극성과 하늘의 중앙에 있는 오리온좌를 보고 방향을 잡아 남쪽 가나안으로 갔다." 그러면서 머리 위에 떠 있는 오리온좌를 가리켰다. 오리온 별자리가 유난히 빛났다.

모세는 노인에게 예를 표하니, 백발이 휘날리는 노인은 지팡이를 들어 여호수아를 가리켰다. 지켜본 모세가 여호수아를 보고 먼저 말했다.

"어른은 누구시니? 어디서 모셔왔니?" 하고 물으니 여호수아가 말했다.

"이 할아버지께서 저에게 우유를 주시겠다고 하여 훈련장으로 가는 길입니다."

"너희 아비는 어딜 가고 이 어른이 오셨나?" 하고 말하면서 모세는 순간 등골이 오싹했다. 민병대장 눈이 먼저 번에 죽었는데, 이게 꿈인가 분간을 못하겠는데 이 아이 여호수아마저 죽음으로 데리고 가는 죽음의 사자가 아닌가 하고 노인을 다시 보려고 얼굴을 들자 정신이 번쩍 들어 등불이 다시 보이고 노인과 어린아이인 여호수아도 없어졌다. 모세는 혼자말로 하였다.

"(나도 이제 나이가 드니 허깨비가 보이는구만.) 밖에 누구 있느냐?" 하고 모세가 외쳐도 기척이 없다. 모세가 나가 보니 이제 키가 크게 자라서 장정이 된 여호수아가 문간에서 있다가 황급히 일어나 말했다.

"지도자님 부르셨습니까?"

"음, 아니다. 전쟁터에선 약간이라도 졸면 죽는다. 피곤한가?"

"아닙니다."

"이런, 내가 이상한 꿈을 꾸었구나."

하고 이제 다 성정하여 20여 세가 된 여호수아를 본 모세는 중얼거렸다. 그리고 꿈에 본 노인을 기억하려고 장막 밖으로 나갔다. 주변을 돌아보니 멀리서 떠드는 사람들의 소리와 자칼 등 동물의 소리가 멀리서 들릴 뿐 별빛과 함께 대체로 조용하였다. 눈을 들어 밤하늘을 보니 머리 위에 유난히도 오리온좌가 찬란하게 떠 있었다. 다른 꿈에도 본 노인 같은데,

"아니, 이거 제벨무사 산에서 내가 도망자로 있을 때 이집트로 가라고 한 그 어른이 아니신가? 그러면 이제 여호와께서 내가 종족을 이끌고 가나안으로 가도록 나를 인도하려고 오신 게 아닌가. 여호와께서 왜 여호수아를 데리시고 나타나신 건가?" 하고 생각하니 모세는 다시 등골이 더욱 오싹하였다. 모세는 생각에 잠겼다.

"지도자님, 저에게 하실 말씀이 없으십니까?" 하고 여호수아가 물었다.

"아, 훈련장에 갔다 오라. 그리 깊은 밤은 아니니 그곳 지휘관 알리우스에게 내일 나에게 오라고 하라."

"전하겠습니다."

여호수아는 밖으로 나갔다. 그러자 모세가 다시 여호수아를 불렀다.

"아, 여호수아야. 집사장 요셉도 오시라고 하고 갔다 오렴."

도세는 여호수아에게 무슨 불길한 일이 일어나지 않을까, 하나님이 데려가시지나 않을까 두려워하여 집사장에게 여호수아의 뒤를 숨어서 다라가 보도록 하였다. 훈련장으로 가는 길은 멀지 않으나 사나운 야생동물이 있을 수가 있고 또 적의 기습도 있을 수 있으므로 안심은 금물이다.

"하나님이시라면 우유를 여호수아에게 주신다 했을까? 여호수아가 하나님의 부르심을 받았나? 머리에 우유로 기름을 부었으면 그럴 터이지만, 여호수아를 잘 키우면 장수가 될 수도 있지. 그 아비가 무술이 출중하니……." 하고 생각하고 있는데 집사장 요셉이 장막으로 들어왔다.

"무슨 일이십니까?"

"내가 훈련장으로 여호수아를 혼자 보내었는데 신변에 안심이 안 되니 자네가 뒤에서 숨어서 따라가 보게. 혹시 무슨 일이 생기지 않는지……."

"이제 다 컸기 때문에 자기방어력이 있고 그 아버지처럼 무사입니다."

"여러 말 말고 지금 뒤쫓아가라. 그리고 무슨 일이 있으면 도와주고 일이 없으면 나한테 와서 보고나 하게. 훈련장까지 갔다오게."

"뒤따라다녀야 합니까? 아니면 훈련장까지 가는 것을 보고 그냥 옵니까? 무엇 때문에 그러시죠?"

"너 맘대로 해라. (내가 개꿈이나 꾸고 있는 게 아닌가? 별일도 아닌데 괜히 신경쓰나? 쓸데없는 꿈 하나 꾸고…… 내가 왜? ……)" 모세는 스스로 독백했다.

요셉 집사장이 여호수아를 뒤따라 숨으며 갔다. 밝지는 않지만 달빛이 조용히 비치어 얼굴에 망토를 깊이 쓰고 지팡이를 짚고 멀리 떨어져 따라갔다. 산 모퉁이를 돌아 훈련연병장에 거의 다가갈 무렵 여호수아 앞에 어두움 속에서 소리가 나며 자칼 한 마리가 달아나는 산양을 물려고 뒤쫓아 추격하고 있었다. 양도 길을 잃은 듯 급히 달아났다. 자칼이 따라 붙었다. '왜 저 자칼이 여기까지 들어왔지? 개는 양을 죽이지 않는데 꼬리를 보니 자칼 같은데 어두워서 확실치 않네.' 하고 여호수아도 같이 뛰었다. 언덕을 넘어가 보니 자칼이 먹이를 뜯는 소리가 났다. 여호수아가 보니 자칼이 양을 잡아 그 몸통을 반 토막을 내고 있지 않은가. 말로만 들었는데 자칼은 양이나 사슴을 잡으면 반 토막을 내어 별도로 한쪽은 땅에 묻거나 수풀에 숨기고 한쪽은 물고는 자기 굴로 가져다 새끼에게 주고 다시 찾으러 온다고 하더니 그것을 실제로 보게 되었다. 여호수아는 들고 가던 창을 던저 자칼을 잡으려 했다.

자칼은 잽싸게 양의 다리 쪽 부분을 물고 달아나고 머리 부분은 남아 피와 함께 흩어져 있다.

"야생은 무서운 것이야. 인정사정이 없어."

개 종류 중 자칼이 조직적으로 먹이를 다룬다 했는데 정말이네 하고 여호수아는 양을 살려주지 못해서 측은히 여기고 어디 묻어 주거나 훈련장에 있는 개에게나 주어야지 하고 가지고 다니는 줄로 묶어서 들고 훈련장으로 갔다. 개들이 짖는 소리가 나며 훈련견을 몰고 민병대가 여호수아에게 암호를 물었다. 여호수아는 암호를 대고 영내로 들어갔다. 뒤 따라가던 집사장이 이를 다 보고 다른 길을 통해 훈련장 영내로 들어갔다.

모세는 다음날 집사장을 불러 무슨 일이 없었는지 물어보고 여호수아가 훈련장에서 우유를 얻어 마셨는지 물어보았다. 집사장은 여호수아가 자칼을 쫓고 먹이 한쪽을 낚아챈 것과 그 산양의 고기를 훈련장 개들에게 주어 대가로 신선한 우유를 얻어 마셨으며 바로 돌아왔다고 했다. 우유야 있으면 당연히 얻어먹는 것이고 자칼의 이야기는 뭐 대수롭지 않은 이야기이고 여호수아 신변에 별일도 없었기에, 모세는 됐다고 집사장에게 말하고 여호수아를 불렀다.

"가는 길에 무슨 일은 없었냐?"

"개 같은 자칼 한 마리가 어린 양을 공격하여 무자비하게 시체를 반으로 뜯고 있기에 제가 창을 던지자 한쪽을 물고 달아났고, 한쪽을 주워서 훈련장에 있는 개에게 주었습니다."

모세는 잘했다고 했다. 그리고 속으로 생각했다.

("거룩하신 여호와 하나님이 나타나셨는데, 아무리 기도해도 안 나타나시다가 나타난 것으로 본다면 분명히 뜻이 있을 것인데 웬 개꿈인가?")

훈련대장 알리우스가 왔다.

"지도자님 부르셨습니까?"

"그렇소. 전투는 훈련이 아주 중요한데 훈련을 통하지 않고 전쟁에 이길 수는 없소. 훈련을 더욱 실전과 같이 하시오. 있을 전쟁터의 지형을 비슷하게 해 두고 연습한 다음 실제 전투에 임해야 전쟁에 이기지. 그와 같이 수십 번 연습해도 이기기 어려운데 훈련을 이해하고 열성과 정성을 다하여 훈련해야 하는데 차출한 민병대식 규모라 우리가 이기는 꼴을 못 보는데 내가 정말 걱정이오."

"지도자님께서 이집트 정병들을 데리고 전쟁터에 다니셔서 그 훈련된 군사로 많은 전투에 이기셨지만 우리 민병대는 오합지졸 같습니다. 지도자께서 지도자로만 계시지 말고 강력한 국가로 민족을 세우시고 직접 이집트 파라오가 하는 것처럼 강력한 군사를 만들어 가나안으로 들어가셔야지 매년 수년 간 이처럼 싸워도 그만, 이겨도 그만 전략이 없고 전투에 지면 벌칙도 없고 처벌도 안 하시고 그냥 다음어 잘하자 정도로 하루같이 보내고 계시니 언제 가나안 땅으로 들어갑니까? 이집트 군사제도를 잘 아시지 않습니까? 장수가 전쟁에서 패하여 돌아오면 어떻게 됩니까? 당연히 처벌받고 문책당하여 죽든가 귀양을 갑니다. 우리는 자유스럽게 전쟁에 져도 그만, 이겨도 그만 연습하는 것처럼 전쟁하니 사람이 죽고 다치는데 긴장감이 없이 하는 대로 이것이니 지도자 모세님께서 우리 민족의 전권의 지위에 오르셔서 왕이 되시든가 파라오같이 되시든가 확실히 하시어 우리를 지도하여 주십시오." 하고 말했다. 모세가 다시 말한다.

"왕이나 파라오 같은 소리 하지 마시오. 우리가 그걸 벗어나고자 나왔는데 우리 내부에서 그 왕 놀음 하자면 뭐하러 이 황야에 나왔소? 자우적으로 해도 우린 전쟁에 이기고 가나안으로 갈 수 있소. 이 얼마 안 되는 우리 민족의 왕을 만들어 어제의 친구가 왕이 된 친구에게 머리를 조아리고, 또 개중엔 그 왕이 되려고 반란을 꾀하고 별의 별일이 우습게 생기는 법이오. 내가 그것 하려고 이집트를 나왔소? 그러면 내가 만고에 나쁜 놈이 되지. 난 절대 왕 노릇 하지 않을 거고 왕이 되겠다고 하는 자도 못 보오. 힉소스민족을 보시오. 저 이집트를 공격하여 지배한 힉소스민족을 보시오. 그들의 지도자는 왕이 아니고 유랑민 지도자들이고 종족지도 체계이며, 집단적 지도 체계이면서도 이집트제국을 지배하면서 지나가지 않소. 그래도 그들은 몇 100년 이상을 계속하여 이집트 나일강 삼각주 옥토 지역을 통치하였소. 꼭 왕이나 절대권력이 있어야 통일이 되고 국가를 세우는 것은 아니오. 그들도 나중에 군벌 몇몇이 힉소스왕국을 세우겠다고 왕 노릇 하겠다고 나오는 자들 때문에 분열되어 나라가 망했소. 그런 것 하지 마시오. 당신도 취미가 있소? 미구에 왕 한 번 하실 의향 있소? 후손에게? 하지 마시오. 여호와 하나님께서 정하시는 일이니 우리의 뜻대로 하지 마시오."

"지도자님, 천부당만부당한 말씀입니다. 저는 절대 아닙니다. 그러나 지도자께서는 그럴 자격이 있으시다고 믿습니다. 저희들의 왕이 되어 주십시오. 명령 하나에 움직이는 군사와 백성이 있어야 가나안으로 들어갈 수 있습니다. 그러지 않으시면 무한한 세월만 갑니다. 그리고 우리 히브리민족 혼자서 이 전쟁을 성공적으로 이끌 수는 없습니다. 연합세력이 필요한데 누가 우릴 도와줍니까? 훈련시키는 군사교관도 제대로 된 교관이 없고 무술을 수준 이상 가르치는 사람도 없고 말이나 낙타 타는 법도 다들 잘 모르고 군량 무기도 모두 부족하고 부지런히 애들은 많이 낳았는데 먹을 것이 부족하니 정병이 되겠습니까? 다들 입에 풀칠하는 것도 어려운데 가나안으로 들어갈 힘이 없습니다.”

“고만해라, 알리우스.” 모세는 한숨을 쉬며 말한다.

“여호와께서 왜 우리를 이렇게 황야에 두실까? 이제 때가 되었는데 아무런 일이 일어나지 않으니 말이지. 우리를 버리셨나? 잊어버리셨나? 우리를 이 땅에 버리셨나? 오 여호와 하나님!”

하고 모세는 명상에 잠겼다. 최근 여호와께서 보이신 일이 없는가 하고 생각했다. 아무리 하나님께서 이같이 우리를 버려 두실까?

그리고 문득 전날 장막에서 잠깐 졸던 사이 꿈인지 생시인지 있었던 백발 노인과 여호수아가 나타난 꿈으로 이 진중에서 비몽사몽간에 꾼 꿈을 되새겼다. 그 일은 잊혀지지 않았다. 무슨 뜻이실까? 우유와 그리고 실제로 자칼이 나타난 일은 개꿈인가?

모세는 장막에 걸린 가나안 땅과 요단강, 호수인 사해의 지도를 보는 순간 ‘아’ 하고 감탄하는 신음소리를 자신도 모르게 냈다.

“지도자님, 왜 그러십니까?”

모세는 눈을 감고 기도했다.

(“아니, 지혜가 자칼만도 못하구나! 히브리민족을 이끌고 이집트를 나와서 40년이 되도록 뾰죽한 수 없이 가나안으로 들어가지 못하고 어리석게…….”)

그리고 장막으로 바로 들어가서 평소와 다르게 하나님께 뜻 깊은 기도를 하였다.

“하늘에 계신 하나님, 이제 저를 깨우쳐 주시고 민족을 잘못 인도한 저를 용서하여 주십시오. 이제 희망을 주셔서 감사합니다. 젖과 우유와 꿀이 흐르는 가나안을 지척에 두고도 어쩔 줄 모르고 있는 저에게 희망을 주시니 감사합니다.”

기도가 끝나자, 무슨 기도를 하는지 영문도 모르고 밖에서 있던 훈련지휘관 알리우스는 장막에서 기도하고 나오는 모세에게 물었다.

“모세 지도자님, 건강이 안 좋으십니까?”

“가나안을 들어가는 길을 이제 알았다. 이제 우리 다시 한번 해보세.”

"모세님 무슨 일이십니까? 무슨 좋은 일이 생겼습니까?"

"응 그래, 그렇다! 기다리고 기다리던 여호와 하나님의 말씀이 우리에게 이제 왔다. 아! 이제 우리는 북쪽으로 간다. 때가 왔다."

"모세 지도자님 무슨 일이십니까? 이제 저는 그만 돌아가도 되겠습니까?"

"여호와께서 비유적으로 방법을 주셨다. 내가 여태까지 대중운동만 생각하고 군사 전략과 전술, 작전의 개념을 잊어버렸으나 이제 다시 찾았고 나하고 같이 훈련장으로 나가자."

장막 밖으로 모세가 나가는 순간 전갈이 왔다.

"지도자님, 새로이 등극한 이집트 파라오의 사신이라 주장하는 무리들이 왔습니다. 사신인지는 확인 중입니다."

모세는 생각했다. 이것은 또 무슨 일인가?

"사신의 일행이 얼마나 되나?"

"20~30명 가까이 되는 큰 규모인데 염탐하러 왔는지 동태를 파악하러 왔는지 신원을 확인하기 위해 일단은 영체 밖에서 기다리도록 하였습니다."

"무슨 일로 왔다고 하느냐?"

"이집트에 정권교체가 있었으며 새로운 파라오가 등극하여 40년간 가까이 시나이 땅에 우리 이스라엘민족이 거주하고 있는데 대하여 파라오의 명을 가지고 왔다고 합니다. 사신이 가끔 오는 일은 그동안 있는 일이나 이번에는 좀 다른 것 같습니다."

"왜 새삼 요구사항이냐?"

"터도로 보아 좀 심각한 문제인 것 같습니다. 지도자님께서도 아시다시피 우리 히브리인들이 영체 내에서 먹고살기 위하여 그동안 가축도 키우고 가내부업을 하여 제마다 보석을 깎는 일, 금속을 만드는 일, 모직물과 의류를 만드는 일 등을 하면서 살아왔으며 외부와도 교통하여 살림에도 보태고 장사는 지나가는 대상들과 베두인들이 맡아 해 주어 생계를 이어가고 있습니다. 이제 지칠 대로 지친 우리 민족에게 가나안으로 들어가도록 하나님께서 해결해 주셔야 합니다. 가끔 나타나는 사신이라 칭하는 사기꾼들도 있었으나 이번엔 내방 규모가 크니 한 번 만나 보시고 무슨 내용인지 일단 사신의 이야기를 들어 보시지요."

"몇 명만 영체 내로 들어오게 하고 나머지는 밖에서 기다리게 하라."

이집트에서 온 파라오의 사신은 곧 도착하여 모세의 장막에 들어왔다.

사신은 거만을 떨면서 주위 사람들에게 잘 들으라는 듯이 새로 등극한 파라오의 전달 사항을 말하고 인사를 서로 하기를 끝난 다음 조용히 모세와 극비리에 이야기할 것이 있다고 말했다. 그리고 새로 등극한 파라오 왕의 전갈과 왕의 하사품이 있다고 하였다.

모세는 집사장에게 눈짓을 했다. 집사장은 여호수아에게 별도의 장막을 선택하고 단독으로 만날 수 있도록 준비시켰다. 이것은 지도자의 신변을 보호하기 위하여 혹시 사신을 가장하고 냅다 칼을 휘두르는 사례가 많기 때문에 다른 사람을 내보내고 단독 회담을 하는 것보다 다른 장막에서 비밀회의를 한다고 하면서 사신의 몸수색을 간접적으로 하기 위함이다. 또 하사품이라는 핑계를 대고 그 속에 비수를 숨겼다가 개봉하자마자 휘둘러 요인을 암살하는 경우가 있기 때문에 주의하여야 한다. 자객은 자기도 죽고 상대국의 요인도 암살하는 것이다.

사신은 필히 단독 회담을 간청했다. 집사장이 하사품이 무엇이냐고 물었다. 사신은 파라오 왕께서 직접 지도자 모세에게 전하라고 하였으며 다른 사람은 보아서는 안 된다고 하였다. 그 하사품 속에 비수나 위험한 무기가 있지 않으냐 물음에는 하사품은 노약자들에게 쓸 약간의 의약품 견본품과 파피루스 문서와 깃발이라 하였다. 광야에서 몸이 아프고 허덕이는 어린사람들에게 사용하라고 한 것이며 별도로 가져온 짐이 있다고 했다.

모세의 측근들은 믿지 아니하고 직접 왕의 하사품을 풀겠다고 하였다. 사신은 왕이 문서를 하사하였는데 모세가 지나간 경험으로 직접 받지 아니하면 안 되는 것이라 했다. 그와 같은 문형을 모세는 잘 알 것이라고 했다.

파라오 왕은 평소 수하 대신이나 장군들에게 하사품으로 깃발이나 파피루스 그림을 주는데 그것의 문양은 파라오가 쓰는 것과 비슷한 것으로 파라오 왕의 하사품이라고 쓰여져 있으며 이집트 관리들은 이것을 집안의 영광과 가보로 여기는 것이며 명예로운 훈장에 해당되는 가치 있고 값진 것이다.

문서를 모두 펼치기 전에 사신은 잠깐 멈출 것을 요구하며 이집트어로 모세에게 파라오 왕의 하사품에 대하여 예의를 취해 줄 것을 요구했다. 모세는 펼쳐지는 긴 문서형 깃발을 보면서 파라오 친위군으로 근무했을 때를 생각하고 손을 들어 간단한 예의를 표시했다. 그때 사신이 말했다.

"파라오께서 말씀하시길 '이스라엘 지도자 모세가 이 깃발의 문양을 보시고 그대가 파라오의 특명 사신인 것을 확인하면 파피루스 문서에 있는 극비내용을 단독회담으로 지도자 모세가 할 의향이 있다고 하면 모종의 비밀 협상을 추진하라.'고 하셨습니다."

모세는 반쯤 펴진 문양을 보고 파라오의 하사품이 진위라는 것을 확인하고 사신에게 협의한다고 승낙했다.

이집트군 참모를 지낸 모세가 이 왕의 하사품을 보고 무슨 뜻인지 짐작하는 경우가 있었다. 그리고 변방에 나가 근무하는 장군에게 이 같은 물건을 하사할 때는 비밀로 어떤 지시를 내리는 암어, 비밀문서이기도 했다. 문양이 반쯤 펼쳐진 것을 본 모세는 주위를 둘러보고 알았다고 하고 끝까지 풀지 말라고, 다시 접으라고 했다. 나중에 자세히 보겠다고 했다.

깃발 문양에는 하늘의 별자리가 그려져 있고 파라오의 깃발에 쓰이는 왕의 인장문양이 보였다. 이 북극성 별자리 깃발은 지난날 역대 파라오의 전쟁터에서의 휘장이다. 파라오를 상징하는 휘장에는 별자리와 함께 양치는 목자의 지팡이와 농부가 타작하는 도리깨가 그려져 있다. 파라오의 사신이란 것을 확인한 모세는 하사품을 가까이 가져오게 하고 파피루스 문서를 읽어 내려갔다. 그리고 문서를 접고 한동안 말이 없었다.

사신을 일단 안내소로 돌려보낸 모세는 요셉 집사장과 여호수아와 12지파 최고 족장들을 부르게 하고 대기하도록 하였다.

모세의 말을 듣고자 모두들 장막으로 모였다. 무슨 어려운 요구가 있는가 근심들이 많았다. 그리고 오랫동안 회의가 진행되었다.

훈련지휘관 알리우스는 돌아가지도 못하고 계속 모세 장막에 머물러 있었다. 아, 이런 일련의 사태가 무슨 일인지 도무지 알지 못했다. 왜 모세님이 하나님 말씀을 들었다 하시고 기뻐하셨고 그 와중에 지금 다시 온 이집트 왕 파라오의 사신파견은 뭘까?

회의가 시작되어 끝날 줄 몰랐다. 장막 밖으로는 경계 민병대가 둘러쌓고 장막에서 10보 이내에는 접근을 금지시켰다. 모세는 족장들에게 말하였다.

"오늘 파라오가 요구하고 있는 것은 이제 우리 히브리 동포들이 38년간 이 시나이 땅을 헤매던 일을 마무리하며 실로 이제 죽느냐 사느냐, 우리 히브리민족이 멸종이 되든가 세상에 살아남아 찬란한 문화와 영광을 얻어 이집트 왕국보다 더 위대한 나라가 되느냐 마느냐 하는 기로에 서 있소이다. 하나님 나라가 어찌 이집트 나라보다 못하겠소. 이집트 왕국을 보시오. 사람이 만드는 왕국이며 열심히 하면 그런 위대한 나라가 될 수 있소. 내가 본 것이며 우리 이스라엘이 노예 생활하며 이루어 주기도 한 나라요 우리도 할 수 있다고 생각하여 이집트를 떠나 왔지만 그렇게 되지는 쉽게 되지 않았소. 이제 우리에게 때가 온 것 같소. 여호와께서 나에게 가르침을 주셨소. 이제 우리가 홍해를 건너듯이 가나안 땅으로 들어갈 것이요, 나의 뜻은 나의 뜻이 아니며 하나님 뜻이니 그분의 뜻을 믿으시오 기적을 믿으시오. 이제 기동할 것이오. 이제 하나님 말씀을 전해 들으시오. 하나님께서는 홍해를 가르시고 우리를 인도하셨듯이 이제 가나안 땅으로 들어갈 것을 명하셨으니 이를 따를 것이며 각각 임무를 수행하여야만 합니다.

이제 파라오가 사신을 보내어 이 시나이 땅에 대하여 이집트 주권을 행사하겠다고 하여 오늘부터 토지 사용료를 내든가 자리를 뜨든가 하라고 최후의 통첩을 보내왔소. 그리고 해결의 방안으로 우리 민족에게 모종의 가능한 협조도 청해왔소. 이젠 우리는 땅만 가지면 나라로 협상도 받을 수 있고 협상도 할 수 있는 주권 국가가 될 것이요, 이제 우리들의 각오와 하여야 할 임무가 또한 있소. 그렇게 하지 않으면 이집트로 다시 돌아가 노예가 될 수밖에 없소. 이제 임무를 수행할 각 지파들은 하나님의 지시된 임무라 믿고 착오와 어김없이 행할 것이오. 그리고 우리 히브리 민병대 작전은 만고에 비밀이니 이 비밀작전이 새어 나가면 우리 민족이 멸족할 것이니 각 족장들은 철저히 비밀을 준수하고 의심을 품는 자, 발설하는 자는 즉시 즉결 처분하시오. 이스라엘이 비밀이 새어 나라를 세우지도 못하고 망하느니보다 희생이 필요하오. 지금 이 시간부터 비상사태를 선포하니 영체 내에서나 밖에서나 모든 사람의 출입을 통제하고 기록하며 각 가족의 생명과 재산을 등록하고 여행을 허가받지 않고는 금지하며 통금을 실시하겠소. 그리고 무기를 더욱 신속히 제작하되 외부에 매매해서는 아니 되며 민병대를 이집트 군사조직 같이 운영하고 동포들에게 애국의 교육을 강화하며 내핍생활을 강조하여 군사자금을 모아야 합니다.

이제 이렇게 하지 못하고 기다리기만 하면 우린 이집트로부터 더 미움을 받고 북방 여러 민족의 협공을 받아 전멸하며 다시는 태양을, 빛을 보지 못할 것이며 하나님의 보살핌도 끝날 것이오. 그리고 살아남는다 해도 우리의 후손들은 더 심한 노예생활을 하며 조상을 원망하며 또 생을 마감하는 비참한 나라의 동포로 돌아갈 것이니 이제 이 황야의 사막생활을 마감하고 가나안 땅으로 들어갑시다. 들어가는 구체적 방법은 다음과 같소. 이 비밀은 성공할 때까지 집에 가서 집사람한테도 하지 말며 자식에게도 하지 말며, 어느 누구에게도 하지 말며, 만약 소문이 날 경우 경로를 추적하여 누설한 족장의 집안은 전부 처벌될 것이오. 왜냐하면 그 족속으로 말미암아 우리 허브리 동포가 멸족하는 것보다 낫기 때문이오. 비밀을 지키는 것도 군사작전이며 임무이니 각 씨족은 절대 비밀로 하고, 다만 전과 같은 노력으로 가나안으로 들어가기 위하여 더욱 노력한다고만 합시다."

모세는 각 지파 족장들에게 다짐하고 다짐하며 회의를 주제하였다. 회의가 끝나갈 무렵 모세는 말했다.

"이제 이 중요한 임무를 수행할 씨족지파가 결정되어야 하오. 비밀 정탐요원을 가나안 지역으로 12지파의 제일 건장하고 무술에 능한 자를 뽑아서 파견하는 일과 자진해서 먼저 말한 1호 안건에 대해 임무를 맡을 족장은 말하시오. 이제는 돌아가서 씨족 가족들과 상의하고 토의한 다음 결과를 가져올 수 없는 무거운 비밀이니 여기 참석하신 족장께서 단독 결정하시오. 비밀이 누설되면 정탐요원은 현지에서 체포되어 모진 고문에 다 불고 우린 역으로 계획이 탄로나서 작전을 세울 수 없을 뿐만 아니라 적의 역계획에 의해 멸족을 당할 것이오. 이제 비밀을 지키고 이 자리에서 정하고 안 된다면 제비뽑기까지 하여 정하고 실시해야 되오."

족장들은 웅성웅성했다.

"이것을 우리가 족장이라고 정하면 나중에 어떻게 감당하나?"

모세가 다시 말했다.

"선택의 여지가 없소. 여호와 하나님의 뜻이었다고 하시오. 그리고 그 비밀은 작전이 끝날 때까지 가야 하오 희망하는 족장께서는 1호 안건에 대하여 선택하시오."

모든 족장들이 제비뽑기로 가기로 한 듯 한등안 말이 없었다. 모세가 무슨 말을 하려하자 유대 씨족족장 유대족장이 자리에서 일어나 말한다.

"모세 지도자님, 한 말씀 여쭈어도 되겠습니까?"

"하시오."

"만약 1호 안건에 대하여 선택하고 성공한다면 그 씨족에게 무슨 특권이 주어지겠습니까요? 그 위험한 대가가 주어져야 된다고 생각합니다."

"무슨 대가를 원하시오? 그 대가는 내가 결정할 수 없으니 여러 족장들께서 대가를 정하고 선택하는 씨족이 있으면 희망하시그 여러 씨족이 나오면 추첨으로 선택합시다."

"희망사항을 이야기하시오."

“만약 1호 안건을 선택할 경우 성공하면 그 방어지역을 그 씨족에게 땅으로 할당하여 주신다면 우리 씨족이 1호 안건을 희망합니다. 지역 범위는 작전지역 알파 지역과 전투기간 중 그 씨족이 추가로 확보하는 베타지역으로 한합니다. 어떠하십니까?”

모세가 물었다.

“그러면 한 씨족에게만 1호 안건을 전부 맡긴다는 뜻이오?”

“그렇습니다. 복수의 씨족이 임무를 맡으면 작전상 주도권 혼란이 와서 실패할 확률이 많으니 한 씨족으로 하는 것이 좋습니다.”

“다른 분들의 의견은 어떠하시오?”

모두들 의견이 없다. 베냐민지파 씨족족장이 말한다.

“1호 안건을 단독으로 감당할 인원과 장비를 가지고 있는 씨족은 유대지파 족속밖에 없으니 우리는 기권하겠소. 그리고 그만한 임무라면 그 정도는 보상해 주어야 할 것 같소.”

“반대하는 씨족은 없소?”

12지파 한 족장이 일어나 말한다.

“1호 안건은 제일 위험한 안건으로 유대족장께서 선택하신다 하니 우선 다행이라 하기 말하기 어려우나 어떻든 희망씨족이 생겼으니 감사하오. 타씨족의 희망이 없으면 그대로 정합시다. 또 이런 경우가 자주 일어날 것이니 미리 대략 정해 두는 것이 어떻소? 이 차제에 역할당당에 대하여 지역과 씨족의 땅을 정하는 것이 좋지 않겠소?”

“벌써부터 땅을 차지하겠다는 의견이 먼저 나오면 우물 파기 전에 없는 물부터 마시자는 것이오? 이렇게 되면 분란만 생기니 우선 1호 안건은 작전의 출발이니 시작이 반이라 우선 시작도 못하면 아니 되니 유대지파가 희망하였고 다른 지파가 더 희망하지 않으면 우선 이것은 결정하는 것으로 모세 지도자께서 선포하시는 것이 좋겠소이다.”

모세가 말한다.

“그러면 더 이상 이의나 희망하는 지파가 없소?” 아무도 말이 없자, 모세가 물었다.

“유다지파는 1호 안건을 확실히 자원하시오?”

“예, 우리 지파가 자원합니다. 그리고 정하시면 12지파 여러분 족장께서 오늘의 이 결정을 문서로서 이 사실을 서명하여 주시고 모세 지도자께서 확인 서명해 주시면 우리 씨족이 죽음과 멸문의 사생결단의 결심으로 타씨족의 작전을 위하여 최전방 선봉부대로 나갈 것이며, 어떠한 후회도 없으며 공동운명에 처하기로 여호와 하나님 앞에 명세합니다.”

"이제 타씨족이 희망하지 않으면 유다지파로 결정하겠소. 그런데 조건이 있소. 유다지파는 각 유다지파 가족 중에서 첩이 아닌 정부인의 소생 장자를 차출하여 여호수아 특공대에 편입시켜야 하오. 이것은 만일의 사태에 유다지파가 배반을 하지 못하게 하는 일로 인질이기보다는 작전의 성공을 위하고 유다지파의 명맥을 유지하기 위함이오. 양해하시겠소?"

"아니, 모세님 처음에는 그러한 조건이 없지 않았습니까?"

"이스라엘의 국가와 민족을 위하여 유다지파는 하나님 여호와의 명을 받아 이미 선봉에 나섰으니 안전보장을 각 지파에게 하시오. 생기지도 않은 땅을 각 지파가 미리 언약까지 해 주었으니 유다지파는 가족의 장자들을 내놓든가 아니면 이 작전에 지원한 것을 없던 걸로 선택하시오."

"하나님의 명령이라 여기고 씨족 문중들에게 설명하고 이행하겠습니다."

"오늘의 이 결정에 이의 있는 지파는 말하시오. 이의 없습니까?"

"이의 없습니다."

모두들 말했다. 12지파 족장회의에 무거운 침묵이 흘렀다.

"집사장은 즉시 회의록을 써 가지고 오시오. 그리고 다음 안건으로 갑시다."

모세는 계속 비밀 작전회의를 주제하였다.

집사장은 1호 안건에 대하여 회의록과 결정 확약서를 회람시키고 각 12지파의 서명을 받고 최종 모세가 대표하여 서명하였다.

성명에는 "1호 안건에 대하여 작전성공하면 그 방어 작전지역과 추가로 점령한 지역은 유다지파 소유로 한다. 그리고 실패하여 그 씨족이 특공대 인원까지 순직하더라도 타씨족에게 보상이나 권리를 요구하지 못한다. 다만 인도적 차원에서 족장회의에서 보상을 결정하는 사항은 그때 회의의 결정에 따른다."로 되어 있었다.

유다지파는 이제 성공과 실패, 승리와 패배의 기로에 서게 되었다.

모세는 3년간 전쟁준비가 필요하다고 하였다. 그리고 훈련된 민병대를 이끌고 출정길에 올라야 한다고 했다. 이집트의 새 왕 파라오가 등극하는 때를 타서 이제는 기회를 잡아 호렙산 아래 본영과 아직 시나이산 아래 르비딤 오아시스에 남아 있는 르우벤지파 가축떼와 어린이들, 노약자 등 전 민족을 이끌고 대이동하는 일이었다.

이집트는 모세에게 이집트 군사 전략기지인 호렙산과 가데스 바네아 부근에 계속 야영하는 것을 그냥 두고 모르는 척했다.

모세는 이집트왕국이 사자를 파견한 일에 대하여 적극적 협력를 약속하고 빠른 시일이내에 히브리민족이 취할 일을 통고하였다.

이집트 파라오는 비밀리에 승낙하고 모월모일을 약속하고 상호 사신이 다시 만났으며 정치적으로 비밀리에 협상이 이루어졌다. 드디어 홍해 잠수교에서 달밤에 잠수교가 썰물 때 떠올라 부상하자 쌍방은 어두움을 타고 인원 교환을 완료하였다.

모세는 12지파에서 각각 12명씩 전체 140여 명의 건장한 신체의 우수한 청년들을 차출하여 특수 군사훈련을 시키고 이들 중에서 12명을 선발하여 가나안에 정탐꾼으로 보냈다.

그리고 지난날 이집트 궁성의 성곽 건축에 참여한 나이 많은, 경험이 있는 목수와 석공 등 장인들을 선발하여 그림, 벽화 등 그림 그리는 화공과 석조 건축기술자, 성곽축조 기술자들을 1년간 이집트로 보내어 아멘호테프 3세의 내치치적에 협조하고 이 인원은 인질이 되는 방식으로 하였다. 이집트는 대가로 새로운 모형의 두 필 이륜전차 1,000대를 인질들에게 제작하게 하고 1년 후 인질들이 돌아올 때는 이들이 제작한 전차의 10% 정도로 군마 200필 포함 전차 100여 대분과 그 부속 장비와 화살, 장창 등 무기를 비밀리에 받기로 했다. 그리고 모세는 이스라엘에는 이미 노예가 없으므로 근무하는 이들에게 이집트 기능공의 최저 수준의 임금을 계산하여 도시건설이나 전차 제작 복무기간 중 최저 노임 이상을 주도록 협의했다. 그리고 이스라엘민족의 시나이반도 체제비와 세금은 계속 면세 되었다.

파라오 아멘호테프 3세는 정복사업을 중단하고 이집트 내치를 힘쓰기 위해 신전건축과 도시계획을 새로이 하고 성곽을 새로 쌓으며 나라를 방어하기 위해 이스라엘 이주민을 전방 아시아 지역으로 내보내어 아시아로부터의 외침을 이스라엘인으로 하여금 막고자 한 것이다. 이집트 앞에 이스라엘민족이 있으면 북방 아시아민족의 침입을 우선 막을 수 있다는 의도였다.

모세가 영도하는 이스라엘 이주민이 40년을 방황하는 것은 제대로 무력을 갖춘 군사가 없었기 때문이고, 이에 군사교육과 전차가 필요했다. 기병대의 말과 낙타를 전쟁에 이용하는 것은 야생말이나 낙타를 계속 길들여 사용하여야 하므로 이 길들여지지 않은 전차의 말이나 낙타를 타고 전쟁하는 것은 쉬운 일이 아니었다. 상당한 기술이 있어야 말과 낙타를 부릴 수 있었다. 또한 이주민들은 이 동물들로부터 식량을 얻기에 바쁘기 때문에 전투력을 만들 수 없었다.

아멘호테프 3세는 매우 영특한 파라오로 아시아쪽 북방은 히브리민족의 귀향을 이용하여 전과 같이 아시아민족의 남하를 방어하고 많은 비용이 소요되는 장거리 정복사업은 임시 중단하며 영토를 보전하고 새로운 이집트 도시 건설에 집중하기 위해서 전문 기술자가 상당히 필요했던 것이다.

이 영특한 파라오 아멘호테프 3세는 모세어게 시나이반도는 원래 이집트 영토이므로 그동안은 봐주었으나 이제부터 이집트 영내에 있는 것이므로 나가지 않겠다고 하면 토지 사용 세금을 내라고 했다. 그리고 세금을 내지 않거나 듣지 않으면 군사를 풀어서 이주민들을 강제로 몰아내겠다고 한 것이다. 모세는 이제 시나이반도의 이주민 영체를 떠나야만 했다.

모세는 2년간 부족의 청소년들을 교육시켜 정규군 정도의 군사로 만들 계획을 세워 일리우스를 총사령관에 임명하고 특공부대를 편성하여 부대장에 자신의 호위대 에브라임지파 여호수아를 임명하였다.

이집트 북동쪽으로부터 해변을 따라 소아시아로 거슬러 올라가는 길은 해양민족인 팔레스타인들이 완강히 버티고 있어 거의 불가능하고 사해 우편의 왕의 길이라는 대로로 이동방식은 에돔의 왕이 적극적으로 저지하지 않는다면 가능하나 그 수도인 도시 페트라를 통과하는 것은 미지수다. 사해 서편으로 바짝 붙은 다랏을 통과하여 헤브론에 이르는 길이 있다. 그러나 그 주위의 가나안 유목민이 가만히 있을 리가 없으므로 그 이동 시기에는 취약점이 생기므로 대비가 필요했다. 자칼의 공격처럼 가나안 분할방식이 이스라엘 운명의 기로에 있는 상태를 타개할 수밖에 없음을 안 모세는 평화의 노력을 계속하되 비상양동작전으로 전환하였다.

즉, 모세는 평화적으로 히브리민족이 가나안 땅으로 들어가는데 가나안 사람들이 통과를 허락하면 그 부족에게 허락한 길만 걷고 길의 좌우를 밟지 않으며 도로통행료와 사용료를 지불하겠다는 약조를 다시 한번 더 해 보고, 최종적으로 안 받아들여지면 우회도로를 이용하여 가나안 침공을 할 것을 비밀리에 계획했다. 각 가나안 부족으로부터는 아무런 연락이 없었다.

모세는 여호수아에게 가나안침공 선봉부대 3,000명을 양성하여 주야로 강행훈련과 노출되지 않도록 별도의 산악지역에서 폐쇄된 상태로 훈련시켰다.

모세가 여호수아에게 준 가나안 침공이주계획의 요지는 다음과 같다.

이스라엘 12부족을 4개 부족씩 묶어 3개 진영으로 나누고 1개 진영은 4개 지파 부족으로 돌아가면서 선봉·좌·우공격부대, 후방공급부대 업무를 번갈아 하며 이동한다.

시내산 아래 남아 있는 전 이주민을 출발시고 제1진영은 가데스 바네아에 계속 주둔하며 방어를 자원한 유다지파로 하여금 브엘세바와 아랏을 번갈아 공격하는 듯이 하여 적을 바쁘게 만든다.

제2진영은 사해 좌측으로 시내산 잔유 이주민들이 르우벤지파의 가축떼들과 함께 아카바만을 따라 엘랏으로 올라오도록 하고 엘랏에 주영체를 설치한다.

제3진영은 특공대를 배속시켜서 유다를 주축으로 하는 1진영이 브엘세바와 아랏에서 북방을 방어하는 작전이 성공적으로 진행할 때 그리고 아랏을 제2진영이 공략하여 일부라도 점령하여 영체를 세울 때는 유다지파에게 목숨을 다하도록 지키라고 하고 10개 지파는 홍해 길로 내려와 엘랏으로 회군하여 다시 군비를 재정비하고 전투에 있었던 부상자들이 회복하면 아라바 계곡을 통하여 북상하고 아랏을 견제하고 있는 제2진영과 함께 에돔 땅 왕의 도로로 진군하여 북상해서 사해를 왼편에 두고 오른쪽으로 우회전하여 돌아가서 요단강을 도하하여 신속히 여리고로 들어간다는 전략이다. 모세의 전략은 여호와 하나님의 지도하에 이스라엘 이주민들이 말없이 협력하여 실천하고 실시하게 되었다

그리고 요단강 도하가 성공하면 지체없이 가나안군이 정비하기 전에 군사를 남쪽 예루살렘 방면으로 내려가 남쪽의 유다지파군의 북상을 저지하고 있는 가나안군을 배후에서 공격하여 격퇴하고 군사를 북방으로 진군시켜 하이파, 갈매산, 무깃도를 공략하여 점령하면 가나안을 이스라엘민족의 땅으로 다시 찾게 된다는 작전 요지이다.

이것이 모세의 오리온계획이다. 엘랏에서부터 가나안 전 지역을 오리온좌로 보면 중앙허리에 있는 별 셋은 여리고, 예루살렘, 헤브론이며 아랫별은 엘랏과 호렙산이고 우주에서 제일 밝은 빛인 시리우스별은 이집트에서 제일 높은 산인 제벨무사, 시나이산이다.

그리고 위의 별들은 하이파항구와 요새 무깃도를 잇는 갈릴리호수이다. 이 오리온 작전을 위해 기밀이 보장되어야 하고 적이 알게 되면 작전 실패는 물론 이스라엘민족이 끝나는 운명의 기로에 서게 된다. 모세는 철저한 보안을 유지하고 비밀리에 진영을 나누었다.

제1진영은 유다지파의 양동 작전군사이며, 제3진영은 전투부대를 주축으로 한 민병대로 여호수아와 갈렙을 주축으로 하고 제2진영은 가축의 무리를 많이 이끌고 있으며 야곱,

즉 이스라엘의 장손지파인 르우벤지파를 주축으로 갓지파와 므낫세지파 등으로 소속하였다. 르우벤지파는 가축의 관리에 유능하여 전진 속도가 느리고 폭이 넓은 도로가 필요하고 진군 속도가 느릴 수밖에 없는 느림보 지파부족이지만 비싼 가축의 관리, 번식 등에 일가견이 있으므로 이스라엘 백성에게는 통행세를 쉽게 내게 할 수 있고 육식 영양을 공급할 수 있는 중요한 지파이다.

제3진영은 경기병으로 협곡과 계곡을 무난히 넘나들며 아라바 계곡을 따라 왕의 대로 왼편으로 올라가 푼눈(페이난)을 통과할 수 있으면 왕의 대로로 나와 르우벤지파의 도로를 예비할 수 있다. 이것은 에돔부족과 모압부족이 같은 아브라함의 자손이므로 길을 양보하는 가상에서 할 수 있으나 페트라에서 에돔 왕에 의하여 왕의 대로 통과가 대로가 차단되면 3진영의 배속 특공부대 여호수아와 갈렙민병대는 바로 험준한 사잇길로 페트라를 좌회전하고 일면 푼눈(페이난)에서 페트라를 우회전하여 모아브 광야를 돌아오는 르우벤지파를 기다릴 수 있다. 르우벤지파는 페트라가 차단되면 모아브 광야로 크게 돌아가야 하는 먼 길의 어려움이 있다.

왕의 대로상에 도읍이 있는 페트라 한가운데로 이스라엘 이주민이 집단적으로 통과하게는 허락하지 않을 것이나 일단 요청을 해 보도록 모세는 가데스 바네아에서 전선의 상황을 보고 판단하기로 하였다. 작전은 신속해야 하며 비가 좀 오는 겨울 추수기에 이동해야 종려나무나 대추야자나무에서 영양을 얻을 수 있고 오아시스의 물도 풍부하기 때문에 작전은 서둘러야 한다. 이때를 놓치면 또 일 년을 기다려야 한다.

모세는 여호수아에게 이 같은 작전을 비밀리에 지시했다. 가데스 바네아 인근에는 이집트군 파라오의 군단병력이 주둔하므로 아멘호테프 3세의 비밀 명령이 있으니 모세의 모험이 일면 가능하였다. 아멘호테프 3세는 이스라엘민족을 이용하여 이집트를 북방 아시아 이민족으로부터 방어하고 이집트 내치에 힘쓸 계획이 확실히 있어서 그의 오리온 작전을 방임하였다.

모세가 기도만 하고 이제 나이도 먹고 해서 생을 마감하는 중이라는 소문을 내고 비밀리에 유다지파 부족을 이동시켜 북방을 방어하도록 하였으며 민병대의 군사훈련도 강화하였다.

유다지파는 이제 이 작전이 탄로가 나서 작전이 실패하면 부족이 전멸당하며, 만약 성공하면 대대로 유대 땅과 찐 광야를 할당받아 영토를 가지게 되어 독립된 조그만 지방의 나라를 가지게 되든가 하는 엄청난 모험에 처하게 되었다.

유다지파의 민병대장 갈렙은 에브라임지파 여호수아와 함께 가나안을 40일 동안 비밀리에 정탐하고 돌아온 12명의 일원에 포함되어 있었다. 그가 가나안 정보를 유다족장에게 말하여 유대 족장이 그를 믿고 자신이 생겼는지도 모른다.

당시 모세가 가나안침공 가능성 여부를 판단하기 위하여 현지 조사를 위하여 적진에 12명의 지파 지원자를 차출하여 보냈는데, 돌아와서 가나안의 침공의 성공 가능성을 말한 사람은 여호수아와 갈렙 두 사람이었다.

갈렙은 모세의 신임을 얻어 그 후 유다지파의 민병대장이 되었었다. 그런데 갈렙은 근심하여 밤잠을 이루지 못하고 요셉지파 족장을 비밀리에 찾아갔다.

그는 요셉지파 중 뜻을 함께하는 가족이 있으면 참여시켜 작은 힘이라도 얻고 또 성공하였을 경우 같은 대가를 함께 나누며, 또한 증인으로서 공평타당하게 자신들의 역할을 보증하고 말해 줄 제3의 부족지파의 증인이 필요하므로 적극적으로 뜻을 같이하는 요셉지파의 가족을 수소문하였다.

이것 또한 비밀이라 지극히 조심하지 않으면 아니 되었다. 요셉지파의 가족 일원 중 요셉 선조의 유골을 운반하고 있던 종가집 가족은 막다른 골목에 와 있었다. 유골을 가지고 가나안에 돌아가겠다고 한 선조대대로 내려오는 유언을 실행하자니 하루 이틀 문제가 아

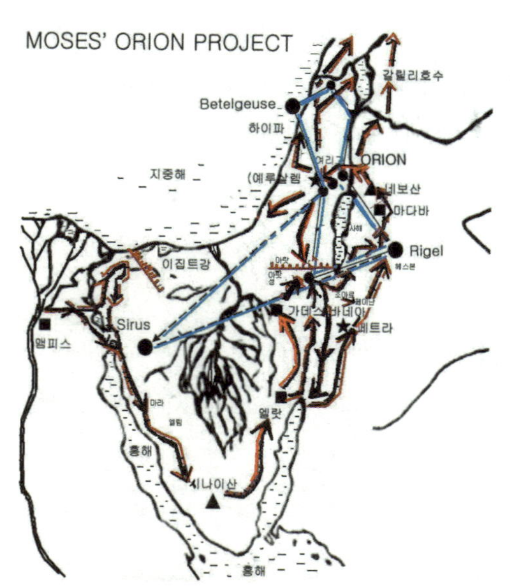

니었다. 어디에 버릴 수도 없고 가나안으로 가는 길은 막막하고 이판에 유다지파에 붙어서 함께 운명을 같이하기로 하였다. 그리고 헤브론에 가면 요셉지파에게 그들의 조상 요셉을 모실 수 있는 땅을 얻는 것을 인정하여 양도해 주기를 요청했다.

믿을 만한 씨족을 찾은 유다족장은 그 요셉가족에게 모세에게 가서 유다족과 함께 행동을 같이하겠다고 의견제시를 하도록 하였다.

모세는 유다족의 위험성을 근심하고 또 유다족이 전쟁 중 불리하여 불가불 배반을 하

여 적에게 항복하지 않을까도 근심하던 차에 타씨족이 협력하여 인원이 추가되는 데 반대하지 않고 유다지파를 따를 것을 허락하였으나 만일을 대비하여 유다지파 하부족장의 장남들과 요셉지파 요셉선조의 유해는 사해 우회 작전에 참가하도록 잡아두는 인질 겸 종군을 하게 하였고 요셉지파의 장남들을 여호수아 특공대에 편입시키니 씨족의 십 분의 일 병력이 사해 우회작전에 가담하게 되었다. 여기에는 또 유다족 중 세라의 가족으로 삽디의 손자이며 갈미의 아들인 젊은 용사 아간이라 하는 일당 백의 용맹한 사나이가 있었다.

갈렙은 그가 장자는 아니지만 특공대에 배속하도록 모세에게 추천한 용사였다.

세상사는 모를 일이다. 배반과 보복으로 살아온 역사는 항상 안전장치를 가지고 있어야 한다. 본의 아니게 살기 위해서 배반을 하는 수가 있기 때문이다. 유다족장은 일부 요셉지파와 힘을 얻어 부족을 이끌고 가데스 바네아에 진을 치게 하고 브엘세바와 아랏 방면으로 가서 이스라엘 이주민들이 북방으로 헤브론으로 간다는 작전을 일부를 흘리는 척 하였다.

한편 아모리족 등 소아시아 남쪽에 위치하고 있던 아시아 북방민족은 가나안족과 연합하여 히브리민족이 다시 북진함을 알고 더욱 방어 인원을 남쪽 네게브 사막쪽으로 찐 광야까지 남진시켜 방어를 더 단단히 하고 있었다.

한편 모세는 병을 칭탁하고 누워서 여호수아에게 본격적으로 히브리 군사를 전광석화와 같이 우회시켜 사해를 돌아가서 아라바 계곡을 넘어 사해 북쪽 끝에서 요단강을 도하하려는 대군사전략을 세우고 있었다. 이 작전은 극비이며 유다족에게 좌측북방을 공격방어하게 하고 히브리 대부대를 순식간에 이동시켜 항상 가나안으로 아라비아, 페르시아 측에서 들어가는 관문인 여리고를 침공하고 요단강 동안으로부터 서안으로 진격하여 가나안 땅을 자칼이 양을 공격하듯이 반씩 쪼개며 공격하는 방법이었다.

이 전략으로 가나안 땅을 측면에서 공격하고 침투 분할한 다음 예루살렘 부근에서 좌회전하여 남쪽으로 남진하여 유다지파 부족과 대치하고 있는 아랏의 가나안인 등을 배후에서 협공하여 격파하고 유다지파와 합류하여 손을 다시 맞잡는 이스라엘 유대 역사상 최대의 군사작전을 빈틈없이 수행할 전략을 계획하고 있었다. 사해를 우회하여 여리고로 들어가는 요단강 도하작전이 세워졌다. 유다지파의 간헐적 공격에 이랏 왕은 충분한 병력으로 한 치도 물러나질 않고 견고하게 성을 지켰으며 추가 병력으로 대응했다.

모세는 비밀군사를 사해 아래로 모아브의 도시 조아르(Zoar)를 지나 여리고로 들어가려고 주변 지역에 요원을 보내어 주민의 동태와 그곳에서 협조할 수 있는 유대 유래 유가족과 부족을 찾아나섰다. 사해는 위로는 여리고에서 시작하여 조아르까지 이르는 바다호수로 사전에 모세는 여호수아와 갈렙 등 12명의 요원을 파견하여 정탐한 곳이다.

이제 모세의 군사는 일제히 거병하여 사해를 우회하고 돌아서 요단강을 동쪽에서 서쪽으로 상륙하여 가나안으로 침공하는 출동 준비태세에 들어가게 되었다. 2년간 고된 군사훈련을 마치고 난 이스라엘 민병대는 아라바 협곡에 비상도로를 뚫고 떠날 준비를 완료했다. 옛날 소돔과 고모라를 평정할 때 아브라함이 조카 롯이 잡혀간 길을 추적했던 길이다. 소돔 남쪽 사해 남쪽에 울타리처럼 8시에서 5시 방향으로 비스듬히 아라바 계곡을 가로지르는 낮은 야산능선이 있으며 조아르라는 마을 오아시스가 있다. 이 조아르는 창세기 롯가족이 소돔과 고모라 멸망시에 피한 도시이며 롯의 두 딸의 후손으로 모암과 암몬 부족이 유래하였다는 곳이다. 이 조아르에서 여리고로 올라가는 비상도로가 있었다.

모세는 이 부근 길을 여호수아에게 알려주고 이 창세기에 기록된 이 길을 이용하여 특공대는 사해 남쪽을 바짝 우회하도록 하였다. 또 모세는 여호수아에게 타국과의 비밀군사계획도 있음을 말하였다. 어디서 모르는 군사가 와서 우리의 작전을 도울 것이니 사해를 완전히 우회한 다음 결정적인 요단강 도하 및 여리고 침공 때는 우리의 힘이 모자라므로 어떤 군사가 지원하면 의심하지 말고 내가 주는 부적과 일치하면 그 군사와 함께 요단강을 도하하고 여리고를 점령할 것을 명하였다. 그때까지 모세 자신이 살아 있기가 힘들다는 것을 안 것이다. 그리고 여호수아에게 지난날 훈련장에서 자칼이 양을 공격하여 양을 두 토막으로 나누어 한쪽을 물고 달아난 일을 상기시켰다. 또한 여호와께서 나타나셔서 북극성과 오리온좌를 가르킨 일과 연이어 아멘호테프 3세 파라오가 모세 장막에 사신을 보내어 양탄자를 선물한 것을 예를 들어 말하면서 여호수아에게 파라오가 준 양탄자를 펼치게 했다.

모세는 오리온좌가 새겨진 양탄자를 지팡이로 지적하면서 이 오리온좌의 허리부분의 별 세 개를 가리키며 말했다. 아래 중요한 요새, 요석은 베타 별인 페이난과 카파(Kappa, X) 별인 조아르 오아시스 마을이다. 이 사막의 거점을 전광석화와 같이 점령해야 한다.

"위 중심의 세 별들이 바로 헤브론, 예루살렘과 여리고다. 우리가 모일 곳이 이 협곡 세겜이다. 우리는 바로 이 오리온좌의 중심 세별들을 행해 돌진한다.

우리의 현재 위치는 가데스 바네아, 호렙산, 라몬산으로 오리온좌의 남쪽 별들이다. 오리온좌의 아래 있는 시리우스별 자리가 바로 자칼별자리인 시나이산 캠프이다. 우주에서 가장 밝은 별 시리우스별이 시나이산이다. 오리온좌는 대대로 이집트군이 사용하는 진법으로 사다리꼴 진형인 에켈론이다. 오리온좌를 반으로 나누면 각각의 사다리꼴 진형이 된다. 이 형태의 진형을 갖추고 있으면 두 진영은 합치거나 떨어져도 대오와 질서를 잘 유지할 수 있기 때문에 어떠한 지형에서도 공격과 후퇴에 유리하다. 파라오 투트모세 3세가 사용했던 진법이다. 하나님의 뜻에 따라 가나안으로 들어가자."

모세는 여호수아를 따로 불러 요충지 조아르를 통과하는 방법을 비밀리에 알려주고 설명했다. 이스라엘 특공대 작전이다. 그러나 이 작전은 매우 위험하며 기습기동이 있어야 가능하다. 적의 중앙을 우회하여 돌파하는 전술로 집중적 전광석화와 같은 전술적 이동이 아니면 부대는 도처에서 적에게 차단되고 전멸한다. 공격의 비밀이 누수되면 또한 기습작전은 실패하게 되고 이스라엘의 운명도 끝난다.

이 작전을 은폐하기 위하여 모세가 유다지파와 함께 오리온좌의 좌측 끝 별에 위치하는 가데스 바네아, 조아르 지역에 머무르고 브엘세바로 올라가서 헤브론으로 가기 위하여 우회하여 배후에서 아랏으로 공격할 것이다. 브엘세바-헤브론-베들레헴-예루살렘으로, 가나안으로 가는 지름길이다.

그러나 사해 좌측에 아랏을 점령하여야만 사해평야의 양식과 물을 확보할 수 있다. 그러나 아랏을 점령하기란 어렵다. 위에서부터 밀집방어하고 있는 가나안인과 아랏에서 처음 조우될 것이나 우리의 병력이 중과부적일 것이다. 유다지파가 알아서 방어하지만 그들이 성공하면 찐 광야와 그 북쪽 헤브른까지 차지할 것이다. 우리 이스라엘 부족 중에는 혈기왕성한 사람들이 있어서 이 길을 돌파하려 할 것이다. 그러나 죽음뿐이다. 가데스에서 브엘세바를 거처 헤브론으로 가는 길은 쩐 마을이 있는 찐광야를 통과하여야 하는바 우리 이스라엘 60만 민중, 어린이를 포함해서 이들이 먹고 마시고 지나갈 오아시스인 브엘세바를 유격대가 완전히 점령하여야만 주민들의 안전한 이동이 가능하다. 브엘세바를 점령하기는 어렵다. 가나안인의 방어가 철통과 같으니 전쟁터인 브엘세바에서 잘못하면 60만이 광야에서 포위되어 전멸당하는 수도 있다. 브엘세바를 거처 올라가야 빠르지만 그걸 알지만 상대방은 더 잘 안다. 상호 사생결단이다. 산들이 이집트강 유역으로 전부 아래로 하격산으로 되어 있어 북쪽으로 올라가는 가파른 능선으로 공격이 어렵다. 그렇다면 사해를 우회한다면 그곳은 남쪽에서 올라가는 지형으로 가능하다.

아랏을 견제하면서 에돔의 길로 올라가 페트라로 들어가서 왕의 대로로 에돔땅과 세렛 강을 도상하여 모압 땅과 아르곤강을 도상하여 북쪽으로 아모리 땅을 거쳐서 우측 동방으로 암몬을 두고 서쪽으로 서진하여 요단강을 도하하여 가나안 땅으로 들어가는 것이 이 작전이다. 이스라엘 유랑민들은 가나안 고향으로 들어가려면 사해를 오른쪽으로 우회해야 한다. 사해 오른쪽 에돔의 땅과 모압의 땅과 암몬의 땅에는 창세기 시대 아브라함의 조카인 롯의 후손과 에서의 후손이 살고 있는 땅이므로 통과하는 데 도울 것이나 아르곤 강 위쪽의 아모리 땅은 헤스본에 도읍하고 있는 아모리왕 시혼이 강직하여 지나가게 내버려두지 않을 것이니 이를 대비하여야 한다고 모세는 지시했다. 적에게 자신의 자태를 나타내어 의심을 주지 아니하도록 양동작전을 편다. 그리고 계속하여 그 지역 왕들에게와 호족들에게 자기와 협상하여 만나줄 것을 사신을 보내어 간청도 하고 있겠다고 했다. 누구든 적진에 들어가면 용맹함이 생긴다.

그래서 그러한 부대의 군사는 죽을 각오가 되어 있기에 단결하여 전쟁에 이길 수가 있다. 지휘자는 이것을 응용하는 병법이다. 모세 자신은 이 작전이 성공하면 여호수아와 함께 요단강을 건너겠지만 유다지파가 위험하고 완전한 은폐를 위하여 계속 유대 지파와 함께 있는 것이 안전하게 작전을 성공할 수 있고 오리온좌의 형태로 공격해 가는 작전 지역은 여호수아에게 맡기는 것으로 설명하였다.

모세는 하나님께 기도한 다음 히브리 전 부족에게 일시에 거병하여 기동하도록 명했다. 모세는 출정 지휘부가 법궤를 들고 선두로 행군하기 시작했다. 한편 이집트군은 파라오로부터 명령이 있었든지, 이스라엘민의 군사 행동을 방해하지 않았고 상부에 보고만 하고 있었다.

이스라엘민은 예정대로 유다지파를 앞세워 브엘세바, 아랏을 공격하였으나 지키는 가나안 군사들은 성벽을 굳건히 지키고 꿈쩍도 하지 않았다. 잘못하면 아랏, 라엘, 가나안 코 끝까지 온 마당에 찐 광야에서 이스라엘 민중들은 다 죽을지 모르는 두려움이 많았다.

모세는 계획대로 직접 아랏을 통과하는 것이 어렵다 판단하고 군사를 홍해 길로 내려가서 엘랏에 있는 제2진영으로 특공대를 제외한 제3진영 군사의 회군을 지시했다.

많은 불평이 나왔으나 아랏을 점령하기 어려움을 알고 이스라엘민족은 모세의 지시를 따랐다. 작전개시 1년 후 어디서 왔는지 100대 가까이 되는 중장비의 기마 전차대가 가데스 바네아 모세 진영에 도착하였다. 전차대를 본 민중들은 모세가 비밀리에 모든 준비를 하고 있음을 알고 심한 불평을 이 이상 하지는 않았다. 모세는 이 전자를 후방에서 만들었다고만 하였다.

모세는 이 전차 일부를 유대지파에게 주어 아랏 공격과 방어에 쓰도록 하고 개활지에서 훈련하여 많은 먼지를 일으키며 군사가 많은 양 시위하도록 하였다. 나머지 전차 주력은 여호수아 특공대 휘하에 두고 전차들을 은폐시켰다. 한편 제2진영의 르우벤지파는 가축을 몰고 홍해 입구 아카바 옆쪽 엘랏에 도착하여 있었다. 60만 명으로 추산되는 모세의 이스라엘민족이 20만 명씩 3개 진영으로 나누어 사해를 오른쪽으로 우회하여 가나안으로 들어가는 일종의 군사적으로 보면 대회전식 침공작전이다.

모세는 젊을 때부터 이집트군에서 참을 줄 아는 병참업무를 담당하여 왔기 때문에 이것은 하나님 여호와가 이스라엘민족의 해방을 약속하여 모세를 메시아로 보내심이다.

모세는 이미 가데스 바네아에서 페트라를 지키는 이삭─에서의 후손인 같은 민족인 에돔 왕에게 편지와 밀사로 보내어 민족의 이동을 허락해 줄 것을 요청하였다. 이스라엘 이동민은 가데스 바네아의 본진과 브엘세바와 아랏에 나가 있는 선봉부대에서 유다지파를 제외한 민병대를 이끌고 우회하여 아라바 계곡을 넘을 준비를 하고 있었고, 노병들과 부상병들은 남쪽 홍해 길로 내려와 엘랏에서 휴식하게 했다. 모세는 충분한 휴식 후 민족을 이끌고 이제는 아라바 계곡 우측에 있는 아라바 계곡길로 올라가 왕의 대로로 나갔다. 왕의 대로는 다마스커스에서 아카바만으로 내려가 아타비아로 나가는 왕들의 교통로다.

이 도로는 최초로 창세기 때부터 왕의 도토라 했으며 이것은 창세기에 소돔과 고모라를 공격하여 롯을 잡아갔던 사해 동쪽 4국의 왕들이 소돔과 고모라를 치기 위해 지나갔던 길이 처음 나오는 이야기의 시작이다. 소돔과 고모라는 사해 남쪽 동남쪽에서 서남쪽에 이르는 비교적 비옥한 땅과 오아시스가 있었던 곳이나 대지진으로 창세기 기록 이후 그 도시가 사해 아래로 함몰되었다고 한다.

모세의 이스라엘 이주민들이 브엘세바, 가데스 바네아에서 일부 병력을 철수하여 돌아와 홍해 어귀인 엘랏으로 회군하고 민병대 군사들과 이주민들을 휴식시켰다.

예정대로 모세가 왕의 대로를 통과하기 위해 페트라를 지배하고 있던 에돔 왕, 즉 창세기의 에서 후손인 에돔 왕에게 통과허락을 요청하였으나 에돔 왕은 이 의외로 왕의 대로의 통과를 허락하지 않았다. 특히 페트라부근 지역의 험난한 길목인 협곡을 무기로 막고 통과시키지는 않았다.

이유는 자기들의 도읍이 페트라로 도읍지 한가운데로 통과하면 이스라엘 이주민들이 대동한 가축들의 분뇨가 길가에 흩으져 방역을 할 수 없을 뿐만 아니라 시내가 소동사태가 나니 아무리 동족이라도 길을 우회하여 주기 바란다는 내용이며 한사코 통과하겠다면 침공으로 보고 방어전쟁을 할 수밖에 없다는 것이다. 또한 페트라 길을 우회하는 어떤 다른 길도 에돔의 길이니 최소한 통행료는 현물이든 무엇이든 지불하고 지나가라고 했다.

모세는 허탈했지만 이해하고 참고 이스라엘 이주민을 두 갈래로 나누어 가볍게 짐을 가진 유격대 병력과 이동민은 페트라 좌측으로 다시 되돌아가 아라바 계곡길로 다시 북상하여 페트라를 우편으로 두고 북상하다가 우측으로 이동하여 펜난으로 들어가 왕의 대로로 나가고 또 한편 군사 중장비와 낙타, 말, 당나귀, 염소, 양 떼 등 가축을 대단위로 이끌고 있는 중장비의 민병대와 르우벤지파 등의 부족은 이미 엘랏에서 왕의 대로로 올라오다가 페트라지역에서 길이 막히자 남쪽으로 다시 더 내려가 페트라를 우측으로 돌아가는 광야의 길인 멀고 먼 요르단 광야의 길로 나가서 왕의 대로를 좌편으로 두고 우회하여 다시 펜난에서 올라오는 유격대병력과 합치기로 하였다.

돌아가지만 얼마든지 길이 있다. 뜻이 있는 곳에 길이 있다.

(이 난공불락을 자랑하던 페트라도 먼 훗날 로마군에 의해 3개월 간 포위당한 후 함락당했다.)

당시 모세도 마음만 먹었으면 페트라를 공격하여 함락시킬 수 있었지만 동족의 살해를 금하라는 하나님의 말씀을 따랐다. 동족을 살해하면서 가나안으로 들어갈 수야 없었다.

페트라 길이 봉쇄되자 모세는 파발을 보내어 여호수아에게 작전을 개시하도록 했다.

여호수아는 호위병 몇 명을 데리고 나그네 복장을 하고 조아르 동네로 비밀리에 들어갔다.

조아르(Zoar, 또는 Bela, 소알)는 모압의 도시로 이 도시는 창세기 때 롯 가족이 소돔과 고모라가 하나님의 심판을 받을 때 피난간 곳이다. 조아르 동네 부족장을 찾아간 여호수아는 상인으로 특별상품을 내어 소개하겠다고 하고 문을 닫아 걸게 했다. 부족장이 흥미를 가지자 여호수아는 자기를 소개하고 하나님의 사자 모세 지도자의 명을 받아 이곳에 온 이유를 말했다. 부족장은 여호수아란 이름을 듣고는, 여호와 하나님과 비슷한 이름을 듣고는 심히 놀랐다. 창세기 때 하나님의 사자들이 조아르를 지나간 적이 있으며 곧 심판이 이 지역에 내릴 것이라고 했다. 그들은 하나님을 섬기는 착한 사람들을 동네에서 받아 주면 소돔과

고모라는 멸하되 조아르는 면할 것이라고 하였으며 그 중엔 롯이라는 사람의 가족이 있었
다. 조아르는 지역이 소돔에서 매우 가까웠지만 살아남았다는 전설을 알고 있던 차 여호수
아를 진실로 하나님의 사자로 생각하고 상석으로 대우했다. 여호수아는 그들을 안심시키고
당부했다. 부족장 가족들과 하인들은 또 하나님의 사자가 왔다고 깊은 숨을 쉬며 긴장했다.
여호수아는 부족장과 하인만 남기고 모두 다른 방에 있게 하고 부족장에게 말했다.

"하나님의 사자 모세 지도자께서 이스라엘민족을 이끌고 이집트를 떠나 이곳을 지나가
게 되었소. 이집트의 무서운 파라오도 모세 지도자의 출애굽을 막지 못하였으며 이제 이
조아르 땅을 지나가는데 몇 가지 당부를 드리겠습니다. 우리는 밤을 택하여 어두움을 그
림자같이 소리 없이 지나갈 것인즉, 그대 주민들은 문을 걸어 잠그고 우리들이 지나가는
것을 나와서 보아서도 안 되고 다른 동네나 도시에 알려서도 안 되며 다만 집에만 있으시
오. 이곳을 초토화하고 지나갈 수 있으나 하나님께서 기회를 주셨소. 이스라엘 사람들이
아직 이집트에 있을 때 이집트 전체가 미친 병으로 사람들이 다 죽어갈 때 하나님 여호와
께서 이스라엘 사람들은 집안에서 있되 병 없는 신선한 양을 잡아 직화 불에 고기를 구워
먹고만 있으라는 명을 내리시고 이집트를 지나가시고 벌하셨소. 이제 여호와의 사자가 여
기 조아르를 지나가니 그와 같이 하시오. 만약 내다보는 자는 눈이 멀 것이며 발설하는
자는 벙어리가 될 것이오. 이를 각 가정에 알리고 고기만 구워 드시고 있으시오. 그대들
동네는 전혀 피해가 없을 것이며 지나간 자국도 남지 않으리다. 만약 전차 바퀴의 소리가
땅에 울리더라도 내다보지 말며 아이들에게는 고기를 구워 먹이고 있으시오. 장차 당신들
동네는 이스라엘의 영원한 보호를 받으리다. 그대들은 아브라함의 조카 롯의 후손들로서
우리와 먼 친척이기도 하니 하나님께서 보호하시 리다. 우리가 어디로 지나가든, 어디로
가든 우리에게 묻지도 마시오. 상위 부족장에게도 절대로 알리지 마시오. 우리가 오늘 여
기 가지고 온 상품은 기증하고 가겠소."

"우리도 민병대가 있지만 그렇게 하겠소. 우리는 누가 왔다가 지나갔는지 본 일이 없으
며 아침에 닭이 울면 수레를 끌고 나가 도로의 자국이 있으면 지울 것이오."

"우리는 능선 길을 이용할 것이며 몇 대의 중장비만 최소한 소리 없이 도로를 지나갈
것이니 우리가 왔다 지나간 것을 누구에게도 절대 알리지 마시오. 훗날 우리는 우리 때에
보답을 할 것이오." 하고 여호수아가 다짐시켰다.

"알겠소. 그대들은 우리 동네를 소리 없이 지나가시오."

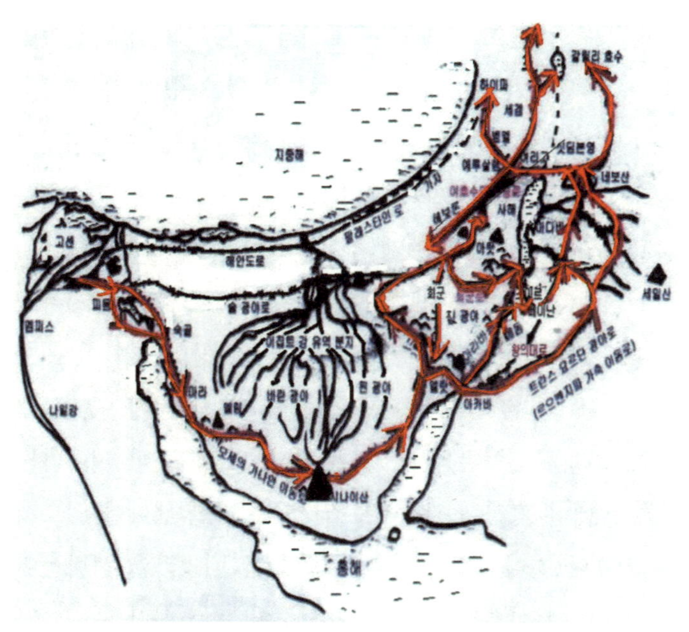

■ 모세가 인도한 이스라엘민족의 가나안 이동경로 ■

여호수아는 그믐날 밤을 이용하여 투구에 비표시를 하고 얼굴에 검은 숯칠을 한 이스라엘 특공대를 조아르 외각을 지나 동남쪽 푼눈 방향(오늘날 65번 도로)으로 기동시켰다. 만약 이 모압 동네에서 일어난 소문이 아모리 왕 시혼에게 알려지면 시혼 왕이 철기병을 즉각 출동시킬런지 모른다.

제3진영이 우측 아라바 계곡길로 사해의 동편에 이를 수 있는 길은 매우 협소한 길이어서 계속 그 길로 대단위 이주민이 북상할 수 없고 행여나 그 길에 모압인이나 아모리인이 이것을 알고 매복하고 언덕 위에서나 협곡에서 돌을 굴리거나 막으면 큰 낭패를 당하며 몰살당할 수도 있는 우려가 있다.

그러므로 아라바 계곡길로 북상하다가 3진영 중 가벼운 민병대는 페트라에서 좌측으로 아라바 협곡길로 따라 올라가서 위쪽 40킬로미터 지점에 있는 펜난(페이난) 지점에서로 우회하여 다시 왕의 대로로 나와야 한다.

아라바 계곡길에서 우회하여 페트라로 나가서 왕의 대로와 합칠 수 있는 고대로부터 비상도로가 있으나 협곡길로 가축들이 통과하기는 어렵다.

시간을 지체하다가는 낭패를 당할 것을 안 모세는 이 길로 나와 페트라를 우측으로 우회하여 에돔 모압 광야로 나와 르우벤지파가 이끄는 목축, 가축떼 이동부대와 합하여 나가야 했다.

이스라엘 이주민들은 세 갈래 길로 페트라를 돌아서 먼 길로 나왔다. 아라바 계곡을 통과한 민중과 르우벤지파의 가축을 이끌고 이동하는 부족과 페트라를 코 앞에 두고 다시 후퇴하여 르우벤지파쪽으로 이동하는 민중 등 과히 불평이 이루 말할 수 없었다.

모세를 믿고 후퇴와 우회를 반복하는 모양이었으나 이 세 갈래의 통로로 푼눈인 페이

난에서 합치자 하는 데 모두들 희망을 가졌다. 불평으로 시기를 놓치면 가나안 방어군이 왕의 대로로 그들도 돌아서 병력을 움직이면 가나안 땅에 들어가는 것은 불가능하다. 여호수아의 특공대가 푼눈(페이난)에 이미 입성하여 진을 치고 미리 기다리고 있을 것이다. 푼눈은 구리광산이 있고 무기를 제작할 수 있는 거점이다.

이 위대한 지도자 모세는 형 아론이 죽은 후 직접 자기가 제사장직을 겸직 할 수 있는데도 불구하고 호렙산(아론산)에서 형 아론의 아들을 제사장에 임명했다. 그는 시나이산에서의 하나님과 약속을 지켰다. 그는 제사장직까지 겸임하지 않았다. 제사장직은 상징적인 지위로 국가로 보면 원수이다. 모세는 권력을 다 차지하지는 않았다. 집행부를 지도하고 민주적으로 이스라엘민족을 인도했다. 그리고 사막과 광야를 정처없이 돌아다닌다고 일부 분개하는 이 주민들을 설득하고 길에서 나이 들어 죽어 가는 이들과 병들고 슬퍼하는 민족을 이해시키고 달래고 달래면서 난공불락의 페트라 길도 싸우지 않고 으회했다. 대단한 인내심을 모세는 가졌다. 과히 그는 하늘이 내린 사람이었다. 원래 물류를 이동시키는 사업을 하는 사람들, 군대에서도 병참 담당자들은 엄청난 인내를 가져야 사업과 전쟁에 승리할 수 있다고 한다. 주문을 한 사람들의 요구를 어느 때, 어느 시간이고 들어주고 신속히 배달해 주어야 성공한다는 것이다. 무기를 제때에 공급하고 양식을 제때에 공급하는 군사가 승리한다.

모세는 갓난아기였을 때 이집트 파라오 왕의 측근 광족 공주의 양자로 들어가 후일 공주가문의 병역의무로 이집트군에 들어가서 야전군 지휘관은 될 수 없었지만 병참담당 무관 출신으로 근무한 것이 하나님께서 이미 계시하였는지 모른다.

모세는 다시 더 나아가 세래스 강만 통과한다면 모압 광야가 보이고 백성들의 기분이 좋아질 것이라고 믿었다. 지나가는 길 좌우에 푸른 모압 광야를 보면 마음이 달라질 것이다. 모압 광야를 통과하고 계속 북상하여 아르논 계곡을 통과하면 아모리부족의 왕인 시온과 전략요충인 야하스 계곡에서 한판 결전을 앞두게 된다.

야하스(Jahas)는 이르논강 북쪽 10여 킬로미터 지점, 헤스본 남쪽 16킬로미터 지점, 마다바에서 케락에 가는 도로상의 14킬로미터 정도 지점에 있었다. 여기서 아모리 왕의 군사만 격파하면 단번에 네보산을 장악할 수 있고 요단강 도하가 가능하다. 벌써 예상 작전 지도에 나와 있으니 이스라엘 출애굽(Exodus)의 성공이 보인다. 야하스 전투는 이스라엘의 운명을 건 전투이다. 여기서 모세의 우회 이동은 역사상 이스라엘민족의 성공적 대장정이 되었다.

Lut (Lot) in Ghor as-Safi (Dayr 'Ayn 'Abata) (7D)
Al-Khidr in al-Karak (7D), 'Ajlun (4D), Mahis (5D) & Bayt Ras (3D)
Shu'ayb (Jethro) in Wadi Shu'ayb near as-Salt (5D)
Harun (Aaron) in al-Batra' (Petra) (9C)
Musa (Moses) in Siyagha on Mount Nebo (5D), Moses Springs and Moses Valley in Petra
Yusha' Bin Nun (Joshua) in Zay (4D)
Dawud (David) in al-Mazar ash-Shamali (3D)
Sulayman (Solomon) in Sirfa (6D)
Ayyub (Job) in Batana, in as-Salt (4D)
Yahya (John) in Mukawir (Machaerus) (6D)
'Isa (Jesus) in Nahr al-Urdun (Bethany beyond the Jordan, al-Maghtas) (5D)
Muhammad in al-Buqay'awiyya near as-Safawi (4G)
Ṣaḥābā (Muslim Companions):
Ja'far Bin Abi Talib (7D)
Zayd Bin Haritha (7D)
'Abdullah Bin Rawaha (7D)
Abi 'Ubayda 'Amir Bin al-Jarrah (4D)
Mu'adh Bin Jabal (3D)
Shurhabil Bin Hasna (3D)
'Amir Bin Abi Waqqas (3D)
Dirar Bin al-Azwar (4D)
Al-Harith Bin 'Umayr al-Azdi (8D)
Abi Dhar' al-Ghafari (6D)
Abi ad-Darda' (3D)
Bilal Bin Rabah (5D)
Maysara Bin Masruq (4D)
'Ikrima Bin Abi Jahl (4D)
Abi Musa al-Ash'ari (9D)
Farwa Bin 'Umayr al-Judhami (7D)
'Abd ar-Rahman Bin 'Auf (5D)
Jabir Bin 'Abdullah (8D)
Religious figures & Sites:
Kahf al-Raqim (5E)
Zayd Bin 'Ali (7D)
Sheeth (Seth) (8D)
Jadur (Jad) (4D)
Khirbat Hazzir (4D)
Moses Springs (5D)
Hammam Musa (Moses) (5D)
Historical Sites (Islamic):
Ma'rakat Mu'ta (7D)
Ma'rakat Fahl (Fihil) (3D)
Ma'rakat al-Yarmuk
Jabal at-Tahkim (9D)
'Uthman's Mosque (11B)
Al-Humayma (10C)
Christian & Islamic Sites:
The Park of the Baptism (5D)
Mukawir (Machaerus) (6D)
Pella (Fahl or Fihil) (3D)
The Copper Mines of Feinan (Punon) (8C)
The sanctuary of Lot (7D)
The steps of Mu'ab (Livias) (5D)
The sanctuary of wine (4E)
Umm ar-Rasas (Mayfa'a) (6E)
Vatican designated Pilgrimage Sites:
Bethany Beyond the Jordan,
(the Baptism site - Al-Maghtas) (5D)
'Anjara (4D)
Mahattat : Station
Mahmiyyat : Nature reserve
Maqam : Shrine
Mawqi' : Religious site
Nahr : River, Stream
Qa' : Pan
Qal'at : Castle, Fort
Qasr (Qusair) : Palace (Small palace)
Ras : Cape, Point
Shamal(i)(iyya) : North(ern)
Tall (Tullul) : Mound(s), Hill(s)
Tulaylat : Small mound
Wadi : Depression, Watercourse
Wahat : Oasis
SYRIA
ISRAEL
PALESTINE NATIONAL AUTHORITY
Tiberias Lake (Tabariyya) -210m
Nahr al-Yarmuk
Nablus
Rammallah
Ariha (Jericho)
AL-QUDS (JERUSALEM)
Bayt Lahim (Bethlehem)
Al-Khalil (Hebron)
The Dead Sea -400 m
IRBID
AR-RAMTHA
AL-MAFRAQ
AZ-ZARQA'
AMMAN
AS-SALT
MADABA
AL-KARAK
THE H

오늘날 요르단 하심왕국의 지도[요르단 광야(상)]

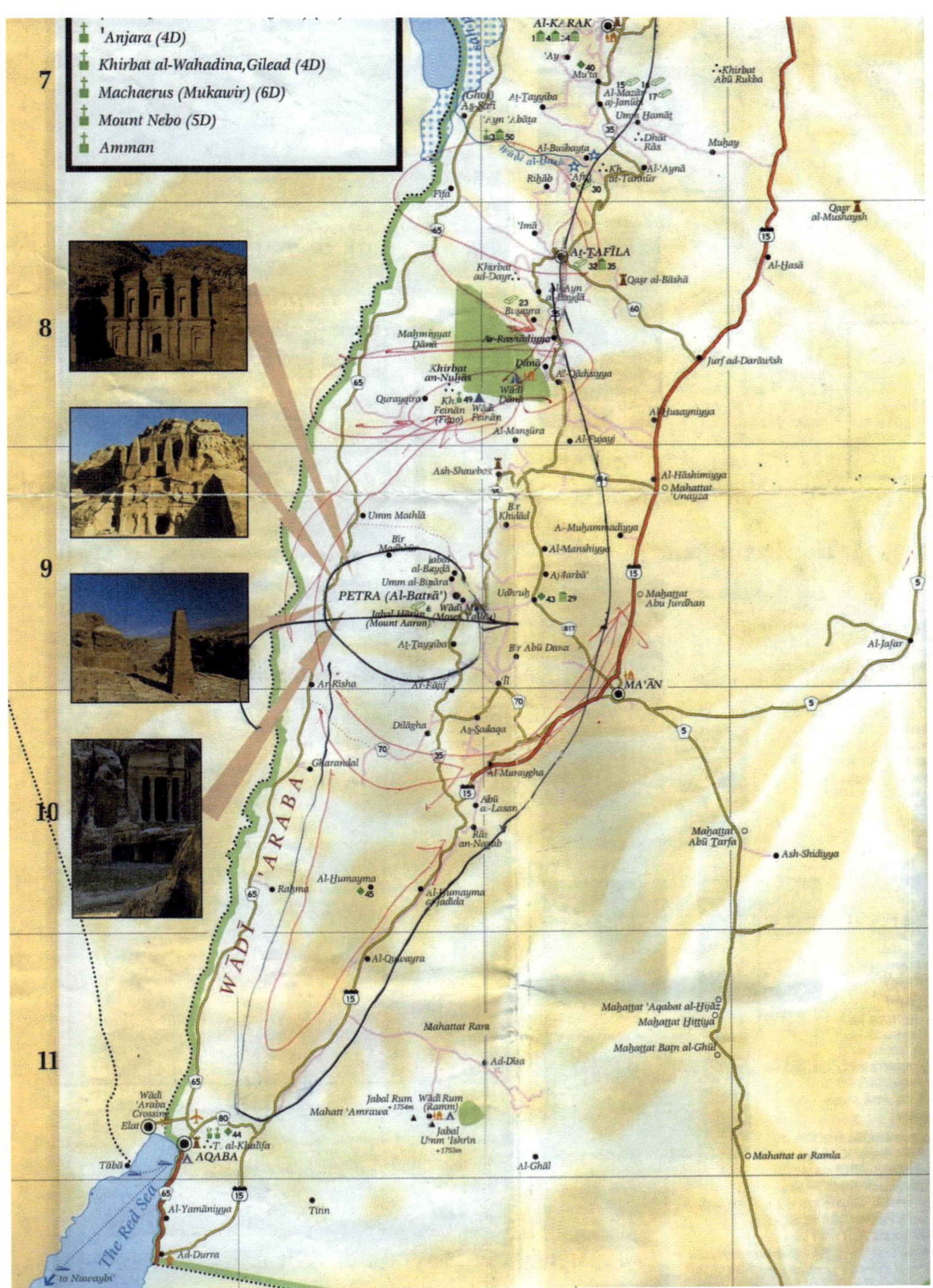

오늘날 요르단 하심왕국의 지도[요르단 광야(하)]

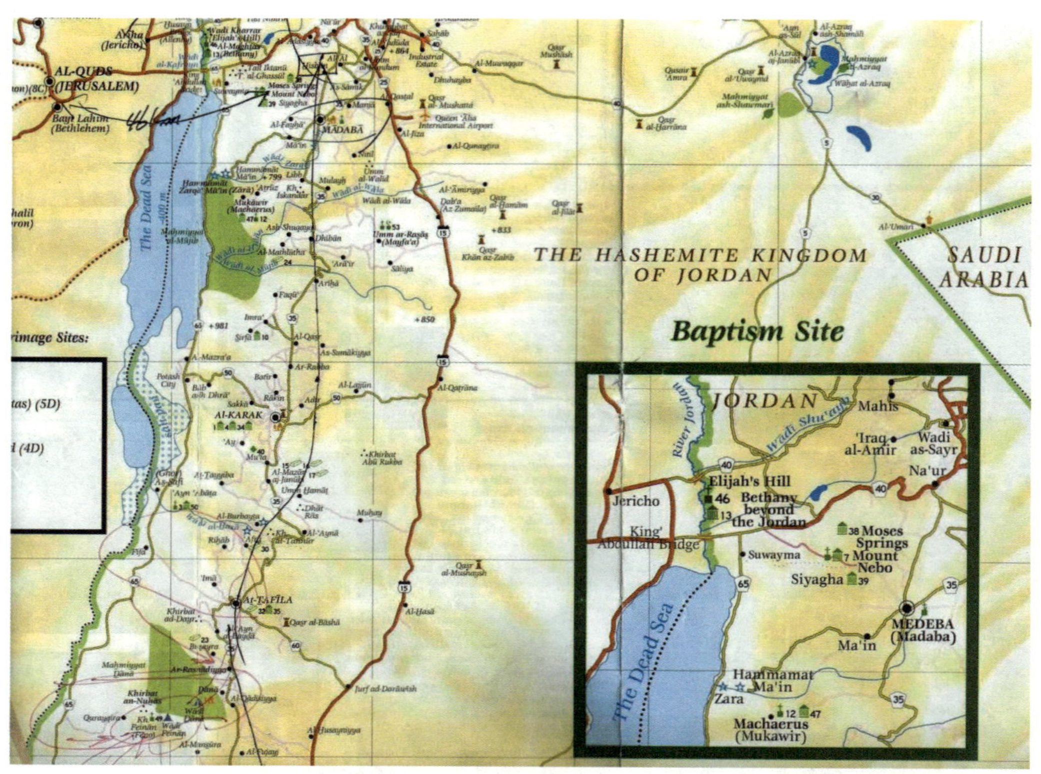

▮▮ AL-MAMLAKAT AL-URDUNIYAT AL-HASHIMIYA ▮▮

요르단 하심왕국(AD 1946~)

[요르단 하심왕국의 중부 광야(중) ; 네보산 모세 기념관 및 세례 지역]

르우벤지파가 가축들을 이끌고 먼 우측 우회도로 나가니 에돔 광야가 나타났다. 모두들 파란 풀들이 자라는 광활한 땅에 펼쳐진 광경을 보고 탄성을 질렀다. 동물들도 더 가지 않으려 하고 사람들도 그냥 머무르고 싶었다. 그러나 모세는 이들을 달래었다. 갈 길은 먼데 가축을 많이 데리고 있는 르우벤지파의 가축재산과 때를 맞추어 출산하는 가축들로서 길을 통과하는 통행료를 지불하는 수단으로나 우유와 육식을 공급할 가치가 크기 때문이다.

르우벤지파는 아라바 계곡에서 인접한 왕의 대로로 올라와 페트라를 비켜서 오른쪽으로 우회한 것이다. 모세는 에돔인과도 싸우지 않았고 모압인과도 싸우지 않았다. 동족이기 때문이다. 그러나 북방에서 아모리인과는 전쟁이 불가피하다. 왜냐하면 그곳도 왕의 대로상에 바로 아모리왕국의 도읍지 히스본이 있기 때문이다. 모세는 여호수아에게 피할 수 없는 전투를 대비하라고 지시했다. 창세기 때부터 동족인 에돔 땅과 모압 땅을 지나면서 모세는 르우벤지파의 가축들 일부를 인근 주민들에게 통행료로 기증하면서 세레스와 아르논강을 무사히 건넜으나 아모리 땅에 들어가서는 아모리 왕에게도 에돔과 모압 땅에서처럼 통행료를 지불하겠다고 전언하였다. 그러나 히스본에 도읍한 아모리 왕 시혼은 이스라엘민족이 왕의 대로 바로 옆에 있는 도읍성 히스본을 지날 수는 없는 것이니 아모리 땅을 한 발자국이라도 밟지 말고 먼 길로 나가서 광야의 길로 우회하라고 요구했다.

그러지 않겠다면 항복하든가 하라고 하였다. 아모리 왕 시혼의 군사는 강하고 나라는 튼튼했다. 아모리 왕의 지역은 우회할 길이 없다. 또 이 아모리 땅을 피해 먼 광야를 더 이상 돌아갈 수는 없었다. 이제는 먼 길을 돌아가는 피곤함에 지친 이스라엘 민중이 참았

▌▌ 아모리 왕 시혼의 당시 도읍지 히스본의 유적지 ▌▌

[모세가 당시 여기를 방문하고 도시와 지하도시(동굴)의 규모에 놀랐으며 여호수아의 작전을 치하하였다 한다. 이곳은 또한 13세기 AD 1260년 이스라엘의 나사렛 바로 남쪽 아인 잘루트(Ain Zalut)에서 이집트를 정복하려고 들어온 몽고의 기병을 격파한 이집트 맘룩크 왕조(Mamluk Dynasty)의 트란스 요르단 주둔군 기지였다.]

던 전쟁을 불사하고 있기 때문에 더 이상 평화적 우회 이동만을 주장한다면 모세에게 반란하고 모세를 더 이상 지도자로 섬길 수 없는 사태가 날지도 모르기 때문이다.

아모리 왕 시혼이 히스본을 떠나 야하스에서 결전을 하려고 철기병의 대군을 거느리고 내려왔다. 그러나 그들은 이스라엘민족이 차마 이 먼 길로 돌아 나오리라 생각하지 못하고 평화스런 시절을 보내어 전투에 준비한 전차는 별로 많지 않았다. 여호수아는 훈련된 휘하 전차부대에게 전투대형을 지시했다. 산악을 지나면서 분해하였던 전차를 조립하게 하고 낙타와 말을 전차에 엮고 뿔이 사나운 소들을 앞세우고 야하스 계곡으로 아모리 왕 시혼의 군사 앞에 나타났다. 야하스 계곡을 앞에 두고 이스라엘군을 계곡에 몰아넣고 격파하려던 아모리 왕은 계곡 안으로 무서움 없이 진격하여 들어오는 전차를 보고 놀랐다.

"아니, 저 전차부대가 어디서 생겼나? 내 눈이 잘못된 거 아닌가? 전차 맞아?"

아모리 왕의 군사는 혼란에 빠졌다.

"대전차 대형으로 진지를 다시 펴라! 장창병 앞으로! 기병대를 전면에 내보내라."

여호수아의 군사는 전차를 고속으로 전진시키며 후방의 궁노수에게 화살을 쏘게 하여 새로 진영을 갖추기 위해 노출되어 움직이는 시혼의 군사를 향해 퍼부었다. 전차대에서도 지척거리를 좁혀와 화살을 집중적으로 쏘아붙였다. 여호수아는 기병대를 선두에서 지휘하여 긴 창을 일제히 던지면서 시혼의 본부진영을 직접 공격하였다. 아모리 왕 시혼의 생각에는 이스라엘 이주민들이 사해 서쪽에서 아랏 왕에게 맥도 못 추고 후퇴하여 사해를 남하하여 돌아온 패잔병 오합지졸로 착각하고 있었다. 양 떼를 지키던 유목민의 오합지졸 군사로 생각하고 일시에 없애버릴 태세로 깔보았던 것이 전투 실책이었다.

여호수아는 여태까지 참아온 새로운 공격무기로 쏘아 퍼부었다. 야하스 전투는 전투 하루 만에 결판이 났다. 가데스 바네아와 찐 광야의 사막에서 노출되어 기동이 어렵던 여호수아의 전차대는 밀밭과 단단한 들판 구릉지로 된 아모리 땅에서 무인지경으로 달리며 더욱 위력을 발휘했다. 이스라엘군은 간단하게 시혼의 군사를 야하스 계곡에서 거의 전멸시켰다. 전차대로 아모리군을 역포위하고 갇힌 적에게 비축한 화살과 창를 무수히 던졌다. 브엘세바나 아랏에서 여호수아의 전차대가 능력을 발휘하지 못한 것은 지형상 남쪽에서 북쪽으로 쉽게 공격할 수 있는 지형이 아니고, 또 사막의 모래에 바람이 일어 먼지가 나면 전차의 움직임이 쉽게 관찰되고 가나안 방어군이 쉽게 계곡으로 피해 물러가며 흩어져 전차의 위력이 발휘될 수 없었으나 밀밭과 진흙으로 단단한 아모리 땅에서는 전차의 위력이 엄청나서 아모리의 철기 기병과 보병도 방패로 무장한 전차대에서 발사하는 화살과 창살을 감당할 수 없었던 것이다.

가나안으로 들어가는 길은 전략상 여리고로 들어가는 길로 역사상 정해져 있는 것은 지형상 그렇게 되어 있기 때문이다. 여호수아는 전차대를 앞세워 히스본까지 무인지경으로 들파하고 고대로부터 역사적 도시 마다바를 위시한 사해 동쪽 전 지역을 전부 점령하였다.

모세는 가축을 많이 몰고 출애굽한 이후 에돔 땅고 모압 땅을 지나면서 가축으로 통행료를 지불하는 데 많은 헌금과 헌신을 하고 아모리 왕 시혼과의 전투에서 낙타기병대와 전차를 기동하는 데 결정적 기여를 하였으며 지난번에 에돔, 모압지역민과 대화를 나누고 목축에 대하여 기술을 전한 르우벤지파에게 아모리 땅과 에돔, 모압 땅에 머물 것을 허가하였다. 그러나 이 지파부족의 청년 장정들은 요단강 도하를 위하여 여리고를 돌파하고 가나안 땅에 완전히 들어갈 때까지 종군할 것을 르우벤지파 족속에게 명하였다.

모세는 여호수아의 전차대를 북쪽으로 요단강 동편 경계를 따라 압복강까지 진출시켜 전 지역을 장악하고 암몬 가까이까지 위수 지역으로 하였다. 요단강 동편을 평정한 모세는 이미 100세를 넘기고 있었다.

마다바에 본영을 둔 모세는 낙타를 타고 가나안 땅이 보이는 802미터 고지, 네보산에 올라 낙타를 타고서 사해를 건너 유대의 전 영토와 갈릴리호수와 그 위쪽 단까지 이르는 땅을 내려다보았다. 그렇게 기다리던 종려나무의 성읍 여리고가 바로 눈앞에 있고 예루살렘이 지척이고(46킬로미터) 젖과 꿀이 흐르는 가나안 땅을 보면서 하나님께 감사하였다.

모세는 하나님 말씀을 듣고 임무를 다한 이스라엘 백성들에게 감사하며 이제 여기가 자기가 누울 장소이며, 이제는 여기 이 명산에서 하나님께로 돌아갈 것임을 알았다.

모세는 네보산 정상에서 자연바위로단 단을 쌓고 하나님께 제사를 지내고 이스라엘민족에게 유언하고 여호와 하나님의 명을 받는다는 뜻의 이름인 사랑하는 여호수아를 대를 이을 지도자로 임명하였다. 모세는 사랑하는 아내 십보라의 아들인 게르솜(Gersohom)이 총명하고 뛰어난 자질이 있었으나 하나님과의 약속으로 지도자 직위로 세습시키지 않았다. 그리고 스스로 왕이 되려고 하지 않았다. 지난날 시나이 광야에서 대책없는 절망의 장막에서 비몽사몽간에 나타나신 하나님의 꿈을 꾸었으며 그 옆에 서 있던 여호수아를 후계 지도자로 임명하였다. 꿈은 여러 가지로 꾸지만, 꿈을 현실로 바꾸는 자는 하나님의 말씀을 실행하는 사람이다. 그는 이스라엘의 영원한 민주적 지도자였다.

모세가 이제 나이가 다 되어 여러 부족장과 백성들에게 이 땅에서 하직할 때가 왔다. 그동안 출애굽에서 40년 가까이 고난을 같이한 백성들에게 감사의 말을 전하며 하나님을 믿을 것을 당부하였다. 사람들은 모두 일어나 함께 인사를 했다. 모세는 지친 몸으로 여러 부족의 장막을 찾아다니며 그동안 고락을 같이 해 온 12지파 부족들과 전몰자 가족들에게 위로의 말을 하였으며, 마치 세상을 하직하는 최후의 방문처럼 각 부족의 장막과 부상병들과 병든 자들을 위로했다. 모세는 네보산의 하나님 제단 아래 출애굽 이후로 기나긴 여정에서 전사하거나 죽은 이스라엘민족의 전몰자 묘역을 세우고 추도식을 가졌다. 이제 그도 이 전몰자 유택에 묻힐 것이다. 요단강을 도하하지 못하고 가나안 땅에 들어가 보지 못하고 사랑하는 이스라엘민족 이주민들과 이별할 날이 왔다.

모세는 많은 12지파 부족들이 모인 자리에서 마지막 설교와 유언을 하였다.

십계명을 지킬 것과 하나님을 공경하고 하나님의 축복을 받을 것을 말하였다. 모세의 말은 신명기(Deuteronomy) 6장 4~9절에 전한다고 니고데모 선생님이 열변으로 강의하셨다.

"이스라엘민족에게 고한다. 오, 이스라엘은 들어라!
우리들의 하나님 여호와는 오직 하나이시니,
너희는 모든 마음을 다하고 모든 정신을 다하고
모든 힘을 다하여, (야하스 전투에서처럼) 심령을 다해
하나님 여호와를 섬기고 사모하라!
오늘 내가 너희들에게 계명하는 이 말들은
가슴의 심장에 새기고 마음에 깊이 새길 것이며
너희들 자녀들에게도 부지런히 가르칠 것이며
집에서나, 밖에서나, 앉으나 서나, 걷거나, 자나 깨나
이 말을 전하고 가르칠지어다.
이 말을 양 눈 사이 투구의 미간같이 표시하고
손에 무기를 든 것같이 이 말을 손에 묶으라.
너희들 집의 문설주와 대문간에 이 말씀(YHWH)을
새길지니라."

이 고별연설은 이스라엘 역사에 길이 남는 명언이 되었다.

그리고 모세는 후계 지도자를 다투는 싸움이 민족 내부에서 일어나지 않도록 후계자를 임명하였다. 내분이 생기면 가나안이고 뭐고 이동 중 길가에서 다 죽는다고 하였다.

"이제 모두들 여호수아를 지도자로 받들고 하나님의 힘에 의해 하나님의 도우심으로 가나안 땅으로 들어가도록 하시오. 새로운 지도자에 대하여 이론 없이 잘 따르고 그와 함께 가나안 땅으로 들어가시오. 나는 이 네보산에서 이스라엘민족이 요단강을 건너는 것을 죽어서도 볼 것이오. 나의 묘역을 특별히 만들지 말 것이니 만들면 내 묘역이 우상으로 될 수 있는 것인즉, 이는 하나님께서 노하실 것이오. 나는 우상을 만들지 않음을 하나님과 약속하였으니 우리 사랑하는 이스라엘민족의 전몰자와 같은 유택에 나란히 평범하게 묻어 주시오. 그리고 내 이름을 무덤에 표식을 하지 마시오. 가나안이 다시 전부 우리 영토가 되고 그곳에서 하나님과 열조에게 신고한 이후에도 내 묘역을 표식하지 말기 바라오. 이스라엘 평민으로 영원히 남을 것이며 나의 직계후손이 내 은덕을 내세우며 나의 직위를 이어 가지는 않을 것이오. 언제나 도덕적이며 능력이 있는 지도자가 민주적으로 나라를 이어 가게 될 것이오."라고 모세는 유언하였다.

이스라엘의 지도자인 모세, 다시 그와 같은 지도자가 나타나기 어려울 것이다. 드디어 모세가 120세 나이로 네보산 정상에서 가나안 땅을 굽어보며 여호수아와 이스라엘민족이 통곡하는 가운데 세상을 떠났다. 그의 형 아론도 모세도 가나안 땅을 밟지 못하고 그 열조에게로, 하나님 나라로 돌아갔다. 많은 사람들이 죽은 모세에게 감사의 경배를 하였다.

이스라엘 백성들은 모세를 그의 유언에 따라 가나안 땅이 보이는 네보산 정상에서 아론의 아들이 제사장이므로 그가 장례를 집전하고 여호수아가 장례위원장이 되어 하나님께 모세의 서거를 알리고 그의 위대한 영도력으로 요단강 동편에 성공적으로 이른 것을 감사하고 한 달 동안 모든 정성으로 모세의 장례를 지냈다.

모세가 유언한 것처럼 살아 생전에 '자신의 묘역을 만드는 것은 우상을 숭배하는 것이라' 하여 전몰자 묘역에 함께 장사해 주기를 각별히 유언하였기에 이스라엘 백성들은 우선 벧스오르가 건너로 보이는 모압 계곡에 장사하였다.

그 후 전해 내려오는 이야기에 의하면, 르으벤지파의 전승에 의하면 요단강 동편에 자리잡은 르우벤지파 등은 이 위대했던 지도자 모세의 묘역을 추도하기 위하여 네보산 정

▌▌ 네보산 정상에 있는 이정표(Mile stone Plate) **▌▌**
(예루살렘 46km, 여리고 27km, 베들레헴 50km, 쿰란 25km)

상, 하나님의 제단 아래 그의 기념관을 짓고 유골을 유골함에 새로이 모셨는데 그의 묘역은 무수한 세월이 흘러 자리를 알 수 없다고 하였다.

모세의 생애 120세는 상징적 기록일 수 있다. 100세 이상으로 보면 대략 그의 여정이 해석될 수 있다. 그의 아내 십보라가 신랑감으로 택할 정도이면 37~48세의 모세일 것이고, 다음 행적을 보면 100세 이상이 가능한 연대기이다. 성경에는 출애굽이 솔로몬 왕 4년 성전을 짓기 시작한 해 (기공 BC 996년, 준공 BC 960년)로부터 480년 전이라 하였으니 BC 1440년에 시작되었다 하면 이집트 파라오 투트모세 3세(BC 1479~1426년, 파라오 재위)가 메깃도를 처음 함락한 1458년 12월에서 18년 후이다.

모세가 120세를 살았다는 것은 십보라와 사랑의 이야기를 배제하면 사실일 수도 있다. 실제로 사람은 150세도 산 사람이 있었다고 한다. 이 시기는 이집트 파라오 투트모세 3세 치세(BC 1479~1426년)에 해당된다. 그러나 모세가 처음 이집트에서 피신하여 시나이산으로 미디안 제사장 르우엘 제드로(Reuel Jethro)에게 간 해를 BC 1440년으로 하면 그곳에 가서 그의 딸 십보라(Zipporah)을 아내로 맞이하고 아들 게르솜을 얻은 후 게르솜이 13살 성년이 되던 해 할례를 십보라에게 시키게 하고 이집트로 다시 와서 이스라엘민족을 이끌고 이집트를 떠나왔다면 BC 1427년이 되며 이때는 투트모세 3세 파라오 왕이 후계자 아멘호테프 2세 파라오(BC 1426~1428년 공동통치, BC 1426~1400년 재위)와 공동 통치하던 만년의 해로 계산될 수 있다.

이후 38년간 광야에서 방황하던 차 아멘호테프 2세가 승하하고 투트모세 4세(BC 1400~1390년)도 승하하고 아멘호테프 3세가 파라오로 즉위한 1년 후 BC 1389년에 아랏에서 전투를 시작하여 1388년 사해 동쪽 아모리 왕 시혼의 군사를 깨트리고 네보산에 이르렀다고면 성경에 솔로몬 왕의 기록과 이집트 왕조 연대기가 비슷하게 일치된다(열왕기상 6:1).

그때 그는 하나님으로부터 이스라엘민족의 출애굽을 지시받았다. 모세의 영혼이 있다면 오늘도 네보산 정상에서 요단강을 오가는 이스라엘민족을 바라보고 있을 것이다.

▐▌ **성하(聖下)의 관측소**(Pope's OP, Observation Post, on The Mountain Top of Nebo) ▐▌

제 5 편

여호수아의 요단강 도하

여호수아는 모세 지도자의 장례를 끝낸 다음 빈틈없이 계획을 세우고 사막의 자칼처럼 전술적으로 요단강을 도하하여 여리고로 들어갈 계획을 세웠다.

한편 찐을 방어하고 있는 유다지파 내부에서는 모세 지도자가 죽었다는 전갈을 받고 장례식에 족장을 위시하여 조문객을 파견하였지만 여호수아가 후계자로 되고 찐 광야에 홀로 남은 유다지파의 운명이 불안하여 일부 동요되기 시작했다.

"이차에 우리 유다지파가 독립하여 왕국을 세우자."

"아니 된다. 이스라엘이 분열하여 흩으면 모두 죽는다."

"우리가 살길이 없으니 아랏과 휴전하고 우리도 사해 동쪽으로 가서 여호수아와 함께 하자."

"모세 지도자의 전략을 지키라. 여호수아가 성공하고 있는 것도 우리가 여기를 지키는 작전 때문에 이루어지고 있으니 여기를 포기하면 가나안 군사가 동쪽으로 기동할 것이다. 우린 절대 움직이면 안 된다. 움직이면 망한다."

의견이 분분한 가운데 유대 족장은 정탐꾼을 다시 내보내어 적정을 알아보게 하였다. 정탐꾼들이 돌아와 일관되는 군사 정세를 보고했다.

"가나안군도 혼란에 빠졌습니다. 어디를 지켜야 할지, 아랏에 지원군으로 온 군사들이 동쪽으로 이동항려고 하고 있으나 여호수아의 군사들이 특공대인지 정규 대규모 이동군인지 파악하지 못하고 있나 봅니다. 그 먼 사해 남쪽을 길도 아닌 곳으로 갔다면 일부 병력이라 보고 계속 찐을 방어해야 한다는 내부 의견이 많아 계속 찐—아랏 전선에 병력을 유지하고 있다고 합니다."

"들어가신 모세 지도자의 전략이 대단하구만. 우리는 후일 나라를 세울 땅을 가지게 될 것이다. 죽을 힘을 다해 찐 광야를 지키고 적에게 헛점이 보이지 않게 해야 한다. 또 기회는 있다. 이차에 아랏을 공격하여 함락시키면 모두 우리의 땅이 된다. 흩어질 생각은 하지 말라!"

유다족장은 논란을 중지시키고 군사를 통해 아랏성에 더욱 압박을 가하고 군사가 많이 보이도록 엄호와 기만전술을 사용하고 있었다.

또 한편 아랏 왕은 사해 동부전선에서 철기병 아모리 왕 시혼이 대패하였다는 소식을 들은 터라 연일 장군들과 회의를 하였다. 군사 대신이 말한다.

"대왕께서 이차에 성문을 열고 찐 광야에 있는 남아 있는 유다—이스라엘군을 격파 전멸하고 사해 동쪽으로 이동하여 여호수아의 특공대를 분쇄한다면 가나안 아모리제국의 맹주가 될 수 있습니다. 이때가 기회입니다."

"좋은 의견이나 찐 광야에 있는 이주민들의 행렬이 종심이 깊고 병력으로 동원할 수 있는 민병대가 즉시 모집하면 수만이 되는데 그 군중적 군사들을 전부 죽이던가 해야 할 터인데 그렇게 각개 전투가 쉬울까?"

"전투 병력만 격파하면 민중은 자연히 항복하고 으리는 수많은 이스라엘 노예를 얻을 수 있습니다. 엄청난 기회의 시간입니다. 제가 모세, 여호수아의 작전을 전부터 짐작하여 왔습니다만 모세가 네보산에서 죽었다 하니 확실한 것 같습니다. 이제 그들의 전술이 들통났으니 공격합시다."

그러자 다른 신하가 일어나 말한다.

"지금까지 이 아랏을 많은 이스라엘 민중으로부터 성공적인 방어를 해왔습니다. 그리고 적의 계략도 간파하였습니다. 문제는 이집트 파라오의 태도가 이상하다는 것입니다.

이집트가 이스라엘민족의 이동을 허락하고 요지움 파라오가 새로히 등극한 이후 들리는 소문에 의하면 이스라엘 이주민들에게 비길리에 지원한다는 사막의 대상들로부터 정보가 있습니다. 우리가 만약 이 아랏에서 성문을 열고 기동한다면 가데스 바네아에 있는 이집트군이 역시 기동하여 배후로 공격하여 성을 점령하고 이스라엘민들까지 도로 자기들 노예로 데려갈지 모릅니다. 더욱이 사해 동쪽으로 군사를 진격시키면 비어 있는 이 아랏은 이집트군이 무혈입성할 수도 있을 것입니다. 이 작전은 군사장관의 전술과 같이 매우 진지하게 고려해야 할 상황으로, 어쨌든 우리는 지금 현상을 보고만 있다가는 앞으로 낭패를 당할 우려가 있는 것은 틀림없습니다."

"그러면, 어찌하면 좋은가?"

"가나안 여러 도시 국가에 이스라엘 이주민들의 동태를 알리고 증원군을 더욱 여기 아랏과 여리고에 파견하도록 연락하여야 합니다."

"양쪽으로 군사를 보내줄 나라도 없고 먼저 번에는 여리고 왕이 외부에서 지원해 주겠다는 병력을 필요없다고 고사했는데 외부 병력이 여리고에 들어와 자기들 나라가 먼저 빼앗기는 것을 우려했나 보군. 우리는 잘 하고 있는데, 여리고가 걱정이지. 내버려두게. 여호수아가 무슨 병력으로 여리고까지 공격하겠나?"

"대왕님, 여리고는 전략상 요충입니다. 여리고를 장악하지 못하고는 가나안 땅으로 들어갈 수 없습니다. 여리고는 핵심 도시입니다. 인구와 문물의 집산지이며 여호수아가 전략가이면 반드시 여리고를 함락하려 할 것입니다."

"여리고 왕이 고집이 세서 외부 병력은 안 받아들인다 하는데 뭘 어쩌나? 내버려 둘 수밖에. 우리나 잘 지키자. 그들은 그들에게 운명을 맡기고……."

가나안 제국의 여러 나라들이 여호수아의 기동전술에 속수무책인 가운데 여호수아는 요단강 도하를 세밀히 준비하고 있었다.

그들은 요단강 동편 싯딤에 진영을 펴고 요단강 도하 작전본부를 두었다. 싯딤은 성경에서 창세기 전에 의하면 4개국 동맹군이 5개국 소돔과 고모라 연합군을 격파한 곳으로 진영 주변에 천연의 역청으로 된 늪지가 있어서 성벽 앞에 해자, 도랑이 있는 격이라 나무로 된 목책성의 보호에 적격인 장소였다. 모세가 여호수아에게 그 위치와 그곳에서 가나안으로 출격의 진지를 할 것을 알려주었다. 이스라엘 이주민들과 어린아이들 부녀자들을 안전한 싯딤에 목책의 성에 보호하게 하였다.

사해를 성공적으로 우회한 여호수아는 요단강 도하를 하기 위해 선봉에 설 부족을 선발하였다. 요단강을 도하 상륙하고 여리고를 선봉으로 공격하겠다는 부족은 모세에게 약속한 르우벤지파와 갓지파와 므나셋지파였다. 므나셋지파는 요단강 동편땅에 남겠다고 희망하는 사람은 약 반 가량이었으며 여호수아는 부족들과 협의하여 이 지파들에게 요단강 동편의 땅을 인정하여 할당하는 대가로 공격 선봉에 서도록 하였다. 선봉에서 요단강 도하를 성공적으로 완수하였을 경우 요단강 동편과 사해 우측에 땅을 할당받을 지파는 사해 우측으로부터 르우벤지파, 그 위로 갓지파, 그 위로 므낫세지파이다. 여호수아는 모세와 같이 유다지파를 지중해 해안에서부터 찐 광야, 브엘세바, 아랏, 헤브론까지 방어하는 대신 그 땅을 걸고 지키는 방어 임무와 교환하듯이 처음 요단강을 도하하는 선봉대부족은 요단강 동편의 땅을 주겠다고 하였던 것이다. 원래 선봉군은 적에게 미끼나 양동작전을 수행하기 위하여 전쟁상 희생의 재물이 되는 경우가 많으므로 최초공격에서 병력의 태반이 손실된다. 3개 지파는 남은 가족들을 위하여 희생되기를 결심한 사람들이다.

3개 지파의 특수부대와 전 부족에서 선발된 특공대가 자진하여 앞장서서 요단강 도하 작전을 감행하도록 싯딤 본영에 집결하였다. 한편 이집트 파라오 아멘호테프 3세는 계속 군사 정보관을 파견하여 모세의 군사작전을 소상히 보고하도록 하였다. 요단강 도하를 앞두고 하나님 여호와의 계시가 있었는지 아멘호테프 3세는 군사장관을 여호수아 진영에 비밀 부적을 가지고 가보도록 하였다.

아멘호테프 3세의 군사장관이 전투복을 입그 여호수아에게 나타났다. 그는 물었다.

"어디서 온 누구십니까?"

전투갑옷을 입은 장군은 부적을 내보였다. 여호수아는 모세 지도자가 보관하고 있던 다른 쪽의 부적과 맞추어 보고 확인하며 그와 함께 이집트에서 온 병력과 군사 장비를 접수하였다. 이집트 장관은 비밀리에 부대를 사열하고 떠났다. 이집트에서 온 공병기술부대는 이번 가나안 종군에 자원한 병력으로 가나안 땅에 들어가기를 희망하는 히브리 동포였다. 그들은 강을 도하하는데 도하장비를 가지고 물길을 유도하며 성곽을 공격하는 공성기술 장비를 극비리에 가지고 왔다. 여호수아는 가지고 온 장비를 사용하여 요단강 동편 늪과 역청이 깔려 있어 자연방어로 영체를 세울 수 있는 천혜의 요새인 싯딤에 이스라엘민족의 총집단 영체를 세웠다. 이곳을 주 진영으로 본격적인 요단강 도하를 준비하였다.

여호수아는 이 싯딤에서 흐르는 넓은 폭의 강을 도하하는데 적에게 노출되는 시간이 길어지면 화살을 많이 맞고 피해가 크게 나므로 피해를 줄일 만반의 준비를 하였다.

요단강 도하를 앞두고 여호와 하나님께 성공을 요청하는 기도를 드렸다. 요단강 동편 모압, 아모리 광야의 땅에 사막이 드문드문 있는 푸른 초원에 남기를 원하는 르우벤, 갓

지파와 므나셋지파 부족들은 모세와 약속을 이행하고 이스라엘민족을 위하여 전투할 수 있는 병력을 모두 동원하여 나섰다.

출정하는 아버지와 아들들에게 남은 가족들은 눈물로 생이별의 시간을 보내었다. 이제 적진으로 들어간다. 다시는 돌아오지 못할 수도 있을 것이다. 그들은 가족들에게 요단강 동편의 땅을 남기게 하고 자신들은 죽을 것이다. 모두들 하나님의 찬송가를 불렀다.

"요단강 굽이굽이 흐르는 물은 우리들 어머니의 젓줄이니 내 몸에 피가 될 것이니라. 잊지 말아 여기 이 강가에서 피 흘려 죽어갈 우리 아들들에게 우리 어머니가 젖을 물려도 살 수 없을 한 많은 요단강이니, 요단강 건너가 만나리니."

"어머니, 울지 마소서. 요단강 건너가 만나리요."

여호수아 군사는 요단강가에 상륙 교두보를 공병대로 하여금 만들게 하고 진격의 나팔을 불었다. 강 건너 이미 가나안 부족의 소수의 연합군이 뒤늦게 알고 도착했지만 이미 때가 늦어 히브리 대군을 막을 수는 없었다. 그들은 화살을 여호수아군에게 일제히 퍼붓고 위협하다가 바로 후퇴하여 여리고로 돌아가서 여리고 성을 단단히 지켰다.

여호수아의 선봉대는 주위를 삼엄하게 경계하고 부족들이 요단강을 쉽게 도하하게 밀집한 경계를 섰다. 요단강 강물의 흐름을 유도하여 부교를 만들고 도하작전을 성공적으로 이끌게 했다. 뒤를 이어 전차대가 요단강을 건넜다. 요단강 중앙에 있는 모래톱 섬 언덕 위에 여호수아는 전승 기념비를 세웠다.

여호수아는 요단강 건너 교두보를 확보하고 공격전방 진영을 구축했다. 그곳에서 이스라엘 영체를 만들고 앞으로 여리고 공격 및 가나안 입성 대본영을 만들었다. 이 진영을 이집트에서 완전 해방한 뜻으로 길갈이라 이름지었다. 앞으로 가나안공략은 이 길갈진영에서 시작되고 원정 후 다시 길갈로 돌아오며 확실히 가나안이 확보될 때까지 원정을 계속하였다.

요단강을 도하한 여호수아의 군사는 길갈에서 여리고를 공격하기 위하여 계책을 짰다. 여리고성 내에 협조할 수 있는 세력을 만들기 위해 밀사를 파견했다. 여러 가족은 탄로가 나니 안 되므로 한 가족으로만 하고 히브리계통 사람을 물색하였다. 여리고성 안에 있는 사람 중 딸의 이름이 라합이라 하는 주막 찻집을 찾았다. 이 집은 여리고성 바로 옆보다 높은 곳에 있어서 협조만 되면 그곳으로 특공대를 올려 보낼 수 있다. 이와 같이 먼저 선발대가 3년 전부터 확보한 지역과 라합의 가족의 도움으로 성의 담을 넘어간 히브리 병사들은 성 밖에서 나팔소리로 시위하고 있는 볼거리에 넋이 나간 여리고 사람들을 따돌리고 몰래 성문을 방어하고 있던 여리고 성문 군사를 일시에 격파하고 성문을 열고 신호 하였다. 순식간에 여리고는 아수라장이 되었다. 난공불락의 여리고 성도 안팎에 문제가 있으면 멸망한다. 여호수아의 군사는 여리고를 평정하고 계속하여 진군시켜 아이성을 공격하였다. 아이성은 벧엘과 쌍둥이 이중성으로 공동 방어용 성체이다. 여호수아는 이들의 허점을 노렸다. 군사를 보내었으나 의외로 초전에 실패하였다.

이것은 아이성을 점령하고 전리품을 서로 다투어 챙기려는 성급한 풍조로 전투에서 패배하였다는 것이다. 여호수아는 소문에 따라 먼저 여리고 공격, 함락 때 전리품을 신고하지 아니한 유다지파 아간을 징계하였다. 군율을 엄하게 한 후 여호수아는 다시 아이성을 공격하여 함락시켰는데, 이 여호수아의 작전은 히브리민족의 역사를 통틀어 가장 유명하고 완전한 군사전략에 의한 승리로 남아 있다.

이 유명한 여호수아의 군사전략이 어디서, 누구로부터 나왔는지, 과연 이러한 전술이 과연 실제로 이루어졌는지 의심스러울 정도로 기발하고 순발력 있고 혁혁한 전투로 간주되었다. 후세에 전쟁사를 연구하는 사람들이 있다면 이 태고의 전쟁기술을 다시 연구하고 또 계속 활용할 수 있는 전술전략으로 평가된다고 니고데모 선생님은 설명하였다.

이런 이스라엘민족이 지금 로마에 이렇게 패하고 있으니 정말로 여호수아와 같은 명장이 다시 일어날 것이라고 누누이 강조하셨다.

이 아이의 전투가 왜 유명하고 중요하고 특별한가 이해가 되질 않았다. 선생님 혼자 성경에 있는 여호수아전의 아이성 전투를 여러 번 설명하였으나 어린 바르사바 유스투스가 무엇을 알았겠는가. 바르사바가 이제 커서 성경을 다시 읽게 되고 다시 보았을 때, 니고데모 선생께서나 요셉대형이 당시 젊으셨을 때 왜 그렇게 여호수아의 아이 전투에 대하여 그렇게 칭송하시고 우리에게 알려주려고 했는지 알 수 있었다. 여호수아는 아이의 전투를 이렇게 하였다고 성경에 쓰여 있다. 그 작전을 보아라. 역사를 가르치신 요셉대형이 지도하여 주고 가르친 성경의 내용이라며, 유대 이스라엘 젊은이들은 알아야 한다고 설명하였다. (동방에도 이와 똑같은 군사작전이 있었던 유명한 이야기가 전해져 온다.)

여호수아는 여러 번 아이성을 공격하였으나 끄떡도 하지 않고 히브리군만 크게 피해가 났다. 여호수아는 또 여호와 하나님께 기도하고 작전을 지시해 주시길, 머리에 떠오르도록 가르쳐 주시길 청하였다. 전쟁에 이기기 위해 여호와에게 의지하며 기도하는 것이 잘

하는 일인지 모를 일이지만, 여호수아는 이른 아침 군사를 좌우로 나누어 이끌고 다시 아이성을 공격하기 나섰다. 망하든가 이기든가 사생결단을 내고자 나섰다. 매일 사생결단하지 않으면 일이 안 되는 것을 인생에서 이해하지 못하였다. 적도 나만큼은 똑똑하다는 것이다. 적을 경시하였다가는 패배하는 것이 이치이다. 여호수아는 아이성의 주변을 포위하는 척하면서 아이성을 우회하여 북방으로 가고자 하였다. 아이성의 북쪽에는 벧엘로 가는 깊은 골짜기가 있었다.

아이성의 성주는 여호수아의 군사 움직임을 관찰하다가 군사의 이동이 지리멸렬한 것을 보고 성을 돌아 우회하는 이스라엘 군사를 제한적 공격으로 치려고 마음먹었다. 실컷 두들겨 패고 성안으로 돌아오면. 되겠다는 심산이었다. 갑자기 아이성의 성문이 열리면서 일단의 아이성 기병이 길게 장사진을 이루며 북방으로 행군하는 여호수아 군사를 기습공격했다. 이스라엘 군사는 혼비백산하여 대열을 흐트러트리며 산지사방으로 달아났다.

군사를 두 조각으로 낸 아이성 군사들은 공격중지 나팔을 불고 군사를 거두어들였다. 기습당한 여호수아 군사는 북쪽으로 더 전진하지 못하고 전원 후퇴하는 나팔을 불었다. 북방으로 향하던 여호수아 군사는 본진으로 철수하였다. 다음날 여호수아 군사는 이번에는 아이성을 직접 공격하기 시작했다.

그렇게 많지 않은 선봉의 병력으로 성벽을 기어오르는 것을 본 아이성 성주는 여호수아 본군이 오기 전 선봉대가 먼저 공격해 보는 것으로 알고 본군이 오기 전에 한 번 혼내주려고 성문을 열고 소수의 기병으로 여호수아 군사를 역격하기 시작했다. 그리고 다시 성으로 돌아오게 나팔을 불렀다. 아이성 성주는 매우 조심성이 있었다. 여호수아 군사는 또 물러갔다. 다음날도 또 여호수아 군사가 이제는 조금 더 많은 군사가 아이성을 공격해 오기 시작했다. 아이성 성주는 화가 났다. 매일 조금씩 군사로 성을 공격하니 이번에는 대규모 기병과 보병으로 여호수아 군사를 공격하기로 하고 공격하는 이스라엘 군사의 규모를 보았다.

그렇게 많은 군사가 아니었다. 아이성 성주는 여호수아가 무슨 계책으로 저렇게 장난하는 듯 공격하는지 혼내주려고 마음먹었다. 성주의 명령이 떨어지자 아이성 군사가 성문을 열고 질풍같이 뛰어나와 성을 공격하고 있는 이스라엘 군사를 쳤다. 여호수아 군사는 패주하기 시작했다. 얼마 되지 않은 병력이므로 아이성 군사는 추격하여 여호수아 군사들을 뒤쫓아 잡으려 하였다. 뻔히 보이는 적의 패주 부대를 쫓아가던 아이성 군사들은 여호수아의 군사가 요단강 강가에 배수진을 치고 있는 것을 보았다.

배수진은 장수가 군사의 정신을 시험하는 사생결단의 진법으로, 죽도록 하는 싸움으로 군사 전략상 승부수이다. 배수진을 본 아이군은 저 정도 군사는 전멸시켜야겠다고 생각한 추격군은 여호수아군을 육박하여 강가에서 여호수아 군사를 포위하고 섬멸하기 위해 강물쪽으로 압박해 나갔다. 공격을 계속 조여 붙이자 여호수아 군사는 강가 물 가까이까지 밀려났다.

적당한 공격을 하기로 한 아이성 군사는 이성을 잃고 남은 여호수아 군사를 죽이기 위해 전면 공격했으나 죽을 힘을 다해 싸우는 그들을 보고는 후방에 남아 있는 성을 염려하여 계교에 빠지지 않기 위하여 군사를 후퇴시키려 할 즈음 강 건너로부터 여호수아의 군사가 티끌을 일으키며 양면으로 대군이 다가오고 있는 것을 보고 아이성으로 돌아가기 위해 군사를 돌이켰다. 그러나 돌연 앞을 가로막는 여호수아의 군사가 나타났다. 양쪽에서 협공이 시작되었다. 후방의 아이성에는 성 북쪽에 있던 숨어 있던 여호수아 군사가 빈 성을 공략하여 함락시키고 이스라엘의 푸른 군기와 여호수아의 붉은 대장기를 성 위에 세웠다. 성으로 돌아오던 아이군은 기겁을 하고 성 외각으로 달아나려고 하였으나 배수진을 치고 있던 여호수아 군사마저 다시 합세하여 아이군을 포위하고 공격했다.

아이군은 사방으로 흩어지고 중간에 남아 있던 아이군은 전멸당했다. 히브리군은 아이성으로 대부대가 입성했다. 승리한 여호수아는 종군한 히브리군을 치하하고 전리품을 수거했다. 이 전광석화와 같은 조수아의 군사전략은 실로 눈부신 바 있었으며 동서고금을 통하여 이러한 우회기병작전과 배수진활용 도하상륙작전이 성공적으로 감행되는 전략의 선례를 남겼다. 즉, 배수진은 진을 칠 때 반드시 우군병력이 별도로 숨어 있는 기병이 있어야 하고 배수진 배후로 강을 도하하여 구원할 수 있는 기병을 확보하여야 성공적으로 전쟁에서 이길 수 있음을 성경은 말하고 있다.

여호수아는 아이성 전투에서 아이성 성주를 사로잡고 아이성과 벧엘성에서 지원나온 군사와 백성 약 1만2천 명을 전사시키고 아이성을 접수했다고 전한다.

(이와 똑같은 전략전술은 후일 이스라엘민족이 유럽 대륙에서 멸문의 위기에 봉착했을 때 볼가 강가에 요셉의 군사가 나타나 아이의 전투와 같은 전략을 사용하여 제국의 군사에게 승리함으로써 결과적으로 이스라엘민족을 구하고 그들에게 독립의 땅을 주는 전기를 마련한 전투가 있었다.)

여호수아 군사는 계속하여 예루살렘지역을 공격하였으나 성내 주민이 강력하게 버티므로 예루살렘을 우회하여 남쪽 헤브론으로 내려가서 브엘세바를 함락시키고 유다족 군사와 회심의 연결하였다. 유다족 군사는 여호수아가 요단강을 도하하고 여리고를 함락하자 포위하고 있던 아랏성을 일제히 공격하였다. 아랏성은 이미 사기가 떨어졌고 40년간 버티던 성주도 죽었다. 유다군은 실로 40년 만에 승리하고 아랏성을 접수했다. 그리고 그 이름을 호르마(Hor-Mah)라 개칭하고 여호수아는 후일 이 성을 도피성으로 삼았다.

여호수아는 전투 대본영을 싯딤에서 요단강 건너 서안인 길갈에 두고 항상 원정이 끝나면 길갈로 돌아와 재정비를 하였다. 두르까지 정복하였지만 그는 길길로 돌아와 다시 군사를 훈련하고 재정비한 후 다음 원정에 대비하였다.

가나안 작전에 성공을 거둔 여호수아는 전열을 정비하기 위해 요단강 동편 싯딤에 있는 본영으로 귀환했다. 여호수아의 작전은 역사가 되풀이되는 한 적전 상륙작전과 정공법으로 전쟁을 수행하는 수단이 될 것이다. 여호수아는 히브리 12지파에 점령지역을 분배하고 각 지파가 지역분담의 역할로서 남은 지역은 책임하에 점령하지 못한 미점령지역을 병탄하여 소유로 하고 정복사업을 마무리하였다.

이렇게 히브리민족이 영토를 여러 12부족으로 할당하고 하나님의 나라로 왕이 아닌 지도자를 중심으로 공화적 정치를 한 나라가 되었다.

니고데모 선생은 이야기를 마치고 이스라엘은 하늘이 주신 모세 지도로 인하여 나라를 세웠고 모세 지도자께서는 영혼불멸의 지도자라 하였다.

모세가 이집트에서 민족을 일으켜 40년 동안 광야에서 방황한 후 후계자인 여호수아가 세운 나라는 그 후 다윗 왕을 거처 하나님 나라를 세우는 데까지 성공하였으나 계속되는 소수민족과 끝없는 이민족의 침입으로 종족유지의 토대가 위협받고 유일한 혈통을 유지하는 데는 인간 생활상 불가능한 사태에 이르렀다. 더욱이 타민족에게 여호와 사상을 전파한다는 것은 생각지 못한 일이었다.

그들은 여호와의 종교사상을 자기들만의 특혜로 믿고 다른 민족에게까지 전파되거나 전파하거나 하는 것을 기대하지 않았으며, 오히려 자기들만이 믿고 알기를 바랐다. 독점권이다. 그러나 이 이스라엘의 유일신 종교관은 이집트 파라오 아멘호테프 3세도 고대로부터 내려오는 이집트의 유일신 종교사상을 세웠으나 세계적 종교사상으로 전파시키지는 못했다. 이 유일신 종교사상을 세계적 종교로 발전시킬 새로운 예언자가 나올 것이다.

이 이스라엘의 유일신 사상을 다른 민족이 그들 나라의 말씀, 소위 방언으로 존재하는 하나님 사상과 같이 결부시키면 바로 그들 나라의 하나님 말씀과 같아질 것이라고 생각하는 사람이 있었다.

고대 히브리—이스라엘—유대로 이어지는 여호와 사상을 다른 여러 세계에도 혜택을 줄 수 있도록 세계 공통의 하나님 유일신으로 승격하고 그러한 선지자, 예언자, 이스라엘 예언자 등 모든 예언자들이 예언한 여호와의 기적을 전세계 속으로, 평화적으로 사랑의 마음으로 파급해야 할 사명이 자신에게 이르렀다고 생각하는 사람이 있었다.

여호와란 이스라엘의 유일신의 이름을 전세계 민족이 공통으로 사용하는 방언적 이름, 여호와가 아닌 공통의 이름으로 그 민족이 부르는 하나님으로 하고 그 하나님의 뜻이 자신의 뜻이며 자신 속에 하나님이 있으며 하나님 속에 자신이 있고 하나님의 말씀이 자신으로부터 나오며, 말씀은 하나님으로부터 나온다고 생각하는 사람이 태어났다.

그는 그렇게 사명감을 가짐으로써 인류를 구하고 세상을 구할 수 있다고 여겼다. 그는 어느 누구도 할 수 없는 그 많은 비유와 경탄할 만한 산상의 교훈을 세웠고 그의 제자들 또한 그의 예언과 말씀이 메시아가 아니고는 나올 수 없는 말씀이라 여겼다.

목동들이 야산과 들을 오가며 양 떼를 치고 있을 때 양 떼들이 갑자기 동요하며 불안에 떨며 소동을 일으키는 경우가 있다. 헬라인들, 즉 그리스인들은 무엇인가 보이지 않는 것이 있을 것으로 보고 이를 불안, 공포(Panic)라 하며 이를 일으키는 귀신을 판(Pan) 신이라 했다.

그러나 양치는 것을 주업으로 하는 히브리인이나 베드인들은 알고 있었다. 그것은 Pan 신도 아니고 양 떼들이 불안이나 공포에 떠는 것은 목동들이 보지 못했어도 양들은 바람에 불어오는 냄새로나 또 밝은 눈으로 늑대가 숨어 있는 것을 보거나 알았기에 패닉의 현상을 나타내는 것이다. 더군다나 목동은 늑대가 가까이 숨어 있는 것을 모르고 양 떼 자신들을 지켜 주지 않은 목동들에게 소리치고 경고하는데도 한가로이 놀고 장난치고 있을 때 양들은 더 야단하는 것이다.

목동들은 마른 풀 색깔과 같은 늑대의 눈을 보지 못하기 때문이다. 양들은 소란과 동요를 심하게 하며 불안에 떨고 있는데, 몇몇의 목동들 중엔 이를 눈치채고 활과 후리깨 몽둥이를 들고 늑대를 몰아내고 양들을 지켜주고 물가로 인도하는 목동이 있다.

죽음의 불안을 말끔히 가라앉히고 양떼를 다시 자유로이 풀을 뜯게 하며 죽음의 공포로부터 벗어나게 하는 목동이다. 양들에게는 하나님과 같은 존재이다. 사람에게도 이런 메시아가 있다. 우리 사람들이 언젠가는 생명이 다하여 세상을 하직하는 죽음의 보이지 않는 공포로부터 해방시키고 편안하게 하는 사람이 있다면 양들에게 목동과 같이 여겨질 것이다.

유대인들은 Pan 신을 믿지 않는다. 그러나 그 양들을 지켜 주는 그 실체가 무엇인지 안다. 그러나 사람들의 죽음에 대한 공포는 하나님이 계셔서 지켜 주신다면 죽든 살든 하나님이 하시는 일이라고 하면 다소 안정되거나 믿어 버리면 두려움이 없어지며 하나님에게 모든 것을 맡기면 해소될 것으로 생각하고 편안한 마음을 갖는다. 양들이 목동에게 의지하듯이 사람들이 하나님에게 의지하면 그 죽음의 공포를 없애 주는 힘이 있다고 여긴다.

이스라엘은 지금 로마제국으로부터 공포를 느낀다. 로마제국의 군사로부터 공포, 십자가처형의 공포시대에 살고 있다. 로마에 멸망당한 카르타고의 공포, 로마에 거역하다 끝장난 여러 민족의 공포, 로마로서는 한니발의 공포, 로마의 어린아이는 한니발이란 소리를 들어도 울음을 멈추었다는 그와 같은 공포, 모두가 같은 공포이지만 이스라엘민족은 로마로부터의 공포 속에 살고 있다. 로마는 공포인가 아닌가. 메시아와 같은 목동은 어디에 없는가. 로마군이 중무장으로 대오를 지어 거리를 지날 때 왜 공포를 느끼는가? 어디를 또 무자비하게 진압하러 가는가? 머리끝이 일어선다. 전율이 느껴진다.

"그들은 늑대도 아닌데, 우리가 양인가? 왜 그들은 이곳까지 와서 병력을 주둔하는가?" 해답이 없다. 그러나 그 메시아를 보면 그는 로마에 대해 아무런 느낌이 없고 겁도 없다. 로마군을 두려워할 이유도 없고, 로마군이 다가와도 전혀 개의치 않는다. 죄를 진 것이 없으니까……. 그러나 랍비들은 두려워한다. 왜냐하면 독립투사들을 비밀리 지원하던가, 평소 로마군을 비난하고 있기 때문이다.

그는 로마군을 비난한 적도 없고 하나님 섬기는 이야기만 하니 아무 상관없다. 다른 랍비처럼 눈을 피하고 숨어서 로마군을 비난하거나 인기를 끌기 위해 여러 사람 있는 데서 로마군을 비방해야 또 랍비인데, 랍비들은 강연장에서 강연을 끝내고 무리들이 흩어지고 없고 동료들이 다들 집으로 가고 없어져 혼자 남아서 집에 가면 밤중에 로마제국의 사찰군이 와서 '선생, 어디로 좀 갑시다'라고 할까 봐 항상 두렵고 발자국 소리만 나도 로마군의 발자국소리가 아닌가 긴장한다. 이 시대의 랍비 생활이 이렇다.

그러나 예수 그 사람은 완전히 초월한다. 로마군이 어딜 가든가 말든가, 있든가 말든가 성서와 교회이야기이다. 잘 살고 여호와 섬기는 말만 한다. 그는 하여간 다른 랍비와는 차원이 틀리다. 또한 사람들을 소리 없이 지켜 줄 것 같은 느낌을 받는다. 그는 이스라엘 랍비들같이 로마군에 대한 두려움이 전혀 없다. 이 Pan의 공포의 시대에서나, 죽음의 공포에서 해방할 수 있는 길이 메시아에게 있음을 안다. 메시아는 공포의 실체를 알기 때문이다. 그리고 두려워하지 않기 때문이다.

하란은 군사상 중요한 곳이며 이스라엘민족에서도 아브라함이 전환점을 맞이했던 곳이다. 하란의 동남쪽 카레에서 페르시아의 후예 파르티마군이 로마 삼두정치의 제1인자인 크락크스가 이끄는 로마군을 전멸시킨 처절한 비극의 현장이기도 했다. 로마군이 파르티마—아라비아연맹군에게 패배하고 살아남은 병사와 쿠상병들이 후방의 본체로 피신해 왔을 때 그곳은 이미 사막의 유랑민들이 기다리고 있었으며, 로마군이 그동안 원정으로 얻은 모든 재물은 파르티마연합군에게 재약탈되고 로마본진은 초토화되었다.

그때 로마 4개 군단이 포위, 함몰당하고 소수의 로마군만 겨우 도망하였다. 그락크스의 아들 퍼불리우스는 기병대 패전의 책임을 지그 아버지 그락크스처럼 자살하려 했으나 부하들이 칼을 빼앗고 머리를 쳐서 실신시키고 말에 태워서 포위망을 뚫고 동북방향으로 달아났다. 그들은 추격을 피하여 그리스의 고대 도시로 로마군의 포로들이 도망쳐서 살고 있다는 박트라로 달아났다.

그 후 그들은 어디로 갔는지 아무도 모른다. 역사상 로마군의 잊을 수 없는 패전사였다. 그래서 로마군도 항상 이기는 것이 아니며 때때로 전멸당하기도 하며 그러면 또다시 더 많은 병력으로 다시 쳐들어가는 군대라 했다. 그리고 또 철수할 때는 싹 없어져 아예 관심이 없는 듯 있다가, 또 10년이나 50년이 지나면 영 모르는 로마군단장이 정병을 이끌고 다시 공격해 온다고 했다. 하여튼 지긋지긋한 군사가 로마제국의 군사라 했다. 정복이 끝날 때까지 몰려오는 군사가 로마군이라 했다.

그 군사 앞에는 절대적이란 존재가 없으며 귀신도 숨을 죽이는 듯 정복당하는 나라를 도와주는 존재가 없다. 그리스의 12신과 같이 그리스를 수호하는 신이 그렇게 많았어도 귀신 잡는 로마군에게는 소용이 없었는지 그리스 헬레니즘제국도 다 로마의 식민지영토에 통합되었다. 하나님도 무심하신지, 로마군 앞에는 없는 듯이 보인다. 왜 여호와 하나님의 이스라엘—유대가 로마 식민지인가? 왜 여호와 하나님께서는 로마제국을 혼내주시지 않는가 하는 점이다.

제 6 편

겟세마네 장원의 두 형제

이스라엘 전통의 가문인 12지파 유대 가문에 상인으로 장사하다가 겟세마네 언덕에 있는 과수원에 은거하고 있는 장원의 주인에게는 아들들이 여러 명 있으나 그 중 제일 큰 아들과 둘째인 형제가 가문의 사업을 담당하고 있었다. 큰형인 요셉대형은 낙타를 타고 동방으로 무역대상을 하고 작은 아들인 요셉친형은 주로 배를 타고 서방으로 무역하고 또한 북아프리카로 사막을 거치는 대상무역도 하면서 가문을 꾸려 나가는데, 문제는 큰형인 요셉대형의 동방대상무역이 시원찮아진 문제이다. 별 할 일이 없어졌기 때문이다.

로마와 파르티마가 전쟁함으로써 접전지역이 확대되어 대상의 통로가 차단되고 야간통행이 금지되고 장사 사업이 거의 중지되면서 요셉대형은 내부 정치에 관심이 생기기 시작했다.

요셉대형은 숨어서 로마군과 싸우고 도망치곤 했다. 도망하면 시나고구예배당으로, 교회로 피신가서 숨었다. 신분이 노출되면 소리 없이 보호해 준 사람에게 인사도 못하고 도망했다. 이를 항상 주선하신 것은 니고데모 선생이 아니셨는가 생각된다.

니고데모 선생은 요셉대형과 친구였다. 니고데모 선생은 유스투스 등의 소년반원들을 가르치시며 애국애족의 뜻을 이심전심으로 가르치셨다.

아우구스투스 로마황제가 이집트에서 안토니우스-크레오파트라군을 격파하고 중동과 이집트를 평정한 후 인구의 동태와 세금을 통제하고자 이집트, 유대, 시리아 등 전 주민에게 주민등록을 시켜 주민의 동태와 이동을 파악하는 황제의 칙명을 발표하자 대형은 이에 반대하여 유대 독립을 일으키고 갈레리안 유대 등 재야 지도자들과 비밀회합하고 로마군 진영이나 요새를 가끔 기습을 하기도 하였다.

그는 독립투사였으며 젊어서는 아버지인 아브라함 요셉의 장자로 어릴 적부터 일찍이 동방의 대상에 따라 다니며 페르시아 지방까지 몇 년을 두고 사업차 부친을 호위하고 사막을 건너 여행하였다. 그는 페르시아의 수사지방에서 페르시아 부족의 남매와도 만난 일이 있었는데, 이들은 지난날 페르시아 왕족으로 누이는 옛날 크세르스 대왕 때 그 유명한 왕비인 에스더 왕비의 후예로 내려오는 가문의 딸이었다. 페르시아는 알렉산더 대왕에게 멸망하고 왕족이 흩어졌지만 알렉산더 대왕이 갑자기 수사에서 죽자 각지에 유력세력이 다시 봉기하여 지역마다 왕이라 자처하는 호족들이 일어나서 알렉산더 휘하의 장군의 후예들과 세력을 합하여 이제는 신흥제국 로마에 도전하여 파르티마를 경계로 티그리스−유프라데스강을 경계로 로마와 대치하고 있는 것이다.

북쪽으로 게르만 민족이 로마와 대치하고 있는 것과 같이 일진일퇴의 공방전을 인류의 발상지 티그리스−유프라데스강에서 대진하고 있는 것이다. 이같이 전방의 대진 상태가 오래 갈수록 교역은 중단되고 나라의 출입이 통제되는 상태에서 요셉형제 가문의 대동방 대상무역은 중단된 상태가 지속되고, 따라서 중동을 기반으로 한 요셉대형의 역할이 줄어서 할 일 없는 날이 많게 되었다. 반면에 서방 지중허 방면 무역을 담당하고 있는 차자인 요셉친형의 역할이 많아지고 있었고 집안의 이익이 서방세계의 무역에 의존되어 있었다.

요셉대형과 같은 독립투사가 여러 명이 있었는데 가말라 사람으로 유대 갈리리안이 있었다. 그는 요셉대형보다 혁명적 사고를 가지고 투정심이 강했다. 그는 로마를 무력으로 부수고 유대를 독립시켜야 한다고 한 사람이다. 그러나 요셉대형은 평화적으로 공존할 수 있는 길을 찾아 로마제국과 타협에 의하여 유대를 독립해야 한다고도 생각했다. 그러기 위해서는 유대가 무력을 가질 수 있는 군사력이 필요하다고 생각하고 전설의 이스라엘 지도자인 아브라함의 민병대적인 군사조직을 갖추는 것이 필요하다고 생각했다.

대형은 알렉산더 대왕의 후계 헬레니즘 세계에서 독립하고자 한 유대의 하누카 왕조의 성전정화운동을 이어 받아 유대가 로마로부터 독립운동을 하고자 하였다. 바르사바와 소년들은 겟세마네 장원에서 이 두 형제의 친구이며 율법을 공부하던 젊은 니고데모 선생님으로부터 로마의 포니아전쟁사를 배웠다. 그리고 카르타고의 명장 한니발이 어떻게 로마군과 싸우고 이겼는가를 배웠다. 그리고 다윗과 솔로몬 시대가 있었음을 강조하였고 토라에 나오는 여호수아편의 전술을 가르치며 모세 선지자의 출애굽 이후 여호수아가 가나안을 정복한 이야기도 되풀이하여 가르치셨다.

한니발이 로마에 패한 것은 한니발 본국에서 전적으로 이 영웅을 지원하지 않았기 때문에 내부 분열로 인하여 자멸의 길을 갔던 것을 강조하였다. 그러므로 유대도 내부가 분열하여 종족끼리, 파당을 이루어 떠들어 대면 그날로 패망의 길을 간다는 것을 가르치셨다.

니고데모 선생과 같은 여러 선각자들이 예루살렘에 여러 분 있었는데, 그 중 그분의 가까운 친구 한 분이 바리새파 교회당의 유명한 랍비로 이름은 가말리엘(Gamaliel)이라 하였다. 그는 전통적인 유대 랍비가문의 후계자로 히렐가문의 출신이며 대를 이어갈 히렐의 양자가 되었다. 그는 바리새파적 사고와 엣세네파적인 사고를 가지고 있었는데 니고데모 선생과 일맥상통하는 점이 많았다.

예수의 제자 요한은 예수님 말씀 전도시에 니고데모 선생이나 가말리엘 선생과도 상면이 있었고 예수와 니고데모 선생과의 대화에 배석한 일도 있었다. 새로 태어난다는(New born) 개념을 예수가 니고데모 선생에게 말한 적이 있는데, 니고데모 선생은 어떻게 사람이 자기 어머니의 자궁 속으로 다시 들어갈 수가 있는가 하고 예수님에게 반문하고 있는 것으로 보아서 알렉산더 대왕 때 동방의 인도까지 원정군이 들어갔다가 듣고 온 바알교, 세불교와 같은 종교의 윤회사상을 전혀 인정하지 않았든가 자세히 알 필요가 없었을 것이다.

요셉대형은 성장 초기에는 로마군에 대하여 적의가 없었으나 나중에 로마군의 야심을 알고부터 유대를 해방시켜야겠다는 일념으로 때때로 로마군 주둔지나 로마군 행렬, 로마군 주둔지역, 로마군 관련 행정기관 등에 기습공격을 가하고 안개같이 사라졌다. 그리고 몸을 피하여 친지, 랍비의 집, 시나고구, 교회, 엣세네파의 수도원 등에 숨어 있었고 신변을 노출하지 않았다. 그는 예루살렘 서남쪽 근교 아인케렘에 있는 외딴 교회당에 숨어 있었다. 이 교회당의 랍비 중에는 사가랴라는 담임 랍비가 있었으며 바르사바는 요셉친형과 니고데모 선생의 주선으로 그곳에서 요셉대형의 시종을 들고 있었다.

어느날 이 외딴 교회에 동방으로부터 젊은 손님이 비밀리에 찾아왔다. 바르사바는 그때 교회에 경비를 서고 항상 주의를 하고 있었는데 부르는 소리에 돌아보니 손님은 아주 나이 많은 학자 랍비 타입의 손님으로 대낮에 기도하러 왔던 사람인데 요셉대형을 만나고자 하였다. 그는 지금 대형이 없다고 하자 페르시아에서 왔다고 연락이 되면 전하라고 했다.

그 사람이 완전히 사라진 다음 요셉대형이 오니, 지난날 페르시아에 갔을 때 알게 된 사람이라고 했다. 다음날 또 그 사람이 후원 들에서 요셉대형을 만났고 둘은 오랫동안 비밀스런 어떤 대화를 가졌다. 그 사람은 떠나갔고 요셉대형은 많은 고민을 하는 것 같았다. 그는 요셉대형에게 물었다. 요셉대형은 여기도 안전하지 못하니 떠나야 할 것 같다고 하고, 교회 관리원에게 한참 무슨 말을 하고 있었다

그는 또 떠날 준비를 하면서 바르사바를 보고는 다시 돌아올 줄 모르니 그동안 여기에 있으라고 하였다. 그리고 떠나는 날은 다음 성경 축일날에 신도들과 손님들이 많이 오니 그때 군중에 묻어서 사라지겠다고 하였다. 사가랴 랍비는 훌륭한 성직자로 덕망이 높은 분이었다. 사가랴 랍비에게는 부인이 있는데, 이름이 엘리사벳이라 하였고 또한 전설의 사라처럼 아름다운 분이었으며 이들 부부에게는 자식이 없었다. 엘리사벳은 일전에 요셉대형이 다쳐서 교회에 들어왔을 때 상처를 보살펴 주신 분이고 비밀리에 음식도 주신 분이다. 엘리사벳은 이웃사람이 어린애를 낳을 때 받아 주시는 유대 전통의 산파 역할도 하셨던 분이다.

많은 동네 아이들이 그녀의 손을 거쳐 낳기도 하였다. 그녀는 젊은 여인에게는 산파였고 늙은 여인에게는 임종을 지켜주는 성녀 같은 간호사였다. 사가랴는 자기 부인의 은덕으로 또한 덕망이 높았다. 남의 아기는 산파처럼 수없이 받아 주셨건만 진작 자기는 자식이 없었다. 지나가는 예언자가 말하였다고 한다.

"저 성녀는 언젠가는 자기가 자기 아기를 직접 받을 것이라."

부잣집 부인네들이야 그 하녀들이 잘 받아 주겠지간 가난한 여인네들의 산고의 고통을 다 받아 주면서 많은 가난한 여인들의 아기를 다 받아 주고 나서 그제야 그녀도 스스로 아기를 받을 수 있다고 하였다. 아브라함의 아내 사라도 늦게 아기를 가졌었다고 했다. 모세오경에 보면 하나님의 사자가 와서 사라에게 잉태를 전하였다고 했다. 엘리사벳이 아기를 가진 일이 드디어 생겼기 때문이다. 모두들 아브라함과 같은 일이 일어났다고 기적이라 했다.

사가랴가 교회의 정기 유대 축일 사제장 당번날에 성소에서 제사를 올리고 있을 때 향료인 유향의 향기가 퍼져 성소가 향 냄새로 꽉 차 있고 시야가 희미한 가운데 천사인 듯 흰 옷을 입은 젊은 청년이 두건을 쓰고 고해성사하듯 사가랴를 보고 그대 아내가 잉태를

하게 되었으며 사내아이를 낳게 될 것이고 그 아이가 광야에서 외치는 소리를 이스라엘이 들을 것이라고 하였다. 사가랴는 그자를 의심하며 그대는 누군가 하였다. 그는 말했다.

"이스라엘의 하나님 아버지 여호와의 이름으로 말하니 그대만 알고 발설하지 말라. 아기가 태어나면 이름을 요한이라 하라."고 하였다.

그리고 그는 홀연히 성소 내문으로 사라졌다. 사가랴는 아내에게로 찾아갔다. 그녀에게 아이를 가졌느냐고 물었다. 엘리사벳은 잘 모르는 일이라 하고 다만 잠결에 여호와의 사자가 왔다갔다는 느낌을 받았으며, 그 후 몸에 증상이 변화가 있다고 하였다.

사가랴는 말문이 막혔다. 그리고 현실을 받아들이기로 하고 다만 과연 사내아이가 태어나는 날까지 입을 다물고 살기로 하였다. 주위에서는 사가랴가 성스러운 의인이며 부인 엘리사벳 또한 정조와 정결의 여인이라 별로 의심하지 않았으며 끝없이 아이를 낳게 해 달라고 여호와 하나님께 기도한 일이 아브라함과 그 부인인 사라의 이야기처럼 이루어 졌을 것이라고 여기는 사람들 또한 많았다.

바르사바는 요셉대형이 교회를 떠나 어디로 갔는지 몰랐다. 얼마 후 소식이 들렸다. 유대 북쪽 항구에 로마군 숙영지 로마군 전함 한 척이 밤중에 화염으로 배의 일부가 불탔다는 것이다. 그리고 로마군에 비상이 걸렸으며 많은 사람들이 잡혀가 심문을 받았고 그 중엔 잡혀가 돌아오지 못하는 사람도 많다는 것이다. 그는 뭔가 또 짚이는 일이 있었으나 확실히 모르는 일이고 요셉대형이 무사하길 빌었다. 그리고 어디를 가야 하는지 기다리고 있었다.

어느날 교회에 사제 한 분이 바르사바에게 조용히 말하시기를 손님이 왔으니 짐을 싸서 따라가라 하시고는 노자 몇 푼을 주었다. 바르사바는 어떤 랍비를 따라 며칠을 걸어서 유대 북쪽으로 갈릴리호수가 있는 가버나움이라는 마을의 강변언덕에 어떤 시나고구 교회로 같이 갔다. 호수 강변은 아주 아름다운 마을이니 이곳에 자리잡고 살아보라고 그 선생님은 그에게 말씀하셨다. 그리고 어디론지 간다고 떠나셨다.

그는 호수 강변에서 작은 고기도 잡고 교회일도 하고 바쁜 생활도 하고 있었는데, 어느날 요셉대형이 온 것이다. 그는 매우 반가웠다. 대형은 자기가 여기 있다는 것을 말하지 말라고 하였다. 대형은 낮에는 사제실의 서고 도서실에 있었고 밤에는 어디론지 나갔다가 돌아왔다. 그리고 바르사바에게 시간이 있으면 나무로 된 칼로 무술을 가르치셨다. 평화롭고 조용한 여름 어느날 요셉대형은 갈릴리호수 서남쪽에 있는 나사렛이라는 조용한 마을 교회에 바르사바를 데리고 함께 갔다. 그때도 요셉대형은 또 긴급시에 피할 피난처를 찾으려고 한 것 같다.

그 교회당은 세포리지역에 본부를 두고 있는 유다교회당 세포리교회 나사렛분교로서 아주 조그마한 초기적 개척 교회당이었다. 그곳에서 랍비 한 분과 요셉대형이 만나서 무슨 이야기를 하고 돌아왔는데 세포리의 큰 교회당이 운영이 어려운 지방의 작은 교회에 도움을 주는 일들이었다. 그런데 바라사바가 요셉대형과 함께 나사렛동네에 들어가면서 그 작은 나사렛교회당의 건물 출입구에서 안내를 담당하고 있던 어떤 예쁜 여성을 보았는데 하얀 머릿수건을 쓰고 책상 위의 촛불 앞에서 무엇을 쓰고 있었다. 그 자태는 아름다웠으며 그녀의 얼굴에 흰 광채가 나 보이는 듯했다. 그녀는 그들에게 어디서 왔느냐고 밝은 미소를 지으며 말했다.

"예, 저기요…… 와! 예쁘시네요."

하고 그 아름다운 손결과 아름다운 얼굴을 보고 바르사바는 어디 이런 시골에 이렇게 예쁜 누나가 있나하는 생각을 했다. 하기야 돌아다니다 보면 시골이라도 가끔 보기 힘든 미인이 평범한 집에서 살고 있는 것을 보니까 말이다. 대형은 안으로 들어가서 한 랍비님을 만나고 나왔고 바르사바는 안내를 하던 그녀를 뒤돌아보며 빨리 가자는 대형을 따라 나왔다. 그는 다음번에 가면 그 누나의 얼굴을 다시 한번 정확히 보고 싶어졌다.

바르사바는 몇 번이고 나사렛교회 쪽을 돌아보면서 대형과 함께 갈릴리 가버나움교회로 돌아왔다.

요셉대형은 시리아로 간다면서 찾아온 이상한 친구들 몇 사람과 함께 떠나갔다. 그도 같이 가면 아니 되느냐고 졸랐지만 여기를 잘 지켜라는 이상한 말만 남기고 홀연히 길을 떠났다. 낙타를 타고 장사하러 나간다고 하였다. 그 흐 바르사바는 갈릴리 가버나움의 한 교회당에서 몇 달을 보내었다.

갈릴리호숫가에 가버나움, 디베랴 등의 로마군 주든지가 역시 있었다. 주둔군 영체 주변에는 또한 많은 여자들이 있다. 가족들도 있고 또 젊은 여성들도 독신으로 거주한다. 그들은 역시 꿈 많은 아가씨들이다.

그가 어릴 때 어머니를 잊어버리고 겟세마네동산에 가기 전 로마군 주둔지 근처 흙벽 돌집에서 심부름하고 있을 때 일이다.

주인이 젊은 아가씨들에게 빌려준 방에서 로마군이 나오며 샌들의 끈을 맬 때 등 뒤에서 아가씨가 서툰 로마어로 묻는 말 '고향이 어디세요?' 그러면 로마군은 '이제와 왜 묻나?' 하는 식, 그리고 시실리아 어디라고 하면 아가씨는 자기도 그곳 이름을 안다고 말을 계속 이어 가며 못내 아쉬워하는 젊은 여자들을 보았다.

그때는 잘 알지 못했지만 커서 생각하니 남녀들이 이룰 수 없는 수많은 사랑을 바람과 같이 지내고 홀연히 떠나는 로마군 청년들을 생각하면 전쟁이 없고 모두가 잘 사는 평화의 시대가 소중함을 느낀다. 그들 또한 기약 없는 전쟁터에서 전쟁을 계속 한다면 그 로마제국의 젊은이들은 언젠가는 전사하게 될 운명이다.

어느날 예루살렘에서 사람이 왔다. 겟세마네 장원에서 갈릴리에 있는 요셉대형을 찾아 왔다. 그러나 대형이 없자 그는 바르사바를 데리고 예루살렘으로 갔다. 사막에 장사하러 먼 길을 떠나는데 사람들이 부족하니 참가하라는 것이다.

겟세마네에서 그는 동방에서 온 대상들과 함께 이집트로 먼 길을 떠났다. 이집트를 넘어 사막을 건너 북서쪽 도시 해안까지 갔다 돌아오는 길에 사막의 폭풍을 만나 죽을 뻔도 하였다. 그는 돌아오면서 사막의 폭풍에 피해를 입은 로마군 일행을 요셉 친형의 대상들이 구해 주는 것을 목격하였다.

예루살렘에 유월절이 오면 또다시 예루살렘뿐만 아니라 유대 전체가 소란스럽다. 헤롯 대왕이 나이가 노쇠하고 후계자들이 중년으로 성장하였지만 대왕은 부인들이 너무나 많고 자식인 왕자 공주들이 많았다. 그 중에 아주 똑똑한 왕자들이 유대를 분할하여 지역을 인수받아 나누어 통치하지 않을까 하는 분열의 양상이 심히 보이고 대왕의 건강이 조금만 이상하여도 왕가에서 후계자 문제로 서로 싸움의 조짐이 보인다고 한다.

나라의 장래가 위태로운데 여기저기서 자기가 메시아라고 주장하는 자가 너무 많다. 그리고 군중들이 이리저리로 줄서서 모여 다닌다. 그리고 왕족들도 서로 편 가름을 하고 줄서기 운동을 한다. 여러 부인들 중에서 각각 그녀들의 장자나 장녀들이 주권을 요구하는 이야기가 한창이다. 헤롯 왕이 죽으면 나라가 여러 개로 나누어진다고 말이 많다.

아켈라우스 왕자는 마음이 어질지만 야심이 없는 우유부단한 사람이니 로마군이 이래라 하면 이렇게, 저래라 하면 저렇게 할 사람이다. 반면 안티파스 왕자는 야심이 있고 등치가 만만하지 않으며 로마에 호락호락 말려들지 않아서 로마에서는 다루기 거북한 요주의 인물로 본다. 또 배다른 빌립 왕자는 젊은이들에게 인기가 많으며 서민적이고 유대 사람들까지 호감을 갖고 있으며 헤롯 대왕이 사랑하는 왕자 중 한 사람이다. 너무 많이 살다 보니 왕비와 후궁들이 너무 많고 왕자들에게 한 자리씩 영토를 주자니 왕자, 공주가 너무 많고 지난 옛날 다윗 대왕 때 만년에 수많은 왕자들의 후계자 다툼이 일어나듯이 나라가 풍전등화이다.

이스라엘 역사적으로 보면 지나간 다윗 대왕 때 왕이 왕자 한 사람을 후계자로 지목하면 여러 왕자가 나서서 합심하여 후사가 못 되게 한다. 서로 견제하여 반역으로 몰고 죽인다. 마치 희랍의 혼합 레슬링 운동경기처럼 한 링 의에 레슬링 격투사들을 4~5명을 동시에 경기하도록 하고 그 중에서 끝까지 살아남는 자가 최후의 승자가 되는 것처럼 서로 견제하고 죽이는 가운데 적자가 나타나서 평정하고 왕이 된다. 여왕벌, 여왕개미, 그들끼리 격투에서 간택되는 것과 같다.

과연 헤롯 왕의 후사에 이런 처절한 왕자들의 다툼이 일어나지 않을 것인가 모두 걱정했다. 다윗 왕의 시대를 보면 후계자 왕자들 중 왕비의 씨족이 강한 왕자를 다윗 왕이 점찍을 수밖에 없었다. 그러나 약한 세력의 왕자들이 서로 짜고 다윗 왕에게 항거하고 반란과 갈등으로 다윗 왕에 번뇌를 주었다.

최후로 솔로몬이란 왕자를 간신히 선택하였지만 그 당시에도 솔로몬이 왕위에 오른 것은 솔로몬 자신의 힘보다는 솔로몬 왕 어머니의 힘이었다. 다윗 왕의 휘하 장군인 우리아의 아내였다가 다윗의 왕비가 된 밧세바의 힘으로 솔로몬이 왕위에 오른 것이었다. 이 이야기는 성경 중 다윗가문의 족보에 쓰여 있다.

당시 밧세바는 이미 결혼한 여자로 다윗 왕의 휘하 용감한 장군인 아모라이트족 출신 우리아의 아내였다. 우리아는 최전선 암몬 땅에서 전사하였다. 물론 그가 전사한 후 다윗은 밧세바를 왕비로 맞이했다. 이상한 성경 이야기인데 성경의 족보에 의하면 솔로몬 왕은 다윗 왕과 우리아의 아내 밧세바 사이에 태어났다고 숨김없이 적혀 있다. 성경은 진실을 사실로 기록한 증거이다.

그러나 솔로몬은 아버지 다윗과 똑똑한 밧세바의 다들이어서인지 왕으로서 정치를 아주 잘하였고 유대 나라를 역사상 가장 잘살았던 나라로 만들었던 것을 보면 왕이 되는 사람은 타고난 것일런지 모른다. 솔로몬이 등극 초기에 왕의 자질로서 놀라운 사건을 일으킨 일이 하나가 있는데 이 이야기는 니고데모 선생이 들려주셨다.

다윗의 왕자 중 유능한 왕자 한 사람이 있었는데, 암논이라 했다. 암논 왕자는 배다른 왕자 중 압살롬 왕자의 여동생인 아름다운 공주 다말을 짝사랑하여 구애를 하다가 다말 공주가 같은 아버지 자식들이니 근친상간이라고 사랑을 받아들이지 않자 강제로 몸을 범한 일이 생겼다.

사무엘하 13장을 읽어 보면 다말 공주가 애원했어도 암논 왕자는 강제로 다말 공주를 범하였는데, 그런 일이 있은 후 생각이 바뀌었는지 그 후로 타말 공주를 본 체 만 체 하였다. 책임도 지지 않았다. 암논 왕자가 다윗 왕에게 그의 범행을 사실대로 말할 수 없어도 사랑하는 사이라고 이실직고하면 다윗 왕의 특권으로 특명에 의해 배다른 형제라도 결혼될 수가 있었는데도 적극적으로 왕에게 다말 공주와 결혼하고 싶다는 요청도 하지 않으니 다말 공주는 화가 났다.

범한 몸을 책임지지 아니하므로 다말은 어머니와 오빠들에게 울면서 하소연하였다. 같은 어머니에게서 난 왕자들이 암논 왕자에게 신사적 해결을 요구했으나 답변이 없자 압살롬 왕자는 암논 왕자를 괘씸하게 생각하고 최후로 의견을 들어 보고 확답이 없자 그를 죽였다.

다윗 왕은 암논 왕자를 죽인 압살롬을 징벌하고자 하였지만 당시 충신이며 권신인 대장군 요압의 요청으로 압살롬 왕자를 일단 사면하였다. 하지만 압살롬은 계속 마음이 불안했다. 그 후 압살롬 왕자가 헤브론에서 사람을 모아 노년의 다윗 왕에게 세자의 지위를 인정하여 주고 왕위를 이양해 주기를 요구하고 반역하였으나 이번에는 대장군 요압이 반란을 평정하고 압살롬을 죽게 하였다.

다윗 왕은 새로운 후계자로서는 압살롬의 동생 아도니아 왕자와 밧세바의 아들 솔로몬이 후계자로 유력시되었는데 아도니아 왕자는 다윗 왕이 오랫동안 살아 있자 압살롬처럼 급한 김에 일찌감치 왕이 되려고 군사장관인 대장군 요압과 함께 반역을 꾀하고는 다윗의 생명이 다하여 오늘 내일 하는 지경에 한 날을 정하여 요압을 위시하여 추종자들과 회합하고 다윗 왕이 아직 죽지 않았는데도 자기가 후계자로 왕이 되었다는 포고를 하는 일이 또 생겼다.

이때 솔로몬의 어머니인 밧세바가 오래전 이스라엘 전방 군사령관 우리아의 아내였을 때 다윗 왕이 그녀를 왕궁으로 들여올 때 아마도 아들을 낳으면 아들을 후계자로 해 주겠다고 약속한 일이 있었던지 밧세바가 왕의 침소로 들어가 약속을 지키시라고 강요하자 다윗 왕은 또 그리하라고 하여 순식간에 왕위 계승자가 솔로몬으로 확정되는 사태가 발생하였다. 아도니아 왕자는 공식적으로 왕이 되지 못하였다. 후일 왕비로 들어온 밧세바의 아들 솔로몬이 왕의 후사가 되자 왕궁의 인척들과 조야는 크게 놀랐다. 수많은 토호출신 왕비들의 세력들이 일시에 왕권을 놓쳤다고 야단했다.

다윗 왕은 이스라엘왕국을 여러 토호족장들과 단결화합하기 위하여 여러 족장들의 딸들을 왕비로 삼았기 때문이다. 이 와중에 솔로몬이 왕이 되었다. 이스라엘이 여러 왕자들에 의하여 영토가 나누어지지 아니하고 정권이양이 솔로몬 왕으로 단일하게 된 것은 다윗 왕이 잘한 치세였다. 솔로몬은 어머니 밧세바의 노력으로 왕위에 올랐다고 쓰여 있다.

바로 이 시대 헤롯 왕의 말년에 유대에 어떠한 사태가 올 것인지, 다윗 왕 때처럼 무슨 사태가 일어날지 지난 역사를 알고 있는 백성들은 불안했다. 새로운 왕이 올 것인가?

다윗 왕 당시 반란을 일으킨 아도니아 왕자는 인도적 차원에서 왕을 자칭한 죄에 대하여 불문에 붙여져 죽음은 면하게 되었으나 다윗 왕이 밧세바에게 약속한 대로 다윗 왕이 죽고 솔로몬이 왕이 된 후 어느날이었다. 축출되었던 아도니아 왕자는 화해의 청원으로 다윗 왕의 말년에 최후로 다윗 왕을 모시던 이스라엘 제일의 미인 슈나마이트 출신 아비삭이라는 막내 후궁을 자기에게 달라고 솔로몬 왕의 어머니인 밧세바를 찾아가 애원하였다. 밧세바가 다시 아들 솔로몬 왕을 불러 아도니아 왕자의 청을 들어줄 것을 요청했다. 물론 밧세바의 의중은 아도니아와 솔로몬 간의 우정을 다지고 외롭게 사는 어린 후궁 아비삭도 정을 붙이고 평화롭게 여러 왕족이 살아갔으면 좋겠다는 의도였겠지만 현군인 솔로몬은 생각이 달랐다.

어디 아들이 아비의 후궁을 아비가 죽고 없다고 자기 후궁으로 삼겠다는 법이 어디 있냐고 즉각 계엄령을 발하여 호위 측근을 불러 아도니아의 죄명을 일러주고 체포하도록 하고, 즉결 계엄 재판을 하여 선왕 다윗 왕에 대한 모독죄로 아도니아를 사형에 처하였다. 이것은 지난날 다윗 왕의 한 아들인 압살롬 왕자가 왕이라 자칭하고 반란을 일으켜 예루살렘에 입성한 후 아버지 다윗 왕의 다른 후궁들과 동침한 일이 있었기 때문이다. 이번에는 공식적으로 전왕의 후궁을 차지하겠다 하니 솔로몬이 도저히 용납할 수 없었다.

일전에 압살롬 반란의 경우 다윗 왕은 예루살렘 성에서 아들 압살롬과 부자간의 무력 충돌을 피하고 사람들이 많이 죽는 것을 피하기 위하여 예루살렘에서 피신할 때 미처 후궁들을 대피시키지 못하고 남겨 놓은 상태로 성을 일단 철수시킨 것이다. 압살롬은 남아 있던 아버지 다윗의 후궁들과 동침한 일이 있었다. 후궁과 궁중여인들이 많았으니 어떻게 된 건지 엉망이 되었을 것이다. 압살롬은 이 사건으로 인해 당연히 인심을 크게 잃고 파멸하였다. 남의 나라에 가서 남의 가정을 찬탈하는 자는 멸망한다는 가르침이 있다. 아프리카 밀림에 숫사자가 새로이 왕초가 되면 암사자들의 왕 노릇 하듯 먼저 난 사자 새끼들을 다 물어 죽이고 암사자를 새로 임신시킨다. 이렇듯 동물이나 하는 행위이다. 하지만 역사상 사람이 이런 짐승 같은 일을 했던 경우도 비일비재하였다.

다윗의 후궁 아비삭을 달라는 말도 되지 않는 요구를 했던 아도니아 왕자를 제거한 솔로몬 왕은 기회를 놓치지 않고 아도니아에게 충성한 군사장관이며 다윗 왕 때 난세의 간웅이며 영웅이었던 대장군 요압을 제거하였다. 요압이 여호와 장막의 제단으로 피신하여 목숨을 유지하려 하였으나 솔로몬 왕이 직접 제단으로 가서 숨어 있는 요압에게 죄를 묻고 죽였다. 다윗 왕의 충신이었고 유능한 대장군인 이 요압도 만년에 줄 서길 잘못하여 아도니아왕자 편에 붙었으나 영매한 솔로몬과 그 어머니 밧세바를 알아보지 못했다. 요압의 실책이었다.

다만 말년에 다윗 왕이 불장난으로 데려온 남의 아내로만 여겼을까? 아니면 그의 어머니 밧세바가 숨이 다해 가는 다윗 왕에게 가서 솔로몬을 후사로 계승해 주도록 한 순발력이 있었음을 몰랐을까? 노병은 은퇴해야 한다는 말이 있다. 그것이 영광스런 일이다. 정치에 말려들면 줄 한 번 잘못 선 것으로 인해 자신을 망친다. 요압은 성공과 실패를 동시에 말하는 사람의 운명과 인생의 거울이다. 여호와의 제단, 확실한 피난처에 숨어 있어도 이와 같이 처벌당하였다. 솔로몬은 왕권을 확고히 하기 위하여 명장이라는 요압도 죽였다. 솔로몬은 영매한 군주였다.

그러나 요압과 같은 명장이 없어진 이스라엘은 솔로몬이 죽자 나라가 남북으로 분열되는 파란을 겪고 남북의 도성이 함락되고 민족이 바벨론으로 이거당하는 파란을 겪게 된다.

솔로몬과 같은 명군이 없어지고 명장이 없어지면 나라가 위태롭다. 당시 솔로몬은 나라의 안정을 위하여 요압을 완전히 없애 버린 것이다. 이로 인해 다윗 왕가의 왕권은 확실시되었다. 이로써 수많은 왕자의 반란은 종말을 고하고 솔로몬 왕의 안정된 치세가 시작되었다.

솔로몬 왕은 지략이 있는 군주이며 지혜로운 왕이라는 것을 성경을 읽어 보면 누구나 찬탄하나 왕국의 왕권을 위해 추호도 주저함이 없었던 왕이었다. 국가의 영웅을 죽이는 권력의 횡포는 왕위 제도 때문이라는 것을 모세와 여호수아는 벌써 알았기 때문에 그들은 이스라엘의 왕이 되지 않았다.

그들은 솔로몬보다 먼저 있었으며 이스라엘의 위대한 민주적 지도자들이었다. 그들은 이집트 파라오로부터 알았으며 민주적 지도자 제도를 이스라엘에게 심고 나라를 세우기 위하여 광야로 나왔고 이스라엘을 건국하였다. 그러나 그 훗날의 이스라엘은 왕권유지라는 절대 권력의 힘에 의해 나라가 융성하기도 하였지만 분열의 역사가 계속되었다. 이왕에 나라가, 운명이 그러한 선택을 하였으면 그렇게 확실한 왕권을 지킬 줄도 아는 왕이 되어야지 지금의 우둔하고 과단성이 없고 착하기만 한 아켈라우스가 유대를 다스린다니 문제가 있다는 것이 헤롯 왕뿐만 아니라 당시 시중의 여론이었다.

그리고 외국의 사절이 헤롯궁에 와선 다음 대통을 이어 갈 후계자가 누구가 되는지 관심이 많고 또 자기들 나라에 돌아가서 그들 옆에게 유대에 지금 누가 왕이 될 가능성이 많다는 보고를 해야 되는데 도무지 알 길이 없으니 이 왕자 저 왕자 거처를 염탐하고 기웃거리고 돌아다니는 시간이 많으니 자연히 왕권에 잡음이 많아질 수밖에 없었다.

새로운 왕이 등극할 것이라는 소문만 나고 누가 왕이 되는가, 헤롯 왕가는 전통의 유대 왕가는 아니고 이두메 지난날 이삭의 아들 에서에게서 나온 에돔호족의 왕가이니 이차에 순수 유다 12지파 혈통의 왕, 다윗 후계자의 왕이 나타나야 된다는 의견이다.

그러면 전통의 다윗 왕가의 왕족이 어디에 있는가. 살아 있는가. 그는 누군가 하는 것이 메시아 사상에 이르기까지 공범위하게 퍼져 나갔다. 이 억울한 박해를 여러 민족으로부터 받아온 유대는 한심한 지경에 왔지만, 이제 나라를 다시 세울 새로운 왕 다윗과 같은 메시아가 도래하는 것을 사람들은 기다리고 있었다. 외국의 사신들도 수없이 메시아에 관하여 질문하고 돌아갔다. 3인의 동방박사, 매기들도 별을 보고 감을 잡고 왔다갔다.

유대의 새로운 왕이 누가 될 것인가, 메시아의 탄생이 기다려졌다. 지금 있는 왕자들 중에서? 아니면 딴 곳에서? 어느 누가 로마를 몰아내그, 어린 다윗과 같이 골리앗 로마제국을 물리치고 유대를 세우는 영웅은 없는가? 모두들 기다리고 있었다.

한편 유프라데스강에서 파르티마 군사와 로마군이 대치하고 있는 긴장이 계속되는 가운데 로마군은 카이사르 빌립보에 군사를 증강시키고 골란고원에 점령지를 더 강화하고 있었으며 케자리아, 욥바, 하이파항구에 로마하군을 보강하여 장차 홍해로 해군을 출동시켜서 페르시아만으로 진출하려는 계획을 가지고 있었다.

이것은 파르티마 후방으로 해군을 페르시아만에 주둔시키고 인도까지 해상로를 확보하려는 움직임을 보였다. 긴장한 파르티마 부족단은 조직적으로 무장하여 각 씨족들이 낙타기병대를 주력으로 로마와 대치하고 있었다.

파르티마 부족회의에서 이러한 로마의 의도를 사전에 분쇄하기 위해서는 로마군 주력 진지나 항구에 주둔하고 있는 제국 해군에 기습을 가하여 함대를 불태우고 파괴시키며 보급로를 차단하고 군량과 마초, 빵으로 쓸 수 있는 양곡 등 먹을 수 있는 잡곡까지 다 태워 소각시키는 유격전을 세웠다.

알렉산더 대왕의 동방원정 이후로 페르시아는 패배의 쓰라린 경험을 잊지 않고 적극적인 공세주의로 영토를 방어하고 있었다. 파르티마의 연합부족 세력은 유대에 유격전기지를 만들고 거기서부터 로마군 주둔지 및 그 편리시설과 인맥을 차단하기 위하여 유대인들과 연대하여 야밤을 통해 줄기차게 소요사태를 일으켜 왔다. 그래서 바로 로마가 파르티마 페르시아 본토를 노리는 계획을 꿈도 꾸지 못하게 하였다.

유대의 독립을 추구하는 세력들, 열심당인 질롯파는 이러한 파르티마와 연계하여 유격전 인원을 확보하고 유월절이나 유대인들의 축제일 등 사람이 많이 모이는 시기를 이용하여 기습, 반란을 모의해 왔다.

이 외에 유대를 평화적으로 유지하려는 정치세력은 여호와 하나님의 날만 도래함을 믿으며 산속의 동굴에서 은둔생활을 하고 자치적으로 공동생활을 하며 살아가는 엣세네파와 여호와열성파, 사두개파, 바리새파와 헤롯 왕가를 중심으로 군사 출신 사관학파로 왕에게 충성하는 친위대의 군인으로 중심을 이룬 헤롯 왕당파가 있었다.

이 중 바리새파와 사두개파가 유대 종교를 이끌어 가는 양대 산맥으로 유대 사람들은 양 당을 교차해 가며 지지하고 정치적으로 양 당 제사장단 의회로 사회의 안정을 유지해 왔다. 그러나 두 개의 종파는 어느 시대나 마찬가지로 서로의 반목이 심하여 유대의 분열의 씨앗이었다. 이스라엘 역사에 의하면 이 사두개파와 바리새파의 극단적 대립은 BC 142년에서부터 BC 63년 사이에 있었던 하스몬 왕조 때의 이스라엘 왕 알렉산더 야나이 때에 바리새파가 이 사두개파를 지지하는 왕에 대하여 반란을 일으키자 이 왕은 바리새파 지도자등 6,000여 명을 죽이고 800여 명을 십자가형에 처한 적이 있었다.

이미 십자가형은 로마군이 이스라엘에서 시작한 것은 아니나 반대자를 제거하는 혹독한 수단으로 고대로부터 쓰여진 것으로 나타나 있다. 이때 바리새파 일부가 사해 쿰란동굴로 피하여 세상을 등지고 숨어서 전통의 이스라엘 율법을 지켜 나가는 엣세네파를 형성하였다고 본다고 니고데모 선생은 말하였다.

이스라엘 사회를 파악하고 있는 로마제국은 이 두 종파를 교묘히 이용하여 유대 내정에 개입하는 구실을 가졌다.

사두개파(Sadducees)는 상당한 귀족적 상인의 세력을 가지고 부자들이 많았으며 바리새파들이 별도로 여호와께 제사를 드리는 것을 위선자로 보고 있었다. 가인과 아벨처럼 여호와에게 따로 제사지내면 문제가 생긴다. 가인과 아벨처럼 언제나 두 개의 세력이 생긴다.

사두개파 사람들은 원래 명문거족의 집안인 자독(Zadok)족 집안으로 다윗과 솔로몬 시대 그 유명한 성직자 자독의 후예들이다.

그 후 성직자 에스겔은 유대 왕통을 우지시켜 왔으며 다윗의 왕통을 지켜준 이스라엘의 대제사장 집안이다. 이 사두개파는 충신과 정의를 내세운 충신 이스라엘 집안으로 자연히 군인출신도 많아 애국지사파(Zealot)를 분지시켰으며 오늘의 이스라엘이 있기까지 그 뿌리가 든든한 집안이다.

바리새파는 우수한 이론가들이 많았고 율법에 정진하여 율사와 판관의 직을 많이 차지하였다. 애국지사파는 무력으로 유대왕국을 서우려는 파이고 민중으로부터 가장 인기 있고 유대 사람들이 음으로 양으로 도우며 또 파르티마는 로마를 공동의 적으로 알고 있는만큼 애국지사파를 적극후원하고 있었고 특히 애국자가 많은 갈릴리지역에 대하여 지리적 깊은 연관이 있었다. 이 북이스라엘지역이 훗날 다시 나라를 다시 세울게 될지는 모른다. 북방 이스라엘 제일의 요새인 가말라에는 가말라출신 유다스로, 유다스 가말라라 했는데 독립 열심당을 만들고 로마군과 싸우다 세포리 지역 전투에서 당시 시리아에서 출동한 로마군 바르스군단과의 전투에서 전사하였다.

유대 사람들은 순교한 유다스 가말라를 기념하여 유대 더 갈릴리안이라고 유대사회에 추서되었다. 갈릴리 지방의 세포리에는 헤롯 안티파스의 북방지역 수도로 왕궁이 있었고 친위군과 로마군 가이사라 분견대가 주둔하고 있었다.

또한 이 세포리에는 중앙 시나고구 교회당이 있었는데, 이 교회의 지파가 나사렛에 교회를 세웠다. 그 교회 지회장에게 예쁜 딸이 하나 있었는데 그녀는 랍비인 아버지를 따라 나사렛 분교에 가서 교회업무와 안내를 담당하고 있었다.

서포리에서 요셉대형을 만난 바르사바는 요셉대형이 독립투쟁의 의심을 받아 갈릴리 가버나움교회로 피해야만 했다. 그곳에서도 왕궁과 로마제국군의 비밀 보안요원을 피하여 가버나움을 떠나 산간마을 나사렛으로 옮겨서 나사렛분교회에 사제로 숨어서 지내게 되었다. 이 세포리교회 나사렛분교회에 있던 요셉대형은 청명한 어느 가을밤 바르사바에게 짐을 싸서 어깨에 매게 하고 다시 세포리 외각 어느 민병대의 집결지로 모여 갔다. 그곳에서는 요셉대형이 이미 비밀결사의 지도자가 되어 있었다.

그리고 모임의 장소에 또 한 사람이 나타났는데, 모두들 그를 유다스 가말라의 아들이라 하고 그를 장군이라고 불렀다. 장군은 요셉대형을 모세와 같이 장래의 유대 지도자로 세우고자 하였다. 그리고 그들은 어떤 주요한 소요사태를 일으키고 로마군 주둔 진영 한 곳에 대한 공격을 감행하려는 계획이 있었다.

그들은 각각의 인솔 민병대를 이끌고 대오를 이루어 야밤을 틈타서 해변으로 이동하여 가이사라항의 로마제국 해군 주둔지에 이르렀다. 아, 그런데 마침 그곳에서는 로마인들이 이 항구 도시사람들과 함께 그들의 신인 쥬피터에 대한 축제일로 대규모 음악무도의 축제를 열고 있었다.

지중해 로마군 함대 사령관이 타는 전함이 물 위에 저만큼 떠 있고 항구에 접안한 로마군 전함 갑판 위에서부터 아래 부두로 축제연단을 마련하여 놓고 한판의 대환영회와 유흥을 대규모로 열고 있었으며 함성과 노래가 터져 나왔다. 많은 항구의 주민들이 구경하러 모여들었고 항구 주변은 아수라장이었다. 왜 이런 날 로마진영을 공격하기로 계획되었나. 많은 민간인들이 다칠 수도 있는 것을 우려하면서 요셉대형 일행들은 군중 사이로 모여 어울려 들어갔다. 함상무대 위에 옷의 내부 살결이 비치는 얇은 옷을 입은, 전라에 가까운 무희들이 수없이 로마군단 열병 대열처럼 열을 지어 앞뒤로 발맞추어 전진 후퇴하며 북소리에 맞추어 춤추며 노래하고 있고 무대의 가수들이 신나는 나팔과 아프리카식 탱고악기의 반주에 맞추어 노래하고 있었다.

원형경기장처럼 만든 무대 아래에는 군중들이 하나가 되어 춤추고 노래하고 껴안고 젊음을 만끽하며 신나게 놀고 있었다. 자유스런 항구에 여러 해양민족들이 같이 살고 있었으니 별천지 세계이다. 이제 신호가 울리면 유격대의 화살이 불에 붙여져 날고 화염이 일어나며 무대가 아비규환이 될 것이다.

지옥이나 다름없는 유격대의 공격사태가 날 터인데 그런 줄도 모르고 로마군 전 해상함대와 로마군 가족들이 축제분위기에 휩싸여 있었다. 물론 로마군 센트리온이 지휘하는 백병대가 주위를 경계하고는 있었다. 로마군 주둔지 지중해 북녘 가이사라 해안가의 군인, 그 가족들, 아이들, 부인들 모두가 나와 춤추고 노래하며 한밤을 보내고 있는 가운데,

늦게 달이 떠올라 분위기가 고조되었다.

"요셉 지도자님께서 이제 신호를 하시오."

하는 소리가 들렸다. 누가 지도자인가? 누가 이 조직을 주도하나? 주위가 상당히 소란스러웠고 재미있어서 유격소요를 일으키려 이곳에 온 자들도 오히려 분위기에 빠질 정도이다.

"아, 저렇게 유쾌하게 잘사는 방법도 있는데 우리는 왜 기도하는 머리에 토라 성물을 쓰고 고난 속에 사는가?" 이 축제를 보며 누군가 말한다.

"아니야, 바로 저것이 소돔과 고모라다. 하나님 여호와의 권위로 파괴해야 한다."

유격대 지휘관 한 사람이 요셉대형에게 재촉하였다.

"요셉대형님, 공격을 명하시오. 신호를 올리시오. 파르티마 민병대에 공격신호를 보내시오." 하고 재촉하는 소리가 들려왔다. 많은 유격대를 모집하여 데리고 온 민병대 지도자인 요셉대형이 전투 작전권을 가지고 있었다. 그러나 요셉대형은 많은 민간인들이 축제에 있다는 것을 보고 공격 지시를 차마 하지 못하고 있었다.

"빨리 연락하여 동시에 공격해야 승리를 이끌 수 있습니다."

요셉대형은 안 된다고 생각했다.

"오늘 공격해서는 안 되겠다."

"지금 공격을 시작할 때인데 어째서 그렇습니까?"

"이 평화스런 공연에 불화살을 쏘고 창을 던지면 죄없는 많은 일반인이 다친다. 그러면 이들도 우리의 죄없는 아이들과 부녀자들을 죽일 것이다. 너무 많은 인명이 모였고 주위 보안이 철저한 것 같다. 시리아 국경을 넘기가 어렵다."

"아니오. 오늘 이 같은 많은 인간들이 모였을 때 싹쓸어버려야지 기회가 더 이상 없습니다. 오늘 공격하여 로마에서 기절할 정도로 만들면 다시는 이 예루살렘을 공격하지 말자는 로마원로원의 여론이 생깁니다. 그리고 여기에서 군사를 철수하라고 할 것입니다."

요셉대형은 계속 머뭇거렸다.

"이런 평화의 공연을 공격하면 여론이 좋지 않고 나중에 더 혹독한 보복을 가져올지 모른다. 로마가 단합하면 안 돼. 다음 기회를 보는 것이 좋겠다. 평화적 축제행사를 공격하면 곤란하다."

"아니, 요셉대형님 지금이 절호의 찬스입니다. 기습하여 로마 전 함대를 불태웁시다. 자비를 뭘 생각합니까? 기회는 다시 오는 게 아닙니다." 하고 여럿이서 주장했다. 그렇지만 요셉대형은 망설이고 있었다. 같이 온 파르티마인들은 말했다.

"아니, 이게 뭡니까?" 하니 유대 가말라 2세도 항의하고 있었다.

와중에 공연장에서 공연을 마무리하고 파하는 나팔이 울리고 공연을 갑자기 종료한다는 신호가 나왔다. 그리고 사람들은 흩으져 잽싸게 영체로 돌아가기 시작했다.

"아뿔싸, 시각이 지나고 있네. 빨리 공격하지 않그 뭣들 하고 있는 거야?"

"지도자가 신호를 보내지 않고 머뭇거리고 있다네."

"이게 뭔가? 많은 비용을 들이고 민볗대를 모으는 일도 쉬운 일이 아니고 이런 기회도 별로 없는데……."

"뭔가 잘 안 되는 것이 있나봐. 소돔과 고모라를 정벌하듯이 하면 되는데……."

"저들은 소돔과 고모라가 아니다. 저 빈틈없는 경계태세를 보라." 하고 민병대원들은 한탄했다.

"이제는 시간이 없습니다. 오늘 파르티마에서도 인원이 동원되었는데 소득 없이 끝나면 이게 뭡니까요? 요셉대형께서 자금만 낭비하고만 것에 대하여 책임을 져야 합니다."

"누가 보아도 이때 공격하면 성공은 하겠지만 나중에 문제니 그만 중지하고 돌아가자."

"때가 늦어지면 곧 밀고자가 생기니 빨리 피하십시오."

요셉대형이 말하자 제각기 순식간에 군중 틈에 섞여 헤어졌다. 대형과 함께 유스투스는 다시 나사렛분교회로 돌아왔다. 대형께서는 두문불출하였다. 그 후로는 파르티마 사람들은 찾아오지 않았다. 유대 가말라 2세로부터도 사람이 왔다. 둘의 사이가 멀어져 가는 것 같았다. 추종자 몇몇이 가끔 보이긴 했는데 그들은 요셉대형이 예전 같지 않고 로마군에 겁먹었는지 용기를 잃어 간다고 불평했다. 대형은 우두커니 말없이 어두운 교회 주변을 걸으며 묵상에 잠기는 때가 많았다. 그리고 계속 두문불출하였다.

아, 유다가 어디로 가는 것일까? 헤롯 왕이 말년에 가까워져만 가고, 나라는 많은 왕자 공주들 때문에 사오분열의 양상을 보이는 가운데 멸강의 초저녁 같은 어두운 느낌이 들어온다고 하였다. 바르사바는 그때 이후로 확실히 요셉대형이 누구인지 확실히 알았다.

요셉대형은 이제 죽음을 각오하고 유대 가말라와 함께 로마와 최후의 일전을 벌여야겠다고 생각했다. 파르티마군 유격대가 이제 마지막으로 지원을 해 주고 갈릴리 지역을 뜰 것이라는 연락이 왔다.

티그리스강가에 로마군이 병력을 집중하여 더욱 압박을 가하고 있으므로 로마군 후방에 교란작전을 펴고 있는 유격대를 지원하기가 곤란하다는 것이다. 그들은 세포리에 주둔하고 있는 로마군 영체를 공격해 준다면 파르티마 전선이 유리하니 유대 유격대가 기습해 줄 것을 요청했다. 지난번 가이사랴에서 중요한 작전을 이행하지 않아 전세가 불리하게 되어 실패에 대한 책임을 물은 것이다.

요셉대형이 바르사바를 데리고 세포리로 출발하기 전 나사렛교회에 잠깐 들러 랍비 사제를 만나러 교회에 들어갔다. 그리고 곧 랍비 사제 방에 갔다. 안내실에 있는 누나는 어떤 젊은 청년과 이야기를 하고 있었다. 교회에 쓸 의자며 책상이며 단상에 있는 물건에 관하여 손을 들어 가리키는 것을 보니 뭘 주문하는 것 같았다. 전에도 서로 얼굴을 보며 미소지어 인사를 나누곤 했는데 바르사바는 그 청년이 돌아가자 안내 담당 누나에게 그 청년에 대해 물었다.

그 청년은 대대로 건축 목수가문의 아들로 특히 교회를 전문적으로 짓고 내부공사와 책상, 의자 등의 나무장식 등을 만드는 목수로서 앞으로 유망한 건축기사가 될 거라고 말했다.

요셉대형은 담임 랍비에게 갔다. 그들의 이야기는 한 시간이 넘게 끝나질 않았다. 바르사바는 저만큼 떨어져 않아서 그 누나가 사람들을 안내하고 무슨 질문을 하며 무엇을 적고 하는 것을 보면서 계속 얼굴이 그쪽으로 쳐다봐졌다. 쳐다볼수록 누나의 얼굴은 빛나 보였다.

("잃어버린 어머니 얼굴과 같아. 엄마!")

하고 어린 바르사바 유스투스는 잃어버린 어머니를 생각하며 눈시울이 뜨거워졌다.

그는 요셉대형이 나오자 교회를 계속 돌아보면서 마치 다시 올 수 없는 기분을 느끼며 대형의 숙소로 돌아와 출발을 준비했다.

요셉대형은 세포리에 있는 로마군단이 예루살렘으로 지원을 간 틈을 타서 어디를 공격하기 위한 것인지 모르지만 파르티마에서 온 몇 사람들과 함께 바르사바를 데리고 새벽에 떠났다.

한편 유대의 양대 정파인 사두개파와 바리새파는 헤롯 왕가에 산헤드린 의결사항을 참작하여 주도록 요구하고 왕궁이 함부로 많은 세금을 올리지 못하도록 저지하고 시민의 권리를 요구하는 방법을 써서 그들의 세력을 확장하였다. 또한 그들은 계속 소요사태가 일어나는 것이 유대 자치정치로 가는 독립의 길이라고 여겨 소요사태를 부추기고 방임하는 일관된 사고를 가지고 있었다.

유대 독립파벌들은 질롯의 무사들이 헤롯 왕의 시대를 종말짓고 새로운 나라를 이루어 이끌고 갈 지도자들로 보기 때문에 요셉대형과 유대 가말라 등 그들을 숨겨 주고 그들이 주도적 역할을 하도록 비밀리에 지원하고 보흐하였다.

한편 로마는 예루살렘 유대지역에 계속되는 소요사태를 제압하기 위하여 주민들의 주민 등록제를 실시하고 인구조사를 하여 주민의 거주이동을 파악하며 수상한 자들을 주민등록을 통하여 통행을 제한하고 인구조사에 의해 세금을 공평히 한다는 의미로 부동산신고를 하게 하였다. 누가 어느 정도의 토지를 소유하고 있는지 또 사업으로 얼마를 벌고 있는지 신고하고 거기에 따른 세금을 부과하였다. 이 인구조사와 인구 출생지 등록은 유대인들에 게 큰 반발을 일으켰다. 더 심한 소요사태가 일어나고 군중운동이 일어났다.

로마군은 보안을 위하여 병력을 출동시키고 수도인 예루살렘지역에 계엄령을 내리고 외국으로의 통행을 신고하도록 하고 야간통행금지를 실시했다. 헤롯 대왕의 만년의 소요 사태 속에 확실한 후계자가 없고 왕자들의 영트 분할론이 확실해지는 가운데 로마군은 예 루살렘 지역은 계속 자기들이 직접 관할하겠다고 주장하고 나왔다.

로마군은 일면 잘 협조하는 아켈라우스 왕자를 옹립하여 유대 전체를 대표하는 상징적 유대 군주로 삼고자 했다. 그러나 헤롯은 응하지 않았다. 다른 부인들과의 사이에서 낳은 왕자들의 반발이 거센 때문이었다. 아켈라우스 왕자는 무능한 사람이 아니라 참으로 착한 사람이었다. 유대인들이 좁은 땅에서 집착할 것이 아니라 광활하게 넓은 초원으로 진출해 야 한다고 생각했다.

제 7 편

갈릴리호수와 나사렛

젤롯의 무사들은 세포리를 공격하여 탈취하고 도시를 접수할 때를 노렸다. 유스투스는 요셉대형과 함께 나사렛에서 출발하여 세포리 인근에 도착하였다. 대형의 일행은 유대더 갈리리안의 민병대병력들과 함께 그믐날 밤을 틈타서 로마군 주둔지의 영체를 급습하였다. 암호는 '임마누엘'과 대답으로 '여호와는 나의 목자이시니'였다. 다윗 왕 때에 쓰던 암호였다. 유대 민병대는 목책으로 둘러싸인 로마군 망루를 불태우고 잠자고 있는 로마군을 향해 불화살을 쏘고 군량 저장 곡간을 불태웠다.

그리고 카타필터 베리스타 화살발사대와 수많은 투석기를 불태워 파괴하고 병기고에 불을 질렀다. 다수의 로마군을 살상시킨 요셉대형의 민병대는 추격하는 로마군에 쫓기어 레바논쪽으로 달아났다. 그리고 옛날 이방인들의 바알신전이 있던 계곡을 넘어 파르티마로 들어가기 위해 후퇴하는 유격대원들의 집결을 기다렸다. 상당한 인원이 없이는 앞쪽에 있는 로마군 진지를 뚫지 못하기 때문이다.

돌연 시리아 주둔군 바루스의 군단이 연락을 받고 도착하였는지 그들의 앞길을 막았다. 격렬한 전투 끝에 중과부적으로 전투에서 패하고 요셉대형이 안타깝게도 가슴에 화살을 맞았다. 어린 바르사바는 일행과 함께 그에게서 화살촉을 뽑긴 했어도 출혈로 상태가 좋지 않았다. 그들은 부상당한 요셉대형을 낙타에 태우고 추격을 따돌리며 시리아접경지에 도착했다. 요셉대형은 자기를 두고 가라고 하셨다. 이미 목숨이 다했으므로 지쳐서 갈 수 없고 자기 때문에 다른 사람이 죽는다고 했다. 유대 긴병대는 숨을 거둔 요셉대형을 애석하게도 레바논 로마의 쥬피터 신전 북쪽 언덕의 야산에 땅을 급히 파서 묻어 간단한 장례를 지내고 길을 제촉하여 떠났다.

바르사바는 이제 아무도 보살펴 주는 사람이 없는 15세의 단신 소년으로 다시 고아가 되었다. 그는 파르티마 사람들과 섞여서 무한정 걸어가다 뛰어 걷기를 반복하며 시리아를 통과하고자 하였다. 그들이 고단히 자고 있는데 갑자기 바르사바의 목을 예리한 금속이 눌러서 잠이 깼다. 로마군 투구가 보이며 그가 눈을 뜨자 이마에 뜨거운 번개불이 지나갔다. 쇠망치로 한 대 맞은 듯 정신을 잃었다. 다시 눈을 뜨니 노천 감옥에 잡혀 있었다. 그의 머리는 계속 아프고 배는 고파 죽겠는데 먹을 것을 가져다 주는 사람이 없었다. 다른 사람들도 몇이 보였는데 기억이 아주 없다. 여기가 어디인가? 그는 로마 경계병에게 물었다. 여기는 시리아지역 로마군 영체로 보였다.

바루스의 군단이 유대 더 갈리리안의 유격군을 거의 다 잡은 후 유대 갈리리안을 끝까지 추적하기 위하여 포로들을 극히 심문했다. 그들은 거의 죽음을 기다리며 다들 말이 없었다. 심한 고문이 있을 것이라 했다.

"너는 어리니 살 수 있을 것이다."

라고 위로하는 사람도 있었다. 뭘 알아야 심문을 받지.

"너는 어린 녀석이 어떻게 여기에 가담하게 되었냐?"

"저는 짐꾼으로 들어와서 돈 받고 물건 날라주는 것밖에 모르고 아직 잔금을 못 받아 따라다녔는데 모릅니다."

"출신은?"

"주거가 없는 고아입니다요."

포로가 된 민병대원들은 차례차례로 로마군에 의해 끌려 나가 심문을 받고 초죽음이 되어 돌아왔다. 심문이 계속되었다. 끝없이 기다리는데 드디어 로마군이 바르사바를 불렀다. 어떻게 유격대에 끼여 있는지 사실대로 말하라고 했다. 그는 너무 무서워 알고 있는 것은 모두 다 말하면서 생명은 살려 달라고 했다.

그는 출신이 어디이며 아는 것은 다 이야기했다. 같은 질문을 계속 하면서 사실대로 말하지 않으면, 말할 때마다 말이 틀리면 얻어맞았다. 그가 무슨 말을 하고 맞추어야 되는

지 모르니 진술이 세 번 틀리면 십자가형틀에 매달려 몽둥이로 무수히 맞고 같은 말이 나올 때까지 언어맞으니 우선 사실대로 이야기하는 게 낫다. 사실 바르사바는 요셉대형이 누구인지 확실히 모른다는 점이다.

그는 일꾼으로 아무것도 모른다고 말했다. 항구에서 짐꾼으로 있으며 매일 일꾼 부리는 사람이 와서 어디로 일하러 가라고 하면 가는 것이니 이 싸움에 왜 끼어들었는지 모른다고 했다. 그런데 일을 마치면 돌아갈 것이지 왜 파르티마 사람들을 따라다녔는가 하는 질문에 그는 계속해서 짐 운반비를 받지 못해 돈을 받으려고 따라다니게 되었다고 했다.

그가 요셉대형에 대하여 무슨 사실을 말하면 아마 당장 나사렛교회의 사제가 걸려들 것이고 더군다나 아무것도 모르는 나사렛교회의 로즈마리 마리아 누나가 로마군에 잡혀가 심문을 당할지도 모른다는 생각이 들어 죽어도 요셉대형은 모른다고 했다. 그가 살아서 돌아가 그 누나를 꼭 보고 싶어서도 죽더라도 모른다고 했다.

나사렛교회 누나를 지켜야 할 의무가 있다고 느꼈다. 로마군은 노예이면 어느 집에 속하는지 노예 신분증서가 있느냐고 했다. 그는 주민등록이 있었으며 어머니가 유대인이고 아버지 이름은 유스투스라고 해서 그리스 계통 사람인데, 아마도 로마 군인이었던 것 같았고 전사했는지 엄마는 혼자 살았다고 했다. 아마 그와 한때 살다가 얻은 자식이 아닐지 고아가 되고 남의 집 더부살이 노예가 된 것은 유월절 기념날 어머니와 예루살렘에 와서 길을 잃어버려 고아가 되어 남의 집에서 기거하다가 힘들어 도망하여 하이파 항구에서 품팔이 신세가 되었다고 했다. 그리고 우연히 로마군 초소 앞을 지나가다가 잡혀서 딴 소년들과 억지로 시키는 권투경기도 했었다고 했다. 로마군은 이 말을 듣고 웃었다.

유다 갈리리안을 아느냐고 하자 그는 못 들어 봤으며 지난번 로마항구 공연 때 항구에서 구경도 잘 하였다고 말하자 어린 그를 심히 의심치는 않았다. 의심할 시간이 없다는 것이다. 그들은 어린 바르사바를 죽이진 않았다.

그 시리아의 로마군 영내에 포로로 있는 동안 도시의 고가 수도연결 사업에 노예로 동원되고 로마신전을 짓는 공사장에 동원되어 일하면서 6년의 세월이 지났다.

헤롯 왕도 죽고 그의 영토는 사분되어 왕자들의 손으로 이양되었다. 유대의 영토가 사분된 것은 로마황제 아우구스투스의 로마 점령지, 식민지의 통치방식의 하나이다. 하나의 나라를 점령하면 나라를 사등분한다. 유대의 경우에는 시리아 땅과 같이 합쳐서 시리아에 로마군단 본부를 두고 네 개의 군단을 유지하고 있었다. 이 시리아를 본부로 헤롯 왕의 아들인 헤롯 아켈라우스, 차남인 헤롯 안티파스, 헤롯 빌립이 각각 봉토를 나누어 가졌다.

시리아에는 로마군 정예군단 제3군단, 이름하여 Gallica, 제6군단 Ferrata, 제10군단 Feretensis, 그리고 제12군단 Fuminata를 로마 시리아 총독 Publius Quinctilius Varus라는 로마 명장이 통솔하고 있었다. 이 총독은 후일 게르만지역으로 총독이 되어 갔다가 검은 숲에서 게르만 민족에게 전멸당하고 Varus 자신도 자결한 처참한 전쟁사의, 역사의 인물이었다. 이 갈릴리지역에 헤롯 안티파스의 군사가 세포리에 더 많이 주둔하고 도시를 건설하여 사뭇 새로운 세상이 되는가 하였다. 유개 갈리리안이 살아남아 다시 군사를 모으고 세포리를 공격할 것이란 소문이 로마제국군 첩보대에 탐지되었다.

예루살렘에서 소요사태가 자주 일어났다.

여러 차례 유다스 갈리리안 추종자들이 일으키는 스요사태에 로마군이 자주 개입하여 폭동을 진압하였다. 의도적으로 못 참겠다는 로마군은 아켈라우스를 축출하기로 하고 고울의 론강가 비엔나 지방으로 명예 로마총독으로 임명하여 로마식민지를 순회하도록 하여 유다에서 사실상 추방한 것이나 다름없었다.

아켈라우스는 유다의 왕 노릇보다 토라와 성경에 몰두하였고 대제사장이 되기를 더 원했다. 야심찬 동생 헤롯 안티파스와의 충돌을 피하려 했다. 그는 유다의 율법이 새겨진 토라의 성서적 가치에 더 흥미를 두고 유대인의 선조 케라와 아브라함이 발길을 남쪽으로 돌렸던 하란(카레) 등을 가보고자 했고 또 광활한 유라시아지역에 더 관심이 많았다.

그는 가보지 못한 소아시아의 카레 등을 돌아보며 선조인 유다의 대조상 아브라함이 우르를 떠나 초승달 지역의 젖과 꿀이 흐르는 가나안 땅을 찾듯이 유대인들은 민족의 대이동과 같이 다시 새로운 광활한 땅을 개척하여야 한다고 생각했다. 그는 또한 흑해와 카스피해 사이의 천해의 비옥하고 공기 좋고 물 맑은 조지아 땅을 동경했다. 어릴 때부터 아버지 헤롯 왕과 함께 로마에 갔을 때도 여러 여행을 통하여 비옥한 유럽—아시아 경계지역 땅을 보고 감탄했다.

아브라함 가족들이 힘만 더 있었다면 더 북쪽으로 카래를 지나 유럽아시아로 들어갔을 것이고 그 광활한 볼가강의 옥토를 보았을 것이다. 아브라함의 아버지 테라의 형제들 중엔 조지아 땅에까지 이른 가족이 있다고 들었다. 그곳에 유대의 후손들이 착하게 살고 있다고도 들었다. 아켈라우스는 왕자 때 조지아 땅을 동경하여 로마군을 따라 그곳에 가보기도 하였다. 아켈라우스 왕자는 그의 측근들에게 말하곤 했다는 것이다. 측근들이 자기가 자꾸만 왕자자리를 지키지 않고 외국으로 떠나 자리를 자주 비워서 추종자들이 몸둘 바를 몰라 다른 왕자들, 특히 야심찬 헤롯 안티파스 왕자를 따를 수밖에 없다고 불평하자 아켈라우스 왕자는 알아들을 수 없는 예언적 말을 했다.

("너희들의 몸이 훗날 재로 타버리는 날이 올 때 볼가강 강가에서 배수진을 치는 여호수아 같은 사람이 나타날 것이며 그 이름은 요셉이라. 토라성서 여호수아전을 보라! 여호수아가 아이성을 공격할 때 요단강가에 배수진을 치듯이 그는 볼가강가에 배수진을 치고 공격하는 제3국의 제국의 군대를 격파하고 적의 수도에까지 진격하여 그 수도를 함락시킬 것이다. 그러므로 너희들을 죽음의 화로에서 구할 것이니 이집트에 팔려 갔던 야곱의 아들 요셉의 일을 기억하라. 그는 형제를 구하였다. 그와 마찬가지로 볼가강가의 땅에서 일어나는 여호수와 같은 영웅을 볼 것이다. 그는 조지아 땅 출신이니 볼가강가에서 거병할 것이다. 너희들은 후일에도 그와 지역을 잊지 마라.")

아켈라우스 왕은 유대 사람들의 희망자들을 데리고 코카서스 남쪽 조지아 땅이나 흑해의 연안 다뉴브강가에 있는 도시에 이주시키기도 하였고 소문에 의하면 갈리아 고울의 론강가에 있는 비엔나에서 명예 총독으로 가 있었으며, 그 외에 여러 지역을 전전하다가 로마제국 군단 병영 진중에서 풍토병으로 죽었다고 한다.

아켈라우스가 민주적 개념 속에서 치세를 하고자 했으나 로마라는 너무 큰 제국의 영향하에서는 아무것도 할 수 없으며 무능한 자로 비유되었다. 로마제국의 총독들은 유대 왕궁과 제사장단의 관계를 서로 견제하고 반목을 자초하게 하니 헤롯 왕가의 유대 왕권이 몰락해 가는 과정에 접어들었다.

여기에 유대 애국열사들은 유대 땅에서 로마군을 몰아내고 새로운 왕국을 세우려는 의도가 성장하였다. 그들은 갈릴리호수 지역의 도시인 세포리에 있는 로마군 주둔지를 공격하여 점령하고 가말라를 기지로 여기서 새로운 유대 나라를 세운다는 계획도 세웠다. 대공세 계획일이 임박한 가운데 요셉대형은 동시 다발적인 사태를 예루살렘과 세포리 및 가이사랴에서 일으키는 계획이 있었다. 그러나 로마군주둔지 중 갈매산 끝자락에 있는 요새 메깃도에는 로마 6군단인 기갑군단과 함께 황제직할 동방원정군 사령부가 있어 우수한 무기와 훈련된 군사가 지키고 있고 쉽게 파괴될 수는 없었다.

헤롯 아켈라우스 10년(AD 6년, 헤롯 안티파스 10년), 유대 갈리리안은 세포리에서 최후의 공격을 하고 로마군과 헤롯 안티파스 왕에 대하여 반란을 일으켰으나 시리아의 이 바루스 군사가 다시 출동하여 진압하였다. 유스투스는 위생병이 되어 부상당하여 들어온 많은 로마병사를 치료하였다. 그러나 유대의 포로는 들어오지 않았다. 이때 유대 갈리리 안도 전사하였다. 로마군은 이번에는 2,000여 명의 포로 대부분을 십자가형에 처하였다.

백전백승의 시리아 주둔군 군단장 겸 총독인 바루스는 이 지역이나 다른 큰 로마식민지의 총독으로 승진하여 나갈 것이라 했다. 로마에서는 황제 아우구스투스의 후계자로 지목되었던 외손자들 Caius와 Lucius(아우구스투스의 딸 Julia와 대장군 아그립파의 아들들)이 아르메니아와 스페인에서 병으로 원정길에서 타계했다. 이런 불행이 일어나자 AD 6년 여름, 아우구스투스 황제는 양자였던 티베리우스를 게르마니아에서 긴급히 로마로 불러오고 차기 황제 계승자로 지목함에 따라 티베리우스는 충성하던 게르마니아 주둔군 정예군 일부를 데리고 로마로 오게 하고, 게르마니아는 시리아에 나가 있는 티베리우스의 친구 바루스에게 맡기어 게르마니아 총독으로 내정하였다.

로마제국은 아우구스투스황제 당시 전 영토에 28개 군단을 가지고 있었으며, 각 지역에 용병제도를 가지고 현지인과 로마군과의 결혼을 장려하여 그 후손을 로마군으로 편입하고 용병으로도 채용하였다. 이 군사 유지비용은 많은 지출이 필요했고 정복사업을 계속하지 않을 수 없었다. 유럽 중에 남은 지역은 라인강 동쪽과 그 너머 황량한 유라시아 땅이 있었다. 고울에 유사한 가까운 지역은 라인강 문화권으로 율리우스 시저가 라인강을 한 번 도강하여 정세를 파악한 적이 있으나 라인강 유역의 동쪽지역 부족은 체력이 매우 강했다.

당시 게르마니아에는 첵치아(Czechia)에 있는 마르코마니(Marcomanni)의 왕 마보드(Marbod)가 로마에 대항하고 있었는데, 티베리우스는 로마군 역사상 가장 큰 대규모 원정군을 일으켜 라인강 중부지역 주둔군 8개 군단을 첵치아(Czechia)로 쳐들어가기 위하여 보라티슬라바(Bratislava)에 집결할 예정이었다. 이 8개 군단은 판노니아(Pannonia)에서 온 8군단 아우구스타(Augusta)와, 일리쿰(Illyricum)에서 온 20군단 등 21군단, 13군단, 14군단, 16군단과 라인강 하류에 주둔하고 있던 17, 18, 19군단이 엘베강을 따라 기동하였고 별도 제3군 소속의 1군단 게르마니아(Germanica), 5군단 알아우데(Alaudae) 이 라인강 지류 마인강을 따라 진군하여 마인강가의 마크브라이트(Markbreit)에 거대한 진영을 구축하였다.

이 전략은 로마군 역사상 가장 큰 원정으로 게르마니아 사람들도 이제 게르마니아가 로마화되는 것을 인식하기에 이르렀다. 그런데 판논니아(Pannonia)에서 반란이 일어나 티베리우스는 이를 진압하는 데 3년이 걸렸다. 라인강 하류지역 삼개 군단 17, 18, 19군단 통합군단장 카이우스 센티우스 사터니우스(Caius Sentius Saturnius)는 시리아 총독인 바루스와 AD 9년 가을에 교대되었다. 티베리우스는 AD 9년 여름에 반란을 일으켰던 판노니아(Pannonian)들을 격파하고 새로운 게르마니아 총독 바루스에 전권을 맡기고 황제 아우구스투스의 부름을 받고 로마로 돌아갔다.

이와 같이 시리아 주둔군 로마군의 부대 이동이 있는 듯하여 이 로마군은 노예 등 많은 인력이 필요하다는 소문이다. 보통 때 같으면 이렇게 잡은 포로는 돈을 받고 검투사 양성소에 팔아 버리는데 이렇게 되면 그의 신세는 매일 죽음과의 싸움 신세가 될 뻔하였는데 다행이 모면할 수 있었던 것은 후일 알았던 이야기지만 이 시리아 로마군 주둔군이 불원간에 어디로 이동한다는 것이었다.

로마군단을 거느리고 있는 통합군 3군 사령관인 바루스가 게르만지역으로 이동하여 게르마니아를 성공적으로 정복하면 바루스는 게르만 총독이 되고 장차 옥타비아스와 티베리우스의 대를 이어 로마황제가 될 수도 있다는 것이다.

옥타비아 아우구스투스 로마황제는 친구인 아그립파 장군과 이집트에서 안토니우스—클레오파트라연합군을 엑티움 전투에서 깨트리고 알렉산드리아에 입성하여 지중해 전 지역을 통일하는 위업을 이룩하였다. 그러나 유럽에서 로마에 저항하고 있는 게르만민족 때문에 라인강 우측지방에는 진출하지 못하고 라인강 유역에만 한하여 로텔담에 이르는 길, 강가의 지역만 불안하게 확보하고 있었다.

바루스는 후일 황세자로 내정된 티베리우스와 친한 친구이다. 그들은 아그립파의 딸들의 부군들로 동서지간이었다. 옥타비우스 아우구스투스 황제는 게르만지역을 마지막으로 대대적으로 정복하기 위해 티베리우스와 바루스를 게르만지역에 투입하고자 하였다. 티베리우스는 용맹하였으며 군사를 잘 쓰는 명장이도 하였다.

게르만족의 라인강을 장악하는 것이 목적으로 우측 에벨강 유역과 더 내륙 깊숙이 들어가 게르만족을 복속시켜야만 라인강을 통하여 북유럽과 영국에 이르는 쉬운 육로를 확보할 수 있다. 그러므로 로마 장군 중 매우 걸출하고 재화를 잘 모으며 강병을 이끌고 그 골치 아픈 중동 유대지역에서도 군사경략을 잘 하는 바루스를 게르만에 투입하여 성공한다면 그를 게르만 총독으로 만들고 더 많은 관리들의 자리를 확보할 수 있게 된다.

황제는 로마제국의 안정을 유지하려는 정치와 경제적 가치로서 곡물과 수풀이 울창하고 광산물이 많은 게르만족 지역을 통치하여 로마의 번영을 확장하고자 바루스를 게르만에 투입하려고 계획하고 있었다.

성공하면 한 개의 유럽으로 되고 전 유럽을 갈리아 브리타니카 게르만을 통일하는 세계 최대의 통일국가, 단일국가가 탄생하는 것이다. 아우구스투스는 라인강 하류를 장악하고 있는 로마 최정예군 17, 18, 19군단 3개 군단과 6홀츠 및 3대 기병단을 게르마니아에 투입하여 제압하려 했다. 그런데 그렇게 황제의 뜻다로 될 수 있느냐가 문제다.

바루스(Full name : Publius Quinctilius Varus)는 원래 부르투스와 함께 율리우스 시저에게 반기를 들고 시저를 함께 죽인 섹스투스 퀸틸리우스 바루스의 아들이다. 섹스투스가 시저의 장군이었던 안토니우스의 군사에게 BC 42년 필리피 전투에서 패하고 자살하였으나 후일 정권을 잡은 황제 옥타비우스가 아무것도 모르는 그의 자식에게까지 반역의 연고죄 처분은 보류하고 충성을 맹세한 그를 사면하였다. 그것은 본의 아니게 부르투스의 반역에 그의 부친이 참여한 것을 참작하여 사면하였고, 그의 아들인 젊은 바루스를 군단장 참모로 기용하였다. BC 31년, 아우구스투스가 마크 안토니우스와 클레오파트라의 이집트군을 엑티니움 해전에서 격파할 때 바루스는 참전하여 전공을 세우게 되었다.

이러한 사실을 볼 때 인맥을 기용할 줄 아는 옥타비우스는 과연 로마황제의 자질이 있었다. 바루스는 옥타비우스의 후계자로 후일 황제가 된 티베리우스와 함께 이집트 원정군 사령관 아그립파의 사위이기도 했다. 아그립파가 갑자기 죽자 그는 BC 8년 아프리카 주둔군 로마총독이 되었고, 로마제국 중 가장 위험한 지역이고 많은 군단이 주둔하고 있는 시리아 지역에 아우구스투스(옥타비아누스)는 티베리우스의 친구이며 동서지간인 바루스를 BC 7년 시리아 총독으로 임명하여 로마 동방군 사령관 겸 총독으로 유다, 시리아, 유프라테스―티그리스지역을 방어하도록 중책을 맡기었다. 그리고 이스라엘 북부지역의 중요 거점인 가이사랴(시자리아) 해군기지와 갈개산 남쪽 자락에 있는 천하의 요새 므깃도와 갈릴리 호수 서쪽에 있는 티베리아 3개 거점에 방위선을 구축하고 소요사태가 나면 바루스의 군단이 출동하여 진압하였다. 므깃도는 이집트 파라오 투트모세 3세가 완전히 장악했던 지역으로 므깃도를 지배하는 자가 이스라엘을 지배한다는 중요 거점 요새로 옛날부터 므깃도는 신성한 산이라는 이름으로 호르(hor) 므깃도라고도 불렀다. 총독 바루스는 므깃도에 로마 최강의 기갑군단 6군단을 주둔시키고 병력을 농축 증원시켜 왔다.

바루스는 거의 빈털터리로 시리아에 왔으나 점령지역에 문물과 문화와 땅 투기를 일으키고 수도사업과 올리브재배, 무역 등 많은 사업을 장려하여 이익을 만들고 주둔군 병영을 잘 운영하여 많은 이익을 내어 로마로 보냈다. 유스투스와 같은 포로들은 로마에 항복하여 노예로 살아남을 것인가 아니면 자유인으로 죽을 것인가 둘 중 하나를 택할 기로에 있었다.

노예로 살 것인지 죽을 것인지 선택하라는 로마 집행관의 말에 친구들을 서로 의식하며 결정을 못하자, 로마군은 모두 분리 심리하기도 하며 많은 자들을 항복시켜 병력을 채울 심산인지 시간적 여유를 두고 회유하였다. 자유가 아니면 죽음을 달라는 유다의 외침은 죽음이 너무 고통스러워 택하기 어려웠다. 죽고 싶어도 빨리 죽이지 아니하며 죽음의 희극을 다 연출하고 다 보이고 죽어야 하는 너무나 견디기 어려운 죽음이었다.

로마집행관은 말하기를 노예가 되어도 살아날 길은 없는 것은 아니며 나중에 사면이 되는 수도 있고 전쟁에서 공을 세우고 로마군의 목숨을 구해 주는 자는 포상되며 장교를 구한 자는 사면될 수 있음을 강조하였다. 많은 이들이 항거하였지만 차차 긴장이 풀어지고 오랜 포로생활에 차차 적응해 나가자 노예병 부대로 편입되었다.

바르사바도 노예 사병으로 분류되어 등과 팔꿈치에 로마황제 소유라는 로마군사 노예의 인식표인 낙인이 찍혔다. 그는 마치 집에서 기르는 양이나 낙타같이 불쇠의 뜨거움에 괴성을 지르며 뛰었고 그 낙인을 받고 집단처형되는 것은 면하였다. 이렇게 짐승으로 사느니 차라리 자유민으로 죽는 게 나을지도 모르지만 아픔의 눈물을 흘리며 로마군 노예부대에 배속되었다.

그러나 그는 이스라엘인들이 이집트에서 노예생활하다가 지도자 메시아 모세에 의해 해방된 것처럼 메시아가 나타나 유다를 로마군에서 해방시켜 줄 날이 있을 것이라 믿고, 하나님께서 그냥 보고만 있지 않을 것이라고 믿었다. 그들은 기꺼이 군영에서 짐나르고 외곽순찰하며 공성기를 닦고 창과 칼을 갈고 무기를 나르며 석포용 돌덩이를 만들며, 목책을 세우며 군량을 운반하면서 잡일과 함께 시간 가는 줄 모르며 게르만지역으로 부대가 이동하는 때를 기다렸다.

이때 또 다른 이야기에 의하면 도망갈 수 있는 기회가 있다는 것이다. 전투 중이나 부대이동 중에 도망가거나 또 매년 한 번씩 황제의 칙명으로 특사를 받아서 풀려나거나 좋은 일이 생길 수 있다는 것이다. 어느날 유스투스는 군부대 비밀격투 레슬링격투기를 보게 되었다. 검투사를 두 사람 세워 놓고 이기는 편에 도시사람들과 장병들이 돈을 거는 것이다. 한두 푼 모은 투기금이 엄청나서 큰 돈이 왔다갔다 한다. 지휘관 중에는 이것으로 한몫을 번다는 것이다. 병영 내에서 금지되어 있지만 외각 지역 적당한 곳에서 주민투기꾼들도 합세하여 비밀투기 경기를 벌여 많은 돈을 버는 것이다. 자연히 여자들도 많이 보이고 대단한 경기였다. 그리고 부대 나 영채나 외각에서는 많은 식당이 운영되어 활기가 있었다. 군 주둔 막사 주변은 치안이 잘 되니 부대 가까운 곳에 농사와 올리브나무를 심어서 기름을 짜고 과수원도 세워져서 소비문화가 생기고 로마의 수도 관개시설이 들어와 농사가 잘 되었다.

이러한 물물교환까지 이루어져서 유목사회가 농경사회로 발전되고 인구도 엄청 불어난다. 정복된 땅에는 비밀리에 전리품도 거래되고 고고학적인 가치가 있는 무덤 발굴 보물도 많이 거래된다. 나라가 다른 나라에 점령되면 지난 왕조의 보물은 약탈되고 주인이 없다.

지난 왕조의 유산과 보물도 인수되고 새로운 지배계급이 생겨나고 양지가 음지가 되고 음지가 양지가 되듯이 사회구조가 확 바뀌어 버린다. 로마군이 가는 곳에는 언제나 혁명적 사회가 나타난다. 혼란기에 이때 한몫을 챙기는 사람도 많다.

한편 시리아 주둔 로마군은 막대한 부를 창출하고 여기에 근무하는 모든 사람들이나 주민들에게 인심을 잃지 않도록 생활의 편의시설인 음용수 공급을 위해 멀리서부터 물을 끌어와 로마의 수도사업처럼 물이 풍부하게 해 주도록 하니 사람들이 모두 즐거워하고 농사 용수로도 사용케 하여 주민들이 새로운 문명을 맛보게 하는 데는 인심을 얻었으나 아시아계가 아니고 유럽계 로마군이 통치하는 데는 불만이 계속되지 않을 수 없었다.

물이 지나가는 수도를 같은 흐르는 높이로 건설하는데 암벽의 돌로 높은 골목이나 협곡을 지나는 수도를 만들어 물이 지나가게 만드는데, 돌이 부족하면 옛날에 신전에 썼던 돌과 주변 담을 헐어서 수도를 만드는 경우가 있으므로 예루살렘에서 가끔 데모하는 집회가 생겨서 그 후 총독 빌라도가 골치를 앓았다.

사실은 물 공급인 수도사업을 한다고 하여 토착민의 거점 방어성벽을 헐고 보루를 헐어서 없애는 작전도 한몫 하였던 것이다. 바루스 장군이 가끔 비난의 여론과 부를 축척하고 있다고 구설수에 오르는 일도 이것들이었다. 경마- 경기장, 전차경주나 검투사 시합이 있는 날은 투전 도박하는 날이고 누구라도 돈을 걸그 일확천금하는 기회가 있으니 특히 전차 경주장이나 격투기 투기장엔 사람들이 구름같이 모였다. 이런 날은 로마군 야영 영체도 비우다시피 하여 유스투스는 이때 로마군 도서실 장막에서 많은 책을 정리하며 책을 읽었다. 로마군 전쟁사이다.

그리고 부상병 치료하는 의학적 그림이며 군사배치 방법, 진영도, 군사배치전략도 등을 접하고 보니 참으로 로마군은 대단한 국가의 군사였다. 유대 이스라엘이 도저히 상대 할 수 없는 나라로 여겨졌다.

바루스의 개선식이 자꾸만 연기되었다. 원로원에서 바루스가 중동에서 너무 많은 사람을 죽이고 돈을 많이 모아 치부하였다는 청원이 제기되어 아우구스투스 황제의 재가가 늦어진다 하였다. 로마는 참 공명정대한 나라이기도 하였다. 기다림 끝에 개선식을 안 해줄 수 없고 군단의 사기와도 관련되기 때문에 정치는 정치고 로마군의 사기를 위해 약식 개선식을 가지기로 하였다. 바루스는 그의 군단과 함께 로마 시내에서 개선열병식으로 하며 시가행진은 생략하고 황제의 내부 사열로 가름하고 이 원정군에 대하여 포상을 실시하는 것으로 개선식을 대신하였다.

황제 옥타비아누스와 로마군중은 원로원의 광장에서 바루스의 개선식을 열어 주었다. 축제가 끝나고 다시 게르만 전선으로 가야 하는 바루스의 군단이다. 그의 부대는 정열을 가다듬고 밀라노로 향해 갔다. 바루스 군단은 알프스를 넘으려고 밀라노 로마군 군단사령부 근교에서 임시로 주둔하고 있었다. 그런데 게르만족에 대한 많은 두려움이 퍼져 있었다.

그들과의 평화가 계속되면 좋은데 잘못하여 전쟁이 벌어지면 만만한 상대가 아니라는 것이다. 게르만족은 바루스가 오는데 어떻게 생각하는가 하는 것이 문제이다. 대책이 없는가. 바르스를 환영할까가 문제이다. 어느날 로마군 영채에 게르만에서 젊은 초급지휘관들이 도착했다.

이들은 로마동맹군측 게르마니아 민족으로 된 민병대 조직과도 같은데 주로 게르마니아지역 족장들의 자제들이든가 로마군에 편입되어 로마군과 같은 훈련을 받고 로마시민권도 부여된 협조자도 있다고 했다. 그들이 영채를 둘러보고 게르마니아에 들어가는 문제에 대하여 협조와 계획을 설명하는 자리에 유난히도 눈빛이 예사로이 보이지 않는 기병대 소속 게르만출신의 한 청년이 있었다. 그리고 그는 불만에 쌓여 있는 것처럼 보였다. 바르사바는 이들과 함께 알프스를 넘어 게르마니아로 내려갔다.

제 8 편

라인강과 게르마니아

퍼블리우스 퀸틸루스 바루스(Publius Quintilius Varus) 총독군사는 AD 9년, 라인강을 따라 마인츠강가의 프랑크푸르트에 온 후 먼저 주둔한 로마군과 교대하고 진영을 접수하였으며 바덴바덴에 가서 온천욕을 하며 즐거이 보내고 난 후 다시 북쪽으로 이동하였다. 그리고 빌레필드로 들어갔다. 그곳에서 6개월을 더 보낸 후 로마군은 바루스의 지휘로 게르마니아 내부로 영체를 이동했다. 그런데 이곳에서 때 아닌 사건이 벌어졌다. 전쟁도 아니고 행군하는 상태에서 바루스 군사는 갑자기 우호적 태도를 보여 왔던 게르만족 민병대의 매복습격을 받았다. 그들은 행군하는 바루스군을 에워싸고 화살과 창을 던졌으며 영문도 모르는 로마군단은 쓰러져 갔다. 문제가 심각함을 안 유스투스 노예병들은 숲속으로 달아나기 시작했다. 바루스가 게르만인들에게 무엇인가 속아서 기습을 받은 것 같다. 서로 의사소통이 안 되어 모르나 군단장 바루스의 군단이동이 빌레필드 남쪽 토이토브르크 숲속을 지나가게 되었다. 이때에 많은 비가 오는 것을 게르만인들이 이용하여 평소에 라인강 뚝을 막아 식수와 농업용수로 사용하는 강 수중보 저수지에 물을 가득 담아 두었다가 로마군이 행군해 오는 강기슭 도로의 뚝을 터트려 수공을 하여 로마군에 많은 사상자가 났다. 이때까지도 로마군은 눈치를 채지 못하고 단순히 천재지변으로 알고 있었으나, 게르만인들은 이를 이용하여 도로 요스에서 전면 기습공격을 가하여 왔다.

3일 이상 공방전이 계속되고 있는데, 토이토브르크지역에서는 건조지대가 있어서 여기서는 게르만족이 불붙는 기름과 불화살인 화공으로 습격하여 왔다.

로마영체를 독일 중앙지역에 새로운 식민지를 설치하려고 대부대 이동을 계획하고 게르만인들이 일부 협력을 하였다고 오판한 바루스의 3개 군단은 저항없이 중부 새로운 지역으로 들어가려던 계획이 완전히 오판되어 게르만족에게 절대 투쟁의 기회를 어이없이 주고 말았다. 로마군은 아르메니우스라는 게르만족의 한 청년이 계획한 덫에 걸려 로마 3개 군단이 싸워 보지도 못하고 가족들과 함께 이동 행군길에서 병행 행군하던 우호적 게르만군에게 포위되어 섬멸된 것이다.

게르만지역 부족 족장의 아들이며 기병대를 지휘하던 아르메니우스가 이런 유도적인 전투를 계획하고 로마군을 속였을까? 아르메니우스는 바루스 총독이 시리아에서나 유대에서 일어난 소요사태에 무자비한 진압을 하고 수천 명을 십자가형에 처하는 것을 알고 동족인 게르만족이 십자가형의 제물이 되지 않게 하기 위하여 조국을 위해 바루스군을 완전 패배시키지 않으면 안 된다고 생각했다. 새로 임지에 온 로마의 게르만 총독 바루스가 게르만족과 지형지물을 잘 알기 전에, 전 지휘관과의 정상적인 인계인수가 끝나기 전에 선제압하지 않으면 게르만이 이길 기회가 없으므로 절대절명적 계략을 써서 이 로마 제일의 명장 바루스 군단을 전부 함몰시켰던 것이다.

이 전쟁이 전쟁터를 가지고 전투전을 벌였다면 게르만족이 로마제국 군단에게 이길 수 있었는지는 모를 일이었다. 이 토이토브르크에서 전투라기보다 어두운 숲에서 일방적으로 몰려 로마군이 길을 잃고 참살을 당하는 와중에 르마군 지휘부는 부서지고 노예사역병 부대는 와중에 함께 달아나는 기회를 얻었다.

유스투스는 일행들과 함께 빠져 나가기 위하여 이리저리 뛰고 또 뛰었으나 도로 제자리인듯 에워싸고 있는 게르만족의 민병대를 뚫지 못하고 모두 포위되는 신세가 되었다. 유스투스는 맨날 잡히는 신세인가 보다. 게르만인은 항복하라고 하였다. 무기를 버리고 항복하면 살려준다고 했다. 많은 로마군도 싸우다 지쳐 정신을 잃고 기진맥진하여 죽거나 사로잡히고 같이 이동하던 로마군 가족들도 모두 잡혔다.

바루스 장군은 화염 속에서 싸우다 로마가 나라를 세운 이래로 포니아전쟁 때와 같이 로마집정관 총독으로서 용기 있는 자살을 택하였다. 그의 아버지도 부르투스가 주도한 세력에 끼어들어 시저를 죽인 로마 내전에서 안토니우스에 패해 자살했었다.

이 전쟁의 로마 통합 군단장이며 게르만 총독으로 임명된 바루스가 전사하자 그의 시체를 확인한 게르만 민병대는 바루스의 머리를 취하여 게르만 족장 마르보드(Marbod)에게 주었으나 족장은 로마를 두려워하여 로마로 보내었다. 아우구스투스 로마황제는 바루스의 시신을 그의 가족에게 주고 위로하였다.

바루스와 함께 로마군 17군단, 18군단, 19군단이 최선을 다해 싸웠으나 전몰하였으며 그들의 가족, 군속, 이동과 동시 동반하는 노무부대 등 약 20,000여 명이 이 전투에서 죽었다. 살아남은 사람들은 강물을 따라 북쪽으로 걷거나 강물따라 흘러 헤엄치기도 하며 죽을 힘을 다하여 달아났다.

게르만인은 전투승리의 축제를 며칠간 가졌다. 그 축제는 검투경기를 하는 로마의 원형경기장에서 행해지는 것과 같이 포로들에게 서로 검투시합을 시켰다. 그리고 명승부를 보여 주고 최선을 다해 싸운 검투사는 로마에서처럼 다시는 게르만 전투에 참가하지 않는다는 서약을 받고 석방시키기도 했다. 수일을 연속하여 전승기념 축제를 지낸 후 전사한 로마군에 대해 그들은 로마제국의 장병 장례식 수준은 아니지만 잘해 주었다. 남은 로마군을 분류했다. 정규군 중 항복하는 자는 노예로 분류하고 연고가 있거나 보상을 받아 돌려보낼 자를 분류하고 또다시 게르마니아로 복수하려고 군사를 끌고 올 지휘관은 죽였다. 그 중에서도 로마 귀족으로 생각되고 로마에서 많은 석방금을 가지고 친지나 부모들이 석방금을 보내 올 수 있는 로마군은 인질로 분류했다 로마가 놀란 것은 한니발과의 칸네전투와 크라삿스의 카레전투에 역사상 패배한 후 타격받은 극심한 공포였다.

아우구스투스 황제는 "바루스, 내 군단을 돌려다오." 하며 자다가도 외쳤다고 한다. 그러나 황제는 전 로마군에게 제국의 전선을 철통같이 방어하기를 명하였다. 그리고 반역에는 자비를 베풀지 않게 하였다.

바루스의 가족들은 그를 선영묘에 장례하고 봉안하였다. 토이토브르크 전투에 패배한 로마군 장교들 중에는 명예를 생각하여 고향에 돌아가지 않고 죽음을 택한 로마군 귀족자제들도 많았다. 체면이 뭔지 가문을 더럽히지 않겠다고 스스로 자결한 로마군도 많았다. 자기들을 살려내려면 너무 많은 돈을 써야 하기 때문에 가족에게 피해를 주지 않기 위해, 또 로마국가를 위해 의로운 죽음을 택했다. 인질로 분리되고 노예로 팔릴 분류에 해당되는 유스투스 일행은 게르만 숲속으로 깊숙이 잡혀갔다.

그는 며칠을 행군하여 갔다. 숲은 여전히 검은 연기의 잔재가 꺼지지 않고 매캐한 냄새가 진동했다. 숲은 여러 날 불탔다. 그리고 많은 로마군 포로들이 부상 때문에 후유증으로 죽기도 했다. 게르만군은 로마군 위생병 출신들에게 포로들의 상처를 치료하게 하였으나 많은 포로들이 죽어 갔다. 게르만족은 시리아 등 중동에서 무자비했던 바루스에 대하여 전 부족이 생명을 걸고 전력을 다하여 바루스 로마군단을 유인하여 몰살시킨 것이다.

아! 전날에 요셉대형이 왜 이렇게 로마군과 싸웠는지, 봉기를 일으켜 왔었는지 유스투스는 이해가 갔다. 요셉대형은 이런 작전을 구사하려다 실패하였는데 게르만족은 성공하였구나 하는 느낌을 받았다.

이 게르만군을 지휘한 전쟁영웅은 아르메니우스이다. 그는 로마군과 군사적으로 협력관계가 있었던 한 게르만 족장의 아들이었다. 그는 바루스가 어떤 사람인지 알았으며 반드시 죽여야만 게르만족이 로마의 지배를 받지 않는다는 것을 알고 있었다.

("바루스, 여기를 중동과 같이 여기지 말라. 여기는 게르만 용장들이 사는 곳이다.")

아르메니우스는 로마군단을 게르만지역에 인도하는 것처럼 위장하고 바루스 군단을 토이토브르크에서 사력을 다해 격파했다.

전쟁에서 패하여 살아남은 병력은 항복하면 승리한 군사에 편입되어 다시 다른 전쟁터에 나가든가 졸지에 노예 신분으로 변한다.

역사적으로 패잔병들은 한니발 전쟁 때처럼 로마군도 노예로 팔리게 되는 때도 있었다.

전쟁포로를 나라의 노예로 만들고 노예시장에서 물건을 거래하듯이 개인에게 매매한다.

헤로도투스의 역사기록에도 고대 노예제도와 그 운용에 관하여 쓰여 있다.

이것은 여러 부족국가가 통상 사용하는 노예제도이다. 여하튼 전쟁에서 진 죄로 노예가 되는 것은 죽지 않으면 다행으로 노예화되는 데는 도리가 없는 고대사회이다. 역사적으로 전쟁의 패잔병노예는 보통의 사농의 노예와 달라서 근본 소유권은 그 씨족 도시국가에 있고 계약적적 노예교환매매가 가능한 상태와 유한기간 소유하는 조건이 붙어 있고, 그 후 는 나라로 다시 환원시키는 인력이며 이 전이라도 전쟁이 났을 때는 지체없이 신고하여 국가가 운영하는 인력동원에 흡수된다.

그런데 포로가 된 전쟁포로는 대개 계속되는 국가간의 전투행위로 포로교환이 이루어 져서 석방이 가능하고 국가간의 협상에 의해 보석금을 내고 석방되며 더욱이 포로의 가족 들이 본국에서 수소문하여 많은 돈을 들여서 찾아가는 가족재회의 이산가족상봉 석방도 있다. 그리고 물론 스스로 목숨을 건 탈출도 있었다.

이 빌레필드 전투 후 로마군은 은인자중하면서 게르만을 계속 노리고 있다는 소문이 퍼져 게르만족은 늘 불안해하였다. 끈질긴 로마군의 요구에 아르메니우스는 도피와 암살 의 위험 현상수배자 대상자로 항상 자객이, 검객이 노리는 가운데 어느 곳에 가 있어도 아무리 친구라도 눈빛을 볼 수밖에 없는 경계의 눈초리에 본인은 정상적인 생활을 할 수 없었다. 로마황제는 어쨌든 원수를 갚기 위해 끝도 없이 아르메니우스를 추적하였다. 때 로는 아르메니우스의 약혼녀 터스넬다(Thusnelda)가 로마군에 잡히는 수모를 겪었고 아 르메니우스는 늘 피해 다녔다.

유스투스는 전쟁포로 노예로 분류를 받아 일행과 분리되어 리스트라는 호수를 지나서 퀸스백이란 도시마을 부근 오토폰라임쿨러라 하는 부족장이며 영주의 큰 저택에 배당되 어 노예생활을 시작하였다.

이 오토폰라임쿨러 영주는 지역 방위 담당 게르만 부족 민병대 대장인 헤르만 아프레 셋과 매우 친하였는데, 그는 여러 재능이 있는 유스투스를 이 영주에게 특별히 전쟁포로 노예로 배당해 주었다. 오토폰 영주는 헤르만 민병대장과 함께 로마군에 대항하여 토이토 브르크 숲 전투에서 게르만 영웅 아르메니우스 군에 참가하여 전공을 세웠고, 그 후 계속 하여 부족 통합 게르만 민병대에게 많은 지원을 하고 있는 사람이었다.

유스투스와 같은 패잔병 일행 중 약 5명이 이 영주에게 할당되었는데, 이 영주는 그들 중 2명을 다른 곳에 양도했고 유스투스 외 2명은 게르만 여자와 결혼시켜 자기 휘하 군사 보조 교관으로, 또 다른 한 명도 결혼시켜 자기의 큰 포도과수원으로 보내어 일하게 했다.

유스투스는 영주 가족들의 건강위생관리원으로 일하게 했다. 유수투스를 게르만에 계속 있게 하려고 결혼시키고자 하였으나 그는 신체상 장애가 있다는 핑계를 대고 결혼하지 않았다. 유스투스는 언제나 예루살렘으로 돌아갈 날을 기다렸다.

그는 가끔 도시 마을에 정기적으로 장터가 서면 시장터로 영주를 호위하고 함께 나갔다. 그곳에서 그는 들리는 소문을 들었다. 당시 그와 같은 로마군 노예들이 하나 둘씩 석방되고 있으며 자기의 원고향이나 지역에 연락이 닿으면 보석금으로 석방되고 있고, 또 게르만 부족장들은 이왕이면 비싼 금액을 주겠다 하니 돈 많은 자가 계약금을 대신 물고 가족들에게 포로로 넘겨 주는 사례가 속출하였다.

그러나 그는 요셉대형의 가족에게 알릴 수도 없고 더군다나 나사렛교회의 아름다운 안내원 누나까지 로마군에게 조사를 받아서는 아니 되겠다는 신념으로 신고하지 않고 오로지 특별한 방법에 의해 석방되는 국가간의 화해를 기약 없이 기다려 보는 수밖에 없었다.

그는 그곳에서 때로는 수확기에는 노력 동원으로 장원에서 포도를 수확하고, 벌꿀을 따고 꿀벌집을 짜고 여과통을 돌려 벌꿀을 받았다. 그는 많은 일을 하며 수많은 나날을 참고 기다렸다. 영주는 그를 가족같이 대하여 주고 게르만 말도 배우게 했다. 수많은 사람들이 모이는 라인강가의 시장터 장날에 영주와 가족을 따라 다른 시종들과 함께 장터에 나가서 영지에서 생산한 물건을 물물교환하고 벌꿀도 팔고 포도주도 팔았다. 장터에 가는 날은 노예의 해방날과 같이 좋은 날이었다. 장터에서는 노예 역시 거래되고 있었다. 그의 영주에게 사람들이 다가와서 로마군 노예 같은데 북쪽나라에서 로마군노예를 많이 사간다고 비싼 가격에 팔라고 하였다. 그러나 영주는 나라에 돌려주어야 하는 한시적 노예여서 완전히 팔 수 없다고 하자, 그 문제는 자신들이 알아서 할 터이니 가격을 정하고 허락이나 하라고 하였다. 영주는 왜 북쪽 유럽나라에서 로마군 노예를 사는지 물어보니 그곳에는 족장끼리 세력다툼이 크게 일어나서 용병이 필요한데 로마군 출신이 긴급히 필요하다는 것이다. 더욱이 로마군 출신들은 로마해군의 거대한 전함을 건조하고 제작할 줄 알아 북해에서 좋은 나무로 만든 크고 긴 배를 만들어 이를 확보한 북해의 족장들의 세력이 강대해지고 있으며 로마군 출신 용병들이 북유럽 해안에 출몰한다는 것이다. 그들은 또한 항해술이 있어서 먼 곳까지 배를 진출시키며 머지않아 세계에 문제를 일으킬 거라고 했다. 그래서 로마군 출신 포로들의 값이 무척 올랐다는 것이다.

유스투스는 영주가 많은 권리금 때문에 자기를 다른 곳에 넘기게 되면 영영 유대로 돌아가지 못할까 봐 걱정이 되기 시작하였다. 북쪽에 가서 용병으로 싸우다 개만도 못하게 죽는다는 것은 너무 억울한 감이 들었다. 그는 존경하는 영주의 부인이 그를 게르만시골에 있는 친척의 어떤 여자와 결혼을 시켜 주려고 하는 눈치가 있어서 여러 번 그 여성과 만남의 기회를 갖는 일이 있었다. 그 중에는 마음에 드는 여자들이 있었지만 그는 가족도, 돈도 없는 집안의 노예이며 로마 출신도 아니고 귀족의 잔재도 아니고 아무것도 자랑할 수 없었으며 똑똑한 조상, 선조도 없는 가난한 유대의 노예라는 것을 알면 얼마나 실망할까 하는 생각에 극구 사양했다. 그는 그와 같은 처지의 처녀도 소개되었고 마음에 들었지만 유대의 성경말씀에 따라 이방인 여자와 혼인하는 것을 금기시하고 있었기 때문과 여기서 결혼하면 다시는 유대로 돌아가기 어렵다는 생각으로 오로지 유대로 돌아가는 일념으로 혼자 살아갔다. 그리고 무엇보다도 항상 따뜻하게 대해 주던 요셉가의 사람들을 생각하며 항상 기도하며 혼자 지내는 어려움을 이겨 나갔다. 그는 매일 열심히 일하며 로마제국과 게르만이 화해하거나 포로교환이 이루어질 날을 기다렸다.

로마군은 언제나 전우를 잊지 않는 군사운영의 원칙이 있었는데 전우찾기 전담부서를 두고 전투에 져서 포로가 된 병사이거나 전쟁터에서 죽은 로마군이 있으면 나중에라도 끝까지 찾아서 그 뼈라도 찾아 국립묘지인 마르스 전쟁신전에 봉헌하고 묵념한다.

이런 제도로 로마군은 지중해를 제패하고 세계 최강의 군사를 유지하는 것이다. 그는 로마군에 몇 년 있지 않았지만 이들은 정규군이든 노예병사든 찾으러 온다는 것이다. 빌레펠드 토이토브르크 전쟁터에도 많은 로마사람들이 세월이 지난 다음 찾아갔으며 묵념하고 시체를 발굴하고자 했다고 한다.

그 중에는 AD 9년, 로마 제18군단의 백병대장 센트리온 한 사람이 이 빌레펠드 토이토브르크 숲속 전투, 바루스 전쟁에서 전사했는데 그 가족들이 찾아와 눈물을 흘리고 전사자의 얼굴을 새긴 조각상을 만들고 기념비를 세우고 추도하고 돌아갔다. 오늘날에도 그 비석이 남아 비석에는 그 센트리온이 로마건물을 배경으로 마치 전차 위에 늠름하게 서 있는 자태가 선명한 모습으로 남아 전해 온다.

▌▌ 로마제국 제18군단 센트리온, 마르커스 켈리우스의 묘비석 ▌▌

(그의 동생 퍼블리우스가 세운 전몰 기념상으로 발굴되어 본[Bonn]박물관, 독일에 보존 ; "아, 로마 제18군단 선봉부대, 제일 전투서열장교 센트리온, 마르커스 켈리우스! 아버지이신 티투스의 (자랑스 런) 아들이며 레모니안 선거구 볼로그나 출신, 53세, 여기 게르마니아의 바리안 전투에서 전몰하여 고이 잠들다. 그의 뼈를 찾았다면 이 돌 비석에 묻었을 것이다. 이 비석을 레모니안 선거구 부족출 신, 티투스의 아들인 퍼블리우스 켈리우스가 여기서 전사한 형을 위하여 이 기념비를 세운다.")

"To Marcus Caelius. son of Titus. of the Lemonian voting tribe, from Bologna, a centurion in the First Order of Legion XVIII, aged 53 . He fell in the Varian War. His bones - if found - might be placed in this monument. Publius Caelius, son of Titus, of the Lemonian voting tribe, his brother, set this monument up."

(In the Bonn Museum, Germany)

　　게르마이아전쟁은 그 후 끝도 없이 계속되었으나 로마도 지치고 게르만도 지쳤다. 로마 황제가 되면 황제는 뼈아픈 빌레필드 전투를 생각하고 어쨌든 그 마음의 피해를 국민들에 게 위로하고 또다시 전쟁에 이기고 점령하려고 수없이 군사를 보내었다.

　　그러나 무리한 대규모 원정대를 보내지 않았다. 다시 그런 불행을 되풀이할 필요가 없었다. 게르만의 수많은 하천과 지천이 깔려 있는 지령에서는 안내자가 없으면 들어가기 어렵다는 것을 알았기 때문이다.

황제 아우스투스는 "로마여! 이제 제국을 더 확장하지 말고 현 제국의 국경을 경계로 이 제국을 지켜라."라고 유언했다.

더 이상의 원정군은 없었지만 계속하여 게르만의 아르메니우스를 끝까지 추적하는 데는 끝이 없었다. 끝까지 잡으려 했다. 로마의 자존심이 그대로 두지 않았다. 지나간 패전의 역사를 청산하고 싶었다. 게르만족에게 로마는 공포였다. 아르메니우스를 넘겨주면 더 이상 게르만과 싸우지 않겠다고까지 하였다.

그러나 게르만인은 그들의 불세출의 영웅 아르메니우스를 로마에 넘겨줄 수가 없었다. 아르메니우스 그 자체가 게르만이고 긍지였다. 모든 부족이 그를 숨겨 주고 보호했다. 로마군은 계속하여 전쟁을 걸어 아르메니우스의 군사를 패배시키고 아르메니우스의 애인도 잡아갔으나 여러 부족은 아르메니우스가 사랑하는 애인 때문에 항복하는 것을 도의상 허락하지도 않았다. 그 와중에도 소규모 국지전에서 계속 게르만군은 전투에 져서 로마군에 잡힌 게르만 병사들을 로마군 포로와 교환하는 경우도 있었다.

로마군의 정예군단인 게르마니아 주둔군 집정관인 명장 게르마니우스가 로마군을 이끌고 드디어 원한의 전쟁터 토이토브르크까지 진출하여 게르만군을 깨트리고 전우의 시체를 찾아 전물기념비를 세우고 돌아갔다. 나중에 게르만군이 다시 토이토브르크를 탈환하여 토마군 전승기념비를 부셔 버렸다.

다시 로마가 군사를 보내어 토이토브르크를 다시 함락했다. 지금까지도 토이토브르크는 로마군 사람들이 찾아와 애도하고 전사한 가족을 찾고 기념비를 세우고 간다. 그도 노예군이었지만 포로석방의 기회가 있으니 기다리고 또 줄기차게 기다리는 수밖에 없었다. 게르만에 있은 지 5년이 지나가고 10년이 지나가고 있었다.

유스투스가 게르마니아에 있은 지 10년이 넘는 봄에 오토폰라임쿨러 영주는 몸이 늙어 자식들을 불러서 유스투스를 가리키며 자기가 죽기 전에 이제 저 로마군 노예를 고향으로 돌려보내 줄 때가 되었다고 하고 큰 아들에게 무엇을 지시하였다. 게르만 민병대 대장 헤르만아프레셋의 이야기를 들어보면 곧 변화가 있을 것이란 전갈을 받았다는 것이다. 절친한 민병대 대장이 있을 때 저 노예 문제를 해결하였으면 한다고 했다.

아르메니우스가 죽고 곧 로마와 화해하고 포로가 석방될 것이니 포로가 자기 집에서 단위 영주나 족장에게 다시 전달되기 전에 아예 풀어주는 것이 좋겠다는 것이다. 유스투스는 이 게르만 영주의 가족들과 함께 어느덧 각별한 사이로 잘 지냈던 것이다. 그가 잡혀서 배당받아 이 영주의 저택에 들어왔을 때 청년과 소년이었던 아들들이 이제 장성한 어른이 되어 결혼을 하였고 이 영주의 후사가 될 수 있을 정도로 장성해 있었다. 그들은 서로 많은 것을 배우고 알고 지냈다. 이제 장성한 큰아들은 조용히 그를 불러 그의 정체에 대하여 알고자 하였고, 그동안 고향이 유대인 것을 안 그는 유대의 연고자를 말하면 돌아갈 길을 찾아 보낼 수 있다고 하였다.

아직도 노예로서 능력이 남아 있으니 유대 지역에 노예로 팔면 자기들도 이익이고 그냥 방치하면 갑자기 사면령이 내리거나 포로교환으로 옛날가격으로 보상정도로만 하면 아무 돈도 못 받고 노예를 보내주어야 하거나 충분한 보상이 안 되므로 자기들도 여러 가지 생각한바 값이 치러지면 그 돈의 일부로 그한테도 일부를 돌려주어서 고향으로 돌아갈 수 있게 할 터이니, 현재 노예값이 가장 좋을 때이니 그의 연고자를 말하라고 하였다.

그리고 말하기를 얼마 전 게르만의 영웅 아르메니우스가 로마군에 쫓기다가 어느 부족에 몸을 의탁하고 있었는데, 근래(AD 19년) 그 부족의 내분으로 사이에 끼어서 오해받아 피살되었다는 것이다. 영웅이 같은 민족의 실수로 어이없이 죽게 되자 게르만족들도 지긋지긋한 전쟁은 그만두고 상호 휴전하여 교류행위가 트이기 시작했다는 것이다.

그리고 보유하고 있던 노예들도 이제 써먹을 만큼 썼으니 이제 돌려줄 때도 되었다는 상호조약이 되면 한 푼도 못 받을 경우가 생기니 이때를 놓치지 말라고 했다. 그는 매우 반가워했다. 그리고 유대 땅도 헤롯 대왕이 죽고 많은 어려움을 겪었지만 새로운 후계 왕들이 영토를 잘 분할하여 좀 안정이 되어 간다는 소문이 있다는 것이다. 그는 족장에게 그가 원래 품팔이하고 있었던 곳이 하이파 부둣가의 용역처리집인 요셉가라고 털어놓았다. 그리고 조심스럽게 로마군 노예가 된 것을 대강 이야기했다. 짐꾼으로 있다가 영문도 모르게 로마군과 싸우게 됐다는 이야기를 했다.

그리고 그는 유대의 사정을 듣고 물어보았다. 옆에 있던 큰아들과 형제들은 그토록 기나긴 이야기를 이제서야 하는가 하고 그가 잘될 수 있는 길을 알아보아 주겠다고 하였다. 그리고 또 일 년이 지나갔다. 어느날 봄, 숲속에 맑은 새소리와 함께 어디서 손님들이 왔다. 그리고 장시간 영주와 아들들과 함께 이야기를 나누고 유스트스를 불러 유심히 본 후 별채로 그가 거주하는 거처에 와서 몇 가지를 물어보았다.

그는 서로 통성명을 나누고자 했다. 자기의 이름은 옛날 선지자의 이름을 따서 부모가 느헤미야라고 지어 주었다고 한다. 유스투스는 바르사바스 유스투스라 하고, 로마군의 포로가 되었고 다시 게르만의 포로가 된 경위를 말하자 그 손님은 물었다.

"그대가 유대에서 세포리에 주둔하고 있던 로마진영을 쳤을 때 암호로 기억나는 것이 있습니까?"

유스투스는 순간 아 이제 살았구나 하는 안도의 숨을 쉬고 기억하는 암호를 말했다. 암호는 유대성경의 이사야 7장 14절에 있는 이름이다.

"임마누엘입니다. '하나님 여호와께서 함께하신다.'는 뜻이지요." 하자 그는 말했다.

"암호의 물음에 대답은?" "'여호와는 나의 목자이시오', 시편 23장 1절입니다." 하고 유스투스가 대답하니 그들은 서로 함께 얼싸안았다. 그리고 감격의 눈물을 흘렸다.

"하나님은 우릴 구원하시니……. 어려움이 있어도 하나님을 잊지 마라."

그는 잊지 않았고 그날이 오리라 믿었다.

"여호와는 나의 목자이시니……."

그 손님은 돌아갔다.

오토폰라임쿨러 영주는 친구인 헤르만아프레셋 민병대 대장을 통하여 포로의 해방을 주선해 주었다. 유수투스는 감사하고 감격했다.

그 후 여름 어느날 그 느헤미야씨가 마차를 가지고 와서 유스투스의 정든 영주의 가족들과 헤어져 그 집안 가족들을 떠났다. 큰아들과 여러 형제들은 그와 함께 서로 껴안고 그동안 그한테 한 미안한 여러 가지 일을 용서하기 바란다고 그의 허리에 노자로 쓰라고 하며 동전을 넣은 전대를 끼워 주고 조그마한 짐꾸러미도 만들어 주었다. 입을 옷가지와 가는 동안 먹을 음식이라고 했다. 이것은 그동안 있었던 보답이라면서 그들은 눈물을 흘리며 작별을 하였다.

유스투스는 몇 번이고 돌아보며 공기 좋고 산림이 우거지고 비가 와서 잣나무가 젖어 상쾌한 바람에 따라 움직이는 깨끗한 날씨에 게르만 마을을 떠났다. 그는 때론 마차를 타고 걸어가면서 코로니아 도시의 강가에 도착하였다. 그는 엄중한 관리의 검역과 세관을 통과한 노예의 이적서류를 받고 감격하였다.

'굿텐타크'라는 인사말과 함께 그는 배 위에 올랐다. 그는 유대에 살고 있는 로마시민권이 있으며 조그마한 광산과 농장을 운영하는 어느 집으로 팔려간다고 했다. 광산이던 농장이던 무엇이 어려우랴. 그는 해방된 기쁨으로 가슴이 벅차며 느헤미야씨와 함께 코로니아 부두에서 많은 사람들과 함께 큰 배에 타고 강물이 흐르는 것을 따라 노텔담으로 향했다. 이틀을 배를 타고 강가육지 부두에 들락날락하며 수없이 짐을 내리고 싣고를 반복하면서 북쪽으로 계속 갔다.

이제 그는 나이도 35세가 넘은 장년이라 새로운 감회가 들었다. 강바람을 쏘이면서 그는 유대로 돌아간다는 기쁨 하나로 가슴이 벅찼다.

"여호와 하나님은 나의 목자이시니 내가 부족함이 없으리로다." 시편 23장의 암호가 죽음의 암호였다고 생각했었지만, 이제 부활되어 유스투스 그가 살아 돌아가는 암호가 되었다. 아침에 동이 트면서 그들은 큰 바다가 보이는 강 어귀까지 나왔다.

그가 탄 배는 다시 로마군 군기가 나부끼는 로마군 수로 목책으로 들어갔다. 로마군 기를 보는 순간 그는 조국의 깃발은 아니지만 유대의 깃발로 보이는 듯 그의 두 눈의 눈시울이 뜨거워졌다. 아, 저 군기 아래 누구를 위하여 싸웠던가. 어제는 적이고 오늘은 나의 편이고 그기에 또 다른 적과 싸우고 또 적의 나라 사람들과 지내고 또다시 원점으로 돌아가는 것인가. 이제 또 원점으로 돌아가 무엇을 시작하나? 아, 이것이 우리 지구상에 사는 사람들의 필연적 이야기인가? 그는 인생이 무엇인지 다시 한번 고민하기로 했다. 그곳에 있는 것은 인긴 본성이 있어서 아군과 적군은 때에 따라서 형편에 따라서 생기는 것이고 영원한 적은 없으며 우리 인간만이 있다는 것을 느낀다.

그를 데리고 나온 느헤미야씨는 유대 출신으로 로마군 군속이라고 소개하고, 이제 로마군 영체에 가서 간단한 신고를 하고 별 문제가 없으면 로마노예 신분으로 된다고 하였다. 그런데 어떤 범죄적 사항이 없으면 지난 전쟁의 포로는 사면되며 더 이상의 책임을 묻지 않으며 로마시민권이 있는 사람의 소유가 될 수 있다고 하였다. 그가 로마군 주둔지역으로 들어가서 입국수속을 밟고 대기하는 동안 많은 그와 같은 로마군 포로들이 석방되었다는 것을 알았다. 그리고 빌레펠드 토이토브르크에서 살아 돌아왔다고 한 병사가 외치니까 모두들 모여들어 그를 위로하고 여러 가지 지낸 사정을 묻고 어디에 가 있었나 등의 많은 질문을 하였다. 정보부대에 안내되어 당시의 상황을 자세히 있는 그대로 설명하고 로마군이 어떻게 그렇게 참패하였는지 아는 대로 글로 쓰라고 담당관은 말하였다.

그는 글은 잘 쓸 줄 모르며 본 대로 겪은 대로 모두 진술하자 로마군 단당관은 고생 많이 했다고 하고 그를 축하해 주었다. 그동안 이 로마진영에서는 바루스 군단장이 게르만에 참패 후 포로에서 탈출한 많은 로마군들이 라인강을 따라 소수단위씩 포로에서 탈출하여 더 북쪽의 해변의 나라에 귀화하여 로마군에서 있을 때 경험을 살려서 크고 긴 배를 만들었다. 그 배는 북유럽의 발틱해에 그 존재가 나타나며 로마전함과 유사하다는 것이다.

제 9 편

브리타니아 글래스턴베리

그는 노예에서 풀려나 로마군 군속과 함께 배를 타고 해군 진영 앞에 있는 수상 보호 책망을 나왔다. 그는 한시라도 로마진영을 벗어나고 싶었다. 마을이 보이고 어귀에 큰 배가 여러 척 떠 있는 것이 보였다. 그는 배에서 내려서 부둣가로 따라 걸어갔다. 짐을 어깨에 지고 어느 큰 배를 다시 타야 하는지 즐겁기만 했다. 인솔자는 그와 같이 갈 사람이라고 하며 중동지역 출신인 듯한 얼굴을 가진 또 한 사람을 유스투스에게 소개시켜 주었다. 유스투스는 그와 함께 큰 배의 갑판에 올랐다.

갑판에서 일하던 사람들이 눈인사를 했다. 몇몇의 청소년들이 있었다. 그들은 브리타니아에 갔다가 이제 예루살렘으로 돌아가는 중이라고 하였다. 그런데 유난히도 얼굴이 밝고 어디서 많이 본 듯한 젊은 홍안인 20세 정도로 나이가 확실치 않은 미청년이 흰색 옷을 입었으며 게르만에서 보던 눈내릴 때 보았던 눈과 같이 새하얀 목도리를 목에 두르고 있었다. 미소년은 이 배의 선장 옷을 입은 사람이 함께 멀리서 유스투스를 보고 있었다. 서로 가까이 다가서자 미청년이 먼저 인사하고 유스투스가 지나가는 갑판의 길을 피하며 지나갔다. 유스투스는 생각했다. '얼굴이 낯이 익네. 누굴까?'

인솔자와 함께 그들은 갑판 아래 하부 침실로 내려갔다. 그곳에서 여장을 푼 다음 물을 좀 얻어 마시고 같이 가는 사람과 잠깐 말을 하였다. 말은 잘 통하지 않았지만 자기는 브리타니아에 있는 광산에 간다고 하며 유스투스도 그럴 거라고 하였다. 광산은 항상 위험한 곳이니 조심하여야 한다고 말했다. 그는 두려우냐고 묻자 자기는 가족이 있다고 했다. 그리고 기술자라고 했다. 광석을 고르는 기술자라 했다. 그는 생각했다.

'나는 기술도 없으니 막장에서 땅이나 파거나 파낸 흙을 끌어올리는 일을 하겠지.'

로마군에 있었을 때 투석기에 사용할 투석을 망치로 깎고 운반하는 광산에 사역으로 동원된 일도 있기 때문에 크게 두렵지는 않았다.

그러나 그는 일면으로 브리타니아로 간다고 하는 말에 실망까지는 아니어도 마음만은 유대로 갈 수 있다고 생각했는데 더 먼 곳인 브리타니아는 또 무슨 일인가 나의 운명은 끝이 없는가 하고 생각했다. 그들은 갈리아 해안을 따라 남쪽으로 항진하여 노르망 부근에 모래로 덮힌 해안에 도착했다. 주변에 로마군 해군의 영체가 보였다. 브리타니아로 간다는 배가 갈리아 남쪽으로 내려가니 아닌 것 같기도 하고 이상했다. 그대로 유대로 갔으면 좋겠는데 하는데, 기술자는 말하기를 여름에는 이 노르망에서 브리타니아로 들어가기가 쉽다고 하였다. 대서양쪽에서 불어오는 바람을 타고 순풍에 돛을 달고 그저 먹기로 브리타니아에 저절로 도착할 수 있다고 했다.

겨울에는 거꾸로 브리타니아쪽에서 북쪽의 차가운 바람을 타고 내려오기가 쉽다고 하였다. 그러므로 이 지역은 대륙에서 브리타니아로 들어가는 침공의 길이며 브리타니아 사람들이 대륙을 침공하는 역사적인 길이라 말했다. 모든 민족이 여기서 섬나라 영국에 들어가며 그곳은 지상낙원과 같이 곡식이 풍부하고 물이 많아서 가축과 동물을 키우기 좋고 과일이 풍성하며 사막이 없는 살기 좋은 천국의 땅이라 했다.

브리타니아에 들어가려면 배와 사람이 함께 로마군 당국의 허가를 받아야 했다. 느헤미야는 그를 데리고 부두신고서에 신고한 후 전송하였다. 유스투스는 느헤미야님에게 감사하였다. 해방시켜 주시고 새로운 삶을 갖도톡 해 주신 데 대하여 감사의 말을 하자 느헤미야님은 여호와 하나님께 감사하자 하시고 브리타니아에서 너의 주인님을 만날 것이며 감회를 다시 느낄 것이라고 하였다. 감사하다라고 작별인사를 다시 하고 주선해 주신 어떤 상선인 듯한 배에 올랐다. 느헤미야씨는 청소년들을 인솔하고 남쪽으로 가는 배를 탔다.

유스투스가 탄 배는 바람을 타고 브리타니아 북쪽으로 떠났다. 배에서 좀 떨어져 큰 물고기가 떼를 지어 지나가는 것이 보였는데 인솔자는 저것이 바로 고래라고 하였다. 성서에 보면 요나서에서 요나가 큰 물고기에 잡아먹혔다가 3일 만에 큰 물고기가 체하여 토했는데 그때 밖으로 튀어나와 살았고 하여 요나의 기적이라 했다. 누구든 평소에 착한 일을 많이 하면 잘못되어 있다가도 구원을 받는다 하는 것이 요나의 기적이라 하는데 영 엉터리이야기 같지만 기적이란 것도 있다고 했다. 요나서를 읽은 일이 있느냐고 물어 왔다. 자세히는 읽지 못했고 하도 오래된 기억이라 누구가 요나인지 모른다고 했다. 그는 말했다.

"유대 사람은 요나의 기적을 믿어야 하며 구원을 찾는 데서 구원될 수 있다."고 했다.

"선생님은 랍비이십니까?"

"우리는 랍비는 아니지만 요나의 이야기는 우리 같은 뱃사람들이 모르는 사람이 없다. 그것이 바로 구원의 실체이며 저 큰 물고기가 구원의 증거이다."라고 했다. 그는 다시 생각했다.

("물고기에게 먹힌 지 3일 만에 살아 나왔다. 나 유스투스는 로마군에 잡힌 지 3일이 아닌 17년 만에 살아나왔는데 로마군이 이 고래였나? 이 큰 고기는 무얼 먹고 사나? 물고기든 사람이든 동물이든 닥치는 대로 한 입에 쉽게 먹고 살아가는 물고기면 이 물고기 잡는 사람은 없나?

로마군도 때로는 전쟁에 다 이기는 것은 아니고 가끔 지던데 게르만 아르미니우스에게 잡히던데 참 요셉대형도 로마를 잡으려고 그 큰 물고기를 잡으려고 하셨지. 그 통에 유스투스는 새우 등 터졌지. 고래 입에서 그 자신도 나왔다고 보면 그 수많은 전쟁터에서 살아남고 죽을 뻔하면서도 요나가 고래 뱃속에서 있었다는 것이 사실이면 그가 로마군 속에 있었다는 사실과 비슷하지. 이렇게 살아온 것이 구원이고 부활이네. 성서는 거짓말이 없는 걸까? 좋은 책이 거짓말 투성이면 근본부터 잘못되고 자라나는 아이들이 뭘 배우나? 그러니 요나가 있는 것과 내가 있는 것은 같은 일맥이네.")

그는 갑판 위에 나가 대서양의 신나는 바람을 타고 옆으로 미끄러지듯 물 위로 달려 화살같이 지나가듯 북으로 향했다. 배만 고프지 않으면 끝도 없이 이 배만 타고 끝없이 갔으면 했다. 해가 지고 늦은 저녁에 브리타니아 남부 해변 언덕가의 부두에 당도했다. 그곳에서 다시 그 일행은 로마제국 군영에 신고를 마치고 걸어서 북방으로 며칠을 갔다. 그는 글래스턴베리라는 초록의 들판과 산 언덕이 겹쳐 있는 지역에 도착하였다.

구릉과 평야가 교차하는 곳에 숲이 있고 저 멀리 야산이 우뚝 서 있는데, 그 형상을 보니 마치 평지에 큰 고래 한 마리가 떠 있는 형상이었다. 산 옆으로 자작나무와 몇몇의 통나무로 지어진 주택이 있어서 그들은 그곳에 갔다. 교회 모양으로 만들어진 집 속으로 들어가니 그곳에는 여러 사람들이 앉자 있다가 일부는 일어섰는데 부인들도 있었으며 어린 여자아이들, 또 아기들이 보채는 소리도 들었다.

그들이 알아듣지 못하는 방언과 알아들을 수 있는 말을 따로 하는 사람들이 그들을 보고 있었다. 그 중에는 덩치도 크고 키가 큰 장정들도 있었는데 상황파악이 안 되니까 어디서 온 놈들이야 하는 주먹이 한 대 날아오지나 않을까 두렵기도 한데 그럴 만한 덩치들은 없었고 착하게 보이는 중년의 사람들이었다.

조금 있으니 모두들 일어나는 것을 보니 높은 사람이다. 아마 이곳 주인인가 보다.

"새로 온 사람들은 누군가?" 인솔자가 말했다.

"저희 일행입니다."

"바르사바 유스투스는 누군가?"

"접니다." 그는 머리에 쓰고 있던 카파를 벗었다.

"내가 누군지 아는가?"

"아, 잘 모르겠습니다. 앗, 요셉대형님이 살아 계셨습니까?"

그는 놀랐다.

"아니야, 형님과 얼굴이 닮았지. 내가 동생 요셉이야!"

"아, 요셉친형님." 하고 그가 말하자 아리마대 요셉친형이 그를 부둥켜안아 주었다.

"그래, 유스투스! 그동안 잘 있었는가? 형님은 어떻게 돌아가셨는가?" 하고 이미 얼굴에 눈물이 맺혀 있었다.

"요셉대형께서는 화살을 맞고 장렬히 돌아가셨습니다. 우리는 그분을 레바논산의 언덕에 모셨습니다. 요셉대형을 다시 보는 것 같습니다."

"그래, 우리 많은 이야기를 하자꾸나." 그들은 나체로 들어갔다.

"요셉친형님, 여기는 어떤 곳입니까?"

"여기는 저 아래 언덕이 주석광산 지역이네. 로마군이 원주민으로부터 정보를 얻어 개발한 곳인데 기술적 문제가 있어서 진전이 없어 방치한 것을 우리가 발굴하겠다고 나섰는데 상태가 좋지 않아. 우리도 철수하려 하는데 굴에서 수맥이 터져서 많은 물이 쏟아져 나와 많은 사람들이 다쳤네. 다행이 예루살렘에서 구경하려고 데려온 몇몇의 젊은 청소년들이 다치지 않아 다행이었네. 며칠 후 물이 진정되어 조용히 흐르게 되어 우리는 복구를 시작하였네. 복구가 잘 진전되면 예루살렘으로 돌아가려 해. 그때 다 같이 나가자. 여긴 현상 유지하게 하고 여기에 겟세마네처럼 장원을 만들었으면 하네. 자네가 나중에 좀 도 와주어야겠어. 사람도 많이 필요하고 자금이 또 더 필요하여 예루살렘에 갔다와야겠어. 결국은 우리 식구들이 개척하여야 할 일이야."

유스투스는 요셉친형을 만나 무척 기뻤다.

"어떻게 저를 찾으셨습니까? 저를 버리지 아니하시고 저를 찾아 주셨습니까? 요셉친형님! 감사합니다."

"자넨 우리 형을 끝까지 모시던 사람이야. 우리 가족이 끝까지 너를 찾아야지. 그래야 형님을 찾는 길이고 형님의 최후를 알고 영광된 최후를 알 수 있는 거야. 그런데 너와 같이 있었던 한 사람이 네가 로마군 노예가 되어서도 우리 가족의 비밀을 끝까지 지켜 주었고 우리 가족에 피해가 되는 일을 하지 않았던 것을 알려줬지. 그는 로마군이 게르만으로 들어갈 때 미리 탈출해서 살아왔지.

그리고 바루스군에 있다는 것도 나중에 알았고 빌레필드에서 토이토브르크 숲속에서 죽은 줄 알았지. 그런데 네가 있었던 주인집에서 연락이 코로니아로 와서 코로니아에 있던 우리 유대인 계열의 상인이 우리에게 연락했지. 우리는 그때 무척 기뻐했고 거금을 지불하고 너를 찾았지. 형님을 찾았듯이 우린 너를 살아서 찾은 거야. 비록 형님은 찾지 못했지만 우리 이제 한 가족으로 지내자."

유스투스는 눈시울이 뜨거움을 느꼈다. 고국에 대해 궁금한 것은 차차 알아보기로 하고, 그는 요셉친형이 잘 자라고 잠자리를 마련해 주신 방에서 창밖의 찬란한 별빛을 보며 긴 잠을 청하였다. 날씨가 맑은 날에 별이 없다는 브리타니아에서 오늘은 맑다고 한 날에 하늘의 별 빛은 우유의 은하수 별들의 흐르는 길이 벌레들의 합창과 함께 시냇물이 소리내어 내려가듯 들이면서 별들의 찬송이 들려오는 것을 조용한 귓속에서 느끼며 잠이 들었다.

"하나님, 감사합니다. 저를 여기까지 인도하여 주시고 물을 주시고 빵을 주셔서 감사합니다. 하나님도 이제 좀 주무십시오."

유스투스는 그날부터 이 글래스턴베리에서 열심히 일했다. 광산의 굴속 통로를 나무동발을 대어 이어 나가며 로마군이 방어용 목책을 빈틈없이 채워 목책성을 쌓듯이 굴 속의 천정에 나무가 틈이 보이지 않게 틈틈이 통나무를 끼워 넣어 가면서 천정을 만들고 광석을 파는 인부들이 무사히 지나다닐 수 있게 내려앉지 않게 튼튼히 굴을 세워 나갔다.

"유스투스씨, 어디서 배웠나? 빠르게 세워 나가네. 속도도 빠르고 치밀하고 정밀하네."
하고들 감탄했다.

"이런 것은 석공들이 돌 다루는 것과 비교하면 아무것도 아니지요. 그들처럼 나는 목책 쌓는 데 빠릅니다. 처음에는 로마군 목책담당 군단에도 있었어요. 목책 쌓다 잘못하여 목책 위에 떨어지면 그대로 비참하게 희생됩니다. 자기가 세워 놓은 나무창에 찔리지요."

광산의 굴에 목책동발을 쌓는 것은 로마군 전투방어용 목책에 비하면 아무것도 아니었다. 그도 기술 하나는 확실히 있는 것이다.

살아 있는 것은 지금 살아 있다는 것 외에는 오늘도 알지 못하고 내일도 알지 못한다. 로마군은 전투에 나갈 때 오늘 살아 있을까, 내일 살아 있을까 확신을 못하고 하루하루 전투로 그들도 살아간다고 했다. 로마에서는 시민이면 귀족이든 평민이든 누구든 청년은 한 번은 전쟁터에서 죽음과 싸워야 했다. 그것을 의무적으로 겪어야 비로소 로마시민으로 행사한다. 전쟁을 경험함으로 그들은 강한 나라의 사람이 되는 것 같다. 방어용 목책 기술 하나라도 알면 삶과 죽음이 엇갈려진다. 광산이 그렇다. 튼튼한 동발은 죽음에서 인명을 구한다. 주석광산을 찾아서 광석을 모으고 가마를 만들어 나무로 숯을 만든 다음 함께 용광로에서 불을 지펴 풀무로 가열하여 광물을 녹였다. 검은 은빛의 주석이 가마 밑으로 흘러 내려온다. 인부들은 이것을 형틀로 모아 들어오게 하여 굳혀서 주석 괘를 만들었다. 광산이 검게 지형이 변해 갔다. 주변에 가까운 나무들이 없어져 가자 더 먼 곳에서 나무를 끌어왔다. 상당한 광산 규모가 되어 갔으나 많은 시설이 필요했다. 요셉친형께서 말하셨다.

"광산은 어느 정도 캐다가 자연으로 다시 원기를 회복시킨 다음 다시 광석을 캐야 한다. 산림자연이 회복한 다음 다시 광석을 캐야지 끝없이 캐다가는 나무가 부족하여 광산의 갱도가 무너지고 사람이 다칠 우려가 있다. 3년을 캐고 2년을 쉬어야 한다. 그동안 다른 광산을 찾고 또 돌아와서 그 위치에서 새로운 광댁을 보든가 주위 산림이 회복되길 기다려 광맥을 다시 찾아야 잘 보인다. 이제 돌아가서 기다리든가 딴 광산을 찾아나서야 하므로 일단 휴식기를 두고 예루살렘으로 돌아가든가 더 광산을 확장하든가 정해야 할 때다."

그들은 약 6개월을 글래스턴베리에서 바쁜 날을 보냈다.

제2부

Barsabas Ustus

제10편

예루살렘으로 귀환

가을이 다가오자 북해의 북풍이 남쪽으로 불 때 요셉친형이 예루살렘으로 돌아가자고 하여 유스투스가 처음 브리타니아에 갔을 때 같이 갔던 광산기사 친구에게 맡기고 브리타니아 옆에 있는 섬에서 왔다는 아일랜드 출신의 여자아이 막메리라는 소녀가족과 또 다른 가족들을 데리고 바다를 건너 플리머스 남쪽 노르망디로 넘어왔다.

요셉친형은 이곳저곳에서 이주하는 사람들도 이끌고 다니시는 걸까? 이들은 가정형편이 좋지 않거나 친척을 따라 새로운 삶의 터를 찾는 사람들이었다. 그들 가족 중 막메리 소녀의 가족은 부친이 세상을 떠나자 춥고 눈 많이 오는 아일랜드보다 따뜻한 남쪽나라로 또는 들어갈 수 있다면 일자리가 많은 로마로 가겠다고 이주하는 가족이라 했다. 그들은 로마군 진영에 세관신고를 하고 브리타니아를 떠났다. 바다 건너 골의 땅 노르망디에 도착해서는 잠깐동안 여장을 풀었다.

그들은 요셉친형이 항상 타는 상선 무역선을 타고 스페인 해협인 지브랄타를 돌아서 옛 카르타고항구로 들어갔다. 그곳은 옛날 로마군이 카르타고군을 자마에서 한니발의 군사를 격파하고 지중해 제해권을 확실히 잡고 지중해를 통일한 결정적 전투를 한 곳이었다. 그곳은 니고데모 선생님이 유스투스에게 가르치셨던 포니아전쟁의 현장이었다. 그 카르타고해안에서 카르타고인들이 세계 최강의 로마군을 맞이하여 대혈전을 벌였던 해변가 모래를 밟으면서 니고데모 선생께서 무엇 때문에 유대 어린 소년들에게 그토록 열변을 토하며 가르치셨는가를 이해할 수 있었다.

그러나 그 불굴의 한때 지중해의 주인이었던 무적의 카르타고 해군도 로마라는 신생국가에 의해 패하고 역사의 뒤안길로 사라진 것으로 볼 때 지금의 이 로마도 언젠가는 사라져 갈 것으로 본다면, 니고데모 선생의 명강의가 이루어지려면 수많은 세월이 흘러가야 될 것 같지만 머지않아 올 수도 있다는 것을 말한 것으로 볼 수 있다. 그들은 다른 일행들과 함께 주변을 구경하였다.

여행 현지 안내자들은 이곳이 카르타고의 한니발 장군이 거병한 곳이라 했다. 로마군에 대항하여 카르타고 해군을 거느리고 스페인 시군툼으로 가서 재무장한 다음 코끼리부대를 이끌고 피레네 산맥을 넘고 알프스를 넘어 롬바르디 평원으로 내려가 로마의 여러 도시로 진격하여 가는 곳마다 로마군을 무찌르고 한 번도 패전한 일이 없었다. 카르타고의 조상들은 전 이탈리아 반도를 휩쓸고 다녔다고 자랑스럽게 설명했다.

아마 그때 한니발은 수많은 로마제국의 집정관과 군단장들을 전사시키고 무인지경의 종행으로 남부 로마를 휘젓고 다녔을 것이다. 유스투스가 예루살렘의 겟세마네 장원에서 배울 때 한 랍비가 이야기하였던 그곳이 바로 이곳이라 하니 감회가 새롭다. 안내자가 말했다.

"이곳이 그 유명한 카르타고의 도시의 현장입니다. 그들의 최후의 결전장이며 피흘린 지나간 역사의 현장이라 합니다만, 이렇게 황량한 빈터로 변했습니다. 유스투스씨는 수많은 전쟁터에서 살아오셨는데 이곳을 보시면 어떤 느낌을 받습니까? 유스투스씨는 이 세상에서 전쟁의 고통을 가장 많이 받으신 분 중 한 분이라는 이야기를 들었습니다."

"……", 유스투스는 말이 없었다. 그들은 계속 다니며 주변을 구경하였다.

카르타고, 정말 중요한 땅이다. 지중해를 지나는 모든 선박이 지쳐서 들렀다가 가는 곳, 이 좋은 땅에서 그런 전쟁의 불상사가 나다니 전쟁은 비극이다.

그는 여장을 풀고 그곳에 있는 요셉친형들의 친구들과 브리타니아에서 가져온 광석과 상품을 교환, 상거래하며 몇 날을 보내고 여기저기도 구경하였다. 요셉친형이 카르타고의 어느 시장 상가에 있는 상점을 같이 방둔하고는 주인 노인을 소개하셨다. 그는 요셉친형의 아버지와 오랜 친구이며 그의 아들 뜰들이 이스라엘 예루살렘 등에 살고 있으며 서로 가까이 잘 지낸다고 하였다.

유스투스 일행은 아쉬운 카르타고를 떠나 알렉산드리아 항구를 거쳐서 무사히 욥바 항구에 닿았다. 항구 전체가 자기 집으로 느껴졌다. 그리고 요셉친형을 따라 예루살렘으로 돌아왔다. 많은 씨족들이 모여 아리마대 친형이 무사히 돌아온 환영회를 열었다.

브리타니아에 들어갈 때 배 갑판에서 만났던 미청년도 환영회에서 다시 만났다. 이름이 서로들 엠마누엘이라 부르는 것 같았다. 그는 예루살렘의 엣세네파 시나고구에서 학업을 수료하기 위해 남은 기간 동안 다닐 거라 하였다. 엣세네파는 평화주의자들이며 경건한 신앙생활을 한다. 그들 중에는 속세와 떨어져 세상을 피하고 오직 하나님 말씀을 파피루스 종이나 양피지에 옮겨 적으면서 두루마리 책을 만들고 새로 생기는 시나고구에 공급하며 하나님 말씀을 암기하고 일생을 하나님 말씀에 의해 살아가고 자신의 재물을 모으거나 하지 않고 공동체생활을 하며 다가올 믿음의 세계를 준비하는 사람들이라 했다.

그들은 유대 여러 지역에서 공동체를 만들어 활동하였으며 사해 인근 엔고디, 쿰란 등지에서 수도생활도 하는 사람들이 있으며, 또 순수한 유대의 혈통을 유지하며 살아가며 결혼을 하면 공동체생활을 순수히 그대로 유지하고 속세로 나가지 않는 경건한 사람들이라 했다.

유스투스는 20여 년 만에 예루살렘 고향으로 돌아왔다. 그러나 고향집은 없었다. 어릴 때 보던 예루살렘은 도시와 건물이 엄청나게 크게 보였는데 이제와 어른이 되어 다시 보니 골목도 작아 보였으나 성전산과 성전은 크기가 그대로였다. 로마군이 주둔하면서 원주민의 문명이 변하고 빈곤해진 것인지 잘사는 사람은 잘살고 있어도 시골은 도시에 비해 낡아 보였다.

그가 어릴 때보다 키가 큰 것일까? 엄청나게 신전도 크게 보였는데 외국에서 더 큰 성채를 보아 그럴까, 하여튼 기억상 엄청나게 큰 것으로 보였는데 다소 예상보다 덜 하였다. 로마제국의 수도를 보고 돌아와 고국을 보니 규모가 적게 보였지만, 그는 거리를 지나면서 자유를 만끽했다. 다시는 전쟁터에 가지 말아야지 그게 무슨 삶인가 생각 되었다. 다시 오갈 데 없는 그는 요셉대형이 지내던 겟세마네 장원에서 올리브기름을 짜며 포도나무를 가꾸고 양들을 키우면서 포도 등 과일과 곡식을 수확하고 포도주를 담그면서 다시 풍요로운 생활을 시작하였다.

제11편

나사렛의 목수

어느날 유스투스는 요셉친형에게 나사렛교회에 한 번 가보았으면 한다고 하였다. 요셉친형이 말하길 그 교회에 있던 젊은 예쁜 누나는 그 후 결혼하여 아이들을 낳고 잘 살고 있는 것으로 알고 있다고 하였다. 요셉친형의 허락을 얻어서 그는 나사렛으로 길을 떠났다. 때는 봄날의 결혼 시기라 많은 사람들이 결혼하는 행렬을 보며 지나갔다. 교회에서 간단히 랍비 앞에서 혼례를 하는 결혼식도 보았다. 모두들 결혼하고 난 후 예루살렘 신전에 가서 기도하고 감사했다. 많은 행렬이 예루살렘으로 향했다. 사람들 중엔 고향에서 멀리 떠나와 있어서 하는 결혼이든가 친척도 별로 없고 하면 유스투스 자기도 그럴거라 생각했다. 쓸쓸한 결혼식이 있는가 하면 약간 떨어진 곳에서는 부잣집에서 하는 결혼식도 보았다. 그는 요셉친형이 내어준 낙타를 타고 나사렛에 도착했다. 만감이 교차하는데 조용하고 쓸쓸한 거리였다. 언제 이 마을이 활기를 찾을 수 있을까? 요셉대형이 활동하던 때에는 그래도 법석댔는데 로마군의 주둔으로 일대는 삼엄한 분위기로 시내 번화가 이외의 시골쪽은 활기를 잃어 가고 있었다.

저녁이 다 되어 가는데 나사렛교회에 이르렀다. 마치 고향에 도착한 것이다. 나사렛 마리아님이 방금 교회에서 나올 것 같은 느낌이다.

그러나 교회는 쓸쓸하였다. 사람도 많이 보이지 않고 종각도 낡아 퇴색되어 있었다. 그리고 작아 보였다. 키가 커져서 그런가, 어릴 때는 교회가 높았었는데 실망감이 교차하며 교회 안으로 들어갔다. 노인 집사가 나와서 어디서 왔느냐고 나직한 목소리로 물었다. 마리아님은 주일날에 교회에 나오고 전과 같이 매일 나오지는 않는다고 하였다. 집은 어디냐는 물음에 친절히 가르쳐 주었다. 그는 노인이 이야기한 대로 마리아님의 집을 찾아갔다. 아이들 여럿을 낳았으며 잘 살고 있다는 집이다. 목공소로서 집은 외각으로 보아 그런대로 잘 살고 있는 집 같았다. 누구 없느냐고 부르니 대답하는 안쪽의 소리에 따라 문을 열고 안으로 들어갔다.

"아, 여기가 요셉과 마리아님 댁입니까?"

안쪽에서 아이들의 노는 소리가 들려왔다. 그리고는

"누구야?" 하는 애뜻한 어린아이 소리가 났다.

"엄마, 누가 왔어요."

아이를 쳐다보고 있는데 저쪽에서 커텐으로 쳐져서 안쪽 속이 보이지 않는 발을 살며시 걸어 올리는 소리가 났다. 그리고 약간 놀라는 얼굴로 멀찌감치에서 보였다. '아, 부인이 그 마리아님인가? 세월이 어디로 간 것일까?'

"아, 저기, 혹시 절 모르시겠습니까? 저는…….."

그 여인은 고개를 저었다.

"누굴 찾으세요?"

약간의 젊은 억양이 있는 음성이다.

"아, 아닙니까? 저는 바르사바 유스…… 잘못 찾아온 것 같습니다."

그는 여인을 다시 보았다.

"아닙니다. 미안합니다. 실례했습니다."

그가 황급히 되돌아 나오려는데 다시 안에서 "누가 왔니?" 하는 소리가 났다. 누가 찾아 올 거라는 이야기가 있던데 누군지 물어보라는 소리가 들려왔다. '아, 이 따뜻한 음성이……', 유스투스는 멈춰섰다. 그리고 몸에 긴장이 왔다.

"예, 저는 유스투스입니다." 하고 말하자 발이 완전히 걷히면서 안쪽에서 머리에 흰 천을 두른 하얀 얼굴이 빛나는 여인이 나왔다. 얼굴은 눈부셨다. 백장미 같은 얼굴…….

"아, 마리아님이 아니십니까? (산타 마리아님!)"

"누구시죠?"

"저는 요셉대형을 모시던 바르사바 유스투스 요셉입니다. 마리아님이십니까?"

"아, 자네가 어렸을 때 여기를 떠났던 바르사바가 맞는가?"

"예, 그렇습니다."

그는 마리아님 앞에 오른쪽 무릎을 굽혀서 인사했다. 그리고 눈물이 글썽거렸다.

"아, 마리아님, (성모마리아님), 이제 다시 뵙습니다. 그동안 안녕하셨습니까?"

마리아님은 그를 일어나게 하셨다. 그리고 조용한 침묵의 시간이 지나갔다.

"마리아님, 그때는 감사했습니다. 요셉대형과 함께 나사렛을 떠났으나 이제 저만 돌아왔습니다."

"그때 교회에 가끔 오기도 하고 마지막으로 어린 자네와 같이 떠났던 젊은 사람 말인가?"

"예, 그때 그분은 다른 분들과 함께 타르시스 포에니세아라는 백양목의 땅 레바논에서 전사하셨습니다."

"전사? 왜?"

마리님은 집 안쪽으로 유스투스를 들어오라고 하면서 마당으로 들어가셨다. 넓은 거실 안쪽에 발이 쳐져 있고 안쪽으로 양탄자를 짜고 있는 집기루가 실과 함께 걸쳐 있었다. 그리고 그곳에서 카페트에 수를 놓기도 하고 짜고 있었다. 꽤 많은 양탄자가 크기 종류별로 짜여지고 있었다. 가구들과 실내 장식품이 만들어지는 작업장이었다.

"우리 유모인데, 실리마리아네." 하고 돌아서며 유모를 소개하셨다. 그녀는 그가 찾아갔을 때 먼저 나온 그 여인이었다.

"부군께서는 집에 계십니까요?"

"근처에 있는 어떤 교회당에 목수 일로 나가셨다."

"예? 목수님이라고요?"

"이제 자네도 어른이니 말을 놓치 못하겠네."

"아니, 말씀 낮추십시오."

"여기 작업장이 누추하나 좀 앉으시게. 남편은 자네가 보면 알꺼야."

"어떻게요?"

"웅, 그렇게 되었다네. 자네가 온다는 소문이 이미 나 있네. 그이도 보고 싶어하시지."

"아, 정말 그랬습니까?"

“응, 그분은…… 아니, 잊어버리세. 세월이 너무 지났으니까 어디 지낼 곳이 있나?”

“예, 여기 시내에 숙소를 마련하고 왔습니다. 예루살렘 상점에서 여비와 숙소를 마련해 주어서 며칠간 여기서 둘러보고 다시 예루살렘으로 돌아가야 합니다. 마리아님께서 이집트로 피난가셨었다는 이야기도 들었습니다.”

“그래, 이집트로 갈 때 그이가 나와 우리 아기를 살리셨어. 먼 이집트 헤리오폴리스 카이로 고센의 교회당 부근에 있는 어느 집을 찾아가 아이와 함께 몇 년을 보내었지.”

“어린 아기를 데리고 이집트에 가셨습니까? 아기 이름은요?”

“강보에 아기를 싸서 낙타를 타고 황야를 걷고 또 걷고 이집트의 한 교회당에 도착했네. 애칭이 임마누엘이라 했지. 성년 후엔 예수란 이름만 쓰네.”

“아니 저…… 큰아드님 이름이 임마누엘이라고요? (엠마누엘은? 같은 말인가?)”

“지금도 가끔은 별명으로나 이름이 노출되는 걸 꺼리면 우리끼리 그렇게도 부르지. 애들 아버지가 오실 때가 되었으니 저녁을 준비해야겠네.”

유스투스는 마리아님 댁을 둘러보았다. 그리고 자녀들과도 인사했다.

(“아, 여기가 천국이구나. 살아서 마리아님을 보다니. 나 혼자만 고생하고 지낸 게 아니구만. 나 이상으로 사연이 많으니 새삼 감회가 깊다.”)

한숨을 쉬고 뜰에 앉자 저녁노을을 보고 있는데 밖에서 낙타 발자국 소리가 났다. 그리고 또 다른 짐승 소리도 났다. 아버지 오시나 보다 하며 아이들이 뛰어나가는데 먼저 강아지들이 어디서 놀다 왔는지 유스투스를 보고 짖다가 문 밖으로 뛰쳐나간다. 그도 나갔다.

거대한 사막의 동물 낙타가 먼지와 함께 주저앉으며, 한 사람이 낙타에서 내렸다. 그리고 뒤에는 당나귀를 끌고 오는 젊은이와 또 한 남자가 따라왔다. 앗! 유스투스는 그의 얼굴을 보고 놀랐다. 요셉대형과 함께 나사렛 교회에 방문했을 때 가끔 교회에 와서 책, 걸상도 만들고 집기도 수리하고 교회도 증축해 주던 그 청년 목수의 얼굴이었다. 가끔 어린 바르사바를 보고 반가운 눈인사를 주던 청년이었는데, 이젠 너무 감격하고 반가웠다.

“아니, 자네가 우리 집에 온다던데 정말 왔네. 잘 왔어.” 하고 그들은 서로 깊은 악수를 했다. 그리고 말 없이 눈시울이 뜨거워졌다. 아, 이분이 성모마리아님을 보호해 주시고 임마누엘을 데리고 네게브 사막을 건너 이집트로 피난시키셨고 집안의 명맥을 이어지게 하신 분이라 생각하니 유스투스는 게르마니아에서 고생한 것은 가버리고 자랑할 것이 못 되었다.

"예수의 동생 토마스라고 하네." 하고 그의 작은 다들을 그에게 소개시켜 주었다.

"둘이 쌍둥이 것처럼 닮았네. 쌍둥이들이라고들 하지. 둘을 데리고 베들레헴에 가서 신고하고 나사렛에 왔네. 동네에서는 둘이 쌍둥이로 알고 있네. 그렇지만 큰애가 2년 위지. 마리아님은 성령으로 낳았네. 그리고 이집트로 피난을 다녀왔네. 그때는 유대 전체가 불안하고 난리가 났었지. 왕족들끼리 왕위 다툼으로 사회가 아주 불안했지. 마리아님이 성령을 받아서 아이의 이름을 '임마누엘 예수'라 이름하였지만 임마누엘이란 이름이 선지자가 예언한 이름으로 너무 독특하여 쓰기가 꺼렸고 엠마누엘이라 하였지만 그렇게 불러도 엠마누엘이냐 임마누엘이냐 재차를 묻기들 했지. 성년식 후 다만 예수라 이름하여 혼동이 없어졌네."

유스투스는 그날밤 장시간을 요셉 목수님과 함께 포도주와 올리브 양념 열매와 쇼바빵을 뜯어 안주로 먹어 가며 긴 이야기를 나누었다.

"같이 들어온 또 한 사람은 누구입니까?"

"셀리마리아의 남편이네. 나와 동업자지. 카르타고 출신일세. 우리와 함께 있는데 우리가 큰 건축을 맡게 되어 일이 잘 되면 우리는 공사하러 외국에 갈 예정이네."

"요셉친형과 사업 말입니까?"

"두 군데서 제안이 왔는데 어느 곳을 택할까 망설이네만 집안일을 같이 해야 할 것 같네. 그 친구는 유명한 석공이야, 석수지. 돌을 밀가루처럼 다룬다네. 나는 나무를 다루지만 우린 같이 일해야 하네. 자네는 어떻게 앞으로 지낼 건가? 여기도 많은 일이 있는데……."

"친형의 장원에서 잘 지내고 있습니다. 오늘 저녁은 너무 늦었습니다. 일로 피곤하실 터이니 일찍 주무십시오. 저는 외각에 숙소를 마련하고 왔습니다."

"그래, 여기도 방이 많은데 이야기하질 않고……. 그럼 내일 이야기함세. 요셉대형께서는 그렇게 돌아가셨다는데 자네가 같이 있었다 하는데 그는 우리 유대의 영원한 영웅이니 잊지 않네. 우리 가문의 자랑이고……."

"예, 제가 잘못 모셔서요……."

"아니지, 당시 어린 자네가 뭘 알았겠나? 그동안 게르마니아에서 많은 고생했다는 이야기도 다 알고 있네."

"아닙니다. 그곳도 사람 사는 곳이라 모두들 이해ㅎ-고 해방시켜 보내 주어서 이렇게 무사히 왔습니다."

"그래, 무사히 돌아와 축하하네. 얼마나 많은 시련을 받았는가. 짐작이 가네. 우리 인간이 잘못이 뭐가 있겠나. 나라가 안정되어야 하는데 이제는 조금 나은 편이나 끝없이 유대 내부에 많은 문제가 있네. 독립을 하자는 열심당과 왕궁친위파와 유대교 원리 바리새파, 사두개파들이 분당하여 로마에 제각각 대치하고 있네. 우리 평민들이 뭘 어쩌겠나?

그 중에도 어린애들 키울 곳은 엣세네파 랍비들이 순수하나 그들은 시내에서 먼 곳인 산속에 있으니 어린애들 교육문제도 여의치 않네. 우리 목수업도 해외로, 밖으로 나가지 않으면 살 길이 없네. 모두 로마에서 와서 독점하네. 교회당도 많이 성장해야 목수일도 많은데 감시가 심하여 교회당은 황폐화되어 가고 로마신의 숭배사상이 많이 전파되어 거기에 따르지 않으면 생활이 어렵네. 이야기 그만하세. 아 무엇인지 세상이 구원되어야 하는데……. 내가 이런다고 해결되나. 문제는 가끔 우리 목수와 석공들이 로마군 기지에 일하러 불려 가는 일이야. 뭐 좀 조사할 게 있다고 하면서 불러다 권고로 일당을 주며 일까지 시키는데 수로를 새로 올려 물길이 잘 지나가게 쌓고, 로마군의 요새를 확장하고 무기와 석포를 보수하는 일까지 나오니 이게 이적행위 아닌가. 매우 불안하네. 정말 그만 말해야겠네."

유스투스는 생각했다. 조국에 돌아왔지만 전 유럽과 아시아에까지, 여기도 로마제국이 군사를 파견하고 있는 것을 보고 왜 이렇게 하는지 이해가 되지 않지만 제국을 운영하는 사람들 역시 죽기 살기로 목숨을 걸고 정치하고 군사를 보내니까…….

유스투스는 요셉 목수와 밤늦게 담소하다가 극구 만류하는 바람에 숙소로 가지 않고 요셉이 내어준 빈 방에서 문틈으로 보이는 밤하늘의 별자리를 바라보며 잠이 들었다. 다음날 그는 요셉이 일하는 일터를 따라가 보았다. 그곳에서 건축하고 교회당 수리하는 것을 조금 도와주기도 했다. 지붕과 담벽과 내부의 목수 일이었다. 그는 이곳에 오래 머물러 있을 수는 없었다. 요셉친형으로부터 짧은 휴가를 받았다고 할까. 앞으로 무슨 일이든 더 열심히 일해야겠다고 생각했다.

마라아님의 아버님이 나사렛에서 시작한 시나고구 교회당은 이제 그분이 돌아가셔서 유족들 몇 명이 관리하고 있었다. 마라아님은 안식일 외 주중에 여러 번 교회로 가서 교회 일을 하는데 주로 예배당 내부 청소와 보물같이 내려오는 두루마리 토라성물의 보존함과 도서를 관리하고 안식일 날 사람들이 모였다가 가고 나면 자원봉사하는 신도들과 함께 교회당을 청소하셨다.

마리아님은 예수가 랍비가 되어 이 교회당으로 돌아와 많은 유대 신도들 앞에서 좋은 설교를 하실 것을 기대하는 바가 큰 것 같다.

요셉 목수(카펜터)는 참으로 선인이다. 자기 친자식이 아닌 예수를 너무 아끼시고 신비롭게 생각하는 것이다. 토마스에 대하여는 아들로 대하시나 그에 대하여는 말을 삼가한다. 이 집안이 12지파의 4번째 유대 후손이면 다윗 왕의 후손이다. 내력이 이렇다면 다시 언젠가 큰 인물이 나타날 것이라고 생각했다. 임마누엘 예수는 처음에는 목수가 되어 평범하게 살아갈 것이라로 생각되었지만 13세 성인식을 하고부터는 이름을 예수라 하고 그에게 영매한 자태가 나타나기 시작했다. 아버지 요셉과 함께 교회당의 건축현장에서 아버지를 돕기도 했지만 교회의 도서실에 가서 성경을 읽으려고 했다.

그는 무슨 말인지 무슨 뜻인지 무슨 글인지 잘 아는지 모르는지 천성으로 토라의 두루마리책을 펴고 읽는 듯했다. 어디선가 그 천성이 나타나는 듯했다. 어머니 성모마리아님은 예사롭게 보지 않고 목수 일보다 랍비가 되는 길을 생각했다.

동생 도마인 토마스가 성장함에 따라 아버지 목수 일을 거들게 되고부터는 둘이서 아버지를 따라 나가나 예수는 교회당에 진열되어 있는 고문서 성경에만 눈이 끌려 아버지의 목수 일은 많이 도와주지는 못하였다. 선을 긋거나 줄잡는 일부터 배워야 목수가 되는데 차츰 관심이 없어지고 동생 토마스에게 아주 미루었다. 토마스는 처음에 자기만 일한다고 불만이었지만 몇 분 차이로 태어난 쌍둥이 동생이 아니고 2년이나 앞선 어머니 아들이란 것을 알고는 자기는 진정한 아버지의 후계 목수가 될 것으로 여기고 형 예수에 대한 불만이 없어졌다.

이 일을 알기까지 도마도 많은 의심과 정신적 갈등을 가졌었다. 그리고 형제간에 철 모르고 다툰 일도 후회하고 형을 신비한 사람으로 여기거나 또 형은 마굿간이나 시냇가 다리 밑에서 주워 왔다고 생각했다.

형이 누군지 도마가 의심했던 확정적인 사건이 일어난 것은 형의 예루살렘 미아 발생 사건이다. 예수가 13세가 되어 유대의 예루살렘에 가서 랍비 앞에서 가족들의 축복을 받으면서 성년식을 치르게 되었다.

성년식에는 고향에서 성년식을 치르기보다 수도 예루살렘에서 하려는 다른 여러 가족이 많이 있어서 사람들을 모아 예루살렘에 가서 성전을 아이들에게 처음 보여 주고 공동으로 성년식을 치르는 것이 관례였고, 또 주일학교에서 주관하기 때문에 주일학교 여자 선생님이 안내자로 예루살렘에까지 인솔하고 와서 성전에 들어가서 다 함께 같은 연령의 아이들과 성년의 의식을 치루는 수학여행을 겸했다.

복잡한 와중에 마리아 어머님이 정성어린 마음으로 예루살렘에서 예수의 성년행사를 지켜보고 축복하여 주었다. 그런데 웬 유대의 젊은 장정 몇 사람들과 랍비 몇 분들이 함께 나사렛 동네 아이들과 예수의 성년식에 관심을 가지고 지켜보고 있다가 인솔 선생님과 여러 부모들에게 특별히 기도하는 성전의 성소로 들어갈 것을 요청하였다.

그리고 단체성년식이 끝나면 다들 돌려보내겠다고 같이 간 주일학교 선생님을 통하여 전갈을 보내왔다. 말을 전하여 들은 예수의 부모들은 그건 아주 좋은 일이니 특별히 그리 함이 좋겠다고 생각하고 함께 간 토마스와 형제 여러 아이들을 데리고 이곳저곳을 구경하였다. 구경 후 일정이 바빠서 주일학교 선생님들의 인솔에 따라 나사렛으로 모두들 돌아오는 길의 형세가 되었는데, 문득 마리아 어머님은 예수를 돌려받지 못하고 일행에서 없어진 것을 알았다. 주일학교 선생님과 함께 예루살렘으로 황급히 돌아간 부모들은 애타게 예수를 찾아 그를 데리고 간 랍비 선생님과 등치 큰 장정들을 찾았다.

그 장정들은 어느 장원에서 온 사람들이라 했다. 아니 그곳은……, 더욱 놀란 부모들은 특별기도를 해 준다던 랍비들을 찾았다. 주일학교 선생님이 알아본 결과 예수는 교회당에 있으며 누군가 고위 성직위원회의 랍비와 면담하기 위하여 여러 총명한 소년들과 함께 대기 중이었고 이제는 끝나서 부모에게 곧 돌려내보질 것으로 연락이 되었다고 했다. 부모는 안심하고 예수가 있는 곳으로 갔다. 회의실 문 앞에서 부모들이 기다리는데 근엄한 옷을 입은 성직자들로 보이는 몇 분이 방에서 나왔다. 초조하게 기다리던 요셉 아버지가 일어서서 뭘 따지려고 물어보려는 순간 '아' 하고 한 걸음 뒤로 물렀다.

"아, 종친형님!"

그 옆에 성직자로 보이는 분이 손을 약간 들어 옆으로 손짓했다. 요셉 카펜터는 그분들을 따라 한쪽으로 갔다. 조용히 말했다.

"임마누엘 예수, 이제는 예수지. 예수는 하나님의 아들이며 성년식으로 성년이 되었어요. 우리가 연락할 때가 있으니 좋은 교육을 받도록 보내 주게나. 예수가 훌륭한 사람이 되기를 바라네. 나사렛으로 언제 돌아가는가? 건축관계로 할 이야기도 있고, 나중에 보세."

"아, 예, 감사합니다."

요셉 카펜터는 교회예배당 공사를 연계시켜 주고 항상 일거리와 작업 일을 주선하여 주는 그의 권고를 따라 하는 편이었다. 그분은 요셉 카펜터를 안으로 들어가 보게 하고 다른 장정들과 함께 사라졌다. 마리아님은 물었다.

"그 사람은 누구예요?"

"종친이지. 예수를 잃어버린 일이 이렇게 된 걸 우리가 모르고 있었네."

"잘 찾았어요?"

"안에 있다 하니 들어가세."

예수가 안에서 다른 주일학교 선생님과 소년들, 또 다른 여러 랍비들과 함께 있었다. 질문하는 소리가 들렸다.

"꼬마야, 네가 그런 성경 구절을 어디서 보았다고? 벌써 토라 모세5경을 줄줄 외우고 있구나. 꼬마 신동이야." 하는 소리가 났다.

"부모님들이 오셨으니 돌아가도록 하여라. 기특하다."

성직자는 요셉 카펜터에게 두루마리로 된 문서를 파피루스 통에 넣은 것을 넘겨주었는데, 예수의 것이라고 했다. 일종의 성년식 기념 문서였다. 고향에 가서 언젠가는 필요할 때가 있으며 예수의 먼 장래에 영향을 즐 수 있는 문서라 하고 장차 상급학교 다닐 때가 되든가 하여 장학관들이 어떤 집안의 족보 같은 문서를 찾으면 보이도록 하라고 하였다. 성년식에는 가끔 출중해 보이는 소년들을 랍비들이 심사하고 나라의 재원으로 키우기도 하는 당시의 장학제도가 있었다.

예수를 무사히 데리고 요셉 가족들은 먼 길을 낙타를 타고 걸으며 나사렛으로 돌아왔다. 어릴 때 이를 본 동생 토마스는 그떠 형이 아예 싹 사라졌으면 좋겠다고도 생각했다. 엄마는 형 예수만 더 좋아하니까. 그리고 무엇이든지 형부터 시작한다. 옷도 맨날 형의 헌 옷을 물려 입고 말이다.

그리고 좀더 커서는 아버지 요셉이 예루살렘 성전에서 갑자기 만났던 높은 신분의 사람은 누굴까 하여 어머니께도 물어봤으나 대답하지 않은 것을 이상히 여겼다. 아버지 요셉이 예루살렘에서 높은 분을 만났다고 동네아이들에게 자랑하고 싶은데 모르는 일이 되어 나중에는 의심투성이가 되었다. 형은 도대체 누구야? 믿질 못할 사람이었다. 어머니와 아버지가 하는 말을 엿들으려고 안방에 귀를 기울였다. 눈치챈 부모는 토마스를 주의했다.

예수가 13세가 되어 성년이 되었으므로 요셉은 가끔 그를 데리고 어머니 마리아님의 고향인 세포리지역과 나사렛지역의 목수공사장으로 데리고 다니기 시작했다. 동네의 모든 일과 이웃동네까지 집 짓는 공사며 포도나무원의 포도나무 받침대나 울타리공사, 때로는 포도나무 가지치기까지 해주고 다녔다. 그리고 가축축사와 외양간을 지어 주었으며 세간살이 장롱이나 침대 등 목공일까지 하며 살아갔다. 그 중에도 예수가 가장 하고 싶어하는 것은 교회 짓는 공사나 증축공사이다. 요셉 아버지가 교회공사를 하청받아 일할 때는 그는 매우 좋아하고 따라가기를 희망했다.

그는 교회에 있는 많은 두루마리 성경책을 볼 기회가 생길 때 두루마리를 쭉 펴 보기를 너무 좋아했다. 그런데 이상하게 생각한 것이 있었다. 요셉 아버지가 다른 사람들이 있을 때는 예수에게 뭘 하라고 심부름을 시키시지만 그와 단둘이 있을 때는 다른 사람이나 어른 대하듯 말을 마구 낮추지 않는 점이고, 사람들이 있는 곳에서 꾸짖거나 나무라는 일이 거의 없기 때문이다.

예수는 포도원과 가축 축사농장에서 목수 일과 곡식을 거두는 일에 농기구 제작으로 많은 일들을 접하고 후일 그의 말씀에서 곡식에 관한 이야기와 포도나무가지 이야기와 양들을 키우는 데 일어나는 가축축사에서의 목동들의 이야기 등 마크가 쓴 예수님의 일대기 글에서 수많은 비유들을 어릴 때 겪은 일을 비유로 제자들에게 말씀하신 것 같다.

그리고 더욱 성장했을 때 교회당에서와 여러 가지 고문서에 접하고 얻은 깨우침과 드디어 하나님의 말씀이 그에게 다가옴을 느꼈다. 성년식 후 4~5년이 지난 어느날 나사렛에 축제가 있었다. 그날 예루살렘으로부터 사람들이 와서 마을에서 환영을 받았으며 주일학교에서 공부 잘하는 우등생 몇 아이들을 예루살렘에 가서 공부시켜 준다는 장학관들이 함께 와서 나사렛 학생들을 심사하여 선발했다.

장학관들은 여러 가문들에게와 같이 목수 요셉 가족에게도 족보를 친지들이나 선대의 어른들이 만든 일이 없느냐고 했다. 로즈 마리아님이 깊이 간직했던 예루살렘의 예수 성년식 때 받은 파피루스통이 생각나서 급히 집으로 가서 통을 가지고 장학생 선발장소가 있는 예배당에 갔다.

그들은 우수한 학생들을 여러 명 장학생으로 선발하고 가족들에게 예비자 명단을 통지하였다. 그리고 다시 연락을 하여 예루살렘의 좋은 학교에 다닐 수 있게 준비하겠다고 하였다. 그들 중에 예수가 끼게 되어 있었다. 그 후 예루살렘 시나고구 한 교회에서 연락이 왔으며 예수가 선발되었다고 했다. 예수의 동생 토마스는 말했다.

"형! 예루살렘으로 장학생이 되어 떠나?"

"아버님, 어머님, 잘 모시고 있거라. 내가 언제든지 돌아오겠다."

예수는 예루살렘으로 떠나고 로즈마리님은 그의 생활비를 부쳐 주었다.

이것이 그들 형제들의 이야기다.

유스투스는 나사렛에서 일주일 동안 자유로이 휴가를 보내고 다시 예루살렘으로 돌아왔다. 그리고 행랑을 정리하라는 전갈을 받고 이집트로 일연의 낙타대상들 대열에 끼여 길르앗 지방에서 향료로 생산되는 유향과 사해에서의 소금을 낙타의 등에 실고 여행증명서를 로마군에게서 발부받아 사막을 가로질러 이집트로 떠났다. 이집트에서는 소금이 적으므로 소금과 이집트의 보석원석을 교환하여 예루살렘에서 가공하여 팔거나 가공한 보석을 이집트에 다시 되팔았다. 엄청난 양의 소금을 가지고 가서 몇 주먹 안 되는 여러 자루의 보석 원석을 가지고 왔다.

그리고 가끔 조개진주도 가지고 와서 가공했다. 조개진주는 홍해에서도 채집하고 있었다. 예루살렘에서는 유리병을 잘 만들므로 유리병과 함께 보석을 조화시켜 가공하는 기술이 일품이어서 장사가 잘 되었다. 이러한 보석가공폼은 대개가 결혼 혼례용품으로 제일 많이 팔리며 수요는 결혼하는 것만큼 많이 팔려 나갔다. 이집트 멤피스에 들른 유스투스 일행은 나일강가의 모세가 강보에 싸여 공주 집에 흘러 들어갔다는 풍문의 사적지를 들러 보았다. 주위 여러 집집마다 자기들의 앞마당이 바로 그곳이라고 주장하는 곳이 많았다. 아마도 공주의 저택이 넓었기 때문에 흐세에 여러 집이 다 해당되었을 것이다.

그리고 그곳에는 제각기 기념하는 교회당이 있었다. 그곳에서 가장 믿을 만하다는 모세의 출가 공주장원은 유대인들이 잘 가꾸어 놓아 그럴듯하게 보존되어 있었다. 그는 가까운 곳의 교회를 방문하고 기도했다. 그는 요셉친형의 이집트 숙소에 도착했다. 이곳은 유대의 헤롯 대왕 말기 예수가 이집트에 있었을 때 성므마리아님과 요셉님이 묵었다는 숙소의 근처이기도 했다. 그곳에서 그는 여장을 풀고 가지고 온 소금을 저다 나르고 물건을 대신 가져왔는데 돌아올 때는 물건의 부피가 작아서 좋아했는데 이제는 유대 지방에 가뭄이 들어 마른 곡식도 더 많이 가지고 가야 한다고 했다.

그리고 말린 파피루스나 장식용 그림이나 가구용으로 사용하기 위하여 많은 양의 짐을 가지고 들어왔다. 보석용 원석은 해 봐야 얼마 안 도는데 곡식은 부피가 크다. 꽤나 힘들겠다고 생각했다. 낙타가 피곤하면 사람이 더신 메고 가야 하니까.

소문에 의하면 아직까지는 로마가 종교인 유대교에 대하여 별 간섭은 하지 않지만 계속 유대의 독립투쟁이 심하게 될 경우에는 로마가 다른 나라에서 했던 것처럼 종교적 탄압이 올 것이고 쥬피터 신전이나 전쟁신인 마르스와 박카스 신전을 크게 일으키리라고 한다.

박카스 신을 숭상하는 것은 술 문화를 건전하게 정착시켜 전쟁의 승리의 제사에 사용하려고 술 신인 박카스를 또 배려한다는 것이다. 어떻든 무서운 일이 벌어지려는 암흑의 시대에 아무도 앞날을 어떻게 살아가야 되는지 알 길이 없다고들 한다. 어느 편에 붙어야 안전한지 그것이 문제로다.

로마군 검문소를 지나서 돌아오는 길을 항상 일정하게 지켜야 했다. 아무데가 지나가면 검문소를 피한다고 밀수꾼으로 잡혀간다. 그들은 이곳에서 먼 길을 여행하면서 임마누엘 예수와 그 가족의 이야기를 또 듣게 되었다. 목수인 요셉은 교회당을 지으러 가지 않는 곳이 없기 때문이다. 대단한 목수 가족이다.

요셉친형은 항상 브리티니아로 갈 의사가 많음을 내비쳤다. 그곳은 물과 곡식과 우거진 숲과 동물들과 광물자원이 노천에 깔려 있고 많은 채소를 재배할 수 있으며 풍족한 데서 신앙의 마음이 더욱 생기는 것이니 어떻게 하든지 그곳에 교회를 세우고자 했다.

그러나 요셉 카펜터는 나사렛을 떠날 마음의 준비가 되지 않아서 요셉친형의 제의에 확실한 마음을 열지 않았다. 또 험난한 바다를 항해하여 폭풍과 싸워 죽을 고비를 겪으면서 바다를 건너 먼 곳까지 가기에는 집안의 애들이 많은 가장으로서 가기가 꺼려졌다. 여기서도 얼마든지 일거리가 많으며 오히려 동포들을 도울 일도 많았다. 교회는 끊임없이 건축, 신축, 보수 공사를 하는 곳이 많았다. 그리고 갈릴리호수가 있는 나사렛을 너무 좋아하기 때문이다. 그리고 사람은 외국에 나가더라도 자기 고향만 한 곳이 없으며 결국 고향으로 돌아와 생을 마감하는 것이며 물고기도 자기 태어난 곳으로 돌아오는 것과 같다고 생각하며 갈릴리호숫가에서 산책을 하며 호숫가에 그림 같은 아름다운 교회를 지을 것을 보람으로 여겼다. 요셉친형은 이제 여기서는 곧 끝이 올 것이니 다른 세계를 향해 나가자고 설득하였다.

그러나 요셉 카펜터는 집안의 주선으로 마리아와 결혼하였지만 무엇인가 뜻을 이루려고 하는 마음이 있었다. 솔로몬 대왕 때 많은 사람들이 유대인들이 세계로 진출했다. 그와 함께 유대 종교도 따라갔다. 아칼라우스 왕도 좁은 유대보다 더 큰 곳에 유대인들이 나가 살기를 희망했다.

이 유대 땅은 너무 국지 세력들의 다툼이 있는 곳이어서 사람 살 곳이 못 된다고 했다. 아켈라우스 왕이 다뉴브강가에 로마군 주둔지 명예 총독으로 나가본 것도 그의 신세계개척의 정신이었다. 그러나 정치적 색깔로 아켈라우스 왕은 로마군의 명예총독으로 나가 비엔나 등 갈리아 지역까지 순회하고 다니다 예루살렘으로 귀환하는 틈을 주지 않는 로마군과 바리새파, 사두개파의 정략적 책략에 말려들어 여행길에서 병을 얻어 로마군 진중에서 죽었다.

그의 유해는 로마군의 장례 절차에 따라 로마군 병영 연병장에서 로마군의 전사자들처럼 장엄한 화장 다비식을 행하고 봉정되었으나 그의 유해는 유대 예루살렘으로는 돌아오지 못했다.

유대의 정치는 로마총독이 정기적으로 갈릴 때 문제가 생긴다. 총독과 잘 아는 무리들이 집단적으로 유대에 들어와서 한 번식 싹쓸이를 하고 지나간다. 이러한 피폐를 알고 있는 아우구스투스 황제는 정말 청렴결백하고 지도력이 있고 학식이 뛰어나고 종교에 편파적이지 않고 우수한 지략이 있는 군단장급 명장을 유대 총독에 임명했다.

후일 황제가 된 티베리우스 황제도 유대 주둔군 군단장을 거쳤으며 유능한 인재였다. 유대 땅은 유럽에서 아프리카로, 아라비아로, 아시아로 가는 길목이며 로마의 통로로 매우 중요한 요충지였다. 이 지역은 로마의 안전에 결정적 역할을 하는 곳이다. 또한 문물이 가장 융성하게 일어나는 이 아시아, 아프리카, 유럽의 교통로인 유대 땅은 줄기차게 로마총독의 권력에 의한 부가 창출되는 곳이다.

유대의 왕권은 예루살렘에서는 상징적 수준이고 유대 통치의 실권이 없었다. 왕의 의전 호위대수준의 병력만 왕궁에 있고 유대의 야전군은 해체되어 로마군이 지휘하고 있었다. 헤롯 안티파스의 군사는 북이스라엘 갈릴리, 세포리 지역에 있었으나 나베테아 왕국과 패전으로 군통솔권이 로마 주둔군에 넘어가 있었다.

종교적 좋은 축제일이 다가오면 군중이 모이므로 애국투사들이 나라를 로마제국으로부터 독립시키려는 소요사태를 일으켜 예루살렘에 혼란이 다반사로 있었다. 유대 백성들만 피해를 보고 율법 라빠 선생들은 연설하고 나가 버리면 다른 사람들이 유대 독립운동하다가 잡혀 들어갔다. 참으로 암울한 이 시기에 누군가 영웅이 나타나든가 선지자가 나타나서 이 유대를 구해주서야 했다. 엑소더스와 같이 유대를 구해줄 모세와 같은 선지자는 지금 어디서 무엇을 하고 있는지 유대 사람들의 유일신인 여호와에게 끝없이 주문하는 소원이었다.

"구세주여, 유대를 살려주소서. 이 무자비한 통치에 우리는 십자가에서 죽으며 매일같이 잡혀 다닙니다. 여호와시여 우리를 구원하소서."

여러 유대 예배당에서 소원을 주문했다. 모세에게 주시던 바와 같이 우리에게 지금 구세주를 보내 주소서. 교회마다 기도하고 외쳤다. 통곡하며 외쳤다. 네게브 사막에 붉은 태양이 뜨는 새벽이 오는가? 광명이 비치면서 이 세상에 태초의 빛을 발산하듯이 우주의 새벽은 오는가? 땅의 지진과 같은 진동이 일어나며 유대를 구원할 구세주가 오는가?

누가 이 유대를 구해 주는가? 아켈라우스는 어디에 갔으며 유대의 인재는 모두 어디에 갔는가? 많은 사람들이 옛날 솔로몬 대왕이 성벽에 나타나서 백성을 보며 왕명을 전달하던 그 궁전의 성벽 앞에 모여 통곡으로 외치면서 기대며 기도했다.

"하나님은 어디에 계십니까?"

"우리에게 유대를 구할 사람을 고지하여 주십시오."

이스라엘 사람들은 이집트에서 해방시켜 준 모세와 같은 지도자가 다시 오기를 기대하고 있었다.

제12편

베들레헴의 별빛

지난날 아직 헤롯 대왕이 살아 있던 무렵, 요셉대형과 바르사바가 함께 하이파항의 로마해군 주둔지를 동방에서 온 밀사들과 함께 공격하러 나사렛을 떠났다.

한편 그 어느날 성스러운 꿈을 꾼 마라아님도 아침에 일어나 나사렛을 떠나 사촌인 엘리사벳이 살고 있는 유대지역인 예루살렘에서 서쪽으로 약 십 리(4km) 떨어진 아인케렘 (Ein Kerem)에 갔다. 엘리사벳님도 원래 나사렛 출신인데 남편인 사가랴가 나사렛에 있는 교회에서 집무를 보고 있을 때 서로 알게 되었으며, 둘은 결혼을 하였여 만년에 남편을 따라 아인케렘의 본가가 있는 곳으로 전근하였다.

이 사가랴의 부인인 엘리사벳님은 임신 6거월째였다.

마리아님과 엘리사벳은 서로 정답게 만나 교회일의 안부를 서로 묻고 최근에 일어난 여러 가지 일을 서로 말하였다. 어떻게 그 나기에 엘리사벳님이 임신이 되었는가와 마리아님에게는 어떤 천사가 찾아와 마리아님의 수태할 것을 알려주었다고 하는 것이었다.

마리아님이 수태고지를 받았다는 것을 안 엘리사벳님은 서로 축복하며 이왕 유대 땅에 왔으니 교회일도 볼 겸 며칠을 쉬어 가라고 하였다. 로즈마리아님은 약 3개월 동안 머물다가 나사렛으로 돌아가게 되었다. 엘리사벳님은 해산할 예정일이 언제이니 그때 다시 와 줄 것을 청하매 마리아님은 그리 하겠다 하고 아인케렘을 떠났다.

두 여인의 몸에 축복이 있었다. 들판에 핀 아름다운 갖가지 풀꽃과 야생에 자라는 황야의 황색 장미와 흰색 장미는 푸른 들을 지나 척박한 땅에까지 꽃잎을 날렸다.

유대 청년들이 모세와 다윗 시대와 솔로몬 시대를 다시 기다리는 마음이 한결같은데 지도자는 어디에 있는가? '아, 이제 유대를 구하소서.'라고 기도했다. 마리아님은 나사렛으로 돌아왔다. 그리고 교회 일을 보며 명상에 잠기곤 하였다.

교회는 계속 신자들이 늘어 더 많은 의자와 집기류 등이 필요하였다. 인구가 증가하니 많은 어린이반 아이들도 많아져 주일에는 아이들까지 교회가 북새통을 이루었다. 카펜터 요셉청년이 교회를 자주 다니게 되었다. 요셉청년은 로즈마리아님과 먼 사돈지간이었고 건실한 청년이었다. 엘자벳님의 해산일이 가까워오자 로즈마리아님은 다시 예루살렘 서쪽 십 리 지점에 있는 유대 땅인 아인케렘으로 출발하였다.

엘사벳님은 별도로 전갈을 보내어 교회의 보수공사와 집기류 등의 구입 때문에 카펜터 요셉청년도 별도로 오라고 하였다. 아마도 엘리사벳님은 불안하여 고향의 가까운 친척을 불렀던 것이다. 카펜터 요셉은 엘리사벳님을 오래전부터 누님이라 불렀다. 마리아님은 엘리사벳님의 집, 즉 아이케렘의 사가랴 집 그곳에서 카펜터 요셉를 보고 서로 무척 놀랐다. 마리아님이 해산을 도와서 엘리사벳님은 아들을 낳았다. 많은 사람들이 해산한 지 3~7일이 지나고 집에 찾아와 신기하게 생각하고 어떻게 그 나이에 아이를 낳을 수 있었는가를 물었다. 사가랴는 신의 도움으로 늦둥이를 얻었다고 하고 이름을 요한이라 하였다.

친인척들이 왜 요한이라고 하냐고 묻자 그는 선지자 이름 요나를 따서 요나한이라 하라고, 줄여서 요한이라 하라고 하나님께서 계시하셨다고 했다. 아브라함이 늦둥이 이삭을 낳은 것과 같은 맥락이었다. 모든 것이 하나님의 이름으로 통하였다. 이의가 없었다.

동방으로부터 축복하는 사람들도 왔다. 그들은 먼 아시아지역의 아라비아를 넘어 먼 곳에서 장사하면서 또 점성술로, 직업적으로 해몽이나 좋은 전조를 예언해 주어 밥벌이 장사도 하는 삶을 사는 신비적 점성가도 있었다. 향료를 좀 가지고 방문을 하면 주인집에서 더 많은 시주를 그들에게 베풀기도 한 시대라 오늘날과 같다. 그들에게 사가랴가 음식과 차를 내주자 동방의 예언자 매기들은 신생아에게 방문을 써 주었다.

"태초에 동방으로부터 빛이 있었으니 빛은 어두움을 가르고 암흑을 비추니 이 땅에 광명이 있으리라. 빛과 함께 말씀이 계셨으니 빛은 바로 하나님이시며 말씀은 곧 하나님의 말씀이시니라. 빛은 진리이며 말씀은 진리의 말씀이니 세상 사람들은 진리의 말씀을 따르

라. 그곳에 뜻이 있고 길이 있으며 세상의 삶이 있느니라. 이제 삶을 시작하는 자들에게 복이 있나니 모든 이는 축복을 줄 것이며 축복을 받으라. 내 아이들이니 내 아이들과 이를 낳은 여인들을 위로하라. 그들은 항상 힘드니라. 하나님의 말씀이니라."

"어디서 오셨습니까?"

"우리는 지나가는 나그네요 일행이오." 하고 홀연히 영접하는 자리를 떠났다.

후일 이 요한은 세례자 요한으로 동방의 알렉산더 대왕의 지배지역이었던 박트라에서 온 세불사상과 같이 동방의 강가에서 행하던 세례에 관한 이야기를 듣고 요단강에서 여호와 하나님의 세례를 행하고 자신의 복음서를 기록하기 시작했으나 후일 갑작스럽게 옥중에서 죽음으로 그 제자들이 중심을 잃고 사방으로 흩어져 세례 요한의 원고인 유고를 추리지 못하였으나 이를 안타깝게 생각한 예수의 제자 가버나움의 요한이 그의 행적을 살피어 일부를 기록해 주었다.

(요한복음 1장 1절은 그렇게 장엄하게 시작한다.

"태초에 말씀이 계셨으니 말씀은 하나님과 함께하셨고 말씀은 곧 하나님이시니라.")

엘리사벳님의 산후조리를 해 주시던 마리아님이 이제 나사렛으로 돌아가려 하자 사가랴와 엘리사벳은 나사렛에서 찾아온 친지 손님들에게도 선물을 주며 먼 길을 찾아주고 축복해 준 데 대하여 감사하였다. 돌아가는 일행에 마리아님 외에 카펜터 요셉도 있었다. 엘리사벳님은 몸이 약간 무거워진 것으로 생각하여 마리아님에게 당나귀를 붙여 주어 고향에서 같이 온 젊은 친지에게 몰아 주기를 배려하였다. 마리아님은 당나귀에 짐을 싣고 타다가 걷다가 하셨다.

같이 가던 카펜터 요셉이 가끔 높은 언덕을 지나갈 때는 같이 이끌어 주었다. 성도 예루살렘에 이르렀을 때 카펜터 요셉은 예루살렘에 작업할 일거리가 좀 있다고 일행과 헤어지게 되었다. 그리고 그는 마리아님에게 무사히 잘 가시기를 인사했다. 믿음직한 청년이 나사렛의 목수 카펜터 요셉이었다.

먼 갈릴리 지역 언덕 안개에 쌓인 나사렛, 교회에 가끔 나타났던 랍비 사제 한 사람으로 여겼던 요셉대형이 죽었다는 소문이 나돌았다.

"그 청년이 죽었데. 유망한 청년인데 들리는 소문언 로마군과 싸우다 죽었대. 애국지사지. 그런데 누가 어디에 묻어 주었는데 장소는 전혀 모른데요. 저 교회에도 왔었다 하더구만. 우린 그가 그런 높은 신분의 사람인지 몰랐지. 독립투사야, 쉿, 비밀이야."

한편 교회의 마리아의 부모는 딸이 적령기가 되어 딸의 출가를 준비했다. 그러나 마리아님은 관심을 두지 않았다. 부모는 왜 적령기가 되었는데 시집을 안 갈려고 하느냐고 물었다.

딸은 말하였다. 어느날 꿈을 꾸었는데 옛날 토라성서에 쓰인 바와 같이 하나님의 천사가 수태고지하러 아브라함의 아내 사라에게 나타난 것같이 자기에게도 왔었다고 했다. 그리고 하나님의 아들을 잉태할 것이라고 말했다고 했다.

이 이야기를 들은 로즈마리아의 어머니는 하나님의 천사인 사자가 왔다면 이름이 누구냐고 묻지 않았느냐 했다. 마리아는 천사이름이 가브리엘이라 하였다. 어머니는 이를 비밀로 하기로 하였다.

예루살렘에 갔던 카펜터 요셉이 돌아왔다. 마리아의 어머니는 일찍부터 이 목수 요셉의 어머니와는 먼 일가친척으로 아들과 같이 대해 주었다. 그리고 교회의 일도 맡기어 일자리도 주었고 요셉은 주인마님으로 여기기까지 했다. 마리아의 어머니는 자기 딸에게 일어난 일을 해결할 수 있는 방법을 생각하고 아인케렘에 있는 엘리사벳을 만나 보기로 하였다.

한편 마리아의 아버지는 자기 딸을 좋은 집안사람의 아들에게 출가시키고자 했다. 그러던 어느날 예루살렘에서 씨족회의가 있었다. 그곳에서 마리아의 아버지는 자신에게 출가할 연령의 딸이 있다는 것을 알리고 중매를 서줄 것을 친지, 친구에게 부탁하기도 하였으나 몇몇의 씨족 족장들이 조용히 이상한 이야기를 하는 것을 듣게 되었다. 예루살렘에 가까운 아인케렘에서 나온 말인데 자기 딸인 마리아가 옛날 아브라함의 아내였던 사라와 같은 미인이며 그녀에게 여호와 성령이 내려 아기를 잉태하고 있다는 믿기지 않는 말이었다. 가끔 선지자를 잉태하게 되리라는 것이 점성가나 잠언에서 나오는 이야기로 있을 수 있지만 자기 딸에게 그런 성령이 내려온다는 것은 매우 두려운 일이었다. 이미 잉태되어 있을지도 모른다는 비밀의 이야기를 듣기에 이르렀다. 하기야 어릴 때부터 마리아는 미모와 신비의 자태로 갈릴리호수의 정기로 온 몸에 향기와 아무 옷을 걸쳐 입어도 몸에 광채가 빛났으며 길가를 지날 때 지나가는 햇빛과 함께 몸에서, 입은 옷에서부터 빛이 비치고 그녀의 얼굴을 보는 사람들은 얼굴에 광채를 느꼈다.

종종 어릴 때 교회당 성전의식에서나 학예식에서 우수한 무용과 지혜를 가졌다고 칭찬받았고 지나가는 사람들이 많이 쳐다보게 되며 사막의 대상들이 지나가다가도 교회집 딸을 바라보고 이 시골에 이런 미인이 있느냐고 했다.

또 지나가는 대상들이 지방의 예쁜 여자들이 있으면 무희들 모집이나 왕가에 소개시킬 여자를 찾아다니는 경우도 있으며 지나가는 마리아를 보고 감탄하여 가끔 중매가 들어오는 일도 있었다. 마리아는 역사적으로 아브라함의 아내였던 사라와 같은 미인으로 여겨졌었다. 같은 동네에 살다가 나사렛을 멀리 떠나 자수성가하여 다시 고향을 방문하는 청년들은 로즈마리아에게 선물과 꽃을 선사하는 동경의 대상이었고 그래서 예쁜 흰색장미 아가씨라 부르기도 했다. 화이트 로즈마리아라고도 불렀다.

마리아 집안 부모는 마리아의 수태고지와 아기의 잉태 문제에 대해 매우 걱정했다.

집안이 보통 집안이 아닌데 어떻든 이런 일이 생기면 해결하여야 한다. 교회당 집안이라 잘못하면 동네 사람들이 이상한 눈으로 보게 된다. 참으로 잠이 오질 않았다. 마리아의 어머니는 소문의 진원인 아인케렘의 엘리사벳을 찾아가서 자초지종을 들었다.

엘리사벳도 걱정하던 차에 해결방법이 떠올라 중매를 서 볼까 하는 생각을 갖게 되었다. 엘리사벳은 교회당에 목수 일할게 있어서 카펜터 요셉을 유대의 땅 아인케렘으로 불러서 여자친구나 애인이 있는지 등과 결혼에 관하여 간접적으로 물어보았다.

카펜터 요셉은 자기는 많이 배우지도 못했고 가업의 수입이 그다지 많지 않고 아직 여성을 행복하게 해 줄 수도 없는 수준이고 결혼할 의사는 있지 않다고 했다. 엘리사벳님은 카펜터 요셉이 다른 여자가 없음을 알았다.

어느날 갈릴리 축제일에 엘리사벳님이 나사렛에 왔다. 카펜터 요셉도 교회에 예배보러 왔다. 그는 마당에서 엘리사벳님을 보고 반가워했다.

"먼 길을 오셨습니다."

"오랜만이야, 별일 없는가?"

"시간이 있으면 마리아의 어머님께 같이 가보세."

"마님께요? 할 일이 있습니까?"

둘은 교회 안채로 들어갔다. 마리아님의 어머님이 근심에 찬 얼굴로 있었다.

"요셉, 내가 중매를 서도 될까?"

카펜터 요셉은 주위 딴 사람에게 하는 말인지 주위를 두리번거렸다.

"엘리사벳님, 제가 예루살렘에 일할 작업이 있어서요. 몇 주일 갔다 올 것입니다. 좀 전 중매란 말은, 제가 잘못 들은 것인지요? 누구와는……, 저는 아직 결혼 생각은 전혀……."

"자네와 마리아에 대한 것인데……."

"예? 제가요? ……."

요셉은 의아하게 생각하며 잠깐 볼일이 있다 하고, 두 분에게 깍듯이 인사하고 교회를 떠나왔다. 그날 밤 요셉은 밤잠을 이룰 수가 없었다. 비몽사몽간에 할아버지 한 분이 나타났다.

("요셉아, 목수 요셉아. 이제 나는 너를 요셉 더 카펜터라 부른다. 너는 선인이며 의인이며 우리의 성스런 다윗가문의 자손이다. 마리아는 우리 가문의 영광이 될 것이다. 마리아를 보호하라. 우리 가문의 딸이 되니라.")

요셉이 문득 눈을 뜨니 꿈이었다.

다음날 아침 일하러 가는 길에 요셉은 엘리사벳님이 아직 마리아님댁에 있으신지 알아보려고 교회로 갔다. 교회 뜰에서 엘리사벳님을 만나 중매의 뜻을 여쭈었다. 엘리사벳님은 마리아님이 성령으로 이미 아기를 잉태하였다는 것과 비밀을 지켜 줄 것을 요셉에게 말하였다. 토라성경에도 가끔 나오는 이야기다.

요셉은 마리아님이 오래전부터 교회당에 할 일도 주고 베풀어 준 여러 일을 생각하고 성령이 마리아님에게 임하여 걱정과 고통이 있으면 꼭 결혼하지 않더라도 자기가 봉사하겠다고 하였다. 엘리사벳님은 마리아님과 정식결혼을 하는 것이 성령으로 잉태한 아기를 보호하는 일이라고 했다.

요셉은 만약에 공경하는 마리아님과 결혼하게 된다면 성스러운 아기가 태어날 때까지 마리아님을 알지 않기로 하고, 되도록이면 예루살렘이나 외지에서 일하고 시간을 보내기로 하였다. 헤롯 왕이 통치하는 시대에는 헤롯이 건축을 좋아하여 가난한 사람들이 일거리가 많아서 형편이 좋았고 요셉 카펜터와 같은 목수들이 많이 생겼으며 목수면 생활하기에 어렵지 않았다. 헤롯 왕은 왕궁과 예루살렘 성곽, 신전도 자주 보수하여 막노동하는 사람들이 일거리가 많았다. 예루살렘으로 떠나는 날 요셉은 나사렛교회에 들렀다. 엘리사벳님은 벌써 유대 아인케렘으로 가셨고 마리아님은 집에 있었다. 마리아님께 잠깐 무슨 말씀을 드려도 되는지 허락을 받았다.

"마리아님, 제가 감히 존경하는 마리아님에게 청혼하오니 제가 2주 동안 예루살렘에 가 있는 동안 생각하셔서 승낙치 않으시면 엘리사벳님에게 연락하여 주시고 만약 승낙하시면 엘리사벳님과 나사렛의 저희 집으로 연락하여 주십시오. 저희 집에는 할머니가 한분

계시니 마리아님처럼 세포리에서 태어나신 분입니다. 할머니는 또한 마리아님을 잘 알고 계십니다. 마리아님 이름이 나사렛에 너무도 알려져 있으니까요. 마리아님이 승낙치 않으셔도 예전과 같이 교회일이 있으면 맡겨 주십시오. 그럼 안녕히 계십시오."
하고 요셉은 마리아님께 인사하고 나왔다. 교회 앞에 매어 놓았던 당나귀에 짐을 다시 메어 몰고 예루살렘으로 길을 떠났다. 왠지 뒤를 돌아보고 싶은 생각이 났다. 저 멀리 교회가 있는 언덕에서 마리아님의 모습이 보였다.

요셉이 예루살렘에서 열심히 일하던 어느날 고향집에서부터 사람이 왔다. 역시 예루살렘에 볼일이 있는 사람을 통하여 나사렛에서 연락이 온 것이다. 아버지께서 아들 요셉에게 어쩐 일인지 마리아님 댁에서 청혼을 받아들인다는 내용과 청혼한 사실이 있는가 하는 것과 언제 혼례식을 올릴 것인가 하는 것이었다. 할머니도 기쁘게 생각하신다고 했다.

요셉은 기쁘기도 하였으나 한편으로 두렵기도 하였다. 요셉은 일을 마치고 나사렛 고향 길에 다시 올랐다. 결혼에 쓸 물건과 옷가지를 좀 사고 신부에게 줄 예물도 좀 샀다. 수없이 유랑 길로 일을 찾아 헤매이는 발길, 고향을 수없이 왔다갔다 하는 세월, 이제 어디서 자리를 잡고 일해야 할 터인데……. 고향에 돌아온 요셉은 5월 청명한 어느날 나사렛 교회에서 친지들이 보는 가운데 로즈마리아와 결혼식을 간단히 올렸다.

결혼한 지 약 여섯 달이 지난 12월 어느날 마리아님이 해산할 날이 다가오자 요셉은 주위의 이목이 있고 하여 마리아님의 무거운 몸을 낙타에 태우고 겨울철 대비 옷가지 등 무거운 짐을 당나귀에 싣고 떠날 채비를 하였다 먼 길을 가게 되니 자기집 목공소에서 많은 준비를 하였다.

남쪽 성도 예루살렘을 지나 본가가 있는 베들레헴에서 본가 호적에 결혼을 신고하고 전에 마리아님과 엘리사벳님이 약속하신 대로 이번어는 엘리사벳이 있는 예루살렘 인근 아인케렘 근처로 가서 비밀리에 해산을 하기로 하고, 그곳에서 엘리사벳님이 마리아님의 해산을 도와주고 산후조리를 해 주기로 피차 연락하였다. 예루살렘을 지나가게 되자 예루살렘에서 요셉은 아기에게 입힐 좋은 옷가지를 샀다. 지난날 예루살렘에 가끔 일하러 왔을 때 묵었던 숙소 근처에서 하루를 쉬었다가 다시 베들레헴으로 갔다. 그곳은 요셉의 대대로 큰집이 있는 곳이었다. 요셉가는 대대로 다윗을 선조로 하여 연고자가 그곳이나 먼 선조들이 바벨론으로 이거당했을 때 흩어졌다가 돌아와 요셉의 다른 선조들은 베들레헴으로 일부가 돌아갔으나 그 중 일부는 중간 지역인 나사렛이 살기 좋은 기후라 보고 머물렀던 가족이다. 종갓집이 그곳으로 갔으나 씨족들의 행사에 가끔 볼 뿐 다들 잘 모르고 몇 분들은 목수공사차 알게 되어 가끔 머물던 도시였다. 그러나 마리아님의 무거운 몸을 끌고 큰어머님 집이나 친척집이나 친구집은 더할 나위 없고 들어갈수가 없었다. 결혼한 지 6개월도 안 되어 아기를 낳는다면 문제의 사람으로 가문에서 찍힐까 봐 두려웠다.

로마황제 칙령에 따라 혼인한 자와 자식을 본 자는 6개월 이내에 주민등록을 신고해야 하기 때문에 베들레헴을 거쳐 엘리사벳의 아인케렘에 있는 집으로 가는 도중 로마가 관리 하는 베들레헴의 행정관청에 뒤늦게나마 결혼한 내용을 호적에 올리고 돌아올 때는 새로 태어난 아기를 호족보에 올리기로 했다. 그러나 도착한 날, 그날은 베들레헴에도 애국열 사파의 소요사태가 일어나 계엄령이 선포되어 주민들의 출입통제가 있었다. 오랜 여행 끝 에 로즈마리아님이 지쳐서 갑자기 해산할 기미를 나타내자 요셉은 크게 당황하여 숙소를 찾았으나 아기를 해산할 집은 없었다. 배가 부른 여인을 본 여관집 주인들은 행여나 문제 가 생길까 봐도 그렇고 계엄령 때문에 외지의 사람들을 들여보내 주질 않았다.

날은 어둡고 자기가 집을 공사하고 지어 준 많은 사람들이 사는 베들레헴인데도 당황 되니 손을 쓸 수가 없었다. 요셉은 가끔 베들레헴에 올 때 시내로부터 약간 떨어진 교외 에 목동들이 임시 막사를 나무로 만들고 그 지붕을 이어 천막을 치고 추울 때 낙타와 말 과 소와 양을 가두어 두는 임시 목장의 외양간을 지나치다 보아온 것을 기억하고 산길인 그곳으로 마리아님을 낙타에서 내려 높이가 낮은 안전한 당나귀에 바꿔 태우고 갔다. 그 곳은 가끔 지난날 요셉이 지나치다가 들러서 외양간 보수도 좀 해주고 우유와 여행길에 요기로 쓰는 치즈를 얻기도 한 곳이다. 그 외양간 앞마당 아래에는 작은 옹달샘도 있었던 걸로 기억했다.

별빛은 유난히 밝고 차가운 기운이 몸에 베여 왔다. 요셉은 마리아님을 조심스럽게 당 나귀에 태우고 싸릿문 앞에서 누가 없는가를 물었다. 아무도 없었다. 왜 사람들이 없고 양들도 없는지 주위를 둘러보았다.

("휴식기 외양간인가?")

그는 싸릿문을 열고 당나귀에서 마리아님을 내리고 마당에 낙타와 당나귀를 메었다. 그 리고 목수 연장통을 풀고 부싯돌을 꺼내어 마른 풀을 뜯어 모아서 불을 붙여 마리아님의 몸을 따뜻하게 하려고 모닥불을 지폈다. 그리고 나무덩굴을 모으고 가지고 다니던 짐을 풀어 놋쇠그릇에 휴대하고 있던 물을 조금 끓였다. 해는 시시각각으로 서쪽으로 기울어 어두움이 다가왔다. 까맣게 그을린 목동들이 쓰다 남은 기름등잔을 찾아서 불을 올렸다.

"아, 내가 목수가 아니었다면 이런 처지를 어떻게 극복하겠나." 하고 요셉은 중얼거렸다. 다리아님께 진통이 왔다. 요셉은 마리아님의 보유 상자를 열어 실이나 끈 등이 없는지 찾았다.

외양간에서 불이 밝혀지자 저 멀리에서 또 다른 인접지역에서 양 떼를 가두고 정리를 마친 목동들이 멀리 산 가운데 불빛이 보이자 저게 무슨 불빛인지 별빛인지 쳐다보기 시작했다. 하늘에는 유난히 밝은 초저녁 금성이 빛나고 있었다. 그 아래 멀리 외양간의 불빛이 깜빡거려 낮게 뜬 별빛 모양이 비치고 있었다.

그 위에 찬란히 빛나는 별은 초저녁에 떴다가 사라지고 다시 새벽에 나타나는 샛별이다. 이 별이 비추고 있었다. 내일 새벽이면 아기의 탄생을 알리는 이 샛별이 더 밝게 뜨겠지. 외양간에 안 보이던 불빛이 보여 쌀쌀한 날씨이 찬란함과 경건함이 바람소리와 함께 다가왔다. 목동들이 저녁을 먹고 옹기종기 모여 외양간으로 가보자고 했다. 외양간 당번목동은 말했다.

"웬 불빛인가? 교대차 청소하고 대기중인 외양간인데 누가 미리 쓰는 거 아닌가? 가보자."고 했다. 이 외양간은 공동으로 양들을 저녁 때 모아 가두어 두었다가 아침이 오면 각자 목동들이 외양간 문지기 당번목동에게 와서 문을 열라고 하고 자기 양들의 이름을 부르면 양들이 이를 듣고 그 목동을 따라 나간다.

"메시아가 이 세상에 와서 마치 자기를 따르는 양들을 부르면 목소리를 아는 양들이 나가듯이 그 메시아를 아는 사람들만 나가서 구원을 받을 것이다. 양치는 세계에서도 이런 철학이 있다. 무슨 유목민의 은유철학인가? 구원의 철학이며 창세기 노아의 방주와 같은 철학이다. 됐나?"

"너가 이번 그 외양간 당번인가? 그러면 먼저 가보라, 누가 왔는지……."

"알았다. 내가 청소를 잘해 두었는데 누가 지나가다 휴식기간인지 모르고 양을 몰고 왔나? 하기야 이제 외양간이 청결하여 햇볕에 잘 마르고 이제 쓸 날이 되었지."

(후일 예수님은 자기가 태어난 이곳을 방문하였으며 이 외양간의 문지기와 목동들의 양 꺼내기 이야기를 예루살렘에서 제자들과 사람들에게 구원을 비유로 말씀하셨으나 그 뜻을 알아듣는 자가 별로 없었다고 말하였다.)

한편 마리아님은 진통이 심하게 왔다. 요셉은 황급히 낙타에서 짐을 풀어 따뜻한, 산모를 위하여 자리를 깔았다.

요셉은 성처녀의 진통을 보았다. 자기의 친자식은 아니지 않은가. 그러나 하나님께서 주신 것이니 내 아들이나 딸이다. 요셉은 같이 힘을 다했다.

"하나님이시여, 우리 마리아님을 보살펴 주세요." 기도와 염려로 요셉은 긴장했다. 순간 힘을 세차게 주던 마리아님의 신음이 끝났다. 그리고 아기의 울음소리가 울렸다. 때는 로마건국(BC 753년) 이후 748년째(ab urbe condita), BC 5년, 로마황제 아우구스투스 재위 22년, 유대 헤롯 왕 재위 32년 12월, 동지섯달 25일경이었다. 아기는 헤롯 왕이 살아 있을 때 태어났다.

(당시 유대의 왕 헤롯 대왕은 이듬해인 재위 33년 만인 BC 4년 3월에 세상을 떠났다.)

요셉은 물을 끓여 기구를 소독하고 주변을 세척한 후 아기의 자리와 산모의 자리를 다시 깔았다.

요셉은 마라아님에게 아들임을 알렸다. 둘은 기뻐했다.

"건강하네. 마리아님, 수고하셨어요. 이제 눈 좀 부치고 주무셔요. 내가 알아서 옆에 있어 줄게요. 내가 이 임무를 하나님으로부터 받았다는 것 같소. 이력이 목수니 의사는 아니고 목수로 새 이력이 생겼네. 하나님 감사합니다."

둘은 손잡고 아기와 함께 기도했다.

"우리에게 하나님의 아기를 주셔서 감사합니다. 아멘."

외양간 밖에서 웅성거리는 소리가 났다.

"그 안에 무슨 일이요?"

"아, 잠깐 기다리시오."

"어디서 오셨소? 이곳은 우리들이 쓰는 임시 축사요. 안에 무슨 일이 있소?"

"아, 예. 우리 부부는 아내가 몸이 불어 해산하러 고향으로 가는 중에 여행이 힘들었는지 길에서 진통이 와서 지나가다 여기가 비어 있어서 들어와 해산을 하게 되었소. 저는 직업이 목수로 지난날 이곳을 지나간 적이 있으며 이 근처에 이런 축사를 보수하여 준 기억이 있습니다. 객관은 만원이고 친척집은 가깝지 않고 하여 긴급히 찾아왔습니다."

"아, 그래요. 우리도 기억이…… 그러면 이름이 어떻게 되세요?"

"나사렛의 목수 요셉이라 하오. 뜻하지 않았던 일이라 이곳에서 잠깐 머물게 되었습니다."

“와, 대단한 경사스런 일이오. 딸이요 아들이요?”

“아들이오.”

“와, 축하하오. 그러면 지금 우리들이 들어가서는 안 되는 일이네요. 편히 쉬시고 불편 한 것이 있으면 말하시오. 이곳은 우리 동네의 공동 외양간 축사 구역이요. 쓰시는 데 전혀 문제가 없소. 마침 우리가 청소하여 마르길 기다리는 청결한 양들의 축사요. 여기서 아기를 낳으셨으니 우리 동네의 경사요. 다시 축하하오. 어디라 하셨더라? 고향은 어디요?”

“나사렛에서 왔소. 주민등록 거주지는 나사렛으로 호적은 이 베들레헴입니다. 나의 선조도 여기가 고향이오. 선조께서 여기에 살다가 바벨론에 끌려갔다 돌아오는 길에 나사렛에 머물렀으나 여기 고향에 종친회와 문중이 있어서 결혼 후 로마법이 아닌 종문의 호적에 신고도 할 겸 왔어요. 그런데 갑자기 여정에서 아기를 해산하기 되었소이다. 나는 목수로서 예루살렘 등 각지를 공사하러 다니는데 아내를 잠깐 친지 집에 쉬게 하기 위해 왔소이다. 그런데 아내가 여행에 힘들었는지 일찍 조산한 것 같소. 우리 집안은 고향 떠난 지 오래 되어 연고가 별로 없지만 이 지역에 때때로 모이고 있소이다. 그런데 황망히 생긴 일이라 어떻게 친지 친척을 찾을 경황이 없었소. 날이 새면 정리하고 가던 길을 갈 것이오.”

“아, 그래요. 우리는 다 같이 이 땅이 다윗과 솔로몬의 땅임을 자부하오. 우리는 형제이요. 고향에 온 것을 축하하오. 그러나 여기서 아기를 낳고 산모가 바로 움직이면 아기나 산모의 건강에 좋지 않소. 여기 이 축사는 우리가 평소 쓰던 곳인데 축사를 한곳만 쓰면 불결하여 정기적으로 청소하고 휴식을 갖는 순번제 축사요. 마침 이곳을 청소하고 정리해둔 휴식 축사기간에 오시고 쓰셨으니 하나님의 축복을 받으시고 또 예비한 곳이라 생각됩니다.

여기 이 축사는 옛날에 다윗 대왕 때 전쟁시에 임시 마굿간으로 사용하였다는 전설이 있소. 정확한 지역은 아니겠지만 이 주변은 유서 깊은 곳이오. 다행이 이곳을 잘 찾으셨네요. 참으로 다행이시고 아기에게는 복이 많소. 경축하오. 무슨 일을 하시며 직업은 아까 목수라 하셨소? 우리 마을에 알리고 행사를 했으견 하오. 당연히 축복을 받으시고 우리 동네도 하나님의 축복이 있게 하고요. 우리 목동들 중엔 처녀인 여동생들도 있으니 곧 오게 하여 산모를 도우도록 하겠소.”

"아, 감사합니다만, 너무 신경써 주지 않으셔도 됩니다. 말씀드린 바와 같이 저는 목수라서 주변을 잘 정리합니다. 산모는 건강합니다. 아기도 건강하고요. 산모는 조그마한 시골 교회집의 따님으로서 가난한 저에게 시집을 와서 이렇게 고생이오."

"아, 그렇소? 아무튼 축하하오. 잘 쉬시오. 그래도……."

"부탁입니다만, 우리 부부는 조용히 3일 있다가 떠나겠습니다. 동네에서 말씀하신 어떤 행사는 너무 감사하오나 저희들에게 부담되며 좀 그러하니 양해 바랍니다. 다음에 들러서 보답하겠습니다. 직업이 목수이니 와서 일할 게 있으면 적극 돕겠습니다."

"천만의 말씀, 당신은 이곳의 손님이며 돌아온 친구요. 동네에서 부인들도 있으니 와서 보살펴 주는 것이 고향이 아니겠소? 또 음식도 필요할 거요. 하는 일은 과한 것은 아니고 3일 지난 다음 아기를 보러 오겠소. 우리들 모두에게 축복이고 이 땅의 축복이오."

"아, 예. 감사합니다. 안녕히 가십시오."

요셉은 방문한 목동을 동반한 어른들과도 인사했다. 새벽이 되었다. 다시 샛별이 유난히 밝아지는데 산모는 아기에게 젖을 물리면서 요셉이 모닥불을 피워 놓은 따뜻한 훈기 속에서 요셉이 마련한 약간의 야식으로 평온한 밤을 지내고 이제 새벽을 보내고 있었다.

요셉은 불 앞에 앉자 잠깐 졸았다. 집 주위로 무슨 기마군사의 발자국 소리와 사람들의 소리가 지나가는 느낌이다. 요셉은 눈을 뻔쩍 떴다. 꿈이다. 마리아님도 뭔지 불안해했다. 자기 태어난 곳을 잘못 말하다가는 이상한 사람으로 보일 가능성이 있는데, 다만 의심하니 그렇게 말한 거고. 별 문제는 없지만 3일이 지나고 사람들이 진짜 많이 오면, 특히 동네 이장이나 유지가 오게 되면 우리들의 신변이 나타나는 것이 아닐까 하는 문제도 있었다. 3~7일은 지나야 산모와 아기를 데리고 떠나야 하는데 왠지 염려되고 불길했다.

길 가는 도중에 마굿간에서 아기를 낳았으니 수습이 필요했다. 다행히 아기를 위해 마리아가 준비했던 짐들과 요셉이 준비한 마른 음식과 홑이불과 짧은 카페트 등을 낙타에 실어놓았기에 잘 쓸 수가 있었다. 또한 낙타와 당나귀가 성모마리아님과 아기를 지켰다.

목동들의 확인으로 밤중에 아기탄생의 소식이 사방에 퍼졌다. 어떤 베들레헴 출신 외지 사나이의 새색시 부인이 베들레헴을 지나가다 휴식기간인 청결한 목동들의 마굿간 축사에서 옥동자를 낳았다는 것이고 새색시는 첫 출산이며 남편은 목수라는 것이다. 새벽에 교회당에서 새벽기도를 나갔던 사람들이 이 소식을 듣고 마을의 길조라 생각하고 기도하였으며 날이 새는 대로 현지를 찾아가 본다는 것이다. 목동들의 이야기는 지나가는 사막의 대상 일행들에게까지 순식간에 퍼졌다.

　종종 사막에서나 오아시스에서 여행하다 부녀자들이 아기를 낳는 일이 있기 때문이고 그 아기는 축복을 많이 받는다는 것이며 이것은 하나님의 축복으로 여긴다는 것이다.

　베들레헴을 지나가는 대상들 중에 새벽에 샛별을 보며 출발하는 무리들이 있었다. 새벽에 서쪽 하늘 위의 금성인 샛별이 빛나는데 저 멀리 한 동네 어귀에 불빛이 보이는 곳이 있었다. 별빛인가, 마을의 불빛인가 멀리서 보면서 낙타를 타고 인접지역을 지나갔다.

　베들레헴 동네 교회예배당에서 새벽기도를 집전하는 랍비 한 사람이 간밤에 지나가는 나그네 부부가 목동들의 깨끗한 축사에서 옥동자를 낳았다는 이야기를 듣고 한 번 가서 어려우면 도와주고 아기에게는 축복을 주어야지 했다. 그리고 베들레헴의 성경책을 펼쳐 보았다.

　"베들레헴아, 베들레헴아. 처녀가 아기를 낳을 것이니……."

　순간 그 랍비는 어떤 전율을 느꼈다. 다윗을 배출한 성스러운 동네 베들레헴, 자기는 여기저기 교회예배당으로 위에서 시키는 대로 임지로 돌아다니는 랍비이지만 베들레헴에 와서는 이 지역사람들이 자존심이 강하고 경예를 숭상하는 것은 다윗 대왕의 출신지가 되어서 그렇다고 알게 되었다. 그런데 어제 여기와 연관 있는 외지의 사나이가 유연히도 여기 베들레헴에 와서 아들을 낳았다면 뜻있는 일이다. 다윗도 처음에는 형들과 함께 생활하던 평범한 아들이었고 그것도 별 볼일 없는 네 번째 아들로 아직 전쟁에 징집도 안 되었던 어린 목동이었다. 위로 형 세 사람이 전쟁터에서 팔레스타인 민족과 싸우고 있는데 형들이 살아 있는지 누구가 전사했는지 면회를 가 보라고 한 아버지 말씀을 듣고 전투중인 들판에 나갔다가 적의 장수인 거인 골리앗을 돌팔매로 돌맹이를 날려서 잡았다고 했다.

　사냥터에서 멧돼지를 잡은 것이 아니고 적장을 잡아 승리로 이끌고 다윗의 나라를 세웠다.

　"야, 실제로 있을 수 있는 일이다. 여호와 하나님의 축복이다. 여행중 아기라, 여기 이 베들레헴에는 다윗 왕의 이야기가 자다가 깨도 말하고 듣는 이야기인데 모르면 이방인이다."

　3일째 되는 날 많은 목동들이 방문하고 지나갔다. 다시 7일째 되는 날 사막의 대상들이 예루살렘으로 갔다가 새벽에 지나가는 길로 방문하여 산모와 아기에게 축도했다. 그 상인들 중에는 세 사람 일행으로 동방에서 온 학식이 있는 상인 한 사람과 의약전문가와 별을 보고 길을 안내하는 여행방향사인 사막항로 점성술사가 있어서 이들을 3인의 동방박사

(메기)라 하는데, 이는 낙타대상 중 지도자들로 나라에서도 현명한 사람을 뜻하는 말이다.

그들은 요셉과 성모마리아의 허락을 받아 마굿간 장막으로 들어와 아기를 보았다.

동방의 박사들은 아기 이름이 예수임을 들었다. 그 중에 별을 보고 점을 치는 점성술 박사가 주위를 둘러보고 아기를 낳은 장소가 마굿간인 것을 보고는 요셉 곁으로 와서 가만히 말했다.

"고대 동방의 실크로드에, 부족국가였던 유목민 전설에 의하면 한 아기가 마굿간에서 태어났는데, 자라서 말 탄 군사로 나라를 세우고 '병마립칸'이라는 대장군이 되었으며 여러 부족국가를 통일하고 '다이칸'이 되었는데 그 뜻은 '칸'은 왕을 말하니 다이칸은 왕중의 왕이라 하였소. 그래서 마굿간에서 아기가 태어나면 장차 세상을 다스리는 사람이 된다는 전설이 있소. 그대 아기가 마굿간에서 태어났다는 소문이 동방에 알려지면 많은 사람들이 구경을 올 것이며 또 빼앗는 사람도 있을 것이니 이 거소를 옮기든가, 피하는 게 좋겠소. 심상치 않은 아기이니 우리가 비밀리에 축복하고 돌아가야겠소. 아무한테도 이를 말하지 말며 그대는 이곳을 바로 떠남이 좋겠소. 하늘의 오리온좌가 길을 안내할 것이오."

"아닙니다. 저는 가난한 목수인데, 목수의 아들이 무엇이 되겠습니까?"
하고 요셉은 말했으나 내심으론 심히 두려웠다. 목동들이 이 장소가 다윗 왕의 마굿간이란 전설도 있다고 했으니 걱정이 생겼다. 또 이상한 꿈도 꾸었고.

동방박사들은 아기에게 경배하고 아기와 산모에게 축복의 선물을 주었다. 여행길에 아기를 낳은 사람이 있을 경우 특별히 축복한다 하며 선물로 장사하고 다니는 상품 중에서 선택하여 작은 상자에 넣은 유향과 몰약과 조그마한 황금반지를 주었다. 유향은 솔로몬 대왕 때 남쪽 아라비아반도의 끝 예멘왕국과 서쪽바다를 건너 에티오피아를 통치하던 세기의 미녀 여왕인 시바 여왕이 예루살렘을 방문했을 때 가지고 온 유명한 향료였다. 이 유향은 대상들이 무역하는 중요 상품이기도 하다.

이스라엘에는 길리앗 지방에서 남쪽나라에서 유향나무를 가져와 재배하고 좋은 유향을 나무의 수액에서 수지로 얻었다. 몰약은 산모의 산후회복을, 황금은 아기에게 부귀와 영화를 축도하고자 합이었다.

점성술 박사가 아기 예수를 다시 보고 경의를 표하며 축도의 말을 하고 떠났다. 8일째 아기의 가족은 모세의 율법에 따라 근처 시나고구 주위에서 비둘기 한 쌍을 사서 시나고구 교회당의 한 랍비가 보는 가운데 할례의식을 하고 이름을 임마누엘 예수라고 하였으며, 이름의 뜻은 '하나님께서 예수와 함께하신다.'이다.

요셉은 방문해 준 주위 여러분들에게 감사하고 선성한 마굿간을 치우고 청결히 하여 목동들에게 내어주고 목동들의 배웅을 받으며 베들레헴을 떠났다. 요셉은 성모와 아기를 낙타에 태우고 베들레헴 서남쪽으로 아인케렘의 엘리사벳 집으로 향했다. 그곳에서 요셉 카펜터의 계획은 산모와 아기를 당분간 1개월 정도 맡기고 목수의 생업을 계속 하기 위해 혼자서 다시 예루살렘으로 떠나고자 함이었다. 요셉은 먼 길을 낙타와 함께 걸어 엘리사벳 집에 당도하여 사가랴와 엘리사벳의 영접을 받았다.

이미 태어난 아기의 이름을 묻는 엘리사벳에게 성모마리아는 태몽에 천사가 말한 이사야 7장 14절에 나온 이름으로 아기 이름을 임마누엘 예수라고 하였다.

사가랴는 요셉에게 약속이 없으면 예루살렘으로 가지 말고 자기가 근무하는 교회에서 목수 일을 좀 해달라고 하였다. 요셉은 그리하겠다고 하였다.

도착한 지 30여 일이 지나서 엘리사벳님의 보살핌으로 마리아가 산후 산혈이 깨끗해지자 사가랴의 분부대로 사가랴 소속 예배당의 랍비를 찾아가서 자식의 출생을 고지하고 비둘기 한 쌍을 사서 아기에 대해서 모세의 율법에 따라 청결예식과 산모에 대하여도 랍비로부터 청결하례를 받았다. 요셉은 그동안 사가랴 소속된 교회에서 일을 좀 해주면서 지내다 먼저 가기로 계획되어 있는 예루살렘에 집짓는 공사가 있어서 혼자 떠났다가 수일 내로 돌아오겠다고 사가랴에게 말하자 사가랴가 말했다.

"지금 우리 집에 6개월 갓난아기와 이제 1개월이 갓 지난 갓난아기가 한 집안에 둘이 있다.

그런데 둘 다 여사로운 아기들이 아니다. 병이라도 생기거나 유행병이 돌거나 문제가 있으면 한데 모여 있는 것이 좋지 않으니 내가 이집트에 아는 사람이 있으니 그곳으로 가는 것이 좋겠다. 그리고 그 베들레헴은 역사적으로도 이스라엘의 왕의 후손이나 선지자가 태어난다는 곳으로 헤롯 말기에 군중의 시위사태가 일어나는 곳이 되었으므로 그곳으로 다시 결혼과 출생을 호적하러 가지는 말게. 그보다 바로 이집트로 가서 더 산후조리하고 피신을 시키는 것이 좋겠네."

"알겠습니다."

"이집트는 우리 유대 사람과 많은 연관이 있다. 이집트는 유대 사람들의 피난처로 때로는 속박의 땅으로, 때로는 우리를 구하는 나라로 있어 왔다. 특히 엘리사벳과 마리아는 요셉 가문의 여인들이 아닌가? 족보가 정확한지는 모르나 전해 내려오는 요셉 가문은 조상 야곱 시대에 야곱의 아들형제들이 그의 아버지가 총애하던 요셉을 노예로 팔았지만 후일 요셉은 파라오의 길몽과 흉몽을 해몽하여 이집트의 풍년과 기근을 관리하는 데 성공하였다.

그는 그 공적으로 파라오의 명에 의하여 이집트의 국토관리담당 총경리로 등용되었으며 그 이름까지 명예롭게 고쳐서 파라오 왕명로 사사하여 자무낫파네아 요셉이라고 부른다. 그 요셉의 아내는 파라오가 당시 그의 제사장이었던 포티페라의 딸인 아세낫이었으며 요셉과 혼인하게 하였다. 그 후손으로서 지금까지 이집트에 연고가 있다. 지나간 쓸데없는 옛날이야기지만 모두 이런 뿌리가 있으니 마리아가 아기를 데리고 이집트로 가는 것이 좋겠다. 억지로 정당화하는 것은 아니지만 마리아는 아브라함·이삭·야곱·요셉을 어어오는 내력이고 자네는 이삭·야곱·유다로부터 다윗과 솔로몬으로 내려오는 후손이 아닌가? 내 아들 요한이 떠나든지 자네 아들이 떠나야 하는데 난 지도 얼마 안 되는데 내가 너보고 떠나라고 하는 것은 말도 안 되는 일이나 일전에 자네 장인이 나에게 자네 가족이 떠나는 것이 좋은 일이라고 연락했으니 그리함이 좋겠다. 그리고 얼마 있다가 이집트에서 돌아오면 영광의 엑스더스가 될 것이다. 이 모두가 하나님께서 하시는 일이시며, 특히 자네 장인의 보살핌이 미리 전갈이 있으니 그대로 하시게나."

"이집트 고센이나 멤피스라면 저도 아는 사람과 친구가 있습니다. 저희들 때문에 불편하신 게 아닙니까? 나사렛의 장인님도 그렇게 생각하시고요?"

"아닐세. 그런 것이 아니고 자네 장인이 나에게 이미 전갈을 보내어, 아기와 산모를 좀 안전한 이집트의 안전가옥으로 옮기는 것이 좋겠다는 말이지."

"아니, 무슨 일이 있습니까?"

"아니, 여기가 좋으면 그대로 1년을 있어도 좋네. 로즈마리아는 내 딸과 다름없네. 자네 장인은 형제같이 내가 지내는 사람이니 전혀 문제가 없네. 오해가 있었으면 미안하네. 로즈마리아가 우리 엘리사벳에게 지난번에 산후조리를 해준 것을 생각하면 너무 고마웠네. 내가 어떻게 우리 집을 떠나라 하겠나. 말도 안 되지. 다만 자네 장인이 하는 소리이니 결정은 자네가 하게나. 우리집에 있든가 하는 것은 전혀 개의치 말게. 여기를 자네 집으로 생각하며 딴 데 일이 급히 없으면 당분간 계속해서 교회 영선일도 좀 도와주게. 내가 그 사례를 교회에 할 것이네. 교회는 항상 수리하고 비가 새는 것 막고 구역도 확장하고 일이 많거든……. 그러니 자네가 있는 것은 내가 좋은 일이지."

"아 예, 잘 알았습니다. 마리아와 상의해 보겠습니다."

그날 밤 요셉은 꿈을 꾸었다. 고대의 어느 전쟁터에서 요셉 자신은 이스라엘군 무사였다. 전투가 불리하여 왕궁이 포위되어 부상한 어떤 왕과 왕비가 장막에서 그들의 어린 아들을 자기에게 맡기고 예루살렘에서 다시 보자 하며 각자 전투 속을 헤치고 나갔다. 어린 왕자를 품에 안은 요셉은 말을 타고 피비린내 나는 전쟁터를 헤쳐 나가면서 아기 왕자와 함께 달리고 있었다. 꿈이다. 요셉은 잠자다 불을 켜고 마리아를 깨웠다. 아기는 잘도 자고 있었다. 꿈에 누가 나타나서 아기를 데리고 이집트로 가라고 하는데 어떠냐고 물었다.

"자다가 웬 이집트에요? 이집트에 있을 곳이 있어요?" 하고 걱정했다.

"이집트에 내 집까지는 없지만, 사람들이 많이 살아 건축공사도 많고 도시라 집도 많이 짓고 해서 생활하는 데는…… 나 같은 목수야 어디 못 살아가겠어? 전에도 한 번 갔었고 있을 만한 곳을 찾으면 나도 있지만 사가랴님이 주선하시는 곳이 또 있데. 그곳은 아기가 있기에 좋은가 봐. 여기에 아기들 둘이 같은 집에 있으면 하나가 병들면 둘 다 걸릴 일이 많으니 사실상 이런 경우는 같이 안 있는 게 좋다고 하잖아. 그걸 우리가 잘 생각하지 못했어. 우리가 경험이 없어서 알면서도 간단히 지나친 거야. 우리 떠나기로 합시다. 그대 몸이 괜찮다면 그게 좋을 것이오."

"그러면 아기 난 지 30여 일이 지났으니 내일 모레쯤 차비하고 함께 떠나지요." 하고 성모마리아가 말했다. 성모마리아는 다음날 엘리사벳에게 이집트에 아는 사람이 있으니 요셉이 떠나자고 하니 가야겠다고 하자 엘리사벳은 매우 섭섭하게 생각했다.

사가랴는 이집트 고센(옛 카이로)에 유대교회가 있는 주위의 안가에 있는 친척집을 소개하여 주었다. 동방으로부터 사막으로 나가는 대상들이 아인케렘을 지나고 있었다.

요셉은 성모마리아를 낙타에 올리고 아기를 안아 올려서 사가랴님의 주선으로 다시 장사하러 이집트―예루살렘을 오가는 이 낙타 대상들의 사이에 끼여 이집트로 떠났다.

제13편

나일강과 이집트

한편 당시 예루살렘에서는 헤롯 대왕이 70세가 된 당시 나이 고령으로 이제 수명이 다하여 몸져누워 있는 경우가 많고 주위엔 왕자들 사이에 알력이 심하였다.

주위에 모든 국가들이 로마군과 함께 유대의 장래를 걱정하고 있었다. 차기의 왕은 누가 될 것인가? 그리고 어디에 줄을 서야 하나? 가문의 장래가 왔다갔다 하는 세상이다. 이 어려운 세상에 이스라엘의 구세주, 유대의 구세주는 나타나지 않는가? 차기의 용맹한 왕자는 누군가? 우리 유대를 구하기를 기도했다. 외국의 대상들이 부쩍 예루살렘으로 방문하는 일이 잦아졌다. 그리고 수군거렸다. 차기에 누가 정권을 잡나? 아니면 유대가 여러 왕자와 공주들로 땅이 분리되는 것 아닐까 하는 우려가 팽배했다. 유대의 후계자는 누구입니까? 베들레헴 출신이라야 정통이지. 다윗의 자손 말이지. 남쪽 외지 지방인인 이두매 출신 헤롯 대왕처럼 그렇게 되진 않을 거야. 우리도 대오 각성하여 하나님의 선택을 기다려 보자. 유대 사람들은 이두매 출신 헤롯 대왕을 존경하지 않았다. 로마에 너무 저자세로 한다고 했다.

그러나 헤롯은 외교는 대등한 일로 이루어지지 않는 현실이 중요하다고 하고 로마와의 충돌을 피했다. 로마의 줄리어스 시저가 암살당할 때 당시 헤롯은 30세의 청년이었다. 그는 아버지인 유대 왕 안티파테르의 차남이었고 그의 형 파사엘루스는 예루살렘을 관할하고 있었으며 자기는 갈릴리지역을 관할하고 있었다. 그런데 로마의 줄리어스 시저가 암살된 이듬해 유대에도 정변이 일어나 헤롯의 아버지인 안테파테르 왕이 독살되는 사건이 일어났다.

그는 유대 왕위계승을 두고 형과 세력다툼을 하게 되었다. 로마정국이 어수선한 가운데 어느 줄을 서야 하는지 어려움에, 그는 시저 후계그룹인 옥타비아—안토니우스 편에 서서 형을 물리치고 후계자가 되었다. 그런데 안토니우스와 옥타비우스아우구스투스가 대립하자 이집트를 지배하던 안토니우스의 영향하에 있던 유대에 다시 정변이 일어나 유대의 구왕조 하스몬 왕조의 아리스토불루스의 아들 안티고누스가 사두개파 제사장들과 바르티아 사람들과 단합하여 예루살렘에서 민중운동과 폭동을 유발하여 예루살렘을 접수하자 헤롯은 왕이 된 지 3년 만에 로마로 달아나고 안티고누스가 유대 왕이 되었다. 헤롯은 로마로 달아나면서 그의 동생을 사해서쪽에 있는 천년요새 마사다에 보내어 명맥을 지키도록 하고 후일을 도모했다.

그는 로마의 옥타비우스의 지지로 영트가 없는 유대 망명왕국의 유대 왕으로 인정이 계속 되었다. 그는 3년 후(BC 37년) 거병하여 로마군과 유대에 남아 있던 지지세력을 이끌고 예루살렘으로 진군하여 하몬스 왕조 안티고누스 왕을 죽이고 다시 왕권을 찾았다. 그의 파란 많은 인생과 처세는 유대의 엎치락뒤치락의 정국을 로마제국이라는 거대한 세력을 등뒤에 업고 유대 왕권의 안정적 장악을 이루었다. 그러나 세월은 피할 수 없었다.

그의 능란한 외교와 유대를 통치하는 사대주의적 개념은 그의 병세와 임종이 가까워짐으로 유대의 장래가 불확실해져 갔다. 그 없는 유대는 또다시 여러 종파와 민간 세력 간에, 또 수많은 왕자들 간에 다시 일전의 투쟁과 통합이 일어나는 예견과 불안이 계속되어 나라를 근심하는 사람들이 많아져 갔다.

30세의 헤롯이 나타나서 유대를 통치하다가 이제 생명이 다하여 가버리면 이제 다시 30세 전후의 젊은 그 누가 유대에 나타나 나라를 유지할 것인가? 헤롯의 왕자들 중 누가 될 것인가? 또 다른 누구 나타날 것인가? 누구든 새로운 구세주가 나타나길 유대민족은 기다리게 되었다.

유대 사람들은 성지 순례를 갖는다. 예루살렘에 가서 아브라함 신전에서 기도하는 것과 여호와 신전에 기도하는 것과 이집트의 모세를 이집트 공주가 건져올려 얼굴을 씻어 주었다는 세안대를 시작으로 출애굽 엑소더스의 길을 따라 예루살렘에 이르기까지 고난을 여행하는 것이다. 그리고 여생이 얼마 남지 않으면 힘든 몸을 이끌고 모세의 길을 따라 여리고에 도착하는 실제 체험을 다하고 그 오랜 여행을 끝으로 그들은 순례하는 것과 함께 생을 마감하는 의식을 가지기도 했다.

그리고 그들은 그 환희를 보고 세상을 떠났다. 유대 사람들은 그렇게 여호와 하나님을 공경하고 그 힘에 의존하며 생의 낙으로 삼고 살아왔다.

한편 목수 요셉은 헤롯 왕이 죽기 전 불안한 유대 지역의 엘리사벳님 집을 나와 나일강 삼각주가 시작되는 큰 도시이며 로마군이 주둔하고 있는 옛 카이로에 도착했다.

아기 모세를 이집트 공주가 건져올려 아기의 눈을 씻어 주었다는 세안대가 있는 이집트 동네에 도착했다. 세안대는 여러 곳에 있었는데 그곳마다 자기집 마당이 세안대라고 주장하며 원조 세안대라고 했다. 하기야 이집트 공주의 저택이 매우 넓었기 때문에 여러 곳이 세안대가 될 수 있겠다. 요셉은 성모마리아와 아기를 낙타에 태우고 우왕좌왕하는 어려움 끝에 세안대길이라 알려진 길가 유대 교회당이 있는 부근에서 사가랴가 소개장을 써 준 집을 찾았다. 그는 낙타의 고삐를 잡고 그 집의 문을 가만히 두드렸다. 이미 연락이 닿았던지 젊은 청년이 나와 밖의 주위를 보며 안으로 안내했다. 목수로서 다니지 않는 곳이 없었던지 이집트 고센에 안면이 낯설지 않은 요셉은 사람들과 잘 어울렸으며 이집트 말도 조금은 하였다. 직업이 목수이니 큰 집을 가진 사람들은 목수라 하면 거부감이 없고 뭘 좀 일할 것이 많았다.

주인은 요셉 가족을 아기의 건강을 위하여 양지바른 따뜻한 곳에 방을 마련해 주었다. 산모와 아기는 나날이 건강해졌다. 몇 달이 지나 요셉은 마리아와 결혼한 후 처음으로 부부관계를 비로소 가졌다. 성령으로 아기를 가지고 있었기에 요셉 목수는 자기 부인을 알려고 하지 않았다. 그리고 둘은 이제야 행복함을 느꼈다. 번성했던 이집트는 여전히 인구도 많고 목수 일거리도 많았다.

요셉이 떠나고 난 후 베들레헴에는 이상한 소문이 퍼졌다. 유대의 지도자 후계자가 이곳에서 나타난다는 소문이 파다하게 퍼졌다. 제2의 다윗이 온다는 것이다. 1,000년 단위나 700년 단위로 볼 때 이 유대에 구세주가 온다는 시대라고 모두들 말하고 있었다.

모두들 예배당에서 나라의 장래를 기도하고 구세주가 내려오기를 하나님 여호와께 기도했다. 노년과 병고에 시달리는 헤롯 왕도 추위를 피하여 여리고 땅까지 휴양차 내려왔다. 어두운 밤에 많은 기도의 촛불이 나타나서 헤롯 왕의 건강을 기원하기도 했다. 헤롯 왕은 자기의 운명이 가까워오고 있다는 것을 스스로 느끼고 유대의 장래를 우려하고 후계자를 확실히 해둘 필요를 느꼈다.

누구를 차기 왕으로 삼을까? 장남인 아킬라우스는 너무 물러터지고 안티파스는 너무 야심이 차서 형제들을 그대로 두지 않고 도태할 거야. 그러면 제일 착한 빌립이 왕위를 맡는 게 나라를 위하여 평온할 것이라 여기고 빌립에 대하여 애착을 가졌다. 그러나 빌립은 형들을 의식하여 왕의 간청을 수락하지 않았다. 주어도 싫은 어리석음이라 헤롯은 걱정했다.

권력의 이동이 어디로 이동되는가 하는 것이 세상의 큰 관심사였다.

드디어 오래 장수하고 있던 헤롯 왕이 병고에 시달리다가 확실한 유언의 내용이 없이 통합후계자를 세우지 않고 세상을 떠났다. 헤롯은 30세에 그의 부왕이었던 안티파테르 왕의 둘째 아들로 형인 파사엘이 예루살렘 총독으로 있을 때 그는 북방 갈릴리 총독을 하고 있었으며 세포리에서 거병하여 부왕인 안티파테르 왕을 암살한 세력을 공멸하고 그 공으로 형과 경쟁에서 이겨 유대의 왕이 되었으나 제사장의 견제로 로마로 쫓겨났으며 후일 로마군을 끌고 들어와 예루살렘을 점령하고 제사장단이 세운 안티고누스 왕을 죽이고 유대를 장악했던 파란만장한 삶을 살아왔던 사람이다.

그의 형태가 지금 그의 둘째 아들 헤롯 안티파스와 비슷한 점이 있다. 어떻든 그는 후계자를 세우지 못하고 죽었다. 때는 로마황제 아우구스투스 재위 23년 3월경이며 헤롯 왕 자기재위 33년(최초 재위를 합하여 재위 36년)만이었다. BC 4년에 해당한다. 드디어 로마는 유대땅을 로마제국 통치방식으로 4등분하여 헤롯의 여섯 번째 부인의 아들 아켈리우스, 안티파스와 일곱 번째 부인 아들 필팁으로 각각 영토를 분할하여 사분봉 군주(Tetrach)로 나누고 예루살렘 유대지역을 직할로 하였다. 아켈라우스는 왕위에 있은 지 10년(AD 6년)에 산헤드린과 로마의 합작으로 그를 중부 유럽지역 갈리아의 비인나에 로마 명예총독, 명예군주로 좌천시켜 결국에는 몰아내고 예루살렘을 로마총독이 직접 통치했다.

곧 유대는 많은 왕자들로 인해 권력의 분열로 국가가 존폐의 기로에 있다고 의심하는 사람들이 있었다. 혼란의 와중에도 유대 사람들은 좀더 자유스러워진 사회분위기에 헤롯 대왕이 죽은 지 4년 후 예루살렘의 정서가 약간 호전되어 내란도 없고 안정을 찾아갔다. 요셉도 그동안 신세지고 있던 이집트 시나고구 숙소에서 유대 나사렛으로 돌아가기로 하고 주위 사람들에게 하직하고 약간의 가제도구를 가지고 유대로 대상들 사이에 끼여 나사렛으로 가기 위해 길을 떠났다.

요셉은 낙타에 부인 마리아와 예수와 이집트에서 출생한 토마스를 태우고 자기는 낙타의 고삐를 잡고 걸어서 베들레헴과 예루살렘을 거쳐 나사렛에 왔다.

돌아온 나사렛 땅은 마리아가 떠난 후 교회도 쓸쓸해졌고 사람들도 마리아의 결혼에 약간의 의아함을 느꼈으며 나사렛으로 다시 돌아온 마리아에게 관심이 잊어졌다.

요셉은 예수와 토마스의 출생신고를 늦게나마 나사렛에 있는 주민등록지의 호적부에 신고하였다. 토마스는 형을 많이 닮아 자라면서 쌍둥이로 인식되었다.

이들은 당시 로마법에 따라 주민등록을 하지 않으면 아니 되었으므로 뒤늦게 호적에 공식적으로 신고하여 임마누엘 예수는 실제 나이와 차이가 있었다.

제14편

나사렛 시나고구교회당

고향에는 요셉의 아버지 헬리의 어머니가 아직 살아 계셨다. 예수의 이 증조할머니가 임마누엘 예수와 토마스를 보살펴 주셨다. 예수는 족보상 하나님으로부터 77대손이다. 어린아이 때의 이름 임마누엘 이름은 그만 쓰고 13세 때 성년식을 거행하면서 예수라고만 했으며 다른 아이들처럼 예루살렘에서 성전을 방둔하고 단체로 성년식을 치른 후 당시 유대의 청소년 장학제도에 따라 얼마 동안 예루살렘에 가서 교육을 받을 기회가 있었다. 학급 교실에서 어린 친구들은 예수를 '임마누엘 예수' 또는 나사렛 땅에서 온 친구 '나사렛 예수'라 했다. 요셉과 마리아는 예수가 의사가 되기를 희망했다. 교실에서 같은 예루살렘 인근의 베다니라는 마을에서 온 이름이 나사로라는 친구가 있었는데 몸이 좋지 못하여 휴학하고 고향으로 갔다. 그의 고향에는 누님인 마르다와 누이동생인 마리아라는 자매가 있었다. 나사로도 의사가 되고자 하였고 한센병 등 질병을 고칠 수 없는가 하고 선지자적 사고를 가지고 있었다. 예수도 의사가 되기를 희망하는 이유와 흥미를 가지는 이유는 이스라엘 유대 지방의 메마른 땅과 사막에는 많은 모래 바람이 불어 어른이고 아이들이고 눈병이 많았다. 눈에 티가 들어가면 손으로 눈을 부비니 안질환이 생기고 더욱 나빠졌다.

예수는 이 안질환 문제를 풀어야 되겠다고 항상 생각했다. 눈병을 고쳐 주는 의사가 되었으면 했다. 그리고 눈을 뜨면 하나님을 찬양할 것이라 여겼다. 그리고 사막에 물이 없으니 잘 씻지 못하여 손과 발이 더럽혀지고 수질이 나빠서 소화기질환이나 설사병이 많았다. 태고로부터 아브라함이나 선지자 모세는 이러한 소화기질환의 원인이 식사 문화가 청결하지 않은 데서 병이 오는 것을 알고 되도록 외식을 금하고 쉬는 날이 오면 집에서들 과식하는 일이 많아 병이 생기므로 금요일이 다가오면 오히려 금식하는 습관을 가르쳤고 항상 손을 씻고 식기를 씻도록 하는 청결주의 유대 습관을 토라에서 가르쳤다.

모세가 이스라엘 사람을 이집트에서 데리고 나온 때, 엑소더스 전후로 이집트에 질병이 퍼져서 많은 사람들이 죽었지만 금식과 청결을 강조하는 유대 이스라엘민족은 살아남았다. 유월절과 같이 이스라엘 사람들은 외식을 삼가하고 청결히 하여 질병을 견딘 것이다.

아버지 목수 요셉이 예수를 데리고 목수일에 다니다가 교육을 시켜야겠다고 하던 중 나사렛에서 장학사에게 선발되어 예수가 단기간으로 예루살렘에서 공부하고 있었다. 목수 요셉이 예루살렘에 일하러 올 때는 가끔 공부하는 예수의 숙소에 들러서 예수를 격려하고 보살펴 주었던 것으로 보인다. 목수인 아버지 요셉이 어느날 건축일을 하러 바다를 건너 사이프러스에 가게 될 것이라고 하고 요셉가의 종친들과 함께 욥바에서 배를 타고 떠났다.

예수에게는 열심히 의사나 율사가 되는 공부를 하라고 하고 자식들이 많아 공부시킬 수 있는 비용을 마련하려고 임금을 많이 주는 해외의 먼 길을 떠나는 것으로 보였다.

예수가 예루살렘에 있을 때 집으로부터 생활비와 교육비가 보내져 왔으나 어느날부터 생활비가 늦게 도착하게 되었다. 예수는 겨울방학을 맞아 나사렛 고향에 갔다.

오랜만에 고향이 들러 보니 옛날에 생각했던 마을과 건물들이 큰 도시 예루살렘의 큰 건물을 보아왔던 탓인지 초라하게 보이고 작게 보였다. 어머니 집안에서 운영하는 교회는 그 근처에 다른 큰 교회당이 세워져서 신자들이 그곳으로 몰려가서 어머니 집안의 시나고구교회는 쇠퇴하고 아버지는 소식이 없고 어린 토마스가 어머니를 모시고 아래 동생들을 돌보며 힘겹게 목수 일을 하며 생활하고 있었고, 어머니는 교인이 감소한 작은 시나고구 교회당에 나가시면서 몇 사람의 동내 여인들과 가내 수공업으로 살림을 꾸려 나가고 있었다.

"아버지는요?"라는 물음에 어머님은 확실히 대답하지 않았다.

"아버지가 건축하는 종친들과 먼 바다로 사이프러스 여행 도중 풍랑을 만났는지 알 수 없으나 다른 종친들이 찾고는 있지만 확실한 소식은 없다."고 했다.

"왜 저한테 말씀하시지 않았어요? 왜 연락하지 않았어요?" 하고 예수는 눈물로 외쳤다.

"아직 확실치 않은 일이고 실종이며 어느 해안 어촌지역 해변가에서 구조되든가 요나처럼 돌아오시지 않을까 기다리고 있다. 너에게 알리면 학업을 포기하고 돌아올 것 같아 염려하여 어쨌든 알리려는 참에 네가 무슨 영감으로 부친께 일이 있는 걸 알고 왔구나."

예수는 할 말이 없었다.

종친, 아리마대님으로부터 얼마동안 생활비가 왔으나 이제 사업이 잘 안 되어 어렵다고 했다. 예수는 일단 학업을 중단하고 토마스를 도와 식구들을 돕기로 하였다. 주일날 옆에 큰 예배당이 있으니 신자들이 그곳으로 모이는 것을 보고 예수는 동생 토마스에게 물었다.

"저 큰 교회는 언제 들어왔나?"

"이 지역에 외할아버지가 데리고 있었던 사람이 독립하여 예루살렘에서 유지로부터 큰 자금을 받아 크게 교회를 세웠어요. 어머니가 왜 이곳에 교회를 짓느냐 하였더니 외할아버지께서 생전에 살아 계셨을 때 집사로 데리고 있으면서 열심히 일하면 후일 인구도 불어나니 교회도 많이 생길 터이니 그때 자기를 독립시켜 교회를 분파시켜 주겠다고 약속하셨고 어머님께서도 자리에 같이 있는 데서 말씀하신 적이 있다고 했어요. 그런데 그런 일이 외할아버지가 돌아가시고 난 후 어머님이 그동안 고생하셨다고 인정하신 것과 이제 우리는 집안에 어른이 없고 아버지로부터 소식도 없고 하니 어쩔 수 없게 되었어요. 그래서 저 교회만 크게 번창해 가고 있어요. 그리고요, 가끔 종친이신 요셉 아저씨로부터 연락이 왔으나 이제 그마저도 어려웠고요. 아버지가 목수라 가난하고 형님 예루살렘 유학비 보내고 외갓집 사업은 잘 유지되지 못하고 있어요. 그런데 형, 아버지가 가까운 사이프러스가 아니라 더 먼데를, 브리타니아라 하는 이름도 모르는 먼데까지 나갔다는 소문이 있어요."

하고 토마스가 울면서 말했다. 예수는 가슴이 찢어질 지경이다.

"나만 모르고 있었네. 토마스야 미안하다. 이제 내가 왔으니 우리 가산을 다시 일으키자."

그는 말했다. 예수는 톱과 대패를 잡았다. 그리고 주변에서 주문해 온 일거리를 찾아 정리하고 일하기 시작했다. 예수는 나사렛 인근 번화가인 세포리지역까지 가서 일을 구했다. 그리고 예루살렘에 긴급히 가서 학교는 휴학한다고 하였다. 아리마대 종친을 찾아갔으나 외국에 나가고 없다고 하였다. 나사렛으로 돌아온 예수는 가족을 도와 열심히 일했다.

예수가 직접 만든 생활 목공품을 가지고 있는 사람은 어디에 있는가?

"저 큰 교회가 이곳에 들어오다니……."

그 후 예수는 동생들과 함께 나사렛에서 남아 가족과 함께 살려고 하였으나 어머니 마리아님은 예수가 예루살렘으로 돌아가 학업을 계속 하기를 원했다. 지금은 어렵지만 그곳에 가서 공부를 끝내야 우리가 더 잘살게 될 거라고 말하셨다. 어머니의 간청으로 여수는 동생 토마스에게 집안일을 맡기고 나사렛을 떠나 일단 예루살렘으로 갔다.

유대 장학제도에 따라 중등급 학교에서 휴학했던 것을 복학하고자 학교를 들렀으며 또 아리마대 요셉씨를 다시 찾아가 아버지의 소식을 알고자 하였다. 유족의 장자에게 알리지 않은 것을 항의도 하였다. 그들은 목수 요셉 카펜터가 어디서 실종되었는지도 항구마다에서 알아보는 중이라고 하였다. 그러기 위하여 아리마대 요셉은 예수에게 카펜터 요셉 아버지를 찾으러 뱃길로 외국에 다시 나가 보려고 준비하는 중이었으며 예수에게 통고하려는 참이었다고 했다. 욥바 항구에서 예수는 어머님을 두고 다시 외국으로 배를 타고 떠날 수는 없었다. 아리마대 요셉은 목수 요셉의 유족에게 최선을 다하고자 했다. 예수는 예루살렘에서 복학하여 나머지 중등급 학업과정을 끝내고 나사렛 고향으로 돌아갔다.

요셉친형은 아마도 형님을 찾고자 유스투스를 살려오고 예수에게 장학금을 주고 가족을 도와 부양하기에는 사업도 잘 안 되고 고생이 심하였던 것 같았다. 유스투스를 찾기 위해, 형님을 찾기 위해 많은 자금을 쓴 것과 예수의 아버지 요셉 일행이 지중해상 여행 중 여러 사람들과 함께 실종한 관계로 보상 등 여러 가지 기업운영상 어려웠을 것으로 보인다.

예수가 랍비나 의사가 되기를 생각한 어머니 마리아님의 소망에 예수는 많은 감동과 갈등을 느꼈다. 랍비가 되려면 바라새파나 사두개파 또는 엣세네파에 들어가 쿰란 등지에서 수련생활을 해야 하고 서품을 각파에서 행하는 시험을 통과해야 하며 서품을 받아야 한다. 또 하나의 다른 길인 의사도 되기까지 많은 비용과 시간과 숙련이 더 필요하고 공인된 자가 되려면 유명한 의사 밑에 들어가 수련과 수업을 받고 경험을 쌓아야 되는데 목전에 다가와 있는 현실은 어렵다. 그리고 집안은 어느 때부터인가 대대로 목수 집안으로 되었다. 가족이 7남매나 되었다. 아래로 제임스인 토마스, 죠세스, 쥬다스, 시몬, 그리고 아래 누이 둘, 자기와 합하면 7남매다.

훗날 예수가 고향에 와 복음을 전할 때 이들 7남매가 있었고 더욱이 아래 누이 둘이 출가하여 매부 둘이 있었다. 아래 여동생 둘 중 큰 누이동생의 남편은 예수보다 나이가 몇 살 정도 많아 제매형으로 부르지만, 그는 후일 예수가 제자들과 함께 금의환향하는 콕음

전파로 고향에 들렀을 때 예수의 말을 들으려고 인산인해와 같이 모인 것을 보고,

"아니 저 큰처남, 예수 아냐? 저 처남이 무슨 복음을 전하며 다니나? 그동안 뭘 배웠을까? 어릴 때 나하고도 공사장에 나간 적도 있는데, 다 목수 집안끼린데."

하는 식으로 인척임을 자랑하면서도 의아해했다. 다른 아래 작은 여동생 남편인 매제는

"동서형님 그러지 마쇼. 하나님의 사명을 받아 선지자 선생님으로 오셨데요."

하고 말했는데 제매형은 나이가 좀 많다고 아주 예수에게 충고라도 하려고 했다. 그리고 어릴 때 같이 살고 보던 동네친구들과 어른들이

"임마누엘이라 하기도 하던 예수 아니야. 선지가가 되었어? 랍비가 되었다고? 어릴 때부터 영매하고 특이한 점이 많이 있었지. 우리와는 전혀 달랐지. 목수로 있을 분이 아냐."

또 자기 자식들을 보고

"너희들은 뭐하고 있었냐? 예수를 보라. 얼마나 장대하냐?"

듣고 있던 장정들이 중얼거렸다.

("장하긴, 특별한 여호와 신앙 사상 포교, 성경말씀을 제 나름대로 해석하고 있는데, 문제 안 되나? 지난날에도 어느날 이 나사렛 한 교회에서 한 번 쫓겨난 적이 있었다고 …….")

하니 자연히 간접적으로 듣게 된 예수는 착잡했다. 참 창피스런 일이었고 일면 하나님의 소명을 느꼈던 일이다.

"아, 고향에서 환대받는 선지가 없다고 하더니 그렇구나."

하고, 거기에다 외할아버지 집의 집사였던 사람이 독립하여 교회를 크게 운영하고 있었으며, 지난날 초기 예수가 세례 요한으로부터 세례를 받기 전, 즉 하나님 사역에 들어가기 전에 나사렛 시나고구교회당의 예배시간 강론 대독시간에 냉대를 당했던 일이 있었다.

이제 예수의 복음이 그들의 전통적인 유대 종교에 많은 이단적 생각과 사고가 보이자 전 집사장이 새로 차린 자기 교회신자 주민들에게도 주위를 환기시키고 있으므로 예수는 고향에서 이렇게까지 다툴 필요까지 없다고 판단했으며, 친족과 동네 어른들과의 성경에 관한 의견을 다투지 않고 제자들과 함께 고향에서 성모마리아님만 잠깐 뵙고 바로 철수한 일이 있었다.

아, 나사렛! 나사렛에서 복음을 전파하기 시작했다면 어떻게 되었을까? 예수의 복음은 나사렛을 중심으로 발전했을까? 아니면 나사렛에서 부흥하고 끝났을까? 예수는 유랑하지

않았을 것이고 예루살렘에서 죽지도 않았을 것인가?

어쨌던 이제까지 위의 이야기는 나중에 일어난 이야기이고 예수는 어머니의 사촌 엘리사벳님의 아들인 요한이 엣세네파에서 공부하여 랍비가 된 후 요단강가의 조그마한 마을에서 개척교회를 시작하고 요단강 강물로 세례를 행하는 특이한 포교로 아인케렘의 세례 요한이란 선지자로 알려지게 되었다. 세례 요한의 선교가 유대 사람들에게 세례의식을 줄 때까지 예수님은 세상에 등장하는 아무런 자태를 나타내지 않았다.

요셉친형인 아리마대 요셉은 먼 인척이 되는 예수가 예루살렘에서 한 소년 학교에서 공부하고 후일에는 의사나 랍비수업도 하여 랍비가 되어 브리타니아의 글래스턴베리에서 교회를 짓고 선교활동을 그곳에서 하고 병원을 지어 병든 이들을 고치며 세상을 오래 살게 하는 사업과 늙어서 세상을 떠나는 사람들을 위로하는 장례사업과 목수 집안이니 사람들이 사는 집을 짓는 건축 사업까지 하기를 바랐다. 아리마대 요셉은 브라타니아로 이주를 계획한 걸까? 예루살렘이 항상 불안하다고 생각한 것이다.

이 가문에 어떤 전통이 있었던가? 성서에 있는 전통으로 내려오는 가문이었다. 아브라함의 아들 이삭, 이삭의 아들 야고보의 넷째 아들 유다의 후손으로 모세의 선봉 부족이었다.

예수는 예루살렘에서 돌아온 후 사해 서쪽 중간 해안에 있는 엔 고디와 쿰란지역을 한 번 방문하고자 하였다. 이곳은 이스라엘의 젊은이들이 봉사의 정신으로 자원봉사로 한 번은 거쳐 가며 체험하는 곳이다.

엔게디는 오아시스로 지난날 다윗 대왕이 왕이 되기 전 사울 왕을 피하여 숨었던 곳이며 많은 이스라엘의 선지자, 수련자들이 수도하고 있었으나 로마군의 병영이 들어오자 탄압을 피하여 사해 북쪽 작은 오아시스가 있는 쿰란지역으로 들어갔다. 이 쿰란지역은 로마의 아우구스투스가 이집트의 안토니우스와 클레오파트라의 함대를 액티움 해전에서 승리하던 해(BC 31년)에 큰 지진이 일어나 도시가 파괴되어 폐허가 되어 버린 곳이다. 그러나 그곳에 있던 순수 율법자들은 하나님의 시련이 내렸다고 생각하고 그 지역을 다시 재건하고 토라의 필사본 작업을 경건하게 하며 율법을 더욱 지키며 살고 공부했다.

동굴 속에서 살면서 모세오경을 베껴서 쓰는 일을 하는 것이 직업화되었고 그 토라의 필사본을 양피지에 쓴 책은 예루살렘 서점가에 팔아서 새로 지은 시니고구교회에 공급되었다. 쿰란지역의 엣세네파는 정치에 물들지 않고 순수 유대 종교생활을 유지했다.

예수는 이 지역을 한 번 여행하여 이스라엘의 청년들이 얼마나 정진하며 무엇을 배우고 있는지 방문하여 기회가 되면 같은 대열에 앉아서 성경 필사본을 쓰고 마음으로 수도사의 정적 생활을 보고자 하였다. 연속으로 많이 벌지는 못하지만 목공소에 일거리가 주문되어 왔고 납기가 있었으며 어린 많은 가족들이 있었기 때문에 오래 가 있지는 못할 것 같았다. 예수는 성모마리아님께 떠난다는 말씀을 드리고 사해 쿰란지역의 한 엣세네파교회에서 기본 율법에 정진하는 성경 필사본 필사일과 공동생활을 한 번 보고 자원봉사를 하기 위하여 사해 서쪽 어귀인 쿰란으로 떠났다. 그곳 쿰란성경 필사본 팀에서는 성경을 한 장씩 필사하여 두루마리 책을 만들어 각 지역 시나고구에 공급하는 일도 하고 성경공부도 하는 곳이다. 그는 이곳에서 이스라엘 청년들이 하는 것처럼 쿰란은 신성한 곳이며 흰 옷을 입고 생활하는 곳이라 쿰란에 들어가기 전 정말 어렵다는 극기의 봉사생활을 해 볼 것인가 다짐하며 쿰란수도원에서 자원 봉사자지만 하나님 앞에 설 마음을 씻기 위해 오아시스 엔고디로 갔다.

쿰란을 옆으로 지나서 사해길 아래 남쪽으로 더 나려가 아름다운 오아시스인 엔게디에서 온천수에 목욕하며 여행의 독을 풀고 아름다운 주위 환경을 보며 휴식 시간을 가졌다.

이곳은 지난날 유대의 다윗 왕이 왕이 되기 전에 어릴 때 사울 왕을 피하여 피신하였던 곳이라 하여 많은 이스라엘 사람들이 순례하는 곳이기도 하였다.

마음과 몸을 씻은 예수는 흰 옷으로 갈아입고 쿰란공동체 수도원의 대문을 노크했다. 수사가 나와서 이름을 물었다. 자원봉사라 정확한 이름 외에 가명도 사용이 가능했다.

"어디서 어떻게 오셨습니까? 존함은요? 신원만 확실하면 별명 등록이 가능합니다."

"나사렛에서 왔습니다. 이름은 임마누엘이라 합니다."

"엠마누엘입니까? 임마누엘입니까?"

"임마누엘입니다. 발음상 엠마누엘을 같이 쓰기도 합니다."

"아, 그래요. 임마누엘은 선지자 이름인데, 랍비님기 지어 주셨습니까? 들어오시지요."

벌써 쿰란공동체의 대추야자 나무가 바람에 흔들리며 푸른 나무향기와 꽃들과 풀잎의 향기가 피부에 와 닿는다.

"원래 직업은 무엇입니까? 소개장이나 추천장은 있습니까?"

"나사렛에서 집안이 목수업입니다. 특별히 교회당에서 써준 추천서나 소개장은 가져오지 못하였습니다만 외가가 나사렛에서 조그마한 시나고구교회당을 하고 있습니다. 교회 일은 직접 참여하지 않고 목수 사업을 하고 있습니다."

"목수가 가업이시면 생활에는 지장이 없으시겠는데, 여기서는 오는 사람에게 급료는 지불하지 않으며, 순수한 자원봉사 활동을 원합니다."

"알고 왔습니다."

수사는 예수의 자태가 남다른 데가 있음을 보고는 의아한 얼굴로 예수를 쳐다보았다.

예수는 자원봉사로 견습수사 생활을 한 번 하고 싶다고 하였다. 수사는 내부 규정에 따라 그의 고향과 성장 출신지역을 다시 묻고 인명부에 간단히 기록하였다.

목수라는 답변에 쿰란공동체에서 목수면 수사들의 막사를 세우는 등 많은 일을 맡을 수도 있다고 하였으나 예수는 그냥 일정 기간 봉사견습 프로그램에 따라 성경생활 체험팀에 자원봉사차 왔다고만 하였다. 정 필요하면 하나님의 부름으로 생각하고 목수 일을 도울 수도 있다고 하였다.

그리고 간단한 구술 질문시험과 신체검사를 받은 후 다른 자원봉사들과 함께 교육 입교 입소식을 가졌다. 견습수사, 여러 랍비들도 모인 자리에서 각자 자기소개가 있었다.

"저는 나사렛에서 온 임마누엘이라 합니다."

그가 자원봉사자 견습수사로 지내고 있는 어느날, 그는 쿰란의 서쪽 동굴이 많은 산 위에 올라갔다가 맑은 하늘을 보고 하나님의 말씀이 들리는 듯한 감명을 받았다. 쿰란지역은 주변 지형을 보면 마치 하늘의 말씀이 들릴 것 같은 성스러움을 주는 지역이다. 멀리 가파른 언덕의 높은 산이 서쪽에 우뚝 솟아 있고 건너편 협곡엔 이스라엘 사람들의 머리에 쓰는 네모 각 격자를 머릿수건을 눌러 쓴 사람의 형상을 가진 동굴들이 즐비하게 있다. 어느 누구든 그곳 쿰란 오아시스에서 청결히 목욕하고 성경 필사본을 쓰고 있으면 신비로움을 느낄 것이다.

예수는 이곳에서 하나님의 말씀을 듣고 새로운 부르심의 뜻을 얻게 되었다. 이른 아침 사해 동쪽 너머로 해가 뜨면 사해 위에 찬란한 해가 비치고 쿰란의 서쪽 언덕이 전부 붉게 비치니 세상의 빛이 이런 것을 알게 하는 쿰란은 참으로 성스러운 곳이었다.

공동체의 생활 속에 얼마 안 되는 약 3개월의 자원봉사의 견습 기간이었지만 마지막으로 40일 간의 힘든 시련의 수업으로 금식, 금욕의 기간을 지내는 모세의 40년 생활을 단축하여 체험하는 극기교육을 마지막으로 끝내는 쿰란에서 자원봉사교육을 끝내게 되었다.

마지막 날에 입소자들의 퇴소식이 있었다. 랍비 자격-예비대우자 지원 자격도 주는 공동 퇴소식이다.

이와 함께 앞으로 수사 수도생활을 계속 할 것인가를 깊히 생각하는 자유휴식을 주는 휴가와 겸했다. 그는 고향인 나사렛으로 돌아왔다. 물론 다시 쿰란으로 돌아가서 얼마기간 더 봉사 봉직을 계속 한다면 자격을 얻어, 정식 랍비가 될 교육을 받을 수도 있다.

고향에 돌아와 보니 많은 동생들로 붐비는 어려운 살림살이에 또 어머님을 돕지 않으면 안 되었다. 어머님을 다시 떠나 쿰란공동체로 돌아가서 공부하고 여러 랍비들 앞에서 구술시험을 보면 초급 랍비는 되겠지만 당분간 보직을 얻을 때까지 수년 간 모세오경 등 이사야나 선지자 말씀, 성경의 필사본을 계속 쓸 일도 생각하니 여러 가지 많은 생각으로 잠이 오질 않는 것 같다. 어머님인 성모마리다님은 예수가 예루살렘에서 의사가 되는 길을 가든가 다시 쿰란으로 돌아가서 학업을 증진하여 자격 면접시험을 보아 유대의 유명한 랍비가 되어 주기를 바랐을 것이다. 성모마리아 어머님의 기도와 소원에 예수는 하나님 말씀과 함께 많은 감동과 동시에 갈등을 느끼기도 하였을 것이다. 그는 육신으로 보살펴 준 아버지 요셉의 실종으로 마음을 달래고 수양했던 쿰란에서 기도생활을 뜻있게 항상 되새겼다. 예수가 쿰란 등 여러 고을에서 목수 일을 하며 또는 자원봉사 일로서 이스라엘지역을 어릴 적부터 다닌 것을 아는 사람은 거의 없었다. 이름도 특이했고 길을 떠날 때는 기후상 대낮에 다니기는 덥고 목수라는 작업상 선선한 아침 새벽부터 일터로 나가는 움직임이었으니 동네 사람들이 예수가 어릴 때부터 아버지 요셉과 함께 평상시에 집에 있는지 없는지도 잘 알지 못했다.

제15편

요단강

나사렛에 있는 동안 예수는 포도원과 과수원에 목수 일로 출장도 나가고 집에서 목수일도 하고 가사를 도왔다. 성모마리아 어머니께서는 성령으로 낳은 예수가 목수일로 받은 품삯은 쓰지 않으시고 앞으로 학업과 임무를 받으면 하나님 사역에 쓰이도록 보관하신다고 하셨다. 그러나 의사가 되기는 너무 시간이 지났고 많은 학비가 들므로 포기해야 할 것 같다. 예수는 어머니 말씀을 따를까? 아리마대 요셉님의 제안대로 어머니를 모시고 외국으로 건너갈까? 로마로 갈까? 예루살렘에 가서 의사가 되는 공부를 할까? 쿰란공동체에서 랍비가 되는 과정을 계속 할까? 랍비가 되는 시험을 보고 통과하면 준랍비가 되고 시나고구교회에 들어가 정식 랍비 자격을 얻을 때까지 서품을 받는 랍비 수련을 받을까? 또는 가업을 지속하여 편안하게 목수나 하고 지낼까 결정을 못하고 쿰란으로 돌아갈 휴가기간은 끝나 가는데 많은 고뇌가 교차하는 차에 이대로 시골 나사렛 집에서 동생들이 하는 목수 일만 참견할 수 없어 드디어 결심하고 성모마리아 어머님의 소원과 희망으로 사해 어귀 쿰란으로 다시 내려가고자 여행을 준비하였다.

때는 로마 황제 티베리우스 시저(재위 AD 14~37년)가 황제가 된 지 15년(AD 28년, 누가복음 3 : 1), 예루살렘 주둔군 로마 총독 그라투스를 이어 본디오 빌라도(총독직위 AD 26~36년)가 총독으로 재임한 지 2년, 예루살렘 전직 제사장 안나스의 사위인 가야바가 대

제사장이 된 때에 요단강에서는 아인케렘 출신 요한이 개척교회를 성공적으로 이끌고 많은 대중을 모아 세례를 준다는 소문이 전 유대에 퍼지니 나사렛에서도 그곳에 갔다온 사람들이 몇 있었다. 이 아인케렘 출신 요한을 아인케렘 요한이라고 부르며, 또한 세례를 주는 요한이란 말로 세례 요한이라고도 한다고 소문이 퍼졌다. 예수는 지나가는 길이니 요단강 동편 강가에 있는 벳새다라는 지역에 가서 아인케렘 요한이 남도 아닌 친척이고 교회를 열었다는데 축하도 하고 격려도 할 겸 한 번 그곳에 다녀와 보면 하는 성모마리아 어머님의 말씀이 생각났다.

"모두들 그곳에 가는데 나도 그 사람한테서 세례라는 걸 받아야 하나?"

그러나 먼저 번에 쿰란에 있는 동안 짧은 기간이었지만 아침의 붉은 햇살이 들어오는 산중 동굴에서 아침기도를 하던 중 하나님 말씀같이 어렴풋이 들었던 것은 잊을 수 없었다.

("너는 나의 아들이며 세상의 빛이다. 이스라엘은 나의 몸과 같으니 이제 내가 보낸 너의 몸으로 그 몸과 심령을 다하여 이스라엘을 구하라.")

예수는 어머니의 사촌 엘리자벳님의 아들 아인케렘의 요한이 이미 준 랍비가 되어 사역의 길로 들어가서 개척교회를 시작하고 새로운 교회운동을 시작하여 세례 요한이란 이름과 함께 사람들에게 세례라는 것을 하고 있다는 말을 들었을 때 여러 가지 생각을 하게 되었다.

이미 세례 요한이 하나님으로부터 계시를 받았나? 먼저? 자기는 아닌 거 아닌가? 그 지역은 요단강 동편이며 여호수아가 요단강을 건너기 위해 진을 치던 싯딤 주변지역이 아닌가? 새로운 일을 하는 지역이며 유대 이스라엘 사람들의 심금을 울리는 지역에서 뜻있는 일을 하며 세례를 준다 하니 세례를 어떻게 하는지 궁금했다. 세례가 대유행으로 이제 세례를 받지 않으면 유대 사람이 아니라는 지경으로 새로운 시대로 가는 것이 아닌가? 어쨌든 한 번은 가 봐야 될 것으로 생각했다.

예수는 떠나기 전 어떤 주일날, 외갓집 외할아버지의 교회당에서 집사장으로 있다가 큰 교회당을 일으켜 그 사람이 사역하는 시나고구교회당에 예배 때에 찾아가 보기로 하였다.

사람들과 같이 예배당 내에 모두 앉자 예수도 시작 예비를 듣고 있는데 예배 설교단의 높은 단상에 앉아 있던 이 교회의 창설자이며 지나간 외할아버지 교회의 집사장이 이제는 교회당의 당회장이 되어, 교회를 방문한 예수를 보고 쿰란에 갔었다는 것을 들었던지 좌우간 무안하던 차에 아래 자리로 내려와 예수에게 예정된 토라에 있는 선지자의 글을 읽을 사람으로 대신한다고 예수가 단상 위에 올라서 성경말씀을 읽고 전하기를 청하였다.

　머뭇거리는 예수에게 집사장은 간곡히 그날의 예비 설교문을 사람들에게 읽어 볼 것을 권하였다. 예수 같은 청년이 준 랍비가 되어 자기 교회에 나오고 또 지나간 자기 소속교회에서 섬기던 윗 가문의 외손자인 도련님 중 한 사람이었으니 이를 배려도 한 것이다. 예수는 이끌음에 마지못하여 연단 위로 올라가 묵도하고, 이 교회집사인 사회자가 건네 준 예정된 설교문을 읽어 보려고 두루마리에 미리 갈피로 표식된 부분을 폈다. 아, 선지자 이사야의 글이다. 이사야의 글만 보아도 가슴에 감동이 오는데 글 중 61장 1절과 2절이 표시되어 있다. 예수는 순간 온 몸에 전율을 느꼈다. 쿰란에 한 번 갔었다는 효과가 이렇게 나타나나? 여기가 쿰란은 아닌데 쿰란은 사람의 인생을 바꾸게 하는 곳이다.

　("아, 이 구절이 또 쿰란에서와 같이 나에게도 임한 하나님의 봉직의 명이 정말로 시작된 것이 아닌가?")

　예수는 조심조심 소리내어 읽어 나갔다.

　"여러분 안녕하십니까? 제가 사회자의 요청으로 오늘의 말씀인 선지자 이사야님의 말씀을 봉독하겠습니다. 여기 말씀이 쓰여 있습니다. 이사야 61장 1~2절입니다.

　'주의 성령이 나에게 임하였으니 가난한 자에게 복음을 전하게 하시려고 나에게 향유를 부으시고 나를 보내시어 포로가 된 노예에게 해방을, 눈이 먼 자에게는 눈을 뜨게 하시고 억압된 자에게 자유를 주시고 여호와 하나님의 은혜를 전도하게 하심이라'는 61장 1~2절의 말씀입니다."

라고 읽은 후 토라를 연단에 펴놓고 이 두루마리 토라책을 준 사회자와 이제는 당회장이 된 전 집사장에게 목례한 후 단에서 내려오니 사람들이 어디 그런 말이 사실로 쓰여 있는지 갸우뚱하였다. 주위가 좀 웅성거렸다.

　("……나에게 향유를 부으시고……라", 저자에게 어찌 이런 중요한 말씀이 내렸나? 요셉과 마리아집의 예수 아닌가?)

　예수가 그들의 얼굴과 이목이 자기에게 오는 것을 보고 자리에서 일어나 추가로 부언하였다.

　"위 이사야의 글이 지금 오늘 여러분 귀에 도달하였습니다.

　'주의 성령이 임하시고 이스라엘에 여호와 하나님의 은혜와 평화가 전도될 것이라.'는 이사야 선지자의 말씀입니다."

하니 군중들이 듣고 있다가 여럿이 이구동성으로 말하였다.

"책에 쓰인 대로만 전하고 말해! 네가 주석하는 것이 아니야."

"아니, 당신은 요셉과 마리아의 아들 예수가 아니요? 그런 주제에 무슨 해석을 맘대로 하나?"

"아냐, 저 예수가 정확하게 주석한 거야. 저 구절을 이렇게 주석한 사람 있었나?"

"말도 안 되는 소리, 랍비도 아니 주제에 뭘 주석해. 담임 랍비님의 해석의 말씀을 들어 보자."

(이들은 예수가 여행길에 쿰란을 거쳐 온 것을 몰랐으며 어릴적 예루살렘 학교에서 중퇴하고 나사렛으로 돌아온 별 볼일 없는 목수집 청년으로 여기던 터이다.)

예수가 다시 한번 제자리에서 일어나서, 앉아 있는 사람들을 보며 말한다. 쿰란에서 자유 토론을 해본 경험의 힘인지 자연스럽게 말이 나갔다.

"선지자 엘리야에게 하나님의 말씀이 임했으며 하나님 말씀이 미천한 사렙다지역의 과부에게 임하였으며 그녀는 그 선지자를 보호하였으며, 하나님 말씀을 그대로 행한 수리아인 나아만이란 한센병자에게만 하나님께서 깨끗하게 함을 주었습니다."

하고 말하자, 주민들이 더 동요하여 말했다. 이 말도 성경에 있는 말이다.

"그 내용과 무슨 상관이냐? 별 이야기를 다 하네."

"저자가 무슨 랍비나 되나. 어디 그런 말을 봉송하라 했나? 어이구 벌써 랍비 행세를 하네."

"여기서 쫓아냅시다. 쫓아내요!"

하고 외치자, 참석하였던 신도들이 예수를 밀치고 교회 밖으로 내몰았다. 그리고 교회 건축이 다 끝나지 않은 공사장 절개지위로 몰아붙여 아래로 떠밀려 하자 예수는 그들에게 말했다.

"선각자나 선지자는 고향에서 처음에는 환영받는 자가 없다고 했소. 고향이 모르고 선한 사람을 또 박해하나요? 선지자이며 예언자이셨던 이사야님도 그렇게 희생되었소. 내가 선지자가 아니지만 진실을 말하는 사람에게, 또 토라를 낭송하여 하나님 말씀을 적은 이사야를 읽은 어떤 사람에게 박해를 행함은 장차 여호와 하나님의 화가 미칠 것이오."

하니 예수의 주석을 긍정적으로 들었던 사람이 나와 예수의 앞에 서서 군중을 저지하자 집사장도 후미에 따라와 걱정하여 뭐라고 외치니 다들 멈칫하여 물러섰다. 예수는 당당하게 그들 군중이 모인 사잇길을 그들 스스로가 비켜 준 가운데로 지나 아래로 내려갔다.

"저자가 선지자가 될 것 같아?……"

예수는 고향 나사렛에서 이상한 기회에 최초 전도한 것으로 본다면 일종의 실패한 것으로 생각되지만 당시 분위기가 좋지 않으니 기분이 좀 상했다. 여기서는 말해 봐야 자기를 오해나 하고 토라에 쓰여 있는 말을 읽어보라 하여 읽었어도 선지자의 말인데 자기가 한 말도 더욱 이상히 여기고 알아듣지도 못하니 할 것이 없다고 여겼다. 요단강에나 가서 정말 세례나 받고 아인케렘 출신 요한은 어떻게 하는지 관심이 있게 되었다.

그는 생각했다. 일단 쿰란으로 내려가 몸과 마음을 다시 수양도 하고 필요하면 목수지만 인식을 넓혀야 사업도 더 잘할 수 있고 랍비가 되는 과정이라도 경험상 들어가 볼 것인지, 어설픈 몰골로 교회당에 나와 앉으니 남들이 목수 아들이라고만 여기니 뭘 알아주겠는가 고민이다. 그리고 가는 길에 요단강 사해 어귀에 있는 요한의 캠프도 한 번 찾아갈 것인지. 이번 고향 교회 시나고구에 있었던 일이 자꾸만 기억된다. 이 아픈 마음을 벗어나야 한다는 생각이다.

확실히 아직 자신의 수양이 모자란 것인지, 하나님의 말씀은 마음에 들려오는데 선지자 말씀을 놓고 고향 사람들과 시비하게, 만약 랍비가 된다면 더 문제가 생기는 것이 아닌지, 이제 자신을 다스리는 힘도 필요하고……, 다시 쿰란으로 내려가 더 하나님의 확실한 뜻을 얻어야 하나? 가는 길에 요단강이 있으니……. 그는 많은 생각이 들었다.

한편 바르사바 유스투스는 예루살렘에 있었는데 어느날 요셉친형이 여행비를 주면서 마크라는 아주 앳된 청년을 소개하시고는 다 우리 친족들이니 데리고 요단강 건너편 동쪽 강가에 있는 베타바라—베다니지역에 전도 사업하고 있는 아인케렘 출신 요한에게 가서 내 편지를 전하고, 그곳 사정을 좀 알아보고 오라고 하였다.

유스투스는 마크를 데리고 요단강 건너편 강가에 요한의 베타바라—베다니캠프에 도착했다. 세례자와 순례자들이 많은 것 같고 제법 교회의 진영을 갖추고 있었으니 어느 유목민의 집단처럼 좀 무서워 보였다. 여러 채의 천막과 움막이 있었고 요한의 추종자들이나 제자들이 벌써 집단을 이루고 있는 것 같았다. 아, 중앙의 교회지도부에서 걱정할 정도의 캠프가 이루어지고 있다는 느낌이 든다.

정문이라 할 수는 없지만 제법 출입문도 있어서 둘러싸인 캠프의 남쪽 정문으로 들어갔다. 일련의 청년들이 출입자를 보고 있다가 그들이 들어가니 일단 친절히 맞이하며 어디서 어떻게 오셨는가를 물었다. 세상엔 무엇을 노리는 자객도 있고 첩자도 있으며 모든 조직에는 보안이 필요하다. 여기도 그런가 보다.

"예루살렘에서 왔습니다. 요한님을 뵈려 왔습니다. 아리마대 요셉씨로부터 왔다고 하시면 알 겁니다."

"잠깐 기다리시오." 잠시 후 안내자가 나와서 요한이 있는 캠프로 안내 되었다.

그들이 앞에 다다르자,

"선생님, 손님이 오셨습니다." 하니 조그마한 움막에서 요한 선생이 나왔다.

"예루살렘에서 아리마대 요셉씨로부터 왔습니다."

그는 반가워하며 유스투스 일행을 안으로 영접했다. 약간 어두운 움막에 들어가니 내부는 넓었고, 그는 누추한 곳이지만 좀 앉으라 하여 마크와 유스투스는 구석에 펴 놓은 양탄자 위에 앉았다. 서로 통성명하고 전하는 물건을 드렸다.

"뭡니까?"

"서찰을 보시지요."

"아리마대님의 광고사업은 잘 되십니까? 병원사업은요? 서비스 우편센타도 잘 됩니까? 숙박 부동산사업은요? 건축사업은요? 무역업까지 원체 하시는 일이 많으시니 머리도 대단하시지. 우린 작은 머리로 다 생각할 수 없지요"

"여러 친구와 친지들이 같이 하는 일이니 그다지 복잡하지 않습니다. 나누어서 하니까요."

자리 옆에는 구리로 된 주전자에 나무로 불을 때서 물을 보글보글 끓이고 있었는데 좀 마시자고 하여 축도한 다음 마시니 오렌지 향을 넣은 것인지 향기가 나는 달콤한 꿀차였다.

"꿀을 드세요?"

"아 예, 속이 편안하여 꿀을 좋아합니다. 요셉님께서 보내신 것이 꿀 같은데요"

"아, 그렇습니까? 여기에는 꿀이 많으니 제가 벌꿀을 예루살렘으로 보내야겠는데요."

"아, 그렇습니까?"

주위를 보니 움막 기둥에 갈대줄기들이 늘어져 있고 그 줄기에 메뚜기들이 여러 마리 연속으로 끼여 있었다. 한 번 불에 그을린 상태였다.

"메뚜기를 잡수십니까요?"

"아, 예 초식을 하는데 메뚜기들이 많아 좀 잡은 것입니다. 나도 메뚜기같이 초식을 좋아해서……. 선생도 구운 메뚜기 드십니까?"

"아, 메뚜기요? 좋아하지요? 일반 사람들에게 술안주로 아주 좋습니다. 요한님도 포도주나 과일주는 안 하십니까?"

"아, 못합니다. 보시다시피 저는 하나님 말씀을 전하는 전도자입니다. 그런데 유스투스 성도님은 많은 고생을 하셨다고 들었습니다. 바로 그분이십니까?"

"예, 자랑은 못하고 소생이 그렇습니다."

"그러면 게르마니아에도 있었다는 분이지요. 아, 정말 반갑습니다. 젊은 친구는요?"

"예, 좀전에 말씀드린 대로 마크입니다. 애칭으로 프린스 마크라고도 합니다."

"아, 젊은 귀공자 마크란 말이군요."

마크가 말했다.

"저도 선생님을 존경합니다."

요한은 그가 가지고 온 서찰을 펴면서 말했다.

"나한테 배울 게 없어요. 나는 지나가는 사람이고 다시 그분이 오실 것입니다."

"예? 누가요?"

"예, 오고 있습니다. 이 요단강에 올 것입니다."

"누가 온다는 것입니까?" 그는 생각했다.

요셉친형이 오시나? 약속하신 건가 하고 고개를 갸우뚱했다.

"아, 예루살렘에 계시는 요셉님도 오신다는 것입니까? 그래서 저희들을 미리 보내신 건가요?"

"아니오. 요셉님은 오시지 않습니다." 요한은 고개를 저으며, 편지 내용에 뭔가 못마땅한 것이 있는 듯 약간 얼굴을 찌푸렸다.

"여기 이 서찰편지에 나보고 예루살렘에 오지 말라고 하고, 내가 설교할 때 내용상 삼가하고 조심하란 말도 있으니 그분은 여기까지는 안 옵니다. 내 설교도 마음에 들지 않는 것이 있나 본데 뭣 하러 나 같은 인간을 보러 옵니까?"

"요 근래는 선생님의 세례가 유행이라서 우리들에게도 세례를 주실 수 있습니까?"

"아, 예. 회개하시면 모든 사람은 세례를 받을 수 있습니다. 세례는 제가 주는 것이 아니고 회개하는 자는 스스로 받는 것이며, 다만 저는 하나님의 물바가지 물을 사람에게 대신하여 붓는 일을 한다는 사람입니다. 문제지요. 하나님을 공경하는 마음이 있으면 세례를 받을 수 있으며 회개를 같이 하여야 합니다. 공경하는 마음과 회개하는 마음이 같아야 합니다."

"하나님을 공경하고 회개하는 마음이 세례를 받는 필수조건입니까? 회개를 하지 않으면 세례를 받을 수 없습니까?"

"지금 저는 회개와 세례를 교환하여 주고 있습니다. 하나님에 대한 경외심은 당연히 있어야 하고요. 그게 바로 제가 여기 오는 사람들의 마음을 확인하고 하나님의 손을 대신하여 물을 부어서 세례를 주는 임무로 생각합니다."

"선생님께서는 마음을 확인하는 권한을 받으셨다고 생각하십니까? 예루살렘의 제사장과 사제들이 문제를 삼는 이유가 그러한대요. 아직 정통성이 확립되지 않아서 그러는데요. 선생님의 이 세례가 전통성이 되어 가겠지요."

"누군가가 시작할 것이었으며 회개를 생활화하는 문화가 발전해야 합니다. 그래야 세상이 평화롭고 화목해집니다. 사람들은 생활하는 가운데 자기의 잘못을 알아야 합니다."

"그러면 우리는 회개를 선생님에게 드리고 세례를 받고, 선생님께서는 좋은 일을 하십니다."

"저도 세례를 주는 일이 잘하고 있는 일인지 잘못하고 있는 일인지 모르지만, 또 이것이 하나님 말씀대로 하는 일인지 모르지만 세상 사람들을 편안하게 하는 일은 하나님께서도 하시는 일이라 생각합니다."

"요한 선생님, 좋은 일을 하시는 것으로 생각합니다. 많은 사람들이 찾아오니까요. 그런데 회개의 형식이 있습니까? 회개를 드리려건 어떤 회개를 어떻게 드립니까?"

"세례는 전부 머리에서부터 발끝까지 다 씻는 것이니까요, 가지고 있는 회개를 전부 다 하시고 저에게 다 주셔야 됩니다."

"가지고 있는 회개를 다하고 다 주었다고 하고 선생님은 다 받았다고 판단하실 수 있습니까?"

"회개를 다 주시고 안 주시고는 스스로 사람들이 생각하는 거고, 세례를 주는 것은 제가 건방진 말이지만 지금 바리새파나 사두개파인들이 문제삼는 건데요, 제가 하나님을 대신해서 세례를 주는 것인데, 세례를 다 주고, 덜 주고, 안 주고 하는 것은 저이니까요. 그대나 사람들이 회개를 할 필요가 없다고 생각하면 안 하시면 되고, 반만 회개를 하신다든가, 모두 다 하신다든가, 하는 것은 자유이며 저도 그 사람의 마음을 보고 다 세례를 주든가, 반만 세례를 준다든가 하면 되니까요. 전혀 걱정 없어요. 바리새파인들이 하나님을 대신해서 세례를 준다고 하니까 야단들이어서 요셉님께서 예루살렘에 내가 들어가면 난리가 난다고 요단강에 있으라고 하네요. 예루살렘에 숙소를 마련하지 못한다고 합니다.

그런데 제가 예루살렘에 숙소를 마련해 달라거나 노새나 당나귀를 빌려 달라거나 예루살렘에 가겠다거나 한 적이 없어요. 나는 이 요단강가에서 꿀이나 먹고 메뚜기나 잡아먹고 세례나 주는 것으로 지내고 있는데 예루살렘 유대 사람들이 제가 혹시나 예루살렘에 들어가면 어떻게 하나, 난리가 나지 않나 지레짐작으로 걱정하나 봅니다. 나는 옷도 없고 걸치고 있는 것을 보시다시피 원시인 그대로요, 그리고 요단강 동편에 있으니 요단강 서편과는 지역도 다르고 그들에게 아무런 해가 없어요. 나는 요단강 서안이 아닌 요단강 동안에서 있으니 강 건너 사람들이 서로 무슨 말을 하든지 나는 관심이 없지요".

"그래도 요단강 동편은 해가 뜨는 곳이 아닙니까요? 하루의 시작이 먼저 되는 곳이고요. 그러니 바리새파들이 걱정하는 거지요. 아니 그러면 요셉친형님이 걱정하시지 않을텐데 왜 우리를 보냈을까요?"

"여기 쓰여 있는데 두 분에게도 세례를 주고 요단강 강물을 좀 퍼가지고 와서 유스투스께 건네주면 자기가 예루살렘에서 세례로 쓰면 아니 되겠느냐고 하시는대요. 그걸로 세례를 대치할 수 없느냐는 것입니다. 이런 농담도 보내셨네요. 하기야 사업하시는 분은 요단강물을 팔아서 사업하시겠다는 분들이라 대단하지요. 하기야 요단강물을 예루살렘에 공급할 수 있다면 큰 사업이지요. 로마인들의 수도같이 수로를 만들어 끌어들이면 되지요."

"그런데 아리마대 요셉님과 요한님은 서로 친척이라도 되시는지요?"

"아, 예. 우리 유대 사람 모두가 친척이고 친구입니다. 요셉님께서 걱정하시나 잘 있을 것이라고 말씀해 주시오. 그리고 젊은 친구 마크에게는 이 지역을 좀 구경하는 것을 도와주라는 것인데 여기 요단강은 옛날 여호수아 지도자가 이집트에서 모세님과 함께 출애굽(엑소더스) 이후 민중을 이끌고 이 요단강을 도하하여 가나안 땅으로 들어간 유명한 역사적 장소입니다."

"아, 예. 저도 잘 알고 있습니다. 저는 겟세마네 장원 출신입니다."

"아, 그러세요. 거기는 니고데모 선생님이 장원의 부설학교 교장님이셨지요."

"니고데모 선생님은 아리마대 요셉님의 고문이신데 언제 니고데모 선생님이 교장하셨어요?"

"아! 유스투스씨는 오래 되셔서 그 후의 일은 모르시지. 근데 언제 되돌아가십니까?"

"아, 저도 세례는 요한님으로부터 받고 가야지요. 그러고 보니 다 붙지 않으면 세례를 안 주실 것 같으니 몽땅 다 있는 죄를 회개하그 세례를 받겠습니다. 회개를 다 하려면 하루 이틀 중얼거리고서 회개를 해도 안 되고 몇 년간 회개할 사항이 너무 많아 오래 걸리겠는데요. 담방 와서 회개했다면 안 될 것 아닙니까?"

"아, 예. 그래서 하루 이틀 이상 요단강가에서 스스로 회개하고 난 다음 앞으로는 회개할 일을 하지 않겠다고 스스로 여기는 자는 나에게 오기를 작심하여 결정하고 세례를 진심으로 받습니다. 도저히 회개할 것이 없다, 또는 너무 많아서 못 하겠다, 세례는 의미가 없다 너네나 받으라고 돌아가는 사람도 있어요. 그건 자유입니다, 자유요. 그리고 떠나오기 전 자기 집에서 미리 충분히 회개하고 오는 사람은 바로 세례받기를 원합니다.

나는 그들이 얼마나 여기서 회개했는가, 오기 전 얼마나 집에서 회개했는가 모릅니다. 알 필요가 없으며 알 수도 없습니다. 자신들 자체에 있는 것이니까요. 요단강 강물을 퍼서 한 바가지 덮어 쓰고 세례받았다고 하는 것과 회거했다고 하는 것은 별개로 회개는 자기 자신이며 세례도 자기 자신이 세례받을 수 있는 경지에 있는지의 판단도 자신이니, 다만 어린아이의 경우에는 부모가 대신하여 회개하고 세례받는 것입니다."

"어린아이들이 회개할 게 있습니까? 태어난 지도, 난 지도 얼마 안 되는데 뭘 잘못할 시간이 있었어야지요?"

"하! 유스투스 아저씨, 어린아이도 회개하고 세례를 받으면 좋습니다."

("회개할 게 없다는데…….")

"유전이란 말이 있습니다. 성격의 유전이라든가 아기는 부모로부터 타고난 가업과 가복을 타고난다는 말이 있습니다. 가업과 가복은 회가와 세례로 푸는 것입니다. 가업은 세상을 살아가며 생존의 수단으로 피치 못할 업으로 타인에 피해를 줄 수 있는 일이며 그 보복이 돌아올지도 모릅니다. 보복이 다시 돌아오는 것이 업보입니다. 업보를 피하고 가복을 받도록 하여야 합니다. 가복은 축복받을 좋은 일을 하게 되는 일로, 남에게 좋은 일을 베푸는 것이며 이는 결국 하나님으로부터 세례의 축복을 받는 것인데 그 세례에 대하여 타인에게 하나님에게 돌려주거나 미리 줌으로 이루어지는 언약입니다. 태어난 지 얼마 되지 않은 아기라도 가업과 가복이 있으며 회개와 세례가 필요합니다.

아기의 축복을 부모의 회개와 세례로 하나님과 언약하는 것이 우리 유대의 하나님과의 약속입니다. 나는 거기까지만 알고 곧 나 다음에 오실 분이 어떻게 축복을 받을 수 있으며 축복이 이루어지고 세상이 복받는 길인지 알려줄 것입니다. 이런 일이 마크가 외우고 있는 내용 그대로로서 우리는 그분이 오는 길을 예비하는 것입니다.

또한 우리는 어른이나 아이나 앞으로 일어날, 일으킬 후회스런 일에 대하여 부모 자신이나 부모가 그 책임을 미리 지고 회개하고 자신과 아기에게 세례를 받는 인생의 저축과 위험에 대한 사전보장인 보험과 같은 것입니다."

"그러면 원죄가 아기들에게 유전된다는 유대교적 사고에 대한 세례입니까?"

"유전적 원죄는 아니며 앞으로 인생에서 일어날 피치 못할 실수나 운명이나 불행에 대하여 가업상 피치 못하게 유전된다면 그렇습니다. 그래서 그러한 유전의 고리를 새로운 세례로 끊고 좋은 생활의 가문이 유전되기를 축원하는 것이며, 그 방법은 나도 모르며 새로이 올 그분이 가지고 올 것입니다. 그래서 나는 그 길을 예비하고 있는 것이며 그 길을 예비하라는 것은 토라에 적혀 예언되어 있습니다. 토라는 지혜의 책입니다. 지혜를 숭상하여 자기 아기에게 일어날 피치 못할 일이 있으면 사전에 부모가 회개와 세례의 인도로 보장하는 것입니다. 여러 사람 앞에서, 그리고 하나님 대리자 앞에서요."

"아, 그렇습니까? 전 아직 아이들이 없어서 유전적 가업이, 업보가 뭔지 모릅니다만……. 그런데 업보를 피하고자 회개하고 세례를 받으라 하시는데 전제 조건인 회개를 하면 뭐가 좋아집니까?"

"세상이 좋아집니다. 자신이 좋아지고 세상이 좋아집니다. 악한 일을 하지 않게 됩니다."

"세례를 받으면 뭐가 좋습니까?"

"세례는 복입니다. 하나님으로부터 축복을 받습니다."

"어떤 축복입니까? 어떻게 축복을 받습니까? 축복은 보이는 것입니까?"

"그분이 와서 축복이 뭔지를 가르쳐 주고 어떻게 받는지 알려줄 것입니다. 또한 세례를 받고 나면 축복의 말씀이 들릴 것입니다. 축복의 말씀을 들려주시는 분이 곧 올 것이며 여러분에게 나타나며, 나는 다만 세례를 주는 것만 임무입니다. 그분이 이제 집을 떠나 이곳으로 오고 있습니다. 나는 보입니다."

("하~ 요한 선생께서 실성하셨나 보군요.") 유스투스는 말을 하려다 말았다.

마크가 그 둘의 말도 되지 않는 듯한 말이 기가 찬 듯 후덥지근한 움막을 밖으로 나가서 있다가 들어왔다.

"마크군, 자네 오늘밤 나하고 여기서 지내고 나는 내일 떠날 테니 자네는 좀 있지 그래."

"유스투스 아저씨, 그분이 오신다는데 보시지 않을래요?"

"엿들었나?"

"놀라서 들어왔어요. 요한 선생님, 그분이 정말로 옵니까요? 누구신데요? 정말입니까?"

"응, 기다려라. 그분이 와서 우리를 볼 것이다. 우리가 그분을 보는 것이 아니고 그분이 우리를 볼 거다."

"유스투스 아저씨, 보고 갑시다. 요한닉, 언제쯤 두분이 오시나요?"

"정확한 날은 나도 모른다. 오직 그분이 오실 날을 정하신다. 때가 이르렀으니 그분이 오실 것이라고 생각한다."

"아니, 요한 선생님께서 그렇게 칭찬하는 분은 누구시며 어떤 사람입니까? (누군가? 또 있다는 말인지…….)"

"마크군, 말라기 3장 1절과 이사야 40장 3절을 기억하나?"

"아, 예. 여기 조그만 성경이 있습니다. 제가 보지요."

"읽어 보게나."

"잠깐만요."

'보아라! 나 여호와는 나 왕국의 전령을 지상에 미리 보낸다.

그가 내 앞에서 내가 다시 보내는 메시아의 길을 준비할 것이니

너희들이 찾는 그 지상의 주군 메시아가 돌연히 신전에 나타날 것이며

그 전령도 신전에 함께할 것이며 너희들이 기쁨으로 맞이할 것이다.

보아라 그 지상의 메시아가 오고 있다.

위는 만군의 주, 나 여호와가 말하는 것이다.'

말라기 3장 1절입니다. 맞습니까? 또 있네요.

'황야에 한 사람이 외치는 소리가 들리네, 들어보세.

만군의 주 여호와의 길을 준비하라.

우리 하나님을 위하여 사막에 있는 국도를 똑바로 직선화하라.'

국도가 많이 꾸불꾸불 굽이쳐 있으니, 이사야 40장 3절입니다. 맞습니까?"

"야, 마크 잘하네. 해석도 하면서 말이지."

하고 유스트스가 말했다.

"그런데 이 예언과 요한 선생님은 무슨 관계가 있습니까?"

"저 밖에 회개의 군중과 성경을 외우는 소리를 듣지 못하시나?"

"아, 광야의 외침입니다."

"그래서 내가 외치는 거요. 큰 소리로…….

'그분이 오시고 계시다',

요단강에서 예루살렘에 이르기까지 그 도로를 직선으로, 길을 평탄하게 하라."

"요한 선생이 바로 하나님의 그 전속 사자이신 전령이요?"

"소생이 이 많은 사람들에게 세례를 주고 있소이다. 그들은 기꺼이 회개하고
열심히 성경을 외우며 하나님 나라가 임하기를 저렇게 기도하고 있소이다."

"그러면 오고 계시는 분은 누구시요? 실체로 존재하는 인물이요?"

"보시게 될 거요."

("그러면, 메시아가 오기 전에 엘리야가 와야 되는 건데…….")

"저도 보기를 간구하오, 아멘."

다음날 그들은 아인케렘 요한이 요단강가에서 집회를 열어 세례를 베푸는 강론을 들었다.

"우리의 성서 토라에 있는 창세기를 보면 태초에 하나님께서 세상을 지으실 때 빛을
만드시고 동방으로부터 이 땅에 빛을 보내셨습니다.

빛은 생명이며 세상을 밝히셨습니다. 빛으로 먼지와 티끌이 보이고 모이니, 그로써 먼
지가 생기고 먼지가 모여 티끌이 되고 티끌은 땅을 만들고 우주의 물로 바다를 만들고 바
다와 땅으로부터 만물이 생겨났으며 이 땅에 반반씩 돌아가며 빛과 어두움을 주시고 영속
하는 세상을 만드셨습니다. 동방의 전설전승에 의하면 하나님 나라는 말씀으로 시작하고
그 말씀이 바로 하나님이라고 세계는 시작하고 있습니다. 우리 유대는 역시 동방에서 왔
습니다. 선조가 티그리스-유프라데스강 건너 에덴의 동쪽에서 왔으며 여호와 하나님이
지으신 인간이 우리들입니다.

세계문명의 발생지 티그리스-유프라데스강변의, 우르에서 아브라함 선조께서 하나님
말씀을 따라 우리 선조의 무리를 이끌어시고 여기 비옥한 초승달 옥토, 이 요단강 강가
동편에 오셨습니다. 오늘 나도 새로운 마음으로 이 요단강 동편에서 시작의 세례를 여러
분에게 선조, 열조를 대신하여 감히 드립니다. 저는 다만 세례의 말씀을 드립니다.

대선조 아브라함께서 하나님의 빛인 블씨를 그곳에서 가져오셔서 이 땅에도 문명을 주셨습니다. 빛은 문명을 밝히는 빛이며 진리이니 그 후 위대하신 모세 지도자께서 잃어버린 하나님의 빛을 시내산에서 다시 받아 진리를 찾으셨고 이 진리를 지키는 율법을 만드셨습니다.

나는 이 진리의 빛이 꺼져 가는 이 세대에 다시 그 진리의 빛을 찾아 증거하고 세상에 다시 비추기를 예비하나니 우리는 그 빛을 가지고 오는 분을 모세의 10계를 영접하듯 영접하여야 할 것입니다. 나는 빛과 진리를 가지고 오는 분을 예비하여 여러분이 회개하고 세례를 받아서 자신을 비운 마음으로 그분을 여러분들이 영접하게 하는 것이니 그분으로부터 은혜와 진리를 받으라 함이요, 시나이산에서 캠핑하고 있을 때 모세의 십계를 보고도 믿지 않고 우상을 숭배하여 심판을 받았던 것처럼, 오시는 이분을 영접치 못하고 믿지 않는 자는 은혜와 진리를 포기하는 것이며, 영접하고 믿는 자에게는 영광이 비치며 은혜와 진리가 충만할 것이외다."

"이게 무슨 이야기여? 일단 박수나 치자고. 박수!" 다시 잠잠해졌다.

"이제 하나님의 빛과 말씀이 육신이 되어 여기에 오시나니 그 영광을 영접하시오. 그리고 축복을 받으시고 영원한 생명, 영생을 얻도록 하시오. 이것은 기회이며 하나님을 본 자가 없으되 하나님의 독생자를 볼 것이며 은혜와 진리를 받는 기회가 영원히 있는 것은 아님을 알 것이요. 그러므로 회개하고 세례를 받으셔서 깨끗한 마음과 몸으로 죄 없는 마음으로 그분을 영접하시오.

그분은 섬김을 받으러 오는 분은 아니며 여러분을 섬기러 올 것이며 세례로 깨끗이 한 분에게만 보일 것입니다. 그래서 그분은 세례받은 분을 알 것입니다.

그리고 축복을 줄 것이며 여러분을 사랑하는 백성으로 섬길 것입니다. 나 요한의 핏발과 같은 말을 선동으로 듣지 마시고, 단순한 전도로도 듣지 마시고 진실로 들으시고 하늘나라에 영원토록 거하도록 여러분은 예비하시오. 내가 그분을 볼 때 내가 성령으로 말하게 될 것이며 내가 말하는 것이 아닐 것입니다.

그 율법 문을 듣게 될 것이요 처음 나오는 말이 ㅂ로 그를 나타내는 말입니다. 그러하니 그 때는 나도 모르고 내가 무슨 말을 하는지 나도 모르며, 다만 성령에 의하여 마음에서 나오는 말일 것이니 그 말이 그의 이 지상에서 흩 봉직이며 성직으로 시작이니, 여러 사람들은 그를 보시고 믿으시오. 그의 복음을 들으시오. 아멘."

("······ 뭐 점 찍어놓은 사람이 있나?")

군중이 동요하여 그 중 누가 말했다. 예루살렘에서 다른 유사 유대교 파벌들이 역시 동태를 파악하려 나왔던 사람들인지도 모른다.

"아린케램 출신 요한 선생, 아인케렘 요한 선생이라 합시다. 정식 랍비 출신 맞소? 당신이 길리앗 출신 대선지자이신 엘리야요? 당신이 누구인데 이런 말을 하며 당신은 무슨 권한으로 사람들에게 세례를 주며 누가 당신 다음에 오며 누구를 밀며 누구를 선지자로 세워겠다는 거요. 당신이 선택권이 있소? 당신이 어느날 자기 자신이라고 우길 거요 아니면 그자를 밝히시오!"

"나는 엘리야도 아니요, 선지자도 아니고, 선동적 포교자도 아니요, 나는 누가 그로 올 것인가 알지 못하며 그분은 당신들과 같이 서 있는 사람 중에 한 사람일 수도 있소. 나는 다만 요단강 강물이라도 세례를 줄 수 있다면 자신의 과오와 죄를 회개하고 씻을 세례를 주는 것이며 요단강 강물은 유대의 젖줄이며 아버지요, 어머니요, 요단강 강물을 비하하지 마시고 성스런 강물로 나일강 강물을 이집트 사람들이 숭상하듯이 숭상하시오. 여호수아가 건넜던 강이요, 흐름을 스스로 닫아 막고 여호수아를 통과시켰소. 내가 온다고 말하는 그분은 이미 와 있을 수도 있으며 오고 있을 수도 있으며 여러분 중에 서서 보고 있을 수도 있으며, 나는 알지 못하나 여러분들도 알게 될 것이며 나도 알게 될 것이외다.

우리는 성령으로 그분을 알아볼 것이며 그분의 축복과 은혜와 진리의 말씀을 들을 것이며, 하나님으로부터 축복받을 수 있는 길을 알게 되고 기뻐할 것이오. 다만 앞으로 알게 되는 그분의 길을 예비할 뿐이오. 여러분도 그분을 찾으시오. 아마도 성령이 그분에게 내려옴을 여러분은 볼 것이니 나는 여러분에게 세례를 줌으로써 그분이 우리가 준비 되어 있음을 보고 여기 이스라엘에게로 오게 할 것이외다. 그러니 나에게 고소나 상소를 찾을 필요가 없소이다."

"확실히 당신은 아니시오?"

"확실히 아니오. 나중에 보시오."

웅성거리던 사람들이 책잡을 것이 없다 하고 더 두고보자 하더라.

이러니 군중이 더 모여드는 것이 아닌가? 다들 웅성거렸다.

이튿날 유스투스와 마크는 다시 요한의 캠프에 나가서 많은 사람들이 다 무엇을 하는가 하고 역시 지켜보고 있었다. 그런데 아니 이게 누군가? 누가 보이지 않는가. 마크가 나가서 악수한다.

"아니, 여기 어쩐 일이시요?"

"세례받기 위해 왔습니다."

"유스투스 아저씨, 이 사람은 안드레라 합니다. 제 친구입니다."

"요한님을 모시고 있습니다. 갈리리호수 북쪽, 가버나움 동쪽 강 건너 벳새다에서 온 안드레라 합니다. 잘 부탁합니다."

"언제 요한님의 제자가 되셨소?"

"아, 예. 전에 요한님과 함께 같은 학교에 있어서 선배형님으로 모시고 있습니다."

"시몬형님도 잘 계시지?"

"아, 그래. 처갓집인 갈릴리 가버나움으로 고기잡이로 돌아가서 생활하고 있지. 처음엔 하이파항에 가서 잠깐 생활을 하다가 갈릴리―벳새다 고향으로 다시 돌아왔지. 그리고 결혼하여 처갓집이 있는 갈릴리의 가버나움에 가서 장모님을 모시기도 하지. 어릴 때부터 요단강을 오르내리며 갈릴리호수 등에서 사업한다고 다니시다가 가버나움교회에서 처녀를 만났지. 결혼 후 다시 하이파로 가서 바다에서 큰 고기를 잡고자 했는데 세상이 그리 뜻대로 되나? 그곳에서 잘 못했으며 열심당 젤롯 무사단에 들어갔을 뻔했지. 형수가 울고불고 야단하셨지."

"바닷길은 항상 위험하지. 너 형의 친구로 이름이 같은 시몬이란 사람과 잘 어울려 지냈던 거 맞지? 그 사람 원래 젤롯 출신이야. 모험적이지만 사나이들이니까? 형수는 잘 계셔?"

"응, 위험한 바다의 선원 생활과 딴 데로 빠질까봐 늘 염려하는 형수와 장모의 권유에 고향으로, 가버나움으로 왔다갔다 하다가 얼마 전 여기에 오셨어. 저쪽 텐트에 있는데 요한님의 세례풍이 불어 내가 요한 선생님 모시고 있다 하니 구경이나 한 번 해보자고 여기 이곳에 나하고 같이 계시는 중이야. 장모의 무남독녀로서 형수가 가난한 벳세다에서 살기 어렵다 하고 자기친정집이 잘사니, 장모의 배려로 가버나움에 정착하실 걸로 생각하는데, 마음을 잡기가 어려우시지. 또 답답하시겠지만"

"너의 형이 좀이 쑤셔서 벳새다나 가버나움에서 비린내 나는 민물고기 몇 마리 잡아 겨우 먹고 사는 생활을 하시겠어?"

"그래도 그동안은 하이파에서 생활하며 번 돈으로 나를 공부시켜 주셨지."

"그 시몬 형님 이야기 자랑하고 빼면 뭐 있나? 그만하고 그래 시몬 형은 세례 끝냈어?"

"형은 세례에 의문이야. 해도 그만 아니 해도 그만이래.

"너는 왜 여기 왔냐?"

"아까 말한 대로 세례나 받을까 하고 왔지. 아직은 못 받았지."

"요한 선생님 뵙기 꽤 어려운데 특별히 이야기해 줄까? 도착한 순서대로 세례인데 내가 좀 빠르게 당겨 줄 수 있어. 특별히 바쁜 사람들은 배려하지."

"벌써 그렇게 높게 측근이 되셨나? 근데 요한님은 지금 나이가 몇 살이나 됐어?"

"31세 쯤이지. 사람을 가르치는 스승의 자리에 설 만 해. 자네도 알잖나? 엘리사벳님 아드님이라고, 늦둥이라고 소문났잖아?"

"난 잘 몰라. 근데 자네도 조심하게나. 바리새파들이 여기 세력이 확장되는 것을 보고 걱정이고 경계하고 있어. 시비에 말려들지 않게 요한 선생님도 잘 모시게나."

"근데 자넨 뭐야? 나한테 이런 소리하게, 혹시 바라새파에서 나온 첩자 아냐?"

"천만에 우린 사업자야. 장사하는 거라고, 사람들이 많이 모이는 곳에서 생활용품이 많이 필요하지. 예루살렘 거리에 방을 붙여 광고사업 하고 장사도 하고 말이지. 그래서 시장 조사 나온 거야. 유스투스 아저씨하고 같이 왔어. 우린 종교 가지고 시비 안 해. 종파의 시비 말려들면 다친다고……. 종교전쟁이 다 사람 잡는 거라고 우리의 유대교와 바알교, 종교는 필요하나 다른 민족끼리 서로 싸우면 좋을 게 없다고……. 그런 거 하면 안돼. 우린 장사치들이라고. 그런데 요한 선생님이 어떤 사람 기다리거나 찾는 기색이 있어? 자넨 요한 선생님이 누굴 찾던가 말든가 관심 없어? 사람들 안내하는 표적 완장을 팔에 두루고 있는 것 보니까."

"난 몰라. 그런데 마크, 너의 집은 부자고, 부동산 안내소, 휴양소 숙박업전문 아니야? 당나귀나 낙타보관소나 운영하여 돈 잘 벌잖아?"

"아니야, 집에서 딩굴다가 아라마테 요셉님의 좋은 소식지의 특파원이 됐지. AJ의 GNS 특파원이라 하지."

"아, 그래! 요한 선생님 근황을 보도하게나. 이제 이런 축복받는 사업, 교회사업하는 것도 좋은 일이야. 누구나 나중에 집사도, 장로도 되고 큰 교회 하나 하게 될지도 모르잖아? 그리고 더 넓은 땅도 가지게 되고, 번창하는 것이 시나고구교회 사업이지. 신흥지역에서 개척교회 잘하면 말이지. 인구는 계속 늘어나게 마련이고 집과 사람들이 나중에 꽉 차게 된다고……. 마크 너가 더 잘 알잖아."

"그래, 너 안드레 너는 뭔가 일으킬 사람이야. 너의 단순한 시몬 형하고 다르지. 유스투스 아저씨, 안드레하고 차나 한 잔 하러 갑시다."

"그래 특파원 팀장, 알았다."

"안드레, 조심하라고. 요한님의 이 세례 형세가 굉장히 과장되고 유행되어 곧 예루살렘에서 뭔가 조치가 있을 거래. 더욱이 누군가 나타난다고 요한님이 공공연히 말씀하시니 불안해하고들 있으니 내 말 장난이 아니다."

"그래, 잘 알았어. 그만해, 차 마실 시간은 없고 주변을 살펴야 해. 저기에 가보자."

그들이 숙소에 가는 길에 사람들이 갑자기 많이 모인 강가로 다가갔다. 요한님이 그곳에 있었다. 세례를 주시는 모양이다.

"아니, 또 저분은 누군가? 참 유대 땅 좁다, 좁아. 여기서 모두 다 만나네. 아니 저분도 세례 받으시러 왔나?"

"누군데? 잉, 저분은…….."

"아, 나사렛에 살고 있는 마리아님의 아들 예수 아냐? 얼굴이 맞어?"

"아니, 나사렛 예수가 왜 여기에서 세례를 받아. 더욱이 요한한테서?"

"아니." 하고 마크와 유스투스 일행은 눈을 다시 뜨고 보았다. 유스투스는 문득 기억이 떠올랐다. '아니, 저 친구 전에 본 일이 있는데 나사렛의 마리아의 아드님 예수라고?'

강바람에 옷자락을 날리며 요한님이 어떤 흰 옷을 입은 한 사람에게 세례를 주신다.

"저런 흰 옷은 쿰란지역에 수도생활하는 수사들이 입는 옷인데 쿰란 수사들도 와서 아인케렘 세례 요한에게 세례를 받나?"

"세례 요한도 쿰란 수도사 출신이지 않은가?"

세례 요한이 나사렛 예수에게 차례가 오자 세례를 행한다.

순간 구름이 햇빛을 막았다가 밝아오며 구름 사이로 밝은 햇살이 섬광과 함께 나사렛 예수 앞으로 스쳐 지나간다. 영광의 얼굴이 햇살에 비치는 가운데 요한이 저도 모르게 외친다.

"여러분, 여기를 보시오. 세상의 모든 죄를 짊어지고 가는 하나님의 어린양이 보이오. 여러분은 내가 종전에 하던 말을 기억할 것이오. 저 다음에 오는 자는 빛과 성령으로 오시니 바로 이분과 같으니 나는 물로서 세례를 주나 이분은 여러분께 성령으로 세례를 주게 되나니……."

하며 예수에게 축복하며 세례를 주니 하늘은 더욱 구름 속에 햇살이 강렬하게 비치게 하며 마치 구름 속에서 빛이 환하게 내려오며 사방이 여러 사람들의 소리가 소란하게 들렸다.

"선생, 예수 선생, 쿰란이나 다른 어디로 가실 필요가 없으시오. 하나님께서 나로 하여금 그대에게 세례를 주게 하셨으니 이제 그대는 성령으로 사람들에게 복음의 세례를 주시오."

요한의 소리에 전부들 놀라 이쪽을 쳐다보았다. 요한은 평상시 모든 세례자에게 세례를 주면서 의례히 축복의 연설을 하니 또 좋은 덕담을 해 주므로 그런 정도로 말하나 보는 것으로 사람들이 여겼으니 나사렛 예수의 차례에서도 뭐 당연한 좋은 상시의 이야기로 보였으나 의미가 좀 색다른 것을 듣고, 순간 조용한 침묵이 흘렀다.

"나는 아인케렘에서 온 요한입니다. 나, 요한은 물로써 여러분에게 세례를 주나 앞으로 오실 분은 성령으로 여러분들에게 복음의 세례를 주실 것이며, 여러분들은 천국의 복음을 직접 들을 것이외다."

요한이 말하자 모두들 앞으로 모여들매, 예수께서는 나사렛의 한 시나고구에서 있었던 것처럼 분란이 날까 하여 사람들의 얼굴을 피하여 헤쳐 나왔다. 연이어 사람들이 서로 자기 차례로 세례를 받으려고 이리저리 밀리니 세례를 마친 나사렛 예수는 세례에 감사함을 요한에게 표시하고 기다리는 다른 사람들의 세례를 뒤로 하고 멀어지니 몇몇의 젊은이들이 예수를 물끄러미 보고 있었다. 요한의 세례는 오직 이 한 분에 있는 것처럼 이로써 자기의 세례행위가 이제 위인을 찾아서 끝난 것처럼 말하니 다른 사람들은 이상함을 느낄 정도였다.

유스투스와 마크 일행은 나사렛 예수에게로 조용히 갔다.

"친구 안녕하시나? 이제, 어른이 되셨네. 의젓한 지도자 선생님 같이, 정말 반갑소."

"아, 그때 그분 아니십니까? 그동안 안녕하셨습니까?"

"나는 바르사바 유스투스요. 우리는 아리마대님의 분부로 사업차 여기 요한의 세례 캠프에 왔소. 여기가 위험이 없는지, 요한의 세례가 예루살렘에서 우려의 눈으로 보고 있어서 여러 가지 사정도 알아보려고 왔소. 우리 둘은 모르는 것으로 합시다. 보이지 않는 곳에서라도 우리가 그대를 보호할 거요. 되도록이면 여길 벗어나는 것이 좋겠소."

"왜 그렇습니까?"

"아시다시피 요한의 설교가 가히 자극적이고 카리스마적이오. 바리새파들과 여러 지파들이 좀 떨떠름하게 보고 있소. 그들이 보기에는 그들의 권위에 도전적이오. 스스로 세례를 주도하고 사람들에게 자기 마음대로 세례를 주고 있다고 하고들 있소."

"아, 그렇습니까? 참고하겠습니다."

그들은 서로 비켜서 헤어져 각자 숙소로 갔다.

다음날 요한이 아침에 일어나 숙소에서 나와서 두 명의 제자인 안드레와 빌립과 함께 캠프 사이로 난 길을 가는데 예수가 지나가는 것을 보았다. 이제 세례를 끝냈으니 돌아가는 걸까? 서로는 '아, 예.' 하고 지나가는 인사를 하는데 요한이 두 수행자인 제자에게 말했다.

"보통분이 아니시다. 세상의 모든 죄를 짊어지고도 남으실 분이다. 하나님의 말씀 토라성서의 이사야 53장 4절에 그러한 사람이 나타날 것이라 하였는데 저분이 아닌가 모르겠다.

따라가서 어떤 분이신지, 누구신가 알아보고 여기 캠프에 계속 있을 것인지, 세례가 끝났으면 떠날 것인지 알아보고 떠나시면 잘 배웅하여 드려라. 내가 일일이 모든 분을 배웅하지 못하니 자네들이 잘 보살펴 드리라." 하였다.

예수는 두 사람이 자기의 뒤를 따라오므로,

"무엇을 찾으시오? 나에게 볼일이 있소?"

하고 묻자 안드레가 말했다.

"저는 안드레이고 이 친구는 빌립이라 합니다. 어디에 머물고 계십니까? 이제 떠나십니까? 세례를 마치셨다고 들었는데 계속 우리와 함께 계실 것인지 떠나실 것인지 여쭤 보고 싶습니다."

"가까운 텐트에 있소. 집에 가사도 있고 해서 떠날 참입니다."

"저희가 요한 선생님의 분부로 떠나시면 전송하여 바래다 드리려고 합니다. 댁께서 있는 텐트에 가도 좋습니까? 같이 오신 다른 분은 없습니까? 짐은 없습니까? 캠핑하셨다면 치울 텐트는 없습니까?"

"친절하셔서 감사합니다. 괜찮습니다."

"저희가 같이 가겠습니다. 가까운 곳이라 하니. 아, 바로 여기십니까?"

"아, 벌써 왔네요. 이 캠프는 내가 좋아서 여기서 머물었소. 그러시면 잠깐 들어오셔서 같이 차나 합시다, 오신 손님이니……."

앉아서 서로 출신이 어디며 이야기하니 금방 시간이 가서 10시가 되었다.

"예수님은 어디서 오셨습니까요?"

"나사렛에서 왔소이다. 빌립씨는 어디 출신이요?"

"안드레와 같은 벳새다가 고향이고 고향을 떠난 지는 오래 되었습니다."

"벳새다·중에서 상벳새다입니까? 하벳새다입니까?"

"아니 상·하벳새다를 아시는데 어떻게 우리 고향 벳새다를 잘 아십니까요?"

"하벳새다에서 가버나움으로 어물전 물건을 팔면 세금을 내야 하는데 빌립 군주와 헤롯 안티파스 군주의 영역이 다름을 알고 있지요. 상베세다 농산물은 예외로 알고 있습니다.

"예수님께서는 별것 다 알고 계시네요. 가난한 농촌의 농산물은 면세지만 어업 육류품은 세금을 세리들이 확실히 받아 갑니다. 예수님께서는 직업이……?"

"아, 나요? 목수요, 나도 왔다갔다 하며 세금을 내지요."

"아, 그러니 세금 문제까지 아시는군요. 그런데 목수님 같지는 않소이다."

"빌립, 예수님은 아니 가신 데가 없나 봐. 나 우리 형한테 다녀올게 기다려."

"예수님, 잠깐만 여기 계십시오. 저의 형이 여기 와 있는데 소개할까 합니다. 형도 세례가 끝나서 벳새다의 집으로 돌아가려고 하는데 예수님 계시는 나사렛의 가까운 갈릴리 지역 가버나움에 처갓집도 있고 해서 자주 갑니다. 그곳에 처가가 집도 크고 넓으며 좀 사는 편이고요, 근처 호수에서 고기잡이도 하는데 가면 처가를 도와주기도 하고요. 그곳에 우리 집안의 다른 친척도 있어서 그곳에 생활 터전을 마련할 생각도 있던데……. 한번 우리 형을 만나 보시고 나사렛 방향으로 가시면 이왕 가시는 길이니 동행하십시오."

"아, 그래요. 시간이 맞으면 서로 연락합시다."

"안드레, 나도 좀 갈래. 할 일이 있어서……. 예수님 나중에 뵙지요." 하고 빌립도 자리를 털고 일어난다. 안드레도 예수님에게 인사하고 나갔다. 그는 자기들이 있는 캠프로 가서 형 시몬을 만났다. 시몬도 이제 떠나려고 짐을 준비했다. "형!, 떠나려고 해?"

"응, 세례도 그렇고 지루해서 갈까 보다."

"형, 그런데 요한 선생님이 이상한 사람에게 세례를 주셨는데 위인이래. 뭐 세상의 짐을 전부 지고도 남을 사람이래."

"뭐? 무거운 짐을 질 사람이 어디 있나? 힘이 장사야? 덩치가 커?"

"아니, 요한과 같은 갓 세상에 나온 초급선생님들 나이에, 나이도 비슷한 것 같아. 형

이제 마음 좀 잡고 어디서나 자리를 굳혀서 편안한 생활을 시작해야지. 지난 때 우리 식구들 먹여 살린다고 고생 많이 했어. 이제 우리도 자랐고 형도 자리잡아서 뭔가 해야지. 옛날 하이파에서 날리던 때만 생각하지 마세요. 우리들은 지겹게 들었다구. 이제 좋은 분하고 지내고 가버나움에 형수 집안에서 형 보고 같이 일하자고 오라고 하니 체면 같은 거 너무 생각하지 말고 그곳에 가자고. 응? 난 형수가 너무 잘 키워 주어서 고맙고……."

"야, 그만해. 넌 이제 너가 형이야? 충고하니 나한테?"

"형, 그러지 말고 같이 가서 요한 선생님이 위인이라는 분을 찾아가서 이야기해 보자."

"그 사람이 직업이 뭐야? 뭐하는 사람이야?"

"가서 직접 이야기 들어보면 아는데, 내가 들어보니 나사렛 출신인데 배도 타기도 했고 고기잡이 낚시도 할 줄 알고, 수영도 할 줄 알며 목수 집안으로 건축이나 웬만한 일은 다 할 줄 아는 것 같아. 공부도 많이 한 것 같고 의사선생님 같은 면도 있고 랍비 선생님 같은 성경이야기도 하고 뭐 잠깐 나눈 이야기 중에 시간 가는 줄 몰라. 하여간 우리가 좋은 사람 만나 형이 같이 사업하든가 서로 도울 사람이 있으면 좋지 않아? 가보자, 형. 이미 떠났을지도 몰라."

"그래? 어떻게 생긴 사람인지 정말 궁금하네. 만능인가? 너가 그러니까? 가자, 어디니?"

그들은 걸으면서 예수가 있는 캠프로 왔다.

"다 왔어. 형, 들어가자."

"계십니까? 안드레입니다."

"아, 다시 오셨네. 막 떠나려는 참인데요."

"아, 예. 말씀드린 바와 같이 저의 친형입니다. 타요나 시몬 형이라 합니다."

"시몬입니다. 벳새다아에서 왔습니다."

"예수요. 나사렛에서 왔소, 반갑소."

둘은 서로 악수했다.

"바위처럼 주먹에 힘이 있네요."

"형은 운동 좀 했습니다. 형은 하벳새다 출신입니다."

"게바라라는 사람이 갈릴리지역의 전설의 주먹세계 인물이니 게바라가 다시 나타났어요."

"안 그래도 형을 게바라 시몬 또는 벳새드의 바요나 게바라 시몬이라고들 합니다."

"아, 그러면 게바라란 말은 그리스말로는 베드로로 바위 같은 사람이라 하니 베드로가 더 유식하게 어울리시겠소이다. 그러면 바요나 시몬 베드로라 하면 헬라 그리스적 이름이 되겠네요. 저의 동생 중에 시몬이란 이름의 동생이 있소. 시몬이란 원래 많이 쓰는 이름이라서요."

"예수 선생께서 저보다 나이가 위시라고 들었습니다. 앞으로 형님으로 모시겠습니다."

시몬 베드로는 고개를 꾸벅했다. 덩치다운 인사였다.

"이제 우리 셋이 시작으로 만났습니다. 나도 한 번은 어릴 때 학교 수학여행으로 가버나움에 가본 적이 있소. 다시 가보고 싶소. 그곳은 아주 좋은 곳이며 낭만이 있고 생활의 활력이 있는 곳이오."

"선생님, 이제 우리 셋이 시작이란 말씀은……?"

"아, 가버나움으로 간다는 뜻? 아니, 통과합시다."

"통과는 또 무슨 말씀?"

"아, 내가 그냥 넋두리로 지나가는 말로 '잊읍시다'라는 말이오. 실례했소이다."

"아, 알겠소이다."

"형, 우리 셋이 시작이래."

"그래, 예수 선생님과 나와 우리 안드레가 이 캠프에서 결의형제라도 맺으면……."

"형은 맨날 어깨 덩치 같은 말만 하니 이제 좀 그만 해요."

"아니다. 뭔가 하려면 결의를 다져야 일이 돼! 예수 선생님, 우리 서로 통성명하였으니 외지에서나마 앞으로 만나서 서로 도우며 살아가는 결의형제를 맺는 것도 좋겠습니다."

"아, 그런 마음이 아까 갑자기 나도 모르는 사이에 이심전심으로 '셋이 시작'이란 말이 나왔나 봅니다. 오해 없으시기 바랍니다."

"아, 천만의 말씀! 소생도 먼저 말씀을 드리고 싶었는데 보시다시피 저는 백수건달이고 해서……."

"아, 무슨 그런 말씀을……."

"형, 그러면 축도기도 하지. 예수 선생님, 여기 차 한 잔씩으로 들고 축도 출발의 기도를 드려 주세요."

"아, 제가 뭘 재주가……. 어디 기도합시다.

아, 하늘에 계신 우리아버지 하나님, 그 이름이 거룩하시고,

하늘의 뜻이 하늘나라에서 이루어진 것같이 이 땅 위에 이루어지게 하소서.

우리에게 일용할 양식을 매일 주시고

우리가 우리에게 빚진 사람들의 빚을 면하기 해 주듯이

우리가 지은 죄를 사하여 주십시오.

부디 우리를 시험에 들게 하지 마시고

악한 마음에서 벗어나게 하여 주십시오.

오늘 갈릴리 동북쪽 갈릴리호수 해변에 있는 벳새다의 형제 시몬 베드로와 안드레와 저 나사렛의 예수는 벳새다—베다니의 요단강 동쪽 강가에서 요한 선생으로부터 세례를 받고 결의형제의 우의를 두텁게 하였으며 새로운 믿음과 사랑의 세계로 갈릴리 가버나움으로 떠납니다. 우리들, 형제들의 길에 하나님의 가호가 있으시기를 기도합니다.

하나님을 찬양합니다. 할렐루야, 아멘."

"아멘."

"아니, 그런데 이 기도문은 어디서 난 것이죠? 예수 선생님?"

"이제 내가 이 기도문을 방문으로 이 세상에 가져왔으니 세상은 이를 들을 것이오."

"아니, 선생님!"

"형님, 제가 그러니까. 메시아 같은 분을 만났다고 하지 않았습니까?"

"쉿, 그런 말은 아직 이르오. 이제 떠납시다."

안드레가 예수님의 기도문을 듣고 갑자기 생각이 있었다.

"예수님, 저도 같이 떠나겠습니다만. 요한 선생님에게 하직인사하고 오겠습니다."

"아, 그래요? 요한 선생이……, 우린 좀 기다리지요."

안드레가 밖으로 나가자 예수와 시몬 베드로는 서로 여러 가지 이야기를 하고 있었다.

안드레는 캠프의 사잇길로 요한에게로 가다가 빌립이 있는 곳으로 갔다.

("나 혼자 빠져 나가면 뭣 하니까 빌립과 함께 가서 가버나움에 일이 있다고 간다고 할까? 빌립은 가지 않을 거니 내 입장이 낫겠고.") 하고 그는 생각했다.

"어이, 빌립 있나? 아, 쉬고 있나? 내가 형하고 가버나움에 가려는데 요한 선생님에게 하직인사나 하려는데 좀 같이 가 주겠나?"

"너가 어딜 가든가 말든가 내가 뭐 너 들러리 설 게 있나? 너나 떠나라."

"야, 우리 벳새다 출신 일당들이 다 싹 빠지면 되나? 너는 있을 거니까 내가 왔지 않나? 같이 가서 인사나 하고 올려고 하는데, 그리고 너한테도 떠난다고 신고도 하고 말이지. 그동안 여기서 일거리 있어서 잘 지냈는데 그래서 왔어."

"우리 일당을 네가 빠져 깨려고 하니? 일당은 너의 형한테나 어울려. 우린 신사라고."

"신사 좋아하네. 우리 같은 어부가 하루아침에 귀족으로 되나?"

"우리 중에 벳새다의 가난한 귀족출신 신사가 와 있어."

"그 귀족 신사가 누구야?"

"너희 형이 귀족의 지위로 찾아준 사람이지."

"우리 형이? 형이라면 시몬형밖에 없는데……."

"너희 형이 우승자 챔피온 만들어 준 친구 있잖아? 친구가 신사면 따라다니는 우리도 귀족 신사야."

"우리 시몬 형은 어릴 때부터 골목대장이었지. 지방 무술대회였지만 돌매씨 아들 말하는 게 아냐? 아니면 또 다른 이름, 시몬이라고 하는 질롯 따라다니는 그 애 말하는 거야?"

"바돌로매 말이야, 너희 형이 세칸 겸 코치해 준 덕이지. 그 친구 조금 전 여기 왔어. 시몬 형이 와 있다 하니 찾아뵙겠다고 갔었는데 시몬 형이 숙소에 없어서 보지 못했대. 그런데 시몬 형이 그 예수란 사람과 같이 가버나움으로 돌아간대?"

"형이 그분한테 관심이 많아. 우리 형은 사람 보는 눈이 있잖아."

"뭐 좋은 것이 있어서 가버나움에 가나? 가버나움은 별 볼일 없는 곳인데……. 로마군이 들어와서 부동산 가격이 떴나? 좋은 거 있으면 같이 하자. 친구 좋은 게 뭔가?"

"세례 받자고 와서도 돈 버는 이야기하나? 아까 그 예수란 좀 좋은 사람 만났는데 본업이 목수라 하지만 억센 손이 아니고 몸에 랍비 같은 모습이 배여 있어. 선생님 같고, 견습 수사출신인지, 쿰란 수도원에도 자원봉사로 갔었대나 봐. 거기서도 목수로 있었던 것 같지 않고, 성경도 깊이 알고 더욱이 병 고치는 의술도 좀 알고 있는 같은데 그걸 업으로 삼는 사람, 의사는 아닌 것 같고, 어떻든 이상한 다재다능한 사람이야."

"야, 얼마나 오래 봤다고 그래 잘 알아? 돌팔이 만났구먼. 돌팔이 따라다니다 혼난다. 장터의 사람 모으는 엉터리 약장사 마찬가지 아냐? 같은 사기꾼 되는 거야. 조심하라고, 너나 떠나게. 난 안 가. 요한 선생님한테 너 떠나는데 나보고 대변인하라는 거야? 나 안 한다. 잘 가셔."

"빌립, 그러지 마. 그분은 좋은 분이고 위인이야, 시몬 형이 형님으로 모시겠대. 우리 형님은 의리가 있잖아. 세상을 보는 눈이 있잖아?"

“또 너희 형이 무슨 사업하는지 알아. 가버나움에 가서 유흥가 사업이나 할 거 아냐?”

“우리 형 그렇게 보지 마. 갈릴리호숫가에서 송사리 잡다가 성이 안 차서 하이파항으로 가서 먼 원양어선도 탔었고, 항구에서 덩치로 이름났지만 결혼하고는 장모님 등살에 손 씻었다고, 배운 것 없지만 우리들 다 키우고 고생했어. 이제 맘 잡고 처갓집에 가서 포도밭 농사하고 어업도 하시겠대.”

“아이고, 그 갈릴리에서 무슨 큰 고기가 난다고 빠가사리나 빼도라치 피라미나 잡지. 시몬 형한테 그게 어울려?”

“이 요단강에 고기가 바다처럼 그렇게 많이 잡힐 수 있나? 그물을 던져 봐야 송사리나 나오지. 생활이 어려우니 매일 많은 사람들이 와서 그물 던져 잡아 가니 무슨 고기가 계속 있겠나? 그렇지만, 가버나움에 로마군 주둔군이 증가되고 지역이 확장되어 많은 인구가 유입되고 있어. 신흥도시가 되고 있어.”

“그러니 너희 형이 덩치가 있으니 포도밭하고 포도주 술도가나 해서 유흥주점이나 한 건 하려는 것 아냐?”

“우리 형한테 무슨 망발이야? 이제 우리 시몬 형 이젠 그런 일 안 해. 그러지 마.”

“난 말이지 벳새다, 가버나움에서 너무 어렵게 자라고 살아서 그곳이면 보기도 싫어. 갈릴리가 그리 맘 잡고 좋은 곳 되려면 그곳에 세례자 요한 선생님을 초대해서 부흥회 한 번 열고 세례붐을 일으키면 어때?”

“세례는 사람들이 많이 살고 다니는 전통의 강 요단강이 있어야 되는 거야. 전통의 요단강 아닌 샛강이나 저수지, 호수에서 세례 행사하면 농사 일로 바쁜 사람들인데 그 주위의 사람들이 오나?”

“안 되면 말고. 그런데 너는 왜 그곳에 가려고 해? 잘 가 봐. 세상일은 또 모르지. 나중에 가서 잘 되면 좀 불러줘. 그땐 친구라고 찾으면 모른 척하지 말고.”

“그러니 지금 날 도와줘, 응? 요한 선생님한테 정말 미안해.”

“지겹게도 그러네. 그래, 일어나 볼까? 하긴 그 예수님이 말이지 상·하벳새다를 어떻게 알고 그럴까? 벳새다가 상하가 있다는 걸 말이지. 옛날사람들이나 아는 이야긴데…….”

“그래서 내가 하는 이야기야. 너도 생각 있고 또 착한 친구라고, 아니야 협상이라고…….”

　안드레는 빌립과 함께 요한 선생님의 캠프로 들어가 만나 뵙고, 떠난다고 하자, 요한은 섭섭한 듯이 말했다.

　"벳새다의 게슈루 가문의 가난한 친구들, 자네들이 나한테로 모였다가 다른 사람한테로 떠나가네. 너희들이 이제 세상을 바꿀 줄도 모르지. 세상의 짐을 다 질 수도 있는 사람, 또 기어이 지겠다는 그 사람, 예수란 사람한테로 간다 하니 내가 못 말리지. 예수님 잘 모시라. 빌립도 가나?"

　빌립이 옆에서 우물쭈물하다가 물었다.

　"선생님, 모시란 말은 무슨 뜻입니까요? 그리고 제가 왜 가요? 그런데요, 그 예수가 세상의 짐을 지고도 남을 사람이라고 하셨는데 어떤 기준으로 그 사람이 세상의 짐을 다 질 수 있습니까요?"

　"세상의 짐을 지금의 짐은 물론 다 지고 가고 미래의 짐도 다 지고 갈 수 있는 사람이다. 그래서 지고도 남는다 했다."

　"아이고 선생님, 죽은 사람이 앞으로 살 산사람의 짐을 어떻게 지는 겁니까요?"

　"죽은 사람의 빚을 자식이나 후손이 갚아야 함의 경우를 못 보나? 그와 같이 죽은 사람이 미리 후손의 빚이나 채무를 갚을 수도 있다."

　"후손에게 재산을 많이 남기면 후손의 빚을 갚아 준다는 말씀입니까? 재산을 많이 받은 후손은 나중에 빚쟁이가 됩니까?"

　"후손이 조상의 빚을 갚을 때가 있다. 조상이 후손의 빚을 갚을 때도 있다. 조상의 찾지 못한 재산을 후손이 찾으면 말이다. 또 후손이 잘살게 되어 조상의 빚을 갚을 수 있는 것과 같이 하나님을 믿으면 그 후덕이 나올 것이란 말이다."

　"그러면 그분은 세상의 짐인 빚을 혼자 다 갚아 주고 미래에서도 다 갚아 준다는 겁니까? 어떻게 그 짐을 다 질 수 있습니까? 그렇게 재산이 많습니까요? 누가 갚을 수 있다고 생각합니까? 또 무슨 징표가 그분한테서 보이길래 그런 말씀을 하십니까?"

　"나는 갓 20세가 좀 넘었을 당시 만난 적이 있다. 교회당에서 우연히 만났는데 물론 친척간이라 혼인, 장례 등 예식에서 만난 적이 있지만 그때 교회당에서 만났을 때 하나님을 믿고 회개하는 자는 죄의 사함을 받을 수 있다고 말하는 걸 기억한다. 하나님을 믿으면 하나님의 은덕이 후일 미칠 것이며 하나님의 은덕이 후손의 빚을 갚을 것이며 후손이 하나님을 믿으면 조상의 빚도 갚을 것이라고 했다. '우리가 우리에게 빚진 자들의 빚을

면……'"

"갑자기 영 모르는 주문을 왜 외우십니까?"

"그분이 이와 비슷한 이야기를 하는 것을 조금 전에 들었어요. 그렇지만, 세례는 선생님 교리가 아닙니까? 지금 많은 사람들이 선생님을 서례를 주시는 요한 선생님, 아인케렘의 요한 또는 세례자 요한이라고 부르고 있습니다. 예수님한테서 세례의 방법이 나왔습니까?"

"그분이 세례라는 것을 창시했다면 그분은 여기 오지 않았을 것이다. 다만 그분이 여기 와서 세례를 받으셨기 때문에 이제 하나님의 어린양과 같이 세상의 짐을 다 지고 가실 분, 앞으로도 다 지실 분이 되었고 그분의 그런 자신의 기도가 내가 시행하는 세례를 통해서 이루어졌으나 희생되는 어린양과 같이 그런 선지자들의 길을 다시 되풀이되는 것은 나에게도 올 그러한 희생의 반복일 수도 있다. 나는 물로써 세례를 주지만 그분은 성령으로 복음의 세례를 주실 것이며 그분을 믿는 다음 세대는 기쁨이 충만할 거다."

"선생님, 무슨 말씀인지 이해가 안 가고 모르겠으나, 안녕히 계십시오. 그리고 떠남을 용서하여 주십시오. 제가 그분을 따라가는 것은 아니지만 형과 함께 가벼나움으로 가는 동행의 길이라고 생각합니다."

"동행의 길에 사연이 많이 생기리라."

요한 선생이 말하셨다. 안드레가 절하며 나오자 빌립이 옆에서 듣고 있다가 같이 나오면서 말한다.

"우리는 스승이 갈라지나? 어느 스승을 따르는 것이 더 낫나?"

"줄 잘 서는 이익을 따르지 말고 믿음을 따르라. 하나님을 따르라. 하나님을 따르는데 무슨 스승을 따르는 것이 문젠가?"

"아니, 이제는 안드레가 말하는 것이 싹 달라졌네."

"그분을 따르면 자기 자신의 하루가 달라진다."

"그래 하나님과 같은 스승은 없다. 하느님이 스승이시다. 안드레, 잘 가, 안녕."

안드레는 캠프로 돌아와 짐을 챙기고 예수가 있는 캠프로 갔다. 그곳에서 형과 예수를 만나서 갈릴리로 가기 위해 출발 차비를 했다.

"시몬 형, 요한 선생한테 가다가 빌립한테 들렀다가 빌립과 함께 선생님에게 갔는데 빌립이 처음에는 자기는 이 캠프에 남는다 했다가 요한 선생님 말씀을 듣고 나더니 안 가긴

안 가는데 좀 우리와 합칠 의사는 전혀 없는 것이 아니고 주저하고 있는데요. 형이 가자고 하면 갈 텐데. 다 우리 벳새다 사람들 아닌가요?"

"그래, 예수님과 함께 도중에 들리자. 예수님 어떠하세요? 동생 친구들이 몇이 있는데 참 순수한 친구들이지요."

"아, 그래요?"

일행은 자리를 챙기고 일어나 떠났다. 그들은 가다가 빌립이 있는 곳으로 들렀다.

"빌립 있나? 내가 다시 왔어. 시몬 형도 왔다고."

"시몬 형이? 들어와, 여기 나다나엘도 있어."

"어, 나다나엘 여기 있구나. 사람 말하면 그 사람이 온다던데 귀가 크게 달렸어? 듣고 오게? 좌우간 무슨 이야기 중이야?"

"우리가 너무 지체하는데 밖에 또 누구 있어?"

"응, 형하고 예수 선생님이 밖에서 기다리셔."

"나다나엘, 시몬 형을 본 지 좀 되었지만, 밖으로 나가기 전에 잠깐 나 좀 보자고."

"시몬 형, 좀 기다려. 애들이 뭘 할 얘기가 있는 모양이야."

"알았다. 빨리들 끝내."

"안드레, 예수가 누구야? 여기 이 빌립이 나를 보고 너가 메시아라고 한 사람 말이지. 그런데 밖에서도 시몬 형과 그 예수란 분이 계속 정답게 이야기만 하고 있는데 우리한테는 관심도 없어."

"응, 내가 대답할게. 그 메시아라는 사람이야. 놀래지 마. 아까 우리 안드레 네가 나간 다음 내가 캠프로 돌아오니 나다나엘이 와서 우리 둘이 만나서 이야기하고 있었는데 이 나다나엘 말이 아니 사람이 날 때가 없어서 벳새다보다 촌구석인 나사렛이란 촌에서 인물이 난다는 말이냐고 해. 나다나엘이 나사렛에 가본 적이 있지만 예수란 이름은 듣지 못했대. 솔로몬의 예루살렘이나 아니더라도 다윗이 태어난 베들레헴이나 아니면 모세의 멤피스나, 말이지. 그 촌에서 무슨……?"

"쉿, 들을라. 조용히 해."

"동생들 시간 가네. 어이 안드레 가자고. 빌립, 안녕 또 보자." 하고 밖에서 시몬이 말했다. 나다나엘이 밖으로 나가 시몬에게 정중히 머리 숙이며 인사한다.

"시몬 형, 제가 늦게 왔습니다. 그동안 잘 계셨습니까? 잠깐 들어갑시다. 세월이 한참

인데 차나 한잔 합시다. 옆에 같이 계시는 선생님은……."

"예수님이시다. 인사하시게. 예수님, 후배인 바돌로매를 소개합니다."

"만나서 반갑습니다. 나 예수요."

"나다나엘 바돌로매라 합니다."

하며 바돌로매는 간단히 인사하고는 예수님에게 별 관심 없고 시몬에게 더 세게 악수하며 손을 잡고 흔들었다.

"바돌로매, 요즈음도 칼싸움 연습하나?"

"에이구요, 그때 그런 후 치웠습니다. 형님 덕에 이름나고 완전히 건달이 됐지요."

"건달도 때가 되면 나라에서 부르는 거야. 전쟁 때에는 제일 먼저 건달들 부르니 준비하고 있으라고, 사사기의 입다 장군처럼 말이야. 그러기 전에 자원해서 군사지휘자가 되게 나."

"제가 화살막이입니까? 이런 나라를 위해서 목숨을 왜 바치나요?"

그들은 텐트 안으로 들어갔다.

"누추한 곳입니다. 말씀 많이 들었습니다. 들어오십시오."

"나는 예수요."

"저는 예수님께서 세례받으실 때 안드레하고 같이 보았던 빌립입니다. 반갑습니다."

"아, 빌립씨 구면이지요. 서로 통성명과 대화는 많이 못 했어도 우리 함께합시다."

"아, 예. 감사합니다. 그러려고 하고 있었습니다."

"예수님, 저는 조금 전 인사드린 나다나엘입니다. 우리 모두 고향 친구들입니다. 우리들 모두 잘 가르쳐 주십시오."

"아, 이스라엘의 신사이시죠. 그대가 무화과나무 아래 그늘에서 캠프를 치고 양피지 두루마리 조그만한 성경을 읽는 거 본 적이 있지요."

"아, 그러십니까? 제가 먼저 예수님을 보았어야 했었는데, 죄송합니다. 빌립의 말과 요한 선생님께서 예수님을 아주 좋게 평가하시는데 위험하신 거 아닙니까? 아, 실례. 그런데 예수님은 어디서 태어나셨습니까?"

"베들레헴이요."

"예? 나사렛으로 알고 있는데요."

"아, 예. 나는 베들레헴에서 태어나고 나사렛에서 자랐소."

"……."

"태어난 곳과 아니 태어난 곳이 문제가 있소?"

"아닙니다. 베들레헴은 메시아가 항상 일어나는 곳이라 합니다. 나라가 위태로울 때 메시아가 나타나서 나라를 구하고 민족을 구원하는 메시아 그리스도 말입니다."

"그래, 바돌로매. 예수님과 요한 선생님은 서로 친척간이고 예수님은 베들레헴의 다윗 가의 후손이라고 요한님이 말씀하시는 것 같아요."

"빌립씨, 과찬의 말씀입니다. 지금이 어느 시대인데 지나간 가족의 족보는 찾아서 뭘 합니까? 지난 가문의 역사를 찾으면 전부가 다 왕족출신일 겁니다. 현재가 더 중요하고 현실이 가족의 상태입니다. 이제 지난 역사는 소용없으며 앞으로 우리의 과제가 더 중요합니다. 나다나엘 바돌로매씨도 유명한 점성가나 풍수선생 같구려. 천문학과 지리에 관심이 많소? 나다나엘이란 이름은 하나님께서 '주시다'라는 뜻 아닙니까? 부친께서 좋은 이름을 지어 주셨네요."

"출생한 후 랍비 한 분이 지어주셨는데요. 저의 가친의 이름은 돌매이며 저는 바돌로매입니다. 줄여서 역시 돌매라고도 하지만 가친의 이름을 부르는 것을 피하여 나다나엘로 부릅니다. 좋은 복음이 없나 하고서 여기 요단강 세례 요한 캠프장까지 왔습니다."

"좋은 복음이 나올 때가 되었습니다. 복음은 성령으로 마음 깊은 곳에서 우러나오는 것이니 진실되고 참하지 않으면 세상에 쉽게 보이지 않으며 나타나지 않고 출현하지 않소. 내가 그대를 무화과나무 아래서 눈여겨 보았다는 말을 믿소이까? 그대는 장차 더 큰일을 볼 것이오."

"선생님, 메시아시라면 더 큰일이 나타남은 무엇으로 압니까?"

"지금부터 하늘나라가 열리고 하늘의 천사들이 '한 사람의 그 아들(The son of man)'에게 오르내릴 것을 보게 될 것이오."

"선생님께서는 자신을 낮추어 '더 선 오브 맨'이라 하십니까? 선생님께서는 '더 선 오브 갓(The son of god)'이십니다. '더 선 오브 맨'은 역사상 이스라엘의 왕을 말합니다.

'베들레헴에서 태어나고 나사렛에서 자랐다'고 거침없이 말씀하시니 시골 나사렛의 이름이 이 세상에 예수님의 이름과 함께 빛나리다. 세례 요한께서 하나님의 어린양이라 하시고 앞으로 올 이스라엘의 선지자라 하시고 저의 두 친구가 증거하여 메시아라 하시니 저도 선생님을 이스라엘의 지도자라 모시겠습니다. 저희들이 선생님 주변에서 오르락내

리락 하는 사람들로 생각하여 주십시오. 저 바돌로마는 역시 여기 친구들과 함께 벳새다 출신입니다. 북쪽, 벳새다입니다."

"아, 북쪽이면 상벳새다라 하고 도성이 있는 곳이지요. 남쪽으로 코라손과 가버나움으로 가는 교통, 군사요충지이고 하벳새다는 갈릴리바다의 부둣가 지역이 아닙니까? 벳새다는 사냥꾼의 집이라고 어원을 들었습니다. 유목사냥꾼과 어업사냥꾼으로 나눈다지요?"

"아, 예. 예수님, 예수님께서는 어떻게 상·하벳새다가 있다는 것을 아십니까요? 그곳에 있어 보셨습니까?"

"아, 나는 집안이 목수요. 여러 지역을 다녀 보기도 했소. 그러나 잘은 모르오."

"목수집안이라 하셨는데 모습과 풍체가 아닌데요. 랍비 집안과 인연은 없습니까?"

"외가가 랍비 집안이오."

예수가 말하자 주위에 있던 시몬과 여러 친구들이 놀랐다.

"그렇지요, 예수 선생님, 이제 의문이 풀렸습니다. 저 친구 바돌로매는 상벳새다 출신이며 옛날 족장 게슈르라는 명문가의 귀족출신입니다. 게슈르 가문는 다윗 왕 때 왕비를 배출한 가문입니다. 우리 어부출신과는 다르지요. 우리는 나일강 삼각주처럼 작지만 갈릴리호수 바다로 북쪽 단에서 내려오는 조그마한 물길에 있는 상하 삼각주의 하벳새다 출신입니다. 의리를 생명으로 하고 있습니다. 우리 다섯이 모여 함께하면 어떻습니까요?"

"빌립씨, 요한 선생님은 어떻게 하고요?"

"요한 선생님은 제자들이 너무 많이 모여 우리들이 잡심부름만 하고 낄 사이가 없어요. 안 그래, 바돌로매? 자넨 귀하신 몸이지 않은가?"

"예수님께서 인도하시면 우리가 따르겠습니다. 이제 선생님을 주군으로 모시겠습니다."

"오늘 우리가 다섯 명이 모였네요. 되었소."

"예수 선생님, 그러면 기도하여 주세요."

"아, 예, 우리 다 같이 기도합시다.

하늘에 계신 아버지 하나님, 그 이름이 거룩함을 여기오며 하나님 나라가 임하소서.

오늘 우리들 형제가 여기 요단강 강가의 세례 요한 선생님의 캠프에 모여

남의 장소를 빌어 모임을 가진 것을 어엿비 여기시고 우리를 인도하소서.

우리들 형제 시몬 베드로와 안드레, 빌립, 나다니엘과 저 예수가

이제 세례 요한님의 벳새다—베다니 캠프를 떠나 갈릴리 가버나움으로 갑니다.
저희들이 가는 길에 행운을 주시기를 기도합니다. 아멘."

"아멘."

"선생님, 아까 주기도문은요? 안 하세요?"

"또 하려려니 좀 그래서요. 앞으로 시간이 많으니 그때 합시다. 이제 시몬 형제가 말하
는 갈릴리 가버나움으로 갑시다."

제16편

가 나

아리마대 요셉 예루살렘 좋은 뉴스지(AJ-GNS) 특파원인 마크와 유스투스는 요한 캠프에서 예수의 일행들을 저만큼 두고 따라 가버나움으로 향했다. 유스투스 그는 내심으로는 나사렛의 성모마라아님을 보게 되니 기쁘기도 했다.

요단강에서 세례를 받은 지 사흘 후 나사렛에 도착한 예수는 어머니 마리아님을 뵈었다.

"어머님, 쿰란으로 다시 내려가는 길에 요단강에서 세례 요한을 만나 그곳에서 세례를 받았습니다. 세례 요한에게서 요단강 물세례를 받은 후 제 몸에 이상이 생겨 하나님 말씀이 왔습니다. 저도 하나님의 뜻이 무엇인지 알고 뜻한 바가 있어서 쿰란으로 가지 않고 이렇게 돌아왔습니다. 세례를 받으려 갔다가 친구 4명을 만났습니다. 우리들이 뜻을 세우면 천국에 가까이 이르는 길이 있다는 것을 알았습니다. 이 친구들도 가버나움에 가는 중이고 동네 여관에 머물고 있습니다. 저도 이제 가버나움으로 가고자 합니다. 갈릴리바닷가에서 하나님의 뜻을 세울 것 같습니다. 가버나움에서 하나님께서 저를 찾으시는 것 같습니다."

"네 뜻이 하나님 뜻이라면 내가 무슨 말을 할 수 있겠니? 그래 잘 돌아왔다. 나는 아들의 뜻이 하나님 뜻으로 알고 살아간다. 결혼도 하지 않고 하나님 섬기기를 유달리 하는 너를 내 마음대로 하려던 내가 잘못이구나. 쿰란으로 돌아가기 싫어하던 네 마음을 두고, 자식이 어떻게 부모 마음대로 되나? 네 뜻이 하나님의 뜻일 것이다. 우리집에 머물 수 있는 여러 평편한 방이 있는데, 친구들을 집으로 데려오지 않고 손님을 밖에서 재우면 되겠니? 우리가 대접할 수 있니? 데리고 집에 와 식사나 같이 하자. 동생들도 있으니 인사도 하고, 그리고 이제 네가 결혼하는 것이 아니고 하나님을 섬기려 집을 떠나 출가를 하겠다하니 그동안 네가 벌어서 내가 간직하고 있던 것을 주마. 그것으로 여비도 하고 가버나움에서 하나님께 봉헌하는 기회가 되었으면 좋겠다. 친구들 중 맏형에 이른다 하니 더 많은 여비와 경비가 필요할 것이다."

"어머님, 여비는 안 주셔도 괜찮습니다. 집안일에 보태십시오. 아버지께서 하셨던 것처럼 목수 직업은 아무데나 가면 일이 있고, 여비가 없으면 어디든 현지에서 일하며 만들어 가면 되지요. 목수 일을 가르쳐 주신 아버님께 항상 감사합니다. 친구들과 나중에 같이 오지요."

그 후 예수의 친구들을 소개받으신 어머니 마리아님은 어서들 들어오라고 하신 후 저녁식사를 가족이 전부 모인 가운데 성찬을 베풀고 예수와 함께 그들을 접대하셨다. 화기애애한 가운데 서로 인사를 하고 있는데 나다나엘 바돌로매가 예수님에게 말했다.

"예수님의 부친어른께서는 지금 집에 안 계시는지요? 우리가 인사를 드려야 하는데……."

갑자기 식구들의 분위기가 무거워졌다. 예수님의 동생인 토마스가 대답한다.

"가친께서는 공사하시러 외부에 오랫동안 출타중이십니다."

"아, 그러세요? 나중에 인사드리지요."

나다나엘이 답하였다. 그런데 토마스가 말하는 분위기도 그랬다. 예수님의 어머님께서 분위기를 살리시며 말씀하신다.

"어떤 친척 한 사람이 소식을 가지고 동네에 와 있는데 우리도 잘 알고 어릴 때 예수도 아는 사람인데, 가나라는 곳에서 곧 그 아들이 결혼식을 하니 가 보아야 하지 않겠니? 친구들이 있으니 어떠하나?"

"제가 지금 이 여러 친구들과 여행 중인데요. 가버나움에 가는 길 중에 거쳐 가는 지나는 곳에 가나가 있긴 하지만 곧 떠나야 하고 저만 도중에 가서 결혼식에 간단히 참석하여 보고 친구들을 뒤따라가면 되지요. 어머님도 가시지요?"

"나야 꼭 가봐야지……."

같이 있던 빌립 등이 말한다.

"어, 좋은 일에 우리도 초청은 받지 않았지만 주변에서 구경하고 지나가지요 뭐."

"예수 친구들도 가면 되지 않겠느냐고 물어보러 갔다 올까?"

"그렇게 하시면 좋고요. 어이, 토마스 자네가 좀 갔다 오지?"

"어머니와 함께 갔다 오겠습니다."

어머니가 갔다 오시더니 당연히 예수 친구들까지 초청 환영한다고 하셨다. 예수가 시몬 게바라, 안드레, 빌립, 나다나엘에게 말했다.

"갈릴리 가나에서 친척의 혼인잔치가 있는 모양이다. 여러분 그곳을 지나 가버나움으로 가는 길이니 그곳에 가실 시간이 있으신지, 여러분이 같이 생각하시는지?"

"와, 갑시다." 모두들 말했다. 그런데 나다나엘 바돌로매가 신중히 말한다.

"예수님, 이것이 우리 일행의 처음 복음의 사역이 될 것입니다."

"예수님, 결혼식에 가서 여럿이 참석해 주는데 부담 없어요. 시몬 형, 어떻게 생각해?"

"나다나엘은 원래 신사니까 참석하는 사람이 예의도 갖추어야 하지 않나 또 축의품이라도 준비가 있어야지 한다는 거겠지."

"일단 지나가는 길이니까 참석하자. 그리고 그곳에서 우리들이 처음 알려질 거야."

"'예수와 그 제자 형제들!'이라고요?"

"옷도 별로 없지만 세탁해서 입고나 가지 뭐."

의견 일치를 본 후 예수와 그 동료 제자들은 숙소로 돌아갔다. 예수는 안드레에게 잠깐 전에 목수 일로 돌보아 주던 근처 포도원에 잠시 들렀다가 숙소로 간다고 하였다.

다시 모인 그들은 풀었던 여장을 다시 메고 이웃마을 가나로 출발했다. 어머니도 나중에 오신다고 했다.

멀리서 따라다니는 에지—지엔에스 특파원 마크는 유스투스에게 말했다.

"유스투스 아저씨, 나사렛 예수가 요단강에서 나타날 줄은 몰랐지요. 이제 이 가난한 일행들이 잔칫집에 가는데 빈손으로 가면, 우리가 될 좀……."

"상태를 보아서 알아서 함세. 예수도 무슨 준비가 있는 모양이다. 바돌로매가 가나에서도 좀 있었다고도 하는데 역시 가난하지만 귀족출신이라 티가 나는구먼. 우리는 또 할 일을……."

가나에 도착한 예수 일행은 혼인 예식장으로 갔다. 마을의 풍속적 결혼식에 많은 사람들이 와서 축복해 주고 많은 일가친척들이 신랑 신부측에서 왔다. 예상을 초과한 손님들이 와서 피로연에 신랑 신부 집에서 마련한 포도주와 신부 집에 오래 보관된 포도주마저 동이 났다. 잔치를 거들어 주시던 예수님의 어머니 마리아님이 예수에게 조용히 다가와서 우리 신랑측 손님들이 많아 포도주를 다 써버린 것 아닌가?" 하고 미안해하셨다.

"어머님, 그건 초청자 사정이고 우리가 너무 걱정할 수는 없어요. 잔치 음식은 항상 부족합니다. 그러나 예로부터 속담에 잔칫집에 오는 손님하객은 모두 먹을 복이 있다고 하지 않습니까? 어머니께서는 항상 남의 걱정을 지나치게 하시나 걱정 마세요. 여기 신랑 측이 알아서 하겠지요. 어머님, 신랑하인들에게 우물가에 마신 빈 포도주 말 통을 갖다 놓아두라 하세요. 우리가 어머니까지 여섯 명이니 6병 큰 빈 말 통을 준비하라 해 주세요."

"여기 하인들에게 그렇게 하마. 그런데 왜?"

"하인들에게 병을 씻고 난 후, 다시 우려낼 깨끗한 물을 다시 병에 채워 두라 하세요."

"그렇게 하마. 하지만 이유를 모르겠네(반납용 빈병인가?)."

조금 있다가 어머니가 다시 다가오셨다.

"그렇게 해 두었데."

"알았어요, 포도주는 걱정 마세요."

혼인 잔치판 속에 포도주 더 없나 하고 손님들이 거의 빈병을 돌리며 말들을 했다.

예수와 제자들이 같이 모여서 음식을 즐기는데 주체측 하인이 와서 말한다.

"우물가에 빈 포도주 말 통을 갖다 놓았는데 누가 포도주를 가지고 가라 하여 다시 우물에 갔는데 여섯 말 통의 포도주 병들이 우물가에 있었으며 통에 든 물을 쏟아내었는데 갑자기 포도주가 쏟아져 나왔습니다. 포도주 맞습니까? 그것도 맛이 아주 좋은 포도주입니다. 우물가에 어떤 젊은 청년 한 사람이 천사처럼 포도주 말 통들 사이에 서 있는데 우리가 가서 말하고 가지고 와도 됩니까?"

"예, 여기 우리 친구들 한 사람일 거예요. 보라고 보냈는데 가서 함께 짊어지고 오시오."

연회를 맡아서 주최한 연회담당 지배인이 신랑에게 와서 귓속말로 무언가 말하고 승낙을 얻은 듯 하객들에게 말했다.

"잠깐만 여기를 보아 주십시오. 광고말씀을 드리겠습니다. 신랑측 손님 가운데 늦게 도착하여 더 좋은 포도주를 추가로 이제야 축의로 제공하신 분이 있는데 박수로 환영합시다."

"포도주를 제공하신 분은 나사렛에서 오신 예수 선생님과 그 일행들입니다. 예수님 일어나셔서 인사말씀 하시지요. 모두 박수로 환영합시다."

예수님께서 일어나 인사만 하시고 박수를 받으시며 다시 자리에 앉으셨다.

"우물가에 빈 포도주병을 갖다 놓으라고 하던 말을 엿들었는데, 물로 포도주를……." 하고 모두들 크게 웃었다. 그리고 취한 김에 더 좋은 포도주를 돌렸다.

"대개는 처음에는 맛있는 포도주가 나오고 나중에 술이 떨어져 취할 정도면 하급 포도주가 나올 수밖에 없는데, 더 좋은 포도즈가 있는 걸 보니까 광에 인심 나는 부잣집 신랑과 그 친구들이야, 그렇지?"

"신랑측 손님 중에 예수라는 친구 일행이 저기서 마시고 있지. 그들이 갑자기 어디서 포도주를 가지고 왔을까?"

"지나가는 장터에 나타나는 대상들인지 전문 술장사들인가?"

"아니래, 신사도 있고, 그 중엔 벳새다의 청년들과 가버나움 출신들 몇이래. 저기 덩치 큰 친구는 가버나움에서 어느 결혼식에서 보았다는 사람이 있는데, 큰 배를 타고 바다에 나다니는 사나이들이라는 거야. 또 누군 하이파에서도 봤대요."

"이상한 일행이군. 물을 진짜 포도주로 바꿔치기하여 사람을 놀래게 하니 말이지."

"아무튼, 아주 잔칫집이 포도주가 모자라 급박한데 기교 있게 제공한 사람들이야. 감동을 주었네. 그리고 우린 잘 먹었으면 되질 않나?" 모두들 잔치가 끝나고 헤어지기 시작했다.

"예수님, 어떻게 깜쪽같이 물이 포도주로 변하게 하십니까? 그것도 아주 적시적기에 말씀이죠. 신랑측 사람들의 입장이 아주 좋았습니다. 신랑측에서 예수님 어머님께 감사의 말씀을 전하던군요. 이제 우리들은 처음으로 예수님을 믿습니다. 이왕에 가나에 오셨으니 예수님 어머님도 우리와 함께 갑시다. 조금만 북쪽으로 가면 가버나움이 있지 않습니까? 그 가버나움에 한 번 가시지요. 여기서 가버나움이 멀지 않습니다."

"그렇게 하십시오. 시몬 형 처가가 거기 있고 우리들도 그곳에 가니 가버나움 번화가를 구경하시고 맛있는 야채 속을 넣은 생선구이 고기도 드시고 가십시오. 지난번 나사렛의 예수님 댁에서 주신 우유와 치즈와 여러 토속음식, 올리브유—식초양념과 신선한 야채, 맛있는 빵을 구워 잘 먹여 주신 것을 우리도 대접하여 갚을까 합니다. 예수님의 어린 형제들도 왔는데 그곳에는 머무를 경치 좋은 호숫가의 숙소도 많습니다."

"그렇게 하십시오. 예수님의 어머님은 우리들 모두의 어머님이십니다."

모두들 그리 말하여 며칠간 가버나움에서 성모마리아 어머니와 제자들, 동생들이 구경하고 지내다가 나사렛으로 돌아가시고 예수님은 남았다.

제17편

가버나움

갈릴리호수, 북위 32도 5부 동경 35도 3부, 바다로부터 209미터 아래 호수바다, 잔잔한 호수에 아침 안개가 서리는 성스러운 곳, 하늘에 해가 뜨고 호수에 햇살이 거울과 같이 비치는 호수 갈릴리. 높은 곳에서 보면 현악기의 통 같다고 게네사렛(Gennesareth), 또는 킨너렛(Kinneret)호수라 하며, 때로는 바닥에서 염분이 나와 바다(Sea)라고도 한다.

에이제이 지엔에스(AJ-GNS) 특파원들은 가나에서 있은 일을 최초로 예수의 복음여행으로 기록했다. 그리고 갈릴리호숫가 가버나움에 온 예수는 우선 시나고구 유대예배당에 들러 예배하고 그곳의 사람들이 사는 분위기를 보았다. 처음 오는 곳은 아니나 여기가 사역으로서의 시작 지점이다.

베드로 사도의 장모 집에서 간단한 출발 의식을 하고 예배와 기도를 시작으로 개척교회를 시작했다. 장터에서 예수님과 제자들이 하나님 말씀을 봉독했다.

예수님의 기도문은 좀 색다른 데가 있었으며 세례자 요한의 요단강 세례의식도 소개하고 알렸다. 베드로 장모집의 소유의 텃밭에서 장막을 치고 들어온 헌금이 있으면 나이 많은 노인들과 아픈 사람들에게 빵을 만들어 나누어 주었고 점심때는 소찬도 함께 하였다.

소규모로 이 같은 적은 음식을 지나가는 나그네에게 제공과 공양했다. 공양은 음식을 와서 먹고 싸가지고 가게 하는 무상의 제공이다. 주위에 시나고구교회당이 있었지만 의식

절차와 출입이 까다로워 서민들은 쉬운 예수의 텐트에 찾아오고 베드로 장모를 아는 사람들도 자주 찾아오게 되었다. 차츰 예수의 설교를 듣고 수긍이 가는 점이 많으므로 사람들이 모여들기 시작했다. 가버나움 도착 처음에는 베드로 장모집 앞마당에서 예배를 보았으나 좁아져 먼저 마련한 텃밭으로 예배장소를 아예 옮겨 가게 되었다.

"광고를 말씀드리겠습니다. 다음주 예배는 이 텃밭에서 계속 합니다."

개척교회가 잘 되어 갈 즈음 유스투스, 마크가 예수님의 제자들과 함께 유대의 전통절기를 맞이하여 연합예배를 보러 한 큰 교회당에 들렀을 때 요단강에 세례받으러 갔었던 사람들이 세례 요한에 대한 체포소식을 전하였다. 아니 이것은 특종이다.

유스투스는 곧 마크를 가버나움에 있으라 하고 요한의 캠프가 있었던 요단강 베다니지역으로 긴급히 가서 흩어진 제자들을 찾았다.

강가의 세례 요한의 캠프는 초토화되었다. 정치적 타람을 맞으면 일순간 상전벽해가 된다. 텐트촌도 사라지고 인적도 드물었다. 개들 몇 마리만 쓰레기장에서 남은 음식 찌꺼기를 뒤지고 있었다. 남아 있는 터잡이 사람들에게 물었다.

"왜 세례 요한님이 체포되었나요?"

"잘 모르지만 세례받으러 온 사람들과 문답시간에 헤롯 안티파스 왕의 혼인에 대하여 비난한 것이 화근이 되어 왕족을 모독한 죄로 현장에서 체포되어 사해 서쪽에 있는 마케루스 요새로 압송되어 감금되었다 합니다. 마케루스 요새는 헤롯 안티파스 왕의 군사 성채 요새입니다. 선지자 행세를 한다고, 근거없는 말을 한다고 제자들에게 경고하고는 요한 선생만 체포해 갔다하더이다."

유스투스는 다시 예루살렘으로 향했다. 이미 그곳에서는 요한을 풀어 주라는 호소와 상소가 있었고 재판이 진행중이었다. 왕가에 대한, 왕권에 대한 도전으로 사형선고를 받았으나 헤롯 안티파스 왕이 여론을 꺼려하여 세례 요한이 말한 것을 와전되었다고 하거나 잘못 말했다고 하거나 비난의 말을 취소하면 풀어 주겠다고 사형 집행을 보류하고 있었다. 특히 은퇴한 안나스 명예 대제사장이 가야바 대제사장을 통해 세례 요한을 죽이지 말라고 왕에게 상소했다는 소문이 있어서 집행이 보류되었고 안나스 명예 대사장은 왕궁의 고문으로도 되어 있어 헤롯 왕도 경솔히 판단하지 않는다는 것이다. 그러나 왕궁의 요청에도 불구하고 요한은 왕족에게 사과하지 않고 있다는 것이다.

아리마대 요셉도 크게 우려하여 율사를 비밀리에 사해 서쪽 마켈루스 요새에 보내어 세례 요한을 면회하게 하여 발언을 일단취소하고 감옥에서 나오길 권고하였으나 요한은 굽히지 않고 떳떳하게 옳은 말은 하고 죽겠다고 한다는 것이다. 이들은 서로 먼 인척관계였다.

유스투스는 아리마대의 비밀 지시로 멀고 먼 감옥에 면회하려 찾아가 사식을 넣어주고 요한님에게 발언을 철회하고 와전되었다고 하고 감옥에서 나오시는 것이 사는 길이라고 직접 전하였다. 그러나 세례 요한님은 안 한다고 하였다.

그는 요한님에게 정치와 율법의 세계는 다른 것이며 헤롯 안티파스 왕이 헤로디아와 혼인한 것은 예루살렘지역의 권리가 그녀에게도 있어서 로마군이 총독으로 지배하고 있는 예루살렘지역을 결혼에 의하여 되찾으려는 정치적 목적이라고 말했다. 그러나 세례 요한은 정치적이든 종교적이든 윤리와 율법은 같이 적용되는 일이라 하였다. 유스투스는 요한님에게 바리새파 사람들의 정치적 사고를 갖는 것이 중요하다고 했으나 말도 안 되는 일이라 하였다. 선지자는 죽어도 바른 말을 해야 한다고 했다. ('아이고, 선생님 이게 웬일이십니까요? 뭣 하러 감방에 있으십니까요?') 하다 말고 유스투스는 면회장을 떠났다 .

유스투스는 더 이상 말이 통하지 않았다고 돌아와 아리마대 요셉에게 보고하였다.

"우리의 선지자들이 이렇게 희생되어서는 안 된다." 하고 나라를 걱정하였다.

"그렇다고 정말 죽이기야 하겠습니까? 어떤 형태로든 사면하는 방법이 있겠지요."

"그랬으면 좋겠는데, 자네는 가버나움에 다시 가서 예수님을 잘 보호하고 문제가 있으면 보고하도록 하여 주게나. 이러다 가문이 다 없어지겠다."

한편 예수의 일행들은 가버나움에서 세례 요한의 요단강 세례운동을 참고삼아 예수의 복음선교를 준비하고 장막을 치고 새 교회의 본격적인 전도사업을 구상하고 있는 도중에 세례 요한의 소식을 접한 것이다.

유스투스도 다시 가버나움으로 돌아왔다. 마크를 다시 만나 그동안의 소식을 듣고 가버나움지역에 식당과 상품가게와 숙소사업을 알아보고 부동산사업도 구사하고 있었다.

세례 요한이 체포 구금되어 사형까지 선고되었음을 예수와 제자들도 소식을 들은 모양이었다. 제자들이 예수님에게 말했다.

"예수님, 우리들이 잘 나왔어요. 거기 있었으면 세례 요한과 함께 잡혀가거나 화를 당했을지 모르지요."

"괜한 소리, 선지자는 시험을 당한다."

"우리가 가버나움 사회에서 요한처럼 복음을 전파하려는 개척교회 시작차에 이런 일이 생기니 좀 우려됩니다. 어떻게 할까요?"

"그래, 좀 기다리자. 그러나 복음을 알리는 것은 시급하다. 세례 요한을 한 번 이 가버나움에 초청하려 했는데……."

그리고는 예수는 자리를 나갔다. 남은 제자들이 서로 의논한다.

"우리도 세례 요한을 들먹이며 거리에서 집회를 몇 번 가졌으니 일단 여기서 철수하던가 지하로 사라지든가 좀 다시 소식이 올 때까지 기다리자."

"그동안 고기나 잡아서 평상 생활하며 가까운 사람들에게만 일단 예수님의 주기도문을 서서히 전파해 나가자."

"그러지, 안드레 동생. 베드로 형님 처가에 가서 처가 사람들을 배에 태우고 낚시 도구를 가지고 호수에서 오랜만에 낚시와 투망이나 해서 잡은 고기를 음식점에 내다 팔자. 어때?"

"그게 좋겠어요." 여러 사람들이 찬성한다. 여러 사람이라 해 봐야 두 형제와 빌립과 바돌로매를 합쳐 넷이다.

"우리가 인원을 더 모아야겠다. 인원이 너무 적다, 그지?"

"일단 세례 요한 선생에게 문제가 생겼으니 일단 말조심하고 선생님처럼 자중하자."

"안드레가 투망도 잘 하니 베드로 형과 물고기 잡기 시범을 보여 봐. 우리가 따라잡지 뭐."

"근데 예수님은 어디 가신다고 하셨나?"

"잘 모르는데 전에 들으니까 예수님이 한가한 시간에 어디에 가셨는데, 어렵게 과수원을 하고 있는 사람들이 우리 캠프에 자주 오곤 하는데 그 어느 집 과수원에 가서 올리브 나무도 보아 주시고 죽어 가는 포도나무도 일으켜 가목을 세워 주시고 포도나무 손질도 하여 주신다는 이야기도 있었어. 옛날 목수로 일하시던 때가 생각나셨나 봐."

"며칠 전에는 저 건너 목동들의 외양간도 고쳐 주시고 가셨대."

"얼마 전 가버나움 갯가에서 고깃배를 가진 분이 자기 집 고깃배가 낡아서 물이 많이 새어 예수님에게 배를 검사하여 주셨으면 좋겠다고 하셨는데 보통 같으면 잘 보아 주시는데 그건 배 만드는 조선 목공소의 전문가에게 의뢰하시라고 했다는데, 그 말을 들은 그 성도가 좀 섭섭하게 생각하셨다는 게야. 우리에게 헌금도 좀 하고 하시는 분이었는데 말이지."

"아니야, 그건 예수님께서 사람의 생명이 걸린 것은 세밀한 조사가 필요해서 그리셨겠지." "아니야, 나사렛에서 들은 이야기인데 예수님 아버님 요셉 아버지께서 해외 조난사고인지 모르지만 하여튼 안 계신다고 했는데 소식이 몇 년간 없대요. 그런 과거사가 생각나서 그러지 않았을까?"

"그런데 배 만드는 조선소 목공 일도 하셨는가?"

"목수시니까 그의 부친이 손 안 대는 일이 없었다는 거지. 그러면 이 근처에 고깃배를 가지고 있는 사람들이 몇몇 살고 있는데, 주변에 있으시겠는데."

"부탁을 받고 안 들어주실 분이 아니지. 뭔가는 도와서 고쳐 주실 거야. 항상 배의 안전을 강조하신 분이니 우선 그렇게 말씀하셔 놓고 조치를 취해 주실 거야."

"그럼 어디 가까이 계시겠지."

시몬과 안드레는 서로 말하면서 호숫가에서 처가 사람들과 배를 대고 투망하고 있었다. 누군가 흰 옷을 입고 갯가를 멀리서 지나가는 사람이 있었다. 지나가다가 베드로 일행을 쳐다본다. 안드레가 힐끗 쳐다보았다.

“어, 예수님 같기도 하고, 시몬 형, 저기 예수님 아니야?”

“글쎄다, 맞는 것 같은데……. 맞잖아, 예수님이셔.”

“와, 예수님이시다. 예수님요, 예수님 아니십니까? 어디에 계셨습니까?”

“여기들 계시오? 어, 나요. 여럿이 고기를 끌어 낚고 있소? 이제는 사람을 이끌어 모으는 어부가 되시오.”

“……”

시몬과 안드레는 예수님을 보자 던지던 그물을 처가 사람들에게 인계하고 배에서 뛰어내려 예수에게 갔다. 예수님이 상류로 올라가는 중이라 하였다. 그들도 따라나섰다. 그들은 조금 더 상류로 가다가 갯가에 배를 세워 놓고 배 위에서 그물을 여러 사람들과 함께 손질하고 있는 사람들을 보고 예수께서 제자들에게 물었다.

“저분들이 누구요?”

“처가 근처에 사는 세베대씨와 그의 아들 야고보와 동생 요한이라 합니다. 여기까지 올라와서 일하네. 그들도 벳새다 출신인데 여기 가버나움이 잘 된다고 오래전 진출했지요. 제가 세베대씨를 좀 알지요.”

“똑똑한 청년들로 보이는데 전도해도 될까? 우리와 함께하지 않겠냐고 물어보세요.”

시몬(베드로)이 배 위를 올려다보고 말한다.

“어르신, 저 시몬입니다. 그동안 안녕하셨습니까?”

“아니, 시몬 게바라 아닌가? 어디 갔다 다시 왔나? 우리 애들한테 바람 넣지 마.”

“아이고, 어르신 아닙니다. 건강하시죠? 친구들 보려고요. 야고보, 우리 오랜만에 보네.”

“어, 그래 오랜만이다.”

“이리 좀 와 봐. 배에서 내릴 수 없나?”

“뭐하게, 너 거들 돌아왔다고 하던데. 뭐 재미있는 일이라도 있나?”

“여러 가지 있네. 바쁘지 않으면 이야기 좀 해도 되나?”

“아버지, 쟤들이 온 모양인데요. 왔다는 소문은 있었는데 잠깐 갔다 올게요.”

“동생 요한까지 꼬여서 어딘지 놀러가지 마.”

하고 야고보의 아버지 세베대씨가 야고보에게 불만으로 말했다.

“아이 형, 나도 끼워줘. 아버지, 저도 같이 갔다올래요.”

“아이고 내 품삯 줄 것만 늘어가네. 너거들 집안 좀 챙겨, 내가 언제까지 사는 줄 아나?”

“아버지, 잠깐 갔다오겠습니다.”

“잘 한다 잘 해. 알아서 하라고들.”

시몬이 자총지총을 이야기한다. 예수님을 건너보던 야고보와 요한 형제는

“시몬 형이 그러면 우리도 그렇게 하지 뭐.”

두형제는 돌아와 아버지 세베대씨에게 말한다.

“아버지, 저희들 좀 갔다오겠습니다.”

“잠깐이 아니고 좀으로? ……” 세베대씨는 저만큼 떨어져 있는 예수를 쳐다보았다. 예수는 손을 약간 올려 간단한 예의를 표했다. 세베대씨는 허락한다는 뜻같이 쥐고 있던 그물을 내리며 고개를 끄떡였다. (“우리 애들을 잘 부탁합니다.”)

“아저씨들 아버지를 잘 좀 도와주세요. 나중에 뵙겠습니다.”

하고 그들은 삯군 아저씨들에게 말했다.

“다 도망가네. 할 일은 안 하고 몰려다니기는. 언제 철들이 나나, 저거 아버지 나이도 나인데.”

“예수님, 우리들이 이제 7인의 그룹이 되었습니다. 우리 야곱과 요한을 소개합니다.”

“나 예수요. 그런데 아버님의 배는 수리하거나 손볼 목수 일은 없습니까?”

“얼마 전에 조선소 사람들이 왔다가 점검하고 갔습니다. 걱정 마십시오. (문제 있던 걸 어떻게 아셨나? 아버지가 그길 다니신 일이…….)”

“아 그래요, 두 분 형제를 환영합니다. 우리 잘해 봅시다. 새로운 세상을 개척합시다.”

“예수님, 저는 야곱이고 여기는 제 동생 요한입니다. 요한은 글재주가 있습니다.”

“아, 그래서 내가 멀리서 보니 또 만나고 싶은 형제들이었소.”

그들은 로마군 센트리온 백병대 중대장이 주둔하고 약 1,000명 정도의 세대와 주민들이 있는 조그만 어촌인 가버나움 도심 가까이에 들어갔다. 주위에는 소규모의 상점과 시장이 있었고 유대교회와 작은 학교가 있었다. 그리고 공중목욕탕이 로마 주둔군 도착 이래로 생겨나고 도심은 고대의 도성이 허물어진 상태로 여러 군대 남아 있어서 그 옛날의 상처를 보는 듯했다. 이 작은 도시에 있을 만한 것은 다 있는 좀 개화되기도 한 동네에 한 가닥 희망은 점차 로마군이 하이파항으로 들어와 시리아로 세력을 확장하기 때문에 중간 경유지 티베리아와 함께 번영할 수 있는 소지가 있다. 티베리아에는 로마군단 본부가 있었다.

이 가버나움은 옛날부터 화산과 지진이 가끔 일어나는 지역이라서 땅도 부슬부슬한 검은 화산석이 섞여 있었다. 가끔 지진이 발생하면 구호의 손길이 어렵고 극도로 주민의 생활고가 많았다. 이 지역 왕인 헤롯 안티파스는 정치의 중심에 있으려고 주로 예루살렘에 가 있어서 자기 지역구를 잘 돌보지 않았다. 형인 아켈라우스 왕이 죽고 예루살렘이 형의 대를 이어 자기 영토라고 계속 주장하고 있었다.

군단에서 파견된 대대 규모의 로마주둔군 근처가 그래도 문물이 움직이는 곳이라 자유스런 시장이 소규모로 형성되어 있었다. 이 지역에서 예수는 개척교회와 같은 복음의 포교를 시도해 볼 곳이라 여기고 제자들과 함께 캠프를 치고 교회의 문을 열었다. 그리고 주위에 초상이 난 곳이 있으면 유향과 초를 사 가지고 문상을 시작하며 자신들을 소개하고 주위에 병으로 고생하는 사람들에게 예수는 처음으로 간단한 치료를 시작했다. 그리고 치료비는 받지 아니하고 교회로 복음을 듣고자 장막으로 된 자신의 교회를 주일날 찾아오는 것을 환영했다.

사람들은 세례 요한이 예수님을 세례하시고 앞으로 복음을 자기 다음에 들어줄 사람으로 지목하였다 하자 예수에 대하여 많은 관심을 나타내고 어디 한 번 보기를 열망하게 되었다. 세례 요한의 이야기는 예수의 성직수형에 큰 영향과 공명심을 사람들에게 주었고 같은 동네의 젊은이들, 시몬과 안드레, 야고보, 요한 등 세베대씨의 아들들과 동네 청년들이 따르는 데 이의가 없었다.

"여러분, 예수님의 말씀을 들으시오, 세례 요한 선생이 세례를 주시고 선지자로 인정하신 분이니 이분의 말씀을 들으시오. 세례 요한 선생님은 아마 잘못 전해진 이야긴지 모르지만 정당한 재판을 받으실 것이며 우리의 왕국이 선지자에게 억울한 심판은 하지는 않을 것입니다. 우리 예수님의 말씀을 들으시오. 우리의 기도문을 들으시오. 예수께서 여기 오셨소이다."

"여러분 하늘나라가 가까이 와 있습니다. 이제 우리는 복 받는 나라가 될 것이며 행복한 사람이 될 것입니다. 회개하시고 하나님을 믿으시면 하나님께서 여러분의 모든 죄를 사하여 주시고 선택된 복 받는 사람으로 되게 해 주실 것입니다."

예수는 아직 때가 이르다 생각하고 '자신을 믿으면……'이라는 말을 아직 시작하지 않았다. 점차 장막으로 된 소규모 캠프는 사람들이 환자를 들고 들어와 발을 둘 곳이 없는 비좁은 상태가 되자, 치료를 시간으로 정하여 환자들을 돌보며 야외로 나가기 시작했다.

근처 교회에서 자신의 교회에 와서 복음을 설교할 것을 간청하였으나 병든 환자들이 교회로 들어오는 것을 제어하는 것을 보고 예수는 자신의 장막이 필요하다고 생각했다.

야외로 뻗어 가는 예수의 복음화 설교는 많은 사람들이 안식일마다 아픈 사람들과 함께 모이기 시작했다. 예수의 간단한 치료, 안질환자들에게 깨끗한 소금물로 눈을 씻어 주기만 해도 시원함을 맛보는 사람들은 아주 감사히 생각했다. 그리고 조그만 안질환에 시달려 소경인 체하여 구걸할 수밖에 없었던 가난에 찌든 사람들도 예수의 안과치료를 계기로 눈이 나아졌다 하고 눈 안대를 풀고 사실 완쾌에 가깝게도 치료되었으니까 눈이 뜨게 되었다고 말했다. 소문은 발 없이 사방으로 퍼져 나가 예수 자신이 아니라고 해도 억제할 수 없는 상태가 되었다. 또 약초를 구하여 달여서 먹여 주고 약값과 치료비는 받지 않았다.

그리고 자신의 야외 장막에서 복음을 전했다. 예수의 하나님 기도문은 많은 사람들에게 감명을 주었다. 그 기도 하나로 많은 사람들이 이 사람이 과연 메시아가 아닌가, 특히 세례 요한이 지목하였다 하니 더욱 믿게 되었다. 제자들은 갈릴리호수 주변의 일대를 회전하면서 예수님을 모시고 갈릴리 유세를 시작했다. 사람들은 예수님의 말씀을 듣고 감명을 받으면 헌금을 제자들에게 내기도 하였다. 제자들은 마다하였으나 회개를 잘하는 사람이 필요함을 느꼈다.

가장 어려운 일이 한센병자들이 복음장소 모임의 장막에 접근하여 예수님을 직접 뵙고자 하는 것이다. 그리고 악수를 청하는 것이다. 그들 중에는 정말 한센병이면서 치료를 받으러, 안수를 받으려고 오는 사람도 있고 또 그런 병이 아니면서 또는 병이 약한데도 떼를 쓰는 경우가 있었으나 예수님은 어떻든 이를 마다하시지 않고 그들과 같이 앉아 식사를 같이 하시니, 아니 어떻게 저런 분이 있는가? 랍비로서 있을 수 없는 권위를 몽땅 버린 정말로 천사거나 메시아로 우러러보지 않을 수 없게 되었다. 예수는 뜨거운 소금물에 한센병환자를 직접 씻어 주신 적이 있고 깨끗한 옷을 사게 하여 입혀 보내신 적이 있기도 했다.

그들은 감명을 받고 사람들에게 나가 예수의 거룩하심을 말하였다. 예수는 독사를 잡는 땅꾼들이 뱀과 독사를 두려워하지 않듯이 한센병자와 정신이상자, 협박자들을 치료하고 다룰 줄 아는 지혜를 확실히 가지고 있으셨든가 어떤 면역이 되어 있었던 것 같다.

원래 랍비가 되고자 하는 교육의 마지막에는 귀신을 이길 수 있는 극한 담력훈련을 하는데 공동묘지와 한센병자들이 사는 지역을 통과하는 교육훈련을 받는 엣세네 유대지파도 있었는데 그곳에서 어떤 교육을 받으셨다던가 그곳에서 시험을 받아 극복하신 것이 아닌가 제자들이 생각했다. 하여간 제자들이 감탄했다.

"대단한 분이셔."

예수가 솔선수범하며 한센병자들을 고치고 위로하자 세상의 버림을 받았다는 한센병환자들의 자식들도 두려움을 이겨내고 부모를 직접 씻고 고쳐 보려는 모범이 생겨나기 시작했다. 아, 사회가 발전하는 양상이 보이는 가운데 이 눈빛 같이 흰 천사가 이제 우리들 앞에 나타났다는 소문이 퍼져 나갔다. 예수가 가는 곳에는 그의 행적과 행동을 보려는 많은 사람들이 모였다. 예수의 힘을 느껴 보려는 사람들이 모였다. 예수와 악수하면 힘이 불치의 영험이 이전된다고도 생각했다. 그리고 느끼고 자랑스럽게 생각했다. 정신적으로 극복하고 나아졌다고 애쓰려는 기운을 내었다. 중풍병자들이 와서 한쪽 팔을, 한쪽 다리를 쓰지 못한다고 고쳐 줄 것을 간청하기도 하면 척 한번 코아서 두드리고 팔을 비틀면서 사랑하는 형제여! 펴라!, 서라!, 가보라!, 하셨다. 입이 돌아간 사람을 보시고는 따뜻하게 안수하는 방법을 사용하셨다. 고개를 돌리시고 머리 위를 만지며 손가락을 뺨에 눌러서 돌리시며 뜨거운 물을 수건에 적시고 온 얼굴에 덮어 씌워서 안수를 거듭하여 뜨거운 수건으로 안수하시고 집으로 가서 거울을 보라고 하셨다. 잠을 잘 때 이상한 겁나는 꿈에 항상 시달리는 우울증 환자에게는 무서운 꿈이거나 생겨서는 안 되는 꿈을 꾸거든, 세속에서 알려진 것처럼 꿈속에서 거울을 찾아 자신을 보라고 하셨다. 거울에 자기가 보이면 생시이요 자기가 보이지 않으면 꿈이니 걱정하지 말라고 가르치셨다. 치료비도, 변호사비도, 약초비도, 관리비도 받지 않으셨다. 자기의 장막교회에 와서 회개하고 하나님을 믿으라고 하셨다. 한 번은 소경이고 벙어리고 귀머거리인 병자도 고치셨다. 팔푼이도 고치셨다. 아, 어디까지 가는 것인가. 제자들이 걱정하기 시작했다. 무슨 요술인가, 짜고 치는 치료인가 의심하는 사람도 있었다.

"선생님, 그 환자가 어떻게 치료 되었습니까? 고질병 환자인데요."

"아니, 나를 의심하는가? 그 사람은 회개하고 새르운 희망을 가지고 병을 고쳤다."

"회개만 하면 병이 고쳐집니까?"

"복음을 들어야 하느니라. 그리고 스스로 자기 병을 고칠 수 있다는 의지를 가져야 한다."

"그러면 병이 고쳐지는 것입니까?"

"고쳐진다고 생각해야 하느니라. 너희들이 모두 나에게 회개하고 복음을 듣고 믿으면 너희들도 생의 병을 고칠 수 있으며 영원히 죽지 않고 살 것이니라. 나 예수의 말이다. 나는 길이요 진리이요 생명이니라. 나를 믿고 따르면 너와 너희 집이 구원을 얻으리라. 오늘은 이만하고 시원한 갈릴리바다로 나가자."

일행들이 호숫가에서 가까운 식당이 줄비한 장터를 지나가다가 시골 아낙네에게 좁은 장사 터를 내주고 잔돈 텃세를 받으며 다니고 당나귀나 낙타의 임시 보관소 텃세를 받고 있는 알패오의 아들 레위가 세리로서 잔돈 주머니를 옆구리에 차고 길가 의자에 앉자 있었다. 예수께서 물었다.

"이름이 누구세요? 이제 그만하고 전대를 풀고 나와 함께 복음교회에 가서 우리와 함께 복음화 사업합시다."

레위가 대답했다.

"예? 감사합니다만. 저는 마태라 합니다. 텃세나 받는 세리인데 저를 받아 주십니까?"

"그렇소. 우리 같이 교역자로서 개척교회의 복음사업을 합시다."

마태는 예수께 절하고는 차고 있던 전대를 옆에 있는 동료 관원에게 넘겨주며 말했다.

"이제는 짐을 벗었다. 나는 이제 더 이상 세리 안 한다."

레위는 어릴 때 동네아이의 이름이니 어른이 되었어도 동네사람들은 천한 세리라고 아이의 이름을 그대로 부르는 자들이 많았지만, 자기는 어른의 이름인 마태라고 예수님에게 신고하였다. 레위인 마태의 아버지 알패오가 아들이 하찮은 일을 하다가 예수의 복음역사에 들어갔다 함을 듣고 예수를 자기 집으로 초청하여 음식을 대접하고자 제자들에게 말하니 다른 여러 예수의 제자들은 이구동성으로 말했다.

"예수님, 푼돈이나 만지는 사람의 집에 가시는 거 별로이다. 가시는 것이 좀……."

"사람은 평등하며 귀천이 없다. 다 같이 참석하자."

마태의 집에 도착하니 마태의 친구 세리들과 아버지 친구, 또 세리들과 세리의 친구 세리들과 모두 텃세받는 세리들 판이라. 예수께서 그 세리들과 어울려

"나는 목수출신이니 나무를 괴롭히는 나무 세리요. 그러나 나무라도 잘 가꾸면 그 나무는 모두가 감탄하는 가구가 되오. 나무를 가꾸는 목수는 그래도 목수는 목수요."

모두들 이 말을 듣고 예수와 함께 크게 웃었다.

예수를 염탐하기 시작한 바리새인들이 이제는 세례 요한을 구금한 후 예수의 동태를

보려고 접근하기 시작하였다. 항상 이상한 종교가 나타남을 경계하는 것이다. 마태가 예수의 제자가 되매 예수의 일행은 8명으로 되었고 저자는 7인이었다.

주변에 바리새파교회는 예수가 신도들이 없으니까 세리들까지 모아 그들의 돌고 도는 때묻은 푼돈을 헌금으로 모으는 당시 천한 사람신분이었던 세리 같은 자들로 비슷하게 몰면서 무엇으로 엮을까 궁리하고 있었다. 그들은 제자들에게 말하였다.

"너희 스승은 천한 사람들과 지내면서 신도나 신자들을 모우나? 돌팔이 의술이라고 펴면서 아무데나 진료소 열고 치료침상 만들어 의료행위하고 나중에 헌금을 받고 무슨 권한으로 복음은 전하며 누구 이름으로 하나님 기도문을 만들어 전파하며 무슨 권세로 이 땅, 저 땅 다니며 자기 땅인 양 캠프치고 야영하뎌, 법원에서 방면하거나 가석방한 죄인들까지 위로하며 감사의 기도라고 하며 신도를 모으나? 모세율법을 따라 음식을 금식하거나 손을 씻거나 외식을 금하는 날도 있으나 지키지 아니하고 밀밭을 지나가며 밀 겨울을 그대로 훑어서 가리지 않고 야만인이나 유목민이 하듯이 날불에 굽거나 삶아서 먹는다는데, 세례 요한의 제자들도 이같이 하지 않았는데, 무식한 세례 요한 패거리들보다 더 심하게 하고 다닌다. 너희들은 어디서 왔으며 예수는 누구인데 자기 마음대로 기도문을 만들며 금기시하는 음식생활 문화를 제 마음대로 해석하여 고치는가? 이유를 말하라. 더욱이 안식일에도 환자들을 돌보며 고치는 행위까지 하나. 이는 모두 모세의 율법에서 금하는 일이므로, 너의 선생이 율법에 위반됨으로 강력히 경고하는 바이다. 경고한다."

"경고해라. 경고하는 권리는 어디서 나왔다더냐?" 하고 제자들이 답하였다.

그러면서도 제자들은 염려하여 예수님에게 요주의의 말씀을 드렸다. 예수가 말했다.

"세례 요한을 말로써 몰아들여 헤롯 안티파스 왕이 헤로데아와 혼인함이 간음이요 아니요라고 슬쩍 물어보아 그 요한이 대답을 실수로 '그건 간음이다' 한 것을 가지고 왕족을 능멸했다, 왕가를 모함했다 하고는 고발하여 요단강의 세례장에서 체포하는 방법을 이 갈릴리 가버나움에서 또 하려고 하는데 때가 되면 나중에 내 뜻이 다 이루어지고 복음이 마무리될 때 그때 내가 너희에게 내 몸을 보이리라.

지금은 무의촌에서 진료하고 있으나 의사가 있는 곳에는 성령으로 사람들의 마음을 치료할 것이라. 우리 유대의 청결한 음식생활 문화는 나 또한 존경하고 준수한다. 그러나 너무 가혹한 생활의 지장을 주는 결백증 환자와 같은 지나친 주위청결은 이방인이나 우리 유대의 다른 사람에까지 오히려 혐오감을 준다. 그러므로 최대한의 위생문화는 지키되 일부의 시대의 발전을 따라 융통성을 주었으면 하는 것이 모든 평민서민들의 바람이다. 이제 그러한 율법이 있어도, 없이도 잘 지켜지고 있으므로 너무 그렇게 삶을 죄여 좋는 지나친 청결주의는 완화하고 싶다. 그러나 나는 유대 전통의 율법을 존중한다. 다만 일상생활에 바쁜 노예나 근로자들이 몸이 아파도 치료소나 의원에 갈 시간이 없다 하여 그래도 쉬는 날에 날 안다고 찾아와서 병을 고쳐 달라 하니 내가 병을 다 아는 것도 아니고 아는 범위 내에서 그들을 보살피는 것이니 이것은 레위를 위시한 율법자들이 오히려 평상시 더 잘해야 하는 것이 아닌가?"

이 말을 들은 전통 바리새파교회와 장로들은 제자들에게 다시 경고했다.

"어찌, 당신 마음대로 해석하는 거요? 유대의 율법을 따르지 않는 자는 어떻게 된다는 것을 알 것이오. 돌에 맞을 수 있소. 다시 한번 더 경고하는 바이요."

제자들이 다시 염려하여 예수님에게 복음의 말씀이 하나님 성령으로 난 증언임을 구했다.

예수께서 말씀하신다.

"그 바리새파들의 경고는 지나간 선자자들에게도 하였던 바이며 세례 요한에게도 하였다. 누구나 금식기도를 하고 경건한 때를 가지며 외식을 하지 않을 때가 있다. 친족이 세상을 떠났을 때 그 가족은 삼가 금식한다. 사람의 아들, 하나님의 아들이 세상을 버릴 때 친척과 친구는 금식한다. 그때 주군을 위하여 금식하는 자도 있을 것이며 하늘에 계신 아버지 하나님을 위하여 삼가 금식하는 자도 있을 것이다. 안식과 금식을 강조하여 그것을 피할 수 없이 생활할 수밖에 없고 쉬는 날이라도 몸이 아프면 안식일에 쉬는 의사라도 찾아가 진료받을 수밖에 없는 가엾은 평민들이 계율을 어긴다고 지천하거나 쫓아내지 말고 부끄러움을 주지 말며 오히려 사랑하는 마음으로 돌보라.

하나님의 새로운 말씀이다. 이웃을 사랑하고 원수를 사랑하라. 병들고 가엾은 사람들은 때와 장소를 가리지 말고 사랑하라. 안식과 금식은 만군의 권능하신 여호와 하나님께서 만민을 위하여 사랑하는 마음으로 쉬도록 정하신 것이며 하나님 백성은 안식과 금식을 하나님 말씀에 따라 스스로 지키고 따른다. 이것이 나, 예수의 갈릴리 가버나움 선언이다."

바리새파 랍비들이 펄쩍 놀랐다.

"뭐 '갈릴리 가버나움의 선언'이라고? 못하는 말이 없구만. 뭐가 선언이야? 어디 저런 자가 다 있나. 랍비를 인정하지 않고 바로 하나님과 직통하자는 거구만! 우리의 모세율법과 성서를 곡해하여 해석하지 말라. 랍비와 레위를 통하여 하나님에게 이르거늘 자기가 건너뛰어 레위보다 높다는 건가? 유대의 전통을 한번에 싹 무시하는 저 인간이 어데서 왔나? 잡을 준비하라. 바알세불 같은 자가 왔다. 동방의 박트라 인도에서 바알세불이 왔나?"

후미에서 떠드는 소리를 들은 예수는 군중을 향하여 말했다.

"안식일에 선을 행하는 것과 악을 행하는 것을 비교하고 사람을 살리는 것과 사람이 죽게 내버려두는 것과 비교하라. 안식일에도 삶이 피치 못하여 죽는 사람이 있으며 살아 있는 자가 일하여 이를 수습해 주는 자가 없으면 하나님의 안식일이라 할 수 있는가? 안식일은 하나님 여호와의 안식일이며 보내어진 주군의 안식일이며 세상의 안식일이다. 안식일을 위하여 세상이 있는 것이 아니고 세상 사람도 있는 것이 아니다. 하나님 아버지께서 세상 사람들에게 주신 것이며 하나님 아버지께서도 그날은 쉬시겠으나 쉬는 것을 위하여 있는 날은 아닐 것이다. 그날은 기도하는 날이다. 그러므로 우리 다 같이 기도합시다.

'하늘에 계신 거룩하신 아버지 하나님, 우리들에게 안식일을 주셔서 감사합니다.

안식일을 지키는 자에게 복이 있나니, 만군의 주 하나님, 우주의 주 하나님께 축복을 드립니다. 우리는 안식일을 지키고 있습니다. 이 날이 우리에게 행복과 사랑의 기회를 얻는 날로 만들어 주소서. 안식일에도 쉬지 못하고 일하며 살아가는 우리를 여엿비 여기시며 안식일에도 주 하나님의 품으로 돌아가는 사람들을 보살피소서. 사람마다 천국에 이르는 순서와 날짜는 우리가 모르는 일이오니 아버지 하나님 여호와의 뜻으로 하소서.'

거룩하신 하나님 아버지, 아멘."

바리새파 특사들은 예수의 캠프에서의 이 같은 예수님의 기도에 할 말이 없었다.

"이제는 안식일 개념까지 손대나? 어쩌려고 저러나?"

"말이야 그럴듯한 말이네. 그 말 어디가 정확히 안식일이 틀렸다고 할 수 없지 않은가?"

예수의 이름은 갈릴리 전역을 통하여 퍼져 나갔다. 시돈과 두루 지역까지 사람들이 찾아와서 예수의 설교를 들었다. 예수는 주변에 많은 므리가 모여서 에워싸는 경우가 많으므로 제자들은 신변의 안전을 고려하여 강가에서 저간큼 떨어지는 곳에 배를 세우고 그 배위에서 예수께서 서서 설교하시게 하니 더 많은 사람이 그의 말을 잘 들을 수 있는 방법이라 했다. 호수 위에서 연설하실 때 기침소리 하나 들리지 않았으며 고요한 갈릴리호수 위에 안개가 자욱이 보이는 가운데 조용히 설교하시는 모습은 과히 하늘에서 내려온 천사가 말하는 것같이 고요하고 하나님 말씀처럼 또렷이 들리는 듯하였다.

갈릴리호수는 모양이 현금과 같은 줄쳐진 둥근 모양의 타악기와 같이 생겨서 그속에 진동음이 울려 나오는 것 같으므로 가히 게네사렛, 또는 킨너렛호수라고 할 만하다. 예수의 말씀은 고요한 가운데 악기에 흘러나오는 다윗의 노래처럼도 들렸다. 바로 사랑의 복음이다.

제18편

갈릴리호반 에레모스산에서의 축복

예수께서 호숫가에서 설교하시니 물가에 서 있는 사람들이 그래도 앞으로 나와 예수와 악수하기를 청하고 안수받기를 청하니 심히 주위가 어지러워 위험한지라 가버나움 서쪽으로 군중을 인도하여 갈릴리호숫가 아래로 내려다보이는 에레모스산으로 갔다.

후일 이 산은 제자들과 사람들이 복음의 산이라 하였던 곳으로 중간 허리쯤 햇살이 잘 드는 곳에 올라가서 앉으니 그래도 많은 사람들이 등산을 같이 하듯이 따라와 다 함께 서로 밀치고 당기며 좋은 자리에 앉았다.

"나사렛 예수여, 우리에게 다시 한번 복음을, 좋은 말을 들려주시고 앞으로 세상이 어떻게 될 것인지 미리 아는 것이 있으면 알려주시오.' 하고 많은 주문을 했다.

이미 사람들이 예수의 주변을 에워싸므로 제자들은 예수님을 다시 산 정상쪽에 있는 공터로 모셨다. 모든 사람들이 말씀을 들을 수 있도록 주변을 넓히고 올라오는 사람들부터 차례차례로 가까이 앉으라 했다. 많은 사람들이 줄지어 차례차례로 앉았다.

"예수님, 오늘의 말씀을 들려주십시오."

안드레가 앞으로 나가서 나무막대기 두 개로 된 짝짝이를 두 번 짝짝 두들기며 군중들에게 조용히 해 줄 것을 알리며 말했다.

"여러분, 잠깐만 조용히 하여 주시면 예수님께서 말씀하십니다."

"멀리서 들을 수 있겠나? 잘 들리세요?"

"예, 잘 들립니다."

"여러분, 나는 나사렛에서 온 예수요, 나는 변변치 않은 사람의 아들이요, 인자요, 지난 날은 목수였소. 이제 제가 뜻한 바가 있어 하나님 여호와의 말씀을 읽고 듣고 그 말씀을 드리는 것은 사실적인 것과 비유적인 것이 있으니 여러분이 가려서 들으시고 의문이 있으면 질문은 나중에 별도로 질문시간에 질문하여 주시기 바랍니다. 질문시간은 넉넉하니까요, 그러면 말씀 드리리다.

옛날로부터 하나님의 말씀이 계셨습니다.

'마음이 가난한 사람들은 축복을 받을 것이니 바로 하늘나라가 그들의 것이며, 슬픈 일이 생겨 애통하는 자들도 나중에 축복이 있으니 그들은 위로를 받을 것이며 마음이 온순한 자들은 축복이 있으니 그들은 땅을 자기의 생업으로 받을 것이며 의로운 일에 나서고 목마르게 바른 일을 말하는 사람들은 축복을 받을 것이니 그들은 나중에 마음의 충만함이 올 것이오.

자비로운 사람들은 축복을 받을지니 그들은 사랑과 애정인 자애를 얻을 것이며 마음이 순수한 사람들은 축복을 받을 것이니 그들은 하나님을 보게 될 것이며 평화를 추구하는 사람들은 축복을 받을 것이니 그들은 하나님의 아들들이라 불리우며 의로운 일로 박해를 받는 사람들은 축복을 받을 것이니 그들에게 천국이 있을 것이다.'라는 말씀이 있습니다.

그러므로 행여나 나 나사렛 예수 때문에라도 여러분들이 비방당하고 고소되고, 악담으로나 거짓으로 사람들이 여러분들을 지천하고 나무라고 비방할 때에, 침묵으로 꾹 참고 있는 여러분들은 후일 하나님의 축복이 있을 것이요, 그러므로 기뻐하고 감사하고 즐거워하시오. 하늘나라에서 여러분들에 대한 큰 보상이 있을 것이요, 왜냐하면 이전에 여러분의 선지자들도 그와 같이 박해를 당했었소.

여러분들은 세상의 소금이요. 하지만 소금이 짠맛을 잃으면 어떻게 간을 맞추는 양념으로 쓰리오. 그런 때는 아무런 물건도 되지 못하고 다만 길에 뿌려져 땅이나 다지는 데 쓰여져 서 사람들이 밟고 지나가는 흙같이 될 뿐입니다.

여러분들은 세상의 빛입니다. 언덕 위에 자리잡은 도시는 감추어지지 않습니다. 사람들은 등잔불을 물동이 밑에는 두지 않습니다. 오히려 등잔대 위에 두어서 집안에 있는 모든 사람들에게 빛을 줍니다. 그러므로 여러분의 빛을 사람들 앞에 비치게 하여 그들이 여러분의 선행을 보고 하늘에 계신 아버지 하나님에게 영광을 찬송할 것입니다.

찬송은 곧 아버지 하나님 여호와의 보상노래입니다. 우리 다 같이 찬송합시다. 다윗 왕의 하나님 여호와에 대한 찬송과 찬양을 듣고 노래합시다. 시편 제1편입니다.

'복이 있는 사람은 악인의 꾀와 협잡을 따르지 아니하며 죄인의 길에 서지 아니하며 오만한 자의 자리에 앉지 아니하며 오직 여호와의 율법을 즐거워 노래하며 음유하며 묵상하는 사람들이로다.'

계속하여 시편 23편을 노래합시다.

'여호와는 나의 목자이시니 어린 양인 나를 안아 주시니 더 이상 바랄 것 없이 포근하고 행복합니다. 그리고 나를 풀이 많은 잔디어 내려놓으시고 풀을 뜯게 하시며 목마르면 물가까지 인도하여 먹고 마시도록 이끌어 주시니, 실로 여호와 주 하나님께서는 저 영혼까지 저의 빈 속을 채워 주셔서 감사합니다.

부디 여호와 주 하나님이시여, 저를 바른 길로 가도록 인도하여 주소서.

그 이름으로 기도합니다. 기도합니다. 아멘."

따라 찬송하던 사람들과 듣고 있는 사람들이 스스로 다들 놀랐다.

"빨리 적어라, 적어. 야, 이런 말씀을 누가 여태까지 한 일이 있나? 배워라, 배우자."

"감사합니다. 잠깐만 조용히 하십시다." 안드레가 나와 말하였다.

예수님께서 다시 말씀하신다.

"우리 다 같이 기도합시다.

하늘에 계신 우리 아버지 하나님, 당신의 이름이 거룩하시며,

하늘나라가 이 땅에 온누리에 내리시어

하늘의 뜻이 하늘나라에서 이루어진 것같이 이 땅 위에도 이루어지리이다.

우리에게 일용할 양식을 주시고

우리가 우리에게 빚진 자들에게 우리가 그 빚을 면제해 주듯이

하나님 아버지시여, 우리의 빚이나 죄를 면하여 주소서.

그리고 우리가 시험에 들게 하시지 마시고

다만 악한 것으로부터 우리를 구하여 주소서. 아멘."

앞에 앉은 제자들이 같이 외쳤다.

"하나님 당신은 바로 하늘의 왕국이시며, 왕권이시며, 그 영광은 영원히 빛날 것입니다."

제자인 안드레가 다시 자리에서 일어나 짝짝이 막대기를 두 번 두들겼다. 그리고 말한다. "여러분! 모두 자기 자신들의 자유로 자유기도 시간을 가집시다. 그리고 예수님의 이 거룩한 기도문은 기억하시고 축복의 말씀을 되새깁시다."

산상에 모인 수많은 사람들이 제각각 스스로 축원과 가족의 건강과 행복과 소망의 기도를 드렸다. 기도와 축원의 소리가 벌판을 퍼져 나가 가히 하늘에 이르렀을 것 같았다.

"여러분, 감사합니다. 예수께서 말씀을 마치시고 떠나십니다. 비켜 주십시오."

그들은 배를 따고 가버나움 남쪽 게네사렛으로 들어가서 휴식을 취하였다.

예수의 축복의 복음이 퍼지자 옥중에서 세례자 아인케렘 요한은 기도문과 축복의 설교를 전하여 듣고 말했다.

"아, 이제 내 뜻이 이루어졌다. 그가 바로 올 그 사람이 틀림없도다. 이 축복의 말씀이 세상을 지도할 날이 멀지 않았다. 이제 나는 그가 뜻을 세우고 뜻이 이루는 것을 지금 보니 여한이 없다. 새로운 복음의 시대가 율법의 시대를 대신할 것이며 새로운 나라가 임할 것이라."

그는 면회를 간 제자들에게 옥중에서 예수에게 그 말을 전하라고 했다.

제19편

나사렛으로의 반의환향

예수는 각지를 주유하면서 고향에도 와서 설교해 줄 것을, 고향 유지들 몇 분의 간곡한 요청을 받고 제자들과 함께 흰 옷을 입고 고향에 다시 갔다. 지난 결혼식 때 4명의 제자들과 떠났던 때와는 전혀 다른 양상으로 무수한 무리들이 나란히 캠프를 치며 따라오는 그야말로 유목민의 대이동처럼 많은 군중이 모여들고 따라왔다. 전통의 유대교단에서 경계의 눈초리로 일행들을 쏘아 보았다.

"저러면 안 되는데, 선동적 선교행위 아닌가? 예수 집안사람들이 좀 말리든가 자중해야지. 저 예수 아니야? 목수 요셉의 아들(The Carpenter's son), 마리아의 아들 아냐? 그가 무슨 선지자야? 어디 선지자가 없어서 예수 같은 사람들이 선지자야, 나원. 우리집에 책상과 의자나 장롱을 만들어 준 지가 엊그제인터, 무슨 랍비 선생님이라고? 말도 안 되지."

옆에 따라 서 있던 동네 청년이 말한다.

"어르신, 그 어린 임마누엘 예수가 아닙니다요. 어르신도 청년 때 생각하십니까?"

"옛기, 나하고 맞먹어? 맞먹어라, 맞먹어. 누굴 가르치냐?"

"어르신, 예수가 다른 동네에 가서 축복의 말씀을 전하여 복을 주는데 우리 동네가 먼저 받지 못할 정도는 아니라도 우리도 축복의 말씀을 듣고 예수의 인기가 아주 좋으니 예수의 고향 나사렛이라 하여 이 촌구석이 빛을 보고 관광지로 개발 좀 합시다. 나사렛이 좀 좋은 곳입니까요, 기후도 좋고 물도 많지요. 가버나움처럼 공중사우나 목욕탕도 많이 만들어 인구도 유입하고 좀 잘사는 동네로 만들어 보십시다."

"그래, 동네 다 말아먹어라. 동네 땅 팔아먹고 양, 소, 다 팔고 동네 통째로 넘겨라."

"어르신, 여기 이 촌에서 교육기관 하나 제대로 있고 장학사 하나 제대로 옵니까? 고향을 떠난 자들이 외지에서 그나마 잘삽니다. 소문에 의하면 사람들이 예수님의 지혜를 받고 가난을 허물하지 않으며 조상을 탓하지 않으며 하나님 말씀을 잘 듣고 자신 있게 살아가게 되었으며 부지런히 일하고 상가나 농가에서도 많은 수익도 올리고 있다고 합니다. 그리고 아픈 곳도 치료해 주니 정말 무슨 선지자로 생각한다고 합니다."

"그만해, 어른이 말하는데, 너무 예수만 치켜 세우나? 여태까지 가르치거나 살아온 동네 어른들이나 랍비는 가난만 안겨다 주고 고생만 사서 시키고 일 못한다고 꾸짖기나 하고 나무라고 위엄이나 떨고 있는 꼰대라고, 세상도 모르는 사람이야? 저 젊은 예수만 잘났고?"

"어르신, 그게 아니고요. 예수 선생님이 우리 동네 출신 아닙니까? 저렇게 훌륭한 사람이 되어서 왔는데 좋은 일 아닙니까요?"

"고만해라 그러지 않나. 하, 저 아이가 자라 이제 유명한 선지자가 됐다니 세상 모를 일이다."

예수가 나사렛 동네 어귀에 당도하여 초청한 사람들과 함께 초청자의 집에 들어가니 많은 사람들이 방안에 앉았다가 같이 일어서매 제자들이 같이 들어가 서로 인사하며 예수님을 소개하였다.

"여기는 예수님의 고향인데 아는 친구들도 많고 친척들도 있는데 우리 고향 나사렛을 위하여 축도의 말씀을 부탁합니다. 그동안 이 나사렛에서 예수님 전도역사에 도움을 주지 못하여 부끄럽습니다만, 이제 여기서도 복음화 사역을 하시고 우리 교회를 새롭게 하고자 합니다. 우리를 제자로 삼아 주십시오."

"예수님께서는 개척교회 제자를 예수님을 포함하여 12분으로만 하시고 더 이상의 직접 제자를 정하시지 않겠다고 하십니다. 12분을 지파로 하여 12분씩으로 다음 단위 반으로 하시겠다고 합니다."

"벌써 12조직을 가지고 계십니까? 12분 제자 담임님은 누구십니까? 그러면 우리가 연락하실 분은 누구십니까?"

"이 지역은 예수님께서 제자를 별도로 두지 않으시려 합니다."

"그건 왜 그러십니까?"

"우리도 잘 모르겠습니다. 직접 여쭤보시지요."

"예수님, 어떻게 그러십니까? 고향에 대하여 좀 서운하신 게 있으십니까?"

"전혀 그렇지 않소. 나는 이 나사렛을 사랑하오. 나로 인하여 핍박을 당할까 하여 우리 고향 사람들의 나에 대한 호의는 감사하오만, 나를 비난하는 사람들도 있으니 고향을 보전하기 위함이오."

"무슨 별말씀을, 누가 예수님과 제자를 핍박합니까? 세상에 좋은 복음을 주시는 대요."

"나는 나를 따르는 친족이라도 직접 제자로 하지 않는 것이 좋다고 생각합니다. 머지않아 나를 모른다는 분도 있을 것이며 나의 친척이 아니라고 말할 분도 있을 것이오. 특히 선지자는 고향에서 인정받지 못하고 도리어 곤궁에 처하는 경우가 많소. 지나간 선지자들이 그러했고요, 새로운 복음은 잘 이해되질 않아 일부 교회의 교파는 역풍을 일으킬 우려가 있다고 염려하는 사람도 있소."

"예수님, 천만의 말씀입니다. 전 갈릴리지역이 예수님의 설교와 기도에 감명받고 있습니다. 누가 그런 말을 합니까? 예수님은 새로운 선지자이십니다. 우리는 도울 것입니다."

밖에서 어수선한 소리가 들렸다. 누군가 들어와 말한다.

"예수님, 밖에 예수님 모친이신 마리아님고 동생들과 여동생들이 와서 예수님을 찾는다고 합니다. 어서 나가 보시지요. 우리가 먼저 예스님 고향집에 예수님이 여기로 오실 거라고 알려 두었습니다. 이제 왔나 봅니다."

"아, 감사하오. 그렇지만 여러분과 함께, 나와 함계, 제자들과 함께, 나와 같이 기도하시는 여러분들이 바로 내 형제요, 나의 어머니이며, 내 여동생들이오. 내 육신의 가족들을 초청하여 주셔서 감사하오."

예수님은 모친 마리아 어머니께 인사드리니 성모마리아 어머님은 예수님을 반겨 주셨다. 그리고 형제들 토마스, 야곱, 요셉, 유대 요셉, 시몬과 악수하고 누이동생들을 위로했다. 어머니를 잘 보살펴 주어서 고맙다고 하셨다. 그리고 토마스에게 목수 사업에 대하여 물으셨다. 그리고 여동생의 남편이지만 자기보다 나이 많은 매형과 나이 적은 아래 매제에 대하여 여동생들을 항상 잘 부탁한다고 하셨다.

매제가 말했다. "형님, 너무 걱정하지 마십시오. 우리 잘 살고 있습니다."

여동생의 남편이지만 나이가 꽤 든 매형이 예수님에게 걱정되는 얼굴로,

"내가 예수님에 대하여 근심하여 여러 가지 이야기를 한 적이 있는데 이해하시길 바라네. 그러나 항상 조심하시고……. 이제 보니, 정말로 선지자 랍비 선생님시네 그려."

"나를 걱정하지 말고 내 여동생에게나 잘해 주시고 잘살기 바라네."

서로는 거리낌이 없고 나이 차이도 별로 없었다.

초청집 주인이 와서 따뜻한 녹차를 준비하여 즐비하게 자리에 놓았다.

"예수님, 가족들도 다 모이시고 하셨으니 좋은 말씀 들려주시고 우리들 가족과 고향 나사렛을 위하여 기도하여 주십시오."

예수님이 기도하시고 마을의 발전을 위하여 하나님의 뜻이 이루어지시길 기도하셨다.

그리고 마을 회관으로 가서서 많은 사람들에게 설교하시고 이어서 고향집을 잠깐 들린 후 동생 토마스를 다시 만나 둘이 장시간 이야기하셨다.

"형님, 제가 형님 복음화 역사에 참여해도 되겠습니까? 매형도 목수이고, 매제는 우리가 데려다 키우듯이 하여 목수 일로 생활이 자리를 잡아가고 있으며, 저도 이제 이 시골에서의 생활이 지겹습니다. 남동생들이 가업을 잘 지키고 어머님은 자주 누이들 집에 편안히 다니시니 이제 저도 동생들에게 맡기고 형님의 복음을 따라 나서겠습니다. 데려가 주십시오."

"토마스 너는 본래 의심이 많아 나를 따르겠다는 것을 믿질 못하겠다. 나를 믿고 따를 수 있는 자세와 어려운 이 복음전도의 역사를 같이 해낼 수 있겠나? 그리고 다른 제자들이 너를 나의 제자로 삼았다면, 제자들이 의심할 수도 있다. 제자들의 거동을 나에게 비밀리에 보고하는 수하로 보면 어떻게 하나? 내가 너를 받아들인다면 먼저 제자들에게 너 자신이 동의를 구하고 나도 사전에 말을 해야 된다."

"예수 형님께서 12제자들만을 이스라엘 12지파처럼 두시겠다고 하는 소리를 들었습니다. 그런데 아직 12명이 되질 많아서 여러 사람들이 형님 문하에 들어가길 원합니다. 저는 형님을 잘 모실 수 있고 다른 제제들과도 안면이 많으며 이번에 고향에 오실 때 먼저 형님 제자들과 만나서 저를 좀 끼워 줄 수 없느냐고 물었으며 동의를 받았습니다. 그들 말이 예수님께서 허락하시면 자기들은 이의 없다고 말입니다. 저는 형님이 누구신지 압니다. 그 옛날, 아니지요 어릴 때 예루살렘에서 형님이 13세 때에 성년식을 올리러 가셨을 때 누군가가 형님을 데리고 가서 그 큰 교회당에서 특별히 형님을 시험한 적이 있지요. 형님은 우리 같은 평범한 분이 아님을 후에야 알았습니다. 형님은 과연 누구십니까? 우리들의 목자이시라는 것을 저는 들었습니다. 형님을 존경하며 이제 형님을 저의 목자로 모시며 랍비로 모시며 메시아로 모시겠습니다. 그리고 형님을 엄호하겠습니다. 어머님께서 형님을 걱정하시고 세례 요한과 같은 불상사가 나지 않도록 당부하셨습니다. 이 길은 저도 원하옵고 어머님께서 형님을 도와줄 것을 간곡히 부탁하시매 형님께 말씀드리는 것입니다."

"너가 내가 하는 말에 의심을 두고 자랄 때처럼 나를 경계하려거든 나한테 오지도 말라. 목수 일은 가업이고 신성한 것이니 나를 따르는 것보다 나를 잊어버리고 생업을 계속 하는 것이 좋다. 오히려 복음화 사역에 너가 방해가 될 수도 있고 우리 형제가 모두 발을 같이 들여놓는 것은 안전상 그러네. 그러니 집에서 어머님을 모시고 편안히 있거나, 동생."

"형님, 아닙니다. 제가 옆에 있어야만 형님이 안전하시며 어머님께서 편안해 하십니다. 이제부터 형님을 예수 선생님, 선지자, 하나님의 아들로 부르겠습니다. 육신의 형이라는 것을 완전히 잊어버리고 스승으로서, 주군으로서 모시겠습니다. 선생님, 이 토마스를 제자로 거두어 주십시오. 앞으로 형님이라 부르지 않겠습니다. 선생님으로 부르겠습니다. 제자들이 부르는 대로 하겠으며 제자들과 함께하겠습니다."

"동생의 간청을 뿌리칠 형이 어디 있겠는가? 하지만 이것은 종교적 일이며 큰 위험이 있을 수 있다. 나는 내 종친이 나로 인하여 핍박을 받는 것을 원치 않는다."

"선생님, 제가 마음을 걸고 선생님을 모시겠습니다."

"제자들과 의논하여 정하겠다. 그러나 동지대열에 같이 해주는 것은 다른 제자들이 결정할 문제이니 그렇게 되었다고 단언하지 말라."

"감사합니다. 이번에 가버나움에 돌아가실 때 저도 함께 가게 해 주십시오. 저는 무조건 선생님을 따라가겠습니다. 저도 형님께서 복음을 직접 듣는 것이 좋겠습니다."

"알았다."

예수는 고향을 떠나면서 성모마리아 어머님의 허락을 받아 동생 토마스를 데리고 제자들과 함께 고향사람들의 환송을 받으면서 나사렛을 떠나 가버나움으로 돌아가게 되었다.

제20편

트라이앵글 복음의 삼각지대

가버나움으로 돌아오는 길에 제자들은 예수님께 토마스를 제자로 삼으실 것을 추천하였다. 예수님은 마지못하여 승낙하시니 예수의 일행은 9명이 되었으며 제자는 8명이 되었다. 제자들은 연이어 그동안 같이 지내며 개척교회 선교역사를 거들어 주던 동료 중에서 성실하게 일해 온 마태의 아버지쪽 친척인 알패오씨의 아들 형제인 야고보와 다대오를 제자로 천거하자 예수님은 인정하여 제자로 삼으시고, 또한 가나안 출신이며 한때 유대 왕궁 수비대 전사였으나 뜻한 바가 있어 군대를 나와 떠돌이 칼잡이 무사로 있다가 질롯 애국 투쟁당에 가담했던 시몬을 독립투사, 페트리엇(Patriot) 시몬으로 이름을 지어 주시고 제자로 삼으셨다.

예수님의 일행은 12명이 되었으며, 직접 제자는 11명이 되었다.

"이제 우리들이 12명의 인원이 꽉 찼다. 이제 11명의 제자들이 되었으니 이제 제자로 그만 뽑고 제자들 단위로 운영위원회를 만들어 공정하게 복음사역을 정하고 제자들 하부 조직으로 다시 11명씩으로 선교방향을 정해 나가면 많은 성도와 신자가 생길 것이다. 운동경기도 한 팀이 11명이 좋다고 하더라."

"제자들을 12명으로 하시는 것이 어떻습니까? 12지파의 의미와 일맥상통하는대요?"

"내가 있지 않은가? 너희들이 짝수일 경우 의견이 동수로 맞지 않으면 결정이 어렵지 않나?”

“선생님이 계시니 결정하시면 되지 않습니까? 선생님까지 13명이 되는대요.”

“나까지?”

“한 사람을 더 제자로 정해 주시면 모양이 좋겠습니다. 한 명만 추천하면 되지 않겠습니까?”

“나를 포함해서 12명으로 하면 되는데 12지파는 선지자나 지도자 포함해서 다 그렇게 하는 게 좋아. 12지파도 레위족 포함이야.”

“예수님, 우리는 12명 되는 것이 좋겠다고 생각합니다. 제자 중 한 명이 사고나 참석하지 못할 확률을 계산해서 12명이 되는 것이 우리는 편합니다. 12제자이며, 12사도라 함이 좋습니다.”

“……, 뭐 정해둔 사람이 있는 모양이지?”

“가룻 땅에서 만난 가룻―시몬의 아들인 가룻 유다는 어떻습니까? 지금도 열심히 역사한다고 자기 딴에는 열심히 합니다. 이방인의 언어를 잘하고 모임에 총무로 제격이며 식당도 운영해 보아서 저희들이 때가 되었을 떠 풍족하지는 않지만 먹거리 등 잘 준비합니다. 또 재무회계에 밝으므로 공정하게 총무를 시켜도 잘할 겁니다.”

“……, 마태가 있지 않나?”

“마태는 공정한 세리 출신이지만 헌금 등을 관리하는데 사람들의 이목도 있으니 그렇지 않습니까? 전용 세금관리를 두었나 하고요. 그때 마태는 선생님이 직접 뽑…….”

“어찌 하는 일이 복음을 전하는 일은 벌써 마다하고 관리 위주로 놀려고 그러느냐? 벌써?”

“선생님, 벌써 성도와 신자들이 구름처럼 모입니다. 자선하겠다는 사람들이 많고 그분들 명단도 관리해 주거나 서로 알려주어야 하는 문제도 있습니다.”

“헌금하는 사람들이 있으면 마다하지 못합니다. 그들의 성의를 받아 주서야 하는 문제입니다. 우리는 그런 헌금관리 등 일에 능하지 못합니다.”

“착한 너희들이 귀찮아하는 일이라 보아서 피하는데 가룻 유다가 적당한 사람이냐?”

“가룻 유다만한 인물을 발견하기란 어렵습니다. 우리가 발전하려면 유능한 젊은 사람도 필요합니다.”

“시몬 베드로, 너는 왜 말이 없는가? 베드로 그대가 맡아서 다 하면 되질 않을까? 헌금 등이 얼마나 된다고 그러나? 헌금 모우지 말고 즉시 가난한 사람들에게 쓰라.”

잠자코 있던 베드로가 말한다.

"어이, 동지들! 우리가 계산을 밝힐 일이 있나? 우리가 무슨 사업을 하나? 대차대조표가 필요하나? 선생님 말씀으로 역사하는데 무슨 회계 잘 하는 사람이 필요하나? 우리가 장사하나? 경리가 왜 필요하나? 선생님 말씀대로 11명이 좋겠다. 사람은 신중하게 선택하는 것이 좋겠다. 가룟 유다는 너무 똑똑해서 예루살렘 시내에서 사업하는 게 더 좋을 텐데. 사업 장소가 더 나을 텐데. 잘못 찾는 것 아냐? 친구들?"

"베드로 형님, 말씀이 옳습니다. 선생님 말씀이 지당하시고요. 그러나 현실은 우리가 움직이는 데 벌써 애로가 생기고 있습니다. 마태가 우선 도맡아 하고 있고 베드로 형은 관리에 관심이 없고 마태가 자기가 관리함은 계속 문제가 있다고 하지 않으려고 사양하니 제자 분들 중에 한 사람을 정하여 주십시오. 만약 선생님께서 반대하면 제자의 반열에는 들 수 없습니다."

"베드로 형님. 의견도 그렇고 벌써 우리들 의견이 통일되지 않으니 예수님의 말씀대로 11명으로 합시다. 관리는 제자들이 돌아가면서 맡으면 되겠습니다."

"우리 11명 중에 한 보따리도 안 되는 작은 이 헌금전대를 다들 피하니 길거리에 두고 다닐건가 하는 심각한 문제입니다. 실제로 마태, 가룟 유대 외에 해 본 사람이 없습니다. 선생님 육신의 동생이신 토마스가 하면 어떻습니까?"

"그건 말도 안 되지. 선생님이 그렇게 하라 하시겠어?"

"선생님, 이 문제는 우리들에게 맡겨 주십시오. 아주 골치 아픈 이야기입니다."

"그렇게 하시오."

"그러면 우선 11명이냐, 12명이냐부터 우리 제자단이 결정해도 좋겠습니까?"

"알아서들 하시게나."

"그러면 예수님, 저희들이 이것을 그리스적으로 결정하여 선생님께 추천하여도 되겠습니까?"

"뭐 그리스적이라, 너희들도 벌써 여기서 민주화운동하나? 너희들이 같이 있을 형제처럼 지낼 사람들이니 너희들이 정하거라."

"약간 못마땅하십니까?"

"괜찮다."

그들은 표를 나누어 주어 추첨으로 제자들의 숫자를 정하였다. 12명으로 나왔다.

"여수님, 우리들이 12명으로 추천하고자 결정하였사온데 예수님께서 극구 반대하시면 하지 않는다는 조건으로 결정하였습니다."

"너희들도 벌써 제자단을 만들려 하느냐? 모르겠다 마음에 맞는 사람으로 구하여라."

그들은 또 제비를 뽑아 여러 사람들 중 제자가 될 한 사람을 선택하여 예수님께 추천하였다.

"좀, 말씀드리겠습니다. 가룟 지방 출신이며 좋은 가문인 가룟 유다가 그 중에 추천하게 되었습니다. 승인하여 주시면 하겠습니다만, 안 좋으시면 없었던 걸로 하겠습니다."

"결국 가룟 유다냐? 그러면 나와 함께 너희들까지 전부 13명이 되나?"

"그렇습니다. 지도자 선생님 한 분에 그 지파 12제자입니다."

"벌써 나의 뜻이 그런 것까지 일할 사람으로 정하다니 불편하구나."

"그러면 취소하리까?"

"아버지의 뜻일 것이다. 가룟 유다는 잘 듣는 마음을 가져야 하는데……."

"예? 유다가 문제 있습니까?"

"아니다. 그래 승낙하마. 너희들은 서로 형제처럼 지내고 우의를 돈독히 하라. 그리고 운영도 잘하고, 12명이 잘 해야지 잘못하면 12사도단이라는 이상한 소리를 듣는다. 한 줌의 부끄러운 일도 하지 마라. 빼돌리는 일이 없게 하라. 세상에 좋지 않은 일을 하거나 모략을 쓰거나 제자들, 동지들끼리 주도권 싸움질이나 하면 내가 조직을 해체시킬 것이다."

"선생님, 우린 정치적 집단이나 어깨집단이나 폭력으로 밥 먹는 집단이 아닙니다. 그렇게 세상 사람들에게 한 번이라도 보여지면 즉시 요단강이나 사해에 바위를 끌어안고 자진해서 빠져 죽겠습니다."

"아, 알았으니 그만하고, 내가 그런 일 하지 말라고 했지. 요단강이나 사해에 뛰어들어 죽으라고 했나?"

"그러면 승낙하여 주시는 걸로 알겠습니다. 그러면 가룟 유다를 불러서 선생님께 인사를 드리게 하고 우리 제자의 반열에 서게 하소서."

"……."

그들은 12제자가 되었다. 가룟 유다는 제자들 중의 하나가 되어서 열심히 복음 역사에 참여할 것과 예수님 말씀대로 열심히 하는 제자가 될 것을 다짐하고 선서했다.

"선생님, 우리와 같이 우리를 지켜보고 계시는 AJ-GNS의 바르사바 유스투스 아저씨를 저희 사제단의 고문으로 위촉하여 모시고자 합니다. 그리고 마크군은 우리의 대외 홍보담당 대변인으로 하였으면 합니다."

유스투스는 손을 흔들며 말했다.

"무슨 고문요, 사양합니다. 배운 것도 없고요. 예수님이 계시는데 무슨 일로요."

"우리 모두 배운 거라고는 예수님 말씀뿐입니다. 우리들의 자문을 구하는 고문위원이 되어 주세요." 하고 베드로가 말했다. 마크가 연이어 말한다.

"저도 여기 사제단에 참가하고 싶었습니다만 너무 어리고 해서 다음 기회에 하겠습니다. 형님들께서 양해해 주십시오." 하고 사양했다.

"저, 유스투스도 자문이다, 고문이다는 하지 않겠습니다. 예수님이 계신데 무슨 자문, 고문이 다 있습니까? 우리가 바리새파 조직이면 몰라도, 뭐 도움이 필요하면 말씀하십시오. 가진 것도 없으니 한 몸으로 때우겠습니다."

어수선한 분위기에 예수께서 말씀하신다.

"자, 이제 너희들이 해야 할 일과 사명과 행실을, 복음화 방법을 알려주고 지시하니 이 원칙을 지키고 행동하라. 이것은 일반 성도나 신자의 의무가 아니며 너희들 사도와 사제들의 수행 업무이고 모범이니라. 너희들 전대에 금이나 은이나 돈 되는 것을 가지지 말라. 여행을 위하여 가방을 무겁게 챙기지 말라. 한 벌의 옷과 지팡이, 신발 이외의 사치품이나 향수를 넣고 다니지 말라. 초청하는 사람들이 있으면 찾아가 그 집안에 하나님의 축복을 전하고 감사한 마음을 전하며 지혜의 복음을 전하라.

'천국이 가까이 이르렀으니 회계하시고 축복을 받으시오'라고 하라.

너희를 영접하는 자는 나를 영접하는 자이며 나를 영접하는 자는 나를 보내신 하나님을 영접하는 자이니 하나님을 모시는 자는 하나님으로부터 보상을 받을 것이다. 회개하고 타인을 사랑한 자들을 기억하실 것이며 천국에서 보호하실 것이다. 그러므로 너희는 너희를 부르고 찾는 성도들이 있을 것이니 그때에 찾아가 복음을 전하라. 너희가 찾아가야 할 자는 부자라기보다는 어렵고 가난하고 힘들게 사는 사람들을 먼저 찾아가 이들을 도우라. 그들은 가난하지만 성도이며 하나님의 백성이니라. 누구든지 제자의 이름으로나 나의 이름으로 하나님을 찾는 자는 그들을 구하라. 그러면 구원을 받을 것이며 어디에 가든지 우리가 있고 또 구하러 올 것임을 알리라. 하나님께서 이스라엘에게 약속하신 것은 자기를 섬기는 자에게 보상이 있음을 약속하셨으니 이제 나를 보내신 그분을 숭상하고 나를 통하여 하나님에게 이르는 길이 있음을 알리라. 나의 제자를 통하여 나를 통하여 하나님에게로 나아갈 수 있음을 알리라."

이와 같이 예수님이 제자들을 사방에 보내시어 역사하는 법을 스스로 깨닫고 돌아오게 하였다. 가버나움의 시장터 앞에 좀 떨어진 곳에 장막을 세우고 예수도 손수 복음의 말씀을 전하고 아픈 사람들을 치유하면서 거리에 직접 나섰다.

나사렛에서 어머님이신 성모마리아님께서 예수님과 동생 토마스가 어떻게 하고 지내는가 볼 겸 가버나움으로 올라오셨다. 식솔들과 함께 잠깐 동안 오셔서 이 개척교회당 모임에 참가하시고 장막에서는 아픈 환자들을 보살피시고 같이 치료하는 데 도와주셨다.

얼마 동안 더 머무시다가 다시 나사렛으로 돌아가셨다. 이를 본 사람들은 천사와 같다고 하였으며 나사렛의 어머니, 예수님의 어머니, 성스러운 마리아님이라고 불렀다.

예수님은 거리에서 외치셨다.

"천국이 가까이 왔으니 회개하시고 복음을 들으시오. 기회를 잃어버리지 마시고 심판에 들어가지 않도록 회개하시오. 하나님의 복음은 자기 자식을 사랑하듯이 이웃을 사랑하고, 서로를 사랑하며 원수를 사랑하시라는 말씀이오."

하고 외쳤다. 지나가는 사람들이 물었다.

"예수 선생, 그렇게 목메어 외치시는 이유가 무엇입니까요? 남들이 천국에 가든가 말든가 이웃을 사랑하든가 말든가, 원수를 사랑하든가 말든가 왜 예수님께서 걱정하십니까요? 자기들 알아서 할 터인데, 원수를 사랑하는 일이 그리 쉽게 가능하십니까? 왜 그리 야단하십니까? 예수님은 원수가 없겠지만 생활하다 보면 사람이나 민족에게 원수 같은 존재가 있고 불구 대 천지 원수 같은 존재가 있지 않습니까? 어떻게 그것이 한쪽 일방이 사랑한다 해서 없어지고, 더욱이 원수를 사랑한다는 말씀이오. 왜 선지자들은 가끔씩 나타나서 툭하면 세상의 종말이 왔다, 회계하라 하고는 지나가고 또 잠잠하면 또 누가 나타나서 한마디 하고 지나가서 사람들의 오장육부를 뒤집어 놓고 지나가고 합니까?

이제 아주 기회가 왔습니다. 이왕에 또 선지자 말씀과 같이 선지자로 오셨으니 세상의 종말이 언제 오며, 왜 오며, 누가 와서 심판하며, 어떻게 심판하며, 그 심판에서 구원될 자는 누구이며, 어떻게 구원하며, 세상의 종말을 피할 길이 없는지 알려주시기 바랍니다.

그리고 지금까지 왔다가 사라진 그 사람들처럼 궤변과 허튼 소리로 민심이 걱정스러울 때는 스스로 그 책임을 지셔야 할 것입니다. 답변하여 주소서."

"당신들은 최후의 심판이 어떤 것인지 모릅니다. 최후의 심판은 타락과 원수를 사랑하지 못하는 데서 오는 것이요, 소돔과 고모라도 겪어 보지 못한 가공할 폐허의 심판의 날이 올 것이요, 그땐 일찍 죽은 자들을 부러워할 것이요, 죽으려고 해야 죽을 수 없고 고통이 온 몸을 굵은 바늘로 찌르는 통렬한 아픔을 견디기 어려울 것이요, 그럴 때를 대비하여 회개하고 나의 복음을 들으시오. 이웃을 사랑하고 원수를 사랑하고 누가 자기의 왼뺨을 치거든, 자기의 오른손으로 상대방의 왼뺨을 되받아 치고자 하지 말고 오른뺨도 내어 주시오. 이것이 하나님의 복음이오."

말하는 도중에 많은 사람들이 비판했다.

"아니, 그러면 남의 뺨만 치고 다니는 자가 세상을 활보하는 상태가 될 것인데 어떻게 그런 세상이 있소? 그건 말도 안 되는 복음이며 복음이 있기 전에 이미 무고히 억울하게 뺨 맞는 사람은 복음을 받지 못한 거 아니요? 어찌 뺨 맞는 것이 하나님의 복음화 사업이요? 지금 예수 선생께 누가 뺨을 친다면 가만히 맞으시겠소이까?"

"나는 그 이상을 받게 될 거지만 나는 실천하는 것을 여러분이 볼 것이오."

"언제 예수님이 그러하실 때가 올 것이며, 세상의 종말은 언제가 될 것이며, 왜 그때가 올 수 있으며 그때는 언제, 어떻게 또 누가 시작하며 누가 사람을 못 견디게 하는 것입니까? 이상한 말씀을 하시지 말고 왜 최후의 심판이 왜 있으며 언제쯤 오며 누가 오는 것이며 와서 어떻게 한다는 것입니까? 직설적으로 가르쳐 주시기 바랍니다.

여태까지 모든 선지자들이 제마다 최후의 날이 온다고 비유적으로 말하는데 구체적으로 질문에 답하여 주십시오."

"우리 사람들이 하나님의 복음을 외면하고 타락하고서도 회개하지 않으며 이웃과 원수를 사랑하지 않을 때 세상의 종말이 시작하며 원수를 사랑하지 않았던 자보다 먼저 당연히 원수를 저지르는 자를 먼저 심판할 것이며, 그 죄악은 용서받지 못할 것이요, 그리고 원수를 원수로 되갚는 자도 심판을 면하기 어려우리다. 그 억울함에 당하여 원수를 보복한 자에 대하여는 심판이 적절히 있을 것이라는 것이요, 그러나 심판을 받기 전에 우리는 심판의 대상이 되지 않게 하는 것이 심판과 자기와는 전혀 상관없게 하는 것이 우리가 갈 길이요, 우리는 원수에 대하여 우선 그 죄를 사하여 주시고 허물을 용서하되 진심으로 용서하여 주고 그러고도 안 될 때 하나님의 심판을 생각하고 정당한 보복인지 깨닫고 보복에 임하여야 최후의 심판에서 구제될 것이요, 그것마저 없는 세상이면 여태까지 원수를 일으키고 남의 뺨만 이유 없이 치는 자들이 세상을 지배했을 거요.

그러나 지금까지 보와 왔듯이 남을 괴롭히고 핍박하고 도리어 경우가 없게 고소하는 사람들이 있고 이들은 나중에 악인으로 밝혀져 그들은 사전에도 심판을 받았고 사후에는 지옥으로 갔을 거요. 이 세상에도 용서받지 못할 만큼 죄를 저지른 자가 어찌 저 세상에 가서도 편안히 살 수 있겠어요? 하나님께서 필히 심판하시리다. 그러므로 심판하실 분이 당연히 올 것이며 구원받는 사람이 있다는 것입니다. 여러분은 이 심판은 이집트의 역사에서나 이집트 사람들의 죽은 후에 심판에 대한 말을 들어본 일이 있을 것이오.

내가 새삼스럽게 이야기하는 것은 아니며 으리 유대의 교리 또한 여호와 하나님의 심판에 대하여 무수히 쓰어 있소. 나는 그러한 심판에 대하여 구원되려면 하나님의 복음을 들어야 하며 그 복음을 듣는 자나, 실천하는 자나 그 민족은 구원받을 수 있다는 것이오.

심판의 날은 이미 가까이 와 있소. 특히 지금 우리 민족에게나 이방인에게나 함께 와 있소. 이미 뺨을 친 자는 정당성을 주장하며 스스로 잘한 일이라 생각하지만 오히려 보복이 두려워 다시 선수를 치려고 준비하고 있으며 이유 없이 재물을 빼앗기고 뺨을 맞은 자는 보복의 나날을 기다리고 있소. 이제 곧 충돌이 있을 것이오.

우리 개인이, 우리 민족이, 이방인들이 모두 위험한 상태요, 옛날에 동방 페르시아대군의 이집트 침공과 그리스 침공이 있었으겨, 그리스의 보복적 페르시아 침공이 있었고, 로마의 그리스 점령이 있었소. 그리고 예루살렘의 로마군 주둔이 시작되고 있소. 여러분이 눈으로 보는 작은 종말과 세상이요, 큰 종말이 올 수 있소. 언제 오느냐구요? 이제 와 있소. 무력은 무력으로 멸망하며 누구든 칼을 든 자는 칼로 망하게 된다는 것이오. 누가 그러면 구원할 수 있냐고요? 누가 심판할 수 있냐고요? 하늘에 계신 하나님께서 메신저, 사자를 보내서서 심판하실 것이며 이미 과거에도 그와 같은 심판이 소돔과 고모라에도 있었으며 그 와중에 나라와 민족을 구하는 구세주와 같은 선조 아브라함도 보냈어요.

이제 최후의 구세주가 최후의 심판에 또 올 것이요, 와서 심판하여 불에 태울 자와 구원받을 자를 정하시고 채로 치듯이 농부가 잡초와 건초를 따로 분리하듯이 하실 것이며 하나님의 복음을 받고 믿고 실천한 자는 당연히 구제될 것이며 또한 심판에서 하나님의 복음을 듣고 믿고 실천한 자는 하나님이 심판하실 따 자기를 변호할 긍지와 자부심을 가지고 있을 것이며 부당한 심판에 대하여 이의를 제기할 것이며 스스로 그의 권리를 주장할 것이며 또한 사실일 경우 구원될 것이오.

　그러므로 하나님의 복음을 듣고 깨우치고, 실천하고 최후의 심판에 대비하라는 것이요, 그것이 최후의 날이 왜 있으며, 언제 오며, 누가 오며 와서 무엇을 하며 어떻게 하는지, 또 어떻게 해야 하는지 아셨을 것이오. 그러므로 여러분은 세상의 소금이 되어, 세상의 물이 되어, 이웃을 사랑하고, 원수를 사랑하시오. 또한 원수로 여기지는 자는 회개하며, 남의 빚은 스스로 갚고 자기에게 빚진 자들에게는 빚을 독촉하지 말고 되도록 면제해 주는 것이 하나님의 나라로, 천국으로 들어가는 길임을 알 것이오. 그것은 면제받은 자가 언젠가는 은혜를 갚을 것이며 은혜를 받는 자는 그 사람과 하나님의 은혜를 받고 천국으로 이르게 될 것이오.

　그래서 예로부터 선지자들이 여기저기서 종말이 왔다고 회개하라고 한 말이 세상이 혼란스러우면 나타나는 말이나 진실한 하나님의 복음이 이제 이루어지나니 이때에 기회를 잃지 말라고 나 나사렛에서 온 이 예수는 이렇게 외치는 것이오.”

　“…….”

　“여러분! 내 말을 잘 들으시오. 조금 전 어떤 사람이 나를 보고 ‘왜 당신은 원수를 사랑하라, 자비를 베풀라, 빚을 면하게 해 주어라 등 개인의 사생활에 간섭하며 한 수 거들 듯이 쓸데없이 말하지 말고 자신이나 잘하지 왜 거리에서 지나가는 사람 붙잡고 목메어 외치느냐?’고 말했습니다.

　여러분, 저 예수는 목메어 외칩니다. 코라손아, 벳세다야, 가버나움아, 너희들은 이 맑은 잔잔한 물결이 넘치는 갈릴리호숫가에 자리잡은 삼형제의 도시이니 삼형제가 트라이앵글(Triangle) 삼각형으로 어깨를 두르고 회개하고 뭉쳐서 하나님 말씀을 들으시오. 곧 이 땅에 침노하는 무리들이 들어올 것이니 돌 하나 제대로 서 있지 못할 것이외다. 그 후에 바로 예루살렘까지 그러할 것이니 복음의 트라이앵글 도시들아 내 말을 기억하시오. 소돔과 고모라도 억울한 사람들이 많았소이다만, 그보다 더 어려움에 처할 거요. 이 같은 날이 없었을 수 없는 것이니, 지금이라도 서로 회개하시고 화목하게 지내며 정말로 서로 사랑하시고, 서로 용서하시고 하나님 아버지의 말씀을 들으시오. 때가 얼마 남지 않았소이다.”

　이 말을 예수가 하자 갑자기 연단 아래에서 사람들이 떠들기 시작했다.

　“예수 선생! 무슨 그런 저주의 악담을 하시오. 어떻게 이곳을 다 망한 소돔과 고모라에 비교하시오? 비교와 비유가 너무 지나치지 않소? 그대는 이 땅에서 물러가시오!” 하고 주위에서 더욱 소리쳤다.

"종말은 여러 가지 전조가 오다가 최후의 종말이 오는 것입니다. 고대, 트로이라는 나라가 종말을 고하고 바람과 모래에 묻힌 지 500년이 넘었소. 카르타고란 도시가 종말을 고하고 폐허가 된 지 200년이 넘었소. 그리스 도시가 파괴된 지 100년이 넘었소. 언덕 위 그리스신화와 문화가 소멸되어 버린 것을 보시면 한순간 그렇다는 것이오. 이집트의 알렉산드리아가 또 이방인에게 점령된 지 반 세기가 넘게 되었소. 내가 말하는 것을 저주나 악담으로 듣지 마시고 요나와 같이 미리 예언으로 구원을 받는 것으로 생각하셔야 되오. 그들도 그들의 예언자로부터 경고되었으나 구원의 기회를 잃어버렸소. 그들의 위대한 그러한 도시는 지금 어디 있으며 잘 살아가던 그 사람들은 어디에 갔소. 세상에 절대적인 것이 지금 있다 하여도 그것은 영원하지 못하오. 전쟁으로 파괴되든 지진과 화산으로 파괴되든 그것은 역시 종말이 온 것이요, 작은 종말의 끝에 큰 종말이 오오. 나라가 전쟁의 피해 속에 영웅이 일어나 나라를 구하고 적을 격파하며 민족을 구하는 선지자, 선각자, 다윗 왕가 같은 존재가 우리 이스라엘에 오듯이 소리 없이 영웅이, 메시아가 이 땅에 와서 나라를 구하고 백성을 구하며 종말을 구원하는 것을 보고. 사람들은 구원이라는 것이 하나님에 의하여 이루어진다고 생각하고 있소. 폐허 속에서 다시 도시를 시작하는 도시국가가 있소이다.

그것이 바로 부활이요, 하나님의 복음을 들으면 부활이 가능하오. 우리 유대를 구원할 수 있는 자는 언제나 나타나며 정해져 있으며 사람들에게 실감을 느끼게 될 것이요."

예수가 말을 마치자 일부 사람들이 깨닫기도 하고 웅성하기도 하며 흩어졌다.

"하기야 이 지역이 텃새가 센 곳이어서 항상 로마와 충돌이 제일 먼저 일어나고 지난날 유대 마카비가 거병으로 승리로 이끌었던 지역이지만 그때와 지금은 달라. 로마란 제국이 견제하고 있는 극한의 위험한 시대이니 예수의 경고를 가볍게 볼 수는 없어."

예수는 가버나움 해변가 장터에서 제자들에게 시범을 보이시고 다시 제자들과 함께 저녁을 드시러 호숫가 음식점들이 줄줄이 있는 곳에 가셨다. 음식점에 들어가시지는 않으시고 호숫가의 한적한 공터에 제자들과 앉은 자리에서 제자들에게 말하였다.

"이제 내 이야기를 들어라, 나의 수제자들아. 너희 사제들에게 교육의 시간으로 말하는 말이다. 이제 많은 사람들이 우리와 함께하고자 하는 분들도 있고 생각이 다른 사람도 있다. 내가 말하는 하늘나라의 복음에 관하여 이해를 돕기 위해 하는 말이다.

농부가 밭에 씨를 뿌리려면 우선 기초가 되는 밭을 잘 갈아야 한다. 큰 돌과 잔돌을 잘 골라내고 밭을 일구는데 매년 쓰던 밭이라도 계속 돌을 골라내야 한다. 땅을 일구는데 매번 더 깊이 파서 엎어야 땅에 물이 잘 스며들고 옥토가 된다. 유목민에서 농부가 되려면 땅을 잘 일구어야 한다. 흙이 안 될 돌을 골라내어야 하나 그 돌을 완전히 버리지는 않고 밭의 경계로 삼는 데 쓰거나 물길을 잡는 데 쓴다. 버릴 돌은 없는 것이다. 이제 씨를 뿌린다. 농부가 씨를 뿌릴 때 모든 씨가 밭의 좋은 위치에 안착하지는 못한다.

씨 중에는 밭고랑에 떨어져서 밟히는 씨가 있고 좋은데 떨어지는 씨도 있다. 흙을 덮고 물을 주면 물기가 잘 닿는 곳에 있는 씨도 있고 메마른 곳에 있는 씨도 있다.

그리고 잘 덮히지 않아 지나가는 새에게 먹히는 것도 있다. 농부는 새를 내쫓고 골고루 고랑에 물을 주어야 씨가 자라 풍성한 열매가 맺혀 가을에 수확이 수백 배가 된다.

하나님의 복음이 골고루 잘 퍼지게 하는 것은 여러분의 복음화 사역이며 사업이다. 여러분의 보상이 수백 배가 됨이 복음화 노력의 역사로 나타난다. 천국이 바로 그곳에 있다."

"선생님, 우리가 부모와 처자식을 버리고 재산을 버리고 친구를 버리고 이제 선생님에게로 왔습니다. 무엇의 보상을 받고자 온 것은 아닙니다. 우리는 천국이 무엇인지 알고자 합니다. 천국이 무엇인지 알고 깨닫는다면 깨달음을 알았다는 것만으로도 천국에 가까이가 있다고 느낄 것입니다. 선생님께서는 천국이 바로 그곳에 있다고 하시는데 잘 이해가 되지 않습니다."

"하나님의 복음이 세상에 전부 전파되고 믿을 때 그리고 우선 나와 여러분이 하나님의 복음을 듣고 완전히 깨닫고 실천할 때 천국이 이루어지고 천국에 들어가게 될 것이다. 천국은 한 알의 작은 씨와 같다. 씨 속에도 천국이 있다. 앞으로 이루어질 천국이 있다. 씨 중에 세상에서 가장 작은 씨라고 알려진 겨자씨를 보자. 겨자씨를 본 일이 있느냐? 겨자씨가 바람에 땅 위로 날아와서 뿌려지거나 과수원에서 심겨지게 되면 세상에서 가장 작은 씨라 어떻게 저게 잘 자랄까 하겠지만 날이 갈수록 싹이 트고 가지가 나며 잎이 솟아나고 가지를 더 내뻗으면서 자라 여름에 숲을 이루고 다른 나무들보다 크게 자라서 지나가는 공중의 새들이 이 나뭇가지에 둥지를 틀고 지저귀고 살게 될 때 바로 이곳이 그들의 천국이다.

이 천국은 작은 겨자씨 하나가 이루어진 것이니 이 씨는 또다시 이 나무에서 들과 과수원에 뿌려져서 더 넓은 천국이 이루어지게 되나니 그 작은 겨자씨 하나가 수많은 새들을 품고, 많은 사람들에게 양념을 제공하여 식탁에서 음식에 쳐서 먹는 즐거움을 주니 하늘에 계신 아버지 하나님께서는 식탁에서 자신을 칭송하며 기도하고 음식을 드는 사람들에게 다시 축복을 내리시리라. 또 그러므로 축복을 받을 일이라.

하나의 겨자씨도 이 같은 일을 하거든 너희들이 어찌 천국에 대하여 나에게 가르쳐 달라고 하고 나를 따르면 과연 천국이 있습니까? 없습니까? 천국에 갈 수 있습니까? 하고 뭘 염려하고 걱정하느냐? 우리가 천국의 복음의 열쇠를 가지고 있으니, 바로 겨자씨를 너희가 품고 있는 것이 아니겠느냐?"

제자들이 감탄하여 이구동성으로 같이 말했다. 마크와 바르사바 유스투스도 같이 말했다.

"선생님께서는 메시아시며 우리의 주군이시며 이스라엘의 희망이십니다."

제자들이 늦은 저녁이 되어 어두워지자 사람들도 흩어지고 제자들만 남자 제자들이 바닷가에서 배를 내어 갈릴리호수 건너편으로 ㄱ-고자 닻을 올리고 바다를 나갔을 때 갑자기 심한 바람이 불어 제자들의 배가 심하게 요동치므로 헤엄을 치지 못하는 제자들이 두려워하여 해안 쪽으로 배를 댈 것을 소리치고 떠들자 약간 눈을 감고 휴식하시던 예수께서 말씀하셨다.

"왜 그리 소란스러우냐? 조금 있으면 바람이 잘 텐데."

과연 바람은 쉽게 가라앉았다.

"선생님은 과연 신과 같습니다. 어떻게 바람이 곧 잠잠해질 것을 아십니까? 그리스의 바다의 신인 포세이돈과 같이 바다의 바람을 지배하십니까?"

"그 바람은 회리바람이니 회리바람은 곧 말리면서 지나가는 바람이다. 이런 바람은 위험하니 당황하면 사람들이 배 한곳으로 쏠려서 바람보다 사람들에 의하여 배가 전복되니 침착함을 잃지 말라."

"……."

"선생님이 언제 항해를 하신 적이 있나?" 자기들끼리 말했다.

다음날 제자들은 인근 교회당에서 예수님의 출장설교 요청이 왔다. 그래서 예수님에게 보고하고 승낙을 받아 응하기로 하였다.

여기 이곳이나 예루살렘이나 지방의 많은 유대지역에는 바리새파교회, 사두개파교회, 에 세네파교회, 열심파교회, 여호와교회당 등 제각기 많은 시나고구교회당이 있었다. 어떤 교회는 예수님을 초청하여 설교를 듣기도 하였으나 바리새파교회는 심히 경계했다. 바리새파교회당은 좀 특이한 점이 있었다.

모든 바리새파교회가 그런 것은 아니지만 일부 바리새파교회당은 신도들이나 신자들의 청년들에게 유대의 판관이나 검찰관이 되게 하거나 국가의 행정 권력을 가지도록 하는 세력을 키우는 축도를 하고 판관이 되면 교회당에 행사를 열어 공개적으로 축도하고 인사시키며 교회당에 더욱 열심히 할 것을 강조했다.

이렇게 교세를 정치세력으로 확장하는 데 주력하며 군사병권에 이르기까지 요소요소에 이 파의 세력을 심는 교회적 신유대 국가건설을 주도하겠다는 일부 교회당이 있었다.

이러한 바리새파교회는 권력 지상주의로 교회가 현실사회를 지배하는 정치적 교회당으로 지향하였는데, 이 바리새파교회당은 다른 바리새파교회당은 물론이고 다른 종파들과 갈등이 생기기 마련이다. 이들의 지나친 현실참여 교리는 예수님의 복음 신앙생활과는 거리가 있었다. 바리새파는 예수님의 권력포기, 무폭력, 이웃사랑, 원수사랑의 교리에 대하여 나라를 약화시키고 신도와 사람들에게 패배주의를 가르친다고 비판했다. 대부분의 건전한 바리새파는 전통의 유대 교리를 철처히 따르고 신봉하였으나 일부 바리새파교회는 교세를 확장하기 위해 현실적으로 신자들에게 판관이나 정치적 세력을 구축하는 수단으로 교회당을 활용했다.

예수님은 사람을 경솔히 심판하는 자는 자기도 심판될 것이라고 하였다. 예수님의 새로운 사랑의 복음을 전파하는 교리는 이렇게 타교회당에서 볼 때는 무슨 원수를 사랑하라는 이상한 듣도, 보도 못한 교리라고 이단적으로 취급했다. 한편 멜기세덱의 계승파인 사두개파 교회당은 예수의 복음에 다소 큰 이견이 없으나 부활에 대하여는 역시 반대의 견해가 있었다. 그러나 그들은 완고한 교리를 가졌으나 일단은 좀 개방적이며 의견을 개진하는 데 다소 보완성이 있었다. 그것이 그들이 여러 파들 중 중도파로 제사장직을 맡는 이유였다.

이런 여러 교회당의 신자들이 한 번 예수를 초청하여 설교를 들어보자는 의견이 있었으므로 예수와 그 제자들이 초청되어 예수님이 설교하는 경우도 가끔 있었다.

교회당 중 어떤 교파의 당회장이며 주교인 이름이 야이로란 사람이 예수님을 초청하고, 예수께서 교회당 강단 위에서 설교하는 자리의 후미에 앉아 듣고 있었다. 얼마쯤 있다가 그의 자리에 누가 쪽지를 건네주며 귓속말을 나누는 곳을 보고 제자들이 무슨 일인가 걱정하고 있었다. 외부 교회에서 설교를 금하라는 건가?

그러자 그는 심각한 얼굴로 가만히 일어나 예수가 설교하는 도중에 청중들에게 미안하다는 손짓으로 손을 약간 들어 올리며 밖으로 나갔다.

예수도 설교를 줄여서 끝내자 집사가 와서 예수께 양해의 말씀을 전한다고 하였다. 예수는 제자들과 함께 회장 집무실로 갔다.

야이로가 예복까지 평복으로 바꾸어 입고 나서는데 예수 일행과 마주쳤다.

수행하는 그의 하인이 말한다.

"주인님 따님이 위독하더니 명이 다했다는 연락이 왔습니다. 그래서 급히 집에 가시려고 합니다."

당회장 주교 야이로가 말했다.

"예수께서 특별히 초청되셨는데 이 행사를 어찌 할꼬. 전에는 그냥 끝까지 계속했는데……."

"저희들이 알아서 하겠습니다. 먼저 가보세요. 예수님께서는……."

"예수 선생, 어렵게 우리 교회당에 오셨는데, 딸이 지병으로 고생하다 명이 다한 모양이오. 예수님을 초청해 놓고 급히 가볼 일이 생겨 정말 미안합니다."

"아닙니다. 우리를 오히려 환대해 주시고, 타교회와 달리 초청하여 주셔서 감사합니다. 제가 따님의 변고를 같이 들었습니다. 이미 강연은 마쳤습니다. 제가 의사는 아니지만 허락하신다면 따님의 상태를 한 번 보았으면 합니다."

"집에도 의원을 불렀을 것이고 확인하였을 것이나, 선생께서 그동안 많은 환자를 치유한 일이 있다는 것을 들은 적은 있습니다. 기대는 하지 않겠습니다. 같이 가도 좋소이다."

예수는 수제자인 베드로와 야곱과 야곱의 동생 요한을 데리고 야이로의 집에 당도하였다. 이미 사망한 것을 알리는 조문 상가 표시와 화환들이 도착하여 즐비하게 서 있었다.

그들은 그의 딸이 안치된 방에 들어갔다.

"소녀가 몇 살이요?"

"12살이요, 아까운 나이오."

예수는 소녀의 손에서 맥을 쥐고

"아직 죽지는 않았소. 소녀야, 일어나라(달리다굼) 소녀야, 일어나라(달리다굼)."

소녀가 서서히 눈을 뜨고 옆으로 사람들을 쳐다보고 예수가 말한 대로 일어나려고 했다.

사람들이 기절하며 다들 물러섰다. 예수께서 소녀를 일으키신 다음 주위 하인들에게 이 소녀에게 마실 것을 주라고 했다. 소녀의 부친인 야이로는 기겁하며 예수님에게 감사했다.

제자들과 함께 캠프로 돌아온 예수는 휴식을 취하고 있었다. 제자들이 가까이 와서 같이 환담을 하다가 한 제자가 물었다.

"선생님, 어떻게 소녀를 살리셨습니까?"

"그 소녀는 오래된 지병으로 죽다가 살기를 수없이 하고 있는 상황이었다. 사람은 죽을 때 죽음과 최후의 투쟁을 한다. 그러나 주위 사람은 모른다. 아무리 외치고자 해도 주위 사람은 느끼지 못하며 사람을 부르고자 하여도 말이 나오지 않으며 울어도 눈물이 나오지 않는다. 유언을 하고자 해도 말이 나오지 못한다. 이때에 주위에서 도와주거나 있어주는 것으로 그들에게 큰 위안이 된다. 이것은 구원이 필요하고 구원을 해야 하는 이치이다. 나는 그 소녀가 완전히 숨이 다하지 않은 것을 알 수 있었다. 경직된 것을 풀어 주고 소생술을 해본 것이다." 예수님은 제자들에게 설명하였다.

의사 한 사람의 도움으로 많은 사람이 죽는 자 중에서 살아날 수 있다. 그러나 사람의 생명은 영원하지 못하다. 병으로나, 사고로나, 노쇠하여 때가 되었을 때 도저히 이 세상에 계속 살아갈 수 없을 때를 사람들은 자각한다. 그때에 마지막으로 지나온 날을 회개하고 세상에 살고 있을 때 잘한 일, 잘못한 일, 용서받을 일 전부를 하나님께 회개하고 세상을 떠난다. 그렇게 회개하고 떠나는 자는 천국에서 받아줄 것이다. 그러나 자각할 의식이 없거나 회개할 시간을 갖지 못하는 사람들을 위하여 대신 위로할 사람이 필요하다.

"너희들이 알듯이 살고 죽음은 앞뒤의 파피루스 종이 한 장처럼 시간적으로나 현실적으로나 마찬가지일 수 있으므로 하나님의 복음을 듣고 실천해야 한다. 사람들은 이 현실의 세계에서는 의사를 존경한다. 너희들도 신념을 쌓으면 정신적으로나 기술적으로 의사와 같은 경지에 있을 수 있다. 그러나 너희들은 의사가 아니니 죽은 후 사후의 세계를 예비하도록 사람들에게 복음의 의사와 같이 되라. 나의 복음을 잘 전도하는 것이 여러분의 임무이다."

"잘 알겠습니다, 선생님." 제자들이 기도하며 말했다.

예수의 명성은 끝없이 퍼져 나갔다.

"신통력이 있는 선지자가 나셨다네. 구세주 같이 아픈 자를 고쳐준다는군. 그의 말은 뜻이 있고 깊이가 있으며 자라나는 아이들에게도 감명을 준다네."

제21편

세례 요한

한편 아인케렘 세례 요한에게는 희생당하는 불행이 왔다. 헤롯 왕가를 모욕한 죄라고 기소되어 사형언도가 되고 그 집행이 사분봉왕 지역인 요단강에서 발생하였으므로 헤롯 안티파스 왕에 의하여 형 집행이 보류되고 있는 세례 요한에게 일이 날 운명이 왔다. 헤롯 안티파스 왕의 생일을 맞이하여 특사가 있을 것이고 세례 요한에게도 감형의 기회가 올 것으로 기대하며 세례 요한의 제자들은 각 방면으로 탄원서를 제출하고 있었다.

왕족에게 있어서는 특히 헤롯 안티파스의 왕비가 된 헤로디아는 헤롯 왕가의 여인으로, 역사상 남아 있는 문헌상으로 여러 가지 다른 주장이 있으나 신빙성이 있다고 기록된 헤롯 왕의 가계 족보를 보면 그 출신이 나와 있는데 헤롯대왕이 정식 부인이 열 명이나 열거되어 족보는 매우 혼란스럽다.

'헤롯대왕' (Herod the Great)이라 하면 폭군에게 무슨 대왕 자(字)를 붙이냐고 주장하는 사람들도 있으나 그가 당시 이스라엘–유대를 통일하고 단일 지도체제를 이루었기 때문에 그렇게 인정되기도 한다. 그가 정권을 잡자, 거의 모든 이스라엘-유대 족장들이 다 윗대왕 때처럼 헤롯 집안과 사돈을 맺는 등 혈연관계를 갖기 위해 자의 반 타의 반 자신의 딸들을 헤롯에게 출가시키고 그의 정식 부인이 되게 했다. 그래서 등록된 부인들이 10명이 넘는다.

첫째 부인인 도리스(Doris)에게서 첫 장자인 안티파테르 3세(Antipater Ⅲ)가 태어났고, 둘째 부인 마라암네-Ⅰ(Mariamne Ⅰ)에게서 아리스토불루스 Ⅳ세와 그의 동생 알렉산더(Alexander)가 태어났고, 셋째 부인 마리암네-Ⅱ(Mariamne Ⅱ)에게서 필립-Ⅰ(Phillip-Ⅰ)이 태어났으며, 넷째 부인과 다섯째 부인에게서는 자식이 없었다(일면 정식 부인들로 인정하지 않는 족보도 있다). 여섯째 부인 말타세(Malthace)는 사마리아 족장의 딸로 이 부인에게서 헤롯 아켈라우스(Herod Archelaus)와 헤롯 안타파스(Herod Antipas) 형제가 태어났고, 일곱째 부인(다섯째 부인이 되기도 한다) 클레오파트라는 예루살렘 제사장의 딸인데 이 부인에게서 헤롯 필립(Herod Phillip)이 태어났다. 그리고 여덟째 부인에게서 팔라스(Pallas)가 태어나고 아홉째와 열째 부인들에게서는 각각 딸(공주)만 있었다. 헤롯 대왕 아들들로서 이름 앞에 헤롯이란 접두어가 있는 아들들인 아켈라우스, 안티파스, 필립만이 헤롯대왕 이후 사분봉(Tetrarch)의 군주가 된 아들들이고 이름이 같은 셋째 부인 소생 필립-Ⅰ은 군주가 되지 못하였는데 이 사람의 부인이 원래 헤로디아요 딸이 살로메이다. 이들은 왕자의 난으로 인하여 이혼하게 되는 일이 발생했다.

헤로디아가 누구인가를 설명하는 것은 매우 복잡한 일로 헤롯대왕의 둘째 부인 마리암네-Ⅰ에게서 태어난 아들 아리스토불루스 사세(Ⅳ)의 딸이다. 이 헤로디아는 복잡한 왕자의 난으로 피해를 입어, 아켈라우스가 그녀와 그녀의 딸인 살로메에 대해 후견인이 되었고 안타파스는 자기 부인인 나베테아 공주와 이혼하고 헤로디아와 결혼까지 하여 배다른 형제의 부인으로 형수에 해당되고 동시에 조카딸(배다른 형제의 딸)까지 되므로 혼인상 형수이며 조카딸과의 이중 관계자와 혼인하는 이중 혼인이므로 세례 요한이 이것은 혼인 관례상 반칙이라고 비난한 것이 문제가 되었던 것이다.

왕자의 난이란 헤롯대왕이(이렇게 불러야 구별된다.) BC 7년, 자기의 후일 죽음(BC 4년)을 앞두고 만년의 노환에 시달리고 있을 때 둘째 부인 왕자인 아리스토불루스 Ⅳ세와 그의 동생 알렉산더가 공모하여 차기 왕이 되려고 자기들 사병인 병력을 움직였다는 사건, 즉 역모행동이 발각되었다는 것으로 역적으로 몰려 처형되는 일이 생겼다. 그런데 아리스토불루스 Ⅳ의 딸이 헤로디아이고 이들 전 가족이 들고 일어나 억울하다고 로마황제와 원로원에 진정서를 내고 탄원을 하게 되었다. 로마황제는 시리아 총독으로 내정된 바루스(후일 게르마니아 총독)를 예루살렘에 보내어 진상을 조사하고 초기 왕자의 난은 첫째 부인의 아들 첫 장자인 안티파테르 3세가 주도하고 죽은 두 왕자를 교사하여(꼬여서)

자기가 왕위에 오르고자 낸 사건으로 밝혀지자 이 왕자는 BC 5년 처형되었고 먼저 죽은 왕자 둘인 아리스토불루스 4세와 알렉산더는 사후 복권되었다.

어찌 되었든 위의 왕자 세 사람이 왕자의 난으로 죽자 다음 순위는 셋째 부인의 아들이며 바로 헤로디아의 남편인 필립─I세가 되는데, 그는 앞선 왕자들의 초기와 후기 난 때에 태도가 애매하여 헤로디아도 이혼하고 그는 퇴출당하게 된 셈이다. 그러면 다음 왕자들은 여섯 번째 부인의 왕자들인 헤롯 아켈라우스와 헤롯 안타파스가 되고 일곱 번째 부인의 왕자인 헤롯 필립까지 건제하게 되어 결국 이들 셋이 나중에 헤롯대왕이 죽고 사분봉(Tetrarch)의 군주가 되었다.

이제는 왕자의 난이 끝나고 부인들에게 문제가 생겼다. 억울하게 죽은 알렉산더 왕자의 부인을 아켈라우스가 측은히 여기고 자기의 정부인이 있는데도 불구하고 자기의 둘째 부인으로 맞이하여 데리고 왔다. 제사장들이 난리가 났으며 빈축을 샀다. 이 건도 가시기 전에 먼저 왕자의 난 때에 억울하게 죽은 아버지 아리스토불루스 4세의 딸 헤로디아를 헤롯 안티파스가 정식부인으로 데리고 왔는데, 이번에는 헤롯 안티파스가 전부인 나베테아 공주와 이혼을 하기는 했다. 그렇지만 저사장들 일부와 세례 요한이 이 일을 비난한 것이다. 물론 헤로디아의 부친이 죽자 두 형제가 헤로디아를 보호해 주고자 인도적 차원에서 나선 것은 사실이고 인정 많은 아켈라우스는 비명에 간 여러 왕자들에 대해 미안해하고 헤로디아와 그의 딸 살로메에 대해 후견인(대부)으로 대하였으며 이 형제들의 노력으로 아리스토불루스 4세(IV)의 아들이며 헤로디아의 동생인 아그립파 1세는 후일 헤롯 안타파스와 헤롯 필립이 죽자 전 유대-이스라엘의 통합 왕으로 로마제국의 승인하에 제위에 오르는 결과가 되었다. 더 그 후일에는 그의 아들 아그리파 2세도 왕위를 계승했지만 유대-이스라엘의 마지막 왕이 되었다.

즉, 이들 헤롯 아켈라우스, 헤롯 안티파스, 헤롯 필립의 후계 구도가 억울하게 죽은 아리스토불루스 4세(IV)의 가문으로 왕권이 넘어가게 되었고, 헤로디아의 친정이 왕위 계승권이 있게 되므로 헤롯 안티파스가 헤로디아와 결혼하게 된 계기도 되었다. 이것은 정략적 혼인이었다. 이러한 역사를 배경으로 보면 헤로디아는 세상만사를 다 겪은 풍운의 여인인데, 이런 여인이 세례 요한으로부터 마지막까지 비난을 받으니 울분에 차 있었을 것이다.

하여간 그것은 훗날 일이고 대를 이어 받은 헤롯 아켈라우스가 왕으로 인정해 주는 로마황제의 칙서를 달라고 계속 졸라대자 당시 로마 황제 아우구스투스는 자기도 로마의 왕이라고 하지 않으며 지도자라고만 하고 있어도 로마는 얼마든지 발전하고 있다고 했다. 사실 개념상 로마의 최고 직위는 황제다. 그러나 자기는 왕이 아니라도 충분히 정치하니 유대도 로마처럼 민주공화정으로 나라를 유지하라고 했다. 이러한 통치적 개념은 왕이라고 해야 권위가 세워지는 당시 아시아 중동국가에 민중이 따르지 않고 분열되는 문제가 생긴다. 왕이라는 개념이 직위가 있어야 통치가 된다.

이것이 계속 유대사회에 분열과 문제를 일으켰고 이두메 출신이 유대지역 지도자 군주라고만 된 데에 대하여 바리새파와 사두개파는 잘 되었다고 생각하고 계속하여 이두메 정권이 권좌나 왕위에 있는 것을 인정할 수 없었다.

이 일은 구약성경에 있는 팔레스타인이라는 민족과 수천 년을 반목해 오고 있는 유대 민족이 팔레스타인적 자유 신앙 성격이 있는 이두메 민족에게 지배당하고 있는 것을 매일 같이 토라를 읽으면서 분통 터지면서 살아가는 일이기 때문이다. 그러나 사실상 이 이두메 출신 헤롯 왕가는 니고데모 선생님이 유스투스가 어릴 때 가르쳤던 것처럼 이스라엘의 선조 아브라함의 아들 이삭의 쌍둥이 아들 중 먼저 나온 에서의 후손으로 에돔 땅에 살았던 사람들에게서 나왔다. 쌍둥이 중 나중 나온 야곱이 적자가 되어 그의 후손인 이스라엘 사람들은 모세가 황야를 방황하며 가나안으로 들어오려고 사해 동편 땅의 페트라를 통과하고자 할 때 거부했던 일로 그들을 감정상 냉대하였다. 에돔 땅에서 왕국을 건설하며 잘 살던 때에 광야에서 굶주리고 헐벗고 떨던 모세의 당시 이스라엘 이동 난민들에게 길을 열어 주지 않고 머나먼 황량한 광야를 돌아가게 하고 차가운 냉정한 눈길만 준 그들에게 역사적으로 호감을 줄 수 없었다. 그 후 이스라엘은 다윗 왕과 솔로몬 왕국을 거쳐 아주 잘사는 나라가 되었고 그런 에돔 왕국은 바벨론의 침공으로 아라바 계곡을 넘어서 유대 땅으로 들어오자 자연히 같은 방식으로 냉대당하였으나 그 후 바벨론의 느브갓네살 왕에게 멸망당한 것은 에돔 왕국뿐 아니라 이스라엘 유대 두 왕국 모두 다였다. 이제는 또 그 에돔의 후손 이두메족의 헤롯 왕가가 로마라는 거대한 제국의 출현 속에 위태한 유대를 통치하고 있는 것이다. 어떻게 이 두 민족이 합심하여 잘살아 가는 정치는 없는가? 반목과 상쟁의 정치는 이 유대 땅에서 해결될 방법이 없는가 하는 것이 중도파들의 생각이고 비폭력운동을 하기 시작한 유대 예루살렘 사람들도 나타나기 시작했다. 세례 요한도 비폭력 운동가였다.

이미 오래전 헤롯 아켈라우스가 이미 그러한 타협과 소요사태 해결을 모색하고 있었는데, 당시는 그의 노력이 두 민족 간의 반목으로 이루어질 수 없었다. 바리새파와 사두개파는 합심하여 전통 유대민족이 아닌 이두메지역 출신 헤롯 왕가의 후계구도에 대항하여 무능한 아켈라우스를 권좌에서 쫓아내려고 계속 로마원로원에 대표자를 파견하여 예루살렘 지역과 시리아를 통치하고 있는 로마총독이 맡아 주고 유대지역은 제사장 연합이 자치 정치를 하는 원로원식 공화정을 인정해 줄 것을 요청하였다. 참정치는 끝이 보이지 않았다.

아켈라우스가 로마에 있는 동안에도 계속 예루살렘에서는 소요사태가 일어났다.

로마황제 아우구스투스는 아켈라우스에게 그만 졸라대지 말고 예루살렘으로 가서 소요사태나 평정하라고 하였다. 돌아온 아켈라우스는 도저히 사태를 해결할 수 없어서 소요사태의 삼두정치 지도인 유다, 시몬, 아트롱게스 중 한 사람과 협상하고자 하였고 이중 아트롱게스와 협약를 맺어 소요사태를 진정시켰다. 그런데 그 조건 중에는 로마 황제의 재가 없이는 되지 않는 로마 독수리 휘장, 로마군 군단을 상징하는 방패의 조형물에 대하여 아트롱게스와 잠정 시내 철수와 로마군 영내에만 게재하는 조치를 인정하자 로마와 로마군의 사기를 떨어뜨리는 행위라고 대노한 로마황제 아우구스투스는 유능한 로마군 백전대장 코포니우스를 예루살렘 주둔 로마총독으로 임명하여 파견했다.

그리고 아켈라우스를 로마군 명예총독으로 유대 땅으로부터 머나먼 땅 중부유럽 고울지역(프랑스)의 리옹 남쪽 론(Rhone)강가에 있는 좌표 북위 45.3, 동경 4.5인 비엔느(Vienne) 로마점령지역에 새로운 도시 건설 지역 명예총독, 총감독으로 파견하였다. 도시를 건설하는데 유대-이스라엘민족이 제일 공사를 잘한다. 파라오가 더 잘 알았지.

그러나 명예총독이라기보다 유대 왕의 직위해제이며 유대로부터 머나먼 외국 땅이다. 그곳에서 새로운 로마형 도시를 건설하게 했으며 유대 사람들의 장인들, 건축기술자들과 함께 아켈라우스는 유대를 유대 왕이 된 지 10년을 겨우 넘기고(AD 6년) 역사의 장에서 떠나 사라졌다. 아켈라우스는 로마만 없었다면 유대에 유연하고 현명한 군주였을 것이다. 로마에 아첨이나 하고 기분 좋게 했다면 왜 그를 추방했었겠는가.

한편 로마황제 아우구스투스는 출정하는 코포니우스 총독에게 몇 가지 주의사항을 주고 조심하라고 했다. 유대에는 또한 세기의 미인이며 지나간 왕족출신 왕비 헤로디아가 있으니 제2의 클레오파트라로 만들지 말고 그녀의 정략, 성략에 말려들지 않토록 주의하라고 했다. 명예총독으로 나간 아켈라우스왕은 Vienne에서 건설을 마치고도 서부유럽 갈리아 지역 등 명예총독직을 진전하며 돌림을 당하다가 어느 진중에서 열병을 얻어 천추의 한을 품고 AD 18년경까지 살다가 유고되어 죽고 말았다.

로마군은 원정군 진중에서 총독이든 왕이든 황제든 누구든지 죽으면 그 지역에서 병사들과 같이 평등하게 화장으로 장열한 장례식을 갖는다.

아켈라우스가 죽었다는 소문이 있자 유대 갈리리안이라고 하는 사람이 거병하여 로마군에게 대항하고 유대의 독립을 위해 전쟁을 일으켰다가 시리아 총독 바루스군단이 지원 출동하여 소요사태를 진압하였다. 그 후 유대, 사마리아, 이두메는 철처히 정벌당하여 로마총독이 직접 통치하는 로마 지방군현이 되고 말았다.

살로메 알렉산드라 여왕은 BC 76년에서 BC 67년까지 이스라엘의 여왕이었던 여자로 그녀는 전왕이었던 아리스토불루스 1세의 왕비였다.

그녀는 남편이 죽자 왕위계승권을 남편의 동생이며 왕에 의해서 구금되어 유폐당하여 살고 있던 알렉산더 야나이를 석방시키고 그와 결혼하여 그를 왕으로 세웠다. 어떻게 보면 이것도 간음에 해당하나 왕족의 유지를 위하고 제사장들이 인정하면 왕권의 특권으로 이집트 파라오의 경우처럼 형제간에는 왕과 왕비의 결혼이 가능하였다. 알렉산더 야나이는 왕권에 대하여 제사장들에게 호의적인 평을 하여 왔기 때문에 형인 왕으로부터 미움을 샀었다. 항상 제사장들은 현재의 왕에 대하여 간섭하고 비판적이기 때문이었다.

제사장들은 알렉산더 야나이의 왕위를 인정하고 축하하였다. 그러나 그 후에 있었던 바리새파 학살사건은 왜 일어났을까? 돌고 도는 제사장집단과 왕권의 싸움이 언제고 항상 있었던 것이다.

야나이 왕이 형수와의 결혼으로 왕위에 올랐으나 자기를 왕으로 옹립한 바리새파와 사두개파 간의 공신자리 세력장악다툼이 일어나자 왕은 사두개파를 지지하고 바리새파를 제거하여 십자가형까지 시킨 왕이었다.

이와 같이 제사장 파벌 간의 이해세력 장악의 싸움으로 난세를 살아온 이스라엘 백성들은 정쟁에 휘말려 우왕좌왕했다.

이 알렉산더 야나이가 열병으로 죽자 원래 형수였으며 왕비가 된 살로메 알렉산드라가 계승권을 가졌으므로 다시 왕위에 올라 여왕으로서 이스라엘을 통치하였고 그녀가 죽자 그녀의 차남이 왕위에 올랐다. 그가 아리스토불루스 2세다. 왕위계승권은 이와 같이 여자에게도 적용되어 어떻게 보면 남녀 평등했다. 살로메 알렉산드라는 확실히 왕권을 행사한 여자이며 여왕이었다.

이런 역사가 있으므로 헤로디아도 왕위계승권이 있으므로 유사한 정권이 이어지는 것을 제사장들이 그냥 있을 수 없고, 세례 요한이 윤리적으로 비평함으로써 사건이 일어난 계기가 되었다.

왕족의 정략적 결혼이 아니라 형수와의 혼인을 간음으로 보았다. 헤로디아는 그러한 비평에 자신은 억울하다고 여긴 것이다. 도저히 참을 수 없는 수모였다.

그러나 당시 로마는 여자가 왕이나 세력을 얻으면 이집트의 클레오파트라같이 이스라엘에도 일어날 가능성이 있고 헤로디아의 미모와 야심으로 보면 로마의 예루살렘−시리아 겸임 총독도 로마의 안토니우스 장군처럼 이스라엘의 왕비 헤로디아에게 당하지 않을까? 그래서 유능한 로마군 대장군이 또 로마에 반역하지 않을까?

로마는 이제 또다시 그런 실책을 할 수는 없었다. 그리하여 헤로디아의 철저히 계획을 황제직속인 로마군 군단 보안사가 지켜브고 있었다. 로마가 어떤 나라인데 그냥 보고만 있겠는가? 또한 제사장들도 세례 요한이 뜻하지 않게 헤로디아를 비난하여 주니 괜찮았지만 세례 요한을 따르는 군중이 많아서 걱정이었다.

이런 판국이니 헤로디아의 만고 이스라엘 독립적 왕권회복 계획은 가망성이 없는 무리한 계획이었다. 그러나 국가는 독립하고자 노력해야 하고 투쟁해야 한다. 이것이 또 이스라엘의 전후무후한 여걸의 재출현을 막은 것은 아닌지…….

다만 평화의 협력의 좋은 시대였으면 기인이든 요염하든 왕비 헤로디아의 계획은 당연히 가능했을 것이다. 여자라고 아니 될 수 없나. 살로메 알렉산드라 여왕도 그랬었는데 그러나 한편 유대의 고유의 율법으로 보면, 율법에 의하면 형이 결혼한 후 후계자가 없이 죽었을 경우 동생이 형수와 결혼할 수 있고 처음 태어난 아기는 먼저 형의 후사가 된다는 규율이 있었다.

바리새파들은 원래 유대부족 출신이 아닌 이두매 출신 헤롯 왕가로부터 이스라엘을 독립하여 새로운 나라를 만들어 전통의 이스라엘 유대교가 통치 지배하는 나라로 독립하고자 하였으나 로마를 배경으로 아직도 왕궁근위병과 왕궁관리로 유지되는 왕당파가 확실히 실권을 쥐고 있으므로 노골적인 비판을 삼가해 왔다.

그런데 또 하나의 근심 세력인 세례 요한의 캠프가 나타나서 헤롯 안티파스의 윤리적 문제를 대변해 주니 이를 이용하여 세례 요한의 말을 빌려 왕당파를 공격비난하고 세례 요한까지 전통 유대율법을 어기는 행위로 비난하는 양비론적 정책방법으로 사회를 주도했다.

세례 요한의 감형은 왕비 자신에게 정치적 타격이고 죽음이나 다름없었다. 이미 딸인 살로메도 이두매지역을 봉토로 이어 받을 공주의 지위가 되었고 헤롯 대왕의 일곱째 부인인 유대 클레오파트라가 낳은 아들 빌립도 헤롯 대왕이 죽기 전 빌립가이시라—단 지역의 일부를 봉토로 각각 허락받았는데 자신은 부도덕한 왕비로 남편의 동생, 즉 시동생인 안티파스를 꼬여 새로운 남편으로 만들었다는 요염한 여자로 인식되게 하는 데는 도저히 여자로서 참을 수 없었다.

세례 요한이 율법사들과의 대화에서 자기를 능멸했다고 판단한 왕비 헤로디아는 자기 딸인 살로메에게 왕의 생일날을 맞이하여 감형의 사면조치를 하지 못하도록 하고, 내심으로 이차에 세례 요한을 제거하기로 생각했다. 원한은 원한을 낳고 보복은 보복을 낳는다.

한편 살로메는 헤롯 빌립 사분봉왕에게 사랑의 의사를 가졌었고 빌립 또한 온 나라가 사랑하는 미모의 공주 살로메에게 사랑의 뜻이 있었지만 형과 형수의 사건 때문에 왕가의 체면이 말이 아니기 때문에 둘은 먼 사랑을 하고 있었다. 그리고 둘은 만약 결혼하면 살로메 앞으로 유산될 봉토와 자기의 단 지역 봉토를 합치기로 하였다.

이들의 이야기는 훗날 결혼이 이루어져 나라지역이 통합되는 결과가 있었지만 당시 남녀의 순수한 사랑이기도 했다.

살로메는 어머니에게 빌립과의 사랑을 고백을 한 일이 있었고 그리고 울었다. 살로메는 어머니에게 보답하는 길이 없을까를 고민하였다.

세례 요한에 대하여는 선지자로 존경하지만 자신의 왕족에 수치심을 주고 어머니를 경멸한 데 대하여는 다소 마음이 불편하였다.

젊은 사람들이 존경하는 세례 요한에 대하여 역시 존경심은 있었으나, 집안의 일로 생각하면 근심이었다. 그녀는 어머니로부터 왕의 생일날 특별사면만은 막아 달라는 부탁을 받고 있었다. 특사로 풀려나지 않기만을 바랐으나 법률 구조를 확실히 알고 있지 못한 살로메는 세례 요한이 이번에 사면이 안 되면 형집행 정지기간이 종려되고 죽음을 맞는, 사형이 집행되는 것을 잘 모르고 있었던 같다.

왕궁에서는 왕의 친위대와 관리들에 대하여 왕의 생일을 축하하는 연회가 베풀어질 예정이 있었다. 살로메는 어린 소녀시절부터 궁중 축하연이 있을 때 변장을 하고 축하연의 무대에서 춤을 춘 일이 많이 있었다. 궁중축하연이 있으면 특별 초대손님으로 단골이었다. 살로메는 미인이었다. 아름다운 몸매와 춤추는 공주의 모습은 아직 살아 있는 헤롯 대왕의 그 시대의 백전노장들과 지나간 헤롯 왕의 무사들이 보기에 사기가 충천하고 너무 매력적인 환대였다.

헤롯 대왕 때부터 있었던 옛 신하들은 춤추는 여자가 공주임을 알고 있었고, 현재의 왕 헤롯 안티파스나 빌립 또한 알고 있었으며 그 휘하장군들 또한 이를 알고 있었으며 왕가에서 자신들에게 왕가의 호의로 감사했고, 춤추는 어린 공주 살로메를 자기들 자식처럼 모두를 사랑했다.

이제 살로메는 소녀가 아니라 훨씬 성숙하고 풍만한 가슴의 숙녀가 되었고, 무럭무럭 자라 여성 특유의 아름다운 몸매로 나타난 공주 살로메가 왕의 탄생축하연에서 만인이 보는 가운데 검은 베일로 비칠 듯 말 듯한 신비의 몸체를 베일에 감추고 춤을 출 때면 어느 누가 탄복을 하지 않으랴.

헤로디아는 살로메에게 그동안 왕이며 새 아버지이게 감사하며 신하들이 보는 가운데 축하연에서 춤을 출 것을 제안하였다.

물론 여자는 베일 쓰고 춤추나 지체 높은 공주가 체면을 무릅쓰고 할 일은 못 되지만 축하연의 분위기는 감동을 줄 것이다. 왕비인 헤로디아 어머니의 요청에 살로메는 응낙하고 무도회를 준비하였다. 그리고 자기도 열성을 다해 다른 무희들과 공연을 열심히 연습하였다. 타락인가, 유대왕국의 최후의 돈부림인가, 살풀이 굿인가?

시간은 다가왔다. 옥중의 세례 요한은 기대 반 포기 반의 상태였다. 많은 격세지감이 교차하였다. 제자들에게 만일을 위하여 유언하였다. 축하연의 제물이 되든가 축하연의 사면의 선심이 되든가……. 그러나 사면의 선심이 있다 할지라도 또 가두어 잡힐 것이니 기대하지 말 것을 제자들에게 말하였다.

헤롯 안티파스는 자기 봉토인 갈릴리지역에 가 있지 않고 헤로디아와 결혼하여 예루살렘이 자기 영역권이라고 로마에 은근히 과시하기 위해서도 예루살렘에 많이 머물렀다.

'내가 로마 총독과 함께 해야지, 로마 주둔군 지역 티베리아나 가이사랴의 로마 군단장들과 어울릴 수야 없지 이 예루살렘에서 정치의 중심에 있어야지.' 하고 예루살렘에 머물렀다. 생일축하연도 예루살렘에서 하고자 했다.

손님들이 소개되고 어전 행사가 열렸다. 솔로몬 시대를 본받아 이스라엘 유대왕국은 그래도 천년역사의 기둥으로 장엄하고 화려했다. '어디 초립의 초동 같은 자가 감히 왕가를 모욕하고 다니나.' 왕비는 왕과 같이 축하를 받아도 축하의 말에는 귀가 들리지 않고 복수만 생각했다. 성이 풀리지도 성이 차지도 않았다. 속으로 화를 참을 길이 없었다. 여자는 위험하다. 축하연이 열리고 왕의 치하가 있은 다음 무대를 준비하고 각 나라 해외 사절이 내방한 가운데 로마총독은 참석하지 않았지만 주둔군 군단장 등은 참가했다. 로마군단의 참모장 등과 휘하 장교들이 각각 자기의 호위병을 데리고 참석하여 축하해 주고 있었다.

음악소리와 함께 무도회의 시작이 알려졌다. 많은 무희들이 몸매가 거의 보이는 투명하고 아들야들한 비단 옷을 입고 발맞추며 밸리댄스를 추며 무대 위를 지나갔다. 진귀하고 맛있는 음식들이 준비되어 사절들과 많은 축하객, 관리, 신하, 정치객들의 앞에 놓여져 축하연의 분위기를 더 잡았다. 모두 오늘의 메인 이벤트가 무엇인지 궁금해했다.

갈수록 많은 무희들의 현란한 손과 손가락, 움직이는 춤과 가슴과 허리를 돌리는 춤으로 흥분과 재미가 더해 갔다. 조금 전 춤추고 지난간 반나체의 무희들이 축하손님들 사이로 나와서 시중을 거들었다. 아리따운 그들은 전국의 유대 이스라엘에서 선택된 미인들이다. 또 아라비아에서 특별히 공연을 나온 무희들도 있었다. 세계 최고의 무희들의 춤추는 아라비안 무희들이다. 지나간 페르시아 출신의 상상을 초월하는 미녀들, 남자들이 한 번 보면 기절할 정도의 미인들도 공연에 참가했다.

드디어 쟁 하고 큰 소리가 나며 반라의 무희들이 음악소리에 춤을 추며 다시 나온다.

중앙의 춤추는 무희가 우아한 흰색의 무도복을 입고 눈같이 흰 비단으로 얼굴을 반쯤 가리고 새 하얀 살결에 반투명한 무도복을 입고 여자의 향기를 흩뿌리며 지나가며 유연한 젖가슴의 몸매를 자랑하며 무대를 누빈다. 음악에 맞추어 가슴과 아래 허리를 움직이는 율동으로, 아래 옷자락에 걸친 금은으로 장식한 매듭과 거들이 움직이는 자태와 이를 흔드는 빠른 몸동작은 과히 경탄과 탄성의 숨소리가 좌중에서 터져 나오게 했다.

율동은 바람에 휘날리는 백합과 같고 꽃이 필 때 나는 향기가 퍼지면서 분위기는 흥분의 도가니로 뜨겁게 타올랐다. 춤추는 율동으로 땀이 흐르고 더운지 웃옷을 한 꺼풀씩 벗어 사뿐이 무대 위로 던지며 음악과 반주에 맞추어 춤추며 무대를 전후 종횡으로 누빈다. 모두들 현란한 춤에 숨을 죽이고 무희가 춤추며 손짓하는 몸과 손가락에 집중해 있었다. 왕과 왕비마저 긴장하여 관람하고 있었다.

"저애가 누군가? 누가 저런 예쁜 무희를 낳았을까? 어디서 데려왔나?"

하고 왕은 중얼거렸다. 이제는 모두들 박수를 같이 치며 무희의 뱅뱅 돌리는 몸짓에 같이 한마음이 되어 손뼉을 함께 맞춰 치며 환희에 휩싸였다. 끝나길 바라지 않는 가운데 무희가 천천히 춤을 마치고 왕에게 인사를 하자 좌중은 박수소리가 그치지 않았다. 그리고 그들은 재차 노래해 주기를 외쳤다.

왕이 시중에게 무희를 가까이 오라고 했다. 옆의 왕비가 안전상 일정한 간격을 유지하라고 했다. 20보 밖에 서 있으라고 했다.

"이름이 무엇인가?"

왕비가 옆에서 말했다.

"한 번 더 춤추게 하시고 알현하시지요. 특별상도 주세요."

"한 번 더 춤추어 보라. 내가 큰 상을 내리리라."

다시 음악이 울리고 무희의 춤은 구름 속에서 내려오는 솔로몬 시대 시바의 여왕 같았다. 전설의 여왕 시바의 여왕이 솔로몬 왕 앞에서 흰 비단 옷을 한 겹, 두 겹 풀어 던지듯이 무희가 끝없는 전진 후퇴 회전운동을 하면서 춤추니 다들 어지럽고 황홀했다. 무희의 흰 살결은 관중을 더욱 사로잡았다. 빙글빙글 어지럽게 구름 위에서 추듯 음악에 맞추어 춤을 추었다. 무희는 춤이 끝나자 요란한 박수와 함께 왕의 어전을 향하여 여전히 얼굴을 흰 비단으로 반쯤 가리고 춤을 마치는 절을 올렸다. 헤롯 왕도 휘하 무장 신하들과 함께 박수치는 것을 멈추지 않았다. 박수소리가 가라앉자 왕은 손짓으로 무희를 가까이 불렀다.

"오늘 내 생일에 나와 하객을 위하여 너무 황홀한 춤을 춰 주어 고맙다. 너는 누구냐? 어디서 왔느냐? 내가 특별히 상을 줄 터이니 네가 무엇을 갖고 싶으냐? 한 가지만 말 해 보라."

"대왕폐하 소녀는 살로메입니다. 아버님 탄신일을 축하드립니다."

하고 얼굴의 비단베일을 풀었다. 그리고 이마에는 땀방울이 맺혀 있었다.

"아니, 너는 살로메 공주가 아닌가? 어떻게 네가 다시……."

좌중이 모두 일어났다.

"대왕 만세! 살로메 공주 만세! 유대 만세! 만세, 만세!" 하고 외쳤다.

"아, 우리 유대가, 다윗과 솔로몬의 나라가, ……."

모두들 눈물을 글썽거리고 눈시울이 뜨거워졌다.

"어찌 살로메 공주님께서 직접 납셨습니까? 너무 감사합니다."

흥분이 감동의 드라마로 변했다. 좌중이 다시 조용히 정리되자 흡족한 마음이 된 왕은 말했다.

"오늘 공주가 짐의 생일을 맞아 여러 내빈을 모시고 즐거운 가무를 주어서 우리 왕가에서 미약하나마 연회를 직접 베풀어 드리게 된 기회가 되어 여러분에게 감사하게 생각합니다. 공주에게 한 번 더 박수를 부탁합니다." 박수 소리가 요란하게 났다.

"공주는 돌아가 쉬어라, 잘 하였다."

좌중에서 일부가 일어났다.

"대왕님, 공주라고 하여서 특별한 상을 못 받을 이유가 없습니다. 약속하신 상을 살로메 공주에게 내려 주소서. 내려 주소서. 우리를 기쁘게 하였습니다."

"우리 집안 일인데 무슨 상을……. 나중에 내가 불러서 주리다."

"대왕폐하, 오늘 공주님에게 주시는 상은 대왕께서 주시는 상이며 동시에 우리도 공연을 본 기념으로 모두가 주는 상입니다. 하사하십시오, 하사하여 주십시오."

누구든 자기 딸이 귀엽고 이쁘면 뭐든 해 주고 싶은 마음이 난다. 헤롯이 머뭇거리다가 말했다.

"공주는 무슨 상을 받겠는가? 무엇을 원하든 짐이 주리다."

"왕비마마님과 상의하겠습니다"

("어미와 무슨 상을 상의하나? 그랑프리 정도 주면 되지, 무슨 상의?")

왕비에게 올라온 살로메는 어머니와 귓속말로 말하였다. 그리고 다시 아래로 내려가 말했다.

"대왕폐하, 소녀의 바라는 것은 상품이 아니옵고 어머니를 모욕한 세례 요한을 사면하시지 마시고 벌하시는 것입니다. 나라의 왕비이시니 국모를 모독한 죄이며 자신도 사과하거나 회개하지 않습니다."

"아니, 그건 안 돼. 안 된다. 내 생일 잔칫날이야. 생일날에 재수없게 사람을 왜? ……"

헤롯이 말했다. 순간 좌중이 찬물을 끼얹은듯 조용해졌다.

의전 담당관이 일어나 말한다.

"대왕폐하, 폐하의 한 번 언약과 약속은 국가의, 왕국의 약속입니다. 어려우시면 종교 담당 고문의 의견을 들으십시오."

"지금 여기는 어전회의가 아니고 축하행사장이다. 누구를 희생하는 재물잔치가 아니다. 살로메는 소원을 취소하고 딴 것을 말하여라.”

“대왕폐하, 살로메 공주는 이미 말을 거두지 못합니다. 대왕님의 명에 의하여 공주님도 왕족의 일원으로 왕가의 권위를 가지고 왕가를 보호할 의무가 있습니다. 미래에 공주님에 관한 예우와 의전이 예정되어 있습니다. 오늘 여기서 대왕의 말씀을 모두가 듣고 보았으니 공주께서 걱정하는 왕국의 안위와 권의를 위하여서도 시행하셔야 합니다. 이미 공주께서 대왕님께 말씀하셨으므로 세례 요한이 사면되면 살로메 공주는 나라와 사회에 또한 부끄러움이 될 것이며, 대왕께서는 왕가의 의견을 무시하고 가족을 버리시는 것이 되며 사회는 여론으로 들끓고 혼란이 옵니다. 살로메 공주에게로 그들의 비난이 넘어가는 또 다른 비극이 생깁니다. 이미 아인케렘 세례 요한은 재판상 사형언도를 받았으며 대왕의 형 집행보류로 되어 있습니다. 형 집행보류가 해제되면 자동적으로 형이 집행되며 사면되면 바로 풀려나 자유롭게 됩니다. 대왕폐하의 종교고문님은 이의가 없소이까?”

“제가 한 말씀 올리겠습니다. 정치와 종교문제는 간단하지 않아서 이미 세례 요한은 자기만의 윤리로 말을 다하였다 하고 있었으며 이제는 윤리적으로 자신도 치사하게 왕가에 생명을 구걸하지 않겠다고 존경하는 대왕폐하와 왕비님을 존경치 아니하고 왕가를 업신여기고 비난을 계속하며 그의 변호인단에게 알려와 이제 우리도 체념하였으니, 그의 뜻으로 알고 그 스스로 의롭게 죽겠다 하니 우리도 어쩌지 못하오. 세상을 잘 알지 못하고 윤리만 고집하면 우리 모두가 죄인 아닌 사람이 없소. 윤리는 윤리로 살아가고 정치적, 통치적 일은 통치적으로 정치적 판단에 맡길 따름이오. 왕국은 왕명에 따라 시행되어야 하며 법이 법대로 시행되지 않으면 지난날 아켈라우스 왕의 시대처럼 혼란이 올 것이오. 이미 제사장단들도 세례 요한의 특출한 행동이 이단적 종교행위라는 여론이므로 그를 비난하고 있으므로 지금 사회적으로 벌하는 데는 의의가 없을 것입니다.”

“내 생일이 이것으로 파하게 되었으니 유감이로소이다. 어찌 생일잔치가 이런 일로……. 앞으로 왕과 왕비의 생일이라 하여 공식초청하고 축하하는 행사를 당분간 중지합시다. 의전은 요한에게 유감을 전하시오. 형 집행정지를 취소하는 바이오.”

왕의 명령이 떨어지자 왕명을 받은 역마가 파발로 파견되어 사해 동쪽 네보산 남쪽, 마다바 서남쪽에 있는 마케루스 요새에 감금되어 있는 세례 요한을 처형하도록 하였다. 이로써 세례 요한의 운명은 끝이 나고 헤롯 왕가의 위상도 민심으로부터 피하지 못하는 이탈의 현상이 가속되었다. 유대 역사의 운명이 또한 이러했다.

　요한의 제자들은 세례 요한의 시체를 수습하여 세례를 베풀던 요단강가에서 장례를 치르고 명복을 빌었다.

　"선생님, 못다 하신 뜻을 천국에서 이루시고 편안히 가십시오. 선생님, 요단강 건너가 베다니에서 만나리요, 요단강 건너가 만나리요. ……"

　그 후 세례 요한의 제자들이 예수를 찾아와 세례 요한의 장례를 말하자 제자들과 함께 장지에 한 번 방문하겠다고 위로하였다. 그리고 뜻이 있으면 자신의 제자들과 함께하여도 좋다고 하였다. 요한의 제자들 중에 떠나간 사람들도 있고 예수의 제자들과 함께 한 사람들도 많이 있었다.

　세례 요한이 억울하게 죽자 많은 사람들이 허탈해하고 자연히 예수에게로 모여들었다. 율법을 공부하는 젊은 사람들도 예수의 새로운 말과 뜻이 무엇인가 궁금하여 예수의 설교장에 모여들었다. 그리고 그 말을 듣고 자기 교회로 가서 어떤 복음의 말인지 전하려고도 하고 한 번 예수와 토론도 벌이고 싶어서도 모여들었고 바리새파, 사두개파, 엣세네파의 젊은이들도 한 번은 예수의 강론의 뜻이 무엇인지 와서 들으려 모이고, 사람들은 모이고 모여 날씨가 좋은 날의 안식일이면 예수가 설교하는 곳은 인산인해를 이루었다

제22편

갈릴리호수 호반의 캠프

갈릴리바다와 가버나움은 세례 요한의 요단강 캠프가 옮겨온 것처럼 예수의 캠프가 있는 곳은 예수에게 안수를 받고자 오는 환자들로 북새통을 이루고 예수가 가는 곳마다 군중이 모여, 물건을 팔고 사는 장사들까지 따라다녀 과히 양상이 혼란스러웠다.

예수는 매일같이 많은 청중이 모이고 환자들이 모이는 가운데 많은 여러 가지 비유와 실제의 말씀이 잦아졌다. 바리새파 청년들의 질문도 날카로웠다.

예수가 가는 곳마다 환자들이 모이고 모이는 곳마다 군중이 따라와서 남자들은 예수와 악수하고자 하거나 몸이 아픈 여자들은 예수의 옷자락이라도 만져서 영험을 얻고자 했다.

예수는 일반 의사들이 병을 잘 고치거나 다스려서 너무 이름난 명의가 되면 문전에 병자와 환자가 끊이지 않는 것과 같이 사람들에 치여서 피할 지경에 이르렀다.

사람들은 오늘도 좋은 말씀을 놓칠세라 저녁이 되어도 도무지 흩어지지 아니하고 기적과 이적을 보려고 어린아이까지 업고 걸리며 예수일행을 따라다녔다.

예수께서 군중을 피하여 강 건너 지역으로 갔으나 이미 그곳으로 오실 줄 안 군중들은 이미 그곳에 모여 있었다. 횃불까지 피우고 모여서 산상의 교훈과 같은 마음의 평화를 찾는 복음을 들려주시기를 주문했다.

"우리 아이들도 좋은 말씀 듣고 자라야지. 성경 이론과 논문 공부도 하고……."

　"에레모스산에서 다시 한번 예수님의 복음의 말씀을 듣기 원합니다. 우린 못 들어서 축복을 받지 못하였습니다. 다시 에레모스산 위로 오르소서, 같은 말이라도 하실 말씀이 없더라도 한 번만 더 안 들은 사람, 못 들은 사람들을 위하여 말씀을 다시 한번 들려 주십시오." 하고 요청했다. 저녁도 먹지 않고 따라왔다.

　예수 일행도 아직 저녁을 먹지 못하고 있었다. 강 건너와서 밥이나 지어 먹든가 빵이나 굽든가 하려고 사람들이 별로 살지 않는 이 한적한 곳에 왔는데 여기도 만원이니 기가 찼다.

　제자들이 말했다.

　"예수님, 여기는 탑가라 하는 지역으로 근처에 따뜻한 온천수가 솟아나는 7개의 샘이 있습니다. 식사시간을 갖고 저녁 후에 예배를 본다고 말씀하시면 사람들이 흩어져 근처 떨어진 샘이 있는 주변의 한적한 마을이라도 내려가서 뭘 먹고 오거나 집으로 아예 가버릴 터인데 그렇게 하시지요."

　"너희들이 뭘 나누어 줄 수가 없겠는가? 나를 보려는 사람들인데 야박하게 어디 가서 밥이나 먹고 다시 오라고 하면서 그동안 우리는 모여서 빵을 먹고 있고 하면 저들이 주변에 와서 두리번거릴 것이 아닌가? 그들이 졸지에 배고픈 사람들이 되고 기웃거리는 걸뱅이 꼴이 되니 이게 말이 되는가? 없으면 마을에 가서 빵을 사오던지 먹을 것을 구해 보아라."

　"예수님, 이 사람들을 빵을 사다 먹이려면 2~3백 데나리온이나 되는데 그런 돈이 없습니다. 더군다나 마을도 한적하고 상점도 없고, 그리고 사람들이 너무 많습니다. 배가 고프면 또 더 먹으려고 하니 더 부족할 것입니다."

　"누가 그리 선생님 말씀을 잘 받아 대꾸하나? 가룟 유다냐? 총무 잘 본다고 하지마라. 그게 관리 잘하는 게 아니야. 이럴 때 잘 하는 게 총무지, 총무 아무나 하나?"

　"베드로 형님, 대책이 없어서 그럽니다."

　"아니 저게, 말마다 대꾸하고 선생님 말씀을 옆으로 새게 하고……."

　"그러니까 아까 제가 우리들이 여기 오기 전에 식사하고 오자고 했는데 먼저들 가니까 제가 식사 준비해 놓은 식당의 예약 취소하고 허급지급 여기 왔는데……."

　"누가 너 보고 외식 준비하라고 했어."

　"형님들, 이 가룟 유다만 나무라지 마십시오. 이제 우리도 조직체계이고 예수님 권위도 있어야지 아무 밭 바닥에서 밥 먹고 이제 좀 단체로 자리잡으려면 체통도 있어야 한다 이 겁니다. 하나님 믿는 데는 어느 정도 자세와 예의를 갖추어야지. 그래서 하는 말이지요. 좋으라고 하는 말인데 베드로 형님은 무조건 야단치십니다."

"야, 이 봐라, 너 정말, 우리가 폼잡는 바리새파들이야? 우리는 서민이다, 평민이야, 너는 우리와 잘 안 맞아. 네 말대로 생활수준이 안 맞으니 일에 빠졌으면 좋겠다."

"베드로는 가만 있어라. 너희들이 가지고 있는 빵이 몇 개나 있나? 파악해 봤어?"

"예, 빵이 다섯 개고, 물고기는 2마리뿐입니다. 먹을 것도 없이 머리만 크고 억센 빠가사리 2마리지요. 페드로 형님이 실수로 잡았지요. 형님이 다시 물속에 던져 버리려고 하는 것을 그나마 제가 말려서 버리지 않고 고기의 배를 갈라서 요리하고 그속에 야채와 양념을 넣고 잘 굽긴 했습니다. 그래도 제가 잘 챙겨 놓은 것입니다."

"와, 이거 정말, 자기자랑 되게 하네. 하긴 사실 생선요리도 잘하는 사람이니까. 근데 유다는 칼 잘 쓰는 요리는 어디서 배웠나? 생선 배 째는 데 도사 같아."

"제가 여러 모임에서 총무라는 걸 하다 보니까 도가 텄습니다."

"하기야 음식점 주방장 수준 정도는 한다는데, 유다를 총무로 잘 두었네."

"예루살렘 가룟지역에서 부친이 큰 음식점도 한다는데 주방장 어깨 너머로 보기도 했겠지."

"유다만 따라다니면 굶지는 않는다는 소문입니다. 낚씨도 잘 하고 고기 배 째는 데 선수로 알려졌습니다."

"그러니 모임에 제격이지. 요리를 직접 할 수 있다는 것도 보통 능력은 아니지."

"다들 좀 조용히 하자. 그런데 어이, 가룟 유다, 칼로 큰 물고기 배를 옆으로 째다가 자네 배도 쨀라 조심해라."

"베드로 형님, 그만 하십시오. 왜 제가 내 배를 그기의 배 째듯이 스스로 쨉니까요?"

"한 가지 능한 것이 있으면 실수도 하니 조심하자는 거지."

"아이, 형님도."

하고들 다들 웃었다. 예수님과 함께 분위기가 화기대애하고 행복한 제자들이다.

"그만들 하세! 그래 유다, 자네가 잘 준비했다. 성도들이나 신자들이 듣겠다. 그만하고 청중들을 어둡지만 저기 좀 넓은 들의 푸른 잔디에 줄지어 모여 앉게 하자. 내가 하나님 말씀도 드리고 일단 쉬게 하자. 그리고 아까 유다가 5개의 빵과 물고기 2마리를 가지고 있다 하니 가져오시게. 저기 바위 위가 좋겠다."

제자들이 사람들을 대강 줄지어 앉게 하였다.

"좀 줄지어 앉아 주세요. 그래야 사람이 사이로 지나다니는 통로도 되고 하니 사람 지나갈 통로를 비우시고 대강 앉아 주십시오. 예수님 말씀이 곧 계실 것입니다."

청중들 앞에는 가룟 유다가 제안한 대로 본부석을 만들고 그 앞으로 좀 떨어져 사람들이 앉게 하였다. 말씀을 듣다가 집에 가는 사람도 있으니까 통로가 필요했다. 예수께서 앞쪽으로 나오셔서 임시 바위제단 위에 갖다 놓은 5개의 빵과 물고기 2마리의 요리접시를 하늘에 들어 축도하시고 말씀하셨다.

"우리 다 같이 기도합시다. 하늘에 계신 아버지 하나님, 그 이름이 거룩하시며, 나라가 임하시며, 하늘나라의 뜻이 이 땅 위에 눈과 같이 희게 빛나며 내리오리이다. 오늘 우리에게 일용할 양식을 주시고 이 갈릴리 바닷가에서 여러 형제들이 모인 자리에 하나님을 모시는 기도회를 갖습니다. 저녁이 되어 모두 시장하오니 저희들이 모은 양식을 얼마 안 되지만 봉헌하오니 저희를 여엿비 여기소서. 그리고 조금씩이라도 나누게 하여 주소서. 하나님의 이름으로 기도합니다. 아멘."

예수님은 바위제단 위에 있는 빵과 물고기를 조금씩 나누어 사람들에게 나누어 주도록 하였다. 여기저기서 바스락, 부스락하면서 빵을 나누는 소리가 났다. 끝이 없이 났다. 그리고 예수님의 제자 일행들이 있는 본부석 앞 바위까지 누가 빵을 가져왔다.

"좀 드셔 보십시오. 여기도 있습니다. 두루에서 왔습니다."

"저희들은 시돈에서 왔습니다."

"저희들은 가이사랴에서 왔습니다."

"저희들은 디베랴에서 왔습니다. 이 가버나움에서 자주 예수님을 뵙니다."

"저희들은 하이파에서 왔습니다."

"저희들은 갈멜산에서 왔습니다."

사람들이 줄지어 앉은 곳에 빵을 들고 왔다갔다 하는 사람들이 많았다.

"갑자기 저렇게 많은 빵들이 어디서 나왔나? 여기 가져온 것을 모자라는 곳이나 좀 주지."

"참 신기하다, 신기해."

"여행자들은 항상 비상식량을 가지고 다니는 거야. 서민들에게 배워라 배워. 우리도 이제 꺼내 먹자"

"그러니 복음을 못 받지. 먼저 꺼내어서 예수님께 좀 갖다 드려 봐. '예루살렘에서 밧세파교회당에서 왔습니다.' 하고 말이야. 저 기적을 보라고, 예수를 보라고, 메시아야. 이 많은 사람들이 지금 먹고 물이나 음료수까지 먹고 있잖아. 기적이야, 언제 지금같이 우리가 가지고 있는 빵을 나누어 먹어 봤나? 대단해! 한 오천명은 모였겠다. 저기 유스투스와 마크도 있네. 여기 와서 좀 뭐든 마시라고 하지."

"그러지 마. 우리도 패거리로 탄로나. 가만 있지."

예수께서 앞으로 나와 식사를 마친 근중들에게 신상의 복음과 감사의 말씀을 주셨다. 그리고 마지막에 때가 너무 늦었으니 각자 집으로 돌아갈 것을 권고하셨다. 그들은 흩어지기 전에 그들이 앉았던 들판을 자진하여 청소했다. 먹다가 남은 빵 부스러기와 먹거리 등 12지파의 쓰레기 바구니처럼 12쓰레기 더미를 만들고 쓰레기를 태우고 캠프파이어처럼 불꽃 주위에 모여앉아 이별의 노래를 하며 다윗 왕의 찬송가를 불렀다. 그리고 불꽃이 꺼지는 것과 함께 다들 자신들의 희망의 기도를 하나님께서 들어 주시고 예수님께서 이루어 주시기를 간청하며 이날의 마지막 기도를 각자 소리내어 드렸다. 또한 마지막으로 흩어지는 이별의 노래를 합창하면서 감동의 눈물을 글썽거리면서 서로 잘 가라고 헤어지면서 산 아래로 내려갔다.

아, 이 탑가에서, 이 이스라엘에서 이 같은 감동을 주는 일은 일찍이 없었고 다들 모두 하나가 되어 남은 불씨를 하나씩 들고 좁은 길에 줄지어 이별의 노래를 부르며 언덕 아래에서 헤어졌다. 하산하는 길에 횃불도 들어 내려가는 언덕길을 밝혔다.

후세에 이 터를 파보면 이때의 유적이 나올 것이다. (없으면 할 수 없지만…….)

"내일은 좋은 날이니 또 만납시다."

다음 안식일 날 가버나움에서 예수님의 설교장에 더 많은 사람들이 와서 오병이어의 신호가 생겼다.

"예수님이 5개의 빵과 2마리의 물고기로 5천 명을 먹였대, 예수님이 있던 앞 본부석의 간이장막이 무슨 열병식 하듯 빵을 들고 갖다 바치는 사람으로 길이 막힐 정도였다네. 어디서 갑자기 나온 빵인지 모를 정도로 예수님의 전도복음사업은 기적이야."

말은 부풀려져서 전 가버나움으로 퍼져 나갔다. 탑가에서 일어났던 일이 동네에 큰 화제요 소문거리였다. 전도장 근처에 많은 사람들이 고여 웅성댔다.

"쉿, 가만 있어. 저기 로마군 군사가 보여. 사람이 너무 많이 모이니까 정보를 수집하려 나왔는지 걱정이 되나 봐. 사태가 나지 않나 경계하는데, 그들한테 가보자."

사람들이 로마군사에게 눈길을 주었다. 높은 말을 탄 로마군 센트리온(백병대장)이 교통정리하는 모양같이 군중들 사이를 헤집고 나온다. 군중들이 중무장한 말을 보고 놀라 멀리 떨어졌다. 로마군에게는 어떤 두려움이 깔려 있었다. 보병인 군사가 말 고삐를 잡고 길을 텄다. 물결이 퇴각하는 듯 군중들이 비켜섰다.

"어, 비키시오, 비켜! 잘못하면 말에 치여요. 비켜요, 비켜."

예수가 서 있는 근처까지 갈 모양이다. 제자들 중 한 사람이 용감하게 앞을 나와 센투리온이 타고 있는 말의 길을 막는다. 혹시나 예수 선생님에게 뭘 하려나 하고,

"귀하는 어디를 가시나요. 센트리온님? 누굴 찾으시나요?"

"그대는 누군데 우리 지휘관님을 가로막고 서 있나?"

"가만 두라. 그래, 그대는 이름이 뭔가? 기골, 기풍이 괜찮구만."

"나는 나다나엘이라 하오. 귀관은 어떻게 여기에 오시거나 지나가시는 거요? 존함은 요."

"예수님 뵈려면 이름까지 대냐? 좋아, 난 로마군 이 지역 센트리온 가이우스 티투스다."

("이 봐라, 제법 과감하네. 기병대로 데려다 쓸까? 벌써 예수도 호위병을 두었나? 무사 출신이 있긴 하다는데")

"나다나엘이라고? 자넨 여기 있을 사람이 아닌데 예수 제자인가? 어디 로마군에 지원하지 않겠나? 마침 낙타기병대 인원을 차출 중인데, 낙타를 타게 될 건데, 손짓하는 폼이 검술 꽤나 쓰겠는데, 아닌가?"

"센트리온께서는 직접 차출이나 징집하러 다니십니까? 여기는 기병대 지원자가 없습니다. 딴 데서나 알아보시지요."

"그러지 말고, 잘하면 말도 타게 해줄게. 자네가 예수 제자라면 내 말이나 전하게나. (내가 예수의 얼굴을 확인하려 왔는 줄도 아나? 앞으로 어떻게 될지 모르지만…….)" 하면서 등치가 크고 기골이 장대한 센트리온이 말 위에서 무장한 짤랑짤랑한 쇳소리를 내며 로마군 검을 다시 자기의 몸 옆으로 고쳐 매고 앞을 막고 있는 나다나엘을 자세히 보며 말했다. 나다나엘도 지지 않고 대꾸한다.

"무슨 말을 전하려 하시오? 예수님은 이 근처에 계시는데 무슨 말을 전하시려고요?"

주위가 긴장했다. 나다나엘도 가난하지만 귀족가문의 검객이고 센트리온이라도 한 방 붙더라도 지지는 않겠다는 기백이 있었다. 그는 센트리온이 예수님 얼굴을 확인하는 것을

사실상 제어하려 했다.

"나다나엘 형, 예수님께 말만 전하신다하는데 형이 너무 긴장하는 것 아니시오?"
하고 가룻 유다가 걱정하며 말했다.

"넌 좀 가만 있어. 네가 뭘 알아? 군단 센트리온이라고……."

"제가 그걸 왜 모릅니까요? 티베리아 주둔군 센트리온 같은데요…… (좋은 기회인데)."

"유다야, 나중에 하고"라며 유다를 가라고 하고 센트리온쪽으로 보며 다시 말한다.

"센트리온님, 나사렛 예수님 캠프에 오신 것을 환영합니다. 전하실 말씀은 무엇입니까?"

"내 인사계가 몸이 아파 집무를 못 보니 내가 바쁘고 귀찮소. 군 의무관은 그 사람은 못 고치겠다고 하는데 내가 세간에 들으니 종교 전도하러 다니는 예수 선생의 기(氣)치료 (the clinic by the natural belief force)를 받으면 낫는 수가 있다 하는데 기치료가 뭐요? 그런 치료도 있소? 기가 뭐요? 내 인사계를 병이 낫게 해 보시지 그러면 감사하리다."

"아, 우리 선생님은 기치료 같은 것은 안 하시고 다만 의사같이 무료로 보아주십니다."

"아, 그래요? 의사 선생이기도 하시오? 그러면 말게서 내릴까? 말도 쉬어야지."

센트리온이 말을 쉬게도 하려고 말에서 내렸다. 나다나엘도 안심하고 선생님 쪽으로 저만큼 간격을 두고 인도했다. 그리고 예수님쪽으로 가서 센트리온과 중간 거리를 두고 서서 말했다.

"선생님, 센트리온 백인대장까지 여기로 왔습니다. 센트리온님, 말씀해 보시지요."

"다시 말해야 하나? 내 인사계가 누워 있소. 왜 아픈지 고쳐주시면 감사하리다."

"부하는 어디에 누워 있소? 무슨 병인지 우리가 군병차 가보리다."

"아, 가실 것까지 없고 그대가 기 치료를 한다 하니 여기서 집에 누워 있는 그 사람을 당신의 기(Natural belief force)를 보내어 먼데 있는 사람도 고친다던데 그렇게 해 주시오, 그런 정도는 안 되면 바로 여기서 나 보고 선생께서 어떻게 하라면 되오. 그 사람은 로마군이니 상관인 내가 가라면 가고 서라면 서고 어떤 때는 내가 부르지도 않았는데 나한테 오는데 왜 왔나고 하면 부르시는 것 같다고 하여 왔다고 했소. 사실 그때 내가 찾으려고 하기도 하는 참이었소. 무슨 기가 있기는 있는 모양인데 여기서 기를 받아 가서 나으라고 전달하면 아마 나을 것 같으니 그대로 전달하리다. 진단을 알려주시오."

여수님은 이 말을 듣고 야, 역시 그렇다, 보고도 듣고도 믿지 않는 사람들이 있는데 이 로마군은 보지도 않고 믿는다 한다. 제자들에게 의심하지 않고 믿는 것을 배우라 하셨다.

"아, 그렇습니까? 통솔력이 대단하십니다. 잠깐 계시오. 생각할 여유가 있어야지요. 나이는 몇 살이나 되었소이까?"

"정확히는 모르지만 40세는 된 노병이오."

"열받은 위장병 같소, 열받아(혈압도)……. 며칠간 금식하고 따뜻한 꿀차와 물만 먹고 안정을 취하면 병이 나을 것이니 미구에 제가 한번 찾아가리다. 그대가 지금 가보면 이미 나아 있을 것이오. 그러나 안정이 더 필요하오."

"그럼 돌아가 보겠소. 선생을 따르는 군중이 많소. 진단료는요?"

"아 됐습니다. 그냥 가서도 좋습니다."

"무료로 고쳐주시오?"

"치료비는 없으며 무료요. 기치료란 말은 잘못된 말이오. 하나님의 정신적 내공의 힘이오(God's spirit force and power). 잘 가시오."

센트리온이 다시 말에 오르며 제자들과 선생님을 향하여 목례를 하는 듯, 손을 들어 간단한 인사를 하고 나다나엘에게는 "한 번 디베랴 로마군 병영으로 와 봐." 하는 말과 함께 한쪽 눈을 찌푸리는 눈짓을 하고 보병인 부하들과 함께 사라졌다.

"놀랬잖나?"

"왜 놀래? 모르지, 슬쩍 자기 인사계 핑계대고 예수님을, 우리를 염탐하러 왔는지 어떻게 아나?"

군인 말은 믿질 말라고, 모두가 작전의 한 개념이야. 진짜 인사계가 누워 있을까?"

"따라가 보지 뭐."

"되게 할 일 없다. 나다나엘 바돌로매 형은 과연 신중하셔. 다 보고 계시구먼. 있을 수 있는 일이야." 하고 안드레가 말했다.

"그런데 기가 뭐야? 어디서 들어 봤어?"

"인도에 그리스 알렉산더 왕의 군사가 쳐들어갔을 때 인도 사람들이 기로써 무얼 하는지 하루 종일 기를 쓰는 운동이나 하고 한 번 시작하면 앉아서 일어설 줄 모르는데 화살과 창이 날아가도 그대로래."

"그래서 창이 피해 다니나."

"창하고 자기하고는 상관없으니 안 맞을 수도 있고 또 맞을 수도 있고 별 관계 없대.

그들 말로 내 차가 아니야. 내 한 잔의 커피가 아니다는 것이지. 상관없다는 거야. 남이야 전쟁을 하든가 사람을 죽이든가 자기와는 전혀 상관없으니 그냥 지나간다는 무관심이지."

"그게 기야?"

"병이 들든가 말든가 들면 들고 말면 말고 죽으면 죽고 살면 살고 세상 편하게 사는 걸 가지고 있는 사람이 기를 가지고 있다는 것인데 우리 선생님은 무슨 기가 있는지 못하시는 게 없잖아? 5,000명을 빵을 주시지 않나, 포도주를 보내지 않나, 물위를 걷는다고 하질 않나, 대단한 소문이 퍼지니 저 정신이 빠랏빠릿한 센트리온도 와서 예수님의 기를 찾지."

예수는 벳새다지역과, 게네사렛, 두루, 시돈, 데가볼리를 두루 주유하시고 다시 갈릴리로 돌아오셨다. 이스라엘－유대 땅을 두루 다니시며 복음의 유세를 하셨다. 유스투스, 마크 일행도 바쁘게 쫓아다녔다. 두루에서는 그리스계 수로코니게 가문의 여자가 예수에게 딸의 병을 고쳐 달라고 하여 백인대장의 인사계처럼 멀리서 정신의 기로 치료하여 주셨다.

"웃지마, 진짜다."

달마누다 지방에서 예수님이 전도하실 때 바리새파 젊은이들과 예수님의 제자들이 격론을 벌였는데 바리새파 율사들이 좀 거칠게 예수에게 논쟁의 쟁점을 내었다. 예수님을 시험하려 들었다.

"너희 예수 선생님이 하늘나라에서 무엇을 징표로 가지고 오신 것이 있으면 우리들이 보고 알아 모시겠다. 예를 들면 보검이라던가, 천부경거울이라던가, 천국의 열쇠라던가, 천국의 옥쇄라던가, 천국의 지팡이라던가, 모서가 시나이산에서 가지고 내려온 10계 같은 거나 아니면 선생님이 가지고 계시는 징표를 보여 줬으면 좋겠다. 아니면 다윗의 자손이 라는 다윗 왕의 족보(Genealogy) 원본이라든지 뭘 좀 보여 주시면 우리가 알아 모시겠다. 제자님들, 너희들은 보았는가?"

"……"

"선생님, 바리새파교회 율사들이 선생님에게 하늘나라의 징표를 보고자 하는데 여기에 대하여 대답하실 방법이나 실제 그런 물건이 있으시면 저희에게도 말씀해 주시면 좋은데요."

"그들을 나에게 데리고 오너라. 내가 직접 대답하마."

"확실하구만, 그러니 자신 있으시지."

"예수 선생님, 저희가 제자들에게 선생님의 하늘나라 징표를 보여 달라고 한 데에 대하여 결례를 용서하십시오. 죄송합니다. 혹시 그래도 저희는 한낮의 또 희망으로 그런 것이 있으시면 보여 주시면 좋고 아니시면 그와 합당한 논리가 있으시면 말씀해 주시기 바랍니다. 세례 요한 선생이 예수님에 관하여 무슨 말씀을 하신 것으로 알고 있으며, 그분이 어떤 징표를 보여 주었는지와, 세례 요한 선생님의 죽음에 관하여 말씀해 주시기 바랍니다. 예수께서는 그분으로부터 세례를 받으셨으니, 무슨 뜻이 있으신 게 아닌지와 여하튼 저희도 수련하고 공부하고 있는 랍비 실습생이니 무례를 용서하시고 좋은 해답을 부탁합니다. 또 하늘나라의 대변인이시든가, 하나님의 메시지 전달 메신저이신지, 우주의 정신의 힘, 기를 가지고 계셔서 만병을 치유하시고 소경이 눈을 뜨게 하시고, 다리가 아픈 사람이 짚고 있던 의자나 의족을 풀고 스스로 걷게 되었다 하고 한센병까지 고치시는 선생님께서는 어디서 오셨으며 그런 기적과 같은 힘은 어디서 나시며 오천 명 이상이나 되는 군중을 몇 조각의 빵과 고기 두서너 마리로 저녁 시장기를 해결하시는 등 일일이 다 소문을 열거하자면 끝이 없습니다만 아주 최근에 가버나움 로마주둔군 센트리온(백병대장)의 부하인 인사계도 원근법의 기로써 고치셨다는데 우린 귀가 막히는 이야기입니다. 우리에게 힘과 기와 믿음을 가르쳐 주시면, 좀 시원하게 하늘나라의 징표를 또 보여 주시면 차후 우리는 의심하지 아니하고 선생님의 문하생이 되겠사오며 예루살렘에도 알리겠습니다. 정말로 선지자께서 오셨다고 말입니다. 선생님에게 갈구합니다."

"잘 왔어요. 한번은 젊은 바리새파교회 젊은이들과 만나서 진지하게 토론하고 말할 게 있었는데 아주 잘된 기회로 생각합니다. 세례 요한에 대하여 여러 가지로 시험하여 결국에 복잡한 정치에 말려들게 되어 선각자 한 사람이 희생되었소. 이제 나에 대하여 시험하여 검증하려 하는데 나는 모세와 같이 10계를 가지고 있는 것은 아니요, 10계를 다시 새겨 온 것도 아니며 전에도 말했고 앞으로도 말할 것이 이요.

우선 나는 섬김을 받으려 온 자가 아니고 섬기로 온 자요. 하나님 말씀인 모세의 율법이 지켜지지 아니한 지가 오래 되었으며 종교지도자들이 우선 솔선하지 아니하오. 그들은 더 나은 정치를 교회가 해야 한다고 자기 교회의 청년신자들이 관리나 판관이 되도록 공공연히 선도하고 관리가 되었을 때 여러 신자들이 있는 설교시간에 축도하고 자기 교회파가 이들을 양성하여 성공적이라고까지 하며 이 같은 정치적 교회를 만들고 교파를 확장하고 만들어 분리하여 유일신이 하나님의 종파를 이방인과 같이 쪼개어 자기들만의 해석으로 모세의 율법을 해석하고 적용하고 있소. 이것이 교회의 욕심이며 파당을 지어가는 잘못된 길이오. 교회는 미래에 올 내세를 준비함이지, 지금의 현실을 혁명적으로 세상을 바꾸겠다는 것이 아니며 나 또한 타파하러 온 것이 아니며 무거운 짐을 대신 지며 복음을 주려 온 것이오. 정치에 관여해서는 안 되는 집단이 있소. 권력을 가지려고 권력을 숭상하고 판관을 숭상하는 것은 인간의 본연의 선택이나 이를 숭상하여 조장하는 것은 교회가 할 일이 아니며 이를 숭상하는 교회는 그 권력으로 망할 것이라. 그리함으로 지도자 모세는 알고 있었기 때문에 이스라엘—유대를 위하여 왕이 되지 않았소. 그는 위대한 지도자로 남았소. 무력으로 나라를 통치할 때나 권력이나 우상을 숭배하는 교회당이 나라를 통치할 때 그 나라는 패망의 길로 가는 일이오. 예루살렘에 있는 한 유력한 교회파는 정치 경제 각 권력에 지대한 영향을 주고 있으며 사실상 우리 유대를 지배하고 있는 계급이오. 그들은 스스로 권력과 판관과 계급을 우상과 같이 숭상하여 경쟁심과 시기심을 일으키고 이제 나라도 정권다툼의 위태로운 순간에 와 있소. 디는 옛날의 우리 이스라엘의 역사가 증명하고 있소. 나는 정치적 이야기를 하지 않소. 하나님의 복음만을 이야기하고 말할 뿐……. 유대 왕가에 대하여 질문하지 말아 주시오. 세례 요한의 죽음에 관하여 정치적 개입이 있었는지 난 모르니 정치적인 질문은 하지 말아 주기 바랍니다. 나는 정치하는 사람이 아니외다."

"예수 선생님께서는 정치문제는 상관이 없으시다면 종말이 가까이 왔다고 하는 이야기는 무엇을 말하시는 겁니까요? 정치적 종말이 아니고 무슨 종말입니까? 국가의 종말은 정치적 종말사태입니다. 알려주십시오. 그리고 선생님께서 하나님의 복음을 말씀하시는 권한의 징표가 있습니까? 어떤 징표가 있으시기에 선생님께서 말씀하시는 것이 하나님의 징표입니까? 보물 같은 징표나 아니면 그 무엇으로 보여 주십시오."

"나 예수가 하나님의 복음을 전하고 다니는데 많은 사람들이 모이고 지금 여기에도 와 있소. 내가 보검을 들고 다닙니까? 족보를 들고 다닙니까? 열쇠를 들고 다닙니까? 청동거울을 들고 다닙니까? 선지자 모세와 같이 감히 십계명을 파서 들고 다닙니까? 그리고 그것을 내가 사람들한테 흔들어 보이며 천국의 하늘나라의 보배 징표이니 나를 믿으라고 소리치고 다닙니까? 그렇게 보고 있습니까? 만약 그것으로 내가 들고 다니며 하나님 말씀을 전한다면 그것은 내가 선지자 흉내를 내는 자이며, 다른 징표를 여러분에게 흔들어 보이면 그것은 이방인들이나 하는 짓으로 그것이 바로 우상이요, 보검이 있다면 그것이 우상이며 거울이 우상이며 열쇠가 우상이며 족보가 우상이요, 이방인들이 하는 것이 그러한 것들이니 나는 그러한 것을 지니고 있지도 않으며 가지길 원치도 않소. 지금 그런 것을 보고 이 많은 사람들이 나의 말을 들으러 모이고 나한테 와서 안수하여 주길 원합니까?"

"……."

"선생님 말씀이 옳습니다. 선생님께서는 정말로 선생님이십니다."

"그렇지만 선생님, 뭔가 징표는 보여 주셔야 하지 않습니까요? 우리는 선생님이 징표가 있는 것이 더 좋습니다. 상징적인 뭔가 있어야 우리는 인정합니다. 하나님의 복음을 전할 자격이 있는지 없는지 유대 우리 나라에서 선생님의 말씀이 하나님 복음이라고 인정한 교회파는 아직 없습니다. 공식적으로 인정한 교파가 없습니다. 특히 바리새파는 선생님 말씀에 찬성하지 않고 있습니다. 그리스의 학파처럼 지은 무슨 논문이라도 있으시면……."

"하나님의 징표가 있고 없고는 우리들의 성서 요나의 예언을 보시면 하나님께서 요나에게 내리신 요나의 징표를 찾을 수 있을 것이오. 요나의 징표와 같이 또한 나한테서 그와 같은 징표를 찾을 수 있으며 징표를 찾을 수 없다면 내가 갈릴리해변 산상에서 한 말이 있을 것이니 그 이야기를 들으시오."

"그러면 그 에레모스 산상의 설교강연에서 어떤 징표가 있습니까?"

"그 말을 들은 자는 징표를 찾았는지, 못 찾았는지 징표라는 것이 있는지 없는지, 찾을 필요가 있는지 없는지 아무튼 그 이후로 더 많은 사람들이 나의 설교 때에 이같이 모이니 요나가 혼자서 니느웨를 여행하여 하나님 말씀을 찾았던 일과 비교하시면 요나의 징표를 찾을 필요가 있든가 없든가 꼭 요나의 하나님이 주신 징표를 찾으려면 요나를 읽으시오. 요나는 3일을 고래 같은 큰 물고기 뱃속에 있다가 살아와서 우리에게 하나님의 말씀을 전하고자 했고 니느웨 사람들에게 하나님의 경고를 하여 니느웨 사람들을 구원하였다고 적혀 있소. 요나서를 읽으시오. 그곳에 요나의 징표나 표적이 있고 하나님의 표적이 있소."

"선생님은 요나와 같은 분이십니까?"

"요나는 이방인을 멸망에서 구원하였는데 이방인도 그 말을 믿었기 때문이오."

"선생님, 말씀을 도저히 이해할 수 없습니다. 그러면 요나와 같이 직설적으로 예수님의 징표를 보여 주세요. 그러면 요나를 다시 읽어 보는 데 도움이 되겠습니다."

"여러분이 무슨 징표를 나에게서 찾는데 다시 말하거니와 나는 징표가 없소. 징표를 가지고 있다면 그것이 우상이 될 수 있소. 지팡이를 가지고 있다든가 지휘봉을 가지고 있다든가 무슨 보검을 가지고 있다든가 하나님이 쓰시는 방패를 가지고 있다든가 나는 그런 것 없고 나는 하나님 말씀을 전할 뿐이오. 나는 여러분에게 하나님이 내려 주신 거라며 물건이나 대대로 내려오는 가문의 족보나, 거울이나 부적을 가지고 있지 않소. 그런 우상과 같은 징표는 없소. 하나님 말씀은 우리 성경에 쓰여 있지 않소? 성경에는 물건으로 징표는 없소. 모세는 하나님 징표는 아니고 하나님과 약속의 궤인 십계명을 모시어 놓은 최초의 성서를 법궤(Ark, 法匱)로 하여 가지고 다녔소. 그 궤는 우리의 성물이 되었소. 그 법궤는 우상이나 하나님 징표가 아니며 하나님 말씀을 적어 놓은 성경 도서로서 지도자 모세는 이 성스러운 도서관을 운반한 것이며, 이것은 말씀을 운반한 것이며 말씀은 곧 하나님이시니 유대-이스라엘은 하나님의 것이며 유대-이스라엘은 말씀으로 태어난 나라요, 이제 징표를 찾지 말고 말씀을 찾으시오. 하나님 말씀과 그대로 행함을 혼자서 초막에서 기다리던 요나를 읽어 보시고 스스로 해답을 찾으시오. 하나님의 말씀이 바로 징표요."

"잘 알겠습니다."

"이것, 정말 특이하고 대단하신 분이다. 우리가 문제를 찾을수록 더 문제가 더 크게 되니 예루살렘 본당에 연락해야 하겠다."

"바리새파는 졌다. 우리가 좀 질문하겠습니다."

"예수님, 저희들은 사두개파 멜기세덱 사람들입니다. 우리는 요나의 부활을 믿지 않습니다. 다만 요나가 살아 돌아온 것은 믿습니다. 그렇게 쓰여 있으니까요. 우리 유대의 선지자들은 다시 태어나 세상에 다시 올 것이라고 주장하고 있으며 엘리야 선지자 대예언자께서도 다시 유대에 오시고 세상의 종말에 인류를 구할 메시아를 알려 줄 것이라고 성경에 쓰여 있습니다. 그분들이 부활하여 다시 이 세상에 올 것이라 하고 우리 모두들 그것을 인정하고 있습니다만, 어떤 의미에서는 부활의 의기를 다시 정리할 필요가 있습니다. 예수님도 유대 이스라엘의 선지자라고 주장하시면 죽어서도 다른 선지자처럼 다시 부활하실 겁니까? 이제 우리는 지나간 선지자들에게서 직접 듣지는 못하였지만 이제 선지자한 분이신 예수님이 선지자이시라면 이런 질문을 하게 된 것을 영광이며 좋은 기회라고 생각하여 질문하지 않을 수 없습니다. 만약 예수님께서 부활하신다면 죽음과 부활 사이의 시간을 말씀하실 수 있습니까요? 그동안 어디에 계셨던 건지 또는 어디에서 무엇을 하다 오셨는지 우리들과 질문하는 사람들에게 직접 설명하실 수 있습니까요? 며칠 만에 부활하시는 겁니까요? 그 바로 그 며칠 간 일을 설명하실 수 있습니까요? 정말로 살아서 돌아오십니까요? 살아서 우리들에게 보이실 수 있습니까요? 완전히 죽었다는 사람이 살아 돌아온 적은 없습니다. 전쟁에서 실종되었거나 바다에서 풍랑으로 실종되었던 사람이 오랜 후에 살아 돌아오는 경우는 있습니다만 확실히 죽은 사람이 살아 돌아온 경우는 없습니다. 죽었다고 모든 사람들이 확인하고 사망 신고된 사람 중에 살아와서 호적에 다시 등록한 사람은 없습니다. 우리 사두개파 멜기세덱 가문은 그래서 부활을 믿지 않습니다. 사람은 누구나 이 지상에서 생활의 한정이 있습니다. 모세 때부터 지금까지 살고 있는 사람은 없으며 그 막강한 파라오도 실제로 부활한 적이 없습니다. 예수님께서는 확실히 부활할 수 있다고 믿으시며 스스로 부활하실 겁니까요? 만약 부활이 있다면 예수께서는 부활을 만인에게 보이시고 법정에서 공증하시면 우리는 예수님을 부활로 믿겠습니다. 우린 부활의 의미를 정확히는 모릅니다. 확실한 것은 요나의 토라에 있는 성경이야기같이 그런 것을 확실히 본 사람이 현재는 없다는 것입니다. 그런데 부활이 있다고 가정하고 이런 경우 부활이 있다면 어떻게 됩니까요? 만약 어떤 가족에게 형제들이 있어서 형이 후사 없이 죽고 동생이 모세율법에 따라 미망인인 형수와 결혼하여 살았으나 그 동생 역시 죽고 또 그의 동생이 또 그 미망인인 형수와 결혼하여 살아가다가 죽었을 경우 선생님이 말씀하는 부활이 왔을 때, 또는 예수 선생님이 부활을 시켜 주실 때 그녀가 선생님을 믿었던 여자라면 어떻게 부활을 시켜 주시겠습니까요? 누구의 아내로 부활시켜 주십니까요? 이런 경우는 우리의 선조이신 아브라함의 손자인 야곱의 아들 유다에게 실제 있었던 일로 유다의 아들 삼 형제 중에 두 아들에게 일어난 일로 그 아버지 유대 자신에게까지, 자고 일어난 다말이란 여자의 경우와 같이 좀 확대한 내용으로 질문드립니다. 다말의 경우는 어떻게 되겠습니까요? 다말은 누구의 아내로 부활됩니까요?"

"세상이 정치적으로나 자연적으로나 타락으로 세상이 멸하게 되었을 때 다시 부활의 시대가 올 때이니 그날은 하나님께서 선택하시고 심판의 날에 체질하듯 채로 걸러서 분리하시고 부활시키신다. 마치 어부가 그물로 고기를 잡아 바닷가의 바닥에 펼치고 쏟아내어 쓸모 있는 것을 고르고 남은 잡어는 바다에 버리는 것과 같이, 또는 농부가 여러 건초를 모아 건초는 모아 쌓고 잡초는 아궁이 땔감으로나 사료나 비료로 쓰는 것으로 분리하듯이 하신다. 바다에 버려지는 고기는 너희가 보듯이 다른 큰 물고기가 와서 잽싸게 먹어 치워서 살지 못하고 잡초는 불에 태워질 수밖에 없듯이 하나님은 세상을 분리하여 부활을 선택하신다. 그럴 때 누가 누구의 아내였든 누가 누구의 아비였던 누구의 어머니였던 누가 누구의 선생이었던 파라오 왕이었든 간에, 이집트 전설의 파라오도 심판받는다는데 누구든 심판을 받을 것이며 심판의 표적은 지금 살아 있을 때 행위에 대하여 심판을 받는 것이며 죽은 후 행위가 당연히 아니며, 살아 있을 때 하나님의 복음을 듣고 행하는 자는 하나님께서 알아서 하실 것이다. 그러므로 누구누구의 아내로서가 아니라 부활의 날은 하나님의 날에 심판이 있다면 하나님을 믿었던 자, 복음을 믿었던 자는 축복을 받을 것이다. 부활은 과거에서도 현재에도 진행되고 있으며 미래에 죽어서도 되고 있다. 우리의 열조 조상들의 예를 질문한 그대가 다말이란 여자의 경우를 예를 들었는 것 같은데 그 것이 바로 현세의 부활을 예시로서 스스로 질문한 것이 바로 그 답변이다. 다말에서 베레스와 세라가 현지 동시 부활되었다. 그것은 바로 유다의 아들이었던 엘과 오난의 부활이다. 하나님께서 하나님을 믿는 착한 다말에게 바로 유다로부터 직접 그들을 부활하게 하시고 자손을 주셨다. 그 베레스의 후손이 다윗 대왕으르 연결되고 있다. 이와 같이 하나님께서 하찮은 여인에게도 부활을 주셔서 다윗 대왕에 이르게 하시거늘 똑똑한 너희들에게도 부활을 주시지 않겠느냐? 부활은 우리 유대에서 일어나는 일이며 그 증거이니 평소 성실과 진실로 하나님을 믿는 자에게 부활이 일어나니 부활을 대비하여 착한 일을 많이 행하고 하나님의 복음을 믿으라. 지금은 살아 있는 사람에 대하여 하나님이 계시고 죽은 자는 죽은 후에도 하나님을 뵙는 것이니 너희들이 부활에 대하여 광범한 의미를 옆에 성서나 책을 두고 읽고서도 알지 못하며 또한 잘못 알고 있다. 엘과 오난을 하나님께서 일찍 데려가셨지만 한꺼번에 베레스와 세라를 주신 은혜를 생각하라. 오늘도 그 다른 후손들이 이집트에서 세겜으로 돌아와 잘 살아가고 있다. 한 여인의 기구한 운명이라 생각하지 말고 부활의 위대함을 알라. 세겜에서 그런 그와 같은 믿음이 깊은 여인을 그 세겜의 현지의 우물가에서 본 일이 있다. 세겜은 우리 이스라엘 유대의 역사적 부활의 표본이며 그 표적이다. 세계 사람들이 영원히 기억할 곳이 또한 세겜이다. 아브라함―이삭―야곱―요셉―여호수아로 이어지는 부활의 선상에 있다. 세겜의 작은 두 언덕을 작다고 하지 말라. 또한 세겜에서 부활을 찾을 것이며 아기를 잘 낳지 못하는 여인들이 전설상 세겜을 찾는 이유도 여러분들이 잘 알고 있지 않나? 부활이 따로 있나? 여인들로부터도 부활이 시작될 수 있고 증거되리라."

"……."

바리새파청년들과 사두개파청년들이 서로 얼굴을 보며 혼잣말들을 하며 물러난다.

("부활을 바라지도, 기대하지도 않는, 오히려 더 이상 이 세상의 인연을 끊으려는 종교가 있다는데…….")

("그건 종교가 아니고 철학이야. 사이비 스토아 철학이라고, 안 그러면 바알이든가.")

"이게 어찌된 거지."

엣세네파의 청년들이 토론을 보다가 앞으로 나왔다.

"선생님 저희들은 엣세네파 랍비 견습생입니다. 이런 경우는 어떻습니까? 헤롯 왕가에 관한 이야기는 아닙니다. 일반사회에서 한 남자가 자기 아내된 사람을 살다가 내어버리는 것은 윤리적으로 도덕적입니까요? 또는 모세 율법에 따라 이혼의 증서를 써 주어 버렸다면 여자는 자유스러울 수 있는데 이런 사태가 이방인들의 증가로 많은 사회적 문제를 야기하는데 도덕적으로 옳은 것인가요?"

"여기 너희들 엣세네지파 사람들은 도덕을 중요시하고 있구나. 모세의 율법은 세상사람들이 경우에 따라 일어날 수 있는 일이 많아 불가불하게 율법으로 정하여 자유의 선택을 하도록 하였으나 원래 창세기란에 취지를 보면 원래 남자에서 여자가 났으므로 자기 갈비뼈가 아니었다면 다시 찾을 수야 있지만 잘못 다시 찾을 수도 있다. 찾았다고 무슨 증명이 되는 것은 아니다. 쉽게 끼울 것도 아니고, 그러므로 이미 최초에 정해서 언약과 서약을 하고 자기 갈비뼈로 생각하여 결혼하였으면 하나님 앞에서 서약하고 하나님께 자기 아내로 고하였으면 자기 평생의 아내이다. 그러므로 다른 여자에게 관심이 있거나 다른 남자에게 관심이 있어서 서로 버리거나 일방이 버리는 것은 다음 건전한 재혼인을 전제로 하지 않았을 경우는 제외하고 간음하는 것이라고 본다. 엣세네파의 의견이 같을 것으로 본다. 이로써 남자가 지나가는 멋있어 보이는 여자에게 음심을 품는 것은 간음의 초기 증상이고 그 후 한두 번이나 마주치고 그러면 이상한 생각을 하게 되고 음심까지 품는다면 앞으로 간음하는 것이 예상되므로 간음 예고에 해당될 수 있다."

"예이, 아니 선생님! 어찌 쳐다만 보고도 음심을 품었던 건지 아닌지 어떻게 알 수 있습니까요? 사람의 마음을 어찌 알고 판단합니까요?"

"자기 자신이 안다. 자기 아내가 있는데도 불구하고 우연히 지나가는 여자가 더 잘생겼다고 집에 있는 아내와 비교하고 후회하는 것은 자기 아내를 마치 물건 비교하듯이 하는 것이니 그것이 간음이라. 십계명을 거역하는 것이므로 남이 판단하기 전에 자기 양심이 먼저 알고 있다. 다른 여자에게 음심을 품으면 자기의 체물이 이상해지고 치아에서 기운이 빠져 나가는 느낌을 얻을 것이다. 아무데나 자기의 젊은 기를 잃지 말기 바란다. 나도 뒤에서 어떤 여자가 자신의 병을 고치기 위하여 내 옷자락을 건드리자 내가 느낌으로 안

적이 있다. 너희들도 그럴 것이다. 다만 젊은이들에게 많이 적용되는 점이다. 판단은 남만이 자기를 판단한다고 생각하지만 자기를 판단하는 양심판단이 자기 속에 있다. 하나님의 복음은 자신의 좋은 마음에 있는 것이며 도덕적 양심이다."

"잘 알겠습니다. 선생님, 허나 선생님께서는 이웃을 사랑하라, 원수를 사랑하라 하셨습니다. 과연 선생님께서도 만약 선생님을 모함하거나 선생님을 죽게 만들어도 그런 사람들을 사랑하실 겁니까?"

"이제 그럴 때가 오리라. 그때 여러분이 알게 되리라."

"그때가 있을 것입니까요? 언제입니까요? 그리고 세상의 종말과 부활의 시기는 언제쯤입니까?"

"사람의 아들은 그때를 알지 못하나 그때는 아버지 하나님께서 아시며 그의 뜻대로 이루어질 것이다. 나는 내가 하나님 말씀을 전달하는 사람이니 당연히 이웃과 원수 사랑을 실천하리라. 그리고 세상의 종말과 부활의 시기는 하늘에 계신 아버지 하나님만이 알고 계신다."

"잘 알겠습니다. 그렇지만 그래도 이 정도로 말씀하시면 하늘의 표적을 가지고 계셔야 하는데 그 표적을 이제 좀 보여주시지오."

"아직도 또 표적을 구하느냐? 너희가 나에게로 와서 '말씀을 들려주시오'로 하느냐? '하늘의 표적을 보여주시오.'로 하고 있느냐? '하늘의 표적이 말씀이며 말씀이 곧 하나님이시다'란 말을 못 들었느냐? 모세의 율법이 바로 표적이었던 것과 같다. 하늘의 표적이 바위 석판에 새겨진 말씀이었지. 쓰여진 돌판이 표적이 아니다. 많은 사람들이 나에게 찾아와서 말을 듣는 것은 하나님의 말씀을 전해들으려 하는 것이며, 표적을 찾고자 하는 자는 나의 자격에서 구실을 찾으려는 사람들이니 표적을 바위에서까지 찾으려 하지 말고 나의 말에서 찾으라. 나의 말은 지금 먹을 것만을 위하여만 일하지 말고 영원한 생명을 얻을 수 있는 일까지를 찾아서 하라. 먹을 것, 양식은 쌓아 두면 변하여 나중에 못 먹는 것이니 영원한 생명을 위하여 일하는 것은 썩지 아니하니, 마음으로 먹는 것은 썩은 것을 먹을 일이 없으며 영원한 생명을 먹는 것이다."

"영원한 생명을 위하여 먹고 일하는 것이 무엇입니까?"

"하나님이 보내신 자를 믿는 것이 하나님의 일이며 영생을 얻는 일이다. 하나님께서 말씀으로 그에게, 인자인 '그 사람의 아들'에게 갈씀의 문장을 새기고 봉인을 한 사람이다."

"그러니까 선생님, 그 표적을 보여 주십시오! 말씀의 문장의 봉인을 풀어 보여주시오. 우리 이스라엘 조상들이 이집트를 떠났을 때 이동하다가 광야에서 굶어 죽게 되었을 때, 모세 지도자께서 하늘의 표적으로 만나 열매를 찾아 내려주셨습니다. 그것은 하늘의 빵이던 만나 열매였습니다. 우린 지금도 먹을 양식이 부족하고 마음의 양식도 부족합니다. 모세와 같이 표적을 부탁합니다."

"(끝까지 그럴래!) 그 당시 모세가 빵을 준 것이 아니고 하나님께서 여러 사람들을 대신하여 참회하고 회개하는 선지자 모세에게 내려주신 것이니 이제 내가 하나님의 생명의 빵을 줄 것이다. 내가 이 세상에 온 것은 내가 나의 뜻을 행하러 온 것이 아니고 나를 보내신 하나님의 뜻을 행하러 온 것이며 그 뜻은 영원한 생명을 얻게 하는 방법을 가르치는 것이니 나의 복음을 믿어라."

("아이고, 저분이 요셉의 아들인 예수가 아닌가? 주제에, 우리가 요셉을, 그의 부모를 아는데 무슨 하늘에서 빵을 가지고 내려오나 말이 되질 않지.")

"너희들은 서로 수군거리지 말라! 조상들이 광야에서 빵과 같은 만나를 먹고도 후일 죽었지만 내가 가지고 오는 빵은 영원한 하나님의 생명의 빵이니 그것이 복음이다. 그 복음은 듣는 자와 그대로 행하는 자는 하나님께서 영광과 영생을 주시니 하나님이 보내신 나를 믿으라. 그러면 영생을 얻으리라."

많은 사람들이 놀라 어리둥절하였다.

"많이 배우지 않은 사람이 어찌 여태까지 이다지 많은 말과 글을 알고 세상을 아는가? 예루살렘에 알려야 한다. 그리고 이제 '자기는 영원한 생명, 즉 영생이다.'로 이르기까지 광범한 설교에 이르니 심상치 않다."

제자들도, 많은 사람들도 토론을 지켜보며 감탄과 우려의 소리도 냈다. 군중들이 흩어지고 다들 집으로 돌아갔다. 많은 따르는 제자들이 서로 토론을 하고 있었다.

"아니, 어찌 예수 선생님께서 이런 어려운 말을 하시는 건가? 잘못되는 거 아닌가? 아! 잘못 말씀하신 것 아닌가?"

"아니야, 하도 표적을 보여 달라고들 하니 지쳐서 막말로 영생을 이야기를 하셨겠지."

"어쨌든 이상해. 우린 떠나야겠다. 함께 다니지 말아야겠어. 잘못되면 피를 보아. 지나치셔, 영생이다 뭐다 하시니 군중들이 사이비처럼 생각하기도 하나 봐. 이번 강론은 좀 문제가 있는 거 같아."

"그러지 말고 선생님의 뜻을 우리가 찾아야 해. 12제자 수위 제자들과 상의하자."

주위가 수근거림이 많아지고 사람들이 흩어지는 일이 생기므로 예수께서 12제자들에게 말하셨다.

"너희들도 떠나가려냐?"

시몬 베드로가 말한다.

"주, 예수 그리스도 선생님, 선생님께서 영광과 영생에 관한 말씀이 있었습니다. 우리도 그 말씀과 함께하겠습니다. 어디, 누구에게로 가겠습니까? 우리는 선생님께서 거룩하신 하나님의 아드님, 오직 한분의 아드님이심을 아나이다. 아멘."

"내가 그래서 열둘을 제자로 택하지 않았는가? 그러나 그 중에 하나는 문제이다."

제자들이 누가 문제인지 의아해하며 이구동성으로 예수님께 충성으로 '아멘'하였다.

예수께서는 제자들과 함께 가버나움 회당의 자리를 뜨셨다. 그리고 피곤하신 듯 캠프에서 쉬시기를 말하셨다. 한 부잣집 아들인 '젊은 청년'이 예수님에게로 갔다.

"예수님, 선하고 존경하는 선생님! 여태까지 많은 말씀을 옆에서 들었습니다. 기록하기도 하고 나중에 그 말씀을 다시 보기도 합니다. 많은 것을 느꼈습니다. 다만 한 가지 그러면 어떻게 영생을 얻을 수 있습니까? 예수님 말씀대로 영원히 죽지 않는 영생을 어떻게 얻을 수 있습니까?"

"나보고 선하다고 했느냐?"

"예, 선하시고 선하신 선생님이십니다. 남들 같으면 헌금을 모아 벌써 치부하고 이 교회를 남에게 넘겼을 터인데요. 보상 없이 이 복음사업을 하고 계십니다. 이러시면 영생을 예수님도 얻습니까? 저도 어떻게 하면 영생을 얻을 수 있습니까? 제자가 되면 영생이 보장됩니까?"

"하나님 한 분 외에는 선한분이 없느니라. 너는 모세의 십계명을 알지 못하느냐? 알지 않느냐, 그것을 실천하면 영생을 얻으리라. 그리고 이웃을 사랑하고 부모를 공경하라."

"선생님, 그런 것은 자다가도 일어나 외우고 현재 그대로 실천하고 있습니다. 그러면 됩니까? 영생은 이미 되겠습니까?"

"한 가지 실천하지 않은 것이 있다. 남은 것이 있다. 내 제자들을 보아라. 그들은 가진 것, 자기 아버지의 유산 등을 모두 버리고 자기가 배운 것, 직업으로 하던 것, 전부 버리고 나에게 의지하고 있다. 너도 나의 제자들과 같이 가진 것을 다 가난한 자들에게 주고,

데리고 있던 자들에게 모두 나누어 주면 그 은덕은 하늘나라에 쌓여 있을 것이며 나중에 가면 그곳에 자네가 한 착한 일이 너가 지금 하고 있는 기록과 같이 남아 있을 것이다. 그러면 거기서 영생을 얻을 것이다. 그리고 현세에서는 나를 따르라! 그렇게 할 수 있느냐?"

"제가요? 그런데 ……."

"안 되지? 너는 '젊은 청년'으로서 이미 너무 많은 재산과 유산이 약속되어 있다. 그러므로 영생을 얻기에 어렵다. 다만 너가 말씀을 기록하는 일 그것만으로도 아버지께서…… 내 제자들아 들어라. 부자가 천국에 가기에는 낙타가 바늘구멍으로 통과하는 것보다 어렵다는 것을 알아야 한다."

"선생님, 그러면 부자는 다 빠지고 누가 천국에 도달합니까? 천국은 가난한 자들이 주로 모이는 곳입니까요?"

"선생님, 우리는 가진 것 몽땅 다 버리고 선생님을 따르는데 저희들도 확신이 없습니까요?"

"이집트 파라오의 장자도 나중에 서열상 파라오가 확실히 된다고 보장하지 못하였다. 나중 나온 자가 처음이 될 수도 있다. 그러나 나와 함께, 제자들과 함께, 나를 믿는 신자들과 함께, 하나님의 복음을 믿고 실시간으로 실시하고 실천하면 그와 그 가족과 집이 구원을 받을 것이며 천국에서의 훗날 보상이 씨를 뿌려 농부가 수확하듯이 수백 배, 수천 배가 되리라. 그리고 영생을 얻으리라."

"선생님, 주 예수님, 주군님, 잘 알았습니다. 예수님의 믿음을 실천하겠습니다. 실시!" 마크는 예수님의 말씀을 기록한 책에 자기 자신을 넣어 '젊은 청년'으로 묘사하였다. '젊은 청년'이 뭘 어떻게 하고 했다는 것은 마크 자신의 코드이다(Mark's Code).

예수께서는 많은 날을 가버나움과 갈릴리지역에서 보내시고 유대지역 예루살렘으로 가시는 것을 내켜 하시지 않았다. 예루살렘의 여러 종파들이 예수를 우려하고 있었기 때문이다. 종전에도 야고보와 요한 형제 둘이 예수께 말하였다.

"유대의 명절이 되어도 선생님께서 예루살렘 성지순례를 하시지 않고 가버나움에 있는데 대하여 우리 형제는 친지와 동네사람들과 예루살렘에 가서 기도하고 가족의 축원을 하고 축복받고 싶은데 선생님이 움직이지 않으니 일부 제자들의 불평이 있습니다. 선생님의 위대하신 뜻이 세상에 나타내셔야 하시고 세상을 움직이려면 예루살렘으로 가서서 선생님의 복음을 전하심이 어떤지요?"

비드로가 걱정하여 제지했다.

"선생님, 그곳에 가시면 바리새파 교인들 등 기존 주체들의 저항이 있을 것인데, 괜찮겠습니까?"

"아직 때가 이르지 않았다. 그리고 너희들의 결심도 필요하다. 그곳에 구경하러 가는 것은 얼마든지 갈 수 있다. 그러나 우리가 가는 것은 두 형제의 말과 같이 세상에 뜻을 두는 우리의 결의와 단결과 신념이 중요하다. 너희들 또한 이런 때가 이르렀다고 하면 너희들과 함께 여리고를 통하여 예루살렘으로 조용히 입성할 것이다. 그 전에 내가 요단강의 세례 요한의 묘소에 가 보질 못하였다. 그리고 어릴 때 예루살렘에서 동문수학하던 나사로라 하는 친구가 몸이 아파 휴학을 하였는데 한 번은 방학 때 그 집에 가서 놀다 온 적이 있다. 나사로에겐 누님 한 분과 여동생이 하나가 있는데 신앙심이 두텁고 선한 사람들이고 하나님의 아들 딸들이다. 여동생이 나에게 그동안 사람을 보내어 오빠가 심히 편찮으니 한 번 와서 고쳐주길 바랐는데 차일피일 미루다가 가지 못했다. 나사로 그도 의사가 되어 한센병을 고쳐 보겠다고 연구하고 환자를 돌보다가 한센병에 감염되었다고 하는데 그자는 참으로 선한 사람이다. 예루살렘에 가는 길에 찾아가는 것이 친구의 도리이다."

"선생님, 지금 예루살렘에 들어가시는 것은 시기상조입니다. 좀더 많은 신자와 조직을 갖추고 인간 산맥과 같은 집단조직체를 가지고 예루살렘으로 가서야지 우리만 들어가면 군중이 따라올까요? 특히 바리새파 사람들이 예수님의 안수하고 전도하는 내용을 검토하고 책잡을 궁리를 하는데요. 그리고 지방교회에서는 신자를 빼앗겼다고 중앙에 진정하고 있는데 조직적 준비도 없이 이 가난한 우리들만을 데리고 적의 소굴로 찾아서 들어갈 이유가 없지 않습니까요? 예수님께서 박해를 받지 않으시려면 60만 군중과 함께 들어가셔야……."

"나다나엘이지? 60만 대군을 지휘하고도 남을 나다나엘 바돌로매, 이제 원정군 사령관 해 볼래? 너는 내가 예루살렘을 정복하러 들어가는 줄 아는데 나는 안 한다."

"예수님, 이때까지 세워 온 우리들 복음의 민중들이 예수님 말씀을 듣고 스스로 집합하고 있지 않습니까? 여기서 출발하면 예루살렘까지 가는 도중에 60만 이상이 모여들 것입니다."

"돌매 아들 바돌로매, 너는 일을 내려고 하느냐? 사자소굴에 들어가야 사자를 잡을 수 있으나 내가 율법자들과 싸우러 들어가느냐? 그러나 너 말대로 이제 시기가 오고 있다. 하나님 아버지께서 예루살렘을 걱정하고 계시다. 바리새파 사람들이 다 그런 것은 아니다. 다만 자존심 때문에 나를 인정하기 어려운 사람들이 있다. 그들도 조직체계이니까, 나중에 너희들도 교세가 이루어지면 그러지 말라. 예루살렘의 성벽이 무너지는 불길한 꿈을 꾸었다는 사람들이 많고 나도 그런 악몽을 꾸고 있다. 그곳에 하나님의 복음이 필요하다."

"선생님, 제 생각뿐 아니라 애국자로 이름 지어주신 페트리엇 시몬도 그러합니다. 정말 대책없이 예루살렘으로 들어가시려 합니까? 많은 군중의 호응이 있어야 예루살렘으로 들어갈 수 있습니다. 선생님을 문제시하는 바리새파 일원들과 사두개파 등 많은 일부의 반대자들이 많습니다. 조심하셔야 합니다. 우리는 선생님의 결정을 따르겠으나 일부 신도들이 더 우려합니다."

"내가 예루살렘을 군중을 몰고 공격하러 들어가나? 내가 무슨 정복자처럼 예루살렘으로 쳐들어가느냐? 민중을 몰고? 그러면 내가 침략자가 될 거다. 나는 그런 것 하지 않는다. 내 믿음을 이루기 위해 무기를 들고 공격적으로 마을에 들어가지 않는다. 아버지 하나님께서 나에게 그런 것을 가르치시 아니하셨고 나도 아니한다. 그렇게 하면 예루살렘이 피로 물들게 될 거다. 죄 없는 나의 성도들도 죽게 만들고 난 그런 짓 안 한다."

"선생님, 이제껏 지내시다가 왜 갑자기 예루살렘을 들어가시려 합니까? 그동안 때가 아니라고 하시다가 이제 갑자기 들어가시겠다니 우리도 준비가 필요한데 우리는 조직이 정비가 덜 된 줄로 당연히 알고 기다리는데 이제 예루살렘으로 갑자기 간다 하시니 우린 두렵습니다. 우리들만 단신으로 들어가는 것은 위험합니다. 성도들도 걱정합니다."

"너희들이 나와 함께 들어가다가 다칠 것을 염려하여 그러지? 제자들만 따르라 하라. 성도들은 오지 않아도 된다. 내 제자면 따르라. 아니면 여기 가버나움에 있으라, 평상시 내가 이 가버나움에서 하나님 말씀을 전도하고 있을 때도 각자들 절기에 따라 예루살렘에 성지 순례하여야 한다고 갔다 오지 않았나? 언제 나한테 말하고 갔다 왔나? 내 제자이면 나와 함께 예루살렘으로 조용히 들어가자. 우리가 처음 가버나움에 들어올 때 몇 명이 따라 함께 왔었나? 그와 같이 예루살렘에 우리 몇몇이 들어가면 된다. 유월절에 맞춰서 나도 이제 들어가고자 한다. 너희들이 같이 가지 않아도 나 혼자라도 갈 것이다. 이제 때가 되었다. 내가 민중의 군사를 데리고 민족의 대이동처럼 예루살렘으로 군중을 몰고 가기를 너희들은 기다리는데 나는 그런 것 안 한다. 내가 그걸 하겠다면 벌써 야심을 가진 자처럼 했을 것이고 무력으로 믿음의 왕국을 건설하려 했을 것이나 곧 망했을 것이다. 나 예수를 그런 사람으로 보지 말라. 나를 따르려면 빈손으로 따르라. 무엇을, 무기를, 자금을 가져왔다고 하지 말고 믿음으로만 나를 따르라. 민중을 거느리고 권세를 가지고 예루살렘으로 들어가려고 하지 말라. 그런 자들은 하나님의 지상의 수도이며 거하시는 나라인 예루살렘을 침략하는 외국의 군사로 정복자나 다름없다. 예루살렘을 정복한 나라는 얼마 가지 못하여 멸망한다. 아직도 모르느냐? 예루살렘은 살아 있는 하나님의 나라이다. 내가 이제 그곳에 말씀을 전하려고 가는데 왜 수많든 군중이 따라야 하고 인간 산맥과 같은 조직과 군사가 필요하나? 베드로, 너도 바돌로매 생각과 같은가?"

"선생님, 저희들이 착각하였습니다. 뜻대로 하십시오. 말씀이 옳습니다. 우린 선생님을 따르겠습니다. 바돌로매는 너무 혈기 왕성하여 그렇습니다. 돌매 2세, 예수님 말씀대로 나다나엘 이름과 같이 주는 사람이 되라. 나도 예수님한테 들었지만……."

"베드로 형, 내가 뭘 해보겠다는 생각은 추호도 없어. 우리들만 예루살렘으로 들어가면 적들 속에서 예수님을 전혀 보호할 수가 없는 억울한 일이 생겨. 안 돼, 형!"

"예수님이 네가 요즘 들어 자주 칼 갈고 있는 거 다 알고 계셔. 달밤에 칼 갈다가 나도 야단맞았어. 안 돼. 칼 갈지 마. 그렇게 하려면 제자단에서 나가래. 돌매, 나와 같이 나갈래? 무력으로 예수님 왕국을 세우고 게슈루 가문을 창칼로 다시 부활시킬까? 돌매 2세?"

"베드로 형, 다나나엘 형이 무사의 감각으로 예수님에게 위기가 오고 있다고 느낀다고 했어. 그래서 녹슨 칼을 간다고 꼭 사람을 치는 것이 아니고 날카로운 것 보이면 남이 함부로 못하니까 너무 야단하지 마세요." 하고 페트리엇 시몬이 말한다.

"아, 자, 그만하고, 너희들이 결심하고 나에게 이야기하면 나의 마지막 여정이 남부 유대 예루살렘의 주유천하가 시작될 것이다. 하늘 아래 가장 소중한 곳이 예루살렘이니 예루살렘으로 떠나기에 앞서 이스라엘의 북쪽 끝 가아사랴 빌립보와 단 지역, 골란고원을 보고 전도하고 돌아와 예루살렘으로 가자. 그러면 우리는 유대 이스라엘의 척추를 타고 내려가 장엄한 우리의 역사를 볼 것이다. 아버지 하나님께서 어떻게 우리를 역사하시는가를 이제 너희들이 보라. 내가 여태까지 여기 복음의 트라이앵글 지역에 있다가 이제야 너희들과 예루살렘에 들어가는 이유를 알 것이다. 그리고 나는 돌아 나오지 않을 것이다. 다만 부활 후 올 것이다. 내려가는 도중에는 요단강가의 세례 요한의 묘소를 방문하고 베다니의 친구 나사로를 방문하고 예루살렘으로 들어가자."고 하셨다.

예수님과 제자들은 천막을 준비하고 마지막이 될지 모르는 대여행, 긴 여정, 단과 예루살렘 장정의 계획을 치밀히 세워서 출발했다.

예수의 일행들은 함께 막사를 치며 따라오는 군중들과 가이사랴 빌립보 북방 저수지이며 갈릴리호수의 발원지에 해당하는 단 지역의 암벽에 이르렀다. 멀리서 사람들이 소리치고 환영을 표시했다.

"사람들이 나보고 무엇이라 하느냐?"

"예, 선생님, 선생님을 엘리야 선지자 같은 분이라 하고 있습니다."

"너희들은 나를 누구라 하느냐?"

베드로가 연이어 말했다.

"우리 예수 선생님, 선생님께서는 겸손하셔서 '사람의 아들이라' 하시지만 선생님은 하나님의 아들이시며 메시아시며 우리의 주군이시며 그리스어로 그리스도이십니다."

"베드로야 나를 알아주는 사람은 너, 베드로 게바라 시몬이다. 너는 시몬 바요나 게바라 베드로다. 너는 천국의 성문을 열어 주는 열쇠인 옥쇄를 가질 것이며, 이 땅 위에서는 반석 위에 교회를 지을 것이다. 내가 너를 의지할 날이 있겠다. 너의 교회에 내가 항상 함께할 것이다."

"선생님께서 저를 의지하신다니, 그게 무슨 말씀입니까? 만약 제가 교회를 세우면, 아니 예수 선생님, 주군께서 만들어 주시면 그럴 수가 있겠습니까만 저희 교회에 선생님이 오시는 것은 당연히 항상 환영합니다. 끝없이 모시겠습니다."

"그러나 너는 나를 세 번 부인할 날이 있을 거고 나를 모른다 할 날이 있을 것이다. 사람의 아들이 예루살렘에서 넘겨져 재판을 받게 될 때 나를 변호할 수 있는 사람이 없을 것이며 시험을 당할 것이다. 그러나 나는 요나의 표적같이 죽어도 3일 만에 다시 부활 할 것이며 사람들은 요나의 징표를 볼 것이다."

"선생님, 무슨 그런 말씀을 하십니까? 왜 시험을 당하시며 제가 왜 선생님을 모른다고 하겠습니까? 말이 씨가 되는 법인데 그런 말씀 하지도 마십시오! 제가 어린애입니까? 그런 일이 일어나면 제가 검을 가져와서 격술로 선생님을 보호하고 업고 뛰쳐나오겠습니다."

"이 사탄아 물러가라. 어디 아버지 하나님의 힘쓴 역사를 거역하려 하느냐?"

"그건 또 무슨 말씀입니까요? 주군이신 선생님을 보호해 드리고자 하는데, 제가 왜 사탄입니까? 선생님께서도 저속한 말인 사탄이란 말을 쓰십니까?"

"그래, 사탄이 된다면 억울하냐? 사탄이 아니 되도록 하라! 누구든 나 예수를 위한답시고 칼을 들고 폭력을 써서 무고한 사람을 죽이는 자는 바로 사탄이다."

"선생님, 그러면 우리는 선생님을 보호하기 위하여 싸우지도 못하고 가만 있으라 하시는데 그러면 우리는 무엇을 해야 합니까?"

"기도하고 나의 복음을 전하라. 나의 복음은 아버지의 복음이니, 복음만을 전하라. 그러나 예수의 제자가 복음을 전하기 위하여 사람까지 죽이고 다닌다는 말이 나오지 않게 하라. 그렇게 한다면 나의 복음은 이루어지지 않으며 이루어질 수도 없거니와 나를 배반하는 것이다. 사람을 죽이지 말라, 살인을 하지 말라. 나의 말을 듣지 않는 그런 자는 아버지 하나님의 아들도 아니고 나 예수의 제자도 아니다."

가룟 유다가 말했다.

"우리가 만약 죽을 지경에 이르면 싸우지도 못하고 우리에게 어찌하라고 하십니까? 아니면 안 되면, 우리도 같이 할복 자살해야 합니까? 우리에게 다른 힘을 주십시오."

"너희들은 나의 믿음을 배반하려고 하지 말라. 다시 말하건대, 나 예수를 위한다고 스스로 결투를 하고자 검투사와 같이 칼을 들고 무기를 들고 사람을 죽이는 자는 사탄이다. 시몬 베드로에게 먼저 경고했다."

"선생님, 그러시면 우리는 사람들로부터 자기 선생님을 버린 자들로, 또한 비굴한 자들로 비난받습니다."

"앞으로 내가 가는 길을 잘 보아두라. 진실로 너희들이 나를 따르는지 보게 될 것이다. 나를 따르는 자는 영생을 얻을 것이고 살고자 하는 자는 죽을 것이며 죽고자 하는 자는 살 것이다."

많은 군중이 예수와 제자들을 따라왔다.

"예수 선생님, 복음의 좋은 말씀을 들려주십시오. 우리들은 항상 먹을 것이 부족하며 허기를 물로 채우는 경우가 많습니다. 여기는 다행이 물은 많습니다. 예수님을 믿으면 배가 고프지 않고 동물처럼 먹이를 찾는 데 허둥대지는 않는다 하는 말씀을 들었습니다. 여기 오셨으니 우리에게도 한 번 더 말씀해 주십시오. 그리고 오천 명을 배불리 먹이듯 이적과 기적을 베풀어 주소서, 주소서."

"여러분, 모두 앉아 주십시오. 예수님 말씀이 있을 예정입니다."

"여기 오니 공기가 맑고 자연의 경관이 아주 좋습니다. 저기 푸른 하늘 아래 새들이 날아가고 있네요. 사람들의 생활은 유목민과 농민이 있어서 나라와 부족을 이루고 삽니다. 유목민은 산야를 다니며 가축으로 생활하고 농민은 씨를 뿌려 곡식으로 생활합니다. 여기는 유목지대라 물이 풍부하지만 농민은 많은 물이 필요하여 항상 물이 부족합니다. 세상에 물이 풍부하고 곡식이 풍부한 세상이 오려면 하나님의 복음이 필요합니다. 이웃을 사랑하십시오. 원수를 사랑하십시오. 그러면 서로 남는 것을 나눔이니 서로 풍부해지며 유목민은 농민을, 농민은 유목민을 사랑합시다. 유목민과 농민이 싸우면 고대로부터 지금에 이르기까지 전쟁의 연속이 일어날 것입니다. 지난날 단의 씨족이 예루살렘 서쪽 좋은 땅을 12지파 부족회의에서 여호수아로부터 할당받았지만 땅이 너무 적다는 불만도 있었으나 출애굽 때에 역할이 적어서도 그랬었겠지만 그 할당된 땅을 버리고 부족이 모두 이동하여 여기로 들어왔던 것은 역시 하나님 아버지의 말씀이 계셨기 때문이었을 것입니다.

그들은 도시에서 장사하는 것보다 땅을 사랑하고 가축을 사랑하며 동물을 보살피는 유목생활을 더 좋아했습니다. 그들은 도시의 싸움을 피했고 평화롭게 살았습니다.

숲이 있는 유목지에는 물이 많으나 도시는 많은 물을 쓰기에 항상 물이 부족합니다. 만약 유목민이 산에 있는 물을 가두고 내려보내지 않으면 농민이 무엇으로 농사를 짓습니까? 힘써 둑을 만들고 저수지를 만들어 가축을 먹이기에도 부족하시지만 그 물이 없으면 농사가 안 됩니다. 농민은 곡식으로 고기를 사는데 곡식이 없으면 어떻게 고기를 삽니까? 물은 위에서 아래로 흐르니 유목민께서는 농민에게 먼저 베풀어 주셔야 합니다. 유목민은 농민보다 높은 곳에 사시니 시작이시며 출발이십니다. 또한 농민은 싼 곡식을 유목민에게 베풀어 주셔야 할 것입니다. 이웃을 사랑하면 안 될 일이 없으며 세상에 평화가 올 것입니다.

하늘에 나는 새를 보십시오. 그들은 곡간에 먹이를 모으지도 않으며 길쌈도 하지 않으나 하나님께서 먹이시며 길가에 피어 있는 한 송이 백합도 사람이 만들지 못하며 솔로몬의 부의 영광으로도 만들지 못합니다. 세상 모든 것이 하나하나 신기하며 이것은 하나님께서 만든 것이니 백합을 보며 이웃을 사랑하고 새와 닭과 양과 개를 사랑하고 물을 아끼고 곡식을 아끼면 세상이 평화로워짐을 하나님께서 가르치시니 여러분께서는 이곳이 황량하고 쓸모없는 땅이라 버리시지 않고 개간하고 사시는 것을 하나님께서 알고 계십니다.

다들 도시로만 가시는 것도 접으시고 단지파처럼 이 유목의 땅을 지키십시오. 또 도시에 근거를 두시는 것도 서로 이해하시게 되는 것이니 서로 이웃을 사랑합시다. 하나님의 말씀입니다. 우리 하나님의 주기도문을 외웁시다. 그리고 각자 자유기도 합시다.

하늘에 계신 하나님, 그 이름이 거룩하시며, …… 아멘."

이스라엘 최북방 가이사랴 빌립보(파니아스)에서 여정을 마친 예수 일행은 북쪽 명산인 레바논산과 헤르몬산을 뒤로 하고 멀어지는 두 산을 가끔씩 뒤로 돌아보며 강을 따라 남쪽 갈릴리호수로 내려왔다. 시몬 베드로와 안드레의 고향인 벳새다에 들러서 베드로는 산야를 돌아보고 언제 또다시 고향에 올 것인가 향수에 젖으며 가버나움으로 가서 베드로의 장모님 집으로 향했다.

그곳에서 예수님은 베드로의 장모까지 아픈 곳을 치료해 주었다. 예수님과 함께 처가에서 다시 처가 식구들로부터 환대를 받은 베드로는 예수님을 모시고 예루살렘으로 가는 여정에 올랐다. 베드로는 예수님의 수제자로 인정을 받았다. 그곳에서 세베대씨의 두 아들 야곱과 가버나움 요한의 어머니가 예수님께서 베드로에게 반석의 교회를 약속해 주었다는 소문을 듣고 자기 아들들의 교회도 베드로처럼 세워 주시길 예수님께 직접 부탁했다. 예수님은 이들 어머니의 그동안 열성에 감사하셨으나 교회를 서로 가지는 경쟁을 하지 말 것을 제자들에게 잘 타이르셨다. 제자들은 그들 어머니에게 항상 고마운 마음을 가졌으나 한편 베드로의 장모는 그러한 요구를 하지 않으신 점에 대하여 경의를 표했다.

"우리 없던 걸로 합시다. 못 들은 걸로 하시고 귀에서 지워 버립시다. 내가 무슨 수로 교회를 지을 수 있습니까? 선생님께서 과찬의 말씀을 하신 것입니다."

예수 일행은 출발하여 요단강을 굽이쳐 내려와 벳새다─베다니의 세례 요한의 캠프가 있었던 곳을 방문하고 강가의 세례 요한의 두덤에 헌화했다.

여기서 예수는 제자들과 함께 주기도문을 암송했으며 세례 요한 선생을 생각하고 눈물을 뿌리는 안드레를 달래면서 예루살렘의 관문인 여리고로 향했다. 예루살렘으로 가기 위해서는 역사상 통과지점인 여리고는 옛날 여호수아도 통과하여야 했던 요충지이다. 여리고에서도 많은 군중이 예수를 보기 위하여 모여들었다. 디매오의 아들인 바디매오라는 소경의 눈을 뜨게 하시고 사해의 쿰란을 거쳐서 제자들과 목욕을 하신 다음 몸을 정결히 하시고 예루살렘으로 들어가고자 도중에 베다니에 들리셨다.

그곳에는 소년시절 예루살렘에서 함께 수학하던 나사로가 한센병을 치료하고 연구하다 자기도 병에 걸려서 죽음을 앞두고 있다고 예수께서 오셔 치료해 달라고 수차 편지로 나사로의 여동생 마리아가 예수님에게 간청했던 곳이다.

베다니는 예루살렘에서 2~3마일밖에 떨어져 있지 않아서 예수께서 한때 예루살렘의 학교에 다닐 때, 방학 때 한 번 놀러 갔었던 곳이다. 나사로에게는 마르다라 하는 누님과 여동생 마리아가 있었다. 나사로의 누이동생인 마리아는 베다니 마리아라고 하는데 그녀는 오빠가 아파서 여러 번 예수님이 안수해 주시길 바랐다. 이번에도 그냥 예수님이 지나가실 것인지 지난번 간청에도 예수님이 오지 않아서 섭섭하여 마음 상해 있었다. 그리고 실망하고 있었다. 예수의 일행이 도착하였을 때는 이미 나사로는 나흘 전 장사되어 무덤에 있었다. 사람들은 그가 죽었다고 했다. 동네 어귀에 도착하자 동네사람들이 나왔다.

"예수가 이제 오면 무엇 하나, 이미 친구가 죽었는데, 나흘이나 지났는데 오려면 일찍 오지. 이제야 오면 무슨 기적을 바랄 수 있나. 다 끝났는데……."

저만큼 떨어져 검은 히잡의 옷을 입고 눈만 보이는 검은 천으로 정숙한 코 윗쪽의 얼굴을 가린 여인이 서 있었다.

"어서 오시게나. 이제 어엿한 선생님이 되셨네. 나는 나사로의 누나인 마르다네. 와 주어서 고맙네." 하고 얼굴에서 검은 천을 걷으며 예수님에게 말한다. 마르다의 하얀 얼굴이 햇살에 비쳤다.

"누님, 마르다 누님! 이게 얼마 만입니까? 너무 세월이 흘렀습니다. 어릴 때 저희들에게 맛있는 간식을 만들어 주시던 나사로의 누님 아니십니까? 나사로는 어떻게 되었습니까?"

"나사로는 이미 죽어서 장사를 치렀네. 선생님이 일찍 오셨어도 나사로가 살 수 있었는데……."

마르다는 말을 다 못하고 우셨다. 의사로 키우겠다고 한 유망한 젊은 동생이 죽었으니 한탄이 더 나왔다. 친구는 일대의 명사가 되어서 이름을 날리고 있는데 동생은……. 가슴이 아팠다. 그리고 한센병이 발생한 집안이라고 결혼 혼기도 지나가고, 슬픔을 억누르고 참으며 시름을 숨으로 마시고,

"먼 길을 오셨으니 집으로 들어가세나."

"나사로가 이미 죽었다고요? 아닙니다, 누님. 나사로는 살아날 것입니다."

"알고 있어요. 말씀하시는 주님, 부활의 날에 그는 살아서 돌아올 것입니다."
하고 다시 마르다 누님은 우셨다. 마르다를 부축하며 걸으면서 예수님도 같이 눈가에 눈물이 맺히면서 말했다.

"아닙니다, 누님! 제가 바로 부활이요, 생명입니다. 저를 믿는 자는 누구나 살 것이며

죽더라도 살 것입니다. 그리고 살아 있을 때 나를 믿는 자는 결코 죽지 않을 것입니다,

누님! 이것을 믿습니까요? 저 예수가 왔습니다. 예수가 왔다고요, 마르타 누님!"

"그렇지만, 선생님이 왔다고 나사로가? 아니지 선생님은 어릴 때 보았을 때 예사 분이 아니셨지. 총명한 얼굴과 눈과, 이제 선생님으로 오셨네. 구주로 오셨네. 우리 나사로를 살려 주게나. 당신은 메시아시며 이 세상에 오시기로 된 하나님의 아들, 주 예수님이시니, 우리가 찬송합니다."

둘은 눈물로 걸으며 예수님은 마르다 누님을 보호하며, 고(故) 나사로 집으로 들어갔다. 문 앞에서 마르다는 소리쳐 불렀다.

"마리아야, 마리아야, 예수님이 오셨다. 나와보아라"

방안에서 울고 있던 마리아가 소리를 듣고 뛰쳐나왔다.

"예수 오빠, 왜 이제 오세요 나사로 오빠가 너무 가엾어요. 우리 오빠 살려 주세요." 하고 예수님에게 매달렸다. 주위에 아직까지 있던 친척들, 주위 사람들이 모두 눈물을 흘렸다.

한 사람의 유망한 청년이 뜻을 이루지 못하고 가난하고 어려운 사람들을 돕다가 비명에 죽으니 모두 슬퍼했다.

"베다니의 인물이었는데……. 하, 딱한 일이야. 아까운 청년이 죽었어."

예수도 가슴을 조이면서 슬퍼하였다. 자매를 안정시키면서 자신의 눈물을 닦으면서

"나사로를 어디에 안치하였습니까?"

사람들이 예수가 얼마나 나사로를 생각하는지 놀랐다.

"저 분이 한센병도 고치고 맹인도 눈을 뜨게 했다는데, 어떻게 나사로는 살릴 수 없을까?"

예수는 깊은 슬픔에 눈물을 손수건으로 닦으면서 동네사람들이 인도해 주는 나사로가 있는 무덤을 향하여 갔다.

무덤 앞에는 큰 돌이 입구에 가로막혀 있었다.

"저 굴레 돌을 치워 주세요."

"아니, 들어가시게요? 아, 안 되요. 예수님, 그가 죽은 지 사흘이나 되어서 오치가 날 것이니 들어가려 하지 마세요." 하고 마르다가 예수님 앞에서 두 팔을 뻗으며 막았다.

"누님, 저를 믿으면 하나님의 영광을 볼 것이라고 제가 오면서 말하지 않았습니까?"

"예수님, 아니 됩니다. 예수님마저 병들면 안 됩니다." 하고 마르다는 돌문 앞에서 두

손으로 앞을 밀며 한사코 저지했다. 예수가 마르다를 밀어내려 하자 동네사람들은 죽은 자가 정말 죽었는지 만약 죽었다면 소생하는 기적을 보아야겠다고 나섰다.

"여러분들, 우리가 열겠습니다."

"우리도 같이 열겠소."

그러며 가까이 있던 동네사람들이 나서서 마르타를 설득하여 주의하면서 둘레돌을 굴려서 문을 열었다. 예수는 돌문 입구에 섰다. 그리고 안쪽을 보고 말했다.

"나사로, 이 친구야, 나 예수가 왔다. 예수가 왔다.

살아 있으면 나와라, 살아서 나와라! 나 예수가 왔다. 나사렛 예수다.

나는 너를 보고 싶어 왔다. 너는 나를 보고 싶지 않은가?

나는 너를 알고 너는 나를 알고 있으니, 나 예수가 너를 살리리다.

나는 부활이요 생명이니 너도 나와 함께 부활이요 생명이니라. 이 예수가 왔다.

내 말이 들리면 일어나라. 하나님의 힘과 기운으로 일어나라. 나사로여, 일어나라!

어서 일어나라, 성령으로 말하니 일어나라! 친구여, 나사로!"

예수는 얼굴의 눈이 붉게 되어 피눈물을 흘리며 크게 외쳤다. 그러자 안쪽 굴 안에서 흰 천으로 얼굴과 몸과 팔을 붕대로 감은 채로 나사로가 서서 앞으로 나와 보였다. 모두들 놀라 대경실색하였다.

"급히 들것을 가져와서 그를 눕히고 붕대를 풀어라. 내가 보겠다."

주위에서 여러 사람들이 자신의 얼굴과 입에 마스크를 하고 나사로를 이끌어 내었다. 그리고 흰 마포 헝겊으로 그의 몸을 덮고 급히 집으로 이송했다.

"아니, 죽지도 않은 사람을 묻어 버리려 했나? 저런 일이……."

"아니야, 죽은 지 나흘이나 지났어. 죽은 사람은 살아나려고 소리치는데 죽지 않은 젊은 이를 어떻게 무덤에 안치하나? 저 예수가 하나님의 힘과 권능으로 살린 거야. 죽은 사람이 다시 살아나는 경우가 있다 하더니 바로 이것을 보는 거구만. 대단한 일이야. 기적이야."

많은 사람들이 마르다를 찾아와 위로했다. 마르다는 다시 문병온 사람들을 접대했다.

소문은 발 없이 천리를 간다고 가까운 예루살렘까지 퍼졌다.

"죽은 사람까지 살리는 예수가 이제 베다니에 이르렀다. 한두 사람이 본 것도 아니고, 기적과 이적이 행해지고 있다."

“그는 과연 메시아인가?”

“과연 죽은 나사로가 살아났을까?”

“수년 간 죽었다 살았다를 반복하면서 병상에 누워 있었으니 차라리 죽기로 작정하고 무덤으로 들어갔던가, 아니면 사실로 숨이 다했었겠지.”

“어쨌든 기적이야. 살아는 났지만 상태는 계속 안 좋은 것 같다나.”

“나사렛 예수가 소문에 의하면 어디서 배웠는지 모르지만 의사 수준 이상이라는 이야기가 있어. 말은 목수라지만 분명히 수업을 받았거나, 그렇지 않고야 그런 기적이 일어나려고?”

예수와 제자들은 베다니 외곽에 숙소를 정하고 잠시 머물러 여행에서 지친 피곤함을 풀었다. 여러 사람들이 자기 집에 머물 것을 요청하였지만 따르는 사람들이 많으므로 포도밭이 있는 과수원의 한 별장에서 제자들과 더불고 낮에는 초청하는 사람들의 집에 심방했다.

베다니 시몬이라는 사람의 넓은 과수원 장원에서 사람들이 저녁식사를 하려고 들어와 우물에서 손발을 씻고 각자 큰 넓은 거실 내에 들어와 빗질을 하고 의복을 정결히 하고 있을 때 좌중에 짙은 알라바스터 향 같은 좋은 냄새가 진동하였다. 다들 어디서 나는 향기냐고 돌아보니 어떤 여인이, 아니, 베다니 마리아가 향유 옥합의 봉함을 깨어서 예수의 뒤에서 무릎을 꿇어 서서 예수의 머리카락에 바르고 있었다. 그리고 자기의 긴 머리카락을 그리스신화에 나오는 미인처럼 위로 시원히 감아올리고 예수의 양쪽 어깨에 흰비단같이 하얀 수건을 깔고 예수님의 머리를 빗질하며 흘러내려 떨어지는 예수님의 머리카락을 가지런히 정리하며 예수님의 머리에 그 알라바스터 향유를 뿌려 드렸다. 마치 궁중의 여인이 왕의 머리를 빗질하여 다듬는 한 폭의 그림 같았다.

“아, 저것들 보게. 예수님으로부터 멀리 떨어지라 그래. 여성 성도들이 너도나도 다 달려가겠다. 예수님에게 성의를 다하는 것은 좋은데 다들 보기에 그림이 그리 좋지 않다.”

“아니, 이 향유는 엄청나게 비싼 것 아니야. 이삼백 데나리온 정도 이상 가겠다. 우리가 헌금이나 헌물을 모아 우리를 따르거나 가난한 사람들에게 주어야 욕을 먹지 않는데 저걸 막 허비하나? 일전에 예수님께서 향수를 넣고 다니지 말라 하셨잖나? 예수님한테 잘 보이려 향수를 뿌려 드리나?”

“사제들한테 말씀하신 거고 일반 신도들이야 향수를 써도 되질 않나? 사업상 필요하고……."

"어, 마리아 아냐? 오빠 살려 주어 그러는가 보다. 자기가 구한 것 같은데, 저 비싼 향유는 시집갈 때 처녀들이 쓰려고 장만하는 건데……."

"그런데, 예수님도 가만 계시네? 보통 같으면 사양하시거나 물리칠 것 같은데, 어찌 이상하지 않아 앉아서 기도하시는데 마리아가 스스로 다가간 거 아냐?"

"그래, 그만해라. 내가 가만 있다. 이 여자가 나의 머리에 향유를 부어서 내가 예루살렘에 들어가는 것을 기념하고 나를 주로 섬김이니라. 너희들보다 생각하는 게 낫다. 이 여자를 기념하라. 가난한 사람과 우리와 함께 있는 사람들은 너희들이 아무 때나 도와줄 수 있고 같이할 수 있지만 나는 이제 멀지 않았으니 이 여자가 나를 예비하여 비싼 향유를 봉헌하였으니 갸륵하다. 나중에 너희들이 복음을 전할 때 이 여자의 이야기를 들려주어라. 그녀는 자신이 귀하게 가진 비싼 향유를 자기의 치장을 위해 하지 아니하고 마감을 향해 가는 예수를 위하여 썼느니라."

"아니, 선생님, 마감이라니요? 가끔 멀지 않았다, 나를 모른다 할 것이다 등 말씀을 하시는 것이 다 무엇입니까? 우리들이 선생님을 배반합니까? 배반하고 있습니까요?"

"그날이 올 때가 있으니 복음이 충만하고 이 세상의 봉직이 일단 마감하게 되는 날일 거다. 나를 배반하게 되는 자, 모른다 하는 자들의 어쩔 수 없는 거중도 모두 다 아버지 하나님의 뜻일 게다. 그리고 부활이 있을 것이다."

"우리가 어쩌면 좋습니까?"

"오늘 이 여자가 한 것처럼 나를 기억하라."

제자들은 숙연하였다.

제3부

Barsabas Ustus

제23편

예루살렘으로의 입성

예수 일행은 다음날 출발하여 예루살렘 성 가까이 올리브산 아래 베스파게에 이르렀다.

올리브산은 사람들이 올리브 나무를 심어서 그 종자로부터 기름을 짜서 시장에 팔고 생활하던 재산증식의 수단으로 농사를 짓듯이 올리브 나무를 재배하고 올리브 과수원을 포도원처름 운영했으며 산 주위에 많은 과수원이 있었다. 바르사바 유스투스도 이런 올리브 과수원인 요셉대형의 장원에서 자랐다.

"자 보라, 저기 앞쪽 마을로 가면, 아직 사람이 앉아 보지 않은 수컷 당나귀새끼 한 마리가 매여 있을 것이니 고삐를 풀어라. 누가 왜 그러느냐고 하면, 주께서 쓰실 것이라 하면 바로 아무 말도 안 하고 풀어 줄 터이니, 데리고 오라."

제자들이 예수께서 시킨 대로 가서 당나귀를 데리고 왔다. 물론 한 사람이 물었으나 예수님 말씀대로 하니 이의가 없었다. 그들은 당나귀 등에 자기들의 옷을 벗어 깔고 예수님을 그 위에 타시도록 손을 서로 잡아 예수님의 발이 오르게 발판으로 하여 올렸다. 나귀를 끌고 그들은 성문 앞으로 가까이 갔다.

길에 많은 사람들이 나와 쳐다보고 따르는 군중들은 앞길에 근처의 큰 종려가지와 잎사귀를 따서 깔면서 찬송가를 부르면서 행진했다.

"호산나, 구하소서, 기도합니다. 찬송합니다.

주님의 이름으로 오시는 이여 축복을 받으소서. 찬송합니다.

우리 조국 다윗의 왕국이여 찬양합니다. 이제 주의 이름으로 오셨네.

전지전능하시며, 고귀하신 분이여, 호산나, 찬양하리다."

예수는 성스러운 소녀로부터 머리에 향유를 기름부음받고 당나귀를 타고 예루살렘에 입성하였다. 예수가 지나가는 길에는 아라바스타 향기가 그윽하였다.

예루살렘, 북위 31도4부, 동경 35도1부,

세계 제일의 역사 도시, 종교의 중심지.

성 안팎이 사람들로 만원이며 왁자지껄하는 소리 찬송가는 그칠 줄 몰랐다.

예수가 성안으로 들어오자 환영하는 무리가 있어 함께 외쳤다.

"우리, 여호와의 시편 47장과 48장을 봉송합시다.

오! 모두 손벽을 치며 승리의 노래로 하나님께 외칩시다.

지극히 높으신 여호와 하나님을 경외합니다.

주께서는 모든 지상의 위대한 왕이시며

만민과 만국을 우리들에게 놓으시고,

우리를 위하여 주님께서 사랑하시어

야곱의 영광을 주님이 우리의 유산으로 하심입니다.

하나님 여호와께서는 한 번 외침으로 승천하시고

주님은 나팔소리로 승천하시니,

하나님을 찬양하고 찬송하리다.

우리의 왕을 찬양하고 찬송하리다.

하나님께서는 모든 지상의 왕이 됨을 알고 찬송하리다.

하나님은 만군의 나라를 통치하시며, 옥좌에 계시니,

사람들의 지도자들이 같이 모여

아브라함의 하나님인 하나님의 백성이 되고

세상의 방패가 되어 하나님에게 귀의함에

주께서 크게 기뻐하시도다."

"여러분 48장을 암송합시다.

하나님은 위대하시니 크게 찬송하리다.

우리 하나님의 성읍에서, 거룩하신 산세 아래에서

아름답게 높이 솟아오른 산, 전 지상의 낙원의 산인,

위대하신 왕국의 성곽인 예루살렘의 북쪽 언저리에 있는 시온산이여.

시온산의 궁전에 하나님이 거하시며

시온산의 깊은 은신처에 하나님이 계시고 우리를 보고 있다고 여깁니다.

보십시오, 다른 나라 왕들이 모여들었으나

그들은 다 함께 사라졌고

저들이 산을 보았어대 심히 놀라고 떨었으며

고통을 받았으며, 급히 제촉하듯 떠났으며

공포가 그들을 사로잡았으며

고통이 해산하는 여인과 같았도다.

그때 주께서 동풍을 날리셔서 (침공하는) 타르시스의 전함을 깨트리셨나이다.

우리가 들은 대로 본 대로 만군의 주, 하나님의 성읍에서

하나님께서 영원히 이 시온산을 하나님의 궁전으로 두시리라."

암송과 찬양이 끝나자 군중들이 소리쳤다.

"예수님, 시온산 예루살렘에 오신 것을 환영합니다."

예수께서 답례하시고 성안으로 들어가셔서 제자들과 함께 그동안 변화한 성곽을 다시 둘러보셨다.

날이 이미 저물어지자 제자들과 함께 예루살렘성에서 있을 만한 마땅한 곳이 없으므로 다시 철수하여 베스파게 남쪽 베다니 가까이에 머물렀다.

예수께서 저녁기도로 다음날 예루살렘에 다시 들어가 복음을 전하실 준비를 하더라.

다음날 아침 예수께서는 무슨 결심을 하신 듯 허리띠를 굳게 매시고 제자들을 앞서 나가셨다. 예루살렘 성문을 통과하여 빠른 걸음으로 성전으로 갔다. 여호와를 모시는 성전은 그대로 야단법석이다. 비둘기를 팔고 데나리온을 세겔로 환전하여 헌금을 전용 사용하게 하여 각종 치성소마다 헌금하는 세겔 환전탁자와 각종 기념품 매대와 비둘기상자 등

어지럽게 널려 있는 성전을 보고 제자들에게 말씀하신다.

"저기 하나님의 세겔이 어떻게 돌고 도는지 보라!

세겔은 나갔다가 한 바퀴 돌아오고 헌금은 계속 모이는데, 비둘기도 성전에 받혀서 날아서 다시 집으로 오면 다시 헌금 대용으로 세겔로 바뀌어 돌고 돈다. 하나님의 헌금 전용 서겔이 이제 놀음방 구전 칩이 되어 돌고 들어다니니 이게 어디 여호와의 세상인가 보라. 마치 이방인들이 하는 것처럼 우상 앞에 쌓인 곡식과 재화가 다시 아래로 내려가서 곡식은 그곳에서 순례자들에게 되팔고 다시 올라오면 그것을 모아 다시 아래로 내려가는 돌고 돌리는 탐닉한 자들이 하는 짓이 그와 같다. 우리는 저런 것을 절대 하지 말라 우상을 섬기는 이방인들 중에도 들어온 것은 가난한 자나 외로운 자에게 주거늘 그것을 되돌리고 치부하는 성전의 상점을 운영하는 자들과 배후에 앉아 있는 자들은 이미 하나님의 백성이 아니로다. 내가 부서버려야겠다."

"선생님, 하지 마십시오. 그래도 그 중에는 정말 가난한 자들이 있어서 여기서 장사하여 먹고 살기 위해서도 그렇게 하기도 합니다. 참으십시오."

예수님이 주위를 둘러보시니 큰 상점 앞에 조금 틴자리를 얻어서 우상과 같은 기념품 등을 팔고 있는 행상들도 있고 그들에게 안쪽 본상점이 밀리니 가게 길 앞쪽으로 밀어내어 많은 상품을 진열하여 질서가 없었다. 그리고 호객행위로 난장판이고 지나가는 길이 쉽지 않았다. 길가의 상점처럼 마시는 음료와 간식까지 팔고 있었다. 성전이 통제가 되질 않았고 때마다 절기 때에 질서 잡는 사업을 하여야 하나 로마군이 들어온 후부터 확실한 사회 주체가 없어져 혼돈의 상태였으나 일부는 성전관리청의 관리를 받아 그런대로 청결히 운영되는 상점도 없지는 않았으나 대개가 불결하고 난장판이었다. 예수께서 보다 못해 말씀하신다.

"우리가 이 지역을 우선 청소부터 해야겠다. 성전 앞이 이래서야 원······"
하시고는 성전 앞에 있는 야바위꾼의 놀음판을 먼저 집어 던지셨다. 그리고 갇혀 있는 비둘기장을 열어 비둘기를 날려 보내셨다. 따라오던 총무 가룟 유다가 항의하는 상인들에게 우선 자기가 가지고 있던 몇 푼의 세겔로 배상을 하였지만 예수님의 행동을 따라가지 못했다. 가룟 유다가 놀음판을 뒤집어 업는 예수님을 말렸다.

"선생님, 이러시면 안 됩니다. 제가 미처 준비하질 못하였사오니 나중에 하십시오."

"유다 너는 맨날 선생님께서 하시는 일에 비판만 한다. 못하게 한다. 너는 예수님 제자가 맞나? 예수님의 메니저야, 코치야, 제자야? 썩 물러가라. 이 혼란한 성전을 정화하는 예수님이 나가신다. 길을 열어라, 길을 예비하라." 하고 다른 제자들이 가룟 유다를 나무랐다.

예수는 우선 성전 내부 길목에서 물건을 파는 장사들부터 내쫓았다. 그러나 이 혼란에 무전취식하는 불량자의 무리들이 돌연 합세하여 먼저 나서서 장사 잘하는 좋은 상점 가게까지 둘러엎고 날쌔게 물품을 훔치는 사태로 발전했다. 난장판은 더욱 난장판을 일으켰다. 예수님 제자들이 황급히 그런 자들을 제지하고 질서를 잡으려고 했다. 그러나 이미 정화운동은 시작되었다. 노상 매대 주인들과 상인들이 항의하고 나왔다.

"당신이 누군데 우리 보고 장사 못하게 해요? 어, 이 사람이 겁도 없네. 우리가 누군지 알고 이거 놓으시오."

"그래, 내가 예수다, 나사렛 예수다. 하나님의 성전을 장사로 메우나? 여긴 기도하는 곳이야. 시장에 가서 장사해. 어디 성스럽게 기도하러 오는 사람들에게 물건을 강요하고 값 비싸게 물건을 파나? 내가 다 엎어 버린다. 하누카의 성전정화를 들어보지 못하였느냐?"

예수님은 장사 매대와 할인점, 기념품점, 환전점, 비둘기점, 양의 형상을 새긴 성물전 등을 때려 엎고 다니셨다. 장사하던 아주머니, 아저씨들이 성전 사무실로 가서 나사렛 예수라는 분이 기물을 부수고, 판을 둘러엎고 다닌다고 고발했다. 지나가던 순례자들이 성전 내부가 장사들로 꽉 차 있다가 지나가는 길이 뻥 뚫리고 길목에서 물건 사기를 강요하는 사람들이 없어지자,

"아, 이거 시원하다. 누군가 이 심한 것 당연히 고쳐야지. 정말 성전 성소가 이게 뭔가? 성전이 잡화상점인지 기도하는 곳인지 모르겠다. 잘하는 정화 시범이다."

상점의 사람들도 그동안 좀 심했다고 생각했던지 앞쪽으로 많이 내보내어 진열했던 물건 등을 안으로 끌어들이고 가계를 정비했다.

"누군가 장사하는 질서는 지켜야지. 남들이 하는데 안 할 수도 없고……."

그들은 흩어진 물건을 줍고 투덜대면서,

"역시 선지자는 선지자야. 가끔 이런 것 한 번 해야 되는데 성전 관리당국에서는 못하지. 시끄러우니 누가 나서나. 사실 질서가 없고 돈만 잘 벌면 되는 세상이 되었으니 말세는 말세지."

성전 사무관들이 나와서 예수가 둘러엎은 것을 보고 손해량을 파악하고 다녔다. 그리고 성전 제사위원회 사무실에 보고했다. 한나절 실랑이를 치르고 예수는 제자들과 함께 다시 성 밖으로 나갔다. 다음날 또다시 예수는 성전에 올라갔으나 어제같이 장사하는 상점들을 둘러엎지는 않았다. 성전이 그나마 깨끗해졌고 질서가 있어 보였으며 장사꾼들도 자중하였다. 상인들이 덩치가 큰 어깨들을 데리고 성전 관리들과 함께 예수님 일행 앞에 나왔다.

"당신은 누군데 어제 상점을 내리 엎어치기하고 다녔소? 성전 행정사무실로 좀 같이 갑시다."

베드로가 당당히 앞에 나서고 나다나엘, 퍼트리엇 시몬이 호위하며 제자들이 나섰다.

"당신은 누구인데 성전에서 마음대로 장사하시오? 누구의 허락을 받고 장사하시오? 성전이 장사하는데요?"

제자들이 덩치를 동반한 상인들에게 밀리지 않고 나서자 그들은 말을 못하고 나중에 보자고 했다. 조금 있다가 성전당직 랍비와 서기관과 성전 장로들이 다시 와서 예수에게 말한다.

"당신은 무슨 권한으로 이런 일을 하고 있으며, 아니면 누가 시켰소?"

"나도 질문을 하나 하겠소. 질문에 먼저 답하면 나도 답하겠소. 세례 요한이 세례를 사람들에게 주는 행위가 하늘로부터 받은 권한이요, 아니면 다른 사람으로부터요?"

"모르겠소. 세례 요한은 죽고 없으니 물어볼 수 없소. 우리는 알지 못하오. 지금 우리가 물어보는 것은 당신이 하고 있는 게 무슨 권한이며 누구로부터 허락을 받았느냐는 거요?"

"당신들은 무슨 권한으로 이 성전을 지키고 있으며 무슨 권한으로 이 성전을 장사판으로 만들어 경건한 하나님 여호와를 모시는 성소를 소란하게 하고 있소? 세례 요한의 세례를 인정하지 않거나 요한이 사람들에게 세례를 준 것은 성직의 행위가 아니요? 당신들이 그 권한을 주어서 요한이 그리했소? 요한이 다른 사람으로부터 그리하라고 요청받아 세례를 했소이까?"

"우리는 모르오."

"나도 대답할 수가 없소. 그대들도 말하거나 밝히지 않으면 나도 말 안 하겠소."

"우리들은 왕궁에서 왔소. 헤롯 안티파스 왕께서도 귀하에게 관심을 가지고 있으시오. 지난날 세례 요한에 대하여 백성과 함께 유감스런 길이라고 왕궁에서 발표하셨소이다.

우리도 한 가지 질문이 있소. 귀하들은 십일조를 가버나움에 있을 때 고기를 잡아내었다고 들었소. 그리고 당신들의 선생이신 예수는 가버나움의 조그만 한 어선 만드는 조선소에서 목수로 일하고 노력하여 임금을 받아 십일조를 내었다는데 실제로 예수 선생이 조선소에 가서 대패질까지 하였소이까? 예수 선생도 이스라엘 유대의 백성으로서 기본인 십일조를 했거나 하고 있소?”

“초기에 우리들은 고기를 잡아 십일조를 충당했고 우리 스승이신 예수께서는 이제 목수사업을 할 시간이 없어서 이미 대패를 놓고 작업은 안 합니다. 대신 사람들에게 하나님의 복음을 전합니다.”

“우리 나라가 로마에 세금을 내어야 되는지 안 되는지 견해를 말해 주시오.”

“그건 잘 모르니 선생님에게 여쭈어 봅시다.”

“나는 세금을 내어야 한다 안 된다 하는 것은 세금 전문가가 아니라서 잘 모르오. 세리한테 물어보시오. 세금을 반대한다 하는 인권 운동가도 아니요, 다만 각 나라의 화폐를 쓸 때 그 나라에 해당하는 부가 세금은 피할 수 없을 것이오. 로마황제의 화폐를 가져오시오. 그 화폐는 세금이 부가되고 있고 화폐 계산시에 알게 모르게 환전, 지불되는 가운데 세금이 따라다니며 우리 화폐도 그와 같이 세금이 부과되니 로마황제의 것은 로마황제에게, 우리 민족의 것은 여호와 하나님께 돌리면 된다고 보오. 나를 로마에 대한 문제로 비교하여 시험하지 마시오.”

바리새파 서기관이 나와 예수에게 질문하였다.

“우리의 모든 계명 중에서 가장 중요한 큰 계명이라고 생각하시는 것은 무엇입니까? 그리고 계명과 예수님이 말씀하시는 복음이 무엇입니까?”

“우리의 계명 중에 제일 큰 계명은……”

‘들으시오, 오 이스라엘이여, 우리 하나님 주 여호와시여,

주 하나님은 오직 한 분이시니

주 하나님을 너희의, 모든 마음을 다하여, 목숨을 다하고, 정성을 다하고

힘을 다하여 모시자 하는 모세 선지자의 계명이요

다음으로 하나님의 복음은

‘너희 이웃을 너희 몸과 같이 사랑하시오’ 하는 복음의 계명이요

이 두 가지 계명보다 더 큰 계명이 없소.”

“선생님 말씀이 진실이요, 하나님은 오직 한 분이시며, 선생님 말씀처럼 모든 이해와

정성으로, 영혼으로, 모든 가진 힘을 다하여 주 하나님을 섬기고 받들어야 하오. 그리고 이웃을 자기와 같이 사랑하는 것은 제단에 번제분향하고 희생물을 올리는 것보다 더 중요한 계명이오. 선생님 말씀이 맞소이다."

"구하는 하늘나라에 가까이 이를 것이오."

이후로 예수를 감히 시험하여 질문하는 자가 없었다. 예수를 체포, 연행하러 왔던 서기관들과 수행 성전무관 등의 무리들이 주변에 있던 군중들과 예수의 제자들과 부녀자들이 예수를 에워싸고 있는 것을 보고 연행이 무리라고 판단하고, 또 예수와 이론적 대결에서 소득이 없자 본전만 잃은 채, 바리새파 제사장들이 있는 성전호위대 본부에 돌아오니 제사장들이 물었다.

"그자를 연행해 오지 않고 빈손으로 왔느냐?"

"그 사람이 말하는 것은 여태까지 들어본 적이 없었으며 같이 간 서기관님들도 그를 제압할 논리적 고발을 군중들 앞에서 세우지 못하여 우리는 그냥 돌아왔습니다."

"그러면 너희들도 같이 휩쓸려 미혹된 거로구만. 한심한 사람들……."

("직접 가서서 체포하시지요. 우리만 보내시지 말그요.")

"아니, 우리 중에도 이 바리새파 지식인 중에도 그의 말에 믿는 자가 있느냐? 율법을 알지 못하는 자들은 저주받을 자들이다."

하고 제사장들이 그들을 심히 나무라니 장중에 한 사람이 일어나 말한다.

"성전 호위관들이 그를 못 잡아왔다고 너무 나무라지 마시오."

하니, 모두가 돌아보니 성전율법자인 니고데도 선생이다. 그가 좌중을 보고 말한다.

"우리 유대의 율법은 증거주의로 사람의 말을 직접 듣고 그가 행한 것을 직접 알기 전에 미리 판결하여 처벌하는 것은 율법에 위배되오."

"아니 니고데모 선생, 당신도 갈릴리어서 왔소? 예로부터, 상고 때부터 갈릴리에 무슨 선지자가 나온 적이 있소? 선지자는 아무데서나 나오는 것이 아니오!"

("선지자 엘리야는 나사렛 부근 갈릴리지방 길이엇에서 태어난 분인데 아니라고 떠들면 다인가? 예수도 이스라엘의 영웅 다윗 대왕의 출신지인 베들레헴에서 태어났으며 갈릴리에서 자랐는데, 저 랍비는 뭘 모르는구만.") 니고데모 선생은 말하려다 말고 그만두었다.

모두들 흩어져 제각기 집으로 돌아가고 일측즉발의 사태는 다음으로 넘겨졌다.

다들 베다니숙소에 무사히 돌아오자 가룟 유다가 근심하여 베드로에게 말한다.

"형님, 사태가 좋지 않은 것 같습니다. 일단 가버나움으로 철수하는 것이 좋지 않을까요?"

"그래서 나도 선생님에게 말씀을 드렸는데 날 보고 그런 말하면 편한함을 유혹하는 사탄이라고 하셨어. 하나님 소명을 거역하는 사탄 말이야."

"왜 그런 말씀을 하시나요? 형님을 사탄이라고까지 하시면 문제 있는 거 아닙니까?"

"너야말로 사탄이구먼. 선생님 생각을 문제로 보니? 난 더 이상 어디로 철수하자, 도망가자고 안 한다. 선생님 뜻을 거역하면 그것이 하나님의 뜻을 거역하는 일이라니 말이지."

"형님 보십시오. 저는 벌써부터 사탄취급받은 지 오래입니다. 선생님에게 일어날 일이 뻔하게 진행될 것 아닙니까? 곧 성전 제사단체에서 선생님을 잡으려고 할 터인데요. 우선은 우리가 피함이 좋다고 봅니다. 제가 사탄이 되더라도 좋습니다. 선생님을 모시는 것은 우리들의 사명이 아닙니까요? 가만 있으면 후회할 일이 생깁니다. 선생님 뜻이 그렇다면 여인들이 청원을 드려 보면 좋지 않겠습니까?"

"넌 확실히 머리가 좋다. 여성신도들이 청원을 하여 일단 여기를 빠져나가자 하면 가련한 여인들의 말을 못 들어주실 일은 아니지. 자네가 알아서 해 봐. 나를 여인들에게 말팔리지지나 마. 내가 그러하더라고 등 말이지."

"예, 나사로 자매인 마르다와 마리아, 그리고 막달라 마리아에게 좀 부탁하겠습니다. 피하자고 권유를 드리도록 하겠습니다. 잘 되어야 될 텐데요."

"야 (정말 사탄 같은 놈이야. 저렇게 머리 좋은 놈이 장사나 할 것이지 여기를 왜 와.) ……."

저녁 후 세 여인이 머리에 베일을 쓰고 예수 선생님을 찾아가 말씀을 드렸다.

"선생님, 어제 성전정화와 그동안 선생님의 하나님 말씀 전도에 바리새파 등 제사장단 측에서 선생님을 고소하고 재판을 하고자 한다고 제자들께서 말하니 이제 조용한 나사렛이나 가버나움으로 피신하시는 것이 어떠하신지요? 너무 상태가 좋지 않다고 여러 사제님들이 말하시는 것 같으니 일단 피하시는 것이 어떻겠습니까요?"

"왜 나를 여성 여러분들이 찾아와 그러시나? 누가 세 분을 나에게 보냈는지 내가 알지. 교활한 제자 한 사람이 있네. 하지만 하나님의 화살은 활시위를 떠났어요. 가버나움에서 한 번 떠난 화살은 돌아올 수 없는 것처럼 하나님의 소명과 하명은 이미 시작되었고 그 화살대 속은 말씀으로 봉인되었으며 그 화살은 바로 나일세. 화살은 성전 기둥에 꽂히거나 맞아 부서져 떨어질 거고 그 화살 몸에 봉인된 말씀을 예루살렘 사람들이 열어 볼 것이며 그 말씀을 읽고 들을 것이오."

"선생님, 봉인된 말씀이 무엇입니까? 항상 비유로 말씀하시니 저희가 듣고 깨닫기 어렵습니다."

"그 화살에는 사랑과 우정과 평화의 진리가 쓰여져 전할 화전통신이니라. 그 화살의 몸통 속에 봉인된 진리는 세상의 진리니, 진리는 사랑과 우정과 평화이니라. 내가 가버나움, 벳새다, 콜라존의 복음의 삼각지대에서 하나님 말씀을 전한 진리가 그것 세 가지이니라."

"하지만 주님께서 몸에 상처를 당하시면 우리는 어쩌옵니까? 저희들을 보아서 여기를 일단 벗어나 주시고 다음에 또 사람들이 깨달은 후 좋은 분위기에 예루살렘에 들어오시면 좋은데요."

하고 막달라 마리아가 말했다. 막달라 마리아는 지성적이라 그런지 제법 정치적이다.

예수님은 막달라 마리아가 말하는 소리를 듣고 비위가 좀 상했다.

"…… 그대들까지 나를 이러면 나를 도망자로 유혹하는 일행이니 물러가시게. 하나님의 소명을 거스릴 순 없어. 나의 말만으로 깨닫기를 하는 자들이면 내가 왜 이러고 있겠나? 내가 편안하게만 그냥 살아가도록 나를 유도하면 그런 사람들은 아버지 하나님의 뜻을 거역하는 마음을 나에게 주는 사탄의 일행이 되느니라."

"선생님, 저희들이 어찌 사탄이 되옵니까? 다만 선생님께서 다른 지파로부터 신변에 염려스런 일이 생기지 않을까 말씀드리는 것이옵니다."

하고 마르다, 마리아 자매와 막달라 마리아가 다 같이 흐느껴 울면서 말하였다.

"내가 그와 같이 말하는 베드로에게도 사탄이라 했소. 베드로와 그대들을 어떻게 사탄이라 할 수 있겠소. 내가 하나님 뜻을 따르지 아니하고 예루살렘에서 숨어서 도망가게 비겁한 길로 인도하는 마음이 나도 들게 되면 내가 사탄에게 잡히는 거지요. 아기가 태어날 때는 숨을 쉬고자 울지요. 크게 울음을 터트리나 조금 후에는 낳아 주신 엄마의 젖을 찾아 먹을 때는 기쁨으로 젖을 먹지 않습니까? 하나님 말씀이 젖과 같은 꿀이니 하나님 말씀을 들으시오. 지금은 아픔이 있겠으나 그때 후에 기쁨과 평강이 있을 것이외다. 더 이상 나에게 이 하나님의 집, '예루살렘에서 피하라, 도망가라 등을' 말하지 마시기 바랍니다. 아버지 집에서 잘못한 형제동생들 대신에 아버지로부터 매맞고 회개하고 세상의 너희들에게 아버지 말씀을 피로써 전하고자 함이니 나를 염려하시는 핑계로 자기 자리를 떠나기 어려우면 앞으로도 시간은 충분하니 지금부터라도 미리 나를 떠나심도 좋지 않으시겠소? 그러나 진실로 말하거니와 여러분이 지금 그대로 있어도 나 때문에 여러분이 다른 당파나 세력들로부터 화를 당하는 분은 없을 것이오. 그들은 나 하나로도 충분하다고 여기니, 여러분은 자신을 피할 필요가 없을 것이니 여러분은 자신이나 나를 염려치 마시오. 나는 하나님에게 맡겨져 있으며 만약 일이 생겨도 나는 부활할 것인즉 염려치 마시오.”

“예수님, 주님, 저희들은 사도님들과 사제님들과 같이 있을 것이오며, 선생님을 버리고 달아날 수 없사오며, 그럴 수도 없습니다. 다만 선생님의 몸에 어떠한 해가 일어나지 않게 바라올 뿐입니다. 그른 말을 드린 저희를 용서하시고 귀하신 몸을 보존하소서. 그렇게 하소서.”

세 여인은 눈가에 이슬이 맺혀 눈물을 닦고 예수 선생님에게 절하고 자리를 물러나왔다.

방문 밖에서 엿듣던 베드로가 가룟 유다에게

“가룟 유다, 너의 꾀가 선생님을 이겼느냐?”

사탄이 되려다 만 베드로가 사탄이 반이나 되어 가는 유다에게 어깨를 치며 말했다.

다음날도 예수께서는 일찍이 성전에 나와 지나가는 사람들에게, 또 모인 사람들에게 지혜를 가르치시며 복음을 주셨다. 그리고 기도문으로 축도하시고 성전의 주위를 돌며 제자들에게 하나님의 진실한 성전의 의미를 가르치시며 나가실 때, 따라오는 제자들이 성전의 성벽과 다윗과 솔로몬 왕의 고전의 성곽과 우람찬 돌기둥과 성벽의 석축을 만져보며 가르키며 말했다.

“야, 신전과 성벽이 너무 크고 장엄하다. 잘 지은 성전이다. 예수 선생님, 이 성벽과 누각과 성전을 보십시오. 정말 위대한 건축이고 축성입니다. 우리 유대의 자랑이며 이스라엘의 영광입니다.”

“너희들은 지금의 이 돌들을 잘 보아 두라. 머지않아 이 돌들이 서로 의지하지 못하고 남는 것이 없이 무너져 내릴 것이니 사람들은 그때를 후회하리라.”

“아니, 선생님! 어떻게, 언제, 왜 그런 일이 있습니까?”

“여기서는 미래가 잘 보이질 않으니 성 밖으로 나가 올리브산으로 올라가자.”

그들이 고개를 갸우뚱거리며 따라 올리브산으로 올라갔다.

모두들 올리브 산위에서 눈앞에 있는 저녁놀의 눈부신 황금색의 성전과 성곽을 보고 있는데 안드레가 말한다.

"선생님, 다시 한번 개인적으로 여쭈어 보겠습니다. 성벽이 무너진다 하시는데 언제 이런 일이 일어나며 우리는 피해를 모면합니까? 선생님을 주님으로 믿으면 모면할 수 있습니까? 언제 이런 일이 터집니까? 사전에 어떤 징조는 없습니까? 선생님, 우리에게는 미리 알려 주셔야 되지 않습니까?"

"그래 그렇게도 알고 싶은가? 내가 항상 말하지 않느냐? 그때의 시작의 징조는 난리가 난리를 낳고 민족이 민족을 적대하며 도처에 기근과 질병이 유행하며 도처에 지진과 화산과 바다에 회리바람이 일어 바닷물이 하늘을 오르겠그 바다에 떠 있는 배가 모두 공중으로 오르내리고 팽개치며 사막의 태풍이 모래와 함께 오리라. 이것이 겨우 시작이라. 내가 너희보다 먼저 아버지 하나님께 가 있을 것인즉 때가 오면 내가 다시 오리다. 그때 스스로 자기라고 하는 자들을 조심하라. 난리통에도 조심하라. 그리고 깨어 있으라. 이 땅에 종말이 올 때 구원의 길이 있으니 바닷가 카르타고 항구에서처럼 피난하러 배를 타기 위하여 접안선 부선 위에 오를 때, 줄지어 순서를 기다리며 서 있듯이 질서를 지키며 서 있으라. 흔들리면 바다로 미끄러져 빠질 것이며 혼란하면 스스로 삶을 포기하는 것이니 미

▌▌ 예루살렘성 내부 성벽 유적지 ▌▌

혹하지 말고 사람의 아들, 진실한 인자의 오기를 기다리라.

그는 하나님의 아들이며 이 지상의 모든 대지에 있는 복음을 받은 자들을 구원하러 올 것이다. 그날은 최후의 심판이 있을 것이나, 그보다 앞서 우리 민족이 환난을 당하겠고 바빌로니아 유수 때처럼 잡혀가리다. 그때에 우리 다윗—솔로몬의 성곽도 온전치 못하리다. 그러나 그때보다 더한 때가 또 올 것이나, 인자를 믿는 사람은 살 것이며 하나님을 믿는 자는 살 것이다. 구원을 구하는 모든 민족이 울부짖으며 하나님에게 살려 달라고 하기도 하고 각자 믿는 신을 부르며 찾고 울부짖을 것이다. 그래도 구원자는 쉽게 오지 않을 것이다."

'후세를 보라, 그때에 사람들은 하나님의 사자가 어떻게 사람들을 구원하는가를 볼 것이다. 3제국의 군사들이 유라시아 대륙을 전부 초토화하고 있을 때 문득 조지아 출신의 요셉이라는 장군의 군사들이 쓰러져 가는 초원의 큰 강가의 길목에서 거병할지니, 그 이름은 강철이라는 도시, 폐허된 전투 잔해 속에서 헤치고 일어나 혼신의 힘으로 침략하던 3제국의 군사를 반격하고 후퇴하는 적을 따라 서쪽으로 눈 속의 초원을 질주할 것이다. 그의 군사는 이르는 곳마다 죽음에서 허덕이는 유대의 하나님의 아들 딸들을 구원할 것이니, 너희는 훗날 이 같은 일을 볼 것이며, 구원이란 것이 어떤 것인지 알 것이다.'

"선생님, 무엇을 생각하고 계십니까?"

"그러한 일이 있고도 아직 세상의 종말은 남았으니 이 세상의 최후 종말에는 많은 사람들이 멸망하는 땅에서 구원을 울부짖으나 그와 같은 구원의 인자는 쉽게 오지는 않을 것이다. 하늘나라에서는 그 억울한 울음이 하늘에까지 들릴 때 하늘에서 권능의 힘이 비로소 내려오리니, 장대 같은 소낙비가 오는 가운데 벼락과 번개가 동쪽에서 서쪽에 이르기 까지 치며 대낮이 밤과 같이 어두움이 지며 여기저기 번갯불과 뇌성이 하늘 멀리서 진동하여 오며 점차 가까이 들려올 것이다. 그때가 인자가 나타남을 알아라. 그때에 돌연히 태양과 같은 빛이 앞뜰의 대지를 비치면서 지나가리니 모든 민족이 통곡하는 가운데 하나님의 인자가 만군의 군사를 거느리고 하늘 높은 골란고원의 높은 산맥에서 내려올 것이니 그는 이 땅에서 구원을 애타게 원하는 사람들을 약속대로 구원하려고 올 것이다. 그때 바닷가에서 배에 탈 사람, 못 탈 사람을 분리하듯 그와 그 군사가 선한 자와 악한 자를 구분할 것이며 악한 자가 구원에 끼어드는 것을 찾아낼 것이다. 그러므로 너희는 항상 깨어나 있고 선하고 착한 일을 할 것이며 복음과 찬송을 평소에도 듣고 노래하며 하나님 말씀을 잊지 말라. 모세가 홍해를 건널 때 선택된 사람들만 출애굽하여 홍해 위를 걸었으며 노예생활에서 해방이 되었다. 그와 같이 인자가 악한 자들을 집어내고 선한 자들을 빠짐없이 인도하여 새로운 천국에 도달할 것이니 허황된 거짓 인도자에게는 속지 말며 복음과 함께 깨어 있으라. 복음을 믿으면 거짓 인도자에게 속지 않는다. 이것은 복음의 내용이 욕심을 없애기 때문이다. 욕심이 있는 자는 욕심에 의해 따라가고 그 줄에 줄서고 따라 망한다. 사랑하는 안드레야, 우리가 처음 요단강에서 너의 형, 베드로와 이 복음사업을 시작할 때 나를 처음 본 친구가 너였음을 내가 기억하고 있다. 이제 같이 있을 날이 많지 않겠구나."

"선생님, 무슨 그런 말씀을 하십니까? 우린 죽어도 한날 같이 죽기로 한 결의형제이며 예수님은 저희들의 스승이시며 주님이십니다. 혼자 가시지 못합니다. 저희가 따라가겠습니다." 하고 안드레가 울면서 말했다. 그리고 그는 감정과 숨이 가슴에 메이며 다시 말했다.

"예수님, 세례 요한 선생님도 그렇게 가셨는데 왜 선생님들은 일찍 가시려고만 말씀하십니까? 왜 이 사랑스런 예루살렘과 이스라엘을 버리십니까? 왜 세상을 일찍 버리려고 하십니까?"

"그들이 먼저 나를 버릴 것이나, 하나님 아버지께서 나를 하늘나라에서 이 환난이 가득 찬 이스라엘 땅에 내려가 보라고 이미 하늘에서 나를 버리셨느니라. 내가 이 땅에 왔어도 가난한 너희들이나 나를 알까, 누가 나를 알아보겠느냐? 그러나 내 말을 듣고 따르는 자는 하늘나라 아버지께서 당신의 아들의 말을 자기의 말로 전해들은 것을 결코 잊지 않을 것이다. 그 말씀은 복음의 말씀이니 세상의 종말에 아버지께서 인자를 보내셔서 너희들을 구원하시리라. 안드레야, 가버나움의 요한아 잘 기억하라. 천지는 없어지겠으나 나의 이 말은 없어지지 않으리니 그 날과 그 때와 그 시각은 오직 하늘에 계신 아버지 하나님만이 아신다. 사랑하는 나의 제자들아, 너희들은 어두움을 비추는 세상의 빛이니 빛과 함께 나와 함께 이 땅에 종말이 오기 전에 만국의 선한 하나님의 복음을 전하라. '사람들은 서로 사랑하라'는 하나님 말씀이다. 하나님께서는 폭력으로 무고한 사람을 죽이는 자는 대리인자를 보내셔서 반드시 벌할 것이다. 너희들은 그것을 볼 것이니 하나님께서 하시는 일이라 여길 것이다. 그리고 서로 사랑하라, 용서하라, 거만하게 용서하지는 말라, 섬김을 받고자 하지 말고 섬겨라, 섬김을 받고자 특히 폭력을 쓰는 자는 폭력배와 같으니 인자가 와서 멸함을 보리라. 다시 한번 말하지만 서로 사랑하라! 그러면 너와 너의 집이 구원을 얻을 것이며 너희가 복음을 전파하는 마을마다, 나라마다 구원을 받을 것이며 너희 또한 수고스럽고 영광이 있지 않겠느냐? 너희들은 영생을 얻을 것이며 장차 부활한 나를 볼 것이다."

예수님 말씀을 듣고 안드레가 울먹이며 예수님께 절하고 말했다.

"선생님 말씀을 다 알겠습니다만, 세례 요한 선생님처럼 이 세상을 버리실 마음은 두지 마십시오. 선생님까지 이러시면 안 됩니다. 제가 선생님 두 분을 생이별해야 합니까요?"

"너도 너희 형 베드로와 같이 사탄놀이 할래? 아니다. 내가 너한테는 그런 말을 할 수 없지. 착한 안드레야, 너와 가버나움에서 우리를 잘 도와준 세베대씨 부부의 그 아들들, 아직 철없는 순수한 야고보와 요한에게는 너희 형 베드로에게 한 말처럼 사탄이라는 막말을 할 수는 없지. 베드로는 나와 허물 없는 친구며 진실한 형제 중 형제며 막말을 하는 사이니."

예수께서 제자들에게 이 말씀을 마치시고 예루살렘 성전이 더 가까이 보이는 쪽으로 성루인 다윗의 전망대쪽으로 한 걸음 한 발 더 나가서 하늘에 기도하시더라.

이틀 후면 유월절이 되고 발효시키지 않은 빵을 먹는 날이 시작되니 첫날이 양을 잡는 유월절이다. 이것은 이스라엘민족이 이집트에서 해방된 날을 기념하고 축하하는 날이다. 이날이 되면 많은 사람들이 모이므로 또 소요사태나 민중의 선동이 최대로 생기는 날이어서 로마군단도 티베리아에서 군 병력을 예루살렘으로 증원한다. 유대 성직자들은 많은 군중이 따라다니고 지난번 성전에서 다소 과격한 행동을 보인 예수와 그 제자일행들의 동태에 관심을 가지고 그들이 유월절에 행동하지 못하도록 그 지도자인 예수를 신성모독, 선지자 행세, 성전소란 행위로 체포하여 재판에 회부할 계획을 검토하고 있었다. 로마군도 비상태세를 발령하고 여러 종파에 대하여 그 행동을 검증하고 있었다. 특히 애국 젤롯 지사파의 움직임에 대하여 경계에 들어갔다.

우선 성전관리와 종교적 지도자들은 모여 회의를 하고 예수님의 성전정화 사건으로 피해보상 요구가 청원된 건과 예수의 복음이 전파되고 있는 문제를 해결하기 위해 예수의 제자 중 온건한 생각을 가진 제자들과 대화를 모색하여 보상하도록 하며 예수의 조직에 경고를 하여 예루살렘을 또다시 어지럽게 하지 않도록 당부하고 듣지 않으면 예수를 체포하는 방향으로 결정했다. 그들은 예수의 제자 일행 중 총무인 가룟 유다를 만나 비밀리에 타협을 하기로 하였다.

"선생님, 성전 대제사장 측에서 사람을 보내어 저를 좀 보자고 하는데 어떻게 할까요.

가볼까요, 가지 말까요?"

"(나를 직접 보자 하지 않고 저 애를 보고자 함은 계책을 쓰려 함이다.)

베드로한테 물어보라. 네가 나서지 말고……."

"알겠습니다."

"베드로 형, 대제사장 측에서 나를 좀 보자 하는데 선생님이 형하고 의논하래."

"왜 널 만나자 하는 거야?"

"나도 왜 그러냐고 물어보니, 예수 선생님이 성전에서 상점을 부술 때 상인들이 고소한 사건이 계류되어 사전에 우리 일행의 재무담당 제자가 있거나 총무담당 간사가 있으면 사전에 만나서 조율을 좀 하자는데, 변상하라는 뜻도 있는 것 같아. 어쩌지 형이 가보던가……."

"그때, 상인들도 매대를 너무 길 앞으로 내어두고 심하게 장사했던 것을 인정하고 우리들도 양해를 구하고 다 끝난 이야기인데, 뭐 이제 또 그 건수로 우리를 선생님 말씀대로 핍박하려 드느냐고 따지지."

"형이 가볼래?"

"그래, 여러 명이 동시에 평등하게 만나자고 하자."

"알았어, 베드로 형. 연락할게."

얼마 후 유다가 다시 왔다.

"여러 명이 만나면 의견 통일도 안 되니 제자 대표 한 사람만 만나자네. 그리고 예수 선생님이 인정한다는 협상대표 위임장하고 말이야. 선생님에게 그대로 말해 봐?"

"법률 율사들을 고용했구만. 법적으로 나오니, 더러워서, 안 한다고 해. 맘대로 하라고 그래. 우리가 뭐가 겁나서 쫄리나? 안 그래?"

"형, 그게 아니고 그 대제사장들은 그들대로 권위를 세우고 성전에는 사법권이 있는 무장 성전대 수비대가 있어. 우리를 잡을 수도 있어. 우리가 적당히 무마하는 것도 좋아, 형."

"너도 무슨 율사출신이라 했나, 그들과 똑같구만. 우리가 잘못한 게 없다고 그래. 잘못한 게 있으면 여러 사람들 앞에서 정당히 재판받으면 되잖아. 그때 내가 대리자 대표로 나가서 재판받고 선생님 대신 감방에 들어가면 되지 뭐. 대꾸도 하지 마, 유다야."

베드로는 그래도 염려는 되어 자초지총을 예수님네게 보고하였다. 예수님은 묵묵히 듣고만 계셨다.

"예수님, 어떻게 할까요?"

"때가 다가오니 인자가 고난을 당하리로다. 당분간 그냥 두어라. 아버지의 뜻이니라."

"선생님은 무엇이든지 아버지 하나님의 뜻이라고 하십니다. 무슨 뜻이 그렇게 많습니까요? 저도 알면 안 됩니까? 우리가 잘못하면 선생님을 따라온 우리가 어떻게 됩니까?"

"어떻게 될까 봐 여태까지 나를 따라왔느냐? 지금이라도 늦지 않으니 나를 부정하고 미리 떠나라. 그것이 너의 살길이라면……."

"선생님, 절대 아닙니다. 제가 마음이 약하여 그랬습니다. 저는 선생님을 절대 배반하지 않습니다."

"배반하려는 자가 있느니라. 자기도 모르게 배반하는 게 될 거다."

"그자가 누구입니까?"

"알게 될 거다."

제자들이 모두 가까이 와서

"선생님과 형님과 유다가 무슨 의논을 하십니까?"

"아, 아니다. 별거 아니야."

"선생님, 내일 유월절이니 어디서 유월절을 보내시려 하십니까?"

"성안에 내가 너희들과 함께할 곳이 있으니 걱정하지 말라. 내가 미리 마지막 자리를 마련해 두었으니 한 사람 빠짐없이 거기에 머물러라. 할 말도 있고 하니……. 베드로야, 형제들 두서넛 데리고 성내에 미리 가서 내가 말하는 집으로 찾아가라. 내가 오기로 되어 있다고 하면 예약을 해 줄 것이니 큰 다락방에 자리를 줄 것이다. 오늘 내가 미리 들어가면 신경쓰는 사람들이 있으므로 우리 모임에 방해된다. 나는 내일 아침에 가겠다."

아마도 예수선생님께서 바로 들어가면 제사장파들이 사람을 보내어 염탐할 것 같아 거기에 대비하신 것 같다.

제24편

마지막의 큰 복음

바르사바 유스투스와 마크는 베드로 일행과 함께 조용히 성안으로 들어갔다. 그리고 잘 아는 집에 같이 들어갔다. 이 집은 젊은 청년 마크와 연고가 있는 조용한 식당이다. 유월절에 많은 사람들의 대오와 함께 예수의 일행은 성내로 사람들과 함께 섞여 들어와 그 집의 다락방에 모였다. 그리고 제자들이 밖에 나가 효모를 넣지 않은 빵을 많이 준비하여 왔고 같이 갈릴리 가버나움에서, 나사렛에서 따라온 여자들도 같이 음식을 준비하고 다락 아랫방에서 별도로 자기들의 음식을 준비하였다. 오후 5시가 지나 6시가 되어 저녁이 되자 방에 등불을 밝히고 유월절 행사를 가졌다.

출애굽 시절 이집트를 떠나기 전 이스라엘 사람들이 밖에는 질병이 유행하여 하나님의 죽음의 사자가 지나가고 있는 가운데 문을 잠그고, 집안을 청결히 하고 누룩, 즉 효모를 쓰지 않은 정결한 빵과 깨끗한 양을 잡아 그 고기를 불에 직접 구워서 먹던 마지막 이집트의 밤을 기억하며 조용히 노래를 부르며 하나님 여호와를 찬송하였다.

당시는 수일 전 삶았던 고기와, 양념과 효모를 넣은 빵은 변했을 가능성이 있었으므로 먹지 못하게 하고 새로 잡은 양의 고기와 곱창까지 직접 화기가 센 불에 직접 구워 뜨거운 상태로 호호 불며 올리브유 접시에 넣은 소금에 찍어 먹었던 유월절이다. 유월절 의례적 행사가 끝나고 예수께서 말씀하시겠다고 하셨다.

그리고 아래 방으로 내려가는 다락방문을 가리키면서 12제자 외 여자신도들과 다른 사람들은 자리를 떠서 아래 방으로 내려가 쉬도록 하시고, 유스투스와 젊은 청년 마크는 있게 하고 방문을 닫으라 하시고는 말씀을 계속 하셨다.

"내가 진실로 너희들에게 이르노니 너희들은 서로 형제가 되었으니 모두 친형제처럼 지내고 서로 배반하지 말라. 그리고 흩어지지 말라. 나를 배반하더라도 너희들은 서로 배반하지 말라. 언제나 먼저 된 자가 나중 되고, 나중 된 자는 물러가고 다음 된 자가 먼저 되니 항상 섬김을 받으려 하지 말고 섬기라. 나도 섬김을 받으러 온 사람의 아들, 인자가 아니고 섬기러 온 자이니라. 형이 크다고 자리잡지 말고 동생이 형이 없다고 자리잡지 말며, 작다고 형들 사이에 끼이지 말며, 형들은 동생들이 작다고 따돌리지 말고 서로 화목하고 서로 사랑하여라."

("야고보―요한 형제를 보고 하시는 말씀이야. 쉿!")

("제들 어머니가 예수님이 왕이 되시면 저거 아들들을 예수님 좌우에 좀 앉혀 줄 걸 부탁했었어. 제들은 마마보이들이야.")

("너무 그러지 마, 그분은 우리가 가버나움에서 어려울 때 헌금도 많이 하고 우린 그 헌금으로 많은 사람들 도왔잖아?")

"쉿, 조용해! 선생님 말씀하시는데……."

예수께서 축도하신 후 앞에 놓인 빵을 들어 제자들에게 보이시면서

"지난날 다섯 개의 빵과 두 마리의 물고기를 생각하라. 내가 다섯 개의 빵으로 오천 명이 먹게 하였으니 이 빵 하나는 1,000명이 먹을 수도 있다. 이렇게 적은 하나로 한 사람을 도우면 1,000명이 도와지며 혜택을 받고 또 하나로 1,000명이 받느니라. 그렇게 서로 도우며 살아가라. 빵을 받거나 주더라도 그 빵을 준 것을 기회로 무력이나 폭력의 수단으로 도용하지 말라. 하나님께서 용서치 아니하시리라. 무력은 무력에 의해 망하고 폭력은 폭력에 의해 망한다. 이 예수가 앞으로 곧 어떻게 되더라도 나를 위해 무력이나 폭력을 쓰지 말라. 그때는 내 제자도, 내 사도도, 내 성도도 아니며, 빵을 주는 조건으로 무력을 쓰도록 전용하는 자들과 다름이 없느니라. 그런 자들은 인자가 와서 멸할 것이다."

예수님은 묵상하시며 잠시 기도를 하신 다음 제자들에게 다시 말씀하신다.

"나 이제, 너희들에게 지금 이 빵을 주노니 받으라. 이 빵을 주는 것이 나를 위해 힘써 달라고, 싸워 달라고 주는 요구성, 하사성 또는 보상성이 아니고 이제는 이것이 바로 내

몸이니라, 내 몸을 받으라."

"아니, 무슨 말씀입니까? 부담 없이 드셔도 되는데요……. 빵이 더 많이 준비되어 있습니다. 이미 예수님께서 빵과 포도주와 특히 저기 놓인 큰 포도주 주석잔까지 직접 구입하시고 대금은 직접 지불하셨다고 주모가 그러던데요. 그래서 그 안주인이 서비스로……."

"가롯 유다야, 왜 그리 철이 없냐? 우선 받아 보라. 막내 끝에서 너부터 나누자."

"어, 가롯 유다? 넌 뭐하고 있었나? 선생님이 나서실 때까지……." 하고 베드로가 나무랐다.

"이번엔 예수님께서 원채 빠르게 나서셔서……."

"자, 그만 해. 오늘은 우선 내가 샀다. 추가로 나오면 잔금도 말하고……."

하시고 빵을 조금씩 떼어 제자들에게, 막내 제자 가롯 유다로부터 한 사람 한 사람 이름을 부르시며 가까이 오라고 하시고 떼어서 나누어 주신다. 주시는 동안 진지하게 한숨을 쉬시면서 제자가 된 서열대로 거꾸로 12제자들의 이름을 계속 부르셨다. 수제자인 시몬 바요나 베드로가 마지막으로 빵을 받자 이미 예수님은 눈물이 눈가에 서려 계시며 목이 메여 계셨다. 그리고 포도주을 가져다 성배에 가득 부으시고 잔을 들어 말씀하셨다.

"아버지 하나님, 우리에게 포도나무를 주시어 감사합니다." 하고 축도하시고

"이 포도주는 가나에서 기적과 이적을 준 포도주와 같으니 우리 같이 마시자."

예수님은 성배에 담은 포도주를 빵을 나누어 주심과 같이 이번에는 제자들의 이름을 내림 서열대로 하나하나 부르시며 따라 주시니 모두 받은 잔을 자기 앞에 두고 모두 받을 때까지 기다렸다. 가롯 유다가 마지막으로 잔을 받자 유다를 쳐다보시며 무엇을 말씀하시려다 말고 다 같이 '주 하나님을 위하여' 하고 건배를 제의하셨다.

"다 같이, 주 하나님을 위하여!"

"주 하나님과 예수님을 위하여, 건배!"

예수님께서는 당신의 잔도 다시 채우시고 말씀하신다.

"우리가 처음 베드로, 안드레 형제와 빌립과 나다나엘과 함께 세례 요한의 캠프에서 결의형제를 맺고 가버나움으로 가는 길에 가나의 혼인식에서 참석한 축하객들과 즐거이 마셨으나 이제 때가 되어 이 포도주는 나의 피가 되었으니 이 포도주를 마셔라. 너희들이 기쁠 때나 슬플 때나 오늘 내가 준 이 빵과 포도주들 내 몸과 내 피로 생각하라. 이는 앞으로도 많은 사람들을 위하여 흘리는 나의 피니, 나의 언약을 믿어라. 나를 믿는 자는 그

와 그 집안이 구원되리라. 그리고 영원한 생명을 얻으리라. 이제부터 나는 지상에서 포도주를 더 이상 마시지 아니할 것이며 아버지 하늘나라에서 너희들과 새것으로 마실 것이다. 우리 다 같이 기도하자.

'하늘에 계신 우리 아버지 하나님, 그 이름이 거룩하시며,

하늘나라의 뜻이 하늘나라에서 이루어진 것같이 이 땅 위에서도 이루어지리이다.

우리에게 일용할 양식을 주시고 우리가 우리에게 빚을 진 자들의 빚을 면제해 주듯이 우리의 죄를 면하고 사하여 주십시오.

또한 우리를 시험에 들게 하지 마시고 다만 악한 마음에서 구하여 주소서.'"
하고 예수님이 기도문을 마치자 제자들이 모두 배에 힘을 주고 같이 크게 외친다.

'하늘나라의 힘이 정당한 우리 편에 함께 있으며 그 영광이 영원히 우리의 주님, 예수님과 함께 있사옵니다. 아멘."

베드로가 말했다.

"아, 예수님! 이 말씀이, 이 기도문이, 이것이 바로 위대한 복음 그 자체가 아니십니까? 전에도 감동을 느꼈습니다만, 오늘 다시 이 말씀을 들으니 머리가 확 깨이는 것 같습니다."
다들 같이 말하였다.

"예, 그렇습니다. 선생님!"

이 장엄한 예수님의 주기도문 말씀을 듣고 전과 다르게 분위기가 뭔가 좀 이상하다고 생각한 제자들이 서로 수군거렸다.

"선생님이 몸이 아프셔서 이제 전도사업 그만 하려 하시는 건가? 왜 저리 기운이 없어하시고 한숨이 우리에게까지 들리니 이거 문제 있는 것 아닌가? 포도주와 또 잔까지 사시고……."

"그래, 선생님이 뭔가 우리들과 헤어지시려 하는 거 같은데, 그럴 리가 없는데……. 우리와 어떻게 헤어지시나? 예수님은 바늘이고 우리는 실타래인데 바늘이 없으면 어떻게 실이 쓰여지나? 안 되지. 우리가 좀 예수님께 여쭤 보자고……."

"지금 무얼 하시고자 하온지 누가 대신 좀 물어봐 줬으면 좋겠다."

"가롯 유다가 나서게 하지는 마라."

다들 예수님께서 왜 이러시는가를 차마 묻지도 못하고 울적하게 있을 수밖에 없었다.

예수님께서 빵과 포도주를 나누어 주심에 울적한 제자들은 그나마 유월절 저녁을 쓴

나물을 먹고 효모로 뜨지도 않고 양념도 치지 아니한 별 맛없는 빵을 먹는 것도 맛이 없는데다 나무를 썹듯이 전혀 먹히지가 아니했다. 또 유월절 어린 양의 양고기가 피와 함께 구워져 있으니 세례 요한 선생의 말씀처럼 어린 희생양이라고 예수님을 지칭한 말을 기억하고 다들 고기에 손을 갖다 댈 수도 없고 마음이 불길하여 안절부절했다.

보통 때면 고기를 직접 불에 구워서 기름이 좔좔 흐르는 맛있는 고기를 석쇠에 걸어서 불로 굽거나 꼬챙이에 끼워서 돌려가며 구워 야채와 함께 싸서 올리브기름과 소금을 쳐서 맛있게 먹는데 지금 이상한 분위기가 말이 아니었다.

예수님은 왜 심각해 보이시는 걸까? 눈가에 이슬이 맺혀 있으신 걸까? 하고 무거운 분위기가 계속되는 가운데 예수님이 말씀을 마치시고 일어서서 제자들과 다시 악수하시며 부둥켜안아 주시니 왜 이런 분위기를 만드시는지 다들 도무지 알 수 없었다. 마치 헤어질 사람들과 인사하시는 것처럼…….

"아니야, 유월절 우리 이스라엘민족의 의식이고, 모든 나라도 제각각 그런 의식이 있지 않나? 가족들이 제사 때나 절기가 와서 서로 모이면 서로 감동이 생기지."

예수님께서 말씀을 마치셨다고 하고 문을 열어 아랫방으로 다른 성도들을 들어오라고 부르시고 음식을 더 가져오게 하시니 제자들도 같이 내려가서 만들어 놓은 유월절 음식을 날라왔다. 그러나 문밖에서 안쪽에 예수님이 무슨 말씀을 비밀리에 하시는지 궁금해하는 사람들도 있어서 엿듣기라도 하지 않았나 생각되었고, 제자들이 힘없이 보여지니 무슨 일인가 했다. 그들은 고개를 갸웃거리면서 대충 연이어 나온 식사를 함께 끝내고 8시가 넘자 예수께서 바람을 쏘이려는지 성 밖으로 나가 올리브산으로 향하시자 제자들도 자리를 털고 같이 일어섰다.

제25편

올리브산에서의 기도

올리브산은 올리브나무를 많이 심어 기름을 짜서 시장에 내다 팔고 로마나 외국으로 수출하고 있었다. 분위기가 좀 익어가자 가룟 유다가 예수님께 말했다.

"선생님, 제가 갔다와도 되겠습니까? 오늘이 시한이라고 하는데요. 어떻게 할까요? 그들과 대화는 필요합니다."

"…… 서둘러 보거나, 네가 하고자 하는 대로 해라."

베드로가 듣고 있다가 말한다.

"유다! 또 어쩌고 저쩌고냐? 협상이고 나발이고 치워라. 선생님을 괴롭히지 말라. 네가 또 왜 나서냐? 물러가라!"

"적당한 선에서 그들과 협상을 하려고요……."

"뭐가 적당한 선이야? 뭘 협상해? 네가 무슨 전권대사야, 서기관이야? 선생님! 그냥 나갑시다."

"그러면 아니 되요. 베드로 형, 잘못하면 우리가 어려움을 당하니 때로는 적과도 서로 대화를 해야 되요. 원수와도 대화를 해야 해요, 형!"

"선생님을 따라다니더니 제법 많이 늘었구만, 어디 선생님 말씀대로 어디 해 봐. 그렇게 뭘 하고 싶으면……."

"어이, 가룟 유다, 우리 좀 보자."

하고 안드레가 말한다. 유다가 뒤돌아보았다.

"여기 나다나엘과 애국지사 페트리엇 시몬이 너를 좀 보재."

"또 형들이 왜 그래?"

"우리가, 아니 내가 여기 나다나엘과 페트리엇 시몬과 함께 너를 우리들 동지로서 또 예수님의 제자 12명의 한 사람으로서 예수님께 추천하였었는데, 별 할 말은 없지만 시몬 형제가 너에게 말할 게 있다니 여기 와서 좀 들어봐."

"무슨 이야긴데요?"

시몬이 가룟 유다를 노려보다시피 하며 말한다.

"유다, 너 또 어디를 가려고 나서냐? 네가 지금 무슨 일을 꾸미려고 그러는지 모르지만 왔다갔다 설치지 말라고. 그 위험한 일이야, 알겠냐?"

"형, 우선 그렇게 쳐다보지 마시오. 사람 잡을 것 같소, 형!"

"아직도 정신 못 차리는데, 너 그러면 병법상 문제 있는 거야."

"아니, 병법은 갑자기 뭐요?"

나다니엘이 옆에서 말한다.

"거건 군사용어야. 병법은 군사를 쓰는 방법이란 말이야. 페트리엇 시몬은 질롯의 무사가 아닌가. 병정놀이 같지만 질롯 애국단이 나라를 세운다면 군사장관을 하고도 남아. 이야기를 잘 들어."

"그래요, 나다나엘 형, 국방대신감은 오히려 형이고 페트리엇 시몬 형은 군사령관감이지요. 알아요, 시몬 형은 만나면 군대이야기나 하고 예수님 제자가 된지 저보다 오래인데도 병정이야기만 하세요. 그런데 이번엔 제가 병법에 틀린 일을 하고 있단 말씀이에요?"

"그래, 네가 계속 그러면 우리 진지가 탄로나. 군대용어 쓴다고 빙정대지 말고 조심하란 말이야!"

"우리 진지가 탄로난다니 그게 무슨 같이죠? 우리가 병정놀이 합니까?"

"네가 자꾸만 왔다갔다 하면 뒤가 밟혀! 우리가 있는 곳, 아니 우리 예수님이 있는 곳이 저들에게 들킨단 말이야! 그래도 못 알아들어?"

"저들이 왜 우리 뒤를 밟습니까? 저들도 양심이 있는 제사장단들인데 뭐하러 우리를 뒤나 밟고 다녀요? 대낮에도 우리들에게 가까이 와서 예수님에게 질문하고 토론하고 논쟁하다 그냥 가는데 우리를 밟아 따라오면 벌써 여기 앞에 있을 건데요?"

"네가 뭘 알아. 기가 막히구먼 .세상이 어떤 세상인데, 사실 말이지 너는 요즈음 예수님에게 불경한 적이 한두 번이 아니야. 베다니에서 예수님 머리에 향수를 뿌리는 여자 성도에게 비싼 향수를 낭비하여 뿌린다고 심한 말로 빈정대며 멸시했고, 지금도 네 판단대로 제사장들과 협상한다고 으시대고 예수님 말씀은 잘 안 듣고 헌금 들어오는 것 심하게 회계하고 계산하고 쓸 곳은 잘 안 쓰고……. 어떤 면에서는 잘 아껴서 회계 잘하는 것 아니까 우리들이 너를 그 임무로 지명한 것이지만 너무 심하게 간수하지 마. 너는 빈말로 옛날 이집트 파라오 때 요셉 선조처럼 재무상 감이지만 지금은 예수님를 보호해야 돼 알겠나?"

"아이구, 형님들, 예수님을 살리는 길은 제 말대로 하면 여기서 빠져나갈 수 있어요, 제가 그걸 좀 하려고 합니다. 성전 판매대 상인들, 세걸 몇 푼 주면 나가 떨어 지니 무마할 수 있고 선생님 신상에 아무런 문제 없어요. 진짜 돈 쓸 때가 지금이외다. 형님들, 제발 제 말대로 하십시오. 우리가 다 사는 길입니다."

"애가 뭐? 예수님을 살려? 너, 영 맛이 갔네. 연설하고 있네. 너, 유다, 돈으로 선생님을 살린다고? 석방보석금이야? 웃기지나 말고 걔들한테 뒤나 밟히지 말아! 진짜 병정놀이로 성전 경비대 병정들 데리고 오면 너는 죽는 줄 알아."

"형님 말씀, 너무 심하지 않습니까? 성전상인들이 율법자들 동원하여 우리를, 예수님을 고발하고 그 고발비용이 들었을 텐데요. 그 비용을 율법자들 변호사한테 주어야 하니 그 돈 우리한테 몇 배로 달라는 거예요. 또 피해를 본 상점매대 시설물 보상하고 말이에요. 제가 그들과 대화해서 가격 좀 낮추고, 푼돈 준비해서 무마하려고……."

"닥쳐! 이…… 너 정말 확……."
하고 시몬이 유다를 잡아 두둘겨 한 방 먹이려 했다. 안드레와 나다나엘이 말렸다.

"어이들 참아, 선생님이 보시지 않나? 시몬 참아. 유다가 뭘 알아. 너무 어려 탈이지."

"너도 알 만한 때가 됐으니 알아서 해라. 어태까지 잘해 왔다만 시몬 형제는 전술가야. 유다, 네가 뭘 안다고 그래? 잘못하면 우리들이 어찌 되는가를 알아?"
하고 나다나엘이 말했다.

"웬(전략전술가요, 여기에 무슨 전략전술이 필요한지, 칼잡이로 빚쟁이 부채해결사 출신같이)……" 하고 혼자 중얼거리는 유다를 안드레가 그의 어깨를 치고, 분을 참지 못하는 시몬을 밀며 예수님이 가는 길을 그들은 따라나섰다. 제자들의 소동을 보신 예수님이 제자들을 타이르시며 제자 중 나다나엘 바돌로매를 조용히 불러 잠깐 서서 이야기하셨다.

"이제 자네가 나와 함께 세례 요한의 캠프장에서 만난 후 여기까지 왔는데 유대의 신사이며 귀족출신인 자네에게 내가 꿈이 되어 주지 못하여 미안하네만, 후일 우리들의 꿈이 이루어질 것이네. 페트리엇 시몬 말이지, 내가 좀 부탁하네. 그리고 말이지……."

"선생님, 무슨 말씀이십니까?"

"그래, 잠깐 우리 이야기하세. 자네도 페트리엇 시몬처럼 칼잡이는 아니지만 무술에 능한 것을 내가 알고 있네. 자넨 정식으로 검술을 배웠지? 헌데 말이지……."

두 분이 잠깐 이야기하면서 걸어가시고 제자들은 뒤를 저만큼 떨어져서 따라갔다.

유다는 뒤에 남아서 아예 처져 있었다. 예수닉이 무엇을 기드론 계곡 아래로 던지셨는지 쨍그랑 소리가 났다. 적막에 울림이 있었다. 돌맹이는 아니고 밑에 누가 있으면 맞을라.

올리브산 언덕에 올라간 예수님과 제자들이 중간의 넓은 언덕에 둘러앉았고, 제자들이 다 모이자 예수께서 말씀하셨다.

"가룟 유다는 어디 갔나? 마크도 어디 갔나?"

"가룟 유다는 선생님 허락에 따라 내려갔고요, 마크는 뭘 좀 찾으러 계곡 아래로 내려갔는데요."

"그냥들 두어라. 이제 내 말을 들어라. 성경에 기록된 것이 있는데,

'내가 양치기 목자를 야단쳐서 내쫓을 거고 그러면 그에 딸린 양들이 흩어질 것이다.' 란 말이 있다. 오늘밤 너희들 모두가 나 때문에 낭패를 당하여 나를 버릴 것이다. 그러나 내가 사흘 후 일어나 너희들 앞에 서서 갈릴키로 갈 것이다."

"선생님, 모두가 그렇게 되어 선생님을 버릴지라도 저는 아니할 겁니다."

"베드로야, 네가 안 한다 하지만 정말로 너에게 말하니 오늘 이 밤에 새벽이 이르기 전에 닭이 두 번이나 울어도 나를 세 번이나 모른다 하리다."

"선생님, 무슨 일로 이러시는지 모르오나 제가 주군이신 선생님과 같이 죽게 되어도 저는 주님을 모른다고 하지 않을 것임을 맹세합니다. 요단강에서 형제의 우의로 맹세한 제가 어떻게 선생님을 모른다 하며, 누가 물었을 때 '나는 예수님을 모른다.'라는 말을 할 수 있습니까? 그게 말이나 되는 이야기입니까? 이 비드로를 어이 보시고 하시는 말씀입니까요?"

"……."

제자들이 다들 가까이 왔다. 그리고 같이 말했다.

"우리들 모두도 그리할 것입니다."

예수께서는 자리를 털고 일어나시며 겟세마네로 가자고 하셨다. 그리고 얼마간 가서서 한 바위에 이르시자,

"내가 마지막 기도를 할 때가 되었으니, 너희들은 여기에 좀 있고 베드로와 야고보와 요한은 나를 따라오게나."

하고 앞장서서 나가셨다. 앞에서 얼른 그리는 사람이 있는 인기척이 나서 모두들 오싹함을 느꼈다. 예수께서 제자들 셋에게 별일이 아니니 잠깐 거기 있으라고 하시고 앞으로 나가니 조그만 한 언덕 위에 흰 옷을 입은 두 사람이 보였다. 베드로가 보고 말했다.

"전에 예수님을 변모산에서 같이 뵈었던 그 엘리야와 모세가 아니신가? 가 보자."

그들이 앞으로 나가자 예수께서 뒤돌아보시고 손짓하여 거기서 뒤로 돌아가라 한다.

예수님과 그들의 이야기가 길어지자 베드로가 다시 나가서 예수님 뒤에서 좀 떨어져 "예수님, 밤이슬이 찬데 제가 두 분과 예수님을 위하여 임시 텐트를 쳐 드릴까요?" 하고 주위를 살피며 물었다.

"곧 끝날 터이니 필요가 없다. 그냥 돌아가 있거라."

"알겠습니다."

베드로가 돌아가서 쉬는데 졸려서 눈이 자꾸 감겨 제자 셋이 피곤하여 나무에 기대어 졸더라. 한편, 바르사바 유스투스와 마크는, 그 두 분의 손님을 모시고 와서 미리 대기하고 멀리 떨어져 따로 있었다. 한 분은 모세 니고데모 선생님이시고 다른 한 분은 아브라함 아리마대 요셉친형으로, 예루살렘 공회위원이며 지엔에스(GNS)의 씨이오(CEO)이고 유스투스의 주인장이다. 니고데모 선생님이 예수님에게 간곡히 말씀하셨다.

"예수 선생! 성전 수비대가 움직이고 제사장단에서 선생을 잡아 재판에 회부할 것 같으니 좀 피하시는 게 어떻습니까? 그대가 지금 예루살렘 성 밖에 제자들과 함께 있으니 아예 여기서 완전히 철수하고 북쪽 갈릴리로 피하면 오늘의 사태를 나중에 해결할 수 있어요. 세례 요한과 같이 여러분이 희생당하는 것은 이스라엘의 손실이요, 재판에 이미 순서가 짜여 있으니 이기지 못할 거요. 어디 좀 피하셨다가 다시 예루살렘으로 들어와도 되는 것 아니겠소?"

"그렇게 하시는 것이 좋겠어요. 그리하시게."

"두 분의 뜻을 압니다만 소용없는 일입니다. 그들은 제가 피하더라도 제자들이나 성도들을 잡아서 고문하여 내가 어디 있는지 알아내어 세례 요한처럼 사해 서쪽 오지, 마케루스 요새로 잡아가 그곳에서 언제 죽었는지 모르게 할거요. 제 일은 제가 책임지고 가겠습니다. 하나님 뜻에 따를 것입니다."

"너무 그렇게 생각하시지 마시게. 이제 시간이 없네. 산헤드린에도 정의로운 많은 사람들이 있어요. 세례 요한에 대한 처리가 문제 있었다는 사람들이 많으며 헤롯 안티파스 왕궁에서도 재평가하는 사람들도 있어요. 곧 그들이 가까이 올 거야. 그러니 지금 피하게!"

"세상은 몇 명 안 되는 자들이 모사와 모략을 지혜로 숭상하고 일을 꾀하는 사람들에 의하여 변하기도 합니다. 너무 걱정 마십시오. 산헤드린에서 정의로운 사람들이 있다면 그들은 그때 하나님의 뜻에 따를 것이며, 하나님의 뜻에 따라 저에 대한 처리가 이루어질 것입니다. 두 분께서 일이 잘못되어 갔다 하여도 그것은 하나님께서 정하신 일입니다. 바위산 위에서 아브라함의 이삭이 죽을 뻔한 일이 일어난 것도 하나님께서 하신 일입니다."

"그렇지만 예수 선생, 이삭은 살아 왔으나 지금 선생의 경우는 살아 돌아올 수 없는 상태이요. 선생을 너무나 이해하지 못하는 사람들이 많아서요."

"그것도 하나님께서 알고 계십니다."

"……"

예수께서 하늘 가운데 머리 위에 떠 있는 별빛을 보시며,

"하나님 아버지여, 이제 때가 이르렀습니다. 아들을 영화롭게 하시며 아들로 아버지를 영화롭게 여기도록 하여 주십시오. 아버지께서 사람인 아들에게 모든 생물의 으뜸이 되게 하는 것을 주셔 왔듯이 이제 그 아들은, 아버지께서 아들에게 주어 왔던 것과 같이 많은 사람들에게 영원한 생명을 주어야 합니다. 이것이 영원한 생명이라고 하는 것은 바로 그들이 아버지를 유일한 진리의 하나님으로 아는 것과, 아버지께서 보내신 아들, 이 예수를 아는 것입니다. 제가 이 지상에서 아버지를 영광스럽게 하여 왔습니다. 이제 제가 아버지께서 저에게 주신 사역의 역사를 마감할까 합니다.

이제 하나님 아버지시여, 아버지 당신과 함께, 세상이 시작하기 전에 제가 아버지와 함께 가졌던 영광으로 지상에서 저의 영광스런 죽음이 있게 하소서. 아멘."

"나사렛 예수, 예수여, 들리시오. 지금, 하나님께 이 지상에서의 하직을 고하시는 거요? 아니 되오. 더 많은 것을 세상에 들려주시고 가시구려. 가실 때가 아니외다."

니고데모선생님이 간곡히 만류하셨다. 예수께서는 마다하시고는 머리 위에 밝게 빛나는 오리온좌를 보고 말씀하신다.

"아버지께서 만약 그곳에 계시면 아버지께서는 모든 것을 가능하게 하실 수 있사오니, 이 잔을 옮길 수 있으시면 저로부터 옮겨 주십시오. 세례 요한도 뜻을 굽히지 아니하고 떳떳하게 죽었습니다. 저는 더욱 그들과 타협할 수 없으며 아버지 말씀을 그대로 이스라엘—유대 사람들에게 전하여 왔습니다. 아버지 하나님 말씀은 타협의 대상이 아닙니다. 빛이며 길이며 진리입니다. 거룩하신 아버지 말씀을 번의하고 정치적 거래로 삼을 수는 없습니다. 제가 살기 위하여 아버지 말씀을 피할 수 없습니다. 지금까지 아버지 말씀이 계셨습니다. 이제 아버지 말씀을 아들의 뜻대로 하지 마시고 아버지의 뜻대로 하시옵소서. 아버지 하나님께 제 몸을 맡기나이다. 아멘."

"우리들 이야기를 들으시오, 예수 선생, 이리하면 아니 되오. 만약에 십자가에서 희생되면 어떻게 되오?"

"제가 역시 말리는 베드로에게 사탄이라고 했습니다. 그러나 인자는 돌아오리다. 십자가에서 희생의 양처럼 희생되면 갈릴리호수 저 건너 야산에 아버지께서 준비하신 곳이 있으니 영혼으로 돌아갔다가 다시 와서 제자들을 볼 것입니다. 사람도, 인자도 육체와 정신은 모두 마음의 먼지로 왔다가 돌아가니 하늘의 별과 같이 이 우주가 먼지로 왔다가 먼지로 돌아감과 같소이다. 그리고 그 영혼의 먼지는 모여 다시 우주가 되어 다시 탄생하며 만물이 소생할 것이오. 나도 죽은 지 사흘 만에 영원한 생명으로 영혼이 육체로 부활할 것이오. 갈릴리호숫가에서 여러분을 뵈오리다."

"예수 선생, 몸을 돌보시오. 종교지도자는 중생을 타협시키시고도 왔습니다. 타협하시길 바랍니다. 저희들을 위하여……."

"두 분 어른께서 저의 뜻을 잘못 알고 계시니 지금은 나를 모르시나 나중에 아시게 될 것이외다. 안녕히 가십시오. 밤 어두운 길, 잘 살펴 내려가십시오."

"……."

그리고 세 제자들에게 돌아오셨다. 그런데 제자들이 피곤하여 몸을 가누지 못하고 자고 있었다.

"너희들이 자면 어떡하나? 이제 증거를 보아야 하는데……. 일어나 기드론으로 가자. 그곳에 쉴 만한 곳이 있지 않나?"

("쉴 만한 곳이라고요? 예수님께서는 지금 무엇을 준비하시고 계십니까?"),
하고 유스투스가 중얼거렸다.

"유스트스 아저씨, 이게 다 뭡니까?"
하고 마크가 유스투스에게 물었다.

"나도 뭔지 모르겠다."

그곳은 가끔 제자들이 들르는 지역으로 다들 잘 알았다. 기드론에 도착하자 장소를 정하시고 다들 졸리매 눈이 무거워 졸자 마크도 이를 보고 여러 제자들이 있는 곳에 가서 자리를 찾아 잔디를 밟아 펴고 웃옷을 벗어 깔고 등짐에서 홑이불을 찾아 덮고 누워 버렸다.

유스투스는 실망하시는 두 어른을 배웅하고 제자들이 있는 이 임시 장소로 조용히 왔다.

예수께서는 좌정하시고 묵상하셨다. 침묵이 잠깐, 정막이 오는 가운데 갑자기 일성의 호각소리가 멀리서 났다. 그리고 잠잠해졌다. 누가 분 거야? 별 일 아닌가? 그리고 조금 있다가 수풀이 움직이는 소리가 났다. 의각에서 자고 있던 제자 한 사람이 깨어서 옆에 누운 동료를 발로 가만히 건드렸다.

"쉿, 누가 우리를 포위한 것 같다."

제자들이 여기저기서 후다닥 일어났다.

"뭐야, 뭐?"

"너 가룟 유다 아니야? 어디 있었다가 이제 와?"

"너 뒤에 있는 무장병력은 뭐야?"

"무장병력? 아닌데……."

"아니긴 뭐가 아냐? 네가 데려온 것 아냐? 바보 같은 놈!"

"아냐, 뭔가 오해가 있어. 나 혼자 왔는데……. 누가 따라왔다고?"

그들 뒤에서 소리가 났다.

"나사렛 예수는 나와 포박을 받으라. 우리가 알고 있다. 너희는 포위되었다."

순간 혼란이 왔다. 제자들은 이리 뛰고 저리 뛰었다.

"내 칼 어디 있나? 저것들이 철태와 검과 창을 가자고 왔네! 한방 붙어?"

"가나안의 페트리엇 시몬! 원진으로 포진하라! 예수님을 보호하라!"

"가룟 유다, 너 어디 간다더니, 이 졸개들 데려왔나? 내가 경고했잖아, 이 바보야!"

"형님, 아닙니다요. 제가 왜 선생님을…… 어디 계세요? 아니, 이런 일이……."

"가룟 유다, 너, 함정에 빠졌어. 우리 큰일 났다!"

"가룟 유다, 예수님이 어느 쪽이야? 찾으라."

"여러분, 이거 잘못이오. 왜 선생님을 나중에 좀 면회할 거라고 해 놓고 왜 여기로 갑옷과 투구를 쓰고 왔어요? 철태와 칼이 왜 필요 있소? 일단 물러서시오. 내가 선생님과 말씀하리다."

"가룟 유다! 저리 비켜. 선생님에게서 떨어지란 말이야. 가까이 가지 마! 선생님은 그쪽이 아니야."

순간 그물이 넓게 펴져 날아오고 오랏줄도 날아왔다. 일단 피한 선생님이 소리친다.

"누가 누굴 잡으러 왔느냐? 여기가 바다야, 호수야, 검투장이야? 그물은 왜 던지나?"

"나사렛 예수가 누구요?"

"무엇 때문에 철태와 망치와 칼을 가지고 여기에 왔나? 뭣 때문에?"

"나사렛 예수를 체포한다. 모두들 무기를 놓고 손을 들어라."

"뭘 들어? 우리가 물고기야, 그물이나 던지게?"

"검투경기장이면 이거나 먹어라."

누구의 칼집에서 칼이 날아왔는지, 비명소리가 들렸다.

"아얏, 내 귀가……, 내가 당했다."

"내가 누구야?"

"말고다, 누가 내 귀를 베였다. 잡아라!"

"누구야? 칼을 빼든 게……."

소란 속에 가룟 유다가 수비대 앞을 막으며 사람들을 말린다.

"여러분, 이게 아니잖소. 우리 선생님을 이렇게 모시자는 게 아니잖소? 물러서시오! 제가 자초지종을 말할 게 있어요."

"자초지총 좋아하네. 유다를 죽여라."

"잠깐, 예수를 왜 찾는가?"

"나사렛 예수를 찾는다. 예수는 고발되어 현장 체포령이 나 있다!"

"선생님, 이거 잘못되었습니다. 제가 본의 아니게……."

"가룟 유다! 선생님에게 가까이 가지 마라. 가까이 가면 말고처럼 죽어!"

순간 다시 혼란이 왔다. 검과 창이 부딪치는 소리가 났다. 비명소리가 났다. 제자 중

한 사람이 경비병의 창을 빼앗아 바람개비처럼 휘둘렀다. 경비병들이 이마를 얻어맞고 쓰러졌다.

"잠깐, 중지하라! 칼을 칼집에 도로 꽂아라! (모르느냐? 예레미아 47장 6절, 에스겔21장 30절이다.) 내가 예수다. 나의 제자들은 전투행위를 중지하라. 당신들도 중지하시오."

쌍방이 예수의 말에 물러섰다.

"여러분들이 이 싸움을 중지하고 나의 제자들과 나의 지지자들의 정당방위에 대하여 불문에 부치겠다면 나 혼자 책임지고 가겠다. 다친 사람도 있는데 나만 책임지면 되니까, 지휘자는 누구요? 어떻게 하시겠소?"

성전무관장으로 보이는 지휘관이 어둠 속에 보니 예수의 제자 한 사람이 이미 창을 자기를 향해 겨누고 사정거리에서 노리고 있었다. 눈빛이 어둠에 빛나고 날카롭게 생긴 자태가 섬짓하게 시야에 들어왔다. 예수를 죽였다간 자기 몸통이 날아오는 창에 구멍이 날 것 같다. 예수는 죽이지 말고 잡아오라 했지만 다른 추종자에 대하여는 지시가 없었다. 그리고 지금 쌍방이 치고받으면 먼저 죽게 생겼다. 궁노수를 많이 데려왔어야 했나? 간단치 않다.

"그리하리다. 내가 성전무관장이요, 쌍방조우는 없던 걸로 하고 다른 사람이 아닌 나사렛 예수의 신변만 확실히 인도되면 다른 제자나 사람들의 집단 반격행위와 우리측 피해상황은 불문에 부치겠소. 다른 사람들은 연행하지 않을 거요. 그리고 예수님도 예의로 모시겠소. 아니하겠다면, 아니면 본격적으로 반항하겠소? 모두 활에 사살되고 싶나? 사수, 화살을 시위에 먹이라. 발사 준비!"

게바라-바요나-시몬-베드로가 혼자 예수님 앞을 막으며 칼을 높이 들어 외쳤다.

"예수님을 호위하라. 동지들! 다이아몬드 충진으로 모여! 공격대형으로 벌려! 뚫고 나가자!"

베드로는 게르만 용병대장 아르메니으스처럼 하늘 높이 칼을 빼어 들었다.

"나가자! 아자!" 제자들이 함께 소리치며 칼을 서로 치며 성전무관들 쪽으로 공격했다.

"잠깐만, 안 된다."

"예수님! 피하셔야 합니다. 속지 마십시오. 저들이 선생님을 죽이려 합니다."

"잠깐, 아니오. 우린 가룟 유다와 약속했소. 정당한 재판을 받고 성전 상점의 피해자들을 보상하며 상호 존중하면 끝나는 것이오. 재판은 우리는 모를 일이요, 우리는 나사렛 예수를 연행하는 데만 책임이 있소. 빨리 답하시오!"

하고 병력 손실을 우려한 성전무관장이 소리쳤다.

"그러면서 왜 무기를 갖고 왔나? 여러분들이 나를 체포하려 했으면 얼마든지 성전에서 또는 내가 전도하고 있는 데서 나를 체포할 수 있을 터인데, 어찌 여기에 무기를 가지고 나를 잡으려 하나? 당신들은 내 전도와 복음을 듣고 이의가 없지 않았나? 그러니 나만 가면 되니 우리 제자 일행과 내 친인척은 확실히 연루를 면제하겠다고 약속하면 그리하겠다. 어떻게 할 건가?"

"그건 성전의 명예를 걸고 하리다. 이의 없소."

"그러면 그렇게 알겠소. 가룟 유다는 나를 알리라!"

"선생님 제가 잘못했습니다. 용서하여 주소서."

유다가 와서 선생님에게 울면서 선생님 손에 엎드려 예수님의 손등에 자기의 입을 맞췄다.

"네가 성서의 말씀대로 하니라."

"연행하라."

순간 성전 수비대가 예수를 확인하고 연행하자, 예수님이 제자들을 향해 말씀하셨다.

"내가 갔다 다시 오리다."

"예?" 하고 다들 놀랐다. 질롯의 무사 시몬이 달빛에 뻔쩍이는 칼을 빼어 들고 외친다.

"베드로 형, 예수님이 잡혀 가시는데, 이제 명령을 내리시오. 지금 다시 기습 공격합시다."

"동지들! 다시 모여라! 나가자! 돌격 앞으로!"

하고 베드로가 외치며 앞장서서 칼을 휘두르고 호송군 쪽으로 다시 돌격했다.

예수님이 잡혀 가시면서 엿듣고 황급히 말씀하신다.

"안 된다. 베드로! 무력은 무력으로 망한다. 질롯 시몬아! 칼을 휘두르지 말라! 칼집에 칼을 도로 꽂아라! 내가 몇 번이고 말하냐? 베드로! 아직 내가 명령권자이다. 명령한다. 베드로 시몬! 페트리엇 시몬! 물러가라!"

제자들은 예수님이 자진출두로 성전 경비대의 체포조에 응함에 낭패를 당하고 머뭇거리고 흩어질 수밖에 없었다. 성전무관장을 향해 창을 빼앗아 들어 겨누던 한 제자도 한탄하며 창을 허공을 향해 던져 버렸다. 자다가 늦게 깨어난 젊은 청년 마크가 웃옷을 못 찾

고 덮고 자던 홑이불을 어깨에 두 손으로 걸펴 쓰고,

"랍비님, 예수님, 웬일입니까?"

말하면서 잡혀가는 예수를 바짝 따라오다가 수비대 병력이 마크를 붙잡자 홑이불을 그들을 향해 던지고 옷통을 벗은 채로 흩어지는 제자들 뒤쪽으로 튀었다. 검투를 할 줄 모르는 착한 어부 출신으로 싸울 줄 모르는 비무장인 야고보, 요한 형제들이 말했다.

"나다나엘 형! 예수님이 잡혀 가시는데, 빼앗은 창은 버리고 왜 속수무책이셔요?"

"야고보 형 말대로, 나다나엘 형은 창은 왜 버리고 빈 칼집만 흔들고 그러세요?"

"예수님이 여기 오시면서 나의 무장을 해제시키셨어. 내 칼을 좀 보자고 하시더니 칼날이 너무 날카롭다 하시면서 갑자기 저 아래 기드론 계곡 숲속으로 멀리 던져 버리셨다."

"아니 형, 차고 있는 가문의 보검을 예수님이 던지셨어요?"

"가문의 보검은 아니다. 폼으로 차고 있던 거야. 마크가 내려갔지만 못 찾았다."

"형, 나중에 성도들에게 뭐라고 하시겠어요?"

"예수님이 나보고는 절대 나서지 말래. '너가 나서면 제자들이 다 죽는다.'고, 내 참⋯⋯."

"형! 나다나엘 형, 형이 나서면 일당 백인데, 너무 억울하지 않소? 예수님 잡혀가시는데⋯⋯. 형은 벳새다 무술경기대회에서 한 번 우승하지 않았소? 보지는 못했지만 소문을 들었소. 형! 이제 예수님 말씀 때문에 안 싸우시나요?"

"그때는 베드로 형이 한 번 나가보라고 하고 코치와 세컨도 봐 주셔서 동네 운동회에서 우승한 거지. 내가 별난 게 아니야."

"형, 이럴 때 나도 형처럼 무술을 배웠어야 하는데⋯⋯." 하고 요한이 소매로 눈물을 닦았다.

"요한, 너는 그런 거 배우는 거 아냐. 내가 이판에 어찌 해야 할지 모르겠다. 너무 억울해. 도무지 예수님은 이해가 안 돼. 왜 잡혀가시나? 참내 정말⋯⋯."
하고 나다나엘 바돌로매는 털석 주저앉아 두 손으로 머리를 감싸고 억울해하며 울었다.

"나다나엘 형, 그래서 기드론에서 예수님이 웬일로 주저앉아 버린 형에게 오셔서 형의 머리를 두 손으로 감싸 주시더니, 그건 형한테 마지막으로 예수님이 안수하심이었네요."

"요한, 너는 예수님을 잘 이해하니 마크처럼 예수님에 대한 전기를 쓰도록 하게나."

요한은 마크처럼 예수님의 최후 상황과 일들을 잘 기록하였다. 마크는 예수님복음서에 자기를 비쳐 넣어 다만 '어떤 젊은 청년'이라고 묘사했다. 마크의 코드이다.

성전수비대는 예수를 호위하여 성전 재판소의 뜰에 이르렀고 거기에는 이미 제사장회 장단들과 서기관 예루살렘 자치 공회위원들이 나와 있었다. 그들은 종교재판을 준비하고 있었다. 예수를 체포하는 데 성공했다고 파발을 띄워 신속히 보고한 것이다.

제26편

재판관과 유대 제사장

예수가 관저 안으로 끌려 들어가고 앞뜰에 경비병과 관리들, 하속들이 불을 피우고 있는 자리에 예수의 제자들 몇이 뒤쫓아와 같이 불을 쬐고 있었다. 그리고 재판이 시작되면 섞여 들어가서 현장을 보려고 주위사람들과 친숙하려고 주위를 살폈다. 많은 공회위원과 서기관, 성전 제사장단들 일행이 계속 안으로 들어갔다. 입구에는 출입을 관리하는 여자가 책상 앞에 앉아 있었고, 그 옆으로는 건장한 하부관리인 사나이가 출입자들을 점검하고 있었다. 들어가는 사람들은 눈인사를 했다. 베드로가 들어가려고 앞을 나서자 유스투스 일행이 염려하여 베드로를 그들 가운데 끼워서 들어가려 했다. 그러나 베드로는 등치가 커서 쉽게 눈에 띄인다. 니고데모 선생님이 오시면 같이 들어가면 되니, 잠깐 기다리자고 했다.

성전 내의 특별실에 끌려 들어가신 예수는 나이 긇은 노인 앞에 섰다. 차림새로 보아 무척이나 높으신 사람인가 보다.

"고문님에게 인사하라. 명예 대제사장이신 안나스 어른이시다. 왕궁의 고문이시고 지금의 대제사장 가야바님의 장인어른이시다. 적당한 범위 내에서 해결하길 원하고 계시는데 사전에 보자고 하여 우리가 잠깐 너를 여기 접견실로 데려왔다."
하고 성전 호송관이 말한다.

　그들은 문을 닫은 후 밖으로 나가고 성전 호위병 두어 명만이 칼을 차고 안나스의 등 뒤에 와 묶인 예수의 뒤에 팔짱을 끼고 서 있다. 예수는 안나스의 질문에 답하지 않고 있었다.

　"그대가 무슨 논리로 성전의 군중들에게 무슨 말을 했기에 군중들이 성전의 기물을 부수고 세겔 환전소를 뒤집어 엎고, 상점들을 파괴하고 난동을 부리게 하였는지, 무슨 선동의 말을 했기에 그런 사태가 난 것인지 군중들에게 한 말을 그대로 해 보시게. 그대는 이 사회에 대하여 무엇이 불만인가? 언제 예루살렘에 들어왔으며, 어디서 숨어 있다가 나타난 사람처럼 민중을 선동하였는가?"

　"나는 숨어서 말하고 다니지 아니하였고 교회당과 우리 유대 사람들이 많이 다니고 만나는 신전에서 공개적으로 가르쳤다. 내가 말한 것은 그들이 알고 있으며 내가 무슨 말을 하였는지 그들에게 물어보시오."

　그러자 옆에 서 있던 안나스 호위병이 예수 옆에서 손으로 예수의 어깨를 쳤다.

　"어디다 대고 그 따위 말대꾸야. 누구한테 뭘 가르쳐? 공개적으로, 뭘?"

　그러자 안나스가 호의병에게 손을 들어 제어하며 말한다.

　"잠깐, 그대로 두어라. 그리고 이 예수 뒤에 좀 떨어져 있게나. 위험하지 않으니.

　그건 그렇고 나사렛 예수 선생, 때가 아니니 형편을 알고 이제 성전의 우리 여러 제사장들에게 사과하고 상인들에게 변상하고 이 예루살렘을 떠나시게나? 내가 잘 주선하리다."

　"……."

　"자네가 성전에서 성전 앞뜰을 정화한다고 하는 날 하마터면 큰일이 날 뻔하였네. 무슨 말인지 이해나 하는가?"

　"……."

　"그 난동판에 불량배들까지 합세하여 성전이 난리었네. 난동이 심하자 성전 경비대가 막지 못하고 제사장단에서 로마 보안군의 지원을 받으려 한 것을 내가 극구 말렸어. 로마군이 출동하면 어떻게 되는지 알아? …… 이스라엘 독립열심당파들이 같이 일어설 거구 경비가 허술해진 비어 있는 로마 총독관저를 공격할 거야. 그러면 우린 로마군에 말려들고 로마군 3개 군단이 시리아와 갈릴리 티베리아에서 예루살렘으로 들어오게 돼. 로마군은 지금 전리품에 굶주려 있어. 우리 유대 왕국을 넘어뜨리고 막대한 궁전 보물과 전리품, 골동품, 성전 재화를 전부 가지고 로마로 개선할 차비를 하고 있어요. 머지않아 젤롯 열심당원들이 철없이 반란을 일으킬 징조가 있어. 우리들이 경계하지 않으면 카르타고 멸망처럼 유대도 멸망이야. 옛날 앗시리아, 바벨론에게 당한 것처럼 나라를 잃게 되네. 예수 선생은 예언자라면 이를 예언할 줄 아는가?"

"제가 그걸 미리 알고 유대 사람들에게 서로 관용과 사랑하는 마음을 호소하고 있습니다. 세례 요한의 말과 같이 모두들 회개하고 하나님의 나라가 임하기를 기다려야 합니다."

"그걸 알면 그대부터 가만히 예루살렘을 먼저 떠나시게나. 여긴 우리가 당분간 평화를 유지시킬 터이니 좋은 때가 오면 그때 예루살렘에 들어와서 그대의 사랑의 마음을 전도하시게. 이런 성전정화로는 큰 혼란이 오네. 나도 젊었을 때는 자네와 같이 개혁적이고 급진적이었네. 33~36세가 고비야. 그때, 중요한 때지. 나는 운이 좋았는지 시대를 잘 타고 났는지 자네와 비슷한 나이인 37세에 이 예루살렘의 대제사장이 되었었네. 그때는 아켈라우스 왕이 로마로 소환당하는 어려운 시대였지. 그 후로 9년을 내리 제사장을 했지. 내가 하겠다고 나선다고 그렇게 했겠나? 이 날고 기는 사람들이 많은 이 예루살렘에서? 어림도 없지. 9년간 대제사장으로 있다가 총독이 바뀌는 바람에 그 후 18년간을 백수건달로 지냈는데 이제 내 나이 64세야. 34세 정도라는 자네는 나처럼 되지 못하고 그때 내 나이 정도에 여기 잡혀 와서 묶여 있는데 이게 말이 돼? ……

우리 왜 이렇게 되었는지 예수 선생 같이 생각해 보세. 자네도 소문에 들어보면 나보다 더 훌륭해질 수 있어. …… 오늘밤 나하고 포도주나 한 잔 하면서 여기서 이야기하며 지내세. 지금 밖으로 나가면 자넨 살길이 없네. 적당한 수준에서 대제사장단 임원들에게 사과하고 끝낸다면 우린 재판이고 뭐고 불기소 처분이나 하급심으로 판결을 돌려보낼 수 있네. 아직 내가 주선할 수 있네. 내가 아직 입김이 있으니 우리 그리하세, 예수 선생."

그러자 호위병이 예수 뒤에서 불쑥 말한다.

"안나스 고문님, 그러면 제사장단에서 난리를 칠 텐데. 저도 같이 잡아왔는데요."

"자넨 좀 가만 있어. 훈장과 특진은 시켜줄 테니."

"예수 선생, 보게나. 지금 이러네. 이것이 세상 인심이야. 자네를 못 잡으면, 잡다가 놓치면 어떻게 되는가? 나도 마찬가지로 문책받네. 그런데 예수 선생, 산상의 교훈은 어느 누가 그런 말과 같은 좋은 복음을 주겠는가? 대단하네만은 지금 잘못 되고 있지 않은가? 그러니 자네도 양보하고 예루살렘을 떠나면 그대의 앞날이 더 보장될지 모르지. 참게나, 그리고 일단 사과하게. 잘못했다고 하면 재판이고 뭐고 다 없어져. 잘 알겠지만, 자랑스런 일은 못 되나 내가 선생을 재판할 가야바의 장인이야. 내가 내 딸과 함께 그를 키웠어. 내가 그를 인도했어. 그리고 오랜 세월에 걸쳐 오늘날에 이르렀어. 세상은 타협과 조화로 살아가는 거야. 정치란 간단해. 아니면 그만이고 피하면 우선 어려운 것이 없어. 안 했다면 그걸로 시간이 끌어져. 무엇 때문에 자네가 희생되고 제사장들이 욕먹어야 하나? 우리 유대의 위대한 선지자들도 다들 이렇게 어렵게 태어나고 어지러운 군중 속에서 나왔어. 그리고 희생된 분도 있고, 또 잘 유지된 분도 있고, 자네도 마찬가지일 거야. 그들이 그렇다고 우리들 모두 위선자들은 아니야. 자네도 위선자가 아니지 않은가? 제사장이든 누구든 다 좋은 사람들이고 선한 사람들이고 자네처럼 모두 같아. 어떻게 생각하나? 여보게, 나사렛 예수. 자네가 좋은 일도 한 것은 우리도 알고 있네. 그렇지만 성전 난동은 책임을 져야 하네. 사마리아 사람들이 왜 성전에 못 들어오나? 그건 율법을 어긴, 잘 알려진 이야기 아닌가? 또 그대의 이론은 지금은 이르네. 우린 로마와 싸우고 우리 유대민족이 아닌 팔레스타인 성격이 되어 버린 에돔족이었던 이두메민족인 헤롯왕궁 친위대파와 싸우는 중이야. 넓게 보면 다 아브라함의 한 집안 후손인데 권력을 눈앞에 두면 돌변하는 것이 인간이야. 자네도 이스라엘 유대인이 아닌가? 우리 유대민족이 분열되어서는 안 돼. 자네도 잘 알지만 우리가 로마로부터 자치권을 찾아서 대제사장제도를 운영하여 왕국이면서 시민의회공회 군주국으로 각 정파들이 협조하고 잘하고 있지 않은가. 그렇게 큰 소란도 없이 말이지. 조금만 더 있으면 유대가 로마로부터 더 많은 자치권을 돌려받고, 이두메 출신 헤롯 안티파스 왕도 로마와 같은 공화적 원로원 정치를 인정하게 될 것이네. 머지않아 이스라엘에 평화가 보이는데, 우리가 극한투쟁이나 무엇을 꾸미면 안 되네. 로마에 구실을 주면 나라가 거들나네. 유대 지금 왕조 헤롯 안티파스나 빌립 등도 이제 늙어 나처럼 나이가 다 되어 언제 다들 떠날지 모르네? 그러면 또 헤롯 대왕 때의 혼란처럼 난리가 날 거야. 그때가 위험해. 이집트가 왕이 죽자 클레오파트라 형제가 싸우다 둘 다 망했어. 잘난 클레오파트라도 로마로부터 완전 독립하려다 멸망당했지. 로마장군 안토니우스가 있었는데도 말이야. 안토니우스가 어떻게 패배를 당할 수 있었겠나? 백전명장이 말이지. 그런 나라도 로마에게 넘어갔네. 세계 최고 미인이 있었어도 망했다고……. 그런 이집트가 무엇이 부족했겠나? 로마라는 거대한 물결 속에 세계가 휩쓸린 것이고, 우리가 아무리 투쟁한다 해도 이집트만큼 투쟁할 수 있겠나? 예수 선생, 원수를 사랑하라는 것은 좋은 이야기지만 여기 예루살렘에 로마군 제10군단이 들어와 있어. 그리고 메깃도인지,

무깃도인지 그 요새에 로마군 제6군단이 주둔하고 있네. 자네도 잘 알잖나. 10군단은 옛날 율리우스 시저의 고울의 무적 군단이야. 이짚트에 처음 시저와 함께 상륙한 군단이야., 알렉산드리아 도서관이고 뭐고 다 태웠다고……. 그리고 6군단은 군사 전투대열 전체를 방패나 오두막과 같은 집채 만한 갑주를 뒤집어쓰고 공격하는 테스츄도(Testudo) 기갑군단이야. 우리 유대를 싹쓸이하려고 항상 준비태세가 되어 있어. 사람들은 몰라, 어린 청소년들도 몰라. 청년들은 더 몰라. 그들이 바짝 와 있어. 그러니 자네도 세간 사람들이 말하는 '사랑의 왕이다, 그리스도다.' 뭐다 하게 두지 말고, 후일 좀 있다가 로마가 약해지면 할 수 있는 일이지. 지금은 조심스럽게 로마를 안정시키고 협조하면서 이 불길을 지나가야 해. 언제나 로마가 세상을 지배하는 것이 아니라고, 역사적으로 유대에 들어온 나라는 다 망했다고……. 지난날 한때 예루살렘을 점령했던 로마의 폼페이도 시저에게 죽었고 시저는 지금 어디 있나? 요즈음 로마군이 출동하는 일이 잦아지니 걱정이야. 자네 같은 자유사상을 가진 사람들이 많이 생기고 있어. 제사장의 권위가 자네가 나타나는 바람에 문제가 생겼어. 성전정화운동 말이지. 그건 제사장단의 존재까지 문제를 일으키게 되네. 세례 요한의 문제가 끝나자 잠잠해졌는데 다시 내부에 분열이 오는 문제 말이야. 이제는 우리 내부 문제를 헤롯 왕가가 잘못하기 때문에 그렇다는 등의 비난으로만 하는 것도 못하고 또 잘 못해서 불상사가 나면 우린 공동 운명을 맞을 거네. 그러니 조용했으면 좋겠어. 나의 말을 듣게나."

밖에서 문을 두들기는 노크소리가 났다.

"말씀이 길어지시는데 예수를 빨리 데려오라고 제사장들이 재촉합니다. 오늘이 지나면 안식일에 재판해야 된다고 난리입니다. 빨리 끝내시지요."

"잠깐만 기다려라. 예수 선생, 이제 시간이 없다. 이 늙으니의 말을 들으시오. 내가 중재하면 모두 내 말은 듣게 될 거요. 유대 제사장단들이 선지자를 죽였다는 오명을 쓰게 되니 그건 좋지 않은 일이오."

예수는 이렇게 말하는 안나스 명예제사장에게 경의를 표하고, 그러나 단호히 말했다.

"유대에는 아직도 선생님과 같은 현명하신 분이 있으나 모두 그 뜻을 잘 알지 못하는 것과 같이 나를 알지 못하오. 귀하께서 로마와 유대왕국과 관계를 잘 유지하시고 계신 것은 잘 알고 있습니다만, 이제 언제까지 계시지는 못합니다. 귀하가 없어지면 유대에 혼란이 올지도 모릅니다. 너무 귀하의 영향력이 유대 사회에 있었으니까요. 그러나 그것만으로도 끝까지 자리를 차지하고 있는 사람보다 귀하께서 권좌를 잘 양보하신 미덕과 평화적 대제사장의 정권교체를 이루기는 하셨소. 귀하와 같은 분이 계속해서 셋만 더 있어도 유대는 멸망하지 않으리오. '늙은이는 과거를 회상하고 젊은이는 미래의 꿈을 꿀 것이다.' 성서 토라에 있는 말이오. 이제 이 유대에도 고문님이 사라지는 것처럼 나도 사라질 것이지만 다시 올 거요. 지금은 이 예수가 죽는 것이 성서 토라의 뜻이 이루어지는 일이요. 내가 죽어야 세상이 회개하오. 내가 죽은 후에 나를 염려하지 마시오. 나는 부활할 것이오."

"뭐, 계속해서 이러시나, 젊은이가 늙으니보다 먼저 죽는 것은 지혜롭지 못하다. 이만한 어줍잖은 일에 그대가 사람들을, 중생을 위한다 하며 일찍 생명을 버리는 것은 지혜롭지 못하다. 그리고 안타깝고 섭섭한 일이다. 자네가 이런 말을 하여 계속 나의 제안을 거부하다니, 결국 이렇게 되면 유대의 비극이다. 다시 한번 더 말한다. 그렇다 하더라도 과거를 회상만 하는 늙은 이 장로의 말을 들어라. 넋두리로 듣지 말고, 나사렛 예수!"

"아버지 하나님께서 소명으로 부르실 때는 젊은이나 늙은이가 따로 순서가 없습니다. 안나스 명예제사장님! 옛날 선지자 한 분이 다시스로 가는 배에 올랐습니다. 폭풍이 내리치고 배가 전복될 위기에 있게 되었습니다. 선창 위에 짐을 다 버렸어도 배는 위험하게 기우뚱거렸습니다. 손님들과 선원들이 추첨하여 이 폭풍의 원인을 그에게 돌렸습니다. 선장과 선원이 잠자는 그를 깨워 '그대는 누군데 이 폭풍을 일으키게 하는가?' 하고 묻고 있습니다. 그는 말하기를 자기는 히브리인이며 하나님께서 타락한 어떤 민족의 종말을 구원하라는 명을 그 나라 사람들에게 말할 수 없어서 하나님을 피하여 다르시스로 도망가고 있다고 우연히 같이 이 배에 탄 한 사람과 서로 어디로 가는 길인가 통성명하면서 잡담을 나눈 것이 선원에게 알려져 이렇게 된 거라고 하였습니다. 그가 하나님이 경고하신 그 나라 사람들에게 종말이 왔다고 외치면, 재수 없고 미친 사람이라고 옥에 가두고 죽일 것이기 때문입니다. 그래서 그는 하나님의 명을 피하여 다르시스로 가고자 했으나 하나님께서 폭풍을 일으키시고, 그 폭풍의 선원들과 승객들이 어차피 죽음에 이르자, 배에 있는 무거운 짐을 다 바다에 던져 버리고도 남은 것이 없자 사람이라도 던져 버려야 하는 상황까지 오자 그 선지자에게 찾아와 책임을 지라고 말했던 것입니다. 그는 책임을 지겠다고 했으며 그들의 소원대로 '나를 들어 바다에 던지면 폭풍이 잠잠해질 거고 내가 대신하여 벌을 받으면 배가 안전하리요' 했습니다. '그러니 나를 바다에 던져 죽여 바다에 희생의 고사를 지내시고 안전한 배의 항해를 구하시오'라고 말입니다."

"나사렛 예수, 자네가 지금 선지자 요나로 생각하는가? 선지자를 흉내내지 마라. 인용하지도 말라. 나도 옛날에 그와 비슷한 갈도 하고 행동한 적이 있었으나 내가 철이 없고 세련되지 못했던 것이다. 자네가 그렇게 똑똑하다면 살아서 멸망해 가는 이 유대를 살려보라. 그렇다고 유대는 쉽게 망하지는 않는다. 유대는 우리의 조국이 아닌가? 어떻게 하면 우리 유대가 독립하고 로마로부터 멸망하지 않고 살아갈 수 있나? 아니면 그 누가 우리를 멸망시키려 하나?"

"요나를 믿으시오. 요나보다 더 큰 자가 여기 있음을 아시오. 요나는 배에서 던져져 큰 물고기에 잡혀먹혔으나 토하는 바람에 살아나 삼 일 후 하나님께서 경고하신 니느웨로 가서 이방인들에게 하나님 말씀을 전하고 경고하였으ㅁ 그 이방인들과 지도자는 그 경고를 받아들이고 근신하여 환난을 면하지 않았소? 이제 내가 단지 3년간 이 땅에서 말하고, 경고하고, 복음을 주고 다녔소이다. 이제 죽게 되나 3일 후는 부활할 것이요, 내가 아버지 하나님 말씀을 봉헌하는 동안 대체로 많은 사람들이 나를 믿었으나 기존의 당신과 같은 종교적, 정치적 지식층은 나를 믿지 않았소. 종교가 정치에 물들면 그 권력을 놓지 못하오. 믿음을 정치에 이용해서 권력을 유지하는 수단으로 써서는 안 되오. 믿음을 정치적으로 해석해서도, 관리해서도 안 되오. 믿음은 하나님의 말씀이시요. 이 예수의 최후의 말은 '유대여, 세상이여, 회개하고 원수를 사랑하라'는 하나님과 그 아들인 나의 말이오."

"선지자가 나타났구만. 어떻게 그렇게 자신을 가지고 있나? 자넨, 말로 듣던 대로 대단하구만. 그러나 원수를 사랑하란 말은 지금에는 너무나 불가한 말이네. 누가 그 말을 지금 이 시대에 실천할 수 있겠나? 자신과 우리 이스라엘만 희생되지."

"나, 예수가 이제 다시 실천하고 다시스로 가는 배에 타고 있소이다. 나를 바다에 던지시오. 나를 염려하지 마시오. 그 선지자처럼 나는 3일 후에 부활할 것이요. 정말 이대로 가면 머지않아 바벨론 유수처럼 우리 유대에 나라가 없어지겠으나, 후일 먼 훗날 우리 이스라엘─유대가 수많은 희생 끝에 하나닝이 그 억울함을 들으시고 모세 지도자로 하여금 이집트를 빠져 나오게 하시듯이 다시 나라를 찾게 하시고, 그때 나라가 독립하고 부활하는 것을 세상 사람들이 보게 될 것이며, 그때 나를 믿는 이방인들까지 여기로 와서 나라의 부활을 도울 것이외다. 그러니 나를 걱정하시지 가시기 바랍니다. 로마제국도 언젠가는 멸망하리다만, 로마보다 우리 하나님 여호와의 나라, 유대가 먼저 멸망해서는 아니 됩니다. 제가 그 일로 이제 희생의 대가를 하나님에게 치르고 떠나고자 합니다. 그러나 다시 돌아오리다."

"어떻게 해서 그런 율법이 자네로부터 나오나? 너무 말도 되지 않고, 어떻게 그런 일이 일어나겠나? 씨 없는 소리하지 마시고 재판정에서 좀 타협하시고 우리의 제도 안에서 행동하시게나. 자네가 새로운 여호와 하나님 시대를 여는가? 그리 하고자 하구먼. 자네 나사렛 예수를 이제 보아 하니 안식일 개념 등 새로운 개념으로 대신하려는 종교사상 아니야? 그런 망상은 그만두시고 이 노인이 말하니 타협하시게나. 그건 위험하서!"

"하나님은 항상 존재하시는 여호와 하나님이십니다. 이대로 가면 유대에 일이 생길 것이요, 내 제자 중에 페트리엇 시몬이란 사람이 있소이다. 그는 질롯(zealot) 무사출신이나 자신을 참고 자살투쟁, 자살공격에 들어가는 것을 참고 회개하고 나의 제자가 되었소. 그가 그 길을 갔었다면 그는 내 옆에 있지 않았을 것이며 이미 폭사하였을 것이오. 아니면 벌써 잡혀가 죽었을 것입니다. 로마제국의 세계정복과 정벌은 동방 아시아의 서쪽 끝인 여기 시리아와 예루살렘까지 왔습니다.

로마군에게는 돌을 하늘을 건너 멀리 던진다는 석포가 있습니다. 그들은 돌로 된 예루살렘보다 더 난공불락의 요새도 부술 수 있는 가공할 석포 포성부대가 있습니다. 지금 그들과 무력으로 싸워 봐야 하나도 이길 것이 없습니다. 이 민족을 사랑하십시오. 싸우려면, 사랑의 힘으로 싸우면 이길 수 있습니다. 지혜의 솔로몬 대왕은 아모리인, 팔레스타인인, 아람인 등 이민족들과 대체로 전쟁은 피하고 장사하며 나라를 유지하였습니다. 그는 아프리카 남쪽 에티오피아인들까지 사랑하였고 어려운 나라 사람들을 도왔습니다. 그와 같이 이 민족이나 원수를 사랑하십시오."

"나는 절대 싸우자고 하질 않네. 하, 자네 보시게나. 지금 질롯인지 젤롯인지 그 무사들이 뭘 하고 있나? 철없는 그들이 지금 난리를 자꾸만 일으켜 로마와 적극투쟁하고 있어서 그들을 말리는 사람은 애국자가 아니고 로마에 나라 팔아먹는 사람으로 매도하고 있네. 질롯에 대한 우려와 평가는 나와 비슷하구먼. 그러나 그들이 결국 사고를 저지를 거야. 그들 중에는 우리 바리새파나 사두개파 중 중요한 정치가에게 접근하여 군주나 왕으로도 만들어 옹립하여 줄 테니 협조하라고도 하고 있어. 그리고 협조 안 하면 재미없다는 식으로 위협하는 무리도 없는 게 아니고. 이래서는 안 되네. 또 그들 중에는 그 스스로 군주가 되려는 야심가도 있고, 그 말에 솔깃하여 비밀리에 도와주고 지원하는 더 철없는 장로들도 있으니, 내가 잠이 오겠나? 질롯의 무사 출신 바라바를 사면해 달라고 야단이야. 바라바를 영웅으로 치켜 세우고 지도자나 군주로까지 세우려고 하네. 나도 이제 살 날이 얼마 없다고, 자네 나사렛 예수와 나이 많은 나 안나스 중에서 누가 먼저 죽을 것이고 죽어야 하나? 예수 선생? 지금 그대가 원수를 사랑하라고 하지만 그 말은 자신을 굽히고 이민족에게 항복하는 일이라고 여기고 있단 말이야. 특히 질롯 애국단들이 더해. 누가 지금 자네 말을 듣겠나? 나중에 할 때가 있으니 참고, 지금 문제부터 해결하세. 나도 그렇지만 이 시대에 이제 자네도 실성한 듯 갈을 막 한다. 자네라 하여 미안하지만 우리끼리 율법으로 살아가고 밥 먹고 사는 율법자라 자처하지만, 다들 더 이상 도저히 그대를 이해할 수 없고 안 되겠다 하네. 그대는 목수라는 제대로 된 직업이 있지 않나? 나는 율법자, 변호사라 하지만, 은퇴한 백수건달로 이방 저방 기웃거리는 명예 어쩌고 하는 별 볼일 없이 지내는 고문관이네. 그대가 나를 백수건달로 보고 내가 헛소리한다고 자네마저 그러니, 그러면 시대에 맡기세. 신탁을 하세. 신에게 의탁하세. 요나의 경우처럼, 여호와 하나님께서 그대를 어떻게 하는가 보세. 그러나 니가 마지막으로 말하겠네. 예수 선생! 법정에서 진술할 때 어지간하면, 고발자들의 의견을 들어서 잘 대답하시고 일부 성전 매대 상인들에게 배상할 것은 그대 아랫사람들이 알아서 배상하게 하시고 성전에서 소란한 것으로 재판상 벌금형이 좀 나오면 적당한 수준에서 배상, 지불하고 이 소란을 벗어나시오. 늙은이의 말을 들으시오. 이 길이 선생과 이스라엘이 모두 사는 길이오. 선지자는 항상 나타나니 젊은 선지자가 무리한 말을 했다 해서 죽을 것까지는 없으니 타협하시오, 예수 선생, 이제 재판이 시작될 거요. 나는 관여할 기회가 없소. 이미 집행부가 아니니 이대로 하다간 그대가 십자가형에 처해질지도 모르오. 모두 하급심에서 십자가형을 처하라고 주문하고 있소. 항간에는 그대를 메시아 유대의 정신적 왕이라고까지 하고 있소. 헤롯 안티파스 왕궁에서도 신하들이 그대를 조사할게 있다 하고 있소. 그대가 이스라엘의 정신적 왕이나 메시아나 그리스도라는 말이 사실이면 간단히 세례 요한처럼 고통 없이 단번에 죽이지는 않을 거라고 하고 있소. 보통문제가 아니오. 그대가 십자가형이 어떤지 보기나 했소? 나는 몇 번 보았소. 사형수에게 마지막 고해를 받으러 가서 보게 되었는데, 잘 들으시오. 십자가형은 죄인의 손바닥에 못질로 끝나는 게 아니오. 죄인의 주먹을 제압하려고 양쪽 손바닥을 펴고 그대로 각각 양손에 돗을 때려 꽂은 다음 십자가에 매달려 있도록 다시 양쪽 손목의 두 뼈 사이에 다시 못을 때려 박고 다시 아래 발에다 발버둥을 치지 못하도록 두 발등에 대못을 치는 거요. 거기서 끝나는 게 아니오. 다시 발목에 못을 쳐서 십자가에 고정시키는 끔찍한 로마의 형벌이오. 강 언덕에 있는 폭포수같이 피가 흐르오. 한 손에 못 두 방씩 꽂으면 죽지 않는 사람이 거의 없소. 처형 후 바로 못을 제거한다 하여도 살아날 가망이 거의 없소. 못을 칠 때 번개에 맞는 것 같다고 하고 있소. 눈에 번갯불이 보인다 하오. 전투 중 화살이 몸을 관통할 때 느낌일 거라 하고 있소. 아직도 모르겠소? 그러니 내가 타협하라고 하는 거요. 내가 그대에게 이 같은 말로 타협하라고 공갈치고 있다고 생각하오? 당신도 목수 출신이라고 하니 못이 어떤 것인가 알지 않소. 목공소의 못 같은 게 아니고, 로마 야전군 방어진지 목책공사용 공병대 강철 대못이오. 건장한 로마군도 들기 힘든 무거운 망치로 내려쳐야 들어가는 대못이오. 그래도 모르겠소? 그것까지 생각하고 이렇게 나오시는 거요? 마시오. 적극적으로 타협하시고 상인들에게 적당히 변상하고 그대의 하나님 말씀은 '일부 말이 와전되었다' 하고 사과하시고 제사장들의 심문에 자극적으로 반격하지 말며, 이 예루살렘을 잠깐 떠나시오. 계속 성전 앞에서 다시 설교하고 군중을 모으고 가버나움처럼 군중이 오천 명이다, 빵을 다 나누어 주었다, 물고기를 수없이 잡아 주었다 하다가는 그대를 따르는 군중이 일만 명, 더 많이 불어나 바로 십만이나 되어 가면 큰 민중운동으로 번져서 그대도 뜻하지 않은 소요사태도 일어나고, 그 때를 기다리는 불순분자들이 일어나 약탈하고 사회의 혼란이 생기면 이 이스라엘도 끝장이오. 내가 우리 유대 사람인 그대에게 우리 백성으로서 세례 요한과 같은 불상사가 없도록 가칭 선지자로 대우함이니, 마지막으로 당부하니 제사장들의 주문대로 타협으로 해결하고 떠나시오. 그리스 철학자 소크라테스도 충분히 망명하거나 아테네를 떠날 수 있었는데 뜻대로 고집하여 사약을 마시고 죽었소. 아리스토텔레스의 경우에는 알렉산더 대왕이 죽자 대왕의 가문이 망하고, 그 스승인 철학자 아리스토텔레스까지 기소 소환하였지만 현명하게 아테네를 떠났소 이 뜻 알겠소? 십자가를 스스로 짊어지려 하지 마시오. 예수 선생, 부탁이오."

이 말을 듣고 있던 나사렛 예수는 담대하게, 당당하게 말했다.

"소크라테스는 철학자인데도 죽음으로 뜻을 세웠소. 하나님 아버지 여호와의 말씀을 벌금으로 대신할 수는 없소. 하나님 아버지 말씀은 타협의 대상도 아니오. 말씀은 진리인데 오히려 벌금으로 처리하시면 말이 됩니까? 나라는 더 큰 환난을 당하오. 여러분은 회개하고 알아야 되오. 세례 요한을 죽인 것도 모르고 있으니 어찌합니까? 지금 내가 타협하고 예루살렘을 떠났다 합시다. 그러나 그것이 끝이 아닐 거요. 떠나는 나를 계속 미행하여 나의 제자들을 잡아 심문해서 결국은 나를 체포하고 세례 요한처럼 예루살렘에서 멀리 떨어진 사해 서쪽 마케루스 요새에 감금하고 얼마 있다가 세례 요한처럼 할 거요. 아니면 자객을 시켜 미행하게 하여 도중에서 사고로 죽은 걸로 하겠지요. 뻔하지 않습니까? 그래서 타협을 안 하겠다, 못 하겠다가 아니라 해도 소용없으니 나는 예루살렘에서 나의 뜻과 하나님 여호와의 진리를 말하고 전하겠소이다. 지금의 유대 지도자들과 투쟁 일변도의 사람들은 늦기 전에 회개하시오! 그것이 앞으로 죄 없는 백성을 살리는 길이오. 트로이와 카르타고전쟁처럼 무고한 죄 없는 백성만 쓰러져요. 나는 길이요 생명이며 진리외다."

"정말 이럴 거요, 예수 선생? 내가 그대의 생명을 보장하리다. 집행부는 아니지만 내가 나서면 이해할 거요. 그대가 타락한 예루살렘을 경고하고 있지만 그건 지나간 선지자들이나 나나, 우리들이 제사장들이나 랍비들과 우리 자신들이 시민들에게 경고하고 가르쳐 오는 달일세. 타락생활을 하는 사람들이 많아, 경우 없이 사는 사람이 많고 잘못을 저지르고도 도덕 불감증이 퍼져 있고 돈이면 다 되고 지위면 다는 안아무인의 시대가 지금이네만은 그러나 전부는 아니네. 예수 선생, 다시 말하거니와 일단 떠났다가 기회를 봐서 우리의 제도권으로 들어오시게. 그리해서 우리와 함께 하나님 사업을 같이 하세. 하나님 역사를 우리 같이 하세나. 그리고 한 지파를 만들어 '나사렛 예수지파다' 하면 되질 않는가? 지금 보시게. 유대에 많은 지파가 있지 않은가?, 사두개파, 바리새파, 엣세네파, 독립당파, 여호와 열성파, 여호와 윤리파 등 끝도 없지 않은가? 지금 그들은 자기 나름대로 제사장 단체라고 하질 않는가? 그들도 시작에는 하나님 말씀으로 시작했다고 했고 창시자는 선지자라 하였지. 이단자로도 몰렸지. 하지만 같은 맥락이니 모두 제도권으로 들어와서 함께 살아가지 않는가? 그렇게 하면 이 시끄러운 문제도 없고 죽을 일은 전혀 없네. 알아서 하시게, 어떤가? 그대의 제자들 중에도 타협을 하겠다고 나서는 사람이 있다네. 그런 말도 하는 걸 보면, 예수 선생 그대도 그런 의사가 전혀 없는 것은 아니질 않는가? 그냥 그렇게 하시게, 예수 선생!"

"……(그 애가 날, 하나님을 팔고 있구만.)……. 안나스 명예제사장께서 그런 말씀을 하시나, 저의 생명은 하나님에게 있는 것이지 귀하에게 있는 것이 아니외다. 저는 그렇게 할 수 없으며 그 제도권에 속하지 않으며 하나님 말씀은 누구의 제도권에도 있지 않습니다. 하나님 말씀은 다르시스로 가던 요나에게 떨어졌듯이 저에게 임하였으니 말씀을 행하여야 하며, 말씀을 피한다고 아니 되는 것은 아니며, 될 일은 되는 것이니 양해하십시오.

니느웨 이방인들도 부활한 선지자 요나의 말을 듣고 환난을 면했소. 이제 예루살렘은 저의 말을 법정에서 들을 것이며 하나님의 말씀임을 알게 될 것이오.”

“정말 말릴 수 없구나. 나는 포기하겠다. 그대의 뜻대로 하라. 가야바가 지금 다시스로 가는 배의 선장이다. 한수 위라고 계속 말하는 자네와 어떻게 더 이야기할 수 있나? 이제 선장 가야바의 판결을 기다리자. 그리고 하나님 여호와께서 어떻게 결정하시나 자네 뜻이 무엇인지 하나님의 뜻이 무엇인지, 바다의 고래가 토하든지 말든지, 십자가에서 살든지 말든지, 선지자든지 말든지, 어떤 뜻대로 가는가? 하나님 말씀을 기다려 보세. 나사렛 예수, 시간도 없으니 마지막으로 묻겠소. 그대는 스스로가 우리 유대 이스라엘의 새로 올 메시아라 여기나? 자네가 그 말을 했다는데 ‘선지자 요나보다 더 큰 자가 여기 있다.’고 여기서도 내가 지금 들었고 이제 알았다. 정말 그대가 요나보다 크며 큰 선지자로 온 건가?”

“나는 요나는 아니요. 큰 요나, 작은 요나가 아니며 세상은 나의 말이 진실임을 알 것이오.”

“나사렛 예수, 그대가 메시아라면 엘리야가 먼저 와 있을 것인데 엘리야 선지자가 와 있소? 지금 이 유대에? 말라기 4장 1절 이하에서 쓰여 있소. ‘보라! 여호와의 위대하고 무서운 날이 오기 앞서서 나 여호와는 엘리야를 다시 세상에 보낼 것이다.’라고 쓰여 있으며 이스라엘이 이를 다 믿고 있소. 유월절 전야에 엘리야가 유대 모든 가정에 찾아 와 구원의 때를 알려주는 것으로 알고 있으며 엘리야는 우리의 희망이요, 비참히 죽은 세례 요한이 엘리야가 될 수 없으며 그대 나사렛 예수, 그대가 십자가에서 더 비참하게 죽는다면 메시아가 될 수 없소. 메시아는 하나님 여호와가 정하시오. 스스로가 메시아가 될 수 없소, 자신을 시험하지 마시오. 제사장단을 시험하지 마시오. 시험하게도 하지 마시오. 메시아가 되려면 비참하게 죽지 마시오. 우리는 모세나 여호수아 다윗, 솔로몬과 같은 살아 있는 메시아를 원하오. 이제는 절망에 가까워 감으로 절망을 이길 수 있는 메시아, 로마 제국을 이길 수 있는 더 위대한 메시아를 이스라엘은 원한다네.”

“세례 요한이 죽었으나 모두들 세례 요한을 추억하며 그가 메시아의 앞길을 열고 똑바로 길을 열었음을 알게 될 것이며 나는 죽으나 부활할 것이오. 부활은 메시아가 다시 옴을 알리는 일이오. 여호와의 날은 여호와께서만 아시며 여호와께서만 정하시니 그 아들도 모르고 땅도 모르나 죽음과 삶과 부활은 여호와께서 하실 일이니 부활의 날에 세상은 모두 부활할 것이나 부활하지 못하는 사람도 있을 것이오. 이미 엘리야가 왔으나 세상이 알지 못하고 지난날 선지자, 선각자들을 죽인 것과 마찬가지로 오히려 여호와가 보낸 사자를 죽였으니 왕의 사자를 죽인 것과 같소. 이스라엘은 이를 알아야 하오.”

“그래서 그대, 나사렛 예수가 메시아요? 우리가 아는 이스라엘 유대의 메시아는 비참히 죽는 메시아가 아니라 민족을 구하고 살아서 나라를 평정하는 세상의, 인류의 메시아가 될 것이오. 그러니 그대가 메시아가 되려면 지금 죽어서는 어떻게 이스라엘의 메시아가 되나? 그렇다면 더욱 죽어서는 안 되지. 나사렛 예수, 그대가 만약 메시아라면 죽어서 안 되는 이유지. 죽여서도 안 되고, 이게 무슨 말인지 아는가?”

“언제까지 말씀드려야 합니까? 다시 말하거니와 나는 죽으나 부활할 것이니 나를 염려하지 마시오.”

“부활이 뭔지 특히 사두개파는 부활을 믿지 않는데 사두개파인 나에게 나귀 귀에 성경 읽기 식이라고 자네가 말하고 있는 것 같은데, 내가 아는 자네 예수는 우리의 율법인 모세오경, 토라를 인용하고 그 말씀을 인용 표절도 하고 그 배경으로 성장하고 잘나가고 있는 선지자가 아닌가? 그래서 우리 제도권으로 들어오라고 했지. 언제 내가 하나님 말씀을 제도권으로 만들고, 자네가 비슷한 하나님의 말씀을 했다고 우리가 벌금을 내게 주겠다고 했나? 그리고 벌금으로 하나님 말씀을 전한 자네에게 씌우는 건 아냐. 오해하지 말게. 안 되겠어. 나만 자네를 살리려고 이렇게 피가 마르니 어떻게 하나? 죽지 말라 하여도 죽겠다는 건가? 뭔가? 이 사람아! 에레모스 산상의 교훈 하나로도 대중을 가르친 선생으로서 선생이라는 노고의 공로로 나사렛 예수, 자네는 상을 받아야 하는데, 그대가 피하지 못할 죄가 있어도 한 번은 면책되어야 하는데 말이지. 나도 그대가 했다는 말을 들었네.

‘마음이 가난한 자에게 복이 있나니 하늘나라가 그들의 것이며…….’

아, 그 심금을 울리는 감동의 가르침을 말하고도 자네가 죽어야 하나?

(자네가 이 재판에 져도 살길이 앞으로 한두 번은 있을 거네. 이 안나스가 유대의 선지자가 될지도 모를 그대를 그대로 죽음으로 보내지는 않을 거네. 내가 누군데? 또 유월절 사면도 남아 있고, 또 한 번은…….), 최후로 말하겠네. 나사렛 예수! 법정에서 조용히 임하시고 타협하시게. 그것이 모두가 사는 길이네. 세례 요한을 죽음에 이르게 한 것은 바리새파만 아니네 그도 타협하지 않았네. 세례 요한이 헤로디아 왕비에게 유감의 뜻을 전하고 헤로디아 왕비가 또한 받아들이고 타협했다면 요한이 죽었겠나? 정치적으로 논다면 가능한 일이야. 이제 유대 이스라엘이 국민이든, 왕가든, 바리새파든, 사두개파든 로마라

는 거대한 제국 앞에서 운명이 어떻게 될지 모르네. 나도 유대의 앞날을 보니 심히 걱정이고 자네도 안타깝네. 내 이 안나스가 여태까지 어떻게 유대 제사장으로서, 또 백수건달 고문이라도 하며 나라에 제 나름대로 일하고 있는가를 이해하시게. 가야바는 잘 하겠지만 이 재판은 어려울 거야. 예수 선생도 마지막으로 좋은 일이나 하시고 안녕히 가시게나."

안나스 명예대제사장은 흩트러진 수염을 만지며, 이마에 땀을 닦으며 말했다.

"경비병! 이 나사렛 예수를 법정으로 데려가라! 심하게 대하지는 말라!"

('유월절 사면 때 예정된 질롯 출신 바라바와 예수를……. 어떻게 선택되든지 유대의 운명이냐? 투쟁이냐? 사랑이냐? 하는 선택이 유대에 있을 것이다. 내일 빌라도를 만나봐야겠어.") 안나스는 뭐라고 중얼거렸다.

"고문님, 제가 뭐라고 했습니까? 저자에게 무슨 말을 해도 안 된다니까요. 공연히 시간만 장시간 낭비하고 그러시니……(나이 많으면 너무 말이 많아서 탈이야!)"

성전재판소 내부에는 이미 재판이 진행되고 있었다. 우선 고발자가 예수 고발에 대한 당위성을 말하고 있었다.

"예수가 들어오면 그 말을 물어보자."

드디어 예수가 재판정 안으로 이끌려 들어간 모양이다. 일제히 죽이라고 난리다. 유스투스와 마크는 성전 법정 출입에는 지장이 없다. 그들은 재판소를 부동산 관계로 가끔 들락거려 무리가 없다. 이미 니고데모 선생님은 벌써 들어가 있고 아리마대님도 안에 있는 것 같다. 베드로를 유스투스와 마크가 둘 사이에 두고 함께 바짝 붙어서 들어가려 했었는데 안내하는 여자가 베드로를 지적했다.

"방청권이 있어요?"

베드로가 말을 못하자 유스투스가 대신 말했다.

"방청권이 발부되었어요? 우리도 없는데……."

"당신들은 우리가 알아요. 들어가시고 저분은 처음 보니 들어가면 안 되요."

베드로가 들어가려다 말고 다시 마당으로 내려가 불을 쬐게 되었다. 여자 안내원이 옆에 서 있는 경비병에게 베드로 쪽으로 손짓하며 뭐라고 말한다.

유스투스는 마크를 들여보내고 베드로가 있는 곳으로 내려갔다. 입구를 버티고 서 있던 사나이가 멀리 있는 다른 경비병을 손짓으로 부르며 불을 쪼이고 있는 그들 쪽으로 왔다.

"여보슈? 덩치 큰 친구, 당신은 예수 일행이나 그 제자가 아니오?"

"내가요? 난 예수 모르오."

이때 닭이 '꼬끼오' 하고 울었다. (동네가 시끄러우니 새벽이 온 줄 알았나보다.)

"저 사람은 예수 모를 거요. 장사하는 사람이니까."

유스투스가 그들을 막았다. 그러자 옆에서 불을 쬐던 누군가 말했다.

"아니, 저 사람이 예수하고 같이 있었던 사람 같은데……."

"내가 말이요? 난 예수 같은 사람 모르오."

"아니, 당신 말하는 억양이 갈릴리지역 사투리 아니오? 당신 맞지 않소?"

"갈릴리 사투리 쓴다고 전부 다 예수 제자나 일당들이오. 가서 다 잡으시지 그래요?"

"그래도 당신만은 맞지 않소. 여기서 나가시오! 스란을 피우지 말고 나가요!"

"난 아니오. 여기 공회위원님 만나러 왔소."

이때 닭이 또 한 번 더 꼬끼오 하고 울었다. 유스투스는 말했다.

"새벽이 너무 일찍 왔나? 닭이 두 번이나 울어. 저 사람은 아닌 것 같소."

"맞소, 나는 아니오."

하고 베드로가 자신 있는 듯 말했다. 그리고 문득 예수께서 말씀하시던 ('두 번 꼬끼오 전에 3회 부인할 거다.') 예언이 맞는 걸 새삼 깨닫고 일어서 나가며 흐느꼈다.

"아, 저 사람은 그런 사람 아니오." 하고 유스투스는 베드로에게 가서 위로하고 어쨌든 선생님이 재판받는 것을 보도록 하여야겠다고 생각했다. 같이 돌아온 유스투스 일행은 주위에 있는 사람들에게 서로 다투지 말고 불이나 따뜻하게 쬐자고 했다.

내부에서는 시끄러운 고함 소리가 났다. 예수님에 대한 비판이 심한 것 같다. 사람들이 안으로 몰려가니 그들은 우르르 혼란을 틈타 안으로 들어가서 재판과정을 보고자 했다. 이미 마크가 그 안에 있어서 재판이 행해지는 광경을 보며 속기로 열심히 뭔가 쓰고 있었다.

재판관 앞에는 성경인 모세오경 두루마리 토라가 놓여 있었다.

"성전 경비관, 이 사람이 나사렛 예수가 사실이오?"

"그의 제자가 증언했소."

"이자의 제자나 일행은 연행하지 않았소이까?"

"우리는 예수의 제자들까지 연행하라는 지시는 못 받았소. 성전검찰에서 그런 지시는 하지 않았으며 제사장단의 지시로 예수만 체포하라는 것으로 체포영장이 발부되었기 때문이오."

"제자들과 그 추종자들을 같이 잡아오지 않으면 무슨 증언이 제대로 되겠소? 다시 가서 모두 체포하여 오시오. 재판방법도 모르나?"

"감찰관인 그대는 직접 나가서 예수를 체포하려고 해본 적이 있소? 우리 성전 경비대에서 수차 저자의 체포를 기도했지만 많은 군중과 그의 호위대 때문에 불가능했으며 더군다나 하나님 율법을 설교하고 있을 때는 아무나 체포하지 않는 것이 우리의 율법으로 알고 있소. 마지막 예수 체포에 성공한 것도 다행히 저 나사렛 예수가 자신임을 밝히고 그의 제자가 증언하여 확인한 후 잡아온 것이며, 하마터면 큰 불상사가 날 뻔하였고 경비대와 그의 군중 사이에 더 큰 난투극이 있었을 것이오. 그들 중에는 질롯 애국단의 무사출신도 있었으며 그 외 사나운 추종자들이 또한 섞여 있었소. 저 예수가 검투행위를 중지시키고 타협을 제시하여 더 이상 불상사는 나지 않았소. 그리고 그 제시한 타협 내용이 당초 고발한 대로 제자들과 추종자들은 제외하고 예수만을 체포하라는 지시와 같았으므로 지시에만 따랐소. 검찰관은 다시 체포영장을 발부하여 직접 가서 모두 체포한 후에 이 재판을 다시 시작하시오. 우리는 율법 종교재판은 잘 모르오."

가야바 재판장이 의사진행 방망이를 두들기며 말한다.

"어, 그만 하시오. 시간도 없는데 조용하시오. 경비대가 예수를 체포한 것은 다행이고 포상을 줄 일이며 이 같은 재판이 열리게 되어 그동안 궁금하였던 것을 이 재판정에서 알아봅시다. 진행하시오. 체포 과정에서 일어난 일과 그 결정은 경비대장의 지휘권이며 받은 명령계통에 이상은 없었다 하오."

하고 재판장 가야바가 말하니, 예수의 체포조 대장이 말한다.

"참고인으로 제자인 가룟 유다란 사람이 저기 있소. 확인하고 싶으면 물어보시오. 체포 과정 중 쌍방 조우가 있었으며, 저 예수가 협상을 제시하였으며 협상내용은 제사장단이 명시한 예수 자신만을 체포하는 내용과 같았으며 우리도 그렇게만 하였소. 만약 증인으로 제자들이나 그 추종자들 전부를 체포로 목표했다면 예수를 체포하지 못하였을 뿐 아니라, 우린 병력도 잃고 예수는 피하여 도망가는 데 성공했을 것이오. 어떤 숨겨 주는 자가 그를 숨기면 찾기 어려웠을 거고 지금도 찾지 못하고 있을 거요. 참고하시기 바랍니다."

"감찰관은 나사렛 예수의 신분을 확인하고 왜 이 사람을 고소했는지와 또 다른 고소인을 불러서 증언하게 하시오."

"피고는 안식일을 지키지 아니하고 서지도 못하는 자를, 또 심한 병이 든 자들을 안식일에 치료한 일이 있지요? 그 증거로 누워 있는 병상과 담요를 치우게 하였으며 율법을 어겨 돌이라도 맞아 죽을 유곽의 음란과 윤락을 일삼는 부정한 여자를 돌팔매로부터 살려 주고 보호까지 하여 주었다는데 사실이오?"

"하나님 여호와께서는 이 어려운 시기에 항상 일하시며 항상 권능하시며 나 역시 쉬는 날이 없이 병이 생기는 환자들이 찾아오면 나가 아는 한 도움을 주는 때는 그러하다. 내가 또 행실이 나쁜 그런 여자를 구해준 일이 있는지 몰라도 일부러 보호해 주는 일은 없었다. 어떤 날, 거리의 순회재판에서 돌로 칠 결정이 내려져서 그 일을 보고 있는데 누가 나에게 어떻게 하는가를 물어와서 돌을 던질 사람은 단지 죄가 없는 사람이 그런 여자를 돌로 칠 수 있을 것이라고만 했소. 그러자 돌 던지는 사람이 없었던 걸로 기억하오."

"다른 고발자가 있으면 참고로 나와 증언하시오."

"저 예수가 성전을 정화한다는 '하누카'란 말을 앞세워 성전에 있는 각종 시설물을 엎어 치고 우리의 상가와 재산을 파괴하였으며 보상이나 사과의 행동을 보이지 않았고 우리를 무시하고 멸시하였으며, 자기가 말한 대로 우리는 사랑하지 않았소. 저 사람의 행위가 정당하다고 판결나면 우리는 성전 앞에 있는 상점과 가판대로 조상대대로 먹고 살던 삶의 터전을 잃게 되니 그렇게 판결하신다면 우리도 무력이나 폭력으로 성전임시 가판매대인 좌판대 권리를 도로 찾겠소이다."

"거리의 임시 좌판대도 대를 물리어 장사하나?"

"당연하지요. 서민의 권리니 무시하지 마시오."

"빨리빨리 모아서 제대로 된 상점을 운영하시게. 서민이라고 강조하지 말게. 다 하나님 아들들이라고……." 하고 재판장이 타이르자 또 한 사람이 일어나 말한다.

"저 사람, 나사렛 예수는 스스로의 말과 행동이 다른 사람이며 자기를 믿는 자와 안 믿는 자를 차별화하여 자기를 믿는 자는 천국에 가고 자기를 믿지 않는 자는 지옥으로 간다는 식으로 말했소. 성전에서 자기는 양치는 목동이라 하고 우리 사람은 양으로 비유하여 양 우리에서처럼 자기 말을 듣는 자는 따라 나와서 길을 가는 구원을 받을 것이며 따르지 않는 자는 구원을 못 받는다는 등의 말을 했으며 사람을 동물인 양에 비유했소. 이상한 방식으로 설교하며 다니며, 사람을 차별하는 선동이니 처벌하여 주시오. 우리는 창세기에 의하면 아브라함으로부터 이미 하나님의 선택된 민족이며 모세에 의하여 구원을 받았소. 자기가 또 뭐라며 구원 어쩌고 하는데 다시 우리 민족을 자기를 믿고 안 믿는 자로 나누고자 하는 자이니 진상을 밝혀 주시오."

"피고 예수는 이 주장에 대하여 답하시오."

"하나님 아버지의 집은 기도하는 곳이지 물건을 강매하고 호객하며 무질서한 혼돈의 시장터가 아니다. 시장은 근처 시장에 서 있다. 질서를 지키는 시장이 있다. 그곳에 가보라. 서로 존중하고 즐거움으로 흥정하며 정성과 애정으로 만든 물건을 팔고 사고 있다. 다음으로 나는 나를 믿는 자는 천국에 갈 것이라고 말했으나, 믿지 않는 자는 지옥에 간다고 말하지 않았다. 나를 믿고 안 믿고는 사람들의 선택이다. 진실로 말하거니와 내 말을 듣고 나를 이 세상에 보내신 아버지 하나님을 믿는 자는 영원한 생명을 얻고 있는 자이며 앞으로 심판을 받지 아니하리니 이미 죽는다는 것으로부터 초월하여 영원한 생명을 얻은 자이니라. 그와 같이 나를 믿는 자는 그와 그 집이 구원을 받으리라."

"사실이오?"

"반복하지 않는다. 때가 이르렀으며 이미 와 있다. 구원의 기회는 자주 있는 것이 아니다."

"어?" 하고 장내가 다시 소란스러웠다.

"다음 고발자는 나와서 증언하시오."

"저 예수의 제자 가운데 요한이라는 제자가 있소. 그는 이름이 요단강에서 세례를 하고 있었던 세례 요한과 같으나 갈릴리호반 가버나움 출신으로 세배대란 사람의 아들인 요한이란 사람이오. 그를 임시로 가버나움 요한이라 하겠소. 그가 저 예수의 12명의 제자중 한 사람인데 그가 예수의 말을 듣는 대로 모두 기록하며 다니고, 별도 하부구조로 그의 반원들을 모아서 담임으로 있소."

"시간이 없으니 요점만 말하시오."

"어느날 저녁 저 나사렛 예수가 말하는 것을 다음과 같이 전하였다 하오. 즉, 제자들과 사람들이 있는 곳에서 조금 전 먼저 고발자가 질의한 것처럼 '영원한 생명인 영생'이 무엇이냐 하는 질문에 대하여 가버나움 요한이 저 나사렛 예수가 말했던 것을 그의 담임 신도들에게 전한다 하기를,

'영생이란 의미는 당신이신 유일한 진리의 하나님 여호와를 아는 것과, 여호와 당신께서 보내신 예수 그리스도를 아는 것이 영생이라. 하나님께서는 모세를 통하여 율법을 주셨으나 은혜와 진리는 나사렛 예수 그리스도를 통하여 주셨다'고 하였소이다. 저 나사렛 예수에게 물어보시오. 그렇게 말한 것이 사실인가 하고요."

"아니 뭐라고……." 말하는 순간 좌우에서 웅성하며 사람들이 동시에 '와' 하며 다들 일어났다. 그리고 일제히 깔고 앉아 있던 방석을 예수가 있는 쪽으로 던졌다. 난리들을 치자 재판장 가야바가 황급히 재판 진행용 방망이를 두들기며 진정시켰다.

"조용들 하시오. 계속 소란을 피우면 퇴장을 명령할 것이오."

"재판장님, 그러니까 본 재판의 우리 검찰이 예수의 추종자들과 제자들을 같이 소환하여 증언대에 세워야 한다고 하지 않았습니까? 대질문이 필요합니다."

"이미 예수만 체포하라고 명령되었고, 또 여수와 약속으로 성전 호송관이 그들을 불문에 처하기로 하였으며 제자들은 이미 불기소 처분하였으므로 더 이상 왈가왈부할 필요 없소. 여기 나사렛 예수가 있으니 확인하면 될 것이오. 나사렛 예수, 그대는 이 증언을 인정하는가, 아니면 사실이 아니라고 그대의 제자 가버나움 요한과 대질신문을 받겠는가? 요한을 자진 출두시킬 수 있는가?"

"재판장님, 제자들은 이미 멀리 도망가 버렸으니 찾거나 잡아오려면 한 달 이상이 걸릴 것이며, 절대로 자진출두는 하지 않을 것이며, 나사렛 예수는 이 재판을 지연시키고자 증언을 거부하거나 제자는 출두를 지연할 것입니다. 인정하는가 안 하는가만 물어보십시오."

재판장 가야바가 휘장을 내리 짚으면서 대노하여 말한다.

"누가 이 재판정의 재판관인가? 지금 말한 저자를 끌어내어 재판방해죄로 벌금에 처하라." 하고 말하니 그자는 끌려 나가면서 소리쳤다.

"저자, 예수를 죽여라. 그리스도가 뭐냐? 더 이상 재판할 필요없다. 누굴 두둔하셔? 재판 똑바로 하시오."

성전재판 진행 감찰관이 재판장 가야바를 토며 안색을 살폈다. 가야바는 노하여 재판봉을 여러 번 막 치면서 말한다.

"저자는 법정 모독 행위다. 구금 처분하시오. 모두들 조용히 하시오, 조용하시오!"

"뭐 '예수 그리스도를 아는 것이 영생의 의미'라고, 저런 큰일 날 일이 있나? 저런 말을 했다니 돌아버리지. '은혜와 진리'는 또 무엇인가?"

재판정은 극도로 혼란하였다.

"여러분, 일단 조용하시오. 모두들 퇴장시킬 거요."
하고 가야바 재판장이 소리쳤으나 재판석 좌으가 극히 소란하고 재판장 가야바 스스로도 머리가 아파 이성을 잃을 정도였다. 사방에서 소리친다.

■■ 네보산 정상에 있는 모세의 옥외 기념관(On Mountain Top of Nebo) ■■

"하나님께서는 모세를 통하여 율법을 주셨으나
은혜와 진리는 예수 그리스도를 통하여 주셨다"(요한복음 1 : 17).

"재판은 무슨 재판이야? 끝난 이야기다. 예수를 십자가형에 처하라."

이때 재판관의 일원이며 공회위원이기도 한 백발의 랍비가 자리에서 일어났다.

"존경하는 재판장님, 제가 한 말씀 올리겠습니다. 우리 조용해 봅시다. 나는 가말리엘이외다. 우리 이성을 가지고 생각해 봅시다. 이 이전에도 선지자라고 사칭하는 자와 구세주라 사칭하는 사람들이 이 예루살렘에 하루가 멀다 하고 나타나서 세상을 어지럽히고 사이비 교주행세를 하며 민심을 혼란하게 하므로 성전관리청에서 이들을 조사하고 하급심에서부터 많이 심판하여 왔어요. 우리가 그들을 수없이 보아 왔고 그들은 후일 사기행위로 판명이 나서 따르던 무리들이 다 사라졌어요. 앞으로도 이스라엘이 있는 한 이런 희극은 계속될 것이오. 그런 와중에 진실로 선지자가 나타날 것이오. 왜냐하면 이 유대 땅은 선지자의 땅이기 때문이며, 하나님 여호와의 명에 따라 선지자가 일어나는 곳이기 때문이오. 그러니 우리 냉정하게 봅시다. 조금 전에 영생의 의미를 나사렛 예수가 정의 했다는데, 우리로서는 생각조차 할 수 없는 이야기가 아니오? 또 말하기를 '여호와 하나님께서 모세 지도자를 통하여 율법을 주셨고 은혜와 진리는 나사렛 예수를 통하여 주셨다' 하니 이게 무슨 말이오? 이같이 사태가 방치되어 왔소이까? 그런데 사람들의 말이란 세 사람을 건너가면 영 딴소리로 변하는 것도 증명되었소. 그러니 재판장께서 직접 나사렛 예수에게 그런 말을 한 것이 사실인지 확인해 보면 되지 않소? 이제 확인하시기 바랍니다."

"그렇게 하시기 바랍니다." 하고 다들 크게 소리를 질렀다.

"확인은 무슨 확인, 이 거룩한 성전에서 그런 참란한 말을 다시 하게 할 수 없소. 신성 모독이오. 어디 그따위 말을 여기서 또다시 하게 하시오? 설상 그런 말을 했다 하더라도 그 말 자체는 다시 반복하게 할 수 없소. 우리가 그 말을 다시 들으면 여호와의 화가 우리에게 미칠 거요. 그런 말은 저 사람 나사렛 예수가 아니고는 할 수 없는, 생각조차 할 수 없는 말이오. 따라서 그런 말은 저자가 한 말이 틀림없을 거요. 아시겠소?"

"아무리 큰일이라도 지금과 같은 큰 일이 있소이까? 그런 말을 하게 된 동기나 예수의 진의가 무엇인지 들어 봅시다."

마크가 옆에 있다가 유스투스에게 말했다.

"저분의 이름이 가말리엘이라고 바리새파 장로이신데 예수님을 변호하시네. 후일 제자들도 한 번은 살려 주실 분이 아닙니까요?"

"유대에는 많은 인물들이 있어요. 그래서 예수님을 죽이지는 않겠지. 가룟 유다도 그리 잘못 생각했나?"

산헤드린 법정은 계속 시끄러웠다. 가말리엘 장로의 말을 듣고 모두 일단 진정국면이 됐는지 이성을 찾았다. 누군가 말한다.

"재판장, 가말리엘 랍비 선생님 말대로 한 번 그렇게 해 봅시다. 그렇게 합시다. 그래야 그 죄목이 또한 확실하게 되니까."

"동의하오. 그렇게 해 봅시다." 하고 다들 이구동성했다. 재판장이 다시 말한다.

"나사렛 예수는 말하라. 먼저, 영원한 생명이란 의미가 '하나님을 아는 것과 하나님이 보내신 자기인 예수를 아는 것이 영원한 생명, 즉 영생이란 의미이다'란 말인가? 또한 그런 말을 한 사실이 있는가? 답하라! 아니면 너의 제자 가버나움 요한과 대질신문을 받겠는가?"

"나는 내 제자 가버나움 요한을 알며 그가 말한 바는 여러분이 지금 들은 바와 같으며 나의 직접의 제자들이 한 말과 또 앞으로 그들이 하는 어떠한 비슷한 형태의 말도 내가 말했다고 책임을 지노라!"

순간 재판정 천장이 크게 울렸다.

("오! 주여! 진정으로 우리 주님이십니다.")

"이런 세상에, 여러분! 예수가 말하였소. 사실이라고 말하였소! 이게 웬일이오?"

"사람들이 영생을 찾고 있다. 그런데 지금의 랍비들과 예배당의 사제들이나, 제사장들이 죽은 사람의 영결식에서 말하고들 있다.

즉, '사람은 빈손으로 왔다가 빈손으로 간다.'라고 말한다. 그것은 위로하는 말일런지 모르나 이제부터 이 인자가 말한다. '사람은 빈손으로 왔으나', 이제부터는 나 나사렛 예수를 아는 것과 인자인 나를 보내신 하나님 아버지를 아는 것은 영원한 생명을 얻는 것이며 그러한 믿음을 가진 사람이 늙어서나 어떻게 해서 죽게 되었을 때, 이 세상을 떠날 때는 이 세상을 하직하고 빈손으로 떠나는 것이 아니며 많은 사람들의 애도의 물결 속에 흔드는 전송의 손길로, 지상에서 영혼으로 떠나보내는 슬픈 마음들이 충만한 가운데 떠나갈 것이며 하늘나라에 들어가도 그러한 환영을 받을 것이다.

인자의 복음을 듣고 믿는 자는 죽어도 빈손으로 가지 않을 것이며 육체는 흙으로부터 와서 한줌의 흙으로 돌아가나 영혼으로 나를 믿는 자는 내가 빈손으로 보내지 않을 것이다.

육체가 흙으로 돌아가나 흙에서 티끌로, 티끌에서 영혼으로, 지상에서 영혼으로 영원히 가는 그들은 이미 사랑과 자애로 충만한 영생을 얻었느니라!"

예수의 말이 끝나자 장내가 돌연 숙연하였다. 그리고 순간 사람들의 탄식과 감탄과 분노의 소리가 들려왔다. 몇몇 사람들은 더욱 크게 놀라서 어이가 없어 했다. 이 인자라는 나사렛 예수는 과연 누군가? 다들 더욱 웅성거렸다. 그리고 그들 중에는 열 받아 미친 듯이 고함을 치기 시작한 사람도 있었다.

"추종자들이나 제자들을 잡을 필요도 없네. 대질신문 하나마나네. 그리고 사제들이나 제사장들이 잘못 가르치고 있다고? 이건 재판도 아니다. 여호와 하나님에게 극히 불경한 자이다. 레위 가문의 랍비들은 무얼 하나? 그들도 영생이란 말의 정의를 하라."

"이거 큰일 날 일이오. 그래서 내가 말하지 못하게 하지 않았소? 또 다른 사람 중에 나사렛 예수를 더 고발할 사람은 한 사람만 더 말하시오. 더 이상 보고 들을 필요가 없소."

이때 재판석에 앉아 있던 재판관들 몇 명이 일어나 별정관람석에 앉기 위해 들어오는 사람에게 인사한다. 안나스 명예제사장이며 고문이다. 가야바 재판장도 목례를 드렸다.

어수선하던 장내가 다시 냉정을 찾았다. 고발자의 발언은 계속되었다.

"성전에서 저 예수가 말하는 것을 들었는데, 나만 들은 것이 아니고 모두 들었는데, 이 솔로몬 대왕의 성전은 사람의 손으로 지은 것인데 헐리면 사람의 손으로 짓지 아니한 성전을 사흘 후에 다시 지으리라 하였다. 우리 나라의 고귀한 성전을 사람이 짓고, 자기 마음대로 헐고, 다시 간단히 짓고, 허물고 등 이상한 참람한 말을 하니, 이 성전을 지을 때 돌 하나 운반한 적이 없는 자가 이런 말을 하니 이제부터 그 추종자들까지 예루살렘의 성전과 그 큰 길, 대로를 활보하게 할 수 없다. 사마리아인들처럼 성전 출입정지와 처벌하여 주시오."

"피고 예수는 이런 주장에 대하여 반론이 있으면 제기하시오."

"내 말을 이해하지 못하고 내 뜻을 알지 못하는 사람들이 많다. 사람이 쌓은 성벽은 사람이 허물 수 있으나 정신과 마음으로 쌓은 성벽은 힘이나 폭력으로 쉽게 허물 수 없다. 돌은 돌끼리 엮어서 있으나 정신은 성령으로 엮어서 있으며 나와 아버지 하나님의 성령으로 엮어서 있으면 그 정신과 마음의 성벽은 쉽게 파괴되지 않는다. 내가 그런 성벽과 성전을 쌓으리라. 그것은 정신과 마음의 천국이며 멸하지 않는 성전이다. 그 성전은 아버지 하나님의 몸이며 나 역시 거기에 거하리다. 내가 그곳에 있을 것이다. 하나님께서는 교회가 높이 우뚝 솟은 화려한 석조건물로 된 성전에만 찾아가시는 것이 아니며, 비가 새고 추위도 못 막는 가난한 천막으로 된 장막 성전에도 찾아가신다. 성령이 충만하고 진실한 믿음이 있는 곳이면 어디든 나타나실 것이다."

"기가 막힐 일이구만. 너는 너의 주장으로 그리스 궤변론자가 하듯이 말로써 우리를 조롱하고 있다. 역대로 우리가 우리 조상 때부터 지은 솔로몬의 신전이 하나님 성령으로 지은 것이 아니고 돌로만 지었다고 생각하는가? 이스라엘의 정신으로 정성을 다하여 지은 성전이다. 너는 높고 위대한 성전을 마치 우상으로 보듯이 허물어진다는 개념이 있구나. 너무나 위험한 자이다. 헤롯 대왕이 지은 성전 안에 우상이 있느냐? 이제 왜 성전에서 기물을 파손하고 정화한답시고 신전을 부수고 상인들을 내몰고 그와 같은 소란을 피운 이유를 알겠구만. 우리가 하나님 여호와를 모시는 신전을 우상으로 보는가? 그안에 우상이 있었는가? 피고는 우리의 전통의 아브라함, 모세의 율법을 하루아침에 부정하고 무시하며, 너 스스로가 아브라함보다도 먼저 있었다고 하고 엘리야나 모세와 회의하고 있었다고 너희 제자들이 사람들에게 말하고 다니고 오천 명에게 5개의 빵과 두 마리 물고기로 배를 채워 주었다고 하고, 물위를 걸었다고 하고 수많은 소경과 장애인을 고치고 미친자를 고쳤다고 하고 있다. 그렇게 피고야말로 추종자들로부터 우상적 존재로 추앙받고 있다. 그리고 제자 중엔 너를 구세주, 메시아, 그리스 이방인의 용어로 유식하게 그리스도, 더 그리스도라고 칭하고 있다. 이것이 사실인가? 여기서 우상을 토론하나? 피고 나사렛 예수야말로 스스로 우상이 되려고 하는 정신적 우상으로 숭배되는 헬라어, 그리스말로 그리스도인가?"

"사람들이 그렇게 말했는지는 모르지만, 내 스스로 '내가 그리스도라'고 말하고 다닌 적이 없다. 나는 인자, 즉 사람의 아들이라 했다. 예루살렘의 성전은 하나님 여호와의 성 전이다. 그 성전은 기도하는 곳이지 성전을 제물의 매대로 돈 벌어 재력의 상징으로, 권 력의 수단으로만 이용하면 거룩하신 하나님께서도 피하실 것이다. 성전을 크고 작든 우상 의 매물 장소로 만들지 마라. 장사는 시장에서 한다. 성전을 거룩하고 건전한 성전으로 우리는 하나님을 모셔야 할 것이다. 내가 그리스도라고 한지 아니한지 너희들이 말한 대 로 너희들이 알아보라. 나는 사람들 앞에서 나사렛에서 온 예수라고 내 자신을 소개한 적 만 있다. 우리 민족은 우상을 만들지 아니하여 왔다. 하나님 아버지의 그림을 그리고 이 를 팔아 우상을 만들지 말지니 그렇게 만든 우상을 하나님이라고 하나 그것은 하나님이 아니시며 그것은 우상을 만든 자가 자기의 얼굴을 그려서 넣거나, 아니면 그려 넣도록 한 우상이며 후일 하나님께서 심판하시리라. 만군의 주 하나님은 모든 인류의 얼굴이니라. 그로부터 인간의 형상이 나왔다고 우리 성경에 쓰여 있다. 하나님의 얼굴은 전에도 있었 고 지금도 있으며 미래에도 있을 모든 우리 인간, 인류의 얼굴이며 한 개인의 얼굴이 아 니로다. 그러므로 어떤 개인이 하나님이라고 그린 얼굴이나 조각이나 형상은 하나님의 형 상이 아니다. 우리에게는 모두 하나님의 형상이 이미 있느니라. 그러므로 자기의 것만을 하나님이라 하는 것은 자기의 우상이며 하나님 것이 아니리니, 나중에 때가 되면 하나님 께서 심판하리다."

"재판장님, 이게 무슨 논쟁을 하고 있는 거요? 재판이요, 성경연구 학술발표장이요?"
예수와 성전 검찰 사이에 논쟁이 치열하였다.
한탄하는 소리가 나는 중 재판관석 중에 부심재판관이며 한 공회위원이 일어나 말한다.
"내가 그대 나사렛 예수에게 말하노니 들어보라. 우리 성전에, 중심 본전에 하나님 여 호와의 형상이 그려 있거나 조각으로 새겨져 있느냐? 마치 있는 것처럼 말하나, 어디에도 없다. 간혹 이방인들이 자기 나름대로 여러 형상을 조각하여 판매대나 일반 카운터 매대

(over the counter)에서 팔고 있을런지 모르나, 성전 니에서는 우상에 유사한 것을 진열하거나 판매하는 것을 원칙으로 금하고 있으며 그렇게 파는 것은 암 매대(under the counter)행위다. 소규모 동물 애호품으로 다른 형상의 조각품이나 미술품을 그리스시대 영향을 받아서 사람들이 만들어 파는 것은 다민족 도시임에 따라 예술적 가치로도 볼 수 있다. 그런 것까지 세세하게 성전부근에서까지 우상여부를 검사하고 벌하고 만든 자들을 잡다 고발 등 관리를 다할 수는 없다. 그러한 지적은 일부 잘한 일이기도 하지만 성전 정화까지 들고 나올 필요는 없다고 본다. 너의 행위는 지나쳤다고 주장하는 사람들이 많다. 누구든 말은 할 수 있으며 성전이 다소 정리된 겻은 사실이지만 가난한 사람들이 먹고살기 위해 스스로 만든 물건, 기념품 등을 만들어 장사하는데 그대가 멸시와 상처를 준 점이 있다고 주장하는 사람들이 있다. (오히려 그들을 끌어안아 너의 세력으로 키우는 일인데?) 그것에 대하여 사과하고 변상하라는 것이고 이 이상 소란을 피우지 말 것과 그대가 새로이 내세우는 율법이 과연 무엇인가 하는 것이다. 그런데 피고는 피고가 마음에 두고 있거나 새로 내세우는 것이 새로운 신 여호와 하나님 개념인가, 아닌가? 우리가 보기에 이상하여 여기에서 재판을 열고 있는 것이다. 피고가 말한 바와 같이 그대 나사렛 예수는 '그 사람의 한 아들이냐, 한 사람의 한 아들'이냐? 오히려 개인적으로 생각하고 있는 이상한 그 새로운 카리스마적인 바알세불 같은 우상의 한 아들이냐? 오히려 그대를 우상인 바알세불에 지폈다고 비유하고 있는 사람들도 있다. 부활이나 환생을 스스로 주장하여 여러 랍비들이 이해가 안 되는 사람으로 보고 있다. 그대의 존재를 이 자리에서 밝히라."

"이스라엘—유대의 하나님 아버지는 오직 단 한 분이시다. 옛날이나 지금이나 만군의 주 여호와 하나님 아버지시며, 만국의 주 하나님 아버지시다! 나만을 위하여 변호하지 않는다."

재판관석에서 한 사람이 일어났다. 그리고 발언권을 얻었다.

"재판장님, 이러다가 정말 날이 새겠소이다. 여호와 하나님은 같은데 무슨 문제가 있겠소? 그러나 자신을 인자라 비유하는 데 문제가 있소이다. '인자'란 말은 그 사람의 그 아들이란 의미와 달리 정관사를 부여하여 하나님의 아들이란 말을 자신이 낮추어 부르는 말로 다윗 왕이 인자였을 때 사무엘로부터 머리에 기름을 부여 받고 왕이 되었으니 예수가 누구로부터 머리에 기름을 부여 받았다면 스스로 '인자'라 칭하는 사유가 이거요. 우리 제사장 중에 비밀리 예수를 찾아가 머리에 기름 부은 자가 있소? 다윗 왕이 예루살렘의 시온산성을 빼앗고 전 유대-이스라엘의 왕위에 올랐는데 예수도 성전을 정화한다고 장악하고자 하는 것 아닌지 조사하시오."

"그건 너무 비약하는거 아니오?"

재판장이 더 이상 발언을 못하게 하며 정숙하자는 의사봉을 한 번 두들기고, 제지했다.

"자꾸만 예수를 책잡을 방도를 궁리하지 말고 율법사답게 정론을 가지고 고발합시다."

"저 예수가 갈릴리 지역에서 자기의 교리를 전도 사역하면서 말하기를 자기가 하늘에서 내려온 빵과 포도주라 했소. 그 빵은 자기의 몸이며 포도주는 자기의 피라고 했소. 자기의 빵인 살과 자기가 주는 포도주인 피를 먹고 마시면 영생을 얻는다고까지 했소. 이게 도무지 무슨 해괴한 말인지 알 수가 없소. 우리도 헷갈리는데, 더욱이 성경의 이론을 잘 모르는 우매한 사람들을 가르치고 선동하고 있다 하니 처벌하여 주시오."

"예수는 이 말에 대하여 반론하시오."

"나는 사랑의 빵이다. 나는 살아 있는 빵이라고 했다(요한복음 6장 51절). 내가 일일이 반론을 다하지 못하지만 들을 수 있는 자와 마음이 있는 자는 진실로 들어라! 나는 생명의 빵이다. 아버지 하나님께서 주신 빵이 하늘로부터 내려와 생명을 주고 이어 가게 하는 일용할 양식이다. 이것은 하나님께서 이 세상에 준 바로 그 인자인, 사람의 아들이며 생명의 빵이다. 나에게 오는 자는 배고프지 않으며 목마르지 아니할지니 어떤 사람이 길가에서 가난한 사람들에게 애써서 자기가 만든 빵을 무상으로 나누어 줄 때 그 빵은 사랑의 빵이며 이 빵을 먹는 사람은 부담이 없으며, 목마른 자가 물을 얻어 마시게 되어 갈증이 해소될 때 그와 같은 일을 하는 사람은 천사로 보일 것이다. 나는 내 말을 듣고 그와 같은 사랑을 실천하는 사람들을 보러 왔으며 많은 사람들이 그와 같은 천사가 될 것이며 하늘에서 내려온 그 빵을 먹는 자는 나중에 자기도 그렇게 봉사할 것이며 그런 자는 생명이 영원할 것이다.

무상으로 나누어 주는 빵과 같이 아버지 하나님의 말씀을 듣고 전하는 데는 값을 지불하든가 돈을 받지 아니한다. 말씀은 물건을 사고파는 매매대상이 아니다. 하나님의 말씀이 바로 하나님이며 그 말씀으로 태어난 사람들이 우리들이 아닌가? 누구나 성전에서는 자유로이 하나님 말씀을 듣고 그 들은 말을 전하게 될 것이다. 비록 내가 한 말이 잘못 전해진다 하더라도 나에게 직접 말을 들은 나의 사도가 다시 전한 모든 그 비슷한 말은 나 예수가 말한 말이다. 다시 한번 말하지만 그들이 전한 말에 대하여 내가 책임을 지노라!"

("제자들이 전한 말에 대하여 책임을 지겠다는 것 아닌가?")

좌중이 웅성거리기 시작했다.

"아니, 저렇게 자신 있고 담대하네. 자신있나 봐. 어떻게 될 줄 알고? 왜 이렇게 더 알아들을 수 없는 이상한 말만 하나?"

"아니야, 담대함을 넘어서 창대하다. 대단한 역설이야. 인물 났어. 아니면 새로운 선지자의 출현이지."

장내가 심히 소란하자 회당의 높은 상좌의 가운데 앉은 재판장이 방망이를 한 번 두들겨 장내를 정숙하게 한 다음 말했다.

"나는 유대 성전의 대제사장이며 본 법정인 산헤드린 최고회의 대법정의 재판장인 가야바다. 이 이스라엘 땅에는 많은 선지자가 나타난다. 스스로 선지자라고 하기도 한다.

자기들이 무슨 깨닮음이 있어서 하나님 여흐와를 어떻게 부르든가 그것은 자유이나 일정한 율법의 범위에서 이단자가 되지 않는 범위로 하나님을 믿고 사람들을 가르친다. 모세오경에 기초하고 율법을 해석하고 발전시켜 왔다.

그리고 성전에서 율법자들과 장로들고 충분히 토른하고 질의 문답하면서 건전한 율법의 해석을 하고 개선하여 오고 있다. 그런데 나사렛 예수 그대는 한 번도 성전본청에 와서 집회를 신고하거나 율법의 해석에 대하여 공개토론 없이 자유로이 자기 나름대로 해석하고 이상한 논리로 새로운 종교가 되는 것 같은 사고로 일반 백성들에게 파급시키고 있다.

물론 모두 다 틀린 말은 아니나, 그대가 강론하는 것 중에는 전통의 제사장단들이 도저히 묵과할 수 없는 용어와 이적과 기적이 행해지고 있다는데 우리가 그동안 그대에 관한 하급심의 소청에 사실 무관심하고 또 그런 선지자가 나타나서 한마디 하고 지나가겠거니 하고 우리는 방임해 왔는데 사람들이 그대를 유대의 정신적인 왕이다, 마음의 왕이다, 그리고 더 나아가 그리스도다, 또는 바알세불 같다, 병을 못 고치는 것이 없다, 죽은 사람도 여러 번 살렸다는 등 소문이 사실적으로 예루살렘에 광범위하게 퍼지고 있다.

이제 본 법정의 이름으로 유대 최고 율법재판소인 이 법정을 대표하여 묻겠다. 그대는 이 자리에서 피고이지만 단순한 피고가 아니라 나라의 흥망이 좌우되고 민족의 앞날이 걱정되는 중요한 율법적, 종교적 갈등의 씨를 지금 뿌리려 하고 있다. 그동안 수차례 성전재판 하급심에서 너를 잡지는 못하였으나 수차 출석을 요청하였으나 너는 무시하였고 소환하려 가면 설교 중이거나 하나님 말씀을 전하고 있다 하여 사찰관들도 돌아오곤 하였다.

할 수 없이 결석으로 하급심은 너를 고소하고 상고해 왔고, 그동안 우리도 선지자가 많이 나오는 땅에서 이 정도 소란이면 불문에 부치고자 하였으나 이렇게 사태가 확대되었다. 그대가 그대만이 주장한 원리를 포교하지 않았으면 이런 일이 없었을 것이다. 그래서 최고 상급심인 우리가 직접 그대에게 묻고 율법의 자의적인 해석이 전통의 유대 율법에 위배되는지, 전혀 문제가 없는지 알려고 하며 또 문제가 있다면 서로 토론하고 수정하고 변경하고 이해를 돕고 하는 것이 지금의 유대 율법의 세계인데 사람들이 그대를 세례 요한보다 위험한 율법을 가지고 있다 하고 그 윤곽의 테두리가 보인다는 것이다.

이는 그대 추종자들이 거룩하고 성스러운 대성전까지 성전정화다 뭐다 하며 예루살렘 성전 본청까지 개혁의 손을 대고 있다. 우리를 희망 없는 구시대, 보수적이라 몰며 종교개혁과 같은 과격한 행위로 예루살렘을 위협하고 있다. 그리고 너의 그 행위가 율법에 위배된다고 피해자들이 고소하고 있고 율사들이 걱정하고 있다. 또한 그대의 포교행위가 유죄라고 처벌해 달라고 고소하고 있다. 우리는 그대 나사렛 예수가 하나님 여호와를 섬기며 포교활동만 한다면 문제가 없다고 보나 그 포교내용이 율법에 위배된다면 그대가 수정하고 안 하면 될 것이고, 만약 고치지 못하고 계속하여 자기 나름대로 포교활동을 한다면 그것이 무죄한가 유죄한가를 공개적으로 이 법정에서 최종적으로 판단하고자 한다. 조금 전에 먼저 고발자가 물었다. 그런데 그대의 대답이 확실치 않다. 여러 답변도 우리가 들었으나 결과는 토론 그 자체뿐이다. 그대의 말과 같이 여러 말 할 것 없이 그대의 주장은 간단한 명제가 나왔다. 모두가 들었고 그대의 주장이 스스로의 말 중에서 토출되었다.

다시 한번 최종적으로 직접 묻겠다. 그대가 하나님의 선택된 아들, 즉 유대의 왕, 메시아, 구세주, 그리스어로 그리스도인가? 그렇게 칭호받기를 원하는가? 우리에게 이 자리에서 그대의 태도와 정체를 밝히라. 아니라고 말하면 그만이지만 사실 그렇다면 네가 바로 그 사람임을 어떤 증거로 증언하라. 인정될 수 있는 증언을 하라. 비유로 말하지 말고……."

"그대가 말한 대로 내가 바로 그 사람인지 아닌지 너희들이 판단하라. 오늘 이후 하늘나라의 왕국에 내가 하나님의 우편에 앉아 있는 것을 볼 것이며, 세상의 종말시에 하늘에서 번개가 동쪽으로부터 쳐서 서쪽에 이르기까지 빛이 비치며 뇌성이 치는 가운데 사람의 아들, 인자가 구름 위로부터 하늘의 권능과 영광으로 오는 것을 보리라."

"저런 자가! 인자가 와서 뭘 어떻게 하겠다는 건가? 인자란 누군가? 그대 자신인가? 자신이 다시 온다는 이야기가 틀림없구만. 이 자리에서 역시 하는구나. 큰일 낼 사람이네. 나사렛 예수! 너는 이 말을 지금 당장 취소하라! 그렇지 않으면 이 산헤드린 법정에서 전에도 없었고 후에도 없는 사형선고를 내릴 것이다. 법정을 모독하고 여기를 종교 전도장으로 만들었다. 마지막 기회를 주겠다. 그 말을 당장 취소하고 제사장단에게 사과하라! 그러면 재판 속기록에서 삭제해 주겠다. 진술하거나 말하다 보면 감정에 치우쳐 본의 아닌 말도 하는 경우가 있으니 취소의 기회를 주겠다. 잘 생각해서 다시 말하라."

"나, 예수가 한 말이다! 하늘과 땅은 사라질지 모르지만 내 말은 기록에서 사라지지 아니하리라!"

예수의 이 말이 떨어지자 다시 한번 법정이 놀라고 소란으로 진동하였다. 창문이 떨리고 모두들 재판정이며 교회당으로도 쓰는 재판정 바닥을 발로 구르는 진동이 울렸다.

"아니, 이 세상에 어찌 이런 말이……."

"이런 세상에, 나사렛 예수는 나의 말을 듣고 최후로 반론을 제기하라!

내가 이제, 말씀하시는 하나님 말씀을 전한 선지자 이사야의 말씀 43장 9절에서 13절까지를 봉언하니 그대가 듣고 답하여라! 말씀에 이르기를

'오! 이스라엘이여, 나 하나님 여호와가 말하니 들어라.

내가 유일한 만군의 주 하나님인 것을 그대들이 아노라, 인증하였노라.

여기저기에는 또 다른 신이 없도다.

나 이외의 어떤 다른 신은

결코 과거에도 없었고, 앞으로 결코 없을 것이니

내가 바로 너희들의 주, 만군의 주, 여호와니라.

나 이외에 너희를 구원할 자가 없느니라.

너희들이 어디에다 다른 우상을 만들고 버리든,

너희들은 나 하나님 여호와의 단호한 힘을 맛볼 것이다.

그러니 우상을 만들지 마라.

나의 말 한마디로 나는 너희들을 구원하여 왔고,

너희들은 내가 너희들을 구원하는 것을 보아 왔을 것이다.

영원에서 영원토록 나는 살아 있는 만군의 주 하나님 여호와다.

내가 무엇을 하든 나를 반대할 자가 없느니라.

세상에 나날이 있기 전에 있은 자 있으니, 바로 나 하나님 여호와다!'

라는 이사야 말씀이다.

나사렛 예수, 그대가 또 다른 구원자인가? 메시아인가? 그렇게 되길 원하나?

그대는 과연 누군가? 반증하라, 스스로 반론이 있으면 말하라."

하고 대제사장이며 재판장인 가야바가 나사렛 예수에게 답변을 요구했다.

예수가 가만히 말한다. 무슨 말을 하는지 들으려고 순간 장내가 조용해졌다.

"나는 길이요, 큰 길이며 진리요, 하나님 아버지께로 가는 생명의 길이니라.

나는 사람의 아들, 인자이며 너희, 여러분과 같이 하나님의 아들이니라.

말씀하신 선지자 이사야의 말씀으로 같은 43장의 다음절 15~17절의 말씀이니 들으시라.

'나는 하나님 여호와니라, 거룩한 이스라엘의 유일신이며

이스라엘의 창조자, 세상의 창조자 만군의 주 하나님이니라.

바다 속에 길을 만들고 엄청난 바닷물 속에 이스라엘민족이

지나가는 통로를 만드시는 여호와 하나님께서 위와 같이

말씀하시니 어느 누가 전차대와 기병대와 보병을 우리 앞에

투입해도 그들은 그 바닷물 속에 빠질 것이며 헤어나지 못하고

전멸되고 꺼져서 등불의 꺼진 심지같이 남게 될 것이다.'

라는 이사야 말씀이요, 나 나사렛 예수는 살아 계시는 하나님의 아들이다."

"아니, 이 사람이 무슨 증언을 성경에 대고 하는 말이야."

'와' 하고 다들 모두 일어섰다.

"저자가 정말 죽을려고 하나! 저자의 정체가 그러면……, 스스로 밝혔구만. 이사야 43장 15절을 표절하여 자기가 인자이며 하나님의 아들이며, 스스로 다시 올 자이며, 하나님과 같이 존재하는 자라고! 이런 세상에……."

"그렇게까지 비유한 것은 아닐 수도 있잖나?" 하고 법정이 심히 소란하였다.

"여러분! 법정에 계신 여러분, 이런 말을 들으니 내가 지도자로서 부덕한 죄이니 여호와 하나님께 불경한 죄이니 내가 대신하여 하나님께 매맞게 내 스스로 내 옷을 찢겠소. 여호와의 심판이 있기 전에 제가 먼저 하나님께 자진하여 벌 받겠소. 벗은 내 등을 매로

치시오."

가야바 재판장이 겉옷을 찢은 채 두 손을 모으고 기도하며 말했다.

"아니, 이스라엘의 젊은이가 어디 이런 불경한 말을 하는 일이 어디 또 있겠소? 우리 여호와의 성전을 허물고 사흘 안에 다시 짓겠다고 호헌하는 이런 자에 대하여 어떻게 판정해야 하오? 우리 이스라엘의 지혜의 왕 솔로몬 대왕께서 이 예루살렘에 숭고한 이 성전을 지으시고 축성 완공 기념식전에서 이 성전의 성벽 위에 나타나서서 축성에 참가한 일꾼들과 모든 백성들에게 말씀하셨소. 여기 역대하 6장 1~2절 말씀을 들으시오.

"여호와 하나님께서 말씀하시기를

'나 여호와는 우주의 어두운 검은 구름 속에 살 것이라.

나를 위하여 집을 짓지 말라.' 하셨으나

나 솔로몬은 하나님 당신에게 숭고한 집을 지어 바치오니

하나님께서는 영원토록 이 성전에 거하소서.

우리 이스라엘의 어린 백성들이 정성으로 만들었나이다.

이 성전에 오직 하나님만을 모시겠다는 언약의 법궤를

드리오니 봉헌하게 하시고 받아 주소서.

아, 유대 이스라엘아! 유일하신 여호와 하나님과 함께,

아버지 다윗 대왕과 함께 영원히 축복이 있으라!'

라고 솔로몬 대왕께서 성전 준공식에서 치하의 말씀을 하셨소.

감히 누구라고 이 성스러운 성전을 비교하고 비유를 들어 말하나!

나는 위 성경, 솔로몬 대왕의 축성식 연설문으로 본 재판의 판결문으로 주문하는 바이오. 재판관 여러분, 모두들 판단하시오. 저 피고, 예수는 무죄요 유죄요?"

"유죄이며 사형에 처해야 합니다. 사형에 처하소서."

"판정을 결정하시오. 투표로 정하시오."

"투표는 무슨 투표, 서서 표결로 합시다." 그들은 서서 거수로 표결에 임하였다.

"재판장님 결과를 말씀드리겠습니다. 유죄로 가부가 결정되었습니다. 선포하시고 형량을 결정하십시오. 형량은 유죄이며 십자가형 사형이 주문되어 있습니다."

재판관으로 줄지어 앉은 제사장들이 바로 숙의하여 결론을 가야바 재판장에게 쪽지로 전하였다. 가야바 재판장이 선고한다.

　　"피고인 나사렛 출신 예수에게 선고한다. 예수는 유대 전통의 율법을 범하고 법정을 모독했으며 이상한 종교를 유포하고 자기를 메시아로, 구세주로 백성을 속인 혐의로 유대 율법에 따라 사형을 선고한다." 선포 방망이 소리가 났다.

　　"검찰관! 나사렛 예수에 사형이 선고되었으니 집행은 이 지역이 로마총독의 관할권이니 최종 선고집행과 사면권을 로마총독부에 넘기시오. 산회를 선포합니다."

　　또 방망이 소리가 났다. 자루가 부러져라 쳤다. 모두들 일어서려고 하는데,

　　"이의 있소!"

　　"넌 누구냐?"

　　"가룻 유다, 유다스요. 나는 예수의 제자요. 내가 여러분과의 협의로 또 주선하여 우리 선생님을 모셔 왔소. 그리고 신원을 확인해 주었소. 우리 선생님에게 사형선고는 지나친 선고요. 그리고 이렇게까지 아니하기로 하지 않았소. 재심하여 주시오! 시민의 권리요!"

　　"너는 너 예수인가 하는 선생의 법정증언을 못 들었나. 우리도 이 자리를 피의 자리로 하고 싶지 않다. 스스로 죽음을 자초한 거다. 물러가라. 재판은 끝났다."

　　"왜 변호할 사람이나 기회를 주지 않고 피고의 증언만으로 감정적 판결을 하는 거요?

　　나는 존경하는 우리 선생님을 재심하여 주시 않으면 이 칼로 할복 자살하겠소."

　　"자살하든가 말든가, 그런 용기 있으면 너희 선생이나 살려 보라! 이 성전에서 칼을 빼지 말라! 하나님 여호와를 모독한 죄로 돌에 쳐 죽임을 당한다. 누가 이 성전에 허가 없이 칼을 들고 들어왔나. 너희 예수 제자들을 용서한 만큼 너의 법정 불경죄는 묻지 않겠다. 그러나 이 한 번이다. 경비병! 이자를 끌어내라!"

　　유다가 칼을 들어 자기의 배를 찌르려는 순간 경비병들이 달려들어 칼을 빼앗고 유다의 발을 질질 끌고 밖으로 나가 계단 아래로 던졌다.

제27편

십자가

예수는 이 새벽 종교재판에서 사형선고를 받고 이 예루살렘지역 관할인 로마총독부로 끌려갔다. 로마 총독(Roman Prefect, Governor. of Judaea)은 로마황제 티베리우스(Tiberius)의 휘하 기사출신(Pontii 지역, Samnite족 Knight) 장군으로 5년차 총독을 하고 있는 본디오 빌라도(Pontius Pilate, 총독기간 AD 26~36년)였다.

아침 9시에 총독부의 문이 열려 군중들이 예수를 보러 모이는 혼잡을 피하기 위하여 새벽부터 예수를 총독부에 넘기려고 문이 열리기를 기다렸다. 율법사들도 고발 및 판결문서와 파피루스 서류를 들고 이른 아침부터 총독부로 향했다.

총독관저의 문이 열리자 총독관저 군사는 소지품 수색을 엄히 하고 제사장단 성직자와 성전관리, 서기관은 통과시키고 기타 사람은 통제했다. 그러나 제사장들은 총독관저 광장 입구에서 더 들어가지 않았다. 유월절기간이라 금식하고 이방인은 만나지 않는 율법에 의해서다. 유스투스와 마크 일행은 구조를 잘 알아 후문으로 들어갔다. 총독 빌라도가 좌정하고 좌우로 경비병이 호위하고 있는 가운데 예수를 계단 앞에 세웠다. 고소장과 판결문을 가지고 온 유대 율사들이 예수의 죄목을 말하고 사형선고된 경위를 설명했다.

"예수는 어느 지역에서 고소되었나?"

"예루살렘 성전 지역입니다."

▌▌ 본디오 빌라도 명명이 새겨진 비석(Pontius Pilate's Marble) **▌▌**
(가이사랴에서 출토, 가이사랴 현지에 모형 전시)

"그런데 왜 나한테 데려왔나? 성전에서 그 기서 너희들의 율법에 따라 집행하면 되는데 왜 나보고 피를 보게 하려고 미루나? 내가 사형집행 하수인이냐? 너희들이 데려다 너희 법대로 돌을 던져 죽이든지 살리든지 알아서 해! 우린 율법재판, 종교재판과는 관계없다."

"아, 예! 유대 내에 법집행은 일반 사범은 자치제법에 따라 집행됩니다만 사형수의 집행과 정치사범은 사전 총독부의 승인에 의해 집행됩니다. 주둔군 군법회의는 재판을 대행하는 임시 군사체제로 사형에 해당하는 죄수가 발생했을 때는 로마군에 신고하기로 되어 있습니다. 또한 총독께서는 사형수의 형 집행중지와 정치범에 대하여는 집행 또는 사면조치의 권한을 가지고 계십니다."

"그래서 너희들이 사형선고하고, 나는 사면하고 그래서 짜고 친다 이거지? 누굴 정치적으로 혼내줄 일이 있나?"

"아닙니다. 기필코 사형에 처하십시오."

"그건 또 무슨 소리? 나는 안 한다. 너희들 일에, 그것도 관계없는 종교재판에 내가 왜 거룩한 이름 빌라도를 거기에 기록하나? 내가 사면으로 죽는 자도 살리면 좋지만, 로마에 거역하거나 반역하면 모르지만, 예수가 로마에 반역한 일이 있나?"

"예, 자기는 정신적 유대의 왕이고, 메시아고, 그리스어로 그리스도라 주장하였습니다. 이것은 새로운 왕국을 세우겠다는 것으로 유대에 대해서와 로마에 대해서 율법적, 정치적 반역입니다."

"별소리 다하네. 그것이 확실하면 직접 우리들이 그가 하는 말을 들어봐야겠구만."

"직접 심문해 보십시오. 확실합니다. 그리그 사실이면 사형에 처하소서."

"너희들 관점에서 보면 그렇지만 안 그럴 수도 있잖나? 단순한 정신나간 자가 하는 수도 있고, 여태까지 이 유대 땅에 선지자나 예언자, 말세론자가 부지기로 나온다던데, 그들을 모두 사형에 처하면 매일 사람 죽여야 돼. 생명은 소중한 것임을 다 잘 알 터 인데, 적당히 경고하고 매로 쳐서 다시 못하게 하면 되지. 나보고 대신 사형집행이나 하고 있으라면 말이 되나?"

"총독님, 이 사건은 너무 중대하고 위험하며 장차 로마에도 위협이 될 수 있습니다."

"그러면 더욱 조사해야겠다. 그대들의 판결문을 르마법정에 제출하라."

"잘 알겠습니다."

"내가 사람을 죽이고 살게 하는 권한은 내 마음대로 하는 것이 아니라, 로마황제를 대신하는 것이기 때문에 로마법에 따라야 하고 여기 로마군법회의에도 호민관이 나와 군법회의를 지켜보고 서로 실수하지 않도록 하기 위해서다. 사람을 십자가에 처형하는 것은 아주 신중히 결정하고 오판의 원망이 없어야 한다. 어순가 뭔가 하는 자의 이야기를 우리 갈릴리 파견 군단 정보대로부터 들었는데 위험한 인물은 아니라는 거야. 오히려 바리새파와 독립당 지하조직이 더 위험하다는데?"

"아이쿠, 총독님, 우리와 로마는 서로 존중하면서 지내오고 있습니다. 다만 이 사형인에 대하여 최종 집행여부와 또 사면하시면 그럴 수도 있으시고 그 뜻은 존중합니다."

"그러면 예수는 어디 출신인가?"

"갈릴리지역 나사렛 출신입니다."

"거기는 너희들 나라 헤롯 안티파스 사봉분 군주지역 아닌가? 그리로 데려가라고, 거기는 내 관할이 아니네 그려. 하긴 그런데 나도 예수인가 하는 자에게 물어볼 말이 있다. 흥미로운데 유대 사람들은 무슨 종교를 목숨을 걸고 믿나? 이해가 안 돼! 종교가 전부야?

종교 아니면 죽은 사람이나 다름없다. 종교는 사람이 있고 다음이 종교인데 이건 종교가 먼저고 다음이 사람이다. 우리 로마는 안 그래. 사람이 있고 쥬피트고 박카스고 그렇고 신은 먼 곳이나 숭고한 곳에 있지 않고 우리 가까이 있어, 너희 종교는 도저히 모르겠다. 사람을 종교가 틀리다고 사형하고 사람 죽여? 참 이해가 안 되네. 또 하나님이 처벌도 하신데, 뭘 어떻게 나타나서 말이야?"

"총독님, 재판을 시작하겠습니까?"

"조금 전에 말했듯이 재판의 성사가 안 돼! 요건이 안 되네. 예수를 데리고 와 봐. 얼굴이나 보자."

그들은 예수를 데리고 빌라도 앞에 떨어져 세웠고 통역으로 호민관도 옆에 섰다.

"이 사람이 예수인가? 대단한 카리스마적 인물이라던데, 제사장들도 논리상 못 당했다지, 그건 그렇고 예수 선생, 무슨 잘못이 있으며, 이의가 있으면 나에게 말해 보게. 유대 사람들이 당신한테 억울하게 했으면 내가 살려주리다. 아주 간단해요. '석방' 그러면 석방이고 당신 잡는 사람이 없어져요. 나한테 슬쩍 말해 보지. 내가 당신을 구해주리다. 당신이 유대 사람을 구해주는 사람이다 하는데 어디 자신부터 구해 보지. 지금 여기서 네 뜻대로 나갈 수 있으면 나가 보라. 내가 허락하지 않는데 나가 보라고."

"……."

"두려움이 전혀 없네. 자신을 구해 보라. 멋대로 나갈 수 있나? 전지전능하다면 새처럼 말이지. 호민관! 통역을 정확히 해 봐."

"잘 알아듣고 있는 것 같습니다. 통역을 하겠습니다."

호민관이 상용 아람어와 유대 히브리어로 2중 통역을 하였다.

"……."

"알아들었나? 내가 허락하지 않는데 나갈 수 있느냐고?"

"……."

"안 되나? 안 되면 바로 내가, 내가 당신을 구해줄 수 있다. 그러나 그렇더라도 너 말대로 로마가 있으니 로마법에 따라야 한다. 내 맘대로 못하는 것이 현실이다. 너가 무슨 종교적으로 세상을 구한다 하는데 함부로 말하지 말라. 말대로 세상이 다 구해지는 것이 아니다. 너를 심판하는 것도 내 마음대로 못한다. 할 필요도 없다. 그리고 이 지역에서는 종교재판이 내 소관이 아니니 나도 어쩔 수 없다. 그러나 나에게 소명하면 내가 산헤드린을 설득하거나 해결의 기미를 움직여 보리다."

"……."

"무표정이네. 대답이 없네. 경비병! 이자를 데리고 헤롯 왕에게로 넘기라! 내가 관여 할 것이 아니다. 예수 선생, 기회를 주어도 말이 없네. 어디 말 좀 하시지. 통 말이 없구먼. 빨리 데려가라! 헤롯이 이 선지자란 자를 죽이든가 살리든가, 석방하든가 말든가 유대 왕가에서 정하지 내가 왜 나서나?"

그리하여 예수는 오전 10시경 헤롯 안티파스 궁으로 끌려갔다. 집행 또는 사면의 최종 판결을 받기 위해서다. 성전 제사장측은 좀 껄끄러웠다. 서로 앙숙 같은 존재이다.

한편 총독부에 명예대사장 안나스 고문이 로마 총독 빌라도를 방문하기 위해 도착했다.

"그 영감이 뭣 하러 날 찾아왔다 하는가? 못 들어오게 할 수도 없고 또 긴 소리 듣자니 지겹고, 무슨 일이냐고 물어보게." 하고 빌라도가 호민관에게 말했다.

"뭐 좀 말씀드리고 상의할 게 있다고 하는데요. 쫓아 보낼까요?"

"그 영감한테서 얻을 정보라도 있겠나? 하기야 제사장들의 소식을 엿들을 기회도 되는데 영감이 성전 돌아가는 이야기를 제대로 해 주나?'

"아직도 명예 대제사장에 위촉되어 있다고 하며 왕궁의 고문관이니 아직 영향력이 있습니다. 어떻게 할까요?"

"귀찮지만 어떻게 하겠나? 들어오라고 해. 나사렛 예수는 헤롯 궁으로 갔나?"

"가는 중일 것입니다."

안나스가 총독부 문 앞에서 오래 기다리다가 지친듯 안으로 들어갔다.

한편 헤롯이 예수의 마지막 사형집행에 관하여 제사장들이 헤롯 왕의 재가를 받으려 왔다고 하자 화가 난 듯이 말했다.

"내가 또 선지자라 하는 자를 또 죽여? 세례 요한 죽이고 이렇게 심사가 편치 않고 모든 일이 잘 안 되는 꼴을 당하는데 이 사두개파, 바리새파니 뭐니 하는 당파들, 이 통에 나라가 뭐가 되나? 나한테 예수 데리고 오지 마. 이런 것은 종교재판 아닌가? 율법자들이나 알아서 해라. 검찰, 법원 등 재판을 사두개파와 바리새파 출신들이 양당을 만들어 자기들끼리 돌아가며 다 장악하고 있으니, 내가 율법에 어떻게 관여해? 그러면 언제 미리 나한테 보고라도 했나? 뭣 하러 이제 데려왔나? 다들 거기서 끝내지."

"빌라도가 예수의 출생과 출신이 자기 관할구역이 아니라고 이곳으로 보냈는데요?"

"아이구, 언제는 자기 관할구역이라고 빼앗고, 이럴 때는 피하고 나도 안 한다. 뭣하러 해. 정신 나간 선지자나 종교지도자라 자칭하는 자가 어디 한 둘이야? 다 잡으려고 하면 이 예루살렘의 길에서 포교하는 사람 다 잡아야 되지. 그걸 모르고 세례 요한도 별 것 아닌데 잡아서 나라가 이렇게 됐잖나. 내버려두면 돼. 잡으면 더 크게 발전하는 거야. 그 예수도 잡지 마. 잡으려면 더 키워서 잡아. 지금 잡으면 더 크게 되지. 스스로 선지자라고 하는 자는 제정신이 있는지 따끔하게 혼만 내고 채찍이나 쳐서 내보내. 죽이긴 뭐하러 죽여? 죽이면 더 크게 되는 걸 모르나? 사람 죽일 일이 그리 간단한가?"

"자신이 왕이라고, 유대의 메시아라고, 또 그리스도라고까지 했다고 인정했다 합니다."

"진짜 미쳤구만. 어디 그러면 데려와 봐. 메시아라면 내가 축복해야지. 정신 나간……."

예수가 헤롯 안티파스 왕 앞에 나왔다. 서로 눈이 마주쳤다. 서로 한 번씩 직접 보고 싶은 존재였다.

"어! 똑똑하게 생겼구만. 몇 살인가? 젊어 보이는데 내가 이자 나이면 좋겠다."

"33~34살 정도 된다고 합니다."

"아이구, 나이가 얼마 안 되는데 어린데 이름 났구나. 하기야 아버지 헤롯 대왕께서 운명하시기 전에 유대의 새로운 왕이 누구냐 하고 세상이 심히 어지러웠지. 내가 그때 얼마나 아버지와 정치적으로 다투었는데, 내 말만 들으셨어도 지금 이 유대가 로마속국이 안 되어 가겠지. 내가 그때는 정말 죽기 살기로 유대를 위해 일했는데, 뭐라고? 그때 태어났다고? 청년티를 못 벗어났잖나? 철없는 청년 아냐?"

"철이 도가 넘쳤습니다."

"에이그, 맨날 유대의 선지자는 왕에게 항상 도전하면 선지자 되는 길이라지. 그런데 복음을 준다는 그 선생이 바로 이 예수야?"

헤롯 안티파스 왕은 예수를 가까이 오라 하고 자세히 얼굴을 보았다.

"예수 선생, 우리 유대를 살릴 계책이 있으면 말해 보시게. 내가 참고하리다. 그리고 형집행 면제하리다."

"대왕폐하, 그리하시면 아니 됩니다. 사형에 처해야 합니다."

"무슨 죄가 있어서?"

"자기를 왕이라 하였으니 반역행위이고 역적이며, 백성을 현혹하게 하였다고 산헤드린에서 판결을 사형으로 하였습니다. 사면하시면 우리 유대 이스라엘에게 큰 혼란이 옵니다."

"내 관할 구역이 어디야?"

"갈릴리, 가버나움, 나사렛, 요단강 유역 동편 마드바 지역까지입니다."

"거기서 이자가 왕이라고 했는가? 예수! 그들 지역에서 자네가 왕이라고 했나?"

"……."

"대답도 없네. 말할 기운도 없나 봐. 하도 얻어맞고 지쳐서 그래? 제사장들, 이자가 그곳에서 왕이라고 한 것이 틀림없소? 그대들이 직접 들었소?"

"증언이 있었으며 그가 직접 한 말인지는 확실치는 않지만 조금 전 폐하께서 물으셔도 대답치 않듯이 저자가 스스로 왕이 아니라는 말은 하지 않고 있소이다."

"그러면 내가 어쩌란 말이냐? 왕이라고 했다고 말할 때까지 내가 직접 이자를 문초나 고문해야 하나? 내가 할 일이냐고? 그리고 맞아 죽을 일이 뻔한 일인데 감히 자기가 왕이라고 했겠나? 이 일을 어떻게 믿을 수 있겠나? 아니면 스스로 정신이 나갔거나 미쳤거나 할 텐데. 내가 무슨 사면이고 집행이고 하나?"

"나사렛 예수라 했나? 나사렛 예수, 자네가 직접 자네 입으로 이 세상의 왕이라고 말하고 다녔나?"

예수는 고개를 저어 보였다.

"그러면 그렇지. 어떻게 미치지 않고서야 스스로 왕이라고 하겠나? 말도 안 되는 소리지. 나사렛 예수, 그러면 그대를 보고 왕이라고 하는 자가 있던가? 들었나? 왕으로 해 주겠다고 하던 사람이 있었나?, 그대 머리에 기름을, 향유를 부은 자가 있었나?"

"……."

"지쳐서 말도 못하는구만. 들었다고 하겠나? 너희들이 대답을 받아 내려고 고문하거나, 말 할 때까지 기다리거나 해라! 너희들, 제사장단들 갈 들다가 세례 요한 잡아 두었다가 이상한 일로 죽이고, 이게 모두 누구 계략인지 모르겠지만, 나만 세상인심 다 잃고 이 왕권이 흔들려, 흔들리다 못해 나라가 조각났어. 너희들이나 데려가서 재판해라!"

"폐하, 그렇지만 폐하는 권리를 확실히 행사하실 수 있으며 요한의 경우는 폐하께서 벌 주는 시기를 놓치는 바람에 그렇게 되었습니다. 때를 놓치고 즉시에 상벌을 시행하지 않으시면 또 세례 요한의 경우와 같이 낭패를 당하십니다. 통촉하소서."

"아이구, 귀신 같은 율법자들! 못 당해! 안나스 고문은 이 일을 아나?"

"안나스 고문과 장시간 이야기한 걸 알고 있습니다만, 포기했다고 합니다."

“뭘 포기해?”

“자진 사과하고 배상하면 추방할 테니 나라를 떠나라고 했는데 듣지 않았다고 합니다.”

“그러면 나도 확인해야겠네. 이봐 나사렛 예수! 나라를 떠나지 않겠나? 시끄러우니, 나라를 떠나라 하는 것이 심하면 이 예루살렘 정도만이라도 떠나지 그래.”

“…….(예루살렘이 아버지 나라인데…….)”

“왕이 물어도 대답도 못하네. 하기야 떠나도록 내버려둘 존재도 아닐 테니 체념하겠지. 성전 마당판 뒤엎은 배상 문제는 너무 심하게 요구해서 배상할 능력이 없지 아냐?”

“배상액이 적지는 않았나 봅니다. 나사렛 예수가 그 배상을 감당할 수 있겠습니까만은 그건 협상에 따라 조정할 수 있는 것이 아니었겠습니까?”

“별 사족을 다 다네. 협상한 게 저렇게 사람을 패가지고 데려왔어? 시끄러워. 저만큼 매로 재판되었으면 배상으로 대처할 만큼 했고 맞기도 했네. 더 말하면 무엇 하리. 끝났어. 내가 더 이상 할 일이 아니구먼. 그러면 예수 이자가 어디서, 어느 지역에서 고발 되었나? 고발자가 누구야?”

“초기에는 그 거리의 주위 상인들이 피해보상으로 고발했고, 예루살렘의 성전 여러 제사장단협회가 고발하였고, 난리통에 길 가다 다친 다른 예루살렘 시민에 의해서도 고발되었습니다.”

“완벽한 법대로 고발당했네. 그러면 잘 됐네. 예루살렘으로 도로 데려가라. 그 지역은 내 지역도 아니고, 내가 알 바도 아니다. 내 형님 땅을 로마군이 차지하고 재판까지 최종 관여한다 했으니 어디 이게 나란가? 재판권을 잃게 되면 끝장이야. 너희들 제사장들이 남의 나라에 재판권 주는 것은 나를 견제하기 위해 너희들 좋을 대로 하려고 한 것이지만 그게 좋은 게 아니고 나라를 들어 먹는 거야. 좋아하지 마. 저 예수를 자네 제사장들이 좋아하는 로마로 데려가라. 여기 예루살렘은 빌라도 총독 관할이라나, 그가 로마야! 애초부터 로마에 데려가지 않았나. 뭐, 데려가라, 이 제단들아. 제사장단들 좋아하네. 무슨 협회 제단들이야? 정신 나간 얼라 하나 데리고 어찌하지 못하고 왕한테나 데려오고, 죽이면 죽였다고 책임지라 그럴 거고 살려주면 살려주었다고 야단할 거고……. 나 원 참! 빌라도가 똑똑하지. 종교제단이면 못하는 일이 없는 집단이야. 너희들 나중에 봐. 로마의 신들에게 다 잡혀 먹히지나 않도록 해. 그래도 아직 내가 있으니까 로마가 유대를 무시 못한다고, 알기나 하라. 아켈라우스 형의 봉토를 당연히 내가 관할해야 하는데 저 제사장단들이 반대하고 이 지경이 되었으니 그걸 알기나 하나? 재판권도, 자주권이 없는 나라는 끝장이 되어 가는 거야."

"대왕님! 잠깐만요! 비밀사항입니다."

하고 헤롯 안티파스 왕의 신하 한 사람이 왕에게 비밀로 말씀드릴 게 있다고 했다. 보니 시종무관 겸 국방대신 모세 라모스이다.

"모세 라모스 대신은 말하시오. 이 재판은 비밀이 아니니 나의 사면권에 대해 요청하는 것이니 공개적인 이야기면 말해도 좋소."

"대왕님의 궁전에서 비공개적으로 이 일을 처리함이 좋으니 성전 제사장측에서 오신 분은 자리를 좀 피하여 주시고 우리들만이 별도로 어전회의를 하였으면 합니다. 의견을 들어주소서." 여러 대신들이 같이 말하고 동의한다.

"그렇게 합시다. 성전에서 오신 분들은 자리를 비켜 주시오. 비공개로 하겠소. 무관은 문을 닫으라." 왕과 대신들과 비밀회의를 가졌다.

"모세 라모스 대신은 무슨 말이 있소?"

"대왕전하, 이 일은 기회의 순간입니다. 감정에 치우치지 마시고 이 기회에 예수를 인수하십시오. 예수는 빌라도 말대로 갈릴리지역 대왕의 백성입니다. 신병을 인수하여 놓고 이 건으로 대제사장측과 협상을 하십시오. 그리고 이건으로 총독 빌라도와도 만나서 세간의 관심이 대왕님께 집중되고 대왕님의 위상이 높아집니다. 그리고 제사장측을 배제시키고 따돌릴 수 있습니다. 그리고 예수의 돈숨을 으리가 좌우하게 되니 놓아줄까 말까를 토론에 붙이고 여영부영하면서 세월을 보내면 제사장측이 진이 빠질 터이니 그때 대왕의 권리를 찾고 빌라도와도 유대 예루살렘지역에서 대등한 권리를 갖게 될 것입니다. 지금 갈릴리지역에서 예수의 인기는 절정에 있으며 일반 교회인 예배당, 시나고구는 잘 안 되고 있답니다. 대왕께서 사실을 조사한다는 핑계로 이 기회를 왕권의 회복으로 도모하십시오."

"허참, 그 참 좋은 제안이오, 그러나 시기를 놓쳐서 세례 요한처럼 내가 넘겨주거나 죽이지 않을 수 없는 상태에 빠지면 어떻게 될까? 이것 또한 모험이구먼."

"대왕전하, 라모스 대신의 계책이 좋으나 이런 일이 벌어질 줄 알고 왕궁 앞에 성전제사장파들이 군중을 모으고 예수를 사면하지 말고 처형할 것을 주장하는 집회를 열고 있다고 합니다. 심각한 사태입니다. 제사장들이 같이 동원하여 왔나 봅니다."

"하여튼 그런 수작과 운동을 동원하는 자들은 이력이 났어. 결국은 그런 민중동원 세몰이 데모로 장차 나라가 절단날 거야. 데모크라시 좋아하네. 그래서 고대 그리스도 망했다."

"전하, 왕궁방어는 문제없습니다. 소수 데모대와 성전경비대는 얼마 되지 않습니다. 데모대쯤은 한 번 결단을 보여 주면 산지사방으로 도망갑니다. 왕권의 권위로 제압해 버리면 간단합니다. 그들이 데리고 온 성전병력까지 우리가 장악할 수 있습니다. 우린 같은 군 병력 계통입니다. 저희들이 왕궁을 지키면 전혀 문제없습니다. 왕궁은 다윗, 솔로몬 대왕 이래로 튼튼한 성이며 전대의 헤롯 대왕이 더욱 완고하게 하셨습니다. 걱정 마시고 대왕께서 명령하시면 예수를 인수하고 사태를 두고 보아가며 대왕전하의 권위를 세우시기 바랍니다."

"전하! 갈릴리지역은 평온하며 예수 사랑의 모임이 확대일로에 있습니다. 그러나 이 예루살렘 지역은 바리새파, 사두개파가 장악하고 있으며 왕궁을 한 발자국만 나가도 그들이 판치는 세상입니다. 총독 빌라도가 대왕님을 견제하기 위해 제사장단을 키우고 있습니다. 그는 대왕폐하를 두려워합니다. 우리 유대에는 아직도 정병이 있습니다. 충성하는 군사가 있습니다. 단호히 이스라엘 유대의 왕권을 지키십시오. 아직 예수의 신흥 종교적 운동은 예루살렘에서는 인기가 없습니다. 지난번 성전 정화사건이 터지지 아니했어도 아마 예수를 편드는 사람들이 많아졌을 것인데, 왜 예수가 이 예루살렘에 와서 이롭지 못한 일을 자처했는지 이해하는 사람이 없습니다. 갈릴리 가버나움처럼 잘 하면 큰 인기를 얻을 텐데 왜 그랬는지 모릅니다. 우리가 제사장단과 예수집단 사이의 중제 역할이나 판단 역할을 할 기회가 되는데 안타까운 일입니다. 이미 여론의 대세는 기울고 예수는 죽지 않을 수 없는 상태로 가고 있습니다. 예수의 신병을 우리가 인수하더라도 내어주지 않을 수밖에 없는 처지가 되고 인도하지 않을 수 없는 상태에 이르면 죽을 것이 뻔한 사람을 내어주었다 하는 세간의 비난을 더욱 피하기 어렵습니다. 잘 통촉하소서."

"나사렛 예수를 세례 요한의 경우와 같이 예루살렘에 두지 말고 사해 동쪽, 네보산 남쪽 마르다바의 서남쪽에 있는 마케루스 성채 요새에 감금하여 두는 것도 좋습니다. 세례 요한 경우도 예루살렘에 데려올 필요가 없었습니다. 먼 곳에 감금시켜 놓으면 누가 그 먼 곳까지 찾아갑니까? 그러다 마니까 그렇게 하시는 것이 좋습니다."

"아니, 장군! 지금 우리가 나사렛 예수를 인수하여 놓고 빼돌리듯이 데리고 사해 동쪽 마케루스까지 호송하는 일이 쉬운 일이 아닐 텐데요. 벌써 사람들을 동원하여 왕궁을 가로막고 예수를 죽이라고 지금 데모하고 있어요."

"이번 유월절에 바라바를 살리려고 이미 다 청원하여 우리 왕궁과 빌라도가 사전 승인해 놓은 상태인데 이 판에 사형선고를 받은 여수가 살아나면 한 번에 두 사람씩 사형수를 사면석방하는 일이 되고 바리새파, 사두개파, 질롯 애국단들이 민중의 인기술책으로 또 감금되어 있는 다른 사형수를 내놓으라고 난리를 피울 텐데. 아이고, 그런 계획은 불가합니다. 바라바의 젤롯파들이 당장 무장 반란을 일으킬 것입니다. 누가 이를 막을까요?"

"내가 준비하여 두고 있소. 우리 정보부에서 안나스 고문의 위치를 포착하고 있소. 가야바의 움직임도 알고 있소. 그들은 능수능란하오. 뭔가 이번에는 잘 안 되는 무엇이 있나 본데, 예수가 만만치 않은 것 같소. 우리도 예수데게 뭔가 제의해 볼 필요가 한 번은 있는데 마침 굴러 들어왔어요. 그래서 세례 요한 사건 때 놓쳤던 각 종파 조정정책을 한 번 해보자는 것이오. 안 되면 말고……. 일면 이차어 전세를 뒤집어 왕명에 거역하고 대중인기에 영합하여 왕궁에 반란을 꾀하는 자들을 일망타진해야 하오. 후일 그들은 우리 나라를 망칠 거병을 할 것이고 로마군이 출동하면 그 군단 집정관은 공명심으로 수많은 전리품을 빼앗기 위해 우리 왕국을 그리스나 카르타고, 에스파냐, 갈리아처럼 없애려고 할 것이오. 로마는 기회와 구실을 엿보고 있습니다. 이 시기에 우리 유대 왕국은 조심해야 하오. 철없는 자들이 애국한다며 나라를 끝장내려고 하는데 왕국은 대책을 세워야 합니다. 대왕 전하!"

"허, 여기서도 제사장파와 정략적으로 보자는 현실파가 벌써 나누어지네. 큰일이구만!"

"대왕께서는 국가의 안위를 위하여 후세를 위하여 쉽게 갈 필요도 있고 왕권을 유지하기 위하여 이집트 파라오와 같은 전제적 왕권을 행하여 사태를 반전시킬 수도 있습니다. 지금이 유대 이스라엘의 운명의 순간입니다. 대왕께서는 전략적 판단을 하셔야 합니다. 모략이 아니라 인도적 차원과 편안함을 갈구하기만 한다면 장래에 진보적 발전의 기회를 놓칩니다."

"대왕께서는 잘못하면 빌라도의 책략에 빠지십니다. 빌라도가 우리 왕궁과 제사장측이 대립과 갈등을 더욱 유발시켜 더욱 강경하게 이스라엘 정치에 개입하는 구실을 줄 것이며 소요사태가 나면 더 많은 로마 군사를 투입하고 로마에 더 많은 군사를 파견해 줄 것을 요청할 것입니다. 우리와 빌라도와 제사장단은 삼각관계로 어떤 한쪽이 기울면 삼각형이 허물어지고 나라는 위태로움에 빠집니다."

　"나라는 이미 사분되어 있소. 내가 사봉분 군주라나? 아직 로마 황제의 칙명이 없다고 그들은 나를 유대의 왕이라고 대해 주지 않고 무슨 사분봉 군주라나? 참 더러워서……. 경들의 이와 같은 별 통수로 다른 이론, 토론 때문에 나라가 위태해 가고 있소."

　"대왕전하, 예수를 왕궁에서 보호함은 두 가지 모순이 생깁니다. 왕이라고 자처하든가 그렇게 불리기를 방관하고 조장하는 예수를 감금은 하지만 왕궁 내에 두는 것은 빌라도의 시험에 빠져드는 일이고 빌라도는 책임을 면하며 우리 왕실이 뒤집어쏩니다. 빌라도의 계략이 있다고 봅니다."

　"그렇게만 볼 필요는 없습니다. 자기가 왕이라 했다고 말하지 않았으며 왕이라고 불렀다는 것은 예수를 곤궁에 빠뜨리려고 지어낸 말일 수도 있으며 당연히 죽음으로 몰기 위해서도라는 말일 수도 있다 하니 우리가 좀 조사하자는 것이지. 왕이라고 한 사람이라고 보고 왕궁에 왕이 둘이다 하는 것 자체가 바리새파 계략이 될 거요. 예수는 감옥에 넣어 두면 될 거고 구속해 놓고 우리도 소요사태를 조사할 권한이 있소. 성전 내에서 벌어진 일이라 하여 왕궁에서 간섭 말라 했지만 이제 우리한테 데리고 오게 됐으니 이거 참 좋은 기회요. 두려워서 그러면 전략도, 정책도 성립이 안 되지. 겁이 그렇게 많으면 나라를 어떻게 보존하겠소? 빌라도는 그렇게 정략적으로 하는 사람이나 모사가 아니오. 그는 군인 출신이며 로마정객이 되었지만 '둘이 해결하지' 하는 식이요. 깊은 계략이 있는 것 같지 않고 하니, 우리도 빌라도 계책에 넘어간 것처럼 위장하고 있으면서 사태를 보는 것이 어떨까 합니다. 여기 왕궁에도 현명한 여러분들이 많으니 군인 출신인 제가 판단을 못하겠습니다. 대왕전하! 다만, 우리는 세례 요한의 사건 때 세례 요한을 불러다 다시 한번 권유도 하고 여왕마마님께 사과를 표하게도 하고, 아무튼 요한에게 좋아하는 회개도 하게 한 번쯤은 요단강 동안으로 일단 돌려보내어 좀더 관찰한 후 그래도 아니 되면 종신형으로 가두는 것이 좋은 의견들이었습니다만, 세례 요한이 끝까지 자기 고집을 고수하는 바람에 왕비께서 자비를 베풀 수 있는 기회가 없어서 결과 그가 죽게 되었고 우리는 여론과 인심을 그렇게 잃어버렸습니다. 이제 또 우리는 로마와 대제사장들의 계획을 넘겨보고 있는 기회가 되었는데 이때 좀더 현명해질 수 있는 길을 찾아야 하는데 또 이렇게 여러 의견이 나오니 할 말이 없습니다. 정치는 항상 기회입니다. 만약 대왕께서 다른 방법이 없으시고 다른 대신들에게서 그런 말만, 의견만 나오면 이제 저의 제안은 없었던 걸로 해 주서도 좋습니다. 대왕께 번뇌를 드림은 불충이 됩니다."

"그 당시 축하연에서 경호실 차장이셨던 장군께서는 왜 아무 말도 없으셨소? 그리고 그 좋은 계책을 대왕님께 말씀드려 적극 제지하지 않았지 않소?"

"나는 그때 경호실장이 아니어서 계책을 아뢸 위치나 처지에 있지 않았소이다. 그리고 왕비님이 그렇게 억울하시고 비통해 하시는데 누가 닥을 수 있었겠습니까? 하지만 지금도 나사렛 예수라는 새로운 종파가 생겨나고 있으니……."

왕이 손을 저으면서 말한다.

"아니야, 모세 라모스 대신의 제안은 묘안인데 이 사태가 좋지 않은 것만은 그래. 좋은 제안을 없던 걸로 하는 것이 대사가 아니라고……. 나의 가버나움지역에서 나사렛 예수가 사람들에게 감동을 주는 설교를 하고 있다는 정보는 올라왔네. 그래서 라모스 군사대신이 말하는 게 좋은 제안이긴 한데 이건 너무 시간이 없어. 왕이다 뭐다 하니 나라가 나누어져 군주가, 왕이 몇이나 있는데 또 더 생기나? 이건 안 되는 일이지. 소문이 어떻게 나든 그런 소문은 나도 방관하게 되는 나약한 사람으로 아켈라우스 형과 같게 되지. 형도 그렇게 민주적으로 하다가 제사장파에게 밀려나서 떠난 지가 27년이나 되었어. 세월이 그렇게 빨리 흐르나 봐. 우리가 예수를 감옥에 둘 수는 있겠지만 보호하고 있다고 제사장들이 군중을 동원하여 왕궁 앞에서 더 큰 시위를 할 거야. 결론을 짓자. 예수를 빌라도에게 돌려보내자. 그게 편안한 거야. 라모스 대신은 정말 군사 전략가이며 지략이 있소. 그러나 시대가 되질 못하고 예루살렘이 로마군의 점령치하에 있으니 이스라엘 명장이 되는 길이 막혀 있구만. 모세 라모스 군사대신, 훌륭하오."

왕은 회의를 파하고 접견실로 가서 왕명을 전하게 했다. 헤롯 안티파스 왕은 끌려 나가는 예수를 바라보았다. ('전송이라도 해야 하나?') 제사장단들은 예수를 데리고 오전 11시경 헤롯 안타파스의 왕궁을 나왔다. 많은 군중이 따라다녔다. 제사장들 일부 중에도 예수를 끌고 다니는 것에 대하여 심하고 못할 짓이라 했다.

"예수 선생도 이제 그만하고 타협하시오. 유감이다 하고 끝내지, 뭘 그러시나?"

다시 예수는 성전경비대의 호송을 받아 로마총독부로 끌려가게 되었다.

"다시 왔어? 점심때가 다 되었는데 정말 귀찮게 하네. 정치적으로 말고 정말로 죄명은 무엇이야?" 빌라도가 역정을 내었다.

"그런데 예수 이 작자는 사형이 겁도 안 나나? 십자가형이 어떤 것인지 모르나? 하나님 아들이라고, 기적을 행한다고 로마군이 십자가에서 못 박으면 못이 안 들어간다고 생각하나? 그때 번개가 칠 거라고 생각하나? 정말 이해가 안 되고 둔한 애가 아냐? 잘못했다고 하면 살기나 하는데, 왜 그러지? 유대 율법이나, 로마의 법을 못 보았나? 정신이 문제가 아냐? 안나스 고문인가 하는 사람은 영내를 떠나갔어? 그 영감 제대로 알긴 귀신같아."

"총독님, 안나스 고문은 벌써 나갔습니다. 군사법정을 여는 것이 좋습니다. 총독께서 면피를 하시자면, 집단적으로 결정되면 사형집행에 대한 마음의 부담을 줄일 수 있습니다. 그리고 유대 제사장 대표를 불러서 증언하고 공개하면 총독께서 심하다는 비난여론을 벗어날 수 있고 고발자와 대제사장측이 나중에 심판에 대한 도의적인 책임을 집니다."

"그거보다 한 수가 더 있어. 그게 바로 우리 로마가 비난을 피해 가는 방법이지. 내가 멋대로 사면하면 안 되지. 또 사형을 바로 집행해도 안 되고, 민중들의 자기들 뜻대로 하면 나도 비난을 면하지. 이스라엘과 제자장단을 보호하겠다는 안나스, 희대의 중재자!"

"총독님, 무슨 말씀이십니까?"

"동방에 격언이 있다지. '소규모의 움직임을 보고 대규모의 움직임을 미리 안다.' '수풀이 움직이면 그 숲 뒤에는 대군이 있다.' 등 말이지. 또 소규모 정세를 판단하여 대세를 미리 알 수 있단 말이지. 좋아, 재판 열어서 성전제사장들도 증인으로 고발자와 함께 출석하라고 일러라. 역시 안나스는 세상을 다 보고 있는 유대의 값으로 매길 수 없는 무한한 가치의 골동품 이상이구먼. 역시 유대의 전임 대제사장 할만 했구먼. 예측하는 것이 그대로네. 그 영감이 나이 많아 죽으면 아마 이 유대에 난리가 날 거야."

"왜 그렇습니까? 가야바 등 고매한 랍비들이 많은데요?"

"현명하게 중도적으로 수습할 수 있는 인물이 없어. 과격투쟁파들을 설득할 수 있는 위치에 있는 사람이 없어. 아직은 그 영감 말을 유대 이스라엘 사람들이 듣는데 그가 없으면 만년의 헤롯 왕이 죽었을 때처럼 왕자들 간의 안력과 권신들의 헤게모니 싸움으로 혼란이 왔듯이, 안나스가 죽으면 문제 있으니 우리 로마도 준비해야 돼. 혈기왕성한 젊은 유대 청년들이 점점 자라나서 계속 외국의 군사가 주둔하는 걸 참겠느냐 말이지. 나야 이제 로마로 돌아갈 때가 됐지만 자네들은 이 유대에 있으려면 준비해야 돼. 예루살렘의 전 지역 주변까지 합하면 인구가 50~60만 명인데, 우리 병력은 예루살렘 주둔군 제10군단을 주축으로 4개 군단인 1만 2천 명 수준인데 난리가 나면 시리아 군단까지 합쳐도 2만 4천 부족하고 다시 그들에게 예전과 같이 그들이 점령한 예루살렘 성을 다시 장악하려면 4배인 8만 병력 이상이 필요해. 그 안나스 영감이 질롯무사의 두목인 바라바보다는 예수를 살리고 싶은데 말을 못 하더라고. 질롯 애국단들이 수차에 바라바를 석방하라고 소요사태와 시도 때도 없이 유격공격을 하고 테러를 하니 제사장단측에서 우리에게 수차 바라바를 석방하면 소요사태를 일으키지 않도록 약속을 받아내겠다는 거야. 우린 바라바를 내줄 수가 없는데 너무 시끄럽고 시민들이 불안하니 바라바를 사면해 주었다가 또 그러면 이젠 잡아서 십자가형에 처하면 되는데 다시 잡기가 쉬운가? 내가 총독으로 너무 일하기가 어려워. 헤롯 안티파스와 만나 갈릴리 출신 바라바를 풀어 주기로 잠정 합의했는데, 안나스는 바라바를 석방하지 말고 죽이지도 말고 구금만 하 두었으면 하는 뜻도 있고 예수도 그냥 살려 두고 싶고, 질롯파당들은 무조건 바라바를 석방하지 않으면 계속 불지르고 다니겠다는 거니, 제사장들이 골치 아파서 이번 유월절 때는 가석방이라도 해 달라는 거지. 우리도 어느 쪽을 택해야 좋은지 모르겠다. 바라바를 사면하면 나중에 우리 로마군단 군사들로부터 불평을 들을 것이고, 예수를 사면하면 바닥 인심은 얻으나 제사장단과 질롯 애국단들과 제례의 여러 종파들로부터 로마가 비난을 당할 것이고……. 나도 모르겠다.

안나스, 그가 유대의 미래를 이미 생각하고 있는데, 바라바가 풀려나면 약속대로 한동안은 잠잠하겠지만 다시 질롯의 구심점이 생겨서 유대 독립당들의 세력이 크게 되니, 로마와 이스라엘군이 그들 예언서처럼 무깃도나 이 예루살렘에서 최후의 결전이 벌어질 것을 예상하나 봐. 안나스가 자기 가슴을 치며 자신을 끌탕하고 나갔는데, 바라바를 죽이고 예수를 살리고자 하면 자신이 유대에서 살아남겠는가. 돌로 맞아 죽겠지. 아무리 대 제사장을 했다고 했어도 말이지. 다시 말하지만 자네들도 이게 끝이 아니야. 여기서 로마는 미래의 전투를 준비하게나. 만약 바라바가 선택되어 살아난다면 제사장단에게 출석 통고나 보내게. 그리고 민중 재판이니 소요사태가 날지 모르니 보안군 외에 군사참모는 10군단 군단장에게 병력을 출동시켜 만일의 사태에 대비하라 하게. 그리고 무깃도 주둔의 6군단도 경계태세를 다시 점검하게 하고……."

"예, 총독님! 명령하달과 출석통고서를 보내겠습니다."

빌라도는 골치 아픈 이 재판을 민중으로 하여금 판단하게 했다. 그리고 이제 총독도 오래 하지 못할 경우가 다가오고 있었다. 티베리우스 황제가 노색이 들어 휴양지에서 거의 보내고 있고 로마는 원로원 중심으로 운영하고 있는데 후계자 갈리쿨라 황세자가 황제가 되면 총독자라든 뭐든 자리가 다 바뀔 건 당연하다. 그도 이제 대비하는 것이다.

필라도는 법정을 삼엄하게 열고 성전제사장단과 예수를 데려오라고 하였다. 예수가 끝려 나오자, 재판정에 빌라도가 호민관을 대동하고 들어왔다. 통역도 옆에 서게 하였다.

"모두들 기립하세요. 로마황제를 대리하여 본 법정을 유대 총독이며 최고 재판장이신 빌라도 총독께서 법정의 개최를 선언하시겠습니다."

"지금부터 로마법에 의하여 나사렛 예수에 대한 고발 사건을 심의한다. 이미 유대 제세장단에서 사형을 통고하여 왔으나 재심할 필요를 주장하는 청원이 있으므로 재심사하여 결정하기로 한다. 우리 로마가 여기 예루살렘에 주둔하는 이유는 여기 이 땅이 너무나 소란스럽고 피해가 막심하며 수많은 왕국이 이 땅을 침공하고 또한 우리 로마의 안전을 위협하는 곳이므로 세계 평화와 이 지역의 안전을 위하여 주둔하고 있다."

유대어로 통역관이 한 구절씩 통역하면서 그의 법정 개청연설이 계속되었다.

"그리고 이 지역에 자치권을 부여하고 협력하여 지금은 여러분이 국내문제를 제외하고는 별 문제 없이, 생업에 큰 지장 없이 종교활동을 하며 살고 있다. 그런데 누구가 누구를 재판했다는 것은 우리 로마가 모를 일이며 그대들 나라의 종교문제인데 우리는 관여하고 싶지 않아 너희나라 군주에게 보냈는데 우리 로마 보고 판단하라고 도로 데려왔다. 성전재판에서 했으면 그만이고 너희들이 말하는 왕이 심판하면 그만인데 왜 우리들에게 위탁하는지 알 수 없다. 우리는 하수인이 아니다. 이 피고 예수가 로마에도 반역하였다고 하는데 우리도 자동 개입되었다고 하여 우리가 관여하지 않으면 이 지역 책임자인 내가 임무를 저버리고 방관하여 로마황제의 명에 충실치 않은 사람으로 몰고 있으니 나에게 이 재판의 결과에 대하여 유대─예루살렘 시민 여러분은 불평할 자격이 없다. 즉, 할 수 없이 우리들이 재판하게 되었다. 우리는 이 재판의 성격상 민의, 백성의 뜻에 따라 진행 할 것이다.

성전제사장단에서 저 나사렛 예수를 고발하여 사형으로 선고하고 우리들 보고 최후결정권자로 형의 집행여부를 결정할 것을 요구하고 있는데 우리는 정당한 이유를 들어 보고 정한다. 그리고 피고의 의견도 참작한다. 그러나 유대민족 내부의 문제는 우리가 관여하지 않으나 로마에 문제가 있을 시에는 간섭할 수 있다. 이것은 로마와 유대 간에 합의한 협정에 의하여 원칙적으로 해결한다. 먼저 제사장단의 의견을 들어보자. 무엇 때문에 이 자를 사형에 처하고자 하는가? 그리고 형의 방법에 대하여도 정한 것이 있으면 말하라. 다시 명확히 말하지만, 우리는 법의 정당한 집행자이지 하수인이 아니다. 성전제사장단은 고발에 대하여 말하라."

"우리 성전제사장단은 그동안 수차례에 걸쳐서 피고인 나사렛 예수에게 경고하였소. 모세의 율법을 존중할 것과 유대 여러 사제단에 대해 비판을 삼가고 자숙할 것과 성전 정화를 빌미로 하여 일으킨 성전폭동에 대하여 관리청과 죄 없는 상인들에게 사죄를 하고, 성전을 관리하는 대제사장단의 위신을 손상시키고 피해를 입힌 것에 대하여 해명하고 보상할 것을 요구하였으나 불응하였으며 자신이 메시아, 구세주, 유대의 왕이라는 등의 소문을 방조하고 백성을 선동하여 유대 북부 갈릴리지역과 성스러운 이 예루살렘을 어지럽힌 자입니다. 구체적인 증거와 물증은 별도로 제시한 이 문서에 기록한 것과 성전제사장단에서 재판한 판결문을 첨부하였으니 참고하여 주시기 바랍니다. 형 집행은 로마법에 따라 처형하여 주시기 바랍니다."

좌중이 '우' 하고 웅성대었다.

"십자가형에 처하시오. 처하시오!"

"조용히 하시오. 성전제사장단이란 무엇이오?"

"성전제사장단이란 성전을 관리하는 단체로서 여러 단체들이 각각의 여호와를 섬기는 방식이 약간 다른 점이 절차상 있어서 여러 파가 각기의 구역을 가지고 성전을 관리하는데 그 제사장단과 그 위원회의 수장으로 이루어진 사제단이며 그 대표자들이 모인 단체를 말합니다. 이번 사건은 전 제사장단이 공동으로 발의하였고, 모든 지파들이 모여서 재판하여 예수의 사형을 판결하였습니다."

"그러면 무슨 지파가 그리 많소? 지파 이름을 대 보시오."

"문서에 기록되어 있습니다. 중요한 지파 이름은 바리새파, 사두개파, 엣세네파 등입니다. 그 외 성심파, 여호와 열성파도 있습니다. 모두가 뜻을 같이하여 합리적으로 그렇게 판결하였습니다. 이 여러 파들은 멋대로 파생한 것이 아니고 이스라엘 유대의 12지파에 근원을 두고 있습니다."

"알았소. 그러면 예수의 말을 들어 봅시다. 피고인 예수는 제사장단의 고발에 항변할 수 있으며 예수가 로마시민권이나, 명예시민권이라도 있으면 성전제사장의 판결은 무효로 할 수 있다. 로마는 자국민에 대하여 재판할 관할권이 있다. 로마시민인가? 아닌가? 그리고 할 말이 있으면 말하라."

"……"

"전도와 연설을 잘한다고 소문난 사람이 왜 답이 없나? 진술하라. 우리도 바쁜 사람이다."

"재판정이 너무 소란하여 말이 잘 들리지 않소. 소란을 피우는 사람은 물러나게 해 주시오."

"경비병, 방청석에서 심하게 떠드는 사람이 있으면 밖으로 내보내라. 중대한 심판이다."

"예수는 말하라."

"……."

"재판장님, 예수가 말이 없으니 저 예수에게 물어보시오. '네가 유대의 왕이냐?'고요."

"지금 말한 저자를 끌어내어 매우 쳐라! 법정과 재판장에 대하여 대신 행사하겠다는 모독이다! 예수는 들어라. 시간이 경과하면 그대로 집행될 수밖에 없다. 그런데 말도 없는 피고 예수, 왜 말이 없나? 조금 전 말한 자와 같이 그 말이 사실인가?"

"……."

"이런, 예수를 대신하여 변론해 줄 사람이 없나?"

"……."

좌중은 말이 없다.

"그러면 과연 예수, 마지막으로 묻겠다. 너는 먼저 떠들다가 쫓겨난 저 제사장 일행의 말과 같이 네가 유대의 왕이냐? 유대의 왕이 정말 맞느냐? 그래도 대답하지 않으면 먼저 물어본 사람이 정당하다고 보고 너를 그가 맞은 만큼 매로 치게 될 것이다."

드디어 예수가 말문을 열었다.

"성전사제단의 사람들이 말하고 그대가 말한 것처럼 나에게 그 말을 하는 것은 듣고 있으나 내가 직접 이 세상의, 유대의 왕이라고 선언한 적은 없다. 그들이 말한 그대로다."

"저런, 저런 자가! 말한 대로란 말이 뭐야?" 하고 좌중이 매우 소란스럽다.

"왕이란 말을 방임하고 있다는 말이다. 십자가형에 처하시오. 십자가형으로……."

"조용하시오. 다시 퇴장명령을 내릴 거요."

"이 세상의 왕이 아니라면 어떤 다른 세상의 왕은 되는가? 왕으로 죽겠다는 뜻이군. 자신이 무슨 소릴 하는지 모르는군. 말을 잘못 했으면 주워 담으라! 네가 엄청난 말을 했다. 죽기로 작정했나? 어떤 연유에서 그런 말을 하는가? 십자가형이 어떤 것인지 모르나? 고통도 연습이 아니다. 죽음도 연습이 아니다. 왜 죽음을 자초하는지 연유를 말하라."

"……."

"기가 막힐 노릇이구만. 대답도 안 하고……. 제사장단들, 이 사람을 정신이 있는 사람이라고 재판했소? 추방해 버리고 마시오. 매질해서 쫓아버리시오."

"아닙니다. 그래서 우리들이 사형으로 정하였습니다. 그를 따르는 자가 부지기수입니다. 매우 위험한 사람입니다. 성전에서 판결처럼 십자가형에 처하소서."

"이 경우 로마에서 진행되는 재판을 보면 시간을 두고 재판을 진행한다. 이런 황급한 재판은 없다. 반역이라면 오히려 추종자들도 체포하고 증거를 더 찾고 완벽한 재판을 한다."

"총독이시며 재판장이신 빌라도 총독님, 우리도 장기간에 걸친 내부재판을 나사렛 예수가 없는 가운데 그의 행적과 사회적인 영향을 평가하고 소환에도 응하지 않은 그를 체포할 수도 없었으며 수차 체포를 시도하였지만 군중과 무리들이 에워싸고 있었으므로 정당한 재판을 하기 위한 시간이 없었으나 최근 일어난 성전난동 사건으로 저 나사렛 예수는 성전정화로 자신의 주장을 합당화하고 있기 때문에 자칫 잘못하면 지난날 유다 가말리엘처럼 성전정화를 빌미로 더 큰 난동과 혼란이 일어날 가능성이 있으므로 거리의 불량자들까지 합세하면 성전 수비대와 유대군 병력으로도 막지 못할 수도 있습니다. 혼란이 계속되면 타국이 이를 기다려 개입하고 마치 로마의 노예 검투사 스팔타카스가 일으켰던 폭동과 같은 일대 혼란이 유대에 시작될 것입니다. 그러면 로마 군단도 움직여야 하는 초비상 사태가 올 수 있습니다. 그래서 우리는 초기에 이를 진압하지 못하면 삽으로 막을 것을 가래나 쟁기로도 막지 못할 폭동의 사태가 촉발될 수 있으며 곧 많은 나사렛 예수의 추종자들이 예루살렘으로 집결할 것이며 그의 왕국이 사실로 시작될지도 모를 일입니다. 여기까지만 진술하겠습니다. 로마제국도 알아서 하십시오."

"나한테 경고하는 거냐? 나중에 보자. 먼저 나사렛 예수는 진술하라. 시간이 많지 않다. 시간이 다가오고 있다. 할 말이 있으면 어디 해 보라. 제사장단에서 잘못한 게 있으면 항변 고소나 고발해라. 왜 말 못하나? 로마법정은 공평하다. 필요하면, 변호인이 없으면 로마법정은 국가에서 대신하여 호민관을 피고에게 붙여 주어서 대신 변론하게 할 수 있다. 왕이라고 했다 하니 변명하지 않으면 유대와 로마에 반역한 자이니 즉시 사형에 처한다. 호민관! 로마에 반역하는 자는 변호해 줄 수 있나?"

"반역자는 변호하지 않습니다. 호민관도 역적이 됩니다."

"나도 역적에 대하여는 사면권도 없다. 오직 로마황제 폐하만이 사면권을 가진다. 호민관! 로마에 반역한 외국의 왕에 대해 형벌은 무엇이 해당되며 어떻게 처벌하는가?"

"예, 그런 왕은 사형을 선고하고 참수하며 성문 밖에 효수하여 지나가는 사람이 보게 하며 그와 관련된 자는 모두 처형합니다."

"예수는 들었는가? 더 이상 묵비권을 행사하지 말고 말하라. 인정하고 왕으로서, 유대의 왕으로서 죽든가 말든가 말하라. 네가 유대의 왕이라면 너의 왕국은 유대 어디에 있나? 호구 수는 얼마이며, 백성의 수는 얼마인가? 그 왕국의 정책은 무엇인가? 로마에 대항하는 세력인가? 유대에 대항하는 세력인가? 협조하는 세력인가? 어디서 너의 왕국이 왔나? 지도상에 좌표를 말하라. 적대국이면 로마군의 밸리스타나 카타팔타 석포로 포격할 수 있다. 그 왕국의 기원을 밝히라!"

나사렛 예수는 천천히 앞쪽을 보며 묵묵히 듣고 있다가 고개를 들고 무슨 말을 하려고 불편한 몸을 움직였다. 그 많은 군중들이 모두들 숨을 죽이고 바람소리 하나 들리지 않는 듯한 정적이 있는 가운데 묶인 두 손을 약간 들면서 말하기 시작했다.

"내 왕국은 이 세상의 왕국은 아니다. 내 왕국이 이 세상에 있었다면 12군단이 있을 것이고 내 백성이 내가 잡혀가는 것을 보고 있지 않았을 것이며, 나 역시 잡혀 오지도 않았을 것이다. 내 왕국은 천국에 있으며 그 기원은 '사랑의 왕국'이다. 나는 사랑의 복음을 전하러 지상에 왔노라. 그리고 사랑의 마음을 찾고 기다리는 많은 사람들을 보았노라."

좌중이 '와' 하고 크게 놀랐다. 제사장단들도 놀라워했다. 그리고 사방에서 비난의 소리가 크게 들려왔다.

"왕국은 그러니까 없네. 상상의 왕국이네. 법정 모독이다. 재판장님, 재판할 필요가 뭐가 있습니까? 바로 십자가형에 처하시오."

"조용히 하라! 예수 선생, 사랑의 왕국이 뭐냐? 왔노라, 보았노라 중 이겼노라, 승리하였노라만 없네. 그건 우리 위대한 황제폐하이셨던 가이우스 율리우스 카이사르의 명언이시다."

하고 빌라도가 자리에서 갑자기 총독휘장을 들어올리며 일어나 앞으로 나가서 외쳤다.

"로마 10군단(LEGIO DECIMA FRETENSIS) 제군들! 하르~ 카이사르! 하르~ 율리우스 카이사르! 하르~ 티베리우스 카이사르!"

군중을 막고 총독을 호위하기 위해 도열한 로마군도 창을 들며 같이 따라 외친다.

"할~ 카이사르! 하~르 카이사르! 하르~ 카이사르!"

빌라도가 다시 좌정하면서 말한다.

"한 번 외치니까 시원하구먼. 그런데, 나사렛 예수, 너는 어디 우리 로마황제 폐하의

말을 인용하려 드는가? 너야말로 매우 똑똑하그 골치 아픈 자이네. 호민관! 저 예수의 생각을 정신 감정할 수 있나? 그래, 그대가 왔다, 보았다, 그 다음은 뭔가? 자기 재판 보러 와 있나?"

이 말을 들은 나사렛 예수가 거의 쓰러져 갈 정도가 되었다가 다시 꼿꼿이 서서 말한다.

"그 다음은 원수를 사랑하라. 그러면 승리할 것이다."

빌라도가 어벙벙하게 있자 이를 보고 있던 유스투스가 마크에게 말한다.

"적어라 적어. 빨리 기록하셔!"

"예수님이 빌라도에게 뭐라고 했어요?"

"로마어로 말하기를 '원수를 사랑하라. 그러면 승티할 것이다.'라고 말했네."

"저는 못 들었는데요."

"자기가 못 들었다고 예수님이 하신 말씀이 아니라는 거야?"

"저는 직접 들은 것만 적습니다."

("미치겠네. 내가 속기록을 너처럼 할 줄 알견 예수님 말씀을 글로 남기겠는데 말은 하

는 즉시 없어지니, 따라 쓰기가 쉽지 않고 쓰면 다음 말을 못 적고……. 나도 예수님 어록을 남기고 싶은데 글을 빨리 쓸 줄 알아야지. 아이고!")

민중들의 소란 속에 총독 빌라도가 역정을 내면서 말한다.

"어, 예수 선생! 별 소리 다 하는구만. 안 되겠어. 이러다가 나도 돌아버리겠네."

예수가 머리를 들고 다시 말한다.

"잠깐! 내 말을 다시 들어라. 사랑의 마음을 얻은 자들은 이제 이길 것이다. 승리할 것이다. 나의 왕국은 이 땅의 투쟁과 같은 세상은 아니고 사랑으로 충만한 세상의 왕국이다. 하늘나라가 바로 그와 같으니라. 청춘남녀가 사랑을 알면 기쁘듯이 서로 얼굴만 보아도 기쁘고 만나기만 하여도 기뻐하며 미소 짓는 것과 같이, 나의 말을 들으면 그렇게 기뻐할 것이며 기쁨을 얻을 것이다. 사랑은 남녀간의 사랑만 말하는 것이 아니라 부모가 자기의 아들, 딸들을 귀여워하고, 귀여운 말을 하는 것을 듣고 기뻐하는 일과 같다. 그리고 좋은 친구와 사귀고 지내는 것과 같다. 그와 같이 내 말을 들으면 세상 사람들이 서로 사랑하고 만나서 기쁘다고 하며 편안하고 사랑으로 살다가 죽더라도 저 세상에 가도 사랑이 있기에 영원히 죽지 않는다. 남녀가 서로 만나 좋은 부부가 되면 사랑으로 세상을 살며 나중에 생명이 다하여 이 땅에서 이 세상을 버릴 때도 그들의 사랑은 죽지 않고 영원하듯이, 세상이 사랑으로 충만할 때 이 세상은 저 세상으로 건너가도 영원히 존재하는 세상이 될 것이다. 나는 이와 같은 복음을 전하려 왔다. 내가 말하니 들어라. 로마가 로마 사람들을 사랑하듯이 세계 사람들을 사랑하라! 그러면 로마는 영원할 것이다."

순간 장내가 숙연하였다. 다시 군중의 웅성대는 소리가 더 크게 나기 시작했다.

"이제는 로마에까지 아부하고 영원하네 뭐하네 그러네. 이 예수, 안 되겠어."

다들 고개를 흔들었다. 장내가 크게 시끄러워지자 빌라도가 손을 들어 제어하며 말한다.

"그래서 그대가 사랑의 왕이냐? 왕이란 말을 쉽게 하네. 왕도 여러 가지가 있네. 그래 좋다. 유대의 사랑의 왕이 오셨다. 유대 성전 제사장 여러분, 제사장들께서 이 유대의 새로운 왕에 대하여 반론이 있으면 제기하시오! 우리 로마가 왕으로서 군사도 보유하지 않고, 국토도 없고 백성도 없고 신하도 없는 실체 없는 왕에 대하여 그대들이 주문한 대로 사형으로 처벌할 수 있소? 그러나 앞으로 실체의 왕이 될 확실한 증거가 있으면 법대로 중형을 집행할 것이지만 하루 사이 재판으로 결정하니 확실한 증거를 제시하시오."

"재판장님, 우리는 한 나라에 어떤 명목이든 두 사람의 왕을 두고 섬기는 적이 없으며 로마도 두 분의 황제를 동시에 모시는 일이 없을 것입니다. 만약 그러하다면 한 나라 안에 여러 왕으로 여기저기 왕으로 행세하고 지내지요. 우리 유대 율법은 이미 2,000년간 내려오는 명문의 법으로서 위대한 지도자 모세 선조께서도 감히 유대의 왕이라 하지 않으셨고 백성 위에 군림하는 것이 아니라 여호와만을 믿는 민족이 되었습니다. 우리는 이 땅에 두 사람의 왕을 둘 수 없으며 왕이라 칭하는 자는 어떤 명목이나 동기이든 국가의 질서를 어지럽히는 반역의 무리들이니 유대 성전재판에서 결정한 사항을 유대―로마의 협정법에 따라 법대로 시행하여 주시기 바랍니다.”

“와, 말대로 그대들의 나라는 훌륭하오. 내가 로마황제 폐하로부터 명을 받아 유대 총독이 되어 오면서 그대 나라에 대하여 알아보고자 역사와 그대들의 성경인 모세오경, 토라 번역문을 좀 읽어 본 적이 있소. 그대들의 조상인 아브라함은 군사전략에도 매우 뛰어난 사람이요, 소돔과 고모라를 유목민 민병대로 해방시켰다는 것은 매우 놀라우며 모세―여호수아의 전략은 후세에서도 참고할 만하오. 다른 이야기인데 또 이 자리에서 곁들어 말할 기회가 생겼는데, 내가 처음 총독으로 부임하여 왔을 때 로마시내처럼 예루살렘 신전 부근에 많은 여러 나라 문물이 있는 것을 보고 예루살렘의 거리를 문화의 거리로 만들겠다는 순수한 생각에서 미술품도 전시하고 조각상도 세우고 우리 주둔군 진영 근처에 살벌한 무기를 전시하는 대신 황제의 초상과 로마군 상징인 독수리 휘장을 정문에 걸었소.

그런데 대뜸 그대들 중에 과격한 자들이 우상이다 뭐다 하며 치우라고 목숨을 걸고 데모하고 거리를 뛰쳐나왔어요. 나는 그대들의 성경을, 그 중에도 창세기(2장 7절)를 보니까 그대들의 신인 여호와 하나님께서 진흙으로 사람의 조각을 만들고 굳히기 위해 불에 구웠는지 모르지만 인간의 형상을 조각하여 만들고 거기에 생명(공학)의 입김을 불어넣어 숨을 쉬게 하여 하나님의 아들인 아담을 만들었다고 쓰여 있고, 그 다음 몇 절(19절)에는 흙에서 각종 짐승들과 새들을 지으셨다고 하고 아담의 그 후손들이 여러분들이라 하는데 이건 당신네 하나님도 조각상을 만들고 입김을 넣어 사람을 만든 거 아니오? 만약 다른 나라 민족의 신이 이렇게 흙으로 형상을 만들고 사람으로 만들고 그 후손을 낳게 하고 동물을 지었다 하면 우상의 자식들이나 우상의 동물들이라 막 야단할 거요? 저 먼 동방에서 비단이 오는데 뭘로 어떻게 만드는지는 아무도 모르오. 군사를 멀리까지 파견하여 비밀을 알아오도록 로마가 노력하고 있지만 알아오지 못하고 있소. 지나날 카래에서 우리 로마의 크라사스 집정관이 전쟁에서 패하였는데 그의 아들 커불리우스가 군사들과 함께 돌아오는 길이 막히자 갑옷을 벗고 실크라도 찾아 알아오려고 먼 동방의 비단길로 나갔다고 했소. 역시 소식은 없었소. 그 동방에 주변국을 정벌한 무서운 황제가 우리 로마보다 큰 국토를 다스렸으며 이 나라는 도자기도 잘 만드는 차이나(Chine)라는 큰 나라며 그 나라 황제였다 하오. 변방에서 나온 소문에는 그가 많은 숫자로 도자기를 만들듯이 흙으로 실제 사람 크기로 만든 조각인, 토용군사를 만들었다는 소문이 있으나 전시용인지 무슨 목적으로 만들었는지, 그 중에 만든 토용군사 한 개라도 입김을 불어넣어 봤었는지는 모르나 산 사람의 병사 한 명이라도 만들었는지 못 만들었는지 아직 소식은 못 들었소. 그런데 그대들의 여호와 하나님은 한 방에 한 번 말아서 흙으로 조각상 하나만 만들었으며 한번 입김으로 아담이라는 사람을 만들었다고 그대들 성경에 쓰여 있소. 그가 '하나님의 아들이라'고 쓰여 있소. 백분율 대 성공이었소, 도자기 하나라도 무수히 깨지고 쉽게 안 만들어지는데 동방의 무서운 황제에 비하면 그대들 신이 더 창조적인데, 문제는 유대의 자기네 신이 하면 창조나 창작이고 다른 나라 신이 하면 우상이고 우작이요? 그리고 신에 대해 뭘 말만 해도 자기들 신을 모독한다고 하고 그래서 죽자 사자 우리 로마가 믿는 신까지 우상 숭배니 뭐니 하며 죽기 살기로 항의하고 치우라고 하였소. 그때 나도 이 우~의 자~들이 아니냐 라고 화가 났지만 지역의 평화를 위해 참았소. 지금 저 나사렛 예수가 신을 모독했다고 지금 이러는데 나도 그 기분을 알겠소. 이제 보면 우상이란 말은 사뭇 자기 아닌 남이나 남의 나라를 공격하는 정치적 용어로도 이용하는 거 같소. 지금 그대들의 바리새파도 사두개파가 대다수인 시대에 그대 나라 시민들이 키워 준 정당 정파라는데 그때는 생각 못하고 무조건 남이 하면 신을 모독한다고 하니, 더욱이 다른 나라를 그렇게 몰아붙이면 그대들 나라도 남의 문화를 이해 못하는 경우가 되오. 이러다 언제 한 번 그대들이 임자 만나면 큰일날 거요. 그러면 왜 우리 땅에 그런 것을 전시하느냐인데 세계는 세계의 질서상 어쩔 수 없이 정치적으로 움직이는 것이오. 그대들 조상은 메소포타미아에서 왔소. 그리고 모세 때 그대들의 선조들이 이 가나안에 무력으로 밀고 들어오지 않았소? 이 세상의 땅은 세계 사람들의 땅이요, 우리 로마시내에도 옛날에는 다른 민족이 있었소. 그런데 이제 보시오. 저 예수가 '하나님의 아들이다, 하나님의 독생자다'라고 제자가 말했다 하고, 그 외 '구세주다, 그리스도다' 하는 등 소문이 나다닌다는데 그대들이 그건 여호와를 모독하는 말이라고 이 난리 아니오? 아, 그걸 한담으로 여기든가 또 실제로 그런 건가 하는 것은 사람들의 자유스런 생각인데 당신네들도 이해가 안 되고 용납이 안 되니 지금

이 재판하는 거 아니겠소? 그런데 추종자는 하나도 안 잡고 예수만 잡았는데 그대들도 합리적이고 참 인도주의 사람들이오. 그러면 저 예수는 진흙에서 나오지 않고 여자의 몸에서 난 하나님의 아들이라고 하면 앞으로 여기에는 두 종류의 사람들이 있게 되겠소. 흙에서 먼저 나온 하나님 아들들과 여자의 몸에서, 그것도 처녀의 몸에서 나중 나온 하나님의 아들 말이오. 왜 그대들은 남이 하면 우상이고 자기들이 하면 창조인지 설명할 것과 그러면 예수는 뭔지와 내가 당시 조각상을 만들어 거리에 전시할 수도 있는데, 왜 그 당시 과격한 사람들이 그렇게 우리를 우상이나 만드는 사람들로 멸시했는지 유식한 율법자가 있으면 비교 해명해 보시오. 옛날 그리스 알렉산더 대왕시대 때 박트라에서 인도의 승려들과 박트라 주둔군 총독인 밀린다스 총독이 인도의 종고에 대하여 나가세나라 이름하는 유명한 고승, 승려와 문답(Q & A)을 하는 평화적 공개 대담이 있었다 하는데 그때처럼 내가 지금 여러분과 한가로이 대담하고자 하는 때는 아니고 이 기회에 재판 과정에서 질문하고자 하는 바이오. 그대들의 충분한 설명이 없으면 저 예수의 십자가 처형도 집행중지

▌▌ 마사다 요새를 포위 공격하는 로마제국의 공룡과 같은 거대한 목마 ▌▌
(사해 서쪽 마사다 요새 정상에 있는 옥외 노천 전시장, 마사다 성벽이 터진 지점)

명령을 할 것이오. 내 이름, 빌라도가 저런 유별난 청년 하나 죽여서 훈장 따나? 뭣하러
특이한 말하고 다닌다고 사람을 십자가까지 데려가는가? 유대 시민들 중에는 아주 온건한
사람들도 많은데 무슨 과격한 집단도 있는 것 같소. 그리고 성경에는 별것도 다 쓰여 있
던데, 예를 들면 창세기 야곱조상 편에 야곱이 쌍둥이 형제 중 둘째인데 어머니 태중에서
형제가 싸웠다든지 형의 발꿈치를 야곱이 잡고 나왔다든지, 어떻게 뱃속 어린아이의 조그
만 손으로 형의 발꿈치를 잡고 나왔다 해서 야곱인지, 또 뱃속에 사내 아들 둘이 들어 있
다는 것은 어떻게 성별을 감별했는지, 이런 식은 너무 비약한 거 아니오? 그대들은 나중
에 나온 야곱의 후손인 12지파로 주류를 이루고 그를 이스라엘의 중시조 기원으로 썼소.
그래서 나도 그걸 읽어 보고 12지파의 기원을 알고 있소. 그건 어떻게 보면 그대들의 멋

▌ 마사다 요새를 공격한 로마군단의 공격 경사로(Roman Assault Ramp) **▌**

[토성을 쌓아 요새의 성벽으로 접근하였다. 토사 밑에는 나무로 목책(Grillage)을 격자로 사방으로
엮어서(Grill working) 그 사이에 토사와 자갈을 붓고 바위를 잘라 끼워서 다지며 성벽으로 오르
는 경사(Ramp)를 만들었다. 이 길로 거대한 목마를 끌어올려 마사다를 함락시켰다. 이미 유대 방
어군은 모두들 자살하고 몇몇의 부인과 아이들이 남아 있었다. 인공 경사로(Ramp)가 비바람에도
쓸려 나가지 않아 2,000년간 보존되고 있다.]

있는 조상들 이야기(부인들이 몇 명이나 되냐)고 그리스 신화와 같은 문학상 창작이라고 신의 창조란 개념처럼 생각할 수 있소. 그러한 창작은 나중에 문명이 발전하면 이루어지는 수도 있소.

트로이 전쟁의 트로이 목마가 사실상 있었는지 없었는지는 모르나 그 후 트로이 목마 같은 집채만 한 공격용의 높은 탑을 만들고 성벽을 내려다보고 넘어서 성벽을 공격하고 있소. 근대 전쟁에서는 수백 기의 트로이 목마를 성벽에 갖다 부치면 함락되지 않은 성벽이 없소. 창작은 현실이오. 그리스의 호머의 일리어드 오딧세이가 그것이요. 그대들이 시도 때도 없이 말하는 우상숭배란 개념 말이요, 남의 나라 것을 무조건 우상이라 그러면 그대들은 다른 민족에게 따돌림당하고 소외되니 즈의하시오. 여러 말할 것 없이 좀 전에 내가 질문한 것에 대해 해명하시기 바라오. 같은 일인데 그대들의 신이 하면 창조행위고 다른 나라 신이 하면 우상 만들어 짓기라는 주장 달이오. 어디 고매하신 율법자 없소? 잘 설명할, 우리 이방인들이 납득할 설명 못하면 그대들도 저 여러 주장을 하고 있는 나사렛 예수와 같고 다른 민족들이 보기에도 우상이나 믿는 같은 사람들이오. 예수가 무슨 죄요?"

"뭘 설명하라는거요? 뭘 장황한 이야기나 하고, 통역의 말이 더 어려워."

하고 다들 웅성거렸다.

"무슨 설명하라는 거요? 군중들의 소란에 무슨 말인지 들리나? 좀 조용하자고."

빌라도가 말을 마치자 모두들 갑자기 조용해진 가운데 한 사람이 제사장들 속에서 일어나 말한다.

"총독님, 답할 사람이 나오지 않는데 제가 잠깐만 말하겠소이다."

"그대 고매하신 랍비라면 이름을 말하시오. 기록을 하겠소."

"지나가는 네겜 사막의 나그네입니다. 저의 이름의 내역이 길어 한나절이 걸립니다. 히브리어로 말하자면 나의 이름은 '아브라함은 이삭을 낳고 이삭은 야곱을 낳고 야곱은 르으벤과……'"

"아, 그만 하시오. 그게 다 이름이요? 족브를 대는 것 같구먼. 별 이름도 다 있네."

"(족보라는 것을 아는 것 보니 읽긴 읽었구만.) 그러면 이름은 생략하고 말씀드리겠습니다. 우상이란 개념은 조각상을 만들었다고 무조건 우상을 만든 것은 아니오. 아, 물론 조각상을 만들면 무조건 우상을 만들었다고 비난하는 유별난 사람들, 율법자들도 간혹 있습니다만 그런 사람들의 주장은 아니고 잠깐 설명하겠습니다. 우상은 인간이나 동물의 조각상을 만들고, 여기까지는 하자 없고, 만든 후 그 조각상에 재물을 갖다 바치고 그 조각상을 직접 숭배하는 행위를 시작하였을 때 비로소 그 조각상이 우상이 되는 것입니다. 우상은 인간, 동물을 비롯하여 물건이나 표시도 우상으로 취급될 수 있습니다만, 그 대상물을 목적으로 하지 않고 상징으로 여기는 국기나 군사군기나 아침에 식사할 때 빵을 앞에 두고 기도하거나 할 경우 그것은 나라나 하나님에 대한 기도이므로 국기나 빵이 우상이 될 수는 없습니다. 그리고 하나님 제단 앞에 희생양을 받치고 기도하는 것이 죽은 양을 보고 절하는 것이 아니며, 하나님께 감사하고 곡식과 육식을 주신 하나님과 이를 기른 여러 사람들의 노고와 시설을 만든 사람들에게 감사드리는 것입니다. 유대 이스라엘은 우상이란 말을 동원하여 정치적으로 다른 나라를 공격한 적은 없으며 평화를 사랑하고 하나님을 공경하는 민족입니다. 우상이란 것은 다만 민족 내부에서 오직 여호와 하나님을 믿는 견지에서 어떤 자가 개인적으로 하나님을 조각한다든지 그림을 그린다든지 하는 것은 그것이 하나님의 실체가 아닌 개인이 만든 것이며 하나님의 진실한 모습도 아니며 그림도 아니므로 더욱이 그것 중에 특정한 조각상이나 잘된 그림을 따르면 민족이 분열하므로 그것이 우상으로 되기 때문에 못하게 하는 것입니다. 하나님께서 땅의 티끌과 진흙으로 사람을 만드시고(창세기 2장 7절) 대자연의 힘인 위대한 하나님의 숨결을 생기로 불어넣으시고 오장육부를 하루아침에 만들어 하나님의 아들 아담을 창조하신 것은 상징적 의미이니 옛날의 하루는 지금의 100만 년도 될 수 있습니다. 하루에 태어나서 하루에 죽는 하루살이도 있고 일찍 태어나고 일찍 죽는 사람도 있으며 오래 사는 사람도 있습니다. 창세기 5장 27절에 나오는 므두셀라(Methuselah)는 969년을 살았다고 합니다.

태고 때의 지구의 하루는 얼마였는지 모릅니다. 사람도 10개월 만에 태어나므로 10개월이 지나면 한 살이라 했었는데 12개월이 일 년이라는 과학적 증거로 12개월이 한 살이 되었고 옛날에는 120살을 살았다면 지금의 나이 100살밖에 안 된다는 이야기도 있습니다. 이제 피고 나사렛 예수의 재판을 앞두고 종교의 문제가 야기된 점은 모두에게 유감입니다. 우리 제사장단에서 상인들에 대한 변상문제는 다소 대리변상을 고려하기도 했었습니다. 나사렛 예수문제로 오늘 유대에 일어난 이 사건에 대해 민족으로서 해결치 못하고 로마의 법정까지 오게 된 점과 일부 과격한 종교해석에 대해서는 모두 유감으로 생각합니다. 각별하신 총독께서 양해해 주시기 바랍니다."

"뭐 좀 시원한 이야기 설명으로 들리긴 하네요. 대충 알겠소. 그쪽은 알겠소. 이제 나도 나사렛 예수에 대하여 주문하겠소. 피고 나사렛 예수는 들어라. 이쯤 정도로 끝내고 제사장단들에게 사과하고 변상할 것은 변상하고 비용은 성전 관리청에서도 평상시 질서를 잡지 못한 점도 있어 대리 변상도 좀 하겠다. 그러니 합의하여 끝내는 것이 어떠하신가? 우리 로마 갈릴리 군단에서 그동안 거의 3년간 여론 조사하여 나한테 보고해온 것을 보면, 보고서는 말이지 첩보와 정보가 있네, 첩보를 정리한 것이 정보라고, 하여간 우리 정보장교와 정훈장교가 보고한 것을 민정담당 호민관이 이 종교적 문제에 대해 학문적으로 분석해서 최종 정리한 건데 아주 주목할 만한 내용이 많아요. 그대의 주장에 대해 우리는 대충 파악하고 있어. 이 기회에 말하지. 여론 보고서는 이렇다네. 일부 유대 사람들이 말하기를 예수는 바알세불이 지폈다는 거야. 그게 이해가 안 가서 무슨 말인지 알아보니 이 중동지역의 기존 종교인 바알교와 알렉산더 대왕이 인도에 갔다가 그곳 박트라 부근에서 묻어 전파되어 들어온 인도의 종교인 세불교 사상과 합친 '바알세불'이라는 점과 여기에 유대의 여호와 하나님 종교를 합친 여호와―바알―세불, 세 개의 종교계를 합친 종교사상과 비슷한 점이 있다는 거야. 세 가지를 합치면 '세 가지 종교사상을 다 가지라는 것이 되고 세상 사람들은 서로 사랑하라'는 사상이 나온다나? 그래서 원수도 사랑하란 말인데, 여태까지 예수의 진술을 들어 보니 우리 호민관의 분석이 비슷한 것 같아. 그런데 나사렛 예수의 종교문제가 왜 문제가 되나? 원수도, 적도 없는데 웬 십자가형이지?"

"……"

"대답이 없네. 하여튼 뭔가 말렸어. 그런데 그대가 바알세불의 힘을 얻어 가지고 귀신을 쫓아내고 있다고 바리새파들이 주장하자 그대가 아니라고 반박한 사실이 있다는데(마태복음 12 : 24~26), 그러면 아닌 것도 같고, 이런 이야기가 맞아? 세 가지의 종교적 힘이 합쳐지면 대단할 텐데. 그 힘 믿고 그대가 여태까지 버티는 건가?"

"……"

"그런데 여기에 또 한 가지 더, 너의 독특한 주장이 있다는 거야. 그건 나중에 이야기하고 이 정도 되면 세 가지 종교계가 전부 환영할 거라고 그대가 생각하는데 그리 생각하는 사람도 있지만 세 가지 종교계가 전부 반대하는 수도 있어. 세상이 뜻대로 되나? 그대의 주장이 이쯤 되었으니 충분히 법정에서 유대 사람들에게 알려졌고 뜻을 밝힌 것 같아. 이제 그만하지 않겠나? 한 가지 남은 주장은 나중에 하세나? 이 유대 사람들은 절대로 타종교와 타협하지 않네. 십계명이라네. 먼저 내가 제사장들에게 언뜻 이야기한 내용 중에도 그대 주장이 있지 않은가? 그리하시게 미래의 젊은 유대 랍비 후보자 예수 선생."

빌라도가 말하자 좌중에서 제사장들이 들고 일어났다.

"나머지 한 가지 주장에 대해 예수는 밝히라! 우리도 알고 있다. 입장을 밝히라!"

"나는 내가 한 말 그대로다! 그 이상 말할 게 없다." 하고 예수가 단호히 말했다.

"아이구, 이런……." 하고 다들 야단했다. 빌라도가 다시 말한다.

"내가 너희들한테 묻고 있는 것이 아니고 예수에게 묻고 있다. 예수가 뜻을 굽히지 않고 있다. 자신이 그 큰 힘을 가졌다고 생각하는지 자기가 그렇다는데 할 수 없지 뭐. 대단한 사람이야. 이제 제사장들 여러분, 잘 결정하시오. 꼭 저 대단한지, 담대한지 하는 예수를 죽여야 하는 거요? 종신토록 감옥에 가두어 두고 담대한지 볼 수도 있고, 아니면 나중에 사과하거나 뉘우치면 또 참작할 수 있는 때가 있지 않겠소? 그대들은 너무 급하지 않소? 이 사람이 성전을 접수하거나 파괴한 것은 아니고, 다만 성전을 청소하였다고 하는 정도라고 보는 여론도 있고, 성전청소든 성전파손이든 문제가 생긴 것은 사실인데 신중히 생각해 볼 수 없소? 인정하면 십자가형보다는 종신형으로 감형하리다."

"잠깐! 총독님, 우리도 무엇이든 좋은 방향으로 하고자 하는 것은 사람인 이상 그런 방법을 할 줄 압니다. 청소냐, 파손행위냐 하는 문제는 이미 그 행동에 참가한 사람들이 과격함을 넘어서 폭동으로 유발되기 직전입니다."

"자꾸만 옆에서 튀어나와 이 재판을 간섭하면 재판을 중지시키겠다."

"예수에게 십자가형을 주문한 것은 바로 생명을 없애자는 것이 아니고 약간 시간을 두는 의미도 있으며 다소 사전경고의 의미가 있는데도 불구하고 오히려 나사렛 예수는 자청하여 십자가형을 받기라도 하겠다는 식으로 이렇게 돌출하여 나오고 무슨 대단한 힘이 배후에 있는지 자기 행위는 정당하다며 사과하지 않으므로 피해자들이 계속 고소장을 성전에 제출하고 율법사들이 문제를 제기하므로 우리가 그렇게 재판할 수밖에 없습니다. 우리 내부에서도 십자가형에 반대하는 사람들이 있습니다. 그리고 먼저 말한 우리 율법사 가말리엘 선생이 말한 것처럼 현장에서 피해본 사항을 전부 예수와 그 추종자들에게 물리면 감당을 못할 것이 사실이므로 일부는 제사장단에서 대리 변상을 좀 내어 주고 해결하자는 의견도 있었습니다만, 재판을 열어 보니 무슨 율법 토론시간이 되었고 예수는 조금도 토론에 지지 않았습니다. 더군다나 예수는 바로 지금처럼 잘못이 없다는 것 아닙니까? 당연히 책임도 없고 하나님을 위해 자신은 잘했다는 겁니다. 담대하게 말이지요. 저희들은 총독께 '저 예수를 제발 좀 죽여 주시오.'라고 호소하고 있는 것이 아닙니다. 우리 나라 시민이며 젊은이를 왜 죽여 달라고 이방인에게 호소합니까? 대다수 성전재판장들이 예수측이 사과도, 재발 방지도 안 하겠다고 하는 바람에 율법토론에서도 날이 새는 시간으로 밀리고 할 수 없이 대다수의 의견을 들어 결정하였습니다. 하나님을 내세우며 새로운 율법이라고 밀고 들어오는데 누가 그걸 계속 답변만 하고 있겠습니까? 이 사건으로 모두들 부끄럽게 생각합니다. 오늘은 안식일 예비일입니다. 시간이 없습니다. 이제 빠른 결정을 기다립니다."

"그거 잘 말씀하셨소. 당신네 재판관들의 대다수의 의견이 그렇다면 나는 보통의 유대 시민들도 그렇게 생각하는지 알아보아야 하겠소. 그러면 백성들이 결정하면 되겠소이다. 공개 재판을 열고 백성의 뜻에 따라 정합시다. 이미 유월절을 맞이하여 사형수를 사면할 대상자가 이미 당신들의 청원으로 우리에게 올라와 있소. 당신들은 누군지 알 거요. 이제 한 명만 사면하는 조건이니 두 사람 중에서 유대 백성들이 선택하게 합시다. 그것이 가장 공정한 재판이 될 거요. 이의 없소? (사실 이 방법은 그대들의 유명한 유대 제일의 율법자 한 사람이 제안한 건데, 이름은 말하지 않겠소.) 좌우간 이 방법이 아주 좋겠소. 재의 없소?"

"……."

소란 소리만 진동하였다.

"피고 예수도 동의하는가?"

"……."

"도무지 말이 없군! 재판을 산회하고 점심 후 오후 1시에 공개재판을 열 것이다. 점심 먹고 합시다. 점심이 제맛이 나겠나? 오후 재판을 계속하겠습니다. 산회합니다."

산회를 선포하는 의사 진행봉을 친 빌라도는 법정을 퇴청하였다.

"총독님, 대단한 명판결이십니다. 총독께서는 양측으로부터 비난을 받지 않게 되셨고 유대 예루살렘의 시민 백성들이 정할 터이므로 자유로워지셨습니다."

그때부터 유대 주둔군 로마군의 총독부 앞뜰 재판장 주변에는 많은 사람들이 모였다. 벌써 먹거리 좌판도, 갖가지 상품판도 노상 상인들이 끌고 나왔다.

예루살렘 지엔에스(GNS)특파원들은 앞으로 있을 판결과 십자가형이 있으면 골고다 언덕에서 행해지므로 마실 것과 포도주 등을 준비하고 짐을 싸서 오후 점심 후 열리는 재판정에 다시 가기로 했다.

"중요한 재판으로 누군가가 죽음에서 구하여지며 누군가는 죽게 될 것이다. 보러 가자."

"누가 살게 될 건가 내기 걸자."

드디어 재판이 재개되는 오후 1시가 다가와서 총독부는 총독부 앞에 공개재판정을 열었다. 재판정 앞에 병력을 밀집 배치하고 총독 빌라도가 설 위치에서 좀 떨어져 우측에 나사렛 예수를 세우고 좌측에는 유대 독립당 주석이며 독립투쟁을 일으켜 로마군 막사를 부수고 로마보안군을 살해한 혐의로 체포되어 사형선고를 받은 바라바를 세우고 주위에 경계병을 삼엄하게 둘러싸게 하였다.

드디어 나팔 소리가 들리며 총독 빌라도가 중앙의 재판장자리에 좌정했다. 통역 전담 호민관이 옆 우측에 섰다. 총독 빌라도가 일어나 말한다.

"예루살렘 시민들과 유대 사람들은 들어라. 오늘 유대의 명절 유월절을 맞이하여 로마 황제 폐하께서는 죄인에게 특별사면을 실시하고 범죄자에게 다시 한번의 기회를 주어 다시는 소요를 일으키지 않고 생업에 열중하며 평화롭게 살아가기를 희망하는 견지에서 전례와 같이 사형수를 사면하고자 한다. 다시 한번 더 말하지만 우리 로마군이 예루살렘에 와 이곳에 주둔하는 이유는 이 지역을 수많은 이민족이 이름을 바꿔 가면서 너희 민족들을 유린하고 잡아갔으며 혼란과 분란이 끝이 없고 여러 다른 민족들이 공동으로 모여 살고 있어서 분쟁이 끝일 날이 없는 지역이기 때문에 이 예루살렘의 평화를 유지하고 질서를 지키기 위해 우리가 와 있다. 우리가 있기에 다소나마 평화가 유지되고 있다. 과거를 회상해 보라. 얼마나 많은 외국의 민족이 너희들을 괴롭히고 갔나? 우리는 이 지역의 평화를 위하고 또 변방에서부터 우리 로마의 안전을 위하여 여기 주둔하고 있다."

"우~ 우~ 우~" 하고 야유가 들끓었다. 빌라도가 손을 들어 조용히 시키고 계속했다.

"우리 로마는 티베르 강가의 조그마한 마을 로마에서 출발하여 세계 최대의 제국을 세웠다. 로마는 하루아침에 일어나지 않았으며 예루살렘도 마찬가지다. 로마 도시는 수없이 많은 이민족의 침입을 받았고 유린당할 때마다 침략자를 격퇴했다. 로마에 살고 있는 것이나 예루살렘에 살고 있는 것이나 어려움과 고통은 마찬가지다. 여러분은 이 예루살렘을 평화스런 도시, 낭만이 깃든 도시로 만들어야 한다. 우리 로마제국의 수도 로마는 인류문화의 유산이다. 예루살렘도 너희 유대민족의 유산이며 역사적 도시다. 우리는 여기서 우리 로마제국의 힘으로 평화를 유지하고 있다. 예루살렘을 매일 사람을 죽이고 죽는 장례식의 도시가 아니라 행복한 천국의 도시로 만들기 바라며 평화가 있는 고요한 도시가 되길 바란다. 그런데 근래에 왜 그런지 소요사태가 많이 생기고 있다. 우리 로마는 이 중요한 예루살렘을 조용하고 상업으로 활기를 가지는 도시가 되길 바라지만 일부 폭력집단이 소요를 일으키는 것은 우려하지 않을 수 없다. 예루살렘을 위태롭다고 보는 사람들이 많다. 이것은 예루살렘의 장래에 좋지 않은 징조이다. 이러한 사태를 미연에 예방하고자 많은 사람들이 노력하고 있다. 여기가 분쟁의 증심이면 예루살렘은 언젠가는 분쟁으로 망한다. 이 경고는 너희들 선지자들이 수없이 예고하고 있다. 이것은 너희들의 율법자들이 더 잘 알고 있다고 한다. 나 오늘 또한 마지못하여 너희들의 요청에 의하여 사람이 죽고 사는 재판을 하기에 이른 것을 심히 유감으로 생각하며 이제 재판을 시작한다. 그러나 사면의 선택은 여러분들에게 있으며 여러분들이 선택하라. 나는 오늘 재판에 아무 책임이 없다. 여러분들의 유대 율법에는 일하기 전이나 손님 접대하기 전에는 손을 깨끗이 씻는다하니 나도 오늘만큼은 이 재판에 깨끗한 판결이 이루어지길 바란다. 물과 수건을 가져오라."

로마관리가 물그릇과 길고 넓은 흰 수건을 가지고 와서 대기했다.

"여러분은 우측을 보라. 여러분의 우상과 같은 존재인 독립투사라 자칭하는 바라바가 서 있다. 너희들은 그를 민족주의자로 투사, 지사라 하나 폭력의 수단으로 너희 나라를 통치하겠다는 개인적 야망도 있으니 여러분 스스로가 경계할 자인데 석방을 요구하고 있다.

너희들 율법자 중에도 저 바라바의 과격한 행위를 경계해야 한다고 주장하는 사람들이 많다. 좌측을 보라. 거기에는 유대의 정신적 미래 세계, 사이버 왕이라고 칭하는 것을 방임하고 설교하고 다닌다는 나사렛 예수가 있다. 이자는 지난번 성전집회 난동사건의 주동자로 혐의를 받고 너희 시민들과 율법자들과 성전 제사장단이 고발하여 십자가형 처형을 판결하고 나에게 형 집형 가부를 결정해 줄 것을 요청하고 있다. 나도 판단하기 어려우니 내가 누구를 형 집행 면제하여 살려줄 것인가를 너희들이 둘 중에서 선택하라. 둘 중에 누가 석방되든 석방된 자는 더 이상의 폭력 투쟁과 종교 논쟁을 중지하고 너희들 말대로 회개하고 참회하고 살아가기 바란다. 너희들은 누구를 석방해 주길 원하느냐?"

"바라바를 사면하시오."

"아니오. 나사렛 예수를 사면하시오."

"나사렛 예수는 유대의 왕이라고 자칭했소. 그는 반역자이다. 유대의 반역자, 로마에도 반역이다. 그러므로 나사렛 예수를 처형하고 바라바를 사면하시오."

"한 사람만 손들고 일어나서 정확히 들을 수 있게 말하고 다른 군중들은 조용하라."

한 율법자 차림을 한 자가 손을 들어 빌라도에게 발언권을 얻어 일어난다.

"나사렛 예수는 유대의 정신적 사이비 왕이 아니오."

"유대의 정신적 왕이라 했는데 너희들이 이자에게 정신적으로 반역하는 것은 아닌가?"

"유대에는 인간으로 정신적 왕은 없으며 지금도 없으며 앞으로도 없으며 하나님 여호와만이 유대의 정신적 왕이로소이다. 하나님 여호와 외에는 어떤 정신적 왕이 있을 수 없으며 여호와 말씀 외에는 어떤 정신도 없으며 정신이 어떻고 하는 자는 유대의 정신에 대한 대반역이며 하나님께도 반역한 것이니 두말할 것도 없이 무거운 형벌인 십자가형에 처하여 다시는 그런 말이 나오지 않게 하여 주시오."

군중들이 소리치기 시작했다.

"만약 총독께서 나사렛 예수를 사면하심은 왕이라고 자처한 자를 인정하는 것이니 로마에 대한 반역이오."

"스스로 왕이라는 저 예수를 사면하신다면 로마총독도 로마에 호송되어 재판을 받을 것이외다."

"바라바 때문에 너무 많은 사람이 죽었다. 로마군도 죽고……."

"바라바가 살아 있을 동안 많은 사람들을 선동해서, 또 많은 사람들이 연류되어 죽을 것이다."

"바라바는 영웅주의다. 죄 없는 나사렛 예수를 살려라."

"어떤 놈이냐?"

재판석 앞은 난장판이 되었다. 누가 유세몰이를 계획했던 같다.

"조용하라. 다시 한번 묻겠다. 살려줄 사람은 바라바냐? 나사렛 예수냐?

"바라바를 살려라."

"나사렛 예수를 살리라고 하는 자는 없는가?"

"……."

"나사렛 예수를 십자가형에 처할 것을 결정한다."

순간 주위가 심히 소란하여 함성과 시끄러운 소리가 지나가는 큰 무리의 새떼 소리와 같이 들리고 있었다. 소란 속에 로마총독 빌라도는 로마총독의 독수리휘장을 들어 뒤축을 판결방망이로 사용하여 세 번 두들기고는 소란을 피우는 군중들에게 다시 말했다.

"주목하라, 최후로 이 나사렛 예수를 십자가형에 처형하기로 결정한 데 대하여 이의가 있다고 반대하는 사람은 없는가? 예수를 위하여 목숨을 걸고 본 민의로 판결한 이 법정의 결정에 불복하여 그동안의 재판 주체에 대항하여 대리한 성전경비대장이나 이 최후의 판결에 이의가 있어서 이 공개 법정의 판결에 대한 이의로 결투로 재심을 상청하는 자가 있으면 나와라! 예수의 목숨을 구할 자칭 정의용사는 스스로 자신을 밝혀야 한다. 직업적 검투사를 고용해서는 안 된다. 용기가 있는 자만이 직접 재판에 도전할 기회를 준다. 진정한 용기를 가진 자가 지정 단체를 지명하고 결투를 요청할 경우에는 이 법정이 어디까지나 민중에 의한 재판법정이므로 그 결투 청원행위는 인정될 수 있다. 최후의 심판으로 너희들 신에게도 판단하고 선택할 기회를 주어야 하지 않는가? 결투의 결과로 예수측 투사가 승리하였을 때 약속대로 모든 원심을 파기하고 원심인 산헤드린에 돌려보낼 것이며 예수는 석방될 것이다. 나는 이 자리에 공정한 검투경기장을 제공하고 공정한 심판을 세울 것이며, 마지막으로, 최후로 저 나사렛 예수가 살 수 있는 기회를 주겠다. 도전하고자 하는 자는 지금 신고하라! 너희들 말대로 어떤 용사가 이기든 너희들 신의 뜻이다. 너희들 방식으로 재판하였으니 이 재판에 자신이 이스라엘—유대 천하제일의 용사이며 정의라고 도전하는 자가 있으면 나와서 말하라! 앞으로 세 번만 반복해서 묻겠다. 도전자는 없는가?"

"주위가 소란스러워서 무슨 말인지 안 들리오. 크게 말하여 주시오."

"무슨 말이요? 다시 말하여 주시오."

"예수를 위하여 본 법정의 판결에 불복하여 이 법정의 판결에 대항하여 검투로 결투를 청원하는 자는 한 사람에 한하여 기회를 주겠다. 용사가 있으면 손들고 앞으로 나와서 신고하라! 통역관, 다시 정확히 통역하라!"

"무슨 말이요?"

"말귀를 못 알아들었으면 끝이다. 재탕은 않는다. 내 말을 알아들은 자는 앞으로 나와서 직접 도전을 신고하라! 호민관, 잘 통역해!"

"뭘 어쩌라는 거야, 뭔 말이야?"

"없는가?"

"뭔 말인가? 검투사, 용사는 어떻고, 뭘 하라는 거야?"

"도전자는 없는가?"

“…….”

갑자기 잠잠해졌다.

군중 속에 섞여 있던 페트리엇 시몬이 사람을 헤치고 앞으로 나서며 차고 있던 칼집을 풀고 손을 들어 앞으로 나가자 뒤에서 누가 시몬의 손목과 칼자루를 잡았다.

“시몬, 그만두게. 예수 선생님이 일전에 나를 조용히 불러 비밀로 말씀하셨어. ‘혹시 재판에서 페트리엇 시몬이 칼을 빼면 나다나엘 네가 막으라.’고 하셨어. 제자들이 전부 다 죽을 처지에 될 수도 있다는 거야. 베드로 형님에게는 사탄이라 하셨지만 나와 자네에게는 참을 것을 주문하셨네. 형제여, 예수님 말씀이 이루어지지 않는 게 없네. 나도 이때를 노리고 있었네. 기드론에서 내 칼을 미리 계곡으로 던져 버려 없애셨지 않은가? 내가 새 칼을 샀으나 예수님 부탁으로 그 칼을 버려두고 왔네. 내가 이 유대 사나이들의 열정을 죽이고 왔네. 우리 참으세. 이제 보니 예수 선생님의 정확한 예견의 유언이야. 기가 막히는 일이네. 시몬, 참으세. 우리 나가지 마세.”

하고 나다나엘 바돌로매가 시몬의 손목과 칼자루를 잡고 놓지 않았다.

“바돌로매 형님! 이거 놓으세요. 제가 가야 할 천지대승의 기회이며 천지대패의 기회입니다. 제가 이런 기회를 어디에 얻겠습니까?”

“시몬 페트리엇! 그러면 우리가, 우리 신도들이, 예수님을 따르던 죄 없는 성도 여인들까지 전부 다 죽게 돼! 자네마저 탄로가 나지 않나? 가룟 유다를 보고 자네가 우리를 노출시키지 말라 하지 않았나? 저 빌라도가 우릴 일망타진하겠다는 거야! 네가 싸우다 죽기 시작하면 내가 또 가만 있어야 하나? 내가 또 싸우다 죽으면 베드로 형이 가만 있겠나? 또 형이 죽으면 안드레가 나설 거고, 우리는 차례로 그래서 전부 죽음으로 간다고 예수님이 말씀하셨어. 그러니 시작하지 말게. 이 사람아!”

페트리엇 시몬이 칼집을 잡아당겼지만 나다나엘도 벳새다 출신의 무사 검객이라 그의 손을 풀지 못했다. 앞에 있는 군중이 소리친다.

“아니, 제자들은 다 뭣하나? 자기들 선생님 살릴려고 하지 않고?”

“다들 무서워서 그런가?”

“아, 가이사랴에서 예수님이 이런 때를 대비하여 자기를 위한다고 칼을 들고 나서는 자를 사탄이라고 베드로에게 경고하셨나?”

빌라도가 마지막으로 말한다고 한다.

"호민관의 통역말도 잘 들었지. 도전하는 자 없는가?"

순식간에 시간이 지나갔다. 군중들이 뭐라그 소리치며 난장판이었다.

"호민관의 통역 내용이 뭐야? 더 못 알아듣겠어!"

"세 번씩이나 물었다. 그러면 없는 것으로 하고 오늘 재판판결에 이의 있는 사람이 전혀 없다고 본다. 십자가형 판결은 최종유효하다고 판결한다."

로마총독 본디오 빌라도는 최종적으로 세 번 판결 방망이를 두들겼다.

"뭘로 새삼 판결 방망이야, 도깨비 방망이야? 뭘 자꾸만 휘둘러대나?"

혼란이 계속되었다. 빌라도가 손을 들어 진정시키고 말한다.

"이제 완전히 재판을 종결한다. 목숨을 건 추종자들도 없구만. 가련한 나사렛 예수여, 자네를 최후로 구원할 자가 없네. 자네의 하나님도 천하제일의 용사를 보내지 못했네. 자네도 이제 마지막인가. 이것으로 끝나는가?"

(천하제일의 용사가 있었네. 너희들은 가말라, 마사다에서 이스라엘의 칼맛을 볼 것이다.)

빌라도는 손 씻을 넓은 물그릇과 수건을 가져오게 했다. 그는 손을 씻었다.

"나는 여러분이 보았듯이 여러분이 결정하였고 이의가 없다. 따라서 모든 기회를 주었었다. 재판은 공정하고 깨끗했다. 나하고는 이제 상관없다. 또한 이 재판은 로마와도 상관없다. 더욱이 바라바는 우리 로마를 적대시한 정치범이다. 그리고 로마군에게 피해를 입혔다. 로마군은 바라바를 살려주는 것을 반대하는 입장이다. 그럼에도 불구하고 나는 예루살렘 시민 여러분들의 압도적 대다수의 의견을 들어 바라바를 사면하고 나사렛 예수를 십자가형에 처하라고 했다. 나사렛 예수는 마지막 할 말이 있으면 하라."

"……."

대답이 없자, 빌라도는 손을 닦고 들고 있던 젖은 흰 물수건을 손으로 말아서 예수의 발 앞쪽으로 던졌다.

"말을 좀 하라, 말을 하라. (마지막으로 걸어갈 저 예수의 발을 저 수건으로 딱아 줄 신도도 없는가?)"

"……."

"바라바는 들어라! 다시 한번 여기에 잡혀오면 그때는 예수와 같이 십자가형이다. 잘 보고 다시 오는 일이 없도록 하라."

"끌고들 나가라. 재판을 종결한다."

"저 물수건을 좀 주어라. 고난의 증거이다." 서로 주워서 가시는 예수님의 발이나 딱아드리려는 생각을 한 사람이 있었을까? 좌우간 서로 주으려고 야단이다. 서로들 말했다.

"무슨 기념품으로 아나?"

"십자가 고난의 증거이다. 예수가 제자들의 발을 씻겨 주셨는데, 제자들은 하나같이 예수가 미리 예언을 하지 아니한 것이 없구나!"

"예수를 자기 몸으로 방어할 제자가 없구나."

"제자들 중에 무사가 있다 하던데, 예수가 이 일을 미리 예견하고 제자들이 나서는 것을 막기 위하여 베드로를 보고 사탄이라 했구만. 안 그랬다면 지금 가나안인 시몬 페트리엇이나 게바라—베드로나 여럿이 나섰을 거야."

"맞아, 예수가 자기를 위하여 칼을 들어 무력을 사용하여 사람을 죽이는 자는 누구든 사탄이며 제자가 아니라고 했지."

"그래도 그렇지, 사나이들이 한 번 붙어 보면 최대의 경기장으로 흥행이 될 터인데."

"순간적으로 빌라도가 제시한 거니까, 준비가 없었어. 다들 여기서 멀리 있거나, 주위가 시끄러워 못 들었거나 했을 거야. 우리야 가까이 있었으니 빌라도 목소리를 들었지만 사실 도전자가 나오면 문제가 되었겠지. 애석한 일이야. 우리 유대에 희망이 없어. 질롯의 무사들은 어디로 갔나?"

"모두 다 예수가 예견하고 조치를 해둔 거야. 대단한 위인이 바로 저 예수야."

"그래도 그렇지 제자들이라면 뭔가는 보여 주어야지."

"뭘 보여 주겠나? 계란으로 바위치기지, 돌로 바위치기지. 시몬, 아니 그 누가 있어도 자기의 오리지날 왕초인 독립투사 바라바가 풀려나는데 예수를 살릴 입장이 있겠나? 또 그리고 이길 수 있겠어? 유대 점령군은 로마군의 최고 전문 검투사를 내보낼 터인데……."

"하기야 그렇지. 그런데 그 질롯의 무사들이 로마군과 언제 한 번 붙겠다고 벼르고 있어. 바라바를 사면은 했지만 오늘 빌라도가 유대 청년들의 자존심을 자극했어. 바라바에 대하여 결투를 요청했으면 아마 누가 나섰을 거야. 이번 나사렛 예수건은 아니지만 후일 유대를 두고 질롯의 무사들과 로마군이 나중에 한 번 붙을 거야. 사해의 마사다와 북방 가말라, 감라지역 요새로 질롯 열심단원들이 지금도 비밀리에 움직이고 있어."

"거병을 해도 모두 로마군에 패배당할 거야. 중부 유럽을 손에 넣고 시리아까지 무력으로 정복하고 이집트까지 통치하고 있는데 돌로 바위를 치는 거야. 만용은 버려야 돼. 싸우지 말고 원수를 사랑하란 예수의 말이 맞을 거야. 그의 제자들도 철수했잖아? 카르타고가 백 년에 걸쳐 로마와 싸웠지만 안 되었지."

"그건 왜 그런 거야?"

"로마군은 이길 때까지 군사를 보내네. 한니발도 손들었어. 한니발이 싸운 로마집정관과 군단장이 100명이 넘어, 혼자서 못 당해. 바라바가 무슨 주제에…… 어이구!"

바라바는 곧 풀려나고 군중들이 에워싸고 무등을 태우고 만세를 외치며 따라갔다.

"가말라에서 보자. 낙타봉, 감라로 가자." 하고 되치며 주먹들을 치켜들고 사라졌다.

예수 앞에는 호송관이 다가왔다. 그리고 병영 안으로 끌고 들어가서 돌을 날리는 투석기, 공성기, 포탄기, 그리고 창을 날리는 큰 화살기인 벨리스타 대노들이 줄지어 세워져 있는 로마군 공병대 뜰 안에 호송되어 왔다. 주위는 탱자나무가 심어져 줄 서 있었고 인근에 투석기 보수용 나무들이 세워져 있는 공병 목공부로 끌려갔다. 로마군은 예수를 나무 기둥 옆에 세우고 손을 다시 묶었다. 여기서 즉일려나? 목수의 아들이 목공소에서 죽는가?

"율법을 어겼으면 유대인 돌에 맞아 죽지 왜 우리가 너를 죽이게 하나? 너 때문에 바라바를 다시 놓쳤다. 어떻게 잡은 건데……."

그들은 바라바한테 하려고 했던 분풀이로 예수에게 채찍질을 했다.

"유대의 왕이다. 왕으로 접대해 보내라."

그들은 병영을 보호용으로 에워싸고 있는 가시나두 가지를 꺾어 황제가 쓰는 월계관처럼 만들어 예수의 머리에 왕관을 씌웠다. 그리고 붉은 로마군 망토를 어깨 위로 입히고 왕의 대관식처럼 행하고 조롱했다.

"그로 보니 정말 왕자다워. 대제사장들이 잘 보긴 잘 보았구먼. 싹을 미리 잘랐네. 얼굴이 인물다워, 근사하잖아!"

"똑바로 나무 앞에 서 봐! 적당한 나무 크기를 골라라. 똑바로 세워 봐. 십자가를 만들어. 또 사람 매달 나무나 만들고……. 이 짓도 그만해야지. 나도 목수출신인데……."

누가 승마용 채로 예수를 치려 한다.

"심하게 그러지 마. 나하고 직업이 같은 목수였대. 유대의 왕이래. 가시나무 월계관을 잘 씌워 주자. 유대인이 안 주는 거, 우리가 칭호까지 지어 주자."

"가시나무—유대 왕 그리스도 나사렛 예수! 하~르 나사렛 예수!"

　　로마의 공성용 투석기와 대노인 벨리스타를 배경으로 예수가 가시나무 월계관을 쓰고 서 있다. 그리고 옷을 맞추듯이 십자가를 맞추려고 서 있다. 마치 세상을 심판하러 오는 대왕, 왕 중의 왕처럼 로마군사와 같은 불패의 용사를 거느리고 말이다. 예수는 고통이 크지만 소란스런 병사들을 못 본 채, 먼 남쪽 하늘을 우러러 보고 있었다. 병사들의 눈을 마주쳐 보아야 무엇하리. 이때 고위 장교가 로마군 투구를 쓰고 정장차림으로 예수에게 다가왔다.

　　"뭣들 하는 거야? 장난 치워! 이 죄패를 쓸 판목을 준비하라."

　　다시 예수에게로 향하여 말한다.

　　"우리를 원망하지 말라. 너는 얼마든지 풀려나거나 도망칠 기회가 있는데도 불구하고 도망가지 않고 앉아서 십자가형을 당하고 있다. 기회는 없어졌다. 이제 네가 도망하면 우리가 당한다. 우리가 놓아줄 수 없다. 왜 그렇게 헛되이 죽나? 우리 로마군을 보라. 전쟁터에서도 끝까지 죽지 않는다. 자기의 생명을 다하여 지키고 전투에 이긴다. 목숨을 가벼이 하지 마라. 로마군을 시험하지 말라. 너는 너의 복음을 위해 죽는다고 하지만 로마군은 로마를 위하여 죽는다. 저기 로마군의 깃발을 보라. 저 펄럭이는 로마군의 깃발 아래 우리는 로마를 위하여 싸운다. 누구를 위하여 싸우나? 우리도 우리의 가족과 아들, 딸들과 국가를 위하여 싸운다. 그리고 만리변성에 바다와 사막을 지나 여기까지 와 있다. 우리가 사람 죽이는 십자가형만을 행하는 군사가 아니다. 우리들을 원망하지 말라. 우리는 너의 재판과 무관하다. 총독께서 말한 것과 같다. 전속 유대 랍비가 있는데 사형수의 마지막 고해를 받는다. 출발에 앞서서, 그 전속 사형수 담당 랍비에게 너 최후의 종교의식을 가지겠나?"

　　예수는 고개를 저었다.

　　("너희들이 싸우지 않고도, 만리변성에 나오지 않고도 세계의 평화가 이루어지고 가족과 떨어져 있지 않아도, 생활하며 피를 흘리지 않아도, 십자가형을 치르고 다니지 않아도 필요하지도 않는 좋은 세상이 올 것이다. 후일 너희들, 로마 청년들은 로마의 칼을 로마 성벽의 석축, 돌 사이에 꽂을 것이며 창과 방패를 성문 앞 연못 해자에 던져 버리고 세상 사람들을 사랑하는 수도자가 될 것이다. 이미 동방에 그런 젊은이들이 있으니 황량한 바위 산속으로 들어가고, 또 어떤 이들은 자기들의 성터를 수도원으로 만들었다. 너희 로마 청년들이 세상을 사랑하고 내면의 생활로 들어갈 때 너희들이 있는 곳은 이집트에서 모세

때 하나님 아버지의 심판이 지나가듯 하나님의 심판이 통과할 것이며 너희들을 하나님께서 하나님의 아들이라 부르실 것이다. 그러나 이제는 아직 이르니, 아~ 나는 많은 사람을 죽이는 이 도구를 내 스스로 시험할 것이다. 하나님 아버지께서 언제 이 무자비한 도구를 너희보고 만들어라 했나. 아버지시여 저희들은 모르오니 용서하소서.")

"예수, 무얼 생각하나? 넌, 고해는 안 할 거다. 할 필요가 없지. 그런데 네가 누군데, 너의 집행을 너무 고통스럽지 않게 해달라고 부탁하는 랍비가 있었다. 면회하고자 했는데 허락되지 않았다. 이름이 니고~, 뭐라던데……. 유대 랍비들도 너의 십자가형을 반대하는 사람들이 많았나 보다. 여러 가지 착잡한 모양이다."

("장교의 이름은? 군사는 누구시오?")

"내가 누군지 궁금하지? 나는 호민관이요, 당신의 임시 변론을 맡을 뻔했던 임시 변호 호민관으로 임명되었소. 그렇지만 말 한마디 못했소. 당신이 왕이다 뭐다 하는 통에 당신의 종교사상을 연구할 기회를 놓쳤소. 로가가 애석하게 생각하는 거요. 이것이 최후의 로마 법률과의 면담이오. 잘 가시오."

그는 예수에게 간단히 손을 들어 예를 표시했다.

"센트리온! 예수에게 십자가를 짊어지라고 지시하게!"

"십자가를 매게 하라!" 센트리온 백병중대장이 호송병에게 명령했다.

예수가 머뭇거리자, 순간적으로 채찍이 다시 날아왔다. 그는 십자가를 어깨에 메고 질질 끌면서 호송을 담당하는 백병대에 둘러싸여 그들을 따라 병영에서 나와 시내를 지나가서 골고다 처형장으로 가기 시작했다. 북쪽 다가스커스로 가는 다메섹 성문 밖에 있는 골고다 공개처형장이다.

그 도로 주위를 로마 정규병이 방패와 창을 앞으로 옆구리에 끼어 겨누고 예수를 에워싸고 집행군은 처형장소로 향했다. 한두 사람이 후미를 따르니 순식간에 많은 사람이 뒤를 따랐다. 군중으로 불어났다. 찬송가가 들려오기 시작했다. 그리고 주기도문을 낭독하기 시작했다. 구슬프게 우는 소리와 함께 많은 사람들이 계속 모이면서 뒤를 따랐다. 그리고 이미 지나갈 예정 길과 골목에는 많은 사람들이 나와 예수의 가는 길을 보기 위하여 좋은 자리를 잡으려고 모여들었다. 제자들도 예수의 어머님, 성모마리아님을 모시고 길에서 예수를 한 번 보려고 나왔다.

"나사렛 예수! 예수님, 기적을 꼭 보여 주세요. 십자가에서 살아나시오. 우리는 당신의 복음을 믿으며 영원한 생명이 있음을 알아요. 죽지 마세요. 우리를, 유대를 살려 주시오. 기적을 보여 주세요. 살아서 우리에게 영원한 안식처를 주세요."

수많은 사람들이 행여나 기적을 보기 위하여 계속 구름과 같이 모여들었다.

"예수님은 왜 예루살렘에 들어오셔서 죽으시는 걸까? 그냥 피해 나가 있다가 또다시 들어오면 되는데, 제자들은 뭐하는 사람들이야? 자기들 스승을 그냥 두고 제각기 살길 찾아 도망했다는데 그게 무슨 제자들이고 사제지간에 의리가 있단 말이야? 세상이 말세다. 스승을 버리고 도망가니 참 알 수 없어."

"아니라는데, 예수님이 자기 외에는 제자들이나 친인척들을 문제삼지 말아 주는 조건으로 자수하고 재판에 임했다는 거야. 제자들이 무슨 손을 쓸 수 있나. 같이 잡혀가서 매나 맞지 않는 것도 다행이지. 선생님 혼자서 대신 다 맞아 주는 격이라고들 하고 있나 봐."

"어쨌든 알 수 없는 일이 일어나는 거야. 기적이 있을까?"

"무슨 기적?"

"오병이어의 기적 같은 거 말이야."

"예를 들면, 예수의 손이나 발에 못 박는 로마군의 못이 예수의 몸에 박히지 않는다든지, 못 박을 때 벼락이 친다든지, 돌풍 바람에 못이 다 날아가 버린다든지, 죽기 전 사면을 하여 십자가에서 끌어내려진다든지 여러 가지 경우의 수가 있거나 많지 않겠어?"

"종교재판은 그렇지 않아. 매우 감정적인 문제이니까, 그리고 제사장들이 매우 화가 나서 쉽사리 흐지부지되진 않을 거야."

"왜 예수에게 화가 났대?"

"현재의 제사장단을 비판하고 위선자라 했나 봐. 그리고 자신은 그리스도란 말과 왕인가라는 질문에 아니라고 부정하지 않았나 봐."

"사람들이 그렇게 말할 수도 있는데, 이야기하다 보면 똑똑하거나 위대한 사람이 나오면 그렇게들 말하기도 하잖아?"

"제사장단들 앞에서야 안 되는 것이었다는 거야."

"그러면 예수님은 십자가에서 최후를 마치시나?"

"성전 수호대는 사형수의 경우는 예루살렘에 있어서는 로마—유대 주둔군 협정에 의해 사형집행할 권한이 없고, 특히 이 경우 사면권이 총독에게 있어서 법을 로마군이 집행하기로 되어 있다고……. 그런데 빌라도가 예수가 갈릴리 출신으로 주민등록도 그 지역이어서 헤롯 안티파스 왕에게 사면권이 있다고 넘겼는데 말이지. 헤롯이 종교재판에 세례 요한 경우처럼 연루되지 않겠다고 예수를 빌라도에게 돌려보내는 웃기는 일이 생겼어."

"맞아. 자기 나라 백성의 재판을 남의 나라 사람에게 도로 넘겼으니 어쨌든 말도 안 되는 일이라고⋯⋯. 헤롯이 고심하다가 한 건지. 에라 코르겠다고 경솔하게 도로 넘긴 건지 친구는 어떻게 생각하나?"

"이러지도 저러지도 못하면 내버려 두는 거야. 용기가, 용맹이 부족한 시대가 되었어. 로마군에게 주눅이 들어서 다들 말도 못하지만 안나스 영감은 로마군 총독에게 할 말은 한다고 하나 봐. 이 건은 어떻게 했는지 그도 예수 재판 초기에 관여하다가 때려치웠대. 예수에게 동정적이었다는 말도 있는데 예수하고 뭔가 잘 안 된 모양이야. 더 이상 재판에 관여하지 않았다는 소문이 있어. 그런데 로마군이 예수를 십자가형을 칠까?"

"다시 굴러온 일인데 위신 세우기 딱 적합한 일 생긴 거지. 그들이 뭐가 무서워 십자가에 못질을 못 하겠나. 전쟁터에서 더 심하게 적의 군사를 죽였을 텐데 눈이나 하나 깜짝 하겠나? 귀신도 잡고 이민족이 섬기는 신의 상을 후물고 꺼꾸러뜨리는 군사들인데 명령 일언지하에 실시, '실시' 하고는 즉각 행하는 군사가 로마군이야. 그리스에 쳐들어가서도 올림푸스 신전이고 뭐고 전부 점령하고 초토화했대. 명령에 살고 죽는 자들인데 신을 섬기는 나라에 쳐들어가서 그 신상을 때려 부서 버린다고. 그 신들이나 귀신들이 오히려 무서워서 도망가지. 로마군에게는 귀신보다 무서운 것이 있어."

"뭔데?"

"명령이야, '실시'라는 명령이야, 우리가 하나님 여호와를 두려워하는 것처럼 그들은 명령을 두려워하고 명령대로 한다는 거야. 그 명령에는 귀신도, 외국의 어떠한 신도, 여호와 하나님도 안중에 없고 명령실시만이 있다는 거야. 실시라는 명령을 위반하면 즉시 즉결처분이야. 지금 여기 우리 유대에서도 이 로마군이 나중에 무슨 일을 할지도 몰라. 대단한 군사야. 그리스의 그 많은 신들과 싸우는 인간들이니 아마도 외눈박이 거인 신과 싸우고 트로이의 목마 안에 올라가 숨어서 저녁때가 오길 기다리던 이타카의 율리시저와 같은 용맹을 가진 자들이 지금의 로마군이야. 그들은 그런 것만 모험하고 숭상하는 군사야!"

"그래, 로마군 잘났다. 하지만 그들도 사람 사는 인간들인데⋯⋯."

"희망을 버려. 그들에게는 안 되는 거야. 로마군에게는 모세의 하나님, 파라오를 혼내 주시는 하나님 여호와가 통하겠나?"

"여호와의 군사들이 매일같이 로마군 막사를 부시잖아? 바라바도 그러다가 잡혀갔고 우린 로마황제를 파라오와 비교하고 우습게 보지만 잡혀가 죽는 것은 유대인이야. 우리 독립투사들이 로마황제를 이집트 파라오라 생각하고 모세처럼 싸우고 있잖아?"

"그 파라오와 로마는 달라. 로마는 시민공화정치야. 왕족정치가 아니라고……. 하여간 큰일났어. 무자비한 십자가 처형으로 세계를 지배하고 있으니, 무서워서 누가 감히 로마에 도전하나? 로마군 앞에서는 기침도 마음대로 못하고 지내잖나?"

"왜?"

"기분 나쁘게 쳐다볼까 봐. 사나운 개와 마주치면 눈을 피하지. 참 더러워서……. 그러나 언젠가는 누군가가 우리를 구원하실 거야. 누가 온대."

"와본들, 온다는 사람이 많다고, 예수도 그 중 한 사람이고 또다시 온다고 예언하였지."

"지금 현실로 이루어져야지 나중에 와 봐야 정말 무슨 소용인가? 다 죽고 없는데……."

예수가 아침, 점심식사를 하지 못하였으므로 허기가 차서 십자가가 무거워 도저히 굶은 허기로 어깨에 메고 가파른 길을 올라갈 수 없었다.

예수가 가다가 지쳐서 쓰러졌다. 호송병이 그를 일으켜 세우고 다시 십자가를 지웠다. 모퉁잇길을 돌 때 제자들이 소리쳤다.

"예수 선생님, 여기를 보세요. 어머니와 형제들이 왔어요."

하고 모두 울었다. 목메어 울었다. 아~ 예수가 복음을 처음 전도하기 시작하여 나사렛 고향에 들렀을 때, 그리고 많은 사람들 앞에서 설교하고 있을 때 어머니가 오셨다고 외치던 때가 엊그제 같은데 하고 서로 안고 울었다. 이를 보던 호송장교가 안되었던지 따라오는 구경꾼을 돌아보고 그 중 등치 좋고 허름한 시골 사람 하나를 현지 차출했다.

"로마주둔군이 노임을 지불한다. 이 십자가를 대신 메어라! 주민등록지와 이름은?"

"사이프러스에서 온 시몬이다. 해보겠다. 대신 메고 갈 수 있겠다. 영차!"

호송관은 가면서 물었다

"사이프러스 시몬이라 하자. 먼 섬에서 여긴 왜 왔나?"

"예루살렘에 국제학교에서 아이들이 공부하고 있다. 어업을 해서 학비를 보태 주고 있다."

"애들 이름은?"

"알렉산더와 류포이다."

"공부 잘하나?"

"섬에서 사는 것보다 육지가 좋다고 나와서 공부하겠다고 했다."

"십자가가 무겁지 않나?"

"메고 끌 만하다. 이 사람은 왜 십자가형인가?"

"우린 모른다. 십자가형에 처하란다. 묻지 마라."

예수는 걷기에도 몸이 너무 지쳤다. 숨소리가 옆에서 들린다.

어떤 여자가 젖은 수건을 예수에게 다가와 건네주려고 했다. 로마군이 제어했다. 장교가 말했다.

"건네주어라."

예수는 물수건으로 얼굴을 닦았으나 기운이 없었다. 예수는 여인에게 물수건을 돌려주려고 했다. 로마군이 대신 받아 그녀에게 던져 주었다.

("이름이라도 알아야지. 여자여! 축복이 있으라.")

얼마를 더 걸어 언덕길로 접어들었다. 순간 예수가 언덕길에 쓰러졌다. 두 번째 쓰러짐이다. 호송관이 분대에 지시했다.

"분대 정지! 쉬어."

호송관은 예수를 일으키고 병사들은 반은 경계를 펴고 반은 휴식을 취했다. 그리고 약간의 소지한 물을 마셨다. 예수에게도 마시게 했다. 한숨을 돌린 지 얼마 안 되어 지시가 났다.

"임무교대!" 경계를 펴던 병사들이 이번에 휴식하고 휴식하던 병사들이 앞으로 나가 경계를 섰다.

사이프러스 시몬도 휴식했다. 시몬이 예수를 보았다. 예수도 시몬을 보고 고맙다고 손을 들어 간접 인사를 주었다. 말은 하려고 해도 나오지 않았다.

"분대 행진!" 다시 일어나 길을 걸었다. 사람들도 따라 일어나 같이 걸었다. 길가에 여자들이 울고 서 있었다. 예수가 다가오자 말했다.

"랍비 예수 선생님! 어디를 가시나이까?" 하고 울었다. 주위에 젊은이나 늙은이들도 걱정을 하며 눈시울을 적셨다. 예수께서 말씀하시려나 보다.

"나를 위하여 울지 마시오. 나는 괜찮으니 여러분의 몸을 아끼시오. 감사하오."

이렇게 마지막으로 군중을 향하여 하직의 말을 하였다.

예수와 십자가를 대신 진 사이프러스 시몬이 로마군을 따라 북쪽 다메섹 성문 밖으로 나왔다. 다메섹 성문은 예루살렘을 방어하는 중요한 북문이다. 북방에서 침공하는 군사는 다메섹 성문을 공략하여야 한다. 다메섹 성문은 이름 그대로 다마스커스로 가는 성문이라고 하여 욥바 성문처럼 가는 곳의 지명을 따라 불렀다. 이 성문은 다윗시대 시내 왕궁성터에 평시 거주하다가 전쟁이 발생하면 산 위에 세운 이 산성에 와서 진을 치는 곳으로 초기시대는 산성으로 사람들이 거주하지 않는 곳이었으나 이제는 인구가 불어남에 따라 전부 성곽으로 연결되었다.

이 다메섹 성문은 침입군사가 성밖에 와서 성문을 공략하기 위하여 성문 앞에 흙을 쌓아 땅을 높인 곳으로서 전쟁이 끝나면 성문을 보호하기 위해 점령자들이 성문을 다시 높이고 성을 더 높이 쌓았다. 그래서 이 성문이 계속 높아지자 성벽 앞쪽을 해자로 만들고 성문을 통과하는 다리 형태를 만들었다. 이 성문은 계속 높아질 것이다. 이 성문 밖에 공공 범죄자 처형장소가 있었다. 성곽 주위에 바위산이 있어서 바위를 캐다가 성벽을 쌓으니 주변의 바위산 언덕들의 바위를 뜯어 가서 움푹 파인 곳이 많고 지형이 또한 원래 흉하여 몰골이 사람의 해골 같아서 그 중에 험한 곳을 골고다 언덕이라 불렀다.

성문으로부터 약 300여 보 떨어진 곳에 있는 사형장인 골고다 언덕이 있다. 예수의 십자가 행렬이 언덕으로 다 올라왔다. 사형장으로 쓰는 공동묘지가 있는 광경이 앞에 탁 트여 다가왔다. 이 골고다 언덕에는 바위골재 채취를 위하여 바위를 잘라내는 구역이 있는데, 그 형상이 사람의 두 눈과 코와 입이 저녁의 비스듬히 비치는 햇살로 사람의 형상으로 보이는 해골과 같아서 더욱 음산한 지역으로 보였다. 그래서 골고다라 불리었다.

그리고 그 아래로 성밖 도로가 접하여 있어서 북방 다메섹, 앗시리아 등으로 지나가는 도로가 연이어 있어서 로마에 반역하는 자는 이렇게 죽는다는 십자가 처형전시장으로 이용했다. 골고다의 음산한 기운을 이기면서도 예수는 피로한 몸은 이길 수 없었다. 순간 언덕 위에 오르자 현기증이 나는 듯 그대로 쓰러졌다. 세 번째 쓰러짐이다. 시몬도 땀을 닦으며 십자가를 다시 고쳐 메었다.

이미 그곳에는 사형수 두 명이 이미 끌려와 있어 예수의 호송 행렬이 도착하기를 기다리고 있었다. 모두 같이 처형한다고 하였다. 로마군이 골고다 언덕 위에 다 올라온 후 포진을 했다. 먼지가 일어나며 부근에 주둔하고 있던 로마군들과, 센트리온인 백병대장이 검은 말을 타고 나타나 지휘했다.

"분대 방진으로 펴!"

처형장을 삼엄하게 경비했다. 십자가를 운반한 사이프러스 시몬에게 비표인 군표를 주고 본부에 가서 수당을 받으라고 한 다음 떠나게 하고 로마군은 처형 채비를 했다. 십자가를 꽂을 위치를 확인하고 사형수 세 사람을 세우고 판결문을 다시 낭독하고 세 사람에게 몰약을 탄 포도주를 따라서 먹으라고 주었다. 고통을 참는 데 도움이 된다고 했으나 예수는 포도주를 먹지 아니하고 주는 물만을 먹었다.

포도주를 먹지 않겠다는 제자들과의 약속을 지켰다. 예수는 자기가 지고 온 못 박힐 나무십자가 앞에서 십자가를 보고 잠깐 기도하셨다.

로마군은 그들의 판결문 낭독 등의 집행형식을 끝내고 예수의 두 눈을 붉은 헝겊으로 가리고 옷을 벗겼다. 십자가 앞에 예수를 세우고 두 손을 벌리게 하여 십자가에 같이 묶고 다리도 묶었다. 다른 두 명의 사형수도 같은 방법으로 묶기 시작했다.

"유스투스 아저씨! 요셉님께 연락이 왔습니다. 저에게 이 성배를 주시면서 예수님의 흐르는 피를 몇 방울이라도 담으시라는 말씀입니다. 성배를 이 큰 가죽주머니에 넣어서 남이 모르게 담으라고 하셨고 그리고 마개를 잘 막으라고 하셨습니다."
하고 건네주었다. 유스투스는 당겨져 있는 가죽주머니의 줄을 풀어 보니 그 속에 마개가 있는 주석으로 된 크고 둥글며 옆으로 납작한 물잔인 성배가 있었다. 그는 받은 순간 감정이 북받쳤다. 저 예수가 누군가? 아니?

("하나님의 아들이다. 다윗―솔로몬 가문의 아들이다.

갈릴리호수로부터 구비치며 흐르는 요단강 강물이 이스라엘에게 피가 되고 살이 되니, 요단강은 이스라엘 유대의 어머니다. 요단강을 잊지 말라! 갈릴리 가버나움에서 말씀의 피로 흐르니 잊지 말자.")

골고다 언덕에 로마군이 처형장을 사각형의 에켈른 방진으로 치고 둘러쌓아 사람의 접근을 막고 방패로 이중으로 올려 사람들이 내부를 들여다볼 수 없게 막았다.

유스투스는 지난날 로마군에 종군하였으므로, 가까이 가서 군대 병영용어로 좀 안쪽으로 보게 비켜 달라고 했다. 안쪽에서 반응이 왔다. 약간 비켜 주어 내부를 들여다보았다.

그들은 예수님의 입에 헝겊으로 재갈을 물려 못 박을 때 비명소리가 나지 않게 하려고 했다. 그리고 이미 눈을 붉은 헝겊으로 가렸다. 십자가에 꽉 당겨 예수의 몸을 꽉 묶은 다음 십자가와 함께 예수를 땅에 눕혀 놓고 굵고 긴 못을 손바닥에 갔다 대었다.

"오후 3시다. 십자가 집행 준비!"

순간 로마군의 북과 바라소리가 울리기 시작했다. 못 박는 소리를 은폐하려는 걸까? 여러 방의 못 치는 꿍음이 바라 징소리에도 들렸다. 그 소리는 목공소에서의 소리보다 더 아팠다. 아, 나무를 켜고 나무에 못을 박는 목수가 자기 몸이 나무에 박히다니, 예수님은 이 길을 택하신 건가? 아 나무도 이와 같이 아팠을 것이다. 그래서 예수님께서는 조금 전 나무 십자가에 기도하시며 육신으로 삶에 참회하셨나? 관중들이 어깨 위에 사람을 세워 올리고 내부를 서로 보고자 했다. 아, 못을 박았다 하고 사람들이 외쳤다. 모든 사람들이 통곡하고 울었다.

"손목에도 못을 박았지 않나? 못이 있나 없나? 손목의 피는 오랏줄로 그런 건가? 잘 안 보여. 자국이 난 건가?"

십자가 처형상태를 보기 위해 사람들이 물밀듯이 밀려들었다. 로마군이 밀집 방패진형을 갖추고 창을 내밀어 접근하는 군중들을 겨누었다. 사람들이 다시 뒤로 물러섰다. 여러 사람들, 제자인 듯한 사람들이 울면서 주기도문을 낭독했다.

"하늘에 계신 아버지 하나님, …… 우리를 시험에 들게 하지 마시고……."

순간 방패 한 단계 걷히면서, 세 개의 십자가가 군중들의 머리 위로 우뚝 솟아올랐다. 순간 사람들이 더욱 소란한 통곡을 시작했다. 군중이 허탈해하고 진정하자 로마군도 빽빽이 방진을 쳤던 것을 풀고 방패를 땅에 세우고 한 팔 간격으로 대형을 넓히고 내부를 볼 수 있게 하였다. 그리고 예수의 얼굴에는 입에 물렸던 재갈도 풀리고 가렸던 눈의 헝겊도 치워졌다. 그리고 예수의 머리둘레에는 가사나무 월계관이 씌워져 있고 머리 위에는 죄목이 씌어져 있다. '유대의 왕이라는 나사렛 예수'

죄패는 3개국어로 쓰여졌다. 로마어, 그리스어, 히브리어로 모두 다 읽을 수 있었다.

때는 예수 탄생 35년(추정), 로마황제 티베리우스 재위 18년, 로마총독 본디오 빌라도 재임 5년, 헤롯 안티파스 갈릴리아 사분봉왕 재위 35년, 4월 3일 금요일 오후 3시경(마크 15~25)이었다. (요단강에서 세례, 티베리우스 15년 이후 3년 후로 추정 된다.) 모두들 예수의 십자가를 찾았다.

"어디가 나사렛 예수 거야?"

"가운데가 예수의 십자가다! 저 흐르는 피를 좀 봐. 저런 가공할 놈들이 있나? 사람을 저렇게 죽여! 나중에 천벌을 받을 자들이야!"

하고 웅성대기 시작했다. 로마군은 다시 방진을 더욱 굳건히 하고 창을 앞쪽으로 겨누어

내어놓았다. 삼엄하고 위험했다. 혼자서 유스투스는 중얼거렸다.

("저 로마방진을 때려 부수고 나사렛 예수를 구할 용사가 없는가? 여호와 하나님의 천사는 어디에 있는가? 여호와 하나님께서 보시는가? 아들의 처형을 보고 계시는가? 페트리엇 시몬은 어디에 있는가? 게바라 베드로는 어디에 있는가? 나 바르사바 유스투스는 어디에 있는가? 예수님의 흐르는 피를 성배에 한 방울이라도 담아 보라는 임무이다. 피를 담아 무엇 하게? 무슨 의미가 있나?")

"(이 포도주는 나의 피이니 나의 피를 마셔라. 이것은 무교절 빵이나 나의 몸이니 먹으라. 그리고 영원한 생명을 얻으라!) 아니지. 예수님 피를 영원히 보관하자는 것일 것이다."

요셉님의 말씀이 생각났다. 그는 어쩔 수 없는 눈물이 터져 울면서 흐르는 피를 받을 궁리를 했다.

그러자 조용해지면서 찬송의 노래가 들려오기 시작했다. 다시 주기도문이 암송되고 있었다. 한편으론 예수의 십자가에 가까이 다가가려는 무리가 있었다. 로마군이 특별히 길을 비켜 주었다. 보니 유대 서기관과 제사장들이 몇이 보이는 것 같다. 아마 예수의 십자가형을 확인하려는 것 같다. 로마군이 예수를 빼돌리지나 않았나 하는 확인이다. 사람들이 진정해 가자 로마군도 경계병을 반으로 줄이고 일부는 휴식을 취했다. 예수의 양쪽에는 강도 살인을 한 자들을 각각 같이 처형했는데 노예로도 쓰기가 어려운 자들인가 보다. 계속 서서, 유대 서기관들이 무슨 소리를 지르며 예수의 십자가 아래 앞에서 성토 했다.

"유대의 왕이라니 안 될 말이다. 총독에게 가서 자칭 유대의 왕이라고 쓰라 해야겠다. 성전을 헐고 사흘 안에 짓겠다는 자여, 남을 구원하려 하지 말고 자신을 먼저 구원하라. 십자가에서 내려와서 자신을 구하고 유대를 구하면 우리가 너를 믿고 구세주로 알겠다."

같이 처형된 사형수 중 하나가 말한다.

"우리도 나쁜 짓을 하고 이제 처형되었는데 우리도 구해주지 못하겠네."
하고 비웃었다. 옆에 나란히 있던 다른 사형수가 달했다.

"너무 그러지 마. 곧 우리 다 죽을 터인데, 왜 남을 욕하나? 이제 끝이야."

바람이 불어서 모래 바람이 일어났다. 기적은 오지 않는가? 사람들은 한둘씩 시간이 지남에 따라 참혹한 모습을 더 이상 기억에 남기지 않으려는 듯 흩어지기 시작했다.

한편 가롯 유다는 예수님이 정말로 십자가에 못이 박히는 것을 보자 바로 뛰어내려가 성전 제사장들이 있는 성전 본부에 뛰어들어가서 웃통을 벗고 예수 선생님이 숨이 떨어지기 전에 살려내라고 다시 배에 칼을 들이대고 그렇게 하지 않으면 할복 자살하겠다고 위협했다.

"우리 예수 선생님을 십자가에서 내려 주시오. 약속이 틀리지 않소? 이렇게까지는 하지 않기로 하였지 않았소. 살려 주시지 않으면 이 성전에서 할복 자살하겠소."

"높은 사람들은 다 퇴근하고 없네. 오늘은 예비일(안식일)이야. 우린 서기관도 아니고 십자가 현장에나 가 봐. 때 늦게 와서 뭐 하겠다는 건가?"

"그래, 우린 몰라. 언제 우리도 그렇게 하겠다 했나? 예수의 자업자득이다. 왜 유대의 정신적 왕이다 했나? 그러니 누가 살려주겠나? 너도 추종자다. 너 스스로 죽으려고 배 쩔라면 째라! 예수의 십자가 앞에서나 하라고."

"이 나쁜 사람들아! 왜 우리 선생님을 십자가에 못 박나? 살려내라!"

"웬 소란인가?"

"가룟 유다라고 말하는 사람이 저기 와서 죽겠다고 때를 씁니다요."

"어이구 뒤늦게 연설하네. 네 배 째지나 말고 예수를 확인해 준 보상금이나 받으라. 이 거나 받고 그냥 가서!"

하고 제사 사무장인 듯한 사람이 돈이 든 전대를 유다에게 던졌다. 유다는 날라온 전대를 왼손으로 집어서 도로 그들에게 던지며 울분으로 있는 힘을 다해 소리쳤다.

"선생님, 예수 선생님 제가 잘못했습니다. 용서하소서. 베드로 형! 제가 이제 내 배를 쨉니다. 용서하소서."

"가룟 유다가 맞아? 전번 법정에서 배 쨌다더니 이번에 확실히 째게 나둬 버려!"

"잘 째 봐라! 이번엔 확실히 째는가 보자."

"잘 째라!"

"안 돼. 그러면 되나. 말려! 여기는 성스러운 곳인데……."

"이미 이곳이 더럽혀졌어. 사형 재판을 했으니……."

"그래도 말려, 이 사람들아!"

"뭘 말려. 한 번 해 보라고 해. 용기 있으면 말이야."

보고 있던 자들이 핀잔한다. 이때 유다가 큰 기합과 함께 자기 배를 크게 확 그었다.

"아니, 진짜 배 째네. 야! 빨리 말려라. 여긴 성스러운 성소다. 빨리 헝겊을 가져와서 저 피를 막아라."

성전 사무관들이 뛰어와 말리려 하자 이미 가룟 유다는 칼을 옆으로 더 휘둘러 그의 배를 갈랐다. 그리고 접근하려는 자를 피 묻은 칼을 있는 힘을 다하여 들고 노려 봤다.

그가 다시 소리치며 큰 통증을 토하고 피가 뛰어나오며 뱃속의 창자가 빠져나오자 제사장들이 기절초풍했다.

"아니, 여기가 어딘데 자살을 하느냐? 헝겊이 없나? 저 위 성전의 휘장과 커튼이라도 찢어서 저자의 몸을 감싸라! 성전 바닥을 빨리 닦아라! 피를 닦아라!"
하고 모두들 저걸 어쩌나 허둥대고 있었다. 그들은 들고 뛰어서 성전의 커튼을 찢어서 가룟 유다의 피 묻은 몸을 싸서 시내 아겔다마구호소로 긴급히 데려갔다.

그러나 유다는 그곳에서 많은 피를 흘리며 죽어 갔다. 성전의 바닥이 피로 얼룩지자 제사장 중에는 이 유대에 난리가 일어날 조짐이라고 했다. 지금도 성전의 돌바닥에는 가룟 유다의 핏자국이 남아 있다. 또는 오랜 세월에 밟히고 씻겨서 없어졌다고 한다.

"성전의 휘장도 찢어지다니 가룟 유다가 드디어 한 건하고 가는구만. 예수의 유일한 충신이야. 확실히 책임졌네."

"예수도 대단하지만 그 제자도 보통 아니구면. 할복자살이 쉬운 건가?"

"여기서 죽었다 하지 말고 아겔다마나 어디서 목매어 죽었다고 하게. 이 성전의 책임자인 내가 야단맞고 쫓겨나고 너희들도 다쳐!"

"검시관이 확인할 터인데요?"

"할복하고도 상처가 깊지 않은 거 아냐? 죽지 않으니 스스로 목 매어 죽었다고 해."

"아니면, 목 매고 떨어져 할복이 아니고, 개복되었다고 하던가."

"바위에 부딪쳐요?"

"너도 소설을 쓸래? 잠깐 그러지 마. 후세에 판단하게, 나도 잘못 보았으니 우리도 순간 벌어진 일이라 잘 몰라. 아겔다마 구호소에서 어쨌든 절대로 가룟 유다를 살려야 한다고 다시 전하게! 빨리 봉합 수술하고 주변에 토끼장 많잖아. 토끼 피라도 먹여라."

누구든 성전으로 도망가면 살인자도 피할 수 있는 곳인데, 아니 이곳에서 유다가 예수님을 위하여 할복자살했다. 그러나 그는 예수를 세상에 공식적으로 확인하고 그들에게 넘겨준 확인자(Identificator)이다. 유대에 판관을 제일 많이 배출한 가문인 교회당 바리새파와 사두개파인들은 유대의 재판권을 공동으로 분배 독차지하고 있었다. 예수께서 그들을 경고하신 바가 있다. 예수의 재판에 대하여 결정권을 가지고 있던 바리새파와 사두개파인들은 예수를 확인한 유다를 이소카리옷 유다—아이덴티피케이터라 했다. 바리새파 중에서도 온건한 율법사들은 심히 나라를 걱정했다.

"가룻 유다가 사경을 헤매다 운명했다고 합니다."

"운명은 무슨 운명이야. 배반자의 말로지. 그도 예수의 일당이라고."

"우리에게 중요한 정보를 제공한 사람입니다. 국립묘지에나……."

"자네 돌았나? 가족이 있으면 연락이나 해 주게. 쓸데없는 소리 말고……."

"자살한 사람은 묻어줄 데가 없는데요. 가족들도 찾을지 모르겠습니다."

"아겔다마 구호소 옆에 공동묘지 있잖아?"

"거긴 토끼들 ……인데요."

"그도 자기 선생님 살리려고 협상하고 노력한 사람이야. 본의 아니게 이용된 셈이 되서 안됐지만, 그 지역 옆에 그 보상금으로 땅 사서 양지바른데, 좋은데 잘 묻어 주어. '피로서 자기 선생님을 구하려고 한 자, 가룻 유다의 피—묘지'라고 묘명도 써 주고……."

"누군가 우리 유대에 경고하는 것이다. 여호와께서 경고하시는 것이 아닐까?"
하고 서로들 두려움이 몸에 서려 오는 듯했다.

골고다에는 예수가 십자가형을 받고 있는지 몇 시간이 지나는 중이다.

유스투스는 유대 서기관 한 사람이 예수의 마지막까지 지켜보고 있는 것을 알고 접근하여 아는 척도 하고 이야기하며 잘 아는 사이인 양 능청을 떨었다. 그리고 자기가 이미로 만든 이상한 완장에 비표시를 보이면서(위생병 완장의 일종이다.) 제법 예수 그리스도의 십자가 밑에까지 접근했다. 많이 흐르던 피도 이제 다 소진된 양 별로 흐르는 것이 잘 나타나지 않았다.

그러나 여전히 피는 나무를 타고 흘렀다. 그리고 신음소리가 나고 있었다. 피라도 몇 방울 모아야 할 터인데, 로마군에게 피를 좀 담아 달라면 미친놈으로 그대로 한 대 맞을 것이다. 그는 포도주를 해면에 묻혀서 나무에 달아 예수님의 입 가까이 대어 줄려고 했다. 로마군에게 허락을 받을 것을 눈짓으로 하니 허락했다. 그는 더 쉽게 십자가에 접근했다. 그리고 떨어지는 피를 가죽주머니를 열고 안에 있는 성배 병에 담았다. 그리고 흘리지 않게 마개로 막았다. 그리고 포도주 한 병을 교대로 휴식하는 로마군에게 주고 포도주를 묻힌 해면을 끝에 싼 갈대막대기를 높이 세워 예수님의 입에 갖다 대었다. 입술이라도 적시시게 하려고 하였으나 예수님은 피했다.

“하지 마라. 예수님에 대해 그러는 게 아니야. 실례야!”

유스투스가 돌아서 쳐다보니 서기관 그 한 사람이다. 혼자서 지껄이는데 남도 들어라 하는 듯 십자가를 올려보면서 말한다.

“처통을 지키시고 돌아가시게 해야 돼. 봐, 피하시잖아? 로마인이 보고 있잖소? 그래도 우리 유대의 랍비야. 우리는 예수가 이런 사람인지 몰랐어. 우리를 욕하거나 살려 달라고 애원하거나 하지 않잖아. 사람 잘못 보고 죽였어. 실수야. 우리는 욕하지만 예수는 자기의 고통을 참고 있잖아. 세상에 이런 일이, 우리들이, 제사장들이 뭔가 더 기다렸어야 했는데……”

“서기관님, 이제도 늦지 않으니 총독에게 사면을 요청하심이 어떨지요?”

“너 혼자서? 자넨 누군신가?”

“나요 저 AJ-GNS 특파원입니다.”

“GNS가 뭔가요?”

“아, 잘 모르시면 나중에 뵈리다.”

유스투스가 이 정도 되니까 성전 랍비와 친하니 빌미삼아 팔짱에 가짜 비표도 있고 하여, 막대로 십자가 주위를 왔다갔다 하게 되었다. 그가 왔다갔다 하니 근처에 있던 여러 사람들도 몇이 로마군 방패를 넘어와 여수에게 포도주를 주려 했다. 로마군들이 제지했다. 그통에 유스투스도 쫓기어 나왔다. 주위가 다시 정리되자 로마군은 이제 대다수가 휴식을 취하고 몇몇만 경계를 서고 휴식하는 분대는 자기들끼리 모여서 음료도 마시고 기다림에 지친지 주사위 놀음을 했다.

센트리온 헌병대장은 말에서 내려 간간히 처형된 자들을 보며 왔다갔다 했다. 그리고 아래로 로마군 연락수단인 깃발을 세워 수신으로 군호를 보내고 받고 했다. 그리고 지형을 측지하고 다메섹 성문과 처형장 주변의 지도도 그리고 바빴다.

예수의 벗어 놓은 신과 옷가지도 십자가 옆에 놓여 있었다. 예수가 죽으면 가족에게 돌려 주면 다행이나 사형수의 경우에는 전부 국가에서 몰수하는 게 원칙이다. 예수는 소지품을 갖고 있지 않았다. 체포당할 때 몸에 아무것도 없었다. 유스투스는 예수의 유품을 좀 챙겨서 얻으라는 전갈을 받고 있었다. 그렇게 하라고 그의 주인인 아리마대 요셉이 말하였고 해서 그는 응시하고 있는데 이제는 비번이 되어 경계를 마친 휴식조의 분대원들이 주사위 놀음을 하고 있었다. 돈을 다 잃은 병사가 돈을 다 잃었는지 예수의 옷을 들고 놀음 장으로 다시 갔다.

이때다! 유스투스는 가까이 가서 돈을 주고 그걸 사겠다고 했다. 얼마를 주겠느냐고 물었다. 주사위 놀음 정도면 현재의 판돈 전부를 주겠다고 했다. 환영이라 했다. 그는 즉시 지불하겠다고 했다.

그런데 놀음판을 보니까 판돈이 없고 약속인지 나무로 된 패짝만이 왔다갔다 하고 있었다. 백인대장이 다가와 말했다.

"뭣들 하나? 심하게 하지 마라. 여긴 전쟁터야."

그들은 명령을 듣고 자리를 정리했다. 병사가 무언의 손짓으로 나중에 찾아오라고 했다. 유스투스는 예수님의 신까지 달라고 손짓했다. 그러자 병사는 별 사람 다 보겠다며 예수의 신발짝 하나를 군중 속으로 내던졌다. 순간 사람들이 모여들어 서로 주을려고 했다. '인기 있네' 하고는 다른 한짝은 날려 버리지 않았다. 오후 6시가 가까워지는 시각에 예수께서 몸을 약간 움직이시므로 로마병사가 말했다.

"경험으로 보아 마지막 말을 하려는 것 같다. 센트리온님, 가족을 부르시지요."

"유언을 할 모양이다. 주위에 가족이 있으면 와서 죄인의 마지막 유언을 들어라."

얼굴이 약간 검은 사람이 여자들을 데리고 가까이 십자가 아래로 갔다.

"아니, 저 사람은 요한이 아닌가? 제자 가버나움 요한이 얼굴에 검은 숯가루 타마그를 칠하고 가까이 있었네." 다른 제자들은 근처에 있으면 잡혀갈까 봐 멀리 있고, 예수의 어머니 성모마리아님을 모시고 있었다.

그리고 자기 어머니와 막달라 마리아와 예수의 이모와 여러분이 울면서 눈물도 마르고 더욱 울며 다가왔다.

"어머님, 보소서. 아들입니다. 자네는 요한이 아닌가? 얼굴에, 미안하다. 나를 위하여 얼굴에 칠을 하다니, 내 어머니를 잘 부탁한다. 자네 어머니도 오셨나? 내가 모든 것을 다 이루고 간다. 그리고 다시 올 것이다. 모두들에게 감사한다."
하고 다시 아프신 듯 고개를 내리시고 말문을 열지 못하셨다. 어두워지자 사람들도 기적을 보려던 마음을 정리하고 한탄하며 집으로 갔다. 낮보다 한산해지는 처형장에 로마군도 병력수를 줄이고 불을 피우기 시작했다. 십자가형으로 죽는 사람 중에는 며칠씩 살아 있는 사람도 있다 했다. 삼 일 이상을 살면 사면되어 십자가에서 내려져 죽음을 면하기도 한다고 했다. 예수도 삼 일을 버틸 수가 있을까? 그러면, 어쩌면 육신이 부활할 것이다.

그렇다고 과연 사면될 수 있을까? 어떤 때는 고통을 면해 주기 위하여 하루가 지나가는 때에까지 기다렸다가 죽지도 살지도 않은 상태면 다리나 허리를 꺾어서 사망을 확인하고 집행을 종결한다고 했다. 예수의 경우는 어떤 일이 벌어질까? 기적을 바라고 있으나 현재까지는 오래 버티지 못할 체격이라 했다. 체격이 약하다고 했다. 너무 공부만 해서 그렇다고 했다. 시간이 가서 저녁 어두움이 다가와서 6시가 지나게 되었다. 로마군이 처형장 주위에 횃불을 켜기 시작했다. 그리고 주변이 환해 보이도록 줄지어 불을 밝혔다. 예수께서 최후의 몸을 트시는 듯 말씀을 하려고 했다. 아마 있는 힘을 다해 말하는 것일 꺼다.

"내가 목이 마르다."

옆에 있던 무리들이 다시 해면에 포도주를 축여 나무에 매달아 예수님의 입가에 까지 올려 보내었다. 입술까지 이르렀으나 예수께서는 마시지 않으셨다. 그리고 말씀하셨다.

"엘리, 엘리, 라마 사박다니."

"무슨 말을 하였지?"

"우리 히브리말로 '하나님, 나의 하나님, 어찌하여 이 세상에 나를 버리셨나이까?'란 뜻이다."

"갑자기 그게 무슨 말이요? 우리 이스라엘의 대예언자 선지자인 엘리야를 부르지 않는가?"

"고통을 못 참아 하나님께 하소연하는 말일 거요"

"아니, 이건 성서에 있는 말이 아닌가? 시편 22장 1절에 나와 있는 다윗 대왕의 말이다."

"다윗 왕의 말이라고요? 무슨 뜻입니까?"

"왜 자기를 이 세상에 보내었느냐는 말이다. 하늘나라에서 이 지상에 왜 내려보냈냐는 말이다. 내가 지금에야 보니까 예수가 시편 22장을 송두리째 실현하고 있는 것 같다. 22장 18절에는 '내 겉옷을 나누며 속옷을 취하려 제비뽑고 있다.'라고 되어 있다. 정말 똑같지? 집에 가서 성경을 보시오. '어찌하여 나를 버리셨나이까?' 다음 말은 '어찌 나를 도와주셔야 하는데 그렇게 멀리 계십니까?'이다. 이걸 다 말하지 못한 거다. 아직 22장 1절은 끝나지 않았다. '저의 신음소리를 들으시는데도 또 멀리 계십니까?'이다. 이것이 22장 1절의 전부이다. 고도의 함축된 말이며 예수 선생이 시편 22장을 그대로 가지고 십자가를 준비한 말이다. 해석이 이해가 되는가? 인간들이 얼마나 악한가 보고 겪으라는 하나님의 소명이요, 예수가 그 죄를 덮어쓰고 사람들의 죄를 하나님에게 대신 갚는 거요. 예수 선생이 바로 그 하나님의 어린양이요, 예루살렘의 큰 바위 위에서 최후를 기다리던 아브라함의 이삭이요, 세례 요한이 예수님에게 세례를 줄 때 '하나님의 어린양'이라고 말하던 것을 이제 알겠소이까? 아, 이사야의 53장이 그대로 실현되는구나."

하고 옆에서 들으라는 소리로 말하고 있었다.

"예? 선생님은 누구십니까? 이사야 53장이라니요? 성전관리 담당서기관님이 아니십니까?"

"누구에게 내가 해석했다고 말하지 마시오! 해석하기에 따라 다를 수 있지만, 제사장들이 알면 내가 곤란해. 그런데 당신은 아리마대 요셉가문의 집사지?"

"아닙니다. 잡화상 일을 보는 잡사요."

"저 건너 젊은 친구는 지엔에스(GNS) 특파원이라 했소?"

"아니오. 우린 구경꾼입니다. 그런데 '어찌하여 나를 버리셨나이까?'와 '나를 버리시나이까?'의 차이점 말씀이요, 이것을 그렇게 쉽게 해석하십니까? 제가 알기엔 이해하기 좀 어렵습니다. 더욱이 이사야 53장 내용이 지금 이 예수의 고난과 무슨 관계가 있소이까?"

어디서 본 사람 같은데 지나가는 허름한 사막의 나그네 같은 한 사람이 끼어들어 말한다.

"그대가 알든가 모르든가, 알았던가 몰랐던가 내가 알 바 아니나, 이제 예수 선생도 마지막이구려. 잘 쓰시오. 유대가 사람을 한 사람 잃어버렸소. 반면에 여호와 하나님은 버린 아들을 다시 찾았고, 우리에게 희생된 어린양이 너무 아까운 양이었소. 그러나 너무 예수를 너무 찬양하지 마시오. 성전을 헐고 사흘에 짓겠다는 자가 죽으면서도 성경토라를 인용하고 말하고 있어요. 이건 이해할 수 없잖소? 뭔가 모르겠지만, 이 일이 왜 났는지 알겠소? '어찌하여 나를 버리시나이까?'라고 다윗 대왕의 말을 하는구만. 대왕이 다시 났어! 남을 많이 구하고도 자기를 스스로 구하지 못하면 어떻게 하나? 십자가에서 얼른 내려와서 자기도 구하고 우리와 이스라엘을 구하지 않고……. 예수님, 참 안됐어요."(마태복음 27-40). 얼굴이 가말라 랍비를 닮았는데, 아니신가? 그는 말하면서 십자가를 위로 한참 쳐다보고 있었다. 못 박힌 곳이 성에서 가까우니 많은 사람들이 제각기 한마디하며 죄패를 읽어보며 지나갔다(요한 19-17).

"저 지나가는 허름한 선지자 같은 이는 또 누구지요? 이상한 말도 하고 지나가네."

"예, 이스라엘에는 선지자가 많이 있고, 땅속에서 끝없이 솟아나는 샘물과 같이 선지자가 많이 나타나는 곳이지. 그리고 동방에서 온 선지자들도 있겠지. 동방에서도 보고 있을 거야. 동방의 메기들도 구경왔을 거라고. 왜 이스라엘에는 선지자들이 많이 태어나고 선지자들이 모여드는지 아시는가? 이 땅은 선지자 땅이지. 이곳에서 많은 선지자, 선각자가 나타남은 땅의 지세에 있어요. 이 예루살렘의 아브라함 조상의 넓은 바위는 신비한 힘이 있어서 선지자가 모이지. 많은 양들이 제사로 그곳에서 희생된 대가로 엄청난 영험이 붙은 곳이지. 이삭도 희생될 뻔했지. 또 희생되려다 살아나기도 하고, 많은 생각과 밤하늘의 별을 보며 관찰하는 지혜의 바위이기도 하고, 또 선지자는 별소리를 다 하므로 양과 같이 희생되기도 하지. 그 바위에서 희생되는 양과 같이 선지자들도 희생되어 정말로 이 예루살렘은 정신이 모여 있는 정신의 집중지야. 꼭 무엇이 항상 일어날 것 같아. 과거 많은 선지자들이 희생되었고 근래에는 세례 요한도 희생되었고 이제 예수도 희생되고 있지. 예수님은 하나님의 어린양이지."

"그건 세례 요한 선생님이 한 말인데요. 요한 선생께서 살아 계셨을 때도 귀하와 같이 이사야 53장 4절을 말씀하신 적이 있소이다."

"그럴 거요. 대체로 아는 사람은 뜻이 같소. 집에 가서 성서 이사야 53장 4절과 5절을 보시오. 어찌 이런 비슷한 일이 일어날까? 자, 이제 나사렛 예수님의 지상에서 마지막 말에 귀를 기울입시다. 예수님은 목이 메여 말이나 소리가 나오지 않을 거요. 내가 알지. 내가 대신 말하자면 시편 129장 8절을 봉송하리다.

'지나가는 나그네여, 하나님 여호와의 복이 너희에게 있을 것이며 하나님 여호와의 이름으로 너희에게 축복을 주노라.'

이 말은 이제 이렇게 하시오.

'예수의 십자가 아래를 지나가는 나그네여, 나사렛 예수가 희생된 대속의 피로 하나님께서 노여움을 푸시고 너희에게 회생의 축복을 주시니 다시 받으라' 아멘."

"성전 서기관님의 말이 도통 무슨 말씀인지 모르겠습니다."

"모르면 통과하시오. 지나가시오. 나그네처럼……. 그래도 축복을 받을 것이오. 만약 나사렛 예수가 후일 선지자로 인정된다면 지금 여기 이 십자가 곁을 지나가기만 하여도 그대에게 축복이 있을 것이오. 우리가 여기 있었던 것도 큰 역사요. 성전사람들이나 이제 이 문제로 나사렛 예수의 사람들이 가슴에 맺혔던 것이 있으면 나사렛 예수 희생의 이름으로 이제 다들 풀고 집으로 돌아갑시다. 다시 아멘합시다."

"서기관님은 역시 서기관님이네요. 우리도 나사렛 예수의 희생의 일을 기록하고 보도할 것입니다만, 성전에서도 이 역사적 사실을 기록으로 남기실 뜻은 없습니까? 재판기록과 예수님 말씀을요."

"수많은 선지자들, 자칭 선지자들 기록을 전부 다 할 수가 없고 기록서기관 회의에서 정할 것이니 참고하리다."

다시 시간이 참혹하게 지나가서 9시에 이르렀다. 양쪽에 같이 십자가형 받은 자들의 신음이 계속 들려왔다. 예수께서 어두운 하늘을 보시고 말씀을 하려 하셨다. 도와드릴 수가 없었다. 모두들 귀를 기울였다.

"모든 것을 다 이루었다, 이제 남은 지상에서 기도는

(하늘에 계신 아버지, 지상에서 저의 목숨을 거두시고 예루살렘을 용서하소서. 성전이 멸망치 말게 하소서!)"

예수님이 마지막 말을 남기셨다. 그리고 크게 '아' 하고 소리지르시며 고개를 떨구시어 운명하셨다. 때는 예수 나이 35세(추정, 호적등록 나이 31세) 되는 해, 4월 3일, 금요일, 오후 9시경(마태·마가·누가복음 23 : 44)이었으며, 티베리우스 황제 재위 18년, 유대주둔군 총독 본디오 빌라도 재임 5년, 헤롯 안티파스 갈릴리 사분봉왕 재위 35년이었다. 요단강에서 세례 요한으로부터 세례받은 이후(티베리우스 재임 15년, 누가복음 3 : 1) 이후 2년 반 동안의 예수의 활동으로는 너무 기간이 짧으므로 3년 반 동안 하나님 사역 활동으로 추정된다.

어느새 센투리온 헌병대장이 왼손으로 허리에 칼을 잡으며 오른손 주먹으로 자기 가슴에 가로로 대면서 말했다. 이것은 로마군인으로 예의표시이다.

"내가 사형집행장에 여러 번 있었지만 이 사람은 진실로 신의 아들이다. 사형을 받을 때 대개는 세상을 탓하고 정신이 돌아버리지만 이 사람은 누구처럼 세상을 원망하지도 않았고 살려 달라고 애원하지도 않았고 울지도 않았다. 자기 신세를 한탄하지도 않았다. 우리를 보고 어디 두고 보자 하지도 않았다. 자기를 고발한 제사장들을 욕하지 않았다. 그러므로 그는 결백한 사람이다. 분대, 주목! 깃발을 하나 내려라. 거점에 나팔을 불어 신호하라."

나팔소리가 들리기 시작한다. 장송곡같이 세 번 울려 보내자 성루의 로마군이 성내 본부쪽으로 나팔소리를 보냈다. 로마군이 남쪽 성루 중간 신호접수 봉송전망대 군단본부쪽으로 깃발을 올려 불화살도 쏘면서 밤하늘을 밝히며 신호를 보내기 시작했다. 옆에 같이 십자가형을 받고 있는 사형수들은 아직 살아 있었다. 유스투스도 마크에게 빨리 사람을 보내어 요셉 주인님께 말하라고 전달했다. 그리고 예수님를 계속 지키기로 했다. 기적은 언제든지 존재한다. 멀리서 예수님의 최후를 바라보던 많은 사람들 중 알아볼 수 있는 사람은 막달라 마리아, 야고보의 어머니 마리아 살로머가 기다림 끝에 최후의 임종을 보았고, 그 외에 이름은 확실히 모르지만 갈릴리 가버나움에서부터 예수의 전도여행에 같이 따라와서 예루살렘에 같이 들어온 제자들의 어머니와 동생들이 있었다. 그들은 눈물도 말랐고 기적을 기다림에도 지쳐 있었다.

"주님께서 돌아가셨다."

서로 부둥켜안고 울었다. 아시아 사람들의 슬픔에 대한 표현이야말로 아시아 여자들의 애도의 눈물은 갈릴리호수를 넘치게 하리라. 그리고 그 눈물은 호수를 넘쳐 흘러 요단강으로 내려오니 앞으로 예수님의 사랑의 복음을 생각하며 감동으로 흘리는 눈물이 끝없이 흐르리라. 예수님의 발인식을 하기가 어렵게 되었다 안식일이 시작되어 이 저녁이 예비일이라 서둘러 장례를 치러야 한다. 십자가어서 죽은 사람의 시신은 가족에게 인도되지 않고 집행 센트리온 백병중대장이 상부의 지시를 받아 처리한다. 이것은 가족에게 인도될 경우 참혹한 죽음을 보고 복수의 불길이 생기고 살아 있는 사람들에게 큰 증오를 남기고, 살아가면서 정신적으로 치유될 수 없는 마음의 상처를 주기 때문에 가족에게 인계하는 것을 금한다. 아, 이 일을 어떻게 해야 하는가? 정말 하나님께서는 너무하신 거 아니신지. 유스투스 일행은 슬픔에 대책 없이 십자가 아래에서 심심하여 놀이를 하고 있는 로마군을 쳐다보면서 앞으로 이 나라가 큰일 날 일이 더 생길 것으로 우려하지 않을 수 없었다.

지금까지 지켜보던 바리새파 성전의 젊은 서기관인 그 랍비 선생도 낙담하고 혀를 차며 팔길을 돌리면서 말한다.

"아니, 사람이 지은 성전을 헐고 사흘만에 다시 짓겠다던 사람이여, 어떻게 다른 사람은 수없이 구하고도 자신을 구하지 못하는가? 유대의 자랑스런 랍비, 나사렛 예수가 저렇게 최후를 당하다니, 믿을 수 없는 일이다. 우리도 어떤 기적을 바라기는 했는데……."

"서기관님, 어떻게 이렇게 나사렛 예수를 제사장단에서 고발하고 죽이셨습니까?"

"나한테 묻지 마라. 기적이 생겼다면 우리도 나사렛 예수를 선지자로 인정하고 모시려 했었다. 이제 기적이 오지 않았지 않는가? 무엇을 더 기다려야 하나? 이제 가야겠다."

"돌아가셨지만 이 이후도 끝까지 기다려 봅시다. 끝내 무슨 일이 있을 것 같은데……."

"있기는 뭐가 있어. 확실히 돌아가셨어. 이런 거 한두 번 보나? 사이비 교주들은 죽어도 할말은 하지. 그러나 이번에 이 나사렛 여수의 경우는 너무도 다른 점이 있어. 죽음이 장엄한 데가 있어. 센트리온도 말했지. 그의 죽음은 완전히 다른 데가 있어. 선지자 후보로 확실시되고 있어요."

"지나가는 나그네여, 당신은 지금 무슨 후보자를 물색하십니까?"

"그렇소, 나는 떠돌이지만 선지자들을 찾고 이스라엘의 발전에 도움이 되는 선지자는 당연히 찾고 그들의 경고를 들어야지요. 선대의 선지자들이 그랬소. 예를 들면 선지자 이사야도 그렇게 희생되었소. 희생될 때는 선지자인 줄 몰랐지. 이 어려운 시기에 나사렛 예수가 희생되었는데 선지자를 죽인 건지, 할 수 없이 이렇게 된 건지 이해의 시간이 필요하오. 그리스신화에 오리온이라는 바다의 신인 포세이돈의 아들이 지상에 모든 동물을 지배하는 사냥꾼이었지만 나중에 사람도 지배하지 않을까 하여 이를 시기한 아폴로신이 전갈인 스콜피온을 시켜서 오리온을 찔러 죽이게 하였고, 오리온을 사랑한 아르테미스신이 이를 알고 슬퍼하여 그 시신을 수습하여 하늘에 올려놓았으니 오리온좌라고 하지요. 그 그리스 신화처럼 나사렛 예수가 다들 아는 이들 누가 시켜서 전갈, 스콜피온 같은 로마군 창에 최후를 맞고 쓰러졌으니 나중에 오리온좌와 같이 하늘에 오를 것이오. 신화가 따로 있는 게 아니고 바로 여기에도 있구만. 지엔에스(GNS) 특파원은 이 내용을 잘 적으시오. 내 이름은 기록하지 마시오. 묻지도 말고……."

제28편

부 활

십자가 앞에 서 있는 가버나움 요한 등 몇몇 제자들과 함께 마크와 유스투스는 예수님에 대한 십자가 서거 조사를 행했다. 이 안식일의 이 예비일, 이 시각에 하늘을 우러러 보며 주기도문과 함께 예수님의 이스라엘 땅에서의 여정과 복음을 암송했다.

"예수님께서는 베들레헴에서 나시고 나사렛에서 자랐으며 아버지 하나님으로부터 소명을 받으시고, 당시 소문으로 요단강에서 세례 요한이 세례를 주자 그곳에 가서서 그에게서 세례를 받으셨다. 세례명으로 나사렛에서 온 예수, 나사렛 예수라고 자신이 이름하셨으며 뜻하신 바가 있어서서 요한의 세례 캠프에서 만난 베드로 등 의형제들과 함께 북쪽 갈릴리 지역으로 가셨다.

가버나움으로 가는 도중 최초의 사역으로 가나의 결혼식에 들르셔서 처음으로 포도주의 이적을 행하시고 갈릴리 가버나움에서 개척교회의 캠프를 열었으며 잔잔한 갈릴리호숫가 복음의 삼각지대(Triangle region)에서 천국의 복음의 말씀을 시작하셨다. 그 말씀을 듣는 사람들이 고작 제자와 합쳐 모두가 열 명이 안 되었을 때를 시초로 개척교회로 출발하시고 이 땅에 하나님의 복음을 전파하시고자 종교봉직의 사역을 시작하셨다.

나중에 듣는 사람들이 5,000명에 이르렀으며 이 말씀을 들으려고 갈릴리호숫가에 많은 군중이 모이자, 이들을 호숫가 산상에 인도하시어 하나님의 복음을 말씀하셨고 많은 군중이 호반과 강가에 모였으며, 특히 에레모스산(Mt. Eremos) 위 언덕에서 천국의 복음이 무엇인가 하는 것을 여덟 가지 복음으로 세상에 처음으로 알려 주셨다.

탭가(Tabgha)에서는 물고기 두 마리와 빵 5개로 복음의 말씀을 듣고자 온 5,000명이나 넘는 사람들에게 서로 저녁을 공양하게 하시고 배고프지 않게 하셨으며 마지막으로 예루살렘에 들어오셔서 이 지상에서의 최상의 복음인 주기도문을 주시며 마지막을 봉직하시고 성도들에게 하직을 예고하셨다.

자신은 세상을 섬기로 왔지, 섬김을 받으려고 온 자가 아니며, 율법을 새로이 만드는 것이 아니라 편안하게 복음을 많은 비유로 해석하시고 그 속에 하나님의 진정한 말씀을 전하는 것이라 하시고 스스로 실천하셨다.

허리에 수건을 두르시고 12제자의 발을 전부 씻겨 주시고 손수 그 수건으로 발을 닦아 주셨다. 그것은 이스라엘 열두 지파를 지배하러 오신 것이 아니라 섬기러 오신 것임을 12제자에게 말씀하신 것이며, 제자들과 어린아이들의 발을 마지막으로 닦아 주시고 모든 이를 사랑하고 봉사함을 보여 주셨다.

"너희는 아버지 하나님께서 빛으로 자연과 함께 만드신 세상의 빛이니 너희를 세상에 올려 다시 비추게 함이시라."

"너희는 세상의 소금이니 소금이 짠맛을 잃으면 무엇에 쓰겠는가? 길가에나 뿌려져서 땅이나 단단하게 하는 것으로나 쓰여질 뿐이다. 그러므로 인간으로 태어났음을 알고 소금이 맛을 버리지 않는 것같이 생의 참된 맛을 유지하며 하나님을 정성을 다하여 공경하고 경외하라."

"나는 진리요, 길이며, 생명이라."

"이기주의를 버리고 이타주의로 살며 폭력은 폭력으로 망하니 무기를 버리라. 살인을 하지 말라." 등의 말씀이 예수 선생님이 가시는 날까지 제자들에게 당부하신 말씀이었다. 그리고 이제 그 명언들을 남기시며 뜻을 다 이루시고 지상에서 아버지 하나님께서 명하신 봉직을 다하셨다. 그리고 뜻을 다 이루고 가셨다."

제자들은 각자 서서 기도문을 외우며 슬픔의 묵도에 들어갔다.

예수님은 기드론에서 체포되셨을 때 제자들이 칼을 빼어 반격하는 것을 극구 제어 하셨다. 세상은 선생님을 알지 못하였으니, 오직 선생님을 알고 이해하고 깨달은 사람들은 가난하고 도움이 필요한 사람들과 아픈 사람들과 성도들만이 예수 선생님을 알 뿐이었다.

얼마나 숨어서 선생님을 알고자 할 것인가?

유대민족이든, 어느 나라 사람이든 이기주의보다 기타적으로 살아간다면 고난을 면 할 것이라고 하셨다. 선생님은 자기를 몰라 주는 세상을 원망하지 않으셨으며 세상에서 이득을 취하고자 하지 않으셨으며 유대를 걱정하시고 세상을 떠나셨다. 그리고 다시 올 것이라 하셨다. 그것은 생에 대한 애착이 있어서가 아니라 후세에 유대를 구원하기 위하여 오실 것이라 하셨다.

'하나님, 예수님께서 이렇게 고통받으시는데 왜 침묵만 하고 계십니까?'

("내가 아리마대 요셉을 보낼 것이다. 그리고 볼가강 강가에 요셉을 보낼 것이다. 아마겟돈의 대전투가 있는 날 번개가 빛과 함께 동쪽에서 와서 서쪽에 이르는 것과 같이 제3제국의 군사에 의해 유대민족이 멸족의 운명에 처해 있을 때, 붉은 군단의 군사가 유라시아의 동쪽 큰 강가 벌판의 엄동설한에 문득 다시 일어나 침공해 오던 제3제국의 군사를 역습하여 격파하고 전선을 일제히 돌파하여 서쪽으로 진군할 것이다.

그들은 질풍과 같이, 제3제국의 수도에 이르는 길을 따라 유대민족들이 죽어 가고 있는 자나 죽기 직전의 자를 구원하여 그들이 새로이 회생하는 것을 보리라. 그리고 서쪽으로부터 망망대해의 바다 위에 트라이던트 그리스 삼지창의 전함들이 새벽에 하늘의 별 오리온 성좌와 그 아래 시리우스의 밝은 별빛을 보며 동남쪽 해안으로 진군해 올 것이다. 그들은 죽어 가는 유대민족을 무덤 속에서 구원하니 세상이 이를 보게 될 것이다.")

후일 성인(聖人)이 나타나 유대민족을 멸망시키려 하던 그 공포의 장소를 찾아와서 전몰 장소를 돌아보고 당시에 하나님께서 왜 침묵하고 계셨는가 하고 감히 하나님에게 말씀드릴 것이다.

("이 공포의 지역에서 하나의 민족에 대해 유래 없는 집단살해에 대하여 누가 어떠한 말을 할 수 있는가? 침묵이 있을 뿐 우리는 아무 말도 하진 못하지만 하나님께 대하여 애통해 호소하니 '주여! 보십시오. 하나님께서는 이토록 왜 가만히 그냥 계셨습니까?' 하고 침묵으로 읍소하는 말일 것이다. 지난날 제3제국의 군사는 유대 사람들을 지구상 인류 명부에서 그 이름을 없애 버리려고 하였다.")

― 성하(聖下)께서 어느날 방문하시고 말씀하시다(Pope visited and delivered an address at Auschwitz on May 29. 2006). ―

(하나님께서 골고다 언덕에 아리마대 요셉을 보낼 것이다. 그와 같이 먼 훗날 이스라엘

가문이 제3제국에 멸망하기 직전에 하나님께서 볼가강가의 한 요새에 볼고스타린그라드 요셉을 보낼 것이다. 하나님께서 가만 있지 아니하시고 어떻게든 구원의 사자를 보낼 것이다.)

유스투스는 십자가 앞에서 제자들과 함께 묵념을 하였다. 예수님을 주님이라 믿고 따르는 여인들도 통곡하며 여기저기 기도문을 마음껏 외치는 가운데 그도 기도하였다.

("아, 위대한 생애의 주 예수 그리스도, 예수님 죽지 마시고 살아 오셔서 십자가에서 내려와 기적을 내리십시오. 천사들의 군사와 함께 오십시오. 질풍과 같이 구름을 타고 오십시오. 저도 그 대열에 끼겠습니다. 로마군사를 카레에서 파르티마의 낙타기병대가 크랏사스의 로마군을 혼내 주듯이, 토이토브르크에서 게르만 용장 아르메니우스가 바루스의 로마군단을 혼내 주듯이 싹쓸이하십시오. 지금의 로마군단은 세계의 어느 나라도 이길 수 없는 군사입니다만…….")

십자가에서 말씀이 들리는 듯하였다.

("나는 폭력을 쓰려고 다시 오지 않는다. 하나님 아버지께서 무력이 필요하실 경우에 여호수아와 같은 진리라 이름하는 하늘의 사자, 천하 제일의 장군을 로마로 보내실 것이다. 로마도, 로마군도, 그 청년들도 언젠가는 폭력을 포기하고 사랑과 자비로 회개하고 타인을 위하여 이타적으로 자유로이 살아가는 나라와 국민이 될 것이다. 그곳에 사랑과 진실의 기도소리가 퍼질 것이며 동방의 한 종교지파, 엣세네파처럼 젊은 수도사들이 깊은 바위 산속에서 정복과 폭력을 포기하고 내면의 수양과 정신생활을 하듯이 로마인도 로마인을 사랑하듯이 세계 사람들을 사랑할 때가 올 것이며, 서로 사랑하는 사람들로 로마 도시와 거리가 꽉 차게 될 것이며 로마는 사랑의 도시로 만국의 시민이 방문하는 복받은 나라가 될 것이다.")

예수가 십자가에 그대로 매여 있는 가운데 도둑과 강도로 같이 처형된 죄수의 가족연고자로 보이는 사람들도 주변에 서성댔다. 마음을 참지 못하고 죄를 짓는 것은 순간적 과오이다. 사람에게는 누구나 그런 유혹의 손길이 뻗친다.

그 마음은 어디서 오는 것일까? 가인도 왜 그런 마음이 생겼을까? 사람들이 마음을 억제하지 못하는 것 중에 가장 문제되는 것은 성적 충동의 욕구와 돈과 재산의 탐욕으로 죄인의 길이 열려 있다. 죄로 가는 길과 선으로 가는 길은 자신이 정한다. 예수님은 이타적으로 살아가면 여자가 성적으로 보이지 않고 자기의 자매로 보이며 돈과 재산은 하늘에 있는 재산으로 저축한 것과 같아 보이니 죄인의 지옥으로 가는 길과 사람이 천국으로 가는 길은 사람 앞에 평행하게 나란히 서 있다고 하셨다.

사람은 순간적으로 사리를 판단해서는 아니 되며 순간적 폭력을 생각해서는 아니 된다고 했으며 폭력을 휘두르는 자는 반드시 폭력으로 망한다는 것을 옆의 두 개의 십자가는 또한 말하고 있다. 순간이 지나면 바로 과거다. 순간을 지난 과거를 후회해도 소용없고 후회만 남는다. 후회를 돌이킬 수 없고 돌이킬 수 있는 방법은 먼저 참고 나중에 회개할 뿐이다. 회개하면 후회에서 벗어나며 후회는 사라진다.

그러므로 회개하라! 그러면 너와 네 가족이 평강하며 구원을 받는다. 순간적 폭력은 후회를 가져올 뿐이다. 나사렛 예수 좌우에 있는 죄인들도 후회를 벗어나 회개함으로써, 예수님과 같이 피를 흘림으로 마지막 순간에 회개함으로써 예수님으로부터 구원을 받았다.

("예수님 이제 저희들도 저희 인생을 회개합니다. 받아 주소서. 아멘.")

("우리 같이 하나님 아버님에게로 갑시다. 아멘.")

예수님의 십자가 주변에도 얼굴에 시커먼 숯칠을 한 제자들 몇 명이 서성대고 있었다. 로마군의 창검이 어두운 횃불에 광채와 함께 핏빛으로 보였다.

로마집행군은 여전히 교대 임무를 하면서 임무 종료시간이 되기를 기다렸다. 이 날의 임무 종료시간이 되면 무조건 집행을 종료하그 확인사살로 시체를 치울 예정이다. 어두움은 깊어 가는데 유스투스 일행은 대책이 있나 없나, 답답함을 기다리며 주인이신 아리마대 요셉에게 계속 연락하였다. 로마군도 신호 깃발로 3명 중 1명이 사망한 것으로 내보내는 현상태의 신호기를 올려놓고 있었다.

유스투스와 마크 일행은 예수님의 유품이 있다면 찾거나 모을 필요가 있다고 전갈을 받은 상태였다. 그 중에 성모 마라아님이 직접 지어 주신 예수님의 옷은 로마군의 수중에 있고 신발은 그들이 던져 한짝은 없으나 한짝만 있고 이외 유품은 소유하신 게 없으니 그것이 전부이고 간접적인 유품으로 보이는 가시월계관은 예수 머리에 씌어 있고 십자가나무는 그대로 예수께서 기대어 있는 상태이다. 예수님의 몸에 박혀 있는 피 묻은 못들은 역시 그대로이다. 말씀은 기록하였으나 이 유품들은 아직 하나도 확보하지 못하고 있다. 이 유품은 역사적 가치를 지니게 될 것이다.

드디어 요셉 주인이 결심한 듯 사람을 보냈다. 마크는 있으라 하고 유스투스를 긴급히 거처로 오게 하셨다. 그는 유스투스 일행을 모으고 주의사항을 말하고 로마군 예루살렘

총독부로 들어간다고 하였다.

요셉친형은 마음의 결심을 단단히 하고 낙타를 타고 수하의 시종을 거느리고 유대 총독인 본디오 빌라도의 총독공관에 도착하였다. 로마호위병들이 방패와 창으로 막고 정지를 명했다.

"어디에서 온 사람들인가?"

"총독을 찾아온 유대 공회의 의원이며 로마 명예시민권이 있는 아리마대 요셉이란 사람이 총독님을 직접 찾아왔다고 전하시오."

"사전에 연락이 있었소?"

"상자 속에 편지와 물건이 있으니 총독님에게 보여 주시고 밖에서 기다린다고 전해 주시오."

호위병이 상자 내부를 검사하고 들고 안으로 들어간 후 조금 있다가 다시 나와서 인도하여 일행은 안으로 들어갔다. 내부로 깊숙이 들어가자 막다른 방이 나왔다. 내부는 미로같이 되어 총독을 노리는 자객이 들어와도 어디로 올라가는지 내려가야 하는지 도무지 갈피를 잡지 못할 정도로 총독거처에 이르는 길이 쉽지 않았다.

앞문을 지키는 군사가 일행들의 몸수색을 했다. 요셉친형이 손가락에 끼고 있던 좀 특이한 반지 하나를 빼어서 호위장교에게 주며 로마어로 말하니 장교는 반지를 보며 상자를 들고 안으로 들어갔다. 그리고 다시 나와 일행 중 유스투스와 아리마대 요셉주인과 같이 온 친구만 안으로 들여보냈다.

방안에는 여러 고관과 로마군 고위 장교가 정장을 하고 버티고 서 있는 가운데 총독 빌라도가 요셉 일행쪽을 보고 말한다.

"그대는 여기 문갑 안에 쓰인 대로 아리마대 요셉이란 사람이오?"

"총독전하, 오랜만에 뵙겠습니다."

"아, 누구시더라? 어, 공회의원이시오? 옷을 보니 얼굴은 뵌 것 같소."

"총독님, 저는 이미 35년 전 이집트 사막지역에서 저의 선친과 함께 당시 로마군 군단 루테넌트 센트리온이던 젊은 총독님을 뵈어었습니다."

빌라도 총독은 놀라 벌떡 일어났다.

"아니, 그때가 언제인데 35년 전 그때 그 사람이오?"

"예, 저는 이제는 작고하신 저의 부친과 함께 이집트를 넘어서 북아프리카에 장사하고 돌아오는 길에 당시 총독께서 젊은 로마군 군단 백병개 소대장, 루테넌트 센투리온이셨을 때 이집트 기자지역에서 멀리 떨어진 사막에서 뵌 적이 있습니다."

"아, 그래요? 맞아. 이제야 생각이 나는구만. 일전에 의원을 공회든가 어느 때 단체로 만났을 때도 어디선가 본 일이 있었다고 생각했는데 그때는 그런 사연을 왜 말하지 않았소. 이제야 이야기하시니 맞아요, 맞아, 기억나네요. 옆에 같이 오신 분은 누구시오?"

"니고데모 선생이라고 합니다. 랍비로 성전교수입니다. 역시 예루살렘의 자치공회의원이며 율법사이며 저의 변호인입니다."

"아, 한 번 본 일이 있소. 그대의 옷 차림서가 특이하게 유대적인 점이 눈에 띄었소."

"총독님을 이렇게 가까이 뵙기는 그때 이후로는 유대에서 처음입니다. 여기 이제 다 성장하여 성년이 된 바르사바도 있습니다."

"바르사바 유스투스라 합니다."

"아니, 소년이었던 아이가 와~ 세월은 빠르구만. 그런데 지금, 내가 너무 바쁘니 우선 이 탄원서 이야기부터 합시다. 개인적인 것은 나중에, 우리 서로 정담을 나누도록 합시다. 그대가 여기에 무슨 탄원서를 냈는데 아직 자세히 잘 읽어 보지 못했으니 무슨 내용이며, 예수와 관련된 내용이면 무슨 관계이며 예수의 십자가형에 어떻게 생각하시는 거요?"

"조금 말씀을 드릴 게 있어서 …… 사연이 좀 있습니다. 저…….."

"조금 전에는 제사장단에서 모두들 오서 예수를 처형한 것을 공론으로 잘 결정했다고 하고는 죄패를 붙인 내용에 대하여 불만을 토로하였는데, 죄패에 예수를 유대의 왕이라 한 것이었소. 자기들이 그렇게 증언해 놓고는 자칭 그리하였다고 자칭이란 말을 넣어 달라고 했는데 예수는 자기가 직접 유대의 왕이라고 하지는 않았다고 생각해요. 다만 증인들이 그리 말했고 자신은 그리 들은 적이 있다고만 할 뿐 자기 제자들에게 자기가 왕이라고 부르도록 한 적은 없는 것 같았으며 방조한 것이 아닌가 하는 점을 제사장들이 주장한 것으로 그것으로 십자가형이 집행되었어요. 그래서 그 죄패를 붙여 주었는데 또 다른 말을 죄목으로 쓰자면, 즉 자칭 유대의 왕이라 주장했다면 그 사유로 재판을 다시 해야 하는데 재판을 다시 할까 하고 제사장들에게 말하니 그건 안 하겠다 했소. 혹시 형 집행이 중지나 되지 않을까 해서 그랬겠지. 새삼 '재판 다시 할 거냐?'고 하니 그대로 다들 불만을 떨며 나가 버렸소. 사실 예수는 그 말을 부정하지 않았는데, 왕의 조건으로 이 세상의 왕은 아니라 했소. 다만 유대의 내세의 왕이라고 했소. 현세의 왕이라면 백성이 있어야 하고 영토가 있어야 하고 신하가 있어야 하는데 일당들이 아무도 잡혀 오질 않았소. 일당이 없었지. 그 제사장단들이 이 총독부에 와서 한바탕 소란들을 피우고 떠나갔는데, 이제는 또 당신네들이 나를 찾아왔소. 빌라도는 너무 오늘 바쁘오. 당신네들은 또 주장이 뭐요? 뭐 하러 골치 아프게 찾아왔소?

빌라도는 동봉된 장식 줄이 달린 금반지를 만지작거리며 말한다.

"요셉씨, 아~ 내가 이 반지를 기억하오. 이 반지는 내가 로마군 초급 군단학교를 이수하고 이집트 현지로 부임하러 이동중이던가, 그런데 그때 우리군 일행이 사막의 폭풍을 만났을 때 우리를 구해준 당신 아버지의 낙타대상 일행에 대해 감사의 뜻으로 그대에게 주었소. 이제 기억하오. 그동안 공식적으로 여러 번 귀하를 보긴 했던 것 같은데 왜 여태까지 이런 사연을 나에게 이야기하지 않았소. 로마군은 징발하거나 민간으로부터 빌려 쓴 것은 다 갚는 것은 아니지만 어떤 은혜를 베풀 기회가 있을 때 감사의 뜻을 새기고 응분한 보답을 하오. 귀하에게 우리 로마가 해 줄 수 있는 것이 있으면 이제 적절히 검토하리다. 어떻게 여길 오셨소?"

"미리 보내드린 탄원서에 쓰인 바와 같이 탄원의 말씀을 드리러 왔소이다."

"무슨, 어떤 탄원이요? 탄원성 부탁의 의미요? 나도 여기 유대에 수년 간 총독으로 있는데 내가 청탁이나 받고 재물이나 모으고 있었으면 벌써 로마로 소환되었을 것이오. 나도 이제 은퇴할 시기가 다가오고 있소. 유대 총독을 명예롭게 마치고자 하는데 탄원서를 내어 개인적인 사사로운 부탁은 하지 마시오. 로마법에 따른 정당한 탄원이고 민원이면 여기 로마 호민관들과 협의하여 검토하리다. 내용이 무엇이오?"

"오늘 십자가형을 당한 나사렛 예수라는 사람 말입니다. 그 사람이 십자가에서 이미 죽었습니다. 그 시체를 가져다 향과 송진으로 염하고 장례를 지내 주었으면 합니다. 저희들의 사업 중에는 건축업과 병원운영과 장례식 장의사 사업도 하고 있습니다. 우리는 장사치입니다만……."

"아니, 국가의 법을 어긴 자이며 자기 나라에게서도 배척당하고 고소되어 죽은 자인데 누구의 명령으로 시체를 인계할 수 있소? 또 귀하와 나사렛 예수는 무슨 상관이요? 무슨 연고가 있소? 그 사람은 매우 위험한 사람으로 내가 구하여 줄 수도 없었소. 귀하도 상관하지 않는 게 좋을 거요. 그런데 무슨 사람이 그리 약하나, 벌써 죽다니……. 여보게, 호민관! 예수가 죽었는지 확인하시오."

"예, 즉시 알아보겠습니다."

"요셉씨, 나사렛 예수인지 유대의 정신적 왕인지, 사랑의 왕인지, 누군지 하는 사람과 어찌 되시오? 다 한패요?"

"아닙니다. 인척으로 먼 친척인데 그의 아비가 목수출신으로 우리 사업에 같이 종사하다가 배를 타고 바다 건너 사이프러스섬의 시나고구교회당 건축공사 현장에 나갔다가 실종되었습니다. 소식이 있거나 돌아올 때가 되었는데 뱃길에 아무런 소식이 없어서 포기하고 있습니다만, 그의 자식까지 이런 환란을 당하고 있어서 자기 아비를 생각하고 그 아들은 이제 죽어서 다시 고기밥이나 독수리나 까다귀밥이 되지 않게 하고자, 함께 일하던 동료의 자식으로 도의적으로 그 가족에게 베풀어 주고자 합니다. 우리는 어떤 감정도 없으며, 우리는 정치적이나 종교적으로 이번 십자가형이 무엇인지 알 필요도 없으며 다만 정치하는 분이나 종교적 지위에 있는 분이 결정한 사항을 가지고 아무것도 모르는 평민인 우리는 인척으로서, 또 친구의 자식으로 의미 외에는 없습니다. 이미 그가 십자가형으로 숨이 다하였다 하므로 그 시체를 총독께서 허락하시어 우리 인척에게 내어주시면 감사하겠습니다. 절대로 문제가 되지 않도록 하겠습니다. 그건 총독께도 좋습니다. 그 시체가 까마귀나 독수리밥이 된다면 추종자들이나 유대 사회가 떠들썩하게 되어 소란스럽게 될 것입니다. 전문가인 장의사에게 맡기시면 조용히 지나갈 것입니다."

"아니 나한테 한 수 권하는 거요? 그대 가문에 이런 사람이 있었다니 가문에 영광이요 아니면 가문의 치욕이요? 그대까지 연류되어 큰 화를 당할지도 모르는데 감히 여기에 나셨소? 요셉씨? 이건 대단히 위험한 일이오. 이것은 비밀로 하리다. 이미 작고하셨다는 그대의 선친이 우리 로마에게 도움을 준 것에 대하여 감사하오만 이것은 나라에 큰 일이 걸린 문제요. 그대의 마지막 부탁인 체면을 보아 우리가 검토하겠소. 나 혼자 결정할 일은 아니오. 그러니 잠깐 기다리시오."

"예, 잘 알겠습니다만, 결정을 너무 오래 지체하시면 십자가 처형장의 집행 센트리온 헌병대장이 임의대로 처분할 것이므로 신속한 결정을 부탁합니다."

"잘 알고 있소. 염려하지 마시오."

"부관, 형장에 있는 센트리온에게 확인사살은 별도의 명령이 있을 때까지 하지 말고 기다리라 하고 나사렛 예수가 십자가에서 확실히 죽었는지 긴급신호를 확인하라!"
하고 총독 빌라도가 친위군에게 지시하였다.

"그런데 그건 그렇고, 확인하면 될 거고, 어떻게 나사렛 예수가 당신 집안사람이 됐소? 당신이 그 자를 후견인으로 돌보아 준 것은 아니오? 그러면 큰일나는데……."

"아닙니다. 저는 장사하는 사람으로 교육이나 종교문제는 알지도 못하며 율법도 잘 모릅니다. 다만 먼저 말씀드린 바와 같이 우리 사업에 그의 부친이 목수로 참여하여 알게 되었고 그 이상도, 이하도 아닙니다. 가족들도 예수의 그런 선교에는 이상히 생각하였고 형제들 중에도 그를 이해하지 못한 상태에서 그의 죽음을 보게 되었으며, 주위 여러분은 이집트나 딴 곳으로 가서 자기가 좋아하는 선교사업을 스스로 하기를 원 했습니다. 이것은 사실입니다. 그러나 나사렛 예수는 그러하지 않았습니다. 제가 예루살렘 자치구 공회 의원입니다만 정치는 잘 모르며 다만 상인을 대표하여 위원회에 참석하라 하여 의원으로 있는 뿐 정치 같은 것은 잘 모릅니다. 그러니 잡상인으로 보아 주십시오. 예수는 먼 인척 이라는 것 이외에는 잘 모릅니다. 왜 그리 죽게 되었는지, 죄가 있다 없다에 대해서 저의 주장은 없습니다. 다만 장의사를 주선하여 장사를 지내 주려는 것뿐입니다. 성전 정화 사 건 때 저희 상점인 예루살렘 성전지점도 피해가 났습니다. 그리고 도움을 줄 수도 없었습니다."

"아, 그래요? 잡상인은 총독부에 출입 금지인데, 하하, 명예 로마 시민이네요. 명예 시민도 총독부엔 출입할 수 있지. 선친 때부터 명예 로마 시민이요?"

"그 이전부터 장사하고 무역하는 집안이라 세금도 많이 내고 잦은 출입국 비자로 임시 로마 시민으로 간주되었습니다. 많은 유대 시민들에게 로마가 주는 제도 아닙니까?"

"우리도 왜 그자가 죽을 재판이 생겼는지 잘 모르는데, 세간엔 우리 로마군 정보에 의하면 전통의 제사장단과 명분 싸움을 하였다던데 종교문제로 보는 의견이었소. 그런데 문제는 나사렛 예수가 도망가거나 잠적해 버리면 제사장들이 찾겠소? 왕가에서 찾겠소? 안 그래도 세례 요한인가 뭔가 하는 선지자를 죽인 것 때문에 인심 다 잃고 재판도 사면도 안한다고 헤롯 안티파스 왕이 도로 우리한테 데려왔소. 이제는 몰려서 우리가 자칭 선지자 형 집행한 셈인데 술수가 대단한 곳이 여기요. 유대 땅에는 매일 선지자들이 나타난다 나요? 좌우간 보다시피 우리는 그 재판과는 관계가 없소. 예루살렘 시민들이 재판했고 선택하고 결정했소. 나는 민주적으로 유대에서 행정관으로 일해 왔소. 이 땅에 수없이 나오는 선지자 예언자가 한 둘이 아니라고 하던데 죽음으로 열성적인 종교활동을 하는 것은 이해하기 어렵소. 그리고 예수가 왕이다 뭐다 하니 사면도 불가능하고, 어쨌든 그 재판은 로마와는 전혀 상관없소. 전세계적으로 많은 사람들이 재판에서 죽고 있소. 사람이 죽고 살고 하기 전에 죽을 일을 하지 말아야 하고 무엇 때문에 새로운 종교사상을 가져와서 사람들의 심신을 즐겁게 하는 건지, 슬프게 하는지……. 요셉씨는 왜 나사렛 예수가 그런 일을 하는 거라고 생각하거나 아는 거 있소? 재판기록에 그 사람 부친도 이름이 요셉이라고 적혀 있던데, 그대와 같은 이름이오?"

"아, 예, 저도 그 문제에 대하여 인척들에게 알아본 바로는 이 예수가 어렸을 때부터 목수인 아버지를 따라 교회 짓는 일과 교회에 가구와 집기류를 만드는 일을 따라하며 자랐는데 가정이 괜찮은 편으로 잘살기도 하였다는 겁니다. 그런데 교회에 일하러 가면 아비는 열심히 일을 하고 교회를 짓는데 예수는 도와주기도 했지만 대개는 어디로 갔는지, 어디에 있는지 찾을 수가 없었다는 겁니다. 그래서 같이 일하던 사람들이 찾으면 교회당 구석에 먼지가 쌓인 양피지 서적들이 있는 낡은 도서실에 가서 오래된 두루마리 성경을 읽고 있거나 명상에 잠기어 혼자서 기도도 하거나 하늘을 바라보고 있어서, 같이 일하러 간 고용 인부들이 자기 아버지는 교회당 짓는데 아들인 예수는 하늘에 교회당을 짓고 있다고 하였답니다. 우리는 그가 뭔가 사명을 받았든가, 해야 할 일이든가는 전혀 아는 것이 없고 그가 어떤 율법문제로 고매하신 랍비, 제사장들과 율법으로 다투었다는 것은 상상도 못할 일이었습니다. 그 후 그는 성장하여 하느님의 사역에 들어갔다 하며, 수많은 사람들이 그의 말을 듣고 따랐다고 한 것은 믿을 수 없는 일이며, 저도 보지는 못했습니다만, 가버나움에 있었던 일이라 하여 여러 사람들한테 들은 적은 있습니다. 그 일로 저렇게 생명까지 잃게 되었다는 것은 우리 평민은 도무지 이해도 안 되고 감도 못 잡습니다. 다만 잘살던 그의 아비에게 우리가 일부 건축공사를 하청하고 맡기는 과정에서 바다로 여행 중 그의 부친이 아마 돌풍과 파도로 행방불명되고 그로 인하여 가정이 가난해진 데 대하여 저도 도의적 가책이 있으므로 그의 시신이나마 거두어 주고 명복을 빌어 줄 뿐 전혀 다른 의도는 있을 수도 없습니다. 그가 가난하지 않게 되었다면 지금쯤은 의사나 고매한 율사인 랍비가 되었을 것입니다. 총독님."

"종교는 가난한 가운데 나온다는 말이 있어요. 우리 로마도 고대 초기에는 가난한 가운데 오직 주피터 신을 믿고 의지하고 문명국 부자나라 그리스 제우스 신과 싸웠소.

그러나 신이 모든 것을 이루어 주지 못했으며 들어주지 않았소. 우리도 고대부터 전쟁터에서 전투를 시작할 때 다 함께 외치는 구호가 있었소. '할~ 쥬피터!'라고 말이오. 그러나 전쟁을 항상 주피트 신이 이겨 주지 못했소. 그래서 전쟁신인 '마르스'를 외쳤소. 그래도 안 되었소. 그러나 한 가지 가능한 외침이 있었소. 백전대장, 백전백승의 전사이며 지도자인 율리우스 카이사르를 외쳤소. 살아 있던 사람이며 정직하고 정의로운 위대한 영도자의 이름이오. 그는 고울의 전쟁터에서 그의 전투병들과 나란히 전선에 앞장서서 같이 싸웠소. '할~ 카이사르!(하르~ 씨자!)'는 그의 군사들이 외친 구호요. 이 외침으로 우리는 일제히 공격에 돌입했고 우리 로마군은 전세계의 전선에서 승리할 수 있었소. 그러나 토이토 브르크 전선에서는 적의 모략, 지략으로 바루스 장군의 군사가 패했소. 그것은 배반에 의한 진 전쟁이지 정규전투에서 패배한 것이 아니었소, 우리는 그대들 유대인들이 전투전선에 서서 외치는 '여호와!'와 같이 우리는 ' 할~ 카이사르!'가 있소. 우리에게 용기를 주는 마음의 구호이며 죽음에서 살리는 구원이며 외침이오.

그래서 우리는 로마황제를 '할~ 카이사르'라고 외치오. 그러나 종교적 외침은 아니오. 이 복잡한 아시아 근동에는 왜 각종 종교가 많아서 인종들 간에 다툼이 그리 많소? 다 부질없는 마음의 병이오. 그러나 하긴 생활상에서 종교는 모를 일이지. 헌데, 호민관! 아직 골고다에서 연락이 없나?"

"나사렛 예수가 벌써 죽었다는 것은 확인되고 있습니다. 다른 죄수가 아직 살아 있으며 다시 확인하고 있습니다. 검시관이 확인하면 전령을 보낸다 합니다. 화살전통과 깃발 신호로는 사망이 확실합니다."

"다시 확인하고 보고하시오."

"아, 요셉씨, 사실을 확인하고 있소. 그런데 지난날 그대와 그대의 선친이 내가 이집트에 주둔군 로마군단의 초급 루테넌트로 외각 진지에 부임하러 가는 날 우리 로마군일행이 사막에서 돌풍을 만나 탈진하여 쓰러져 죽을 뻔하였을 때 그대들이 우리를 오아시스까지 무사히 안내하여 준 일을 기억하오. 그때 갖고 있던 이 임관 기념반지를 감사하는 마음으로 그 당시 나와 같은 젊은 그대에게 준 것이오. 내가 여기 유대에 부임하였으나 당신은 나를 아는 척하거나 그 일을 자랑하거나 그 일로 나를 잘 아는 척하여 청탁을 해 온 일이 없음을 이제 알겠소. 그대는 유대의 신사요. 그래서 당신은 참으로 의인이오. 그러나 이제 이 탄원서에 답하는 것은 처음이며 마지막이 될 거요.

이제 우리 로마가 변제할 기회가 되었으니 그대가 원하는 바를 들어줄 방침이오. 우리를 이집트에서 구해준 것은 나와 함께 우리 로마를 구해준 것이나 다름없으니 참작하겠소. 그리고 이 반지는 회수하겠소. 그러나 예수의 시체는 그 가족에게 넘겨서는 아니 되오. 사형수의 모든 재산과 물품은 국가가 압수하오. 시체도 압류하고 임의 처분하는 것이 법이오. 왜냐하면 특히 반역으로 사형당한 자는 그 시체가 참혹하여 그를 본 가족이나 친지나, 친구나 여러 사람들이 그 원한을 가슴에 품게 되며 나중에 보복의 전철을 계속하고 복수의 길을 가게 되며 그것은 당사자나 살아 있는 사람이나 모두에게 불행이 되므로 시체를 주지 않으며 공동묘지에 이름 없이 버려지지요.

이 점을 이해하시고 나중에 우리 유대 주둔군집행부에서 결정한 후 만약에 그대에게 넘겨주더라도 그대는 모든 책임을 지고 관리하여 사고가 전혀 없도록 해야 하고, 그 시체를 시위용으로 로마가 이렇게 잔인한 국가니 뭐니 하며 민족운동에 이용할 경우나 본의 아니게 이용될 때에는 그대도 십자가를 면하기 어려울 거요. 사전에 당부 하는 것이며 나중에 내가 말하는 것을 잊어버릴까 하여 다시 말하겠지만 명심하시오. 요셉씨, 알겠소?"

"잘 알겠습니다. 결정만 해주신다면 전혀 문제가 발생치 않도록 하겠습니다."

"당신이 안 그러겠다고는 하지만 주위에서 민족주의자들 중 그 시체를 이용하려는 사람들이 있을 것이고 선동에 사용할지도 모르오. 장례위원회를 만들어 거족적으로 반란을 일으켜 예수의 죽음을 기회로 로마에 소요사태를 일으킬 우려가 있기 때문에 예수의 공개적 장례예식은 못하게 하는 거요. 당신이 장례위원장이라도 하겠다고 나서면 그땐 끝이오. 그대는 장의사를 고용하여 쓸 수 있소만 다른 장례적 행위는 못 하오. 또한 제사장쪽들도 안심 못하오. 그들은 능수능란한 사람들이니 모략이 끝이 없고 유대 총독까지 로마원로원에 돈이나 힘을 써서 갈아치우려는 두모한 자들도 있고 막강한 세력을 기도하는 사람들이오. 옛날 헤롯 왕이 그렇게 해서 유대의 왕이 되지 않았소? 그 자녀들이 지금 유대의 왕이오. 우리도 조심하고 당신네들도 조심하시오. 그리고 이제 이 종교문제는 완전히 덮어 버리게 하시오."

"잘 알겠습니다."

"부관, 나사렛 예수가 어떻게 되었는가?"

"옛, 말씀중이라 바로 보고를 할 예정이었습니다. 이미 죽었다고 전령이 왔습니다. 현지로 가서 우선 대기하라 하고 신호도 보냈습니다."

"벌써 죽었다고? 요셉씨, 잠깐 기다리시오. 우리가 회의를 해야겠소."

"알겠습니다."

조금 있으니 로마군 정장을 한 무관이 들어왔다.

"요셉씨, 중앙회의장으로 나오라고 합니다. 같이 갑시다."

아리마대 요셉일행은 큰 홀에 들어갔다. 거기에는 빌라도가 아직 좌정하지 않고 있었고, 무관들이 병사들과 함께 도열하고 있었다.

"임시 재판을 시작합니다. 빌라도 총독 전하께서 입장하십니다."

총독 빌라도가 유대 총독의 지장인 독수리장을 들고 들어왔다. 좌정하고 말한다.

"계엄 군사법정을 진행하겠다. 로마 명예시민의 요청에 의하여 청원을 접수하였다.

아라마대 요셉은 들으라. 우리 로마는 지난날 인도적 차원에서 로마군 행군 길에 모래바람 폭풍으로 위기에 처한 우리 로마군에게 호의를 베풀고 길을 안내하여 위험을 벗어나게 해 준 일이 있는 명예 로마시민 아리마대 요셉에게 그 청원을 받아들여 십자가에 처형된 나사렛 예수의 시신을 인계한다. 아리마대 요셉은 어떤 명분이든 그것을 사회적으로, 정치적으로 이용하지 못하며 특히 시위용으로 악용할 경우에는 로마법에 따라 엄중히 문책한다. 그러므로 사체를 인수하고자 할 경우 확약서와 서약서를 써야 하며 인수 후 위 경고와 주의사항을 위반할 경우에는 동일한 죄로 십자가형에 처한다. 그대는 예수의 장례를 하되 비공개적으로 간단한 가족장으로만 하며 다음과 같은 행위를 일체하지 말 것을 로마법에 따라야 한다. 장례식을 어떠한 시위행위나 종교적 포교나 그의 제자나 추종자들이 참가하는 장례행위는 금한다. 죄인의 장례이니 어떠한 불상사가 일어나지 않도록 하여야 한다. 그렇게 하겠소?"

"예, 잘 알고 있습니다. 말씀하신 대로 서약하며 모든 책임을 지겠습니다."

"십자가형 사형인인 예수의 시신을 예루살렘 자치공회위원이며 명예 로마시민이며 나사렛예수의 인척으로 모든 책임을 자임한 아리마대 요셉에게 인계하도록 한다. 이후 모든 사태의 책임은 저 아리마대 요셉에게 있다. 그러므로 이제 로마는 당초부터 예수의 십자가형이나 재판이나 그의 사후 모든 책임을 면하게 되며 재판의 기록에도 그렇게 쓰라. 이제 모든 것은 유대인들에게로 돌아갔다. 총독부관은 형장의 센트리온 헌병대장에게 전달하라. 예수의 죽음을 사실로 확인하고 반드시 확인사살한 후 시신을 인계하고 이제 더 이상 유대 제사장단측도 문제를 일으키지 않도록 경고하라. 더 이상 이 추한 재판에 로마는 개입하지 않겠으며 예수의 시체를 가지고 논쟁을 일삼는 자는 계엄령에 의하여 엄벌할 것임을 확실히 전하라."

도열한 군사들이 명령을 받았다.

"할~ 총독!"

총독이 판결명을 마치고 방망이를 두들겨 선고하자 아라마대 요셉 주인은 간단히 목례하고 니고데모 선생님과 함께 일어서자 총독은 장교들과 집무실 안으로 함께 사라졌다.

아리마대 요셉은 유스투스 일행들에게 눈짓하여 밖으로 나가게 하고 판결문을 받아 쥐고 유스투스는 기지고 있던 가짜 비밀표시 완장을 버린 후 총독부의 진짜 비표 표시완장을 팔에 끼워 차고 즉시 밖으로 나가 낙타에 올라 말을 탄 로마군 전령들과 함께 다시 십자가 사형장으로 향했다. 그들은 신이 나서 거침없이 북쪽 다메섹 성문을 지나 형장의 언덕으로 뛰어 올라갔다.

그곳에는 아직도 많은 군중이 모여 기적을 기다리고 있었다.

"기적이여 일어나소서! 십자가에서 내려오소서! 우리 유대를 구하소서!"

모두들 울부짖는 가운데 돌연 총독의 친위대가 나타나니 모두들 놀라 뒤로 물러섰다. 또 총독의 명령을 전하는 깃발을 보고 사형장에 있던 로마군들이 소스라쳐 일어났다.

"하~르, 총독!"

모여 있던 군중들이 웅성거리기 시작했다.

"무슨 일인가? 왜 총독친위대가 나타났나? 총독이 살려주라고 했나? 이미 죽었는데, 완전히 가셨는데 어떻게 이제 와서 살려. 그자들이 살려줄 사람들인가?"

"가만, 조용히 하서. 무언가가 있을 코양이다."

로마군들이 방패와 무기를 들고 십자가 옆으로 정열하고 있다. 센트리온 헌병대장이 지시한다.

"야전군본부에 야간 불침번 근무교대 시각이 오고 있다. 내일은 이 지역의 안식일이다. 집행을 종료할 시간이다. 이 자리에 우리와 고대할 병력은 없다. 12명 1분대! 횡대로 우로 정열! 좌로부터 번호!"

"하나, 둘, 셋, 넷, 다섯, 여섯, …… 열둘!"

"자기 번호를 기억하고 있으라. 2개의 주사위를 동시에 던져라. 던져서 나오는 각 숫자의 합에 해당하는 사람이 순서대로 십자가 사형인을 확인하여 사살한다. 세 번 던져 세 사람을 뽑아라."

"아니 저것들 보게나. 죽었는지 확인하려고 십자가에 처형된 사람들을 찌를 세 명의 창기병을 뽑는 모양이다."

로마군 세 명이 각 십자가 앞에 창과 방패를 들고 우두커니 서 있다. 다른 군사들은 그 옆을 지나가며 그들의 투구나 어깨를 툭 치고 지나간다.

"잘들 해봐. 이제 우리도 쉬자."

"아직 죽지 않은 죄인은 어떻게 합니까?"

"골절시키고, 확인 사살하라."

"실시하라!"

"실시!"

예수의 십자가 앞에 서 있는 창기병은 자기 차례가 되어 긴 창을 들고 십자가 앞에 다가가서 예수의 발을 건드려 보고는 반응이 없자 창을 들어 예수의 오른쪽 옆구리를 찔렀다. 사람들이 자기 옆구리에 창이 들어와 한방 맞는 것처럼 옆구리에 충격이 왔다. 그리고 가슴에도 충격이 왔다.

"아, 앗!"

누가 옆에서 소리친다. 다들 보니 감시를 나온 성전 서기관이다. 그도 충격을 받았나?

이때가 저녁 11시경이었다. 그리고 머리에 쓰고 있는 벙거지 모자와 어깨에 망투를 걸친 지나가는 나그네가 어께에 달린 모자를 쓰고 있다가 약간 들어올리고 얼굴을 내밀며 말한다.

"이때를 기억하시오. 헤롯 안티파스 34년 4월 3일(*), 금요일 오후 10시 반경에 나사렛 예수는 십자가형을 받아 운명하신 후 죽음을 다시 확인당하시고 복음의 여정을 마감하셨다.

이것은 이 시각에 유대에 일어난 역사적 사건이다. AJ-GNS 특파원이라고 하셨소? 잘 알아두시오. 하늘의 오리온을 이 스콜피온이 찔러서 죽였다. 그리스 신화를 갖다 부친다면, 가야바가 스콜피온인 로마군 병력을 시켜 예수를 찔렀다. 이를 어엿비 여긴 아르테미우스가 나타나서 나사렛 예수의 시신을 거두어 줄 것이다."

"그대는 누구시오?"

"나는 지나가는 나그네라고 할까? 이 시각이 아주 중요하다. 기다리자, 우리 이스라엘의 기적을……!"

"뭔 기적을? 나그네 선생은 누구 편입니까? 이 시각이 왜 중요한 거요?"

("모르면 말고…….")

"아닌데, 이 시각은 나사렛 예수와 상관없는 로마군 야간근무 교대시각인데요. 나사렛 예수님은 스스로 다시 올 거라 하셨습니다. 안 죽습니다."

그 나그네가 십자가의 나사렛 예수를 보면서 유스투스에게 말한다.

"옆의 그대는 직업이 무엇이요? 이제 지금부터 나사렛 예수는 그리스도가 되었소."

"이제부터 명칭을요? 우린 광고로 밥 먹고 사는 사람들인데 심부름센터에서 나왔습니다."

"나는 알지요, 그대들이 누군지……. 심부름센터란 핑계고 그러면 이만 가세요. 젊은이가 누군지 내가 알지, 이름이 마크가 아니요? 그대는 역사에 남을 기록을 최초로 썼소!"

"저 이름을 어떻게?"

"이 젊은 청년에게 전하리다. 성경에 나와 있는 말이요."

"그가 창으로 찔림을 받았으니 이는 우리의 도덕적 죄로 인한 것이니……. 끝없이 이사야 53장 5절은 계속되고 있다. 죽어도 계속도는 그의, 나사렛 예수의 끝없는 예언이다. 이사야 53장을 봅시다."

"혹시 성전에 나온 또 다른 서기관님이 아니십니까?"

"난 아니요, 저기 보시오. 저 젊은 나그네도 성경 봉송을 하고 있습니다."

"가지고 다니는 성경 두루마리인가 본데, 예수님 앞에서 추도해 주는 거요?"

"성경말씀의 독경은 자유요. 나사렛 예수가 죽은 걸 보니 나도 뭔가 생각이 느껴지지요. 이 사람이 죽지 않아도 될 수 있었던 것을 왜 이렇게 하였는지 모르겠소. 토라에 어떤 의미가 있는 걸까? 토라에는 어떤 예언자가 나타나고 죽는 걸로 되어 있을까?"

"어디 짐작이 가는 곳이 있습니까? 성경에 이스라엘의 대예언자이며 선지자인 엘리야가 세상의 종말에 인류를 구원하기 위하여 메시아가 오는데, 엘리야가 먼저 길르앗으로 다시 올지는 모르지만 먼저 와서 알려줄 것이라고 쓰여 있소."

"그렇다면 예수님이 올 메시아요? 그리고 세례 요한이 엘리야요?"

"그대들은 그렇게 생각할지 모르나 비참하게 죽은 세례 요한은 엘리야가 될 수 없소. 그리고 예수처럼 죽은 자가 메시아라고요? 너무 약하지 않소? 확실히 죽지 않을 수도 있었습니까? 죽으면 다 끝나는데……."

"그런 문제도 있지만 이제 와서 보니 토라의 내용대로 가는 느낌이 듭니다."

"토라 내용 중에 어디에 그런 것이 있습니까요?"

"그대들만 들으시오. 소문내지 말고…….

이사야 53장 5절에 '그가 하나님으로부터 대신 징벌을 받으므로 우리에게 올 화가 올 것이 면제되며 그가 대신 매를 맞으므로 우리가 아픔을 면하였다. 우리가 모두 들에 있는 양과 같아서 목자를 따르지 아니하고 제 갈 길로 가서 대마초나 음양각, 삼지구엽초 같은 나쁜 풀을 뜯었거늘 아버지 하나님께서는 목자인 아들에게 양떼를 잘 인도하지 못한 책임을 물어 매를 드셨도다. 그가 아버지의 매를 받고도 우리 양들을 위하여 자기가 데리고 있던 양들이 잘못하고 나빴다고 변명을 하시지 않았으며 하나님 아버지 앞에서 마치 양털을 깎는 양털 기술자에게 그 스스로 자기의 생명을 맡기는 양들과 같이 온순히 하고, 도살장에 가면서 마지막 좋은 풀을 주는 것을 먹으며 죽을 길을 가는 줄 알면서도 그 길을 가는 양들과 같이 십자가를 매고 걸어가셨다. 그 영혼으로 우리 양들을 대신하여 목자로서 잘못을 하나님아버지에게 속죄로 대신 벌받아 하늘나라로 돌아가셨으니 우리 양들이 죄를 면하며 다시 하나님의 양들이 되리라. 그러하니 너희 백성을 사랑하시는 주 하나님을 부르라.'

이것이 이사야 말씀이오. 비슷한 이야기인지……. 내가 성경에 덧붙여서 말하자면

'우리를 용서하시고 아드님이신 목자님을 돌려보내 주소서. 목자님을 돌려보내 주소서. 바위산에서 아브라함 조상께서 그의 아들인 이삭을 살려 주셨듯이 목자님을 살려 주소서.'

이건 내가 그 구절에 단 주석이고 덧칠이오.

'그가 많은 사람들의 죄를 지고 잘못을 저지른 사람들을 위하여 기도하고 죽었습니다.' 이 말은 계속되는 이사야 53장 12절 마지막 구절이오. 비슷합니까? 지엔에스(GNS) 특파원, 이제 나도 나사렛 예수를 추모하고 또 안타깝게 생각하니 유대 제사장단들을 전부 욕하시지는 말게."

"귀하의 존함은요? 저 성전 기도담당 서기관님하고 같이 나와서 보고 계십니까?"

("망토를 벗어 보여 주시면 가말리엘 선생이심을 알겠는데…….")

순간 주위 사람들이 갑자기 일제히 울부짖었다.

"아~ 아~!"

로마군이 창을 들어 예수님을 찌르는 것을 차마 보지 못하고 고개를 숙이고 얼굴을 동시에 돌렸다가, 사람들이 소리쳐서, 그들도 다시 금방 보니 예수님의 옆구리에서 피와 함께 젖빛의 물이 쏟아져 나왔다. 피를 다 흘리시고 체액이 나오신 것이다. 아니, 이러고도

유대 나라나 로마가 언제까지 건재할 것인가? 심하다. 정말 심하다. 여자들의 통곡소리가
들려왔다. 대개 목소리를 들으면 이제 누구의 소리인가를 안다. 막달라 마리아의 통곡소
리가 유난히 크다. 그리고 살로메도 같이 슬피 운다. 모두들 눈시울을 적셨다.

"아, 마지막까지 이래야 합니까?"

그들은 하늘을 우러러 보았다.

이미 날이 깊이 어두워 사방에 횃불이 켜져 있었다.

("아니, 저 죽음을 확인한 창을 나중에 예수님 사후 유품으로 얻어야겠다. 다른 창을
대신 사주고 저 창은 증거 유물로 보관해야겠다. 그런데 센트리온의 허가가 나지 않으면
창을 인수하기가 어려울 텐데…… . 군 장비이니, 창기병의 이름이라도 알아두어야겠다.")

로마군 센트리온 헌병대장이 총독부에서 전달된 문서를 확인하며 말한다.

"요셉씨는 예수의 시체를 인수하시오. 그리고 여기에 서명하시고, 예수의 직계 가족이
있으면 마지막으로 나사렛 예수의 눈을 감기시오!"

사람들이 횃불을 들고 밝히는 가운데 팔에 비표시, 완장을 한 요셉가문의 여러 사람들
이 앞으로 나가 십자가를 조심하여 기울이고 살살 땅 위에 안착시켰다. 몸에 박힌 못을
큰 장도리로 제거하였다. 성모마리아 어머님께서 십자가에서 풀려 내려지는 예수님을 눈
물로 안으시고 곡하시며 여러 사람과 함께 받아 내리셨다. 땅 아래는 시체를 덮을 흰 세
마포가 깔려 있었다. 흰 세마포 위에 시신이 내려지자 아리마대 요셉의 하인들이 다가가
서 다시 반듯이 눕히고 일행들은 예수님의 눈을 성모마리아님이 직접 감기게 하였다.

그리고 그들은 임시로 못 박힌 상처 부위와 옆구리 찔린 자국을 수술용 바늘과 실로 드
문드문 대충 봉합하고 상처를 싸고 있었다. 운반상 편의를 위해서였다. 다른 죄인의 처형
의 경우에는 어림없는 일이었다. 참혹한 죽음을 임시방편으로 미리 허가받은 걸까?

이때 누군가 유스투스의 어깨를 가만히 두드렸다. 유스투스가 돌아다 보니 지금까지 이
곳에 있었던 성전 서기관 랍비가 아닌가. 여러 번 본다.

"아직도 안 가고 계십니까요?"

"그렇소, 저 여인인 누구요? 예수를 안고 슬퍼하고 있는 사람은요? 혹시 예수의 연인이
나 부인이요?"

"나도 모릅니다. 고발하려고 그러시오? 그간 하면 랍비 선생님들도 어지간히 하신 것
아니오?"

"내가 그런 사람으로 보이오? 또 저기 저 젊은 사람이 뭘 열심히 적고 있는데 뭘 기록으로 남기려고 그러는 거 아니오? 예수 제자요?"

"아니요, 예루살렘의 좋은 소식지 지엔에스(AJ-JGNS) 특파원이오."

"그런데도 있소? 저 기록을 압수해야 하나, 입수해야 하나? 허허!"

"부동산 사업에 쓰는 소식지 같은 거요. 별 것도 아닌데 그러시오. 읽을 거리도 찾소. 그런데 성전에서 나오셨다면 뭘 확인하려는 것이요? 아니면 정탐하러? 제자들 동태를 보러 오셨나요?"

"난 안 그래요. 나도 온건주의를 표방하고 있다고나 할까? 저 예수를 안고 슬퍼하고 있는 여인은 꼭 알고 싶소. 너무도 나의 심령이 울리오. 우리도 장례식을 집전하기도 하오."

"정말로 책잡지 않으시겠다면 말씀드리지요. 가족입니다. 저 여인은 나사렛 예수님의 연인이 아니고 그의 어머님이십니다."

"아니, 저 고결하게 생기신 젊게 생긴 얼굴의 부인이 그의 어머니시라고요?"

"그렇습니다. 나사렛 예수님은 결혼을 하지 않으셨으며 처자도 없고, 연인도 없습니다. 저 부인은 예수님의 어머님이신 성모마리아님이십니다."

"아, 그래요? 그 옆에 있는 또 다른 젊은 여자는 누구요?"

"이모님이시오."

"아니, 그 옆에 저 젊은 여자요?"

"막달라 마리아인가? 잘 모르겠는데, 랍비님께서는 뭐 하러 그렇게 자세히 알려고 그러세요? 이판에 정말 다 고발하려고 그러시는 것 아닙니까요?"

"아니오. 이미 나사렛 예수 이외의 추종자는 불문에 붙이겠다고 법정에서 이미 불기소 처분되지 않았소? 나를 의심하지 마시오. 나도 유대의 잘난 랍비요. 알아주는 사람이 없어서 그렇지. 우리도 누가 왔느냐고 사실 보고는 위에다 해야지요. 슬픔에 잠긴 여인들을 우리가 인도적으로 위로해야 할 일인데, 뭘 고발이나 하겠소?"

"미안합니다. 그냥 여쭤보고 또 확인하고 싶었습니다."

성전 수호 서기관인 랍비는 여러 광경을 지켜보다가 유스투스에게 다시 말한다.

"아, 정말 누가 말했듯이 마치 하늘의 여신 아르테미스가 죽은 오리온을 부축하여 하늘에 이르는 것 같소이다. 그리스 신화의 한 장면 같소. 나사렛 예수의 어머님은 과연 하늘의 여신인 아르테미스 같소. 아멘. 장례를 잘 하시오. 나도 총독관청으로부터 소식을 듣고 그대들이 위임받은 것을 알고 있소. 잘 가시오. 그대는 사실상 성전공회 아리마대 요셉 위원님의 집사이며 비서가 아니오? 내가 다 보고 있었소이다. 그대 이름이 …… 알고 싶지만 또 뭐라고 할까 봐. 비밀은 지키겠소. 약속했으니, 그럼 이만."

유스투스도 고개로 답하고 열심히 상황을 기록하고 있는 마크를 보고 말했다.

"이해가 안 가는 서기관 랍비도 다 있네. 그리스 신화를 말하는 것을 보니 이방인 출신 그리스 계통으로 성전에 공부하러 온 그리스계 수사 출신이 아닌가? 그런데 성전율사, 그들이 왜 나사렛 예수님을 저렇게까지 하여야 할 사유가 있었을까? 그러나 저 서기관은 뭔가 잘 알고 있는 원래 유대의 인도주의자인지 모르지. 유대의 양심이지."

예수의 동생 토마스 형제가 회색의 두건을 눌러쓰고 나타나서 얼굴에 타마그를 칠한 요한과 함께 어머니를 부축하였다.

"이런 고통이 어디에 있겠나? ……"

로마군이 슬퍼하시는 성모마리아님을 예수의 시신에서 떼어놓게 하며 아리마대 요셉친형 일행에게 시간을 지체하지 말고 빨리 인수하라고 했다. 자기들도 쉬어야 한다고 했다. 허리나 다리를 부셔서 꺾어 버리지 않았다는 것만이라도 다행으로 여기라 했다.

횃불이 밝히는 가운데 아리마대 요셉 일행은 황급히 임시 응급조치된 시신을 공식적으로 인수하고 로마군이 내민 서류에 아리마대 요셉이 직접 서명했다. 로마군 지휘부는 서류를 인수하고 몇몇의 경계병만을 배치하고 지금까지 보고 있던 자리를 떴다.

요셉 일행은 준비해 간 또 한 벌의 큰 흰 세마포로 예수님의 영체를 완전히 덮었다. 어두움에도 흰 천은 하얗게 빛났다. 그리고 들고 간 사인교 들것 위에 올리고 간단한 발인식을 가졌다. 아리마대 요셉 주인께서 인사말과 이해의 말을 가족과 친지와 제자들에게 하고 싶다고 하고 어수선한 분위기에서 잠깐 들어 달라고 양해를 얻었다.

"나는 예수님을 잘 알지 못합니다. 총독관청에 요청하여 허락을 얻었습니다. 사형수는 가족에게 인도하지 않는 관례라 합니다. 그러나 특별히 우리에게 장례를 허가하였으며 모든 책임은 우리에게 있다고 하였습니다. 그리고 예수님께서는 고통을 마지막까지 참으시고 끝내셨습니다. 이제 모두들 돌아가십시오. 지금은 안식일 예비일 시간대입니다. 우리는 총독부의 특별 명을 받아 예수님의 장례를 비밀리에 치르라는 절대적 지시를 받았으므로 형법에 의하여 가족에게까지도 영체를 인도하지 말라는 지시를 받았으며, 이를 위반할 경우 우리 모두가 십자가형을 받는다 하니 이제 여러분들은 돌아가 주시기 바랍니다.

그리고 허가받은 사람 외에는 예수님의 시신을 공개할 수 없으며, 특히 제자들은 주변에 얼씬거리거나 선동하면 즉시 체포된다 하니 각별히 조심하여 주시기 바랍니다. 이제 돌아들 가세요. 다 끝났습니다. 예수님께서 운명하셨습니다. 내일은 안식일이고 오늘 저녁이 예비일이니 율법에 의하면 하루 이내에 장례를 치러야 함을 여러분은 모두 아실 것입니다. 빨리 서두르지 않으면 율법에 위반되어 성전에 출두당할 소지가 있으며 벌금에 처해집니다. 사마리아인들이 예루살렘 성전에 출입금지 당한 것은 장례의 규율을 한순간 지키지 아니했기 때문입니다. 그러니 빨리 길을 비켜 주시고 정신을 가다듬어 주시고 경건하게 예수님을 모실 수 있게 협조하여 주시기 바랍니다. 이만한 경의를 표현하게 해주는 것도 다행입니다. 이제 슬픔을 마음으로 여기시고, 각자의 건강을 돌보시기 바랍니다."

요셉 일행은 횃불을 들고 왼팔에 비표를 내보이면서 특권의 진형을 하면서 예수님의 시신을 조심스럽게 운반했다. 일부 로마군들이 길에 서서 호위하여 질서를 잡는 가운데 골고다 현장을 떠났다. 아리마대 요셉 주인이 미리 확보해 둔 듯 인근 골고다지역 임시 동굴 바위무덤으로 운구하고 갔다. 여인들이 울면서 뒤를 따라왔고, 제자들은 로마군과 제사장의 성전호위군과 헤롯 안티파스 왕의 왕궁 호위군이 깔려 있는 것을 보고 두려워 여자들과 함께 저만큼 떨어져 왔다. 혼란을 감독하기 위하여 로마군 분견대가 도처에 있었고 성전수비대와 기적을 보러 온 많은 사람들이 돌아가지 않고 끝까지 따라왔다. 또 왕궁경비대의 비밀보안군과 제사장에게서 파견된 랍비로 보이는 사람들도 따라왔다.

헤롯 안티파스 왕이 왕궁경비대를 보낸 것은 어떤 의미일까? 사태를 학인하기 위해, 또는 조문으로? 왕은 죄인의 처형에 조문은 아니겠지만, 예수님을 안타깝다고 생각은 했었지. 그리고 모세 라모스 경호실장은 의미가 있는 사람이지. 어쨌든 짧은 거리지만 행렬이 장엄하다.

원래 골고다 언덕은 공동묘지로서 다메섹 성문 밖 300여 보 거리에 있었다. 원래 성스러운 땅이었으며 다메섹 성문을 보호하는 외각의 1차 방어진지였으며 역사적으로 전투가 치열하게 벌어져 죽음의 땅이 되었고 전쟁시 이름 모를 전몰자 유택이 되었다. 다메섹 성문 그 자체도 수없이 고치고 증축하고 더 북쪽으로 옮겨졌다. 성문 안쪽에 함정을 파고 성문이 돌파되면 제2차 방어전으로 문 안쪽으로 함정을 만들고 적을 역격하도록 넓히고 성문을 더 북쪽으로 이동시켰다. 전쟁이 있는 한 다메섹 성문은 계속 증축될 것이다.

이 주위에 바위산이 여러 군데 있어서 바위와 대리석을 캐가고 건축자재로 쓰는 바위

채굴지로 멀리서 보면 움푹 파인 바위돌 구석이 해골같이 보인다 하여 죽음의 장소가 되었다. 그리고 예루살렘의 북방으로 나가는 도로가 인접하여 사람들과 우마차가 많이 다니는 곳이므로 로마군이 예루살렘에 들어오서는 본보기로, 처형장으로 쓰고 사람들이 많이 모이니 그곳은 쓰레기장으로도 변했다. 그리고 여기저기 쓰레기 태우는 곳도 있고 연기가 나고 아주 난장판이 되어 버렸다. 이 성문보호 언덕든 원래 성문 앞 전쟁터로 전몰자 기념비도 있었다. 전몰지역을 그대로 묘지공원으로 하였다. 예루살렘 성 안쪽에도 명당자리의 공원묘지가 있었다. 그곳도 원래는 성 밖이었지만 북쪽으로 성곽이 확장되어 성내 지역으로 되었다. 고위직이나 잘사는 사람들의 가족묘지가 다메섹 성문 안으로, 욥바 성문으로 가는 안쪽 양지바른 언덕에 있었다. 아리마대 요셉집안도 그 명당자리, 좋은 자리에 가족묘지가 있었다. 그러나 성문 밖의 처형장에서 죄인으로 처형당해 죽은 사람은 그 시체를 성안으로 가지고 들어올 수 없었다. 성전 법규였다.

아리마대 요셉주인은 예수님에게 성안의 명당묘 지역에 자리를 마련하여 주실 모양이었지만 세간의 이목으로 성안으로 모시고 들어올 수 없어 다메섹 성문 밖 골고다언덕 주위에 임시 묘지를 마련하였고 그 묘지 안으로 매고 들어가 예수님의 시체를 내려놓고 간단한 장례식을 가졌다. 이렇게 가족장례를 하는 것도 다행이었다. 다른 사형수는 노출성 공동묘지에 던져져 독수리나 까마귀밥이 되어 새가 먹는 조장이 되었다. 바바리안, 야만족들은 높은 산 나무 위에 시신을 안치하는 장례를 한다. 조장이 다 하늘을 날아다니는 새에게 먹히어 하늘나라로 간다는 의식이기도 하다. 예수님을 어떻게 조장으로 치르나? 아리마대 요셉주인장은 생명을 걸고 빌라도를 찾아갔던 것이다.

그 성과로 다행히 예수님을 모시게 된 것이다. 예수님을 따르던 제자들의 어머니와 예수 제자들의 자매 누이들이 저만큼 떨어져서 장례식을 보았다. 총독부의 명령에 따라 아리마대 일행들은 제대로 추도 조사도 읽지 못했다. 예수님의 제자 형제들은 묘지 주위에 간단한 백색 텐트를 치고 예수의 친지가족을 갖으며 예수에 대하여 예의를 표하였다. 동생 토마스를 여러 사람들이 얼싸안고 통곡하였다.

니고데모 선생님께서 많은 생 알로에와 유향을 가지고 다시 와서 향을 피우시고 문상 접대와 비용으로 쓰게 하셨다. 아리마대 요셉님은 하인들에게 예수님의 시신을 생약과 함께 염하게 하고 흰 세마포로 다시 잘 감싸 주게 지시하고 직접 예수님 가슴 위에 꽃잎을 놓아 주며 애도를 표했다. 성모마리아님도 토마스의 부축을 받으시며 예수님 가슴 위에 헌화하셨다. 토마스의 동생 야고보도 와서 헌화했다. 예수님의 형제들은 성모님이 쓰러지시지 않을까 걱정이었다.

이 슬픔을 누가 느끼는가? 밖에서 제자들 몇 분과 여인들도 슬픔의 눈으로 안을 보면서 아리마대 요셉과 니고데모 랍비에게 감사하며 목례했다. 토마스 형제들도 아리마대 요셉 일행에게 자신을 소개하며 위로해 준 데 대하여, 형님이며 주님이신 예수 그리스도의 몸을 보존하여 주신 데 대해 감사의 말씀을 전했다. 앞으로 얼마나 많은 눈물이 흐를 것인가? 모두는 이 날을 기억하며 애도의 날로 정했다.

12시 자정이 다가오고 곧 안식일이 시작되므로 삼오제와 7주간(49~50일제) 추도회를 예비하면서 다들 무덤에서 눈물로 서로 인사하면서 헤어졌다. 유스투스 일행은 아리마대 요셉님과 니고데모 선생님의 의로운 결심과 용기에 감사하며 유대가 아직 살아 있음을 느꼈다. 그는 주인의 분부가 따로 있을 것으로 보고 주위에서 여러 사람이 떠나감을 보면서 서성대고 있었다. 로마군은 십자가형을 어디서 배우고 가지고 왔을까? 로마를 공격한 이민족에게서 배우고 이제 보복적으로 점령한 지역에 통치의 목적으로 쓴다고 했다. 그리고 십자가에서도 죽지 않으면 참혹하게 허리를 사정없이 꺾고 양 다리를 부수어 버려 생명을 완전히 파괴한다. 물론 사형의 판결이 잘못 되었거나 사면의 기회가 있거나 십자가에서 일주일 이상 살아 있으면 십자가에서 풀려 나가기도 한다는데, 이런 경우는 거의 없고 참혹한 죽음만 있다. 세계를 통치하는데 이런 무자비한 형벌을 시행하고 있다.

오늘도 로마군은 유월절 소요사태를 경고라도 하는 듯 로마군 주둔군 영체에서와, 훈련장에서 불화살을 쏘아 올렸다. 다분히 무력을 시위하고 있는 것이다. 아니면 부대간에 연락을 취할 암호를 보내는 것일 거다.

로마군의 긴 화살은 벨리스타에서 발사되는 큰 화살로 불을 화살 끝에 매달아 밀집 방어하고 있는 적진을 향해 쏘거나 공격해 오는 네 필의 말이 끄는 중무장 전차에 대하여 발사하면 어떠한 전차의 갑옷, 갑주를 입힌 말이라도 한방에 쓰러진다. 이 강력한 화력과 무기로 로마군은 전쟁만 하면 이기고 공략하면 함락했다. 무적의 로마 10군단 군사이다.

이 지상의 어떠한 군사라도 지금의 로마군을 대적할 군사가 없다. 소수의 로마군이라도 네모꼴의 방진을 치고 방어하고 있으면 고슴도치 같아서 호랑이도 사자도 쉽게 공격하지 못하듯이, 뱀 같은 장사진을 쳐도 고슴도치에게 잡혀 먹히는 독사의 경우와 같이 고슴도치 진형의 로마군은 정신력이나 무력투쟁에서 탁월하다. 명령일언지하에 조건반사적으로 움직이는 일사분란한 로마군의 움직임과 행동을 예수님은 보았으며, 가버나움의 전도사역 중 수하 병사의 치료에 대하여 말만을 전하면 그대로 병이 나을 것이라는 백병대장의 말을 듣고 하나님의 복음도 이와 같이 전파되어야만 하나님의 나라가 이루어질 수 있다고 예수님이 말하신 적이 있다.

예수님은 로마군에게서 두 가지의 위험과 가치를 브신 것 같다. 저 로마군이 언젠가는 카르타고를 멸망시키듯이 유대 전 지역을 점령하고 통치하게 될 것이며 유대의 예루살렘은 그들에게 초토화될 가능성이 있고 여호와 신전마저 파괴되는 다른 나라의 멸망과 같은 길이 오는 것이다. 이를 피하는 길은 오르지 서로 사랑함으로 현명하게 사는 길이며, 다른 한 가지는 로마군과 같이 신념으로 하나님을 믿으면 사랑의 천국이 도래할 것으로 보셨다.

그래서 제자들에게 야전군 백병대장의 지도력을 간접적으로 표현하신 것이다. 이 길이 구원의 길이라는 것을 암시하셨다.

역사상 로마제국의 진군을 저지하는 나라는 게르만 민족과 페르시아 파르티마 여러 씨족 제국과 아프리카 나일강 남쪽의 꾸시족이다. 꾸시족은 상나일강 테베에 이르는 길을 점령하려던 계획을 알고 로마군단의 숙영지를 나일강 상류에서 야습으로 불태워 버렸다.

예수님은 로마와 같은 이방인들이 폭력을 포기하고 서로가 잘 살기만 하면 되는 나라가 되기 위해서는 자기를 버리고 타인의 위치에서는 이타주의로 세상이 변할 때 세계의 평화와 번영이 온다고 믿었다. 그래서 자신이 폭력에 희생되고 십자가형을 겪어서 로마를 시험하고자 했다.

("로마가 로마 사람을 사랑하듯이 세계 사람을 사랑하라! 그러면 로마는 영원하리라.")
이 말씀은 비공개 재판에서 빌라도에게 하신 말씀이었다.

니고데모 선생님께서 몸이 피곤하시다고 사인교를 불렀다. 사인교를 타고 내려가실 모양이다. 문상 오실 때 약초를 몇 단 짊어지고 왔던 사람들도 보내시지 않고 그대로 있게 하셨다. 아리마대님은 아마도 장례가 끝나면 주위를 치우거나 유품을 가지고 가려고 그러는지 모른다. 예수님이 쓰셨던 가시나무 월계관을 상자에 넣고 마지막으로 입으셨던 옷가지도 도로 받아 두셨다. 그리고 그 죄패를 찾으셨다.

'나사렛 예수, 유대의 왕'

가장 소중한 것을 요셉님이 찾으신 것을 보고 유스투스는 지금 이 급한 시기에 뭘 저렇게 찾으시나 생각했지만 수백 년 후를 생각한다면 뜻있는 일이 아닐까?

요셉님은 이 기념유물을 들었다 났다 하며 어디에 둘까, 가져갈까 말까 하시는 모양이다.

사업가는 모름지기 생각이 달라야 한다. 무엇이 가치 있고 없고 기념사업을 준비하고 역경을 이겨 가는 희생정신이 필요하다고 생각했다. 유스투스 일행은 무덤의 동굴 문을 밀어서 닫고 떠날 시간만 기다렸다. 그들도 피곤하고 더 이상 눈물도 나오지 아니하고 피로로 인해 눈이 감긴다. 눈을 들어 앞을 보면서 비비면서 서성이고 있는데 아리마대님과 니고데모 선생님은 유대 율법에 따라 장례식을 한다고 하시고는 상당한 시간을 지체하셨다. 갈릴리에서 온 여인들도 장례가 끝날 때까지 기다리고 보았다.

시종들을 시켜서 오랫동안 관리하지 않았던 임시무덤 안을 새로이 청소하고 정화하게 하는 등 할 일이 많이 남으신 듯 바쁘게 움직이신다. 자정이 되자, 드디어 하명하셨다.

"동굴 문을 굴려서 막으라. 그리고 봉인하라. 이 시각은 안식일 예비일이다. 내일은 안식일이다. 바로 자정이 다가온다. 서둘러라."

여러 하인들과 토마스 형제와 그들은 돌을 굴려 무덤 입구를 타인이 들어오지 못하도록 막고 봉인했다. 모두들 무덤에서 떠나가기 시작했다. 많은 사람들이 흩어졌으나 예수님이 돌아가신 것이 믿기지 않았다. 아니, 왜 예수님이 그 젊은 나이에 돌아가시지 않으시면 안 되었을까? 제자들과 함께 몰래 예루살렘을 빠져 나가면 되는데, 왜 자살에 가깝게 생명을 버리신 걸까? 도무지 이해가 되지 않았다. 제자들도 신도들의 물음에 답할 수가 없었다. 복음의 말씀만 전하신 예수께서 성전제사장들과 왜 말다툼을 하셨으며, 왜 죽음에 이르는 일이 생겼고, 왜 십자가에서까지 비참하게 돌아가셨는지에 대하여 신도들에게 제대로 설명하는 제자가 없었다. 형제이며 제자인 토마스가 곤욕을 치렀다.

"선생님이시며, 친동생이시며, 그것도 바로 혈육의 친형이 이렇게 된 데 대하여 할 말이 있으면 들려주시오."

그도 말이 없었다. 해명도 못하고 이 문제를 49제가 끝나는 날까지는 제자들이 모여 제자단을 만들어서, 성전제사장들과 같은 조직체를 만들어 어떤 확고한 해명방안과 신도 공동체에서 공통적 설명이 될 수 있는 어떤 교리와 방향이 필요했다. 갑자기 지도자를 잃은 그들은 일단 최후의 만찬을 했던 예루살렘 시내의 그 다락방으로 돌아가 대책을 숙의했다.

예수님께서 갈릴리에서 보겠다고 유언하셨으므로 일단 갈릴리에 기본적 본부 중앙회를 두고 종교발생의 기본출발 기념교회를 짓기로 하는 방향이 잡혔다. 안 그렇게 하면 이제 예수님께서도 돌아가셨기 때문에 우리도 전부 흩어져서 없었던 일로 하고 전부 뿔뿔이 흩어지고 사라지는 방안도 생각되었다. 오합지졸이 되어 지도자 없는, 갈 곳 없는 신세를 생각하니 제자들은 억장이 무너졌다.

"우리들도 옛날 유다 갈릴리 사람들처럼 뿔뿔이 흩어져 사라지려나? 안 되지. 그러면 예수님이 말씀하신 그 좋은 복음의 위대하신 말씀도 광에 묻히잖나? 사람들이 더 많이 그 복음을 감명으로 들을 기회를 주어야 해! 우리들 일어나자고, 일어나서 길에서, 강가에서, 동네에서 외쳐 보세."

다들 일단 모여서 기도를 해 보기로 하였다. 기도회를 열어 보면 무슨 말씀이 들리고, 또 모두 같은 방향으로 생각되는 것이 있으면 서로 토론하고 말하기로 하였다. 제자들이 무슨 방침을 정하고 어떤 결정을 한 것 같다. 임시 지도자로 베드로를 선출하였다.

베드로가 다락방에서 120여 명이 모인 가운데 그동안 새로운 교회운동의 역사적 사역을 같이 해 오고 이번에 십자가에서 돌아가신 예수님에게 조문해 온 여러 사람들에게 감사의 인사말과 함께 철야기도를 제안하였다.

"예수님께서 살아생전에 우리들을 위하여 아버지 하나님께 기도하시며 말씀하시기를 '영원한 생명은 유일하신 진리의 여호와 하나님 당신을 아는 것과 당신께서 보내신 예수 그리스도를 주로 믿고 아는 것이라' 하셨으며 영생의 길은 남을, 타인을 돕는 일이 영원한 생명을 얻는 길이라 하셨으니 우리가 이 말을 믿고 모두 같이 추모일 49일 동안 기도해 보고 어떤 말씀이 다시 들리고 지시하시게 될지 밤새워 기도합시다." 하였다.

이 날은 역사상 가장 긴 날로 기억될 것이다. 이 밤은 안식일 예비일이 넘어가고 안식일로서 가장 긴 밤이 될 것이다. 유스투스는 가장 긴 날과 긴 밤을 보내었다.

요셉 주인께서 다음날인 토요일 안식일날 아침에 교회당에서 유스투스를 불러 만나서 말씀하셨다.

"대상들이 긴 행렬로 동쪽 아시아에서 예루살렘에 도착하였으므로, 로마당국에서 여행 허가를 기다리므로 내일쯤 허가되면 그들이 길잡이로 우리들을 청해 왔으니 너와 같이 사막을 건너 이집트로 들어가자. 우리도 이집트로 그들과 같이 장사 갔다 올 준비를 하라."

"알겠습니다."

"그리고 정리해야 할 것도 있고 해서 어제 예수님의 장례 때 성 밖의 묘지상태를 보니, 오래 방치하여 내부가 무너진 곳도 있고 하니 내일 새벽에 내부 암벽보수를 한 후 이집트로 떠날 것이니 샛별이 뜨기 전에 묘지로 나오라. 내가 다리가 아프니 낙타를 두 필 더 끌고 나오게. 그리고 젊은 청년 마크도 데리고, 너는 이왕에 아예 이집트로 출발할 준비까지 해 가지고 나오게나."

"예."

그는 너무 야박하게 예수의 장례를 치르며 제자들에게 너무 몰라라 하시는 것 아닌가 하고 생각했다. 물론 총독과의 약속이 있긴 하지만, 하기야 시행에 문제가 있으면 문책당하고 우리 요셉친형 일족도 큰일을 당하니 그럴 수밖에 없다고 생각했다.

다른 사람들이 보지 못하게 무덤 문을 닫고 봉인하고 제자들과 제사장들의 접근을 경고하였으니 어쩔 수 없었다.

("예수의 제자들을 좀 도와주면 좋겠는데 이집트로 들어가라 하시니 갔다 올 수밖에 없게 되었다. 성모마리아님도 위로해 드려야 하는데…….")

유스투스는 밤잠을 설치며 잠을 자는 둥 마는 둥 하면서 뒤척이며 안식일 밤을 보내고 다음날인 일요일 새벽에 일어났다.

아직 어둠움이 짙은 새벽길을 별빛을 보면서 낙타를 마굿간에서 풀어 끌고 나가 길에서 기다리고 있던 마크를 만나 다메섹 성문 밖의 묘지로 향했다.

젊은 청년 마크는 감기가 걸린 듯 모자가 달린 흰 옷을 입고 흰 천으로 여자들이 하는 것처럼 마스크를 하고 있었다. 묘지에 도착한 유스투스는 이미 요셉님께서 와 계신 것을 보고 놀라며 죄송해 했다.

("어떻게 된 거지? 주인들은 항상 부지런하시다.")

주변을 보니 이미 무덤 돌문이 열려 있고 무덤 내부에는 밝은 촛불이 켜져 있는 듯 무덤속이 마치 대장간 풀무가 붉은 쇠를 다루는 곳같이 붉게 빛나고 유향 나무향기가 차 있었다.

("아차, 내가 잠을 설치다 늦었구나. 하며 하늘의 별빛을 보았다. 아직도 새벽이 이르다.")

"자네 뭘 그리 생각하나?"

옆에서 누군가 부른다.

"아, 예? 아니 니고데모 랍비님 아니십니까?"

"우리가 좀 일찍 왔네 그려. 심상 말게나."

"너무 일찍 나오셔서 제가 늦었나 봅니다."

"요셉친형이, 이집트로 가는 대상들이 예루살렘이 어수선하니 장사도 안 되고 하여 일찍 새벽에 시원할 때 이집트로 떠나기로 어제 저녁 때 긴급히 청해서 여기서 일찍 만나기로 하였네. 자신을 탓하지 말게나. 엊그제 장례식하고 너무 늦어서 내부 정리를 미처 못하여 무덤 속이 어지러져 있고 미리 가지고 가지 못한 것이 있어서 내가 와 보니 무덤 돌문이 이미 열려 있었네. 예수님이 있었던 자리에 흰 세마포만 잘 개어 있고 예수님은 안 보이니 부활하신 걸까?"

하고 모세 니고데모 랍비가 말하자 요셉친형이 재촉한다.

"시간이 없으니 물건들을 조심해서 운반하여 낙타에 싣게나."

"그 안에는 예수님이 머리에 쓰셨던 가시월계관도 있네. 잘 챙겨. 엊그저께 그걸 가져가는 것을 잊고 무덤에 그대로 두었는데 가져가야 하겠어."

("아닌데요, 그건 우리 주인님께서 먼저 찾으신 건데요. 우리 건데요?")

유스투스가 무덤 안으로 머리를 숙여 들어가니 그와 함께 온 마크가 먼저 들어와서 기도하기 위하여 불과 향을 다시 피우고 있었다.

"니고데모님이 돌아가신 예수님께서 부활하신 것 같데요."

"뭐? 예수님께서 부활하셨다고?"

니고데모 선생이 옆에서 말한다.

"내가 도착해 보니 무덤이 이미 비어 있었어. 예수님이 이미 부활하시고 떠나셨나 봐. 이제 생각하니 갈릴리 해변으로 가신다고 하신 말이 기억나네."

"……."

"이제 그분 말대로 모든 뜻이 이루어졌으니, 우리 이제 성문 안으로 돌아가세나. 먼 곳에서 온 대상들이 이집트로 안내해 주기를 재촉하니 우리가 갈 길이 바쁘다."

아리마대 요셉친형이 다시 재촉한다.

"오늘 동방에 전해오는 삼오제, 삼우제를 지낸 것 같다. 죽은 지 사흘째 날에 부활하고 7주 후 하늘나라에 도착한다는 말이 있다. 여기서는 코소를 다시 와 보는 일반적인 날인데 예수님이 3일 만에 부활하실 거라 하셨으니 우리가 새롭게 믿어야 할 건지 모르겠다."

"니고데모 선생님, 삼오제와 부활이 동시에?"

다들 모여 나란히 무덤 앞에 섰다. 니고데모 선생이 말한다.

"나는 유대 랍비로서 고인에게 마지막 추도를 하고자 합니다. 나는 잘 모르나 오늘은 예수님이 전에도 말한 그 부활의 날입니다. 고인의 명복을 빕니다. 아멘."

다 같이 '아멘' 하였다.

"제자들도 곧 오지 않겠나? 이 부활의 현장을 볼 것이네. 이제부터 칠 일 칠 주간, 49일간 사람들은 기도로 예수님을 추도하고 기도예배를 볼 것이다. 50일째 예수님 복음의 말씀이 사도들로부터 다시 부활하겠지."

"……."

"마크군, 예수님의 우편 아래에 앉아 예수님이 계셨던 자리를 지키게나. 곧 있으면 제자와 성도들과 여인들이 경배하러 유향을 가지고 올라올지 모르니 예수님의 부활을 알리고 갈릴리에서 만나실 것을 전하라. 아무도 없으면 어떻게 되나? 파수꾼처럼 잘 지켜라."

유스투스는 요셉 주인을 바라보았다. 요셉은 고개를 끄떡였다. 무덤 밖 주위는 원래 바위를 캐는 언덕이라, 요셉 주인은 미리 구입해 둔 두툼한 돌판을 시내 석공에게 다듬질시키려고 한다고 낙타에 올려 매게 하였다. 남은 물건 등 주변을 정리했다. 두 필의 낙타에도 여러 짐들을 올리고 그들은 언덕 아래로 다메섹 문으로 향했다. 니고데모 선생은 또 남은 일이 있다고 마크와 함께 남았다.

아직도 어두움이 걷히지 않은 새벽길이었다. 유스투스는 낙타를 끌고 일찍이 성문을 연 성문 경계병에게 눈인사를 하고 성문 안으로 들어섰다. 일행은 예루살렘 성안 북쪽 언덕으로 향했다. 요셉 주인이 유스투스에게 말한다.

"유스투스는 동방에서 도착한 대상들이 기다리는 역관으로 가게나. 나는 일을 좀더 보고 조금 있다가 그곳으로 갈 터이니."

하고 유스투스가 몰고 온 낙타 한 마리를 직접 몰고 이방인들의 여행길인 욥바 성문이 있는 북쪽 언덕으로 사라졌다. 유스투스는 동방에서 도착하여 이집트로 들어가기를 기다리고 있던 대상들의 캠프로 가서 다시 온 요셉주인과 함께 이집트로 향했다.

그 후 마크가 기록한 이야기지만 당시 다메섹 성문 밖 예수님 묘지에 제일 먼저 온 사람들은 여자들로서 막달라 마리아와 예수님이 살아 계실 때 장차 교회 사역을 자기 아들에게 맡길 것을 부탁한 야고보, 가버나움 요한의 어머니인 마리아와 예수의 이모와 살로메라는 여인이었다. 그들은 예수님 묘지가 이미 그 입구 문인 굴레바위가 열려 있고 그 안에서 두 사람이 있었으며 그 중 예수님 자리의 우편에 앉아 있던 젊은 청년이 흰 옷을 입고 있는 것을 보았으며 그 젊은 청년이 천사같이 여수님의 부활하심을 말하고 예수님이 있었던 곳을 가리켰다고 하였다(마가복음 16장 5~6절). 제자들은 그 후 7주간 추도예배를 보았으며 50일째 닫았던 창문과 다락문을 열어 제치고 일제히 예수님이 부활하신 것을 외쳤다고 한다.

AJ-JGNS 특파원 마크는 후일 예수님에 관한 자기의 기록서 여기저기에 음어(Code)로 어떤 '젊은 청년'이란 사람이 주변에 얼쩡거리는 묘사를 하였다. 이것이 마크의 코드이다.

제29편

명상록

유스투스 일행들은 네게브사막을 걸어가면서 지루하고 긴 시간에 예수 그리스도의 사상과 종교관에 관하여 많은 뜻을 명상하며 걷고 또 걸었다.

("나 예수를 믿으면 너희와 너희 집이 구원을 받을 것이다.")

(구원이란 무엇인가? 어려울 때 구원인가? 죽음에 이르렀을 때 구원인가? 도와준다는 구원인가? 지금 예수님은 현재 육체적으로 보이지 않는다. 그에게 구원을 요청할 수 있는가? 하나님에게 구원을 요청한다. 하나님에게 구원을 요청하면 모두 구원될 수 있는가? 하나님에게 보호를 요청한다. 모두 보호될 수 있는가? 하나님에게 살려 달라고 요청한다. 하나님께서 모두 살려 주시는가? 예수를 믿으면 너와 너희 집이 구원을 받을 것이다. 그러면 예수를 믿으면 모두의 집이 구원을, 어떤 구원을 받을 수 있는가? 어떻게 받을 수 있는가? 현존하지 않는 존재로부터 어떤 구원을 받을 수 있는가?

노예가 모두 다 예수를 믿으면 노예에서 해방될 수 있는가? 천년, 이천년 후에 노예는 해방될 수 있는가? 예수를 믿으면 너희와 너희 집이 구원을 받을 것이며 동네가 구원을 받을 것이며 나라도 구원을 받을 것이다. 그리고 하나님의 나라가 임할 것이다. 한 사람이 구원을 요청하면 12명이 구원하기 위하여 올 것이고, 한 동네가 구원을 요청하면 12동네가 구원하여 올 것이며 한 나라가 구원을 요청하면 12나라가 구원하기 위하여 올 것이며 어떤 나라가 다른 한 나라를 침공하여 구원을 요청하면 12개국 이상의 나라가 구원하기 위하여 올 것이다. 예수님은 하나님에게 십자가에서 구원을 요청하지 않았으며 12제자들에게도 구원을 요청하지 않았다.

너희를 구원하기 위하여 나 하나가 죽는 것이니 내가 너희를 구원할 것이다. 영생으로 죽는 자는 영원히 죽지 않으며 죽음에서 초월하여 강 건너 저편에 이르나니 하늘나라가 영원한 생명이 있는 곳이다. 나를 믿으면 하늘나라에서 영원한 생명을 얻으리라.

사람이 태어나 살다가 늙거나 어려움이나 병이나 불의의 사고를 만나 육체적 죽음에 이르러 생명이 다함을 알았을 때 모두 다 하나님을 찾아 살기를 간구하며 구원을 요청하여 다시 사는 사람도 있고 그래도 죽음으로 가는 사람이 있지만 살게 된 사람도 그 후에 영원히 살 수는 없는 일이다.

그리고 다시 죽음에 이르러 살기를 다시 한번 더 구하기를 하나님에게 갈구하나 또다시 사는 사람이 있고 죽는 사람이 있으나 또다시 산 사람도 계속하여 영원히 살 수 없듯이 언젠가는 이 땅에서 한 번 사라지면 다시는 오지 못하는 세상이니, 이 세상이 즐거웠다면 다시 오기를 기대하며 죽을지 몰라도 세상이 귀찮았으면 다시는 오고 싶지 않은 세상일 것이다. 우리가 어떤 곳에 가서 좋지 않은 일을 당했다면 그곳에는 다시 가지 않을 것이다. 이 세상에 살다가 늙고 병들어 죽을 때는 세상을 떠나는 것이 고통에서 해방되거나 세상에 다시 오고 싶은 생각도 나지 않을 것이나 즐거웠던 때를 기억하며 그때가 다시 왔으면 하는 바람도 있을 것이다. 요행이 살았지만 다시 살아나 살다가 죽음이 또 찾아올 때는 이 세상에 다시 와 봐야 또 얼마 안 가 죽음이 온다는 것을 알면 다시 올 필요를 느끼지 않을 것이다. 예수님이 말하신 그 마음의 안식처가 어느 곳에 있는가? 그곳은 예수를 믿었던 사람들이 가는 곳인가? 그곳에서 다시 사는 것은 별개의 세상인가? 요단강에 건너가 저편에서 만나는 것이 예수 세계의 사랑의 복음인가? 이렇게 하는, 이렇게 살아가는 존재가 있는가? 이 세상에 생로병사를 초월하고 완벽하게 해결하고 살아가는 존재가 있는가?

식물인 경우는 어떤 것인가? 그들은 힘들여 좋은 열매를 맺으나 자기가 먹지 아니하고 동물에게 주며 맛있는 과일을 먹게 하고, 다만 식물인 자기의 자손의 씨를 뿌려 줄 것을 부탁한다. 꽃을 피우고도 꿀을 주며 중매를 부탁하며 맛이 있는 꽃 자체를 먹게까지 하며 바람에 씨를 날리게 한다. 우리는 길가의 한 송이 백합에게 배워야 한다. 솔로몬의 영광도 이 한 송이 백합을 피우지 못하였다. 백합을 사랑하라. 예수의 말이다. 백합으로 돌아가라. 자연으로 돌아가라. 회개하고 자연으로 돌아가라. 한여름의 나뭇잎이 푸르게 보여 여러 나뭇잎의 색깔은 같으나 가을이 와서 푸른 녹색을 벗고 나온 단풍잎이 아름다운 본연의 색깔을 마지막으로 내며 사람들에게 마지막 단풍잎인 아름다움을 보이며 낙엽으로 떨어지나니 자기를 만들고 살려온 나무를 추운 겨울의 쌀쌀한 날씨로부터 보호함이라. 이들 나뭇잎과 같이 사람은 살아 있으되 세상에 머물러 있는 시간은 길지만 또 때가 얼마 남지 않았다고 하였다. 누구나 세상에 오면 성실히 살다가 때가 올 때 무엇을 할까 생각해 보라고 했다. 마지막이라도 얼마 남지 않았지만 세상을 사랑하라. 나사렛 예수의 말이다.

세상을 사랑하라. 땅도 하늘도 있는 것이 있는 것이며 사람이 보는 하늘과 땅은 영원하지 않다. 사람이 눈을 감거나, 밤이 와서 하늘과 땅이 보이지 않는다 하여 하늘과 땅이 없는 것이 아니다. 땅이 하늘이 되고 하늘이 땅이 되며 천지가 개벽을 해 가며 세상은 영원히 계속 할 것이다. 길가에 스쳐 지나가는 나무나 풀을 보라. 그것들은 죽어도 죽지 않고 다시 자라며 영원한 생명을 사는 것은, 그 이유와 근원은 자기를 스스로 포기하면서 다음 세대를 살아가는 것이니 사람도 이같이 영원한 생명을 살아가는 방법이 있다고 하였다.

그래서 예수를 믿으면 영원히 죽지 않고 살며 이웃사랑으로나 이타적으로 살아가면 자신은 영원히 이어 살아가며 영생을 사는 것이라 하였다. 사랑은 곧 구원이며 남을 구원하는 그 자체가 자기의 영원한 생명, 즉 영생이라고 예수는 말했다.

유스투스는 사막을 지나오며 오아시스가 보이는 언덕에 도달했다. 보통 때 같으면 사막은 지루하고 물을 먹기 급급한데 나사렛 예수의 복음을 기억하며 걸어오니 사막을 언제 지났는지 모르겠다.

유스투스는 지난날 예수께서 하신 말을 기억하면서 달밤의 사막을 걸으며 예수 그리스도의 조용한 49제가 지나가는 날을 지켜보았다. 또 하나의 기적을 기다리며…….

아리마대 요셉은 이집트에서 이스라엘의 레위가문 출신으로 사이프러스에서 유대 율법학교 장학사인 요세스라 하는 분을 유스투스에게 소개하였다. 제자들의 주위에 지식인이 있어 보살펴 줄 필요가 있다고 하셨다. 예루살렘으로 같이 가서 제자들에게 소개하라고 하고 다른 대상들과 함께 브리타니아로 향했다. 떠나기 전 요셉은 상자 하나를 유스투스에게 주면서 나사렛에 가면 성모마리아님에게 전해 달라며 말했다.

"이 상자에는 두 가지 물건이 있네. 하나는 예수님이 예루살렘에 입성하셔서 쓰시던 등

잔, 예루살렘 등잔이고 다른 하나는 성안에 사는 사람으로 이번 일로 성모님을 잘 알게 된 부인이 준 건데, 예수님의 것이라며 성모님께 전해 달라고 한다. 잘 봉해져 있으니 혹시 편지라도 같이 있는지 모르니 부인들끼리 편지니 열어 볼 필요는 없겠다. 그대로 잘 전해 주기 바란다."

"잘 알겠습니다. 그러면 안녕히 가십시오. 저도 분부대로 나사렛, 갈릴리에서 임무가 끝나면 곧 가겠습니다."

"그래, 조심하고 그때 보자." 하고 서로 헤어졌다.

제30편

사도들의 새로운 전도출사표

유스투스는 이집트에서 요세스 랍비와 함께 다시 예루살렘으로 돌아왔다. 그는 예수의 복음에 대하여 많은 흥미를 가지고 있었다.

예수님의 제자들은 마크의 어머니 소유의 집 다락방에서 49일간 철야기도를 하고 있었다. 유스투스가 들어가니 베드로와 제자들이 유스투스를 반가워하며 그동안 어디에 있었는가를 물었다. 그는 이집트로 대상을 따라 갔다 왔으며 가지고 온 차와 향료를 전달했다. 마크를 그곳에서 다시 보고 무사히 있으니 기뻤다. 그리고 이집트에서 만난 사이프러스 출신 요세스 씨를 그들에게 소개하였다. 제자들은 그 지방에서 유대교 장학사를 하고 있는 그에게 이름을 존칭의 의미로 바르나바 요세스 랍비라고 호칭하고 자문위원으로 모셨다. 바르나바 요세스 장학사는 제자들을 격려하였다. 예수 그리스도의 복음의 내용을 제자들이 설명하는 것을 듣고 예수 그리스도의 복음을 세상에 알려야 한다고 하였다.

제자들은 제자단을 확고히 하기 위해 12제자와 사제단을 다시 정비했다. 그들은 세례 요한의 캠프에서 처음 예수님과 결의형제를 맺은 시몬 바요나 베드로를 지도자로 선출하였다. 베드로는 돌아가신 예수님의 부활을 증거하고 축도한 다음 가룟 유다 대신에 예수님의 제자로서 12명을 다시 채울 사도 한 사람을 뽑아야 한다고 하고, 바르사바 유스투스 씨를 예비후보로 추천한다고 하였다.

"세인들이 보기에 우리 제자들이 예수님이 돌아가실 때 손 놓고 방관하고 있었다는 비난이 있었지만 가롯 유다가 자살하여 사태에 대해 책임지는 모습이 있었습니다. 예수님의 뜻과는 달리 행동하고 현장에서 예수님을 확인해 주고 배반했다는 점도 있습니다만, 그도 용기 있는 유대의 사나이였습니다. 저, 베드로도 그 와중에 '나는 예수님을 모른다.'고 하여 체포되는 것을 모면했고 가롯 유다 때문에 예수님께서 돌아가시는 일이 생겼다고 유다가 죽일 놈이다 하고 있지만 용기 있게 할복자살한 유다로 인하여 우리도 비난을 다소 피하는 점이 있었습니다. 이것은 사전에 모두 예수님께서 하나님 아버지의 뜻에 따라 이루어진 일이라 하셨으니 우리를 안전하게 해 주신 예수님께 감사하며 이제 우리 서로 용서합시다. 신도들에게도 우리는 용서를 구합니다. 선생님을 잘못 모신 우리에게 참회하고 단식하는 벌을 주십시오. 주님께서 우리들을 위해 사전에 준비하셨고, 예비하시지 않은 것이 없습니다. 하나 하나 우리를 불러서 당부하시고 잘못하려는 저에게 사탄이라 까지 하셨습니다. 지금 우리가 살아 있고, 서로 얼굴을 볼 수 있는 것도 예수 선생님께서 우리가 다치거나 시험에 들지 않도록 예비하셨다는 것은 참으로 기적 같은 일입니다. 이런 사건은 보통은 추종자들과 추종세력들이 물리적 힘을 동원하고 폭력을 써서 해결하지만 예수님은 폭력을 동원하여 사태를 해결하는 것을 절대 하지 못하게 하셨으며 그렇게 하면 바로 사탄이라고 하셨습니다. 그 핑계로 오늘 우리가 살아 있습니다. 이제 우리가 선생님 유지를 받들어서 역사를 세워 나가야 합니다. 12명이 다시 사도가 되어 한 몸과 같이 살아갑시다. 그리고 세상에 주님의 복음을 전합시다. 이제 바르사바 유스투스 형제께서 그동안 우리에게 많은 도움을 주셨는데 우리가 사도로서 모시고자 합니다. 우리 함께합시다." 하고 제안하였다.

유스투스는 손을 조용히 저으면서 말했다.

"저는 이제 나이도 많고 기력도 없고 체력도 한계가 있어서 사양합니다. 여러분과 함께 평소 많은 도움을 제자들에게 주신 바 있는 맛디아 교수님의 자제분인 맛디아씨를 추천합니다."

제자들은 그래도 추첨하였고 맛디아씨를 사도로 뽑았다. 맛디아씨는 헤롯 아켈라우스 왕 등극 초기에 순교한 성전 교수 랍비, 맛디아 교수의 후사이다. 유스투스는 홀가분한 마음으로 자리를 물러 나왔다. 그리고 은퇴하기로 하였다. 그 후 제자들과 예수를 따르던 신도들이 다락방에 남아서 7주간, 49일간의 슬픔과 애도의 금식기간을 가졌다.

50일째 되던 날 모두들 다락방의 창문을 열어 제치며 예수님의 부활과 감사의 기도를 끝내고 예수님 말씀을 모아 새로운 예수복음교회를 시작하여 사랑의 복음을 실천하기로 하였다. 제자들은 일단 각자 고향으로 돌아가 주변과 자신을 정리하고 다시 예루살렘에 모이기로 하였다.

가나안인 페트리엇 시몬이 베드로에게 와서 떠나는 인사말을 했다.

"베드로 형! 예수님도 떠나셨는데 49제도 지냈고, 내가 할 일을 다 못했으니 나도 이제 예루살렘을 떠나서 다시 질롯 애국단으로 들어가려고 해. 가말라 요새의 애국지사들이 로마에 대항해서 요새를 다시 찾고 민병대군사를 모우고 있어. 나한테도 연락이 왔는데, 또 한 군데는 사해의 서쪽에 있는 요새 마사다를 로마군으로부터 탈환하자는 거야. 형, 아무한테도 말하지 마. 마사다는 이스라엘의 천연의 요새지. 로마군에는 바다에 큰 전투함이 떠 있어서 지중해를 지배하는데 우리 이스라엘에는 육지에 두 개의 큰 전함이 있어. 북방에 있는 낙타봉인 가말라 요새와 남쪽 사해 서쪽언덕에 있는 마사다 요새지. 형, 내가 가말라나 마사다에 가서 예수님 복음을 전하기도 하고 그들과 함께 로마에 대항해서 싸우다 죽을래. 예수님을 구하지 못하고, 칼잡이 노릇도 재대로 못하고……. 형, 그때 내가 예수님을 구하고 피신시키고 대신 내가 죽었어야 했어요. 예수님이 말리고 형도 우두커니 있었고, 나중에 예수님 재판 때에는 나다나엘 형이 선생님 유언이라 하시고 제 칼집을 잡고 주저앉아 밀납으로 촛물을 치듯이 막아 버리셨고, 하기야 제가 용기가 있었으면 칼을 빼어 빌라도 앞으로 뛰쳐 나갔어야 했는데, 용기 부족이었습니다. 물론 '사탄이다' 하는 예수님 말씀에 형도 꺼려서 못 나서셨지만 이 이스라엘의 남자가 스승이 잡혀가는데도 가만 있었으니 말도 안 되고 비굴하고 정말 말이 되지 아니었다고요. 정말 선생님은 그때 가셨고 지금 직접 안 보이시잖아. 나도 죽으려 갈래. 그 길이 내가 다시 사는 길이야. 죽는 것이 사는 길이 바로 이런 것 같아. 정말 사는 것이 죽는 것보다 못해. 마음이 아파서 죽겠어. 형! 말리지 마. 정말 내 마음대로 하지 못했음을 억울해서 못 참겠어. 형! 예수님은 왜 죽으러 그들과 같이 가셨는가 말이야. 우리를 꼼짝 못하게 하시고서, 후세에 사람들이 우리 제자들 보고 뭐라고 하겠어? '병신 같은 놈들! 자기들 선생이 잡혀가는데 멍하니 서 있기나 한 자들이 뭘 선생님을 잘 안다고 뭘 전해? 무슨 말씀을 전한다고? 질롯 출신이라는 건달 시몬 페트리엇, 페트리엇 좋아 하네. 이름값도 못하고 그자는 뭐하고 있었나? 예수님 신변 보호를 자처하고 제자단에 들어갔다는 놈이 잘났다.'는 등 말이지 이 같은 소리가 지금 귀에 들려서 미칠 것 같아. 형. 나 정말 못 참겠어. 내가 어디 가서 죽어야 해요! 내가 욕하던 가룟 유다도 책임지고 할복했는데 나는 이제 그 유다만도 못하니 그때 검투사로 도전하고 죽었어야 했어요." 하고 시몬이 붉게 충혈된 눈으로 울면서 베드로의 손을 잡고 말했다.

베드로가 말렸다.

"시몬 동생! 우리와 같이 있어 주게. 나도 마찬가지야. 우리 이제 로마로 들어가자. 예수님은 예루살렘에서 돌아가셨지만 여기서 부활하신 거야. 우린 로마로 가서 죽어서 로마에서 부활하자. 그것이 예수 선생님의 뜻이야. 내가 닭이 울기 전에 세 번 예수님을 부인할 거라고 말씀하신 뜻을 이제야 알았어. 여기서 자기와 함께 죽지 말고 살아서 더 큰일을 하라고 하신 뜻이었지. 말을 내가 못 알아들으니 나보고 '바보'라는 소리는 못 하시고 그 말보다 '사탄'이라고 하셨지. 페트리엇 형제! 예수님 말씀대로 칼을 빼들지 말게나.

가말라와 마사다는 우리 이스라엘의 거룩한 전투 함대이지만 예수님께서는 하늘에 더 거룩한 사랑의 함대를 가지고 계시니 그 함대에 올라타세나. 우리가 그러기 위해서는 로마로 가야 해. 어떻게 로마로 갈 수 있을는지 지금은 도무지 생각할 수가 없고 막막하고 말도 안 되고 모르지만, 우리가 로마에서 예수님 사랑의 함대를 만들 때 예수님께서 순교하시고 부활하신 뜻을 우리가 다시 세우는 거야. 그러하니 형제는 가말라로, 마사다로 가시지 말게나."

"베드로 형님, 아닙니다. 제가 가말라 마사다 전함에 타고 그곳에서 질롯의 무사들과 함께 싸우다 죽는 것이 선생님을 십자가에서 못 박아 죽인 그들에게 보복하는 것이며, 원수를 갚는 보복은 질롯의 무사들이 하는 일입니다. 마사다는 다시 점령할 수 있습니다. 선생님은 원수를 사랑하라 하셨지만 현재 누가 세상에 잘 하는 일이라 생각합니까? 전혀 알지 못합니다. 제가 질롯으로 돌아가는 길이, 그것이 선생님이 살아 돌아오시는 길이며, 살아 계시며, 이스라엘이 살아 있으며 이스라엘 동족에게도 예수님 제자도 이스라엘을 사랑하다가 이스라엘을 위하여 싸우다가 죽었다고 할 것입니다. 제가 그곳에 가서 예수님 복음을 전파하며 로마와 싸우겠습니다. 저는 코잘것없는 하루살이 쇠파리 무사지만 무사로 살아왔으니까 무사로 죽겠습니다. 죽었어도 벌써 사라졌어야 하는 칼잡이라고 한 자이지만 명예롭게 죽을 때를 놓쳤습니다. 그때 예수님을 부축하여 피난시키고 제가 방패가 되어 죽었다면 만고에 이름이 살아남을 사람이었지만 제가 이게 뭡니까요? 비굴하게 칼잡이로 자처한 놈이 선생님이 잡혀가는데 잘난 칼 한 번 휘두르지 못하고, 제가 이게 뭡니까? 형님, 말리지 마십시오. 제가 어디 인간입니까요?”

“동생, 그러시지 말게나. 나 베드로로 치면, 이 시몬 게바로 치면 동상보다 먼저 죽었어야 해. 나도 후회하고 잠이 오질 않네. 요단강에서 결의형제를 맺고 사나 죽으나 같은 날 같이 죽고 살기로 했는데, 내 동생 안드레한테 내가 무슨 낯짝으로 보며 살아가겠나? 우리가 죽을 곳이 따로 있네. 여기가 아니야. 선생님이 가끔 로마를 말씀하셨어. 로마가 로마 사람을 사랑하듯이 로마가 세계 사람을 사랑하는 로마로 이제 우리가 만들어야 하네. 동생, 떠나지 말게나. 지금 동생이 이 땅에서 로마와 싸우겠다 하지만 로마는 지금 전투에 있어서는 지는 나라가 아니야. 아직은 멀었어. 그들은 정정당당한 법률과 전략을 가지고 있네. 아직은 말이야. 그러니 때를 기다리세. 예수님이 내가 예수님을 업고 도망가겠다고 했을 때 나를 사탄이라고 했어. 예수님이 기드론에서 체포되시기 전 자네도 들었잖나? 나다나엘 바돌로매의 칼을 좀 보자 하시더니 가문의 보검은 가문을 지킬지 몰라도 이제 그 보검이 나다나엘 가문을 나 때문에 없어지게 할지 모르니 내가 던져 버리겠다 하시고 계곡으로 멀리 던지셨네. 그러면서 말씀하셨지. 후대에 사람들이 북쪽의 기나긴 어떤 큰 강가에 ‘나다나엘(Bartholomeus’ Cathedral)’이라 하는 이름의 큰 교회를 지을 것이라고, 그 보검이 교회가 될 것이라고 말이야. 나다나엘은 아무에게도 말하지 않았네. 그리고 그도 가난한 귀족출신 무사였지만 칼 없는 무사라 긴 창을 가진 성전경비병들에게 처음엔 꼼짝 못하고 예수님을 잡으러 온 경비병들과 싸우지도 못했네. 핑계를 대는 것 같지만 우리들이 할 일이 뭔가를 알려 주시고 가셨네. 로마제국도 지나간 나라처럼 사라질지 모르나, 다시 새로운 나라가 될지도 모르네. 내 말이다 생각하지 말고 예수 선생님 말씀이다 생각하시게. 성전무관도 예수님이 말리지 않았으면 나다나엘의 빼앗은 창 한 방에 갈 뻔했어. 예수님을 피신시키려 나다나엘이 적극적으로 나왔지 않나. 정말 그 창이 날아갔으면 우리가 지금 있겠는가? 다들 흩어지거나 다 잡혀갔겠지. 나를 사탄이라 한 말 한마디에 내가 완전히 소금기둥이 됐었네. 롯의 아내같이 소돔에서 소금기둥이 되듯이 ……”

“선생님 말씀대로라면 로마군을 이기지는 못할 것입니다. 모두 싸우고 죽어서 옥쇄할 것입니다. 그리고 저는 패잔병으로 죽겠습니다. 마크와 함께 기드론 계곡에서 나다나엘 형의 보검을 뒤지다 찾지 못했지만 다시 가서 찾을 거고, 그 검으로 유대를 위하여 싸울 것입니다. 형님, 떠나는 저를 용서하십시오. 단약 이기면 돌아오겠습니다. 베드로 형님, 로마로 갈 때까지 부디 몸을 잘 보존하십시오."

"시몬 페트리엇 형제! 부디 돌아오시오. 형제들이 떠났다가 모이기로 하지 않았소? 선생님 말씀대로 사탄이 되지 말고 돌아오셔서 로마로 같이 가게 되기를 기원합니다. 아멘."

페트리엇 시몬은 베드로와 하직하고 가말라로 향했다. 베드로는 그가 보이지 않을 때까지 전송했다.

"무사의 길에 평화가 있기를……. 아멘."

베드로는 각기 고향을 찾아가는 형제들을 전송하고 자기도 가버나움으로 향했다.

한편 바르사바 유스투스는 아리마대 주인의 분부대로 작은 상자를 성모님께 드렸다. 그리고 갈릴리에서 온 여러 부인들과 함께 나사렛으로 성모마리아님을 모시고 갔다. 그곳에서, 지난날 작은 교회에서 예수의 형제들과 친지들이 모여 간단한 추모예배를 가졌다. 마리아님께서 여러 친지들에게 예수님께 봉사하신 분들, 제자들에게 감사의 말씀을 전하시고 기도하셨다. 그들은 성모님을 따라 요셉 가족의 조상 묘가 있는 곳으로 올라갔다. 성모님은 작은 상자를 예수님의 증조할머니의 묘 앞에 내려놓으시고 기도하셨다.

"할머니, 할머니, 보세요. 예수가 돌아왔어요. 예수가 잘 되라고 항상 기도하신 할머니, 우리 예수가 돌아왔어요."

모두들 눈시울을 적셨다. 예배를 마치고 각자 성모마리아님에게 인사드리고 각각 자기 고향집으로 갔다. 가버나움 요한, 세베대의 아들 요한이 성모마리아님에게 예수님 유언대로 자기 집안에서 모실 것을 간청하여 마리아님께서 승낙하셨으나 나사렛 집에 그냥 계시고 가버나움의 세배대의 아들 요한의 집으로 가시지는 않고 예수님의 동생들과 함께 계시고 예수님의 맨 아래 누이가 자주 와서 보살펴 드렸다.

베드로와 안드레, 야고보, 요한 등은 가버나움으로 가서 각각의 부모 등 가족들을 뵙고 주변 친구들과 동네 어른들에게 하직인사를 하고 조상의 선산에 있는 묘소에도 하직을 고하고 예수의 복음을 위하여 예루살렘으로 떠난다고 기도하였다.

제자들은 잠을 잘 때나 잠깐 졸릴 때에 꿈인지 생시인지 예수님이 나타나심의 꿈을 꾸고 생시에도 누가 멀리서 지나가거나 비슷한 옷을 입은 사람들만 보여도 예수님으로 보였다. 그리고 평상시와 같이 생활하는 모습도 꿈에서 브이고 말씀하는 것도 듣는 일이 많은 제자와 신자들에게도 보이고 이런 이야기는 서로 간증되고 고지되었다.

그들은 예수님이 살아 계시다는 것을 점차 느끼게 되었다. 그들은 가버나움의 베드로 장모댁에 모임의 장소를 열었으며, 매년 집 안뜰 마당에서 예수님이 설교하시던 것을 기념하고 추도회를 갖기로 하였다. 그리고서 제자들은 각자 가사를 접고 가업상 복음화사업에 참여하지 못하는 고향사람들의 전송을 받으며 예루살렘으로 다시 모이기 위해 언제 돌아올지 모를 고향 가버나움을 떠났다.

다시 그들이 예루살렘에 모였으나 거처를 구축하는 데 어려움이 많았다. 여러 지인들의 후원이 필요했다. 성전정화사건 이후 예수께서 십자가에서 돌아가시자 성전 부근의 상인들도 미안함을 표시하며 제자들에게 뒤늦게 조의금을 전달하여 왔으며 많은 조의를 표했다.

랍비 출신 율법자요 예루살렘시장과 성전부근에 상가와 사업체도 있으며 명예 로마 시민권이 있는 안디옥 사람 바울이 처음엔 예수와 제자들에게 비난과 핍박을 하였으나 예수의 큰 뜻을 알고 회개하여 도움을 주기를 제의하였다. 적지만 모이니 많은 후원이 되었다.

예수님이 제자들에게 큰 힘이 될 분이 두 분이 나타날 거라고 예언하셨는데 니고데모 선생님과 아리마대 요셉이시던가, 아니면 사이프러스의 바르나바 장학사와 이 안디옥 출신 바울 선생이 아닌가 여겼다. 나중의 두 분은 역시 생활에 여유가 있는 분들이고 학식으로나 재력으로 헌금도 할 수 있었고 제자들이 많은 도움을 받게 되었다.

특히 바울은 로마시민권이 있고 외국어에 능통하고 로마 라틴어와 그리스어가 유창하여 제자들이 그가 예수님의 직접 안수를 받지 아니하여서 12제자의 반열에 넣지 못하였지만 회개하고 사역에 뜻을 같이한 바울에게 감사하여 같은 제자 사도로서 대우했다.

예수님 말씀을 제자들이 각자 상시 쓰고 있던 히브리어와 아람어로 서술하여 기록하고 썼는데, 이 여러 제자들의 예수님 말씀의 기록을 다른 나라 말인 그리스어, 라틴어 등으로 번역하여 필사본을 만들었던 최초의 사람이 바울 선생이다.

사도 바울의 등장으로 그가 진보성 유대교적으로 예수의 교리를 주석하고 해석하고 제자장들과 친분이 있어서 완충 역할도 하였다. 사이프러스 장학관인 바르나바님은 연로 하였으나 사이프러스에 시나고구교회도 운영하시고 또 전통사회에 연고로 깊히 예수님 제자단에게 있을 수 없는 점도 있어서 후일 마크를 데리고 사이프러스로 돌아가 별도의 예수복음의 이웃사랑 운동을 전개하였다. 그는 예수님이 십자가에서 돌아가신 후 장례식에 직접 참가는 못하셨지만 뒤늦게나마 문상하여 주셨다. 바르나바 장학관님은 아주 좋은 분이였다.

예수님의 수제자인 베드로는 바울 선생을 처음 보고 로마로 들어갈 수 있는 길이 되지 않을까 생각했다. 베드로는 바울에게 로마로 가는 길을 자주 물었다. 바울은 사업상 로마에도 간 일이 있었고 명예 로마시민권이 있었다.

한편 니고데모 선생이 아리마대 요셉친형의 분부라며 유스투스한테 나사렛으로 성모마리아님을 찾아뵙고 브리타니아로 가시겠다면 모시고 같이 떠나라고 하였다. 또 세 번째 안식일이 지나고 다음날 하이파 항구로 가서 브리타니아로 떠나는데, 하이파 항구에 도착하면 가이사랴항에서 출발하여 하이파와 사이프러스, 시실리, 고울의 마르세유, 이스파니아를 거쳐 브리타니아에 갈 수 있는 중간 연락선으로 큰 여객선이 도착할 것이니, 그곳에 어떤 사람이 같이 가기를 기다릴 것이니 그 사람을 지나는 길에 고울의 마르세유항에 내려 주기 바란다고 하셨다.

유스투스는 예루살렘 겟세마네 장원에서 돌보아 주는 고아원에 들러서 12살 되는 어린 남자아이 하나를 양자로 입양했다. 예전의 자기처럼 길을 잃어 버려진 아이를 입양하여 이 아이의 이름을 바르사바 유스투스 2세라 이름하고, 예루살렘 성의 다윗 성루에서 머리에 카파모자를 씌워 주고 성년식을 해 주었다. 그는 이 아이와 함께 나사렛을 다시 방문했다.

나사렛에서 쉬고 계시는 성모마리아님을 뵙고 자기의 양자와 함께 인사드렸다. 그는 성모님께 다른 나라로 가시는 것이 어떠하시냐고 여쭈었으나 당분간 나사렛을 떠나시지는 않겠다고 하셨다. 그는 하직인사를 드리고 양자를 데리고 나사렛교회의 정원에 땅의 흙을 조금 채취하여 가죽주머니에 넣고 나사렛 땅의 흙이라고 썼다. 그들은 여장을 매고 나사렛을 떠나 북쪽으로 향했다.

예수께서 사역을 시작하셨던 가버나움으로 가서 비드로와 활동하셨던 지역을 돌아보고 지난날을 회상하며 감회에 졌었다. 골목마다, 거리마다 예수님의 잔영이 보였다. 금방 군중 앞에 나타나서 복음의 말씀을 하실 것같이 느껴졌다. 그는 그곳에서도 가버나움의 흙을 취하여 가죽주머니에 넣었다. 그는 다시 여행하여 서쪽 갈멜산으로 가서 산 위에 있는 엘리야 선지자의 기념공원을 둘러보고 항구 하이파로 내려갔다.

그곳에서 달빛이 창가에 비치는 객관에서 하룻밤을 보내고 아침에 일어나 양자를 데리고 배를 타기 위해 항구로 내려가서 선편을 구했다. 항구의 등대로 나가서 그 아래 얇은 카페트를 깔고 양자인 유스투스 2세와 함께 예루살렘을 향하여 기도하였다. 선지자 요나가 처음에 다르시스로 가는 배를 타려 했던 하이파항에서 유스투스는 배에 오르기 전 니고데모 선생이 말한 그 나타날 사람을 선창에서 기다렸다. 그리고 기다리는 시간동안 예루살렘에 남아 있는 제자들의 무운장구를 기원했다.

성경에 쓰여 있으니, 요나는 앗시리아의 니느웨이로 가서 전도하라고 하시는 하나님의 말씀을 거역하고 하이파에서 욥파로 내려가서 바로 다르시스로 가려고 도망치듯 배에 올랐으나 하나님이 폭풍우를 일으켜 배에서 희생의 제물로 선택되는 사건이 일어나 그 스스로 바다로 던져 주길 원했던 곳이기도 하다. 유스투스는 선지자 요나를 인용하셨던 예수 그리스도를 생각하며 기다렸다.

한나절이 다 가는 때에 욥바에서 오는 배가 도착하였다. 저 배를 타야 하는데 나타날 사람은 어디에 있는 걸까? 선창을 왔다갔다 하며 선창에 있는 해시계를 보며 사람들이 오르내리고 있는 것을 보는데, 검은 옷을 입고 검은 머릿수건 히잡을 쓴 햐얀 얼굴의 여인이 누구를 찾는 듯 정박중인 배 위에 서 있다가 선창으로 내려왔다. 항구의 해변을 걸어서 가까이 왔다. 햇살에 비치는 햐얀 얼굴에 누구인지 모르지만 유스투스의 양자를 쳐다보는지 미소를 지었다. 단순히 꼬마를 보고 손을 저으면서 지나가는 여자인가? 여자가 더 가까이 다가왔다.

"유스투스 아저씨, 안녕하세요? 저에요."

"아니, 그대는? 아니, 어디로 가는 중이신가?"

"니고데모 선생님이 말씀하시기를 이 하이파 항구에서 어떤 잘 아는 분이 나올 것이니 그분을 만나면 고울의 마르세유나 비엔나(Vienne)까지 데려다 줄 거라고 하셨어요. 누가 올지 모르셨지요? 저도 누가 나오실지 몰랐어요. 유스투스님 정말 뜻밖이에요."
하고 미소를 지으면서 예쁜 햐얀 치아가 보였다. 알라바스타 카모밀라향인 듯 향수냄새가 바람에 건너오듯, 유스투스가 알라바스타 향수의 향을 느끼는데 그 여인은 해변의 바닷바람에 검은 옷자락을 휘날리며 간간히 치맛자락 속에 여러 겹 입은 흰 치마 자락이 나부끼고 있었다. 유스투스에게 남자들 같으면 악수라도 청할 듯이 다가왔다.

"아니, 정말로 이분이 누구신가?"
하고 유스투스는 놀랍고 반가웠다.

"여자라고는 생각도 못했는데……. 니고데모 선생님이 이곳에 오면 어떤 사람이 나와 있을 거고 그 사람을 마르세유까지 안내하여 주라고 하셨는데, 정말로 그 사람입니까?"

"저를 말한 걸 겁니다. 제가 지금 유스투스님께 그냥 비엔나까지 데려다 달라고 하는 거에요. 가는 길이 무서워서요. 이제 예수님이 계시지 않아서 제가 유대에 있을 수가 없어요. 그래서 저도 떠나게 되었어요."

"예수님은 부활하셨는데, 우리가 어디에 간들 그곳에 계시는데 뭘 걱정하시나. 제일 먼저 예수님의 부활을 보신 분이 그대 아니요?"

"유스투스님께서 부활에 대하여 저보다 더 잘 아시네요. 예수님께서 그 후 꿈에 보이시면서 여기에 있지 말고 마르세유와 비엔나(Vienne)를 거쳐 고울지방의 세느강변으로 가서 부활을 전하라 하셨어요. 그래서 가는 길을 니고데모 랍비님에게 부탁하였던 거예요."

"아, 그래요? 아 참! 내 양아들 바르사바 유스투스 2세요. 잘 부탁합니다."

"안녕, 바르사바!"

"안녕!"

"옛날 아켈라우스 왕이 갔었던 고을의 론강가의 비엔나로 가시는 겁니까?"

"예, 우선 그곳에 가서 누구를 찾아가라 하셨는데 먼 길이라……."

"아, 나는 모르오. 주인님 분부가 없었으니 마르세유에까지만 동행해야 하는데요."

"예, 잘 알고 있어요. 걱정 마세요. 또 다른 일행들이 저 배 위에 타고 있어요."

"그래요, 누군데요?"

"올라가시면 알게 될 거에요."

"그러면 제가 모시고 갈 필요가 없지 않……."

"그런데 그분들은 우선 사이프러스까지만 간데요."

"전부들 하나씩 유대를 뜹니까?"

"그분들도 여기 있기가 곤란한가 봅니다."

'그러면 가면서 형편을 봅시다. 이제 배가 다시 떠나려고 하네요. 우리 올라갑시다."

유스투스는 양아들과 여기서 만난 여인과 함께 여객선에 올랐다.

배 위로 올라오는 일행을 쳐다보는 사람들이 있었다. 그들 중엔 긴 검은 옷을 입은 여인들도 있었다.

"아, 이게 누구신가?"

"오빠와 함께 배를 탔어요."

유스투스는 깜짝 놀랐다.

"베다니 마리아가 아니신가? 오빠는?"

"아래 선실 오른쪽에 있어요."

또 옆에 있던 여인이 히잡 얼굴 가리개를 풀고 인사한다.

"유스투스씨, 안녕하세요? 마르다예요."

"앗! 오랜만입니다. 여기서 다 뵙습니다."

"여기 이분은 제 약혼자입니다."

마르다가 장년의 신사인 그녀의 약혼자를 소개했다.

"안녕하십니까? 처음 뵙겠습니다. 유스투스라고 합니다. 우리 자매들을 돌봐 주시니 너무 감사합니다. 그리고 축하합니다. 우리 마르다 자매님을 영원토록 사랑하여 주십시오."

"아, 예, 제가 더 영광스럽습니다. 귀하에 관한 말씀 많이 들었습니다. 건강하십시오."

"이분께서 저의 동생들을 데리고 사이프러스로 가는 것을 허락하셨습니다. 사이프러스로 시집을 갑니다. 그곳에서 결혼식을 올릴 거예요."

"아, 그렇습니까? 축하합니다. 정말로요. (나사로 병 때문에 마르다님이 혼기를 놓치시더니 아주 잘됐군요.) 마르다 자매님, 결혼을 진심으로 축하합니다."

유스투스는 마르다의 약혼자와 악수했다.

그리고 선실에는 마르다의 여러 가족들이 있었다. 나사로도 있었다.

"아, 여기에 부활이 있구나. 나사로 동지, 우리 예수님을 잊지 말자."

몸이 불편한 나사로가 말한다.

"유스투스 아저씨, 예수님은 나의 빛이며 영광이며 진리입니다."

유스투스는 나사로를 위로하였다.

여객선은 사이프러스를 중간 기착지로 하여 먼 항해의 여정을 떠났다.

유스투스는 다시 갑판에 올라 아들과 함께 멀어져 가는 유대 땅을 보면서 기도하였다.

("성모마리아님, 제가 돌아오겠습니다. 돌아와서 해가 지지 않는 영원한 생명이 있는 땅 브리타니아로 모시겠습니다. 예수님의 사랑의 등불을 들으시고 모든 인류에게 빛을 비춰 주소서. 우리가 나중에 큰 횃불을 마련하겠습니다.")

멀어져 가는 유대의 땅을 보면서 유스투스는 유대 땅에 손을 흔들면서 말했다.

"요나처럼 고향을 떠나 이제 에스파냐를 넘어 브리타니아로 가지만, 언젠가는 돌아오리라. 예루살렘이여! 사랑과 평화로 영원리하리라! 아멘!"

제31편

브리타니아로 가는 길

사이프러스 중간 기착항구에 도착한 그는 그곳에서 이제 은퇴생활을 하시는 바르나바 장학사를 만나 뵈었다. 유스투스 일행은 사이프러스에서 일단 쉬었다가 마르다의 결혼식을 보았다. 마르다의 부군은 결혼식을 끝마치면 아내인 마르다와 함께 그의 자매동생인 마리아를 데리고 사업체가 있는 고울의 마르세유로 향할 거라고 했다. 마르다님은 동생 나사로 때문에 좋은 혼처를 다 놓쳤으나 바르나바 장학사님의 소개로 사이프러스의 유대계 출신으로 어업을 하는 사업가와 결혼하게 된 것이다. 그리고 희망의 넓은 땅을 찾아 고울로 향하여 그곳에서 어업을 위주로 큰 식당과 어물전 장사를 하며 나사렛 예수님의 복음을 전한다고 한다.

바르나바님은 다시 예루살렘으로 가서 성전방문과 볼 일이 있다고 하며 바울 선생과는 아마도 다시 만날 일이 있다고 하였다. 유스투스는 그의 계획과 하이파항에서 만난 여인에 관하여 고울로 가는 여행문제를 말하자 조용히 딴 방으로 가서 이야기하자고 하였다.

"니고데모 선생이 나한테 부탁하는 서신이 왔는데 저 여인을 비엔나로 안내하는 대상들이 함께 오기로 되어 있는데 배를 못 탄 모양이야. 상당히 늦어지므로 일단 마르세유로 안내하여 주고 그곳에서 다시 기다려 보게나."

"예, 이미 그렇게 말씀 받았습니다."

바르나바님은 지도책을 유스투스에게 보여 주며 영국으로 가는 길은 고울의 내륙을 통과하는 방법으로 론강가의 비엔나를 거쳐서 리옹을 지나서 세느강으로 나가면 강을 따라 고울의 북방으로 내륙을 횡단하여 노르망디로 나가서 배를 타고 브리타니아 남해안에 도착하는 방법이 좋다고 하셨다. 육로가 안전하지 못하면 뱃길로 지브랄타, 다르시스를 지나 브리타니아로 여름철에는 해풍을 이용하는 것이 좋으나 겨울에는 남쪽 에스파냐에서 브리타니아로 가기는 어렵다고 하였다. 지금 이때에 뱃길로 가는 것도 편안한 길이니 잘 알아서 선택하면 좋겠다고 하셨다. 유스투스는 양쪽 길을 두고 어느 길로 갈 것인가를 마르세유에 도착한 후에 생각하고자 했다.

한편 마르다 자매님이 유대계 시나고구예배당에서 친지들이 보는 가운데 조촐한 결혼식을 올리고 피로연을 가졌다. 물끄러미 지켜보던 유스투스는 나사렛 예수님이 이 자리에 있었으면, 또 주례라도 해 주셨으면 얼마나 좋겠는가 생각했다.

'포도주로 또 한 번의 기적을 베푸시면 좋은데……'

바르나바 장학관 댁에서 하루를 더 머물고 유스투스는 양자와 비엔나로 가는 동행하던 여인과 함께 시실리 시락쿠스로 가는 배를 탔다. 그곳에서 다시 고울의 마르세유로 가는 배를 탔다. 고울의 내륙 여행이 안전하다면 육로로 파리를 지나 북쪽 노르망디 해안으로 갈 수 있다. 해로로 가려면 마르세유로 가는 동행하는 여인을 마르세유에서 내려 주고 유스투스는 다르시스로 나가야 한다. 그 뱃길은 마르세유에서 바르셀로나로, 그리고 스페인의 동남쪽 항구인 한니발의 로마원정 출발지 사군툼을 거쳐서 지브랄타에서 대서양으로 나와 북방 에스파냐 해역을 통과하여 갈리아 땅(노르망디 땅)으로 들어가는 길이다. 뱃길은 안전하나 너무 돌아가는 길이다.

마르세유에 토착한 그는 유대계 대상들이 배를 타지 않아 동행하는 여인이 여행에 대해 더욱 불안함을 느끼므로 바르나바 장학관의 권고에 따라 론강을 거슬러 올라가 비엔나까지 바래다 주었다. 니고데모님이 그녀에게 알려 주신 안전한 유대계 상점의 가족들에게 인도하였다. 그 여인은 나중에 세느강 강변으로 나가 볼 것이라고 하였다.

그 여인은 어린 유스투스의 양자인 유스투스 2세에게 자신이 붉은색 실로 수놓은 십자가가 그려진 한 장의 긴 손수건을 주었다. 소년은 그 수건을 어깨에 목도리로 둘러 매었다. 장차 성배를 지키는 무사가 될 ---?

유스트스는 비엔나에서 육로를 거쳐 수로로 세느강변으로 나가는 길이 있음을 바르나

바 장학관으로부터 들었던 터라 길을 물어 양자와 함께 그 내륙로를 이용하여 세느강으로 나가는 선착장에 도착했다. 그는 소형 여객선을 타고 세느강을 따라 바다로 나가 드디어 노르망디의 앞바다에 이르렀다. 포구 한곳에 이르니 포구 앞에 큰 성터가 보였다. 이 포구에 있는 성터는 로마군이 브리타니아로 가는 중요한 요새라 한다.

성터를 바라보고 유스투스는 더 큰 배에 갈아타고 올랐다. 이제 브리타니아로 건너기 위하여 더 튼튼한 배를 탔다. 북해의 바람을 이기는 배라 했다. 이 배는 브리타니아의 해안을 따라 런던까지 가는 배로 플리머스는 중간 기착지다. 그는 바다를 건넜다. 지난날 게르마니아에서 돌아오던 삼엄한 때와는 달리 평화스런 여행이었다. 평화가 참으로 중요함을 느꼈다.

플리머스 항구에 도착한 다음 북쪽으로 길을 따라 드디어 아리마대 요셉님이 광산을 운영하는 글래스턴베리에 도착했다. 요셉님께서 예수님이 십자가에서 돌아가신 후 다시 이곳 근처에 와서 주석광산을 다시 시작하고 주변에 교회당을 건설중이셨다. 잘 왔다고 반가워하시는 주인에게 유스투스는 성모님께 상자를 전해 드린 것과 자기의 양자인 유스투스 2세인 아들을 인사시키고 유대와 갈릴리의 소식을 전하였다.

"성모님께서 예루살렘 성안에 있는 한 부인이 준 상자를 열어 보시는 것을 보았는가?"

"저는 보진 못했습니다만, 다만 주석잔이라고 말하시고 감사하다고 하셨습니다."

유스투스는 갑자기 생각났다. 그리고 말은 못하고 중얼거렸다.

("주인님, 혹시 최후의 만찬 때 예수님이 쓰셨던 포도주 주석잔은 아니었습니까? 그러면 예수님의 잔이 아니온지…….")

"그래? 주석잔이면 가슴이 더 아프셨을 거야. 잘 전했다. 자, 이제 우리 같이 일하세."

그는 여장을 풀어 예루살렘의 흙과 나사렛의 흙과 가버나움의 흙을 드렸다. 아리마대 요셉은 흙을 보고 감격하였다. 아리마대 요셉은 그동안 마음고생을 많이 하였는지 머리카락이 백발이 다 되고 수염도 백발로 되었다. 아, 세월은 물같이 흐르는구나.

아리마대 요셉은 예수 그리스도의 사랑과 영원한 생명과 부활을 염원하는 교회로 기념 교회당을 세우고 있었다. 구약성경에 있는 부활에는 요나의 부활이 있다.

성경에 나와 있기를 선지자 요나는 예수가 소년기에 살았던 나사렛의 북쪽 3마일(십 리 지점) 부근에 있는 개스헤퍼 출신이며 아밀타이의 아들이었다. 그리고 그의 어머니는 미망인이 되어 친정인 시돈지방에 있는 조그마한 마을긴 자레패스에 아들 요나를 데리고 살고 있었다. 그때 길이얼 출신 팃십 사람인 유명한 선지자 엘리야가 당시 가뭄으로 먹을 것이 없는 나라에 대하여 통치자 왕인 아합에게 하나님 말씀을 경고하고 이를 듣지 않자 왕을 피하여 요단강으로 흘러 들어가는 조그만한 여울이 있는 시냇가 체리스브룩으로 도망하였다. 그러나 그곳에도 먹을 것이 없어지자, 하나님 여호와의 명으로 엘리야는 이 자레패스 마을을 찾아와 비가 오지 않아 가뭄에 먹을 것이 없는 미망인에게 공양을 부탁하여 하나님 말씀을 시험하였고 이 미망인은 빵을 만들어 제일 먼저 만든 빵으로 엘리야에게 봉사하였으며 나머지를 아들과 함께 먹었다.

선지자 엘리야는 하나님 여호와의 배려로 가뭄이 끝날 때까지 빵을 만드는 밀가루와 식용유가 그 집에서 떨어지지 아니할 것이라고 말하였으며, 그대로 그러하였다. 엘리야가 그녀 집에 올리브나무를 기념식수해 주었기 때문일 것이다. 어느 날 그녀의 아들이 몸이 약하여 병에 걸리어 다 죽어 갈 때 엘리야는 기도로서 그녀의 아들을 살렸는데, 그녀의 아들이 바로 선지자 요나라고 전하여 온다.

예수는 이같이 선지자 엘리야와 요나와 같은 출신과 말씀의 맥락을 가지고 있었다. 나사렛교회당에서 최초로 자태를 나타내어 토라의 이사야 61장 1절을 낭송하였을 때 이 구절이 이제 응하게 되었다고 주석하여 말하고 선지자 엘리야와 시돈 땅의 자래패스의 한 여인과 아들 요나를 예시하셨다.

그는 성모마리아에게서 태어난 하나님의 아들이며 하나님의 말씀이 그녀에게 왔었고 그녀의 아들에게 임하였으며 하나님의 아들이 되었다. 아리마대 요셉은 예수를 선지자 요나의 계속 이어 가는 이스라엘의 역사적 선지자의 계승자라고 생각한 것 같다. 그는 예수의 숨은 후원자였다. 예수의 마지막 말에는 엘리야가 나왔다. 예수님은 육신으로서 하나님 말씀의 시작과 끝을 유대의 선지자인 엘리야의 말씀으로 끝맺었다.

글래스턴베리 언덕 꼭대기 위에 십자가 때에 예수님에게 씌워졌던 같은 종류의 가시나무를 아리마대 요셉께서 유대의 흙과 함께 기념식수하였다. 유스투스가 십자가에서 피를 받은 예수 더 그리스도의 성배를 기념교회 성소에 보존하고 교회의 초석 아래에 유대의 흙을 브리타니아의 흙과 함께 잘 깔았다. 언덕 정상에는 하나님의 제단을 쌓고 있었으며 전체모양을 보면 마치 바다의 고래가 숨 쉬는 것 같은 물줄기를 품어 대는 고래의 등과 같은 모형 탑을 만들고 있었다. 성서에서 요나는 고래 몸속에서의 부활을 이야기하고 있다. 글래스턴베리의 언덕은 그 형상이 고래의 모형이다.

이것은 흡사 바다의 고래 등과 같은 이집트 피라미드형으로 만들어져 있었으며 그 산 아래에 깊이 내려가는 길을 파고 그 속에는 기도할 수 있는 작은 동굴로 만든 기념교회당이 만들어지고 있었다. 마치 피라미드 내부와 같았다. 서남쪽 산 아래에는 샘을 파서 그 이름을 성정이라 했다. 이 말은 성스러운 우물이라 함이니, 그 우물은 마르는 적이 없었으며, 그리고 아래에 연못과 정원을 만들고 있었다.

"이제 유스투스가 왔으니 기념교회가 더욱 빠르게 세워질 것으로 보이네, 아무튼 내년 초까지 교회가 세워지게 열심히 하자. 자네가 교회당공사 감리를 맡았으면 한다."

"예, 열심히 하겠습니다."

글래스턴베리는 다시 바다를 건너 새로운 땅으로 퍼져서 움직여 갈 것이다. 그리고 더 끝없이 우주를 건너갈 것이다. 사랑과 복음으로 영원한 생명이 있으며 부활이 있는 곳으로 건너서 갈 것이다. 찬송가가 어디로부터 들려왔다. 아, 이미 임시로 지은 간이 교회당에서 찬송이 시작되었다. 예배시간인가? 찬송가가 들려온다. 어디서인가? 이층 다락방 위 천정에서 아래로 찬송가가 울려 나리니 하늘에서 들려오는 소리 같다.

제32편

새로운 문명과 믿음의 시작

다음해 4월 화창한 어느날, 아리마대 요셉은 1주년 부활일을 기념하여 글래스턴베리에 교회를 완공하였다. 유대에서 나온 사람들과 글래스턴베리 사람들이 축성한 교회 건물 앞에 연단을 만들고 예배를 준비하였다. 연단 위 붉은 카페트가 깔린 길에 한 소년이 붉은 십자가가 그려진 하얀 목도리를 걸치고, 들고 있는 바구니에서 꽃잎을 뿌리고 있었다.

아리마대 요셉이 예배를 축성식을 겸한 부활의 기념예배를 열고 찬송가를 다 같이 불렀다. 바르사바 유스투스는 12사도의 반열에 오르지 못하였지만 어시스턴트 사도이니 증인이 되었다. 아리마대 요셉이 예수님의 십자가 수난을 추도사로 말씀하시고 부활절 기념사를 연이어 하였다. 마크가 없어서 속기록하는 사람은 없었다.

"나사렛 예수 그리스도,
예수 그리스도를 우리의 주님으로 맞이합시다.
예수님 말씀을 전합니다.

사랑과 은혜와 겸손과 자선의 마음으로 이 어려운 세상을
하나님 은혜로 알고 살아가며 강 건너, 바다 건너 하늘을 건너갑시다.

저편에 닿는 곳에는 영원한 생명과 부활이 있으니 찾아갑시다.

오늘 우리는 고향 유대 예루살렘으로부터 멀고 먼 저편이었던
이 브리타니아의 주석 광산의 어려운 산업현장에 와 일하고 있습니다.
우리가 어두운 광산의 주석 굴에서 일하지만 의지할 곳이라고는 주님의 나라뿐이며
하늘나라에 의지하고 살아가고자 여기 주님의 조그마한 교회를 열었습니다.

예수님은 남을, 타인을 돕는 것이 영원한 생명을 얻는 길이라 말하셨습니다.
우리는 열심히 살아가며 사랑과 자선으로 살아갑시다.

주님의 말씀은 하늘나라의 복음이시니 갈릴리호반 남쪽 나사렛에서 들려왔고
세례 요한이 길을 예비하기 위하여 요단강 강가에 이르렀을 때
세례받은 예수님의 말씀의 길이 열리고 가나의 혼인식에서 포도주로
이적을 베푸시고 가나를 출발하여 잔잔한 갈릴리호수, 호반의 트라이앵글 세 동네 :
가버나움, 벳새다, 코라존을 하나님 말씀의 나라로 만드셨습니다.

가버나움에서 하늘나라 복음을 전하시고 새로운 개척교회를 단지 몇 사람의
제자들과 함께 작은 텃밭에서 시작하시고 이동식 새 교회를 일으켜 세웠습니다.
그요한 갈릴리호숫가의 복음의 삼각지대, 작은 마을들에서 기적과 이적을 일으키시고
호반의 산상, 에레모스에서 축복과 복음의 말씀을 주시고 가난한 자에게 하나님의
은혜와 삶의 희망을 주셨으며 병든 자를 고쳐 주시고 위로하셨습니다.

요단강을 따라 남쪽으로 내려오면서 내려가는 강물의 굽이 따라 복음을 흘러 띄우시며
여리고와 베다니에서 죽어간 친구를 구원하고 부활시키시고
진정한 친구의 우정이 무엇인지, 어떠한 것인지, 사랑과 은혜가 무엇인지 알게 하시고
천국의 복음을 지나가는 마을마다, 도시마다 설교하셨습니다.

천년 고도 예루살렘으로 입성하시어 많은 의로운 복음의 말씀을 전하시고
원수를 사랑하라는 말씀을 실천하시고 희생의 양처럼 십자가의 죽음으로
육신을 희생하시고 3일 만에 부활하시어 만민사랑, 만국사랑을 실천하셨습니다.

유대 이스라엘뿐만 아니라 전세계를 서로 사랑하는 세계로,
서로 사랑하는 전세계로 만들고자 하셨습니다.
예수 그리스도의 세계는 사랑의 세계이니, 골고다 언덕 아래를 지나가는 나그네여,
이제는 예수님이 십자가에서 내려오셔서 부활하셨고 우리에게 꿈과 같이 나타나시니
예수를 믿고 구원받는 마음을 얻으시오.

우리가 알기를 사람은 이 세상에 빈손으로 왔다가
빈손으로 간다고 하는 허무함을 알고 살아 왔으나
나사렛 예수 그리스도는 복음의 말씀으로 전하시기를
이 땅에 사람이 빈손으로 왔다가 저 세상으로 빈손으로 가도

아버지 하나님 당신과 그 아들 자기인 예수를 믿으면
빈손으로 가는 것이 아니며, 이 지상에서 영혼으로 가는 길은
사랑의 추억과 추도의 물결로 가득한 마음의 손길로
애도의 물결 속으로 지나가는 것이며
모세를 따르는 홍해의 물결 속의 길과 같이 영원한 미래가 있는 곳으로
가는 길이며 자기 예수가 인도할 것이라고 그는 약속하셨습니다.

우리가 세상에 나왔을 때 세상을 보고 환희하며 울고 웃으면서 살아왔고
세상에 나온 죄가 없는 줄 알았으나 살아가면서 남에게 빚을 지기도 하며
하나님의, 세상의 은혜를 모르고 살았으나 어느덧 우리가 자신을 돌아보는 때가
이르매 타인에게 진 빚과 신세를 갚아야 하는 일과 감사할 은혜를 알게 된 때는
그 보답하는 기간이 얼마 남지 않고 자신의 능력이 많지 않음을 알게 됩니다.

예수님께서 말씀하시기를 남아 있는 적은 기간이나
앞으로 살아가야 하는 많은 날들에 서로 사랑하고 존경하며 이를 하나님 은혜를 알며
살아가면 그것이 빚을 갚는 길로 의로운 길이 되며 타인을 돕는 길이 영원한 생명을
얻는 길임을 알게 하였습니다. 그 길을 가르치신 주님께서 항상 우리와 함께 있습니다.

그와 같이 우리 사람이 때가 되어서 사람이 이 세상을 하직 할 때가 올 때
흙으로 왔다가 한 줌의 흙으로 돌아가는 허무한 인생을 보듯이
살다가 죽는 것 외에는 아무것도 아니라고 통상 생각하는 사람의 인생을
죽어도 영원히 죽는 것이 아니며 일찍 죽어도 당신이신 하나님과
자기인 예수를 믿으면 하나님이 영원하시듯 그와 같이 믿는 자는 자기와 같이
영원한 생명은 계속될 것이며, 일순간 지나가는 누구든 자기를 한 번이라도
진실로 믿는 사람도 영원한 생명이 생김을 말하셨습니다.

한 번이라도 믿는다는 것은 하나님이 항상 계심을 믿는 것이며
하나님의 아들이 인자이며, 나사렛 예수가 그리스도인 것과
그의 복음이 진리와 사랑과 은혜라는 것이라 하셨습니다.

나사렛 예수의 복음을 듣고, 믿으며 실시간으로 살아온 사람은
지상에서 영혼으로 떠나갈 때 많은 사람들이 추모와 마음의 물결로
지상에서 환송할 것이며 천국에서도 그와 같이 환영받을 것입니다.

사랑과 은혜의 나사렛 예수, 나사렛 예수 그리스도의
복음이 이 세상에 널리, 넓게 퍼져서 듣는 사람들에게
평화가 올 것이며 이 세상과 하늘나라는 같으며
사랑으로 이루어진 세계평화가 머지않아 인류에게 올 것이며
이 글래스턴베리 언덕 위에 예수 그리스도와 함께
우리들의 우정과 사랑이 영원히 있을 것입니다. 아멘."

"우리 주님을 찬송하는 노래를 부릅시다."

모두들 함께 찬송가를 크게 불렀다.
찬송을 마치자 모든 성도들은 일어나서 서로 인사하고
이 글래스턴베리교회당에서 예수님의 부활 1주기를 추도하였다.

References(참고자료)

HOLY BIBLE, containing the Old and New Testaments.
Edward Brooks, JR., Caesar's Commentaries on the Gallic War, 1896.
Polybius, The Rise of the Roman Empire.
www.bibleplaces.com
www.britannica.com
www.chalicewell.org.uk
www.earth.google.com
www.glastonbury.com
www.glastonburytor.org.uk
www.jewfaq.org/toc.htm
www.livius.org/q/quinctilius/varus.html
www.open.ac.uk
www.telusplanet.net
www.yahoo.com

다음 아래 Internet sites를 소개합니다.
[(이 Page에서는 클릭(Clicking)할 수 없으며 본 site로 가서서 감상하시기 바랍니다.]
www.earth.google.com

Glastonbury Field

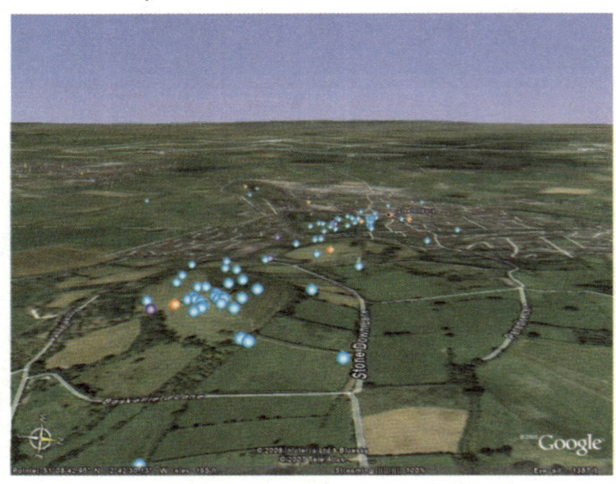

www.Chalicewell.org.uk
Chalice Well 역사적 지역 소개(위 Site에 가시면 상세한 설명을 볼 수 있습니다.)

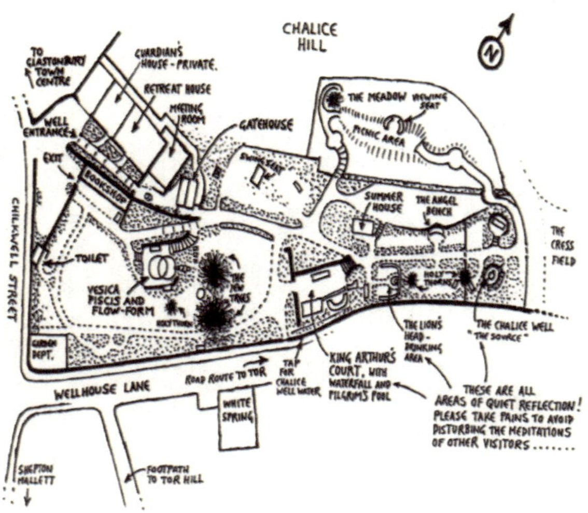

마크 코드
복음전도사 어시스턴트 사도

바르사바 유스투스

1판 1쇄 발행 2008년 5월 15일

글 쓴 이   구창휘
발 행 처   풍경
등록번호   310-2008-100
주   소   서울시 중구 인현동2가 175
전   화   02-2263-0015

ISBN   978-89-961088